LES BERBERS.

ÉTUDE
SUR
LA CONQUÊTE DE L'AFRIQUE
PAR LES ARABES.

À PARIS,

CHEZ ERNEST LEROUX,

LIBRAIRE DE LA SOCIÉTÉ ASIATIQUE,

RUE BONAPARTE, 28.

LES BERBERS.

ÉTUDE

SUR

LA CONQUÊTE DE L'AFRIQUE

PAR LES ARABES,

D'APRÈS LES TEXTES ARABES IMPRIMÉS,

PAR HENRI FOURNEL,

INSPECTEUR GÉNÉRAL DES MINES EN RETRAITE, COMMANDEUR DE LA LÉGION D'HONNEUR,
MEMBRE DE LA SOCIÉTÉ ASIATIQUE.

TOME SECOND.

C'est l'épée des Berbers qui a décidé de la victoire de Cannes (Tit. Liv. lib. XXII, cap. XLVII et XLVIII).
C'est la charrue des Berbers qui a fait de l'Afrique un des greniers de Rome.

PARIS.

IMPRIMÉ PAR AUTORISATION DE M. LE GARDE DES SCEAUX

À L'IMPRIMERIE NATIONALE.

M DCCC LXXXI.

AVERTISSEMENT.

Henri Fournel, né à Paris en 1799, est mort en 1876, après une vie d'un labeur incessant. Reçu en 1818 à l'École polytechnique, il en sortit le quatrième en 1820, et choisit les mines. Ingénieur ordinaire, ingénieur en chef, inspecteur général, il parcourut les divers degrés de sa carrière en laissant des traces brillantes et durables de son passage. Il conçut, en 1828, l'idée, bien hardie pour l'époque, de faire un chemin de fer de Gray à Verdun, joignant les trois points où la Saône, la Marne et la Meuse commencent à être navigables. En 1833 et 1834, se trouvant en Égypte, il s'occupa du percement de l'isthme de Suez, et fut sur le point de faire admettre son projet par Méhémet-Ali. Mais l'idée n'était pas encore mûre; elle fut réalisée par M. F. de Lesseps, qui prit souvent part, à cette époque, aux réunions où s'élaboraient les projets de M. Fournel et de ses amis. En 1834, 1835, il fit une étude du Bocage vendéen, qu'il explora pendant quinze mois. Ce fut la première étude de bassin houiller publiée par l'administration des Travaux publics. En 1836, il invente l'affranchissement des bouts de rails de chemin de fer au moyen de la scie mécanique.

Chargé d'une mission minéralogique en Algérie, de 1843 à 1846, il explora les trois provinces et découvrit un grand nombre de gisements métallifères, entre autres les minerais de fer des environs de Bône. C'est à lui qu'on doit les premiers sondages pour la recherche des eaux artésiennes dans le Sahara.

Après avoir étudié la terre d'Algérie dans sa *Richesse minérale*, il voulut

AVERTISSEMENT.

se rendre compte de l'homme qui a habité cette contrée. Dans sa première étude, de 1857, sur la conquête de l'Afrique par les Arabes, il fut amené à conclure que, depuis 1830, nous étions dans une fausse voie, en nous occupant beaucoup trop des Arabes et en négligeant à tort les véritables indigènes, les Berbers, race éminemment laborieuse, non fanatique, attachée au sol par des propriétés encloses, où elle vit dans de petites maisonnettes couvertes en tuiles, pratiquant, à l'état grossier, quelques industries, au perfectionnement desquelles nous pouvions les initier, en un mot, tous les rudiments d'habitudes qui les rapprochaient beaucoup plus de nous que ne pouvaient le faire les habitudes qui constituent la vie des Arabes. Il s'expliquait ainsi ce qu'avait dû être la lutte engagée entre ces deux peuples au milieu du VIIe siècle de notre ère, comment et pourquoi, malgré certaines apparences, la conquête arabe avait été si incomplète et si stérile. Cet *a priori*, il fallait le vérifier par les faits et étudier de près ce qu'on appelle la *Période de la domination arabe en Afrique*.

Après des recherches et des études considérables faites pendant plus de vingt ans, M. Fournel publia en 1875 son premier volume, dans lequel il passe en revue, en poursuivant la vérification de son idée principale, les diverses dominations : carthaginoise, romaine, vandale, byzantine, arabe. Il entre, en suivant toujours l'ordre chronologique, dans de longs détails sur les origines des conquêtes arabes en Afrique en 647 de J. C., et va jusqu'à l'année 909 de J. C. C'est là que s'arrête son premier volume.

En 1876, M. Fournel mourut [1], sans avoir pu terminer son œuvre; mais il laissait en manuscrit le deuxième et dernier volume, dont j'ai pu heureusement réunir les feuilles. Ayant épousé la petite-fille de M. Fournel, j'ai tenu à ce que cet ouvrage ne fût pas perdu pour la science, et j'en décidai l'impression.

Le manuscrit était en état. Seulement, dans le premier volume, M. Fournel annonce qu'il ajoutera à la fin de son livre de grandes notes, A, B, C, etc., auxquelles il renvoie quelquefois. De plus, il comptait fournir

---

[1] On trouvera en tête du catalogue de sa bibliothèque de plus amples détails sur la vie et l'œuvre de M. Fournel, dans une notice qu'a publiée, en 1877, M. Gustave Dugat.

pour les noms de lieux d'autres développements, sous le titre de *Justifications géographiques;* il voulait aussi faire une table analytique, et joindre enfin un certain nombre de tableaux de dynasties musulmanes. J'ai trouvé ces divers appendices inachevés; les recherches étaient incomplètes et les tableaux ébauchés. Si je puis quelque jour compléter ces documents, je les publierai volontiers.

Mais, dès à présent, M. Fournel a accompli pleinement sa tâche, et l'immense étendue qu'il a donnée aux notes de fin de pages, où elles ont souvent trois étages, suffit amplement à faire connaître les sources où il a puisé, et montre combien il était consciencieux dans son travail. Sans doute, tous ces documents qu'il avait péniblement amassés auraient enrichi encore son œuvre; mais ce sont là des recherches surabondantes. Il a pris un soin extrême à fixer les dates des événements; il a discuté ses sources avec un grand scrupule, et a mis au service de ce travail sa logique rigoureuse. Ses procédés d'investigation ne seront pas consultés sans fruit par les orientalistes historiens.

Ce dernier volume est consacré tout entier aux Fât'imites d'Afrique et à leur origine; il se termine à l'année 972 de J. C., au moment où les Zirites, dynastie berbère, reçoivent le pouvoir des mains des Fât'imites. C'est l'époque où les Arabes perdent sur le pays l'autorité, qui reste dans les mains des Berbers jusqu'à l'arrivée des Turcs (1518).

M. Fournel a conduit cette histoire jusqu'au fait principal qu'il tenait à mettre en saillie, à savoir : l'échec des Arabes comme conquérants de l'Afrique. L'idée fondamentale du livre a été poursuivie avec une grande rigueur, et il s'est arrêté à la fin de sa démonstration. Sa thèse a été soutenue devant le monde savant, qui applaudira à son succès, je n'en doute pas.

N'ayant pas toutes les connaissances spéciales nécessaires pour publier un pareil ouvrage sans collaborateur, je m'adressai à un ami de M. Fournel, M. Gustave Dugat, orientaliste distingué, chargé de cours à l'École des langues orientales, et qui mit gracieusement à ma disposition sa science et de longues heures de travail.

Son aide me permit de demander à M. le Ministre de la Justice l'autorisation de faire imprimer le deuxième volume de l'*Histoire des Berbers*, comme l'avait été le premier, par les soins de l'Imprimerie nationale. Cette autorisation me fut accordée le 27 décembre 1878 et, dès lors, je pus remplir le dernier vœu de M. Fournel, presque sa dernière parole : «Faites-moi revivre.»

Baron HARTY DE PIERREBOURG,
Lieutenant-colonel du 132e régiment d'infanterie.

ÉTUDE
SUR
LA CONQUÊTE DE L'AFRIQUE
PAR LES ARABES.

LIVRE QUATRIÈME.
LES FÀT'IMITES.

CHAPITRE I.
ÉTAT DE L'AFRIQUE AU MOMENT DE L'APPARITION DES FÀT'IMITES.

Cette scène sur laquelle le Chîi va paraître avec tant d'éclat est le vaste espace qui s'étend de *Bark'ah* à la *mer environnante*, comme les Arabes nomment l'*Océan*; c'est le *Maghrib*, dans lequel nous avons vu s'établir successivement plusieurs dynasties, dont nous avons dit l'origine et raconté les commencements. Il convient maintenant d'esquisser rapidement les phases que ces dynasties ont parcourues jusqu'à l'instant où nous sommes (290 de l'hég. — 902 à 903 de J. C.). Et d'abord je jetterai un coup d'œil sur la dynastie qui tenait l'*Ifrik'iah* dans ses mains. Elle avait été fondée le 12 djoumâdi-'l-akhir 184 (jeudi 9 juillet 800 de J. C.); nous verrons, en 296, disparaître le dernier des Aghlabites, dont le court règne (moins de six ans) ne fut qu'une lutte inégale contre le précurseur des Fàt'imites, et cette indication, jointe aux récits sommaires que j'ai faits des divers règnes, permet d'apprécier la médiocrité des princes qui, pendant cent douze années musulmanes, ont successivement gouverné l'*Ifrik'iah*. Il y avait vingt-huit ans qu'ils régnaient quand la trahison leur livra la *Sicile*, et tous leurs efforts semblent avoir été employés à s'y maintenir; leur administration sans portée n'a rien développé, rien consolidé,

AGHLABITES.

rien agrandi en *Ifrîk'ïah;* l'autorité des khalifes 'abbâssides, dont ils étaient les représentants, n'a été étendue par eux sur aucun point. Au contraire, elle est tombée dans l'oubli le plus complet d'un bout à l'autre du *Maghrib-el-Ak's'â;* on ne s'en est souvenu dans le *Maghrib-el-Auçat* que pour venir, en 196, leur enlever le *territoire de Tripoli,* et pour livrer aux flammes, vers 239, une ville que l'un d'eux avait osé fonder non loin de *Tâhart;* deux insultes restées impunies. Dans le court espace de soixante-six ans, de 184 à 250, quatorze révoltes ont éclaté, les unes fomentées par l'ambition des chefs arabes, les autres par l'impatience des indigènes; il faut remarquer cependant que ces dernières sont les moins nombreuses, et surtout qu'elles ont été moins nombreuses que sous les gouverneurs, précisément parce qu'en dehors de l'*Ifrîk'iah* les Berbers étaient plus complètement indépendants des Arabes, et parce que celles des tribus qui étaient restées au contact des Aghlabites avaient pour refuge tout l'occident de l'Afrique, où elles étaient assurées de trouver accueil le jour où elles voulaient se soustraire à une domination qui leur était odieuse.

Quant à ceux des Berbers qui, soit par nécessité, soit par attachement pour le sol natal, persistèrent à ne pas quitter l'*Ifrîk'iah,* il ne faudrait conclure, ni de leur tranquillité *relative* sous les Aghlabites, ni même de l'assistance qu'ils leur prêtèrent dans certains cas [1], qu'ils s'étaient façonnés au joug arabe; on pourrait bien plutôt croire que, dédaigneux d'une autorité mal établie, ils attendaient qu'elle cessât d'être, comme on attend la fin d'une existence dont le terme est marqué. Dans les déchirements sans nombre et dans les guerres civiles incessamment renaissantes dont ils étaient les spectateurs, les Berbers avaient puisé l'invincible patience qu'on retrouve chez tout être humain qui, plein du sentiment de sa force, peut dire en son cœur: « L'avenir m'appartient. » Il faut peut-être avoir en soi-même un certain détachement du présent et quelque conviction lointaine pour sentir profondément toute la puissance renfermée dans ces deux mots : ils sont le secret du calme apparent de certains êtres privilégiés, dont le regard pénétrant voit distinctement au-dessus de l'horizon ce que les yeux vulgaires ne discerneront qu'après de longs jours écoulés; quelles clameurs seraient capables d'ébranler Christophe Colomb, qui voit le

---

[1] Par exemple, en 189 (t. I), et notamment en 194 (*ibid.*). On ne nomme pas les tribus qui, en 196, cédèrent aux largesses du fils d'Ibrâhîm-ibn-el-Aghlab pour l'aider à reprendre *Tripoli;* mais comme il s'agissait de marcher contre la garnison, on peut s'expliquer le contentement des Berbers à combattre, même sous les ordres d'un chef arabe, une armée arabe révoltée.

nouveau monde là où ses matelots ne voient encore qu'un abîme? Ces deux mots sont aussi l'explication de ce qui se passe dans les masses, dont le sentiment instinctif participe en quelque chose de la grandeur des esprits élevés: leur génie, c'est la foi; leur calme repose sur la conscience de leur durée : « patiens quia æternus. » Telle devait être l'impression des Berbers en présence des Arabes se disputant un sol dans lequel ils ne pouvaient parvenir à prendre racine. Quant à l'assistance que les *Nafouçah* prêtèrent aux *Tripolitains* pour repousser une agression partie de l'*Égypte*, j'ai montré (t. I) à quel point la dynastie aghlabite était restée étrangère au sentiment qui avait armé le bras d'Abou-Mans'our, et je pourrais rappeler que, si cette dynastie dut indirectement son salut à l'intervention des Berbers, elle subit, en même temps, l'humiliation d'être comptée pour rien dans un grand acte où elle aurait dû jouer le premier rôle, et où sa présence ne fut marquée que par la sanglante défaite qu'un jeune insensé lui fit éprouver à *Ouarddçâ*. Si maintenant nous envisageons les relations des Aghlabites avec les khalifes, il faut reconnaître qu'elles furent généralement celles de vassaux fidèles : les manœuvres d'Ibrâhîm-ibn-el-Aghlab contre les Edrîsites en faveur des 'Abbâssides (186-188 de l'hég.), et surtout l'acte de soumission d'Abou-Ish'âk'-Ibrâhîm, en 289, en sont les preuves irrécusables. On ne trouve que la menace de Ziâdet-Allah Ier, à son avènement au trône, et l'expédition d'Ibrâhîm contre l'*Égypte*, en 283, qui trahissent une prétention à l'indépendance; mais le premier de ces actes semble n'avoir été qu'un mouvement de colère, aussitôt réprimé par l'impuissance, et l'exécution du second était entreprise dans des conditions si vagues, même en cas de succès, qu'il est permis de se demander s'il était l'acte d'un rebelle ou celui d'un vassal zélé; la pensée de cette expédition est restée le secret d'Ibrâhîm. Avançons-nous maintenant vers l'ouest.

Depuis l'établissement des Beni-Rostem à *Tâhart*, en 144, cette dynastie, qui devait avoir une durée de cent cinquante-deux ans, avait compté un petit nombre de représentants. Son fondateur, 'Abd-er-Rah'mân-ibn-Rostem-ibn-Bahrâm, était mort en 168[1] : « Après lui, dit Ibn-Khaldoun, le trône fut occupé « par son fils, 'Abd-el-Ouahhâb[2]. » Ibn-'Adzârî donne à ce fils le nom de 'Abd-el-Ouâreth[3], et son texte dit qu'il régna vingt ans (عشرين), mais une variante dit quarante (اربعين), et comme nous savons par Ibn-el-Athîr et par Ibn-Khal-

Beni-Rostem.

---

[1] *Baïân*, t. I, p. ٢٠٣, l. 19. — [2] *H. d. B.* t. I, p. ١٥٢, l. 17 et 18 (t. I de la trad., p. 243). — [3] *Baïân*, t. I, p. ٢٠٢, l. 1 et 2.

doun que 'Abd-el-Ouahhâb régnait encore en 196, c'est-à-dire vingt-huit ans après la mort de 'Abd-er-Rah'mân-ibn-Rostem, je pense, avec M. de Gœje[1], qu'il y a lieu d'adopter la variante du *Baïân* et d'admettre que le troisième Rostemite monta sur le trône en 208. Les auteurs ne s'accordent pas sur le nom de ce prince : « Maïmoun, dit Ibn-Khaldoun, fils et successeur de 'Abd-el-Ouahhâb, prit le titre de khalife, en sa qualité de chef des Ibâdhites et des S'ofrîtes-Ouâs'iliens (الاباضية والصفرية الواصلية[2]), » tandis que, selon Ibn-'Adzârî, Ouahhâb (ou Ouâreth, comme il l'appelle) eut pour successeur son fils Abou-Sa'îd-Aflah', qu'il fait mourir en 250[3]; du reste, Ibn-el-Athîr et Ibn-Khaldoun parlent aussi de ce fils de 'Abd-el-Ouahhâb, et nous apprennent qu'il gouvernait Tâhart en 237, ou plutôt 239. La difficulté consiste donc à savoir si deux fils d'Ouahhâb, Maïmoun et Aflah', ont successivement régné après leur père, ou si celui-ci a eu pour successeur immédiat Aflah'. Or, comme Ibn-'Adzârî[4], même rectifié, est encore conduit à donner au règne d'Aflah' une durée de *quarante-deux* ans (de 208 à 250 de l'hég.), on peut regarder comme probable que son frère Maïmoun avait régné avant lui depuis 208 jusqu'à une date indéterminée mais inférieure à 239. Quoi qu'il en soit, le titre de khalife, que prit ou que se laissa donner Maïmoun[5], devait blesser les représentants des khalifes de *Baghdâd*, et cependant on ne les vit protester sous aucune forme contre l'audace d'une si haute prétention. Trois fils et deux petits-fils d'Aflah' occupèrent successivement le trône de *Tâhart*[6]; le neuvième et dernier prince de cette dynastie fut Iak'tzân-ibn-Abou-'l-Iak'tzân-Moh'ammed-ibn-Aflah', qui, en 294, parvint au trône, d'où nous le verrons précipiter par Abou-'Abd-Allah-ech-Chîi en chaouâl 296. Le petit nombre de faits relatifs aux ROSTEMITES que nous trouvons çà et là dans l'histoire sont caractéristiques de l'hostilité qui existait entre eux et les AGHLABITES[7]; mais quelles étaient les relations des princes de *Tâhart* avec leurs voisins de l'ouest, les *Zenâtah* de *Tlemcén*? Nous allons essayer de l'indiquer.

Zenâtah du Maghrib.

J'ai dit combien était reculée l'époque de la présence des *Zenâtah* dans le

---

[1] *S'ifat-el-Maghrib*, p. 101, § b.

[2] *H. d. B.* t. I, p. ٢٥١ et ٢٥٥, l. 1 (t. I de la trad., p. 243).

[3] *Baïân*, t. I, p. ٢٠٢, l. 2 et 3. — J'adopte la variante 250, au lieu de 205 que porte le texte.

[4] Dont le texte imprimé est évidemment fautif en cet endroit, puisqu'il donne sept ans de règne à 'Abd-er-Rah'mân-ibn-Rostem, auquel il fait succéder 'Abd-el-Ouâreth, qui, suivant lui, mourut en 88 et fut remplacé par son fils, Abou-Sa'îd-Aflah', dont le règne aurait duré de 88 à 205, c'est-à-dire cent dix-sept ans.

[5] El-Bekrî (*El-Meçâlik oua*, etc. p. ٩٧, l. 21 à 23; — J. A. t. XIII, p. 116, 5ᵉ série).

[6] *Baïân*, t. I, p. ٢٠٢, l. 3 à 15.

[7] Voyez ci-dessus.

Maghrib. Les localités occupées alors par leurs nombreuses tribus ne sont pas connues, mais l'expédition de 'Ok'bah dans le *Sous* nous les a montrés dégageant ce guerrier téméraire cerné, en 62 (681-682 de J. C.), dans les montagnes de l'*Atlas*[1]. Du temps d'Ibn-Khaldoun (xive siècle de notre ère), les *Zenâtah* étaient répandus dans le pays qui s'étend depuis *Tripoli* jusqu'au *Malouïah*, et renferme les monts *Aurás*, le *Zâb* et les régions au sud de *Tlemcên*[2]. C'est des environs de cette ville qu'étaient partis les plus forts contingents des Berbers qui, en 154, vinrent investir *T'obnah*. La présence, dans ce rassemblement, des Ibâdhites de *Tâhart* commandés par 'Abd-er-Rah'mân-ibn-Rostem montre que, dès lors, cette dynastie naissante était associée à la pensée d'indépendance qui électrisait les Berbers. Après avoir dit comment Iezîd-ibn-H'âtim brisa la coalition berbère, obligea Abou-K'orrah et ses *Iforen* à regagner *Tlemcên* avec les débris de son armée, Ibn-Khaldoun ajoute : « Depuis lors, « aucune révolte n'éclata chez les *Beni-Iforen* jusqu'à ce qu'Abou-Iezîd[3] eût « soulevé les *Beni-Ouârkou* (بني واركو) et les *Merendjis'ah* (مرنجيصة)[4]. » Il doit s'agir ici de celles des tribus des *Beni-Iforen* qui habitaient l'*Ifrîk'iah*, et dont une partie était répandue dans l'*Aurás*, mais il faudrait se garder d'appliquer ce passage aux *Beni-Iforen du Maghrib central*, qui avaient été les témoins et les

---

[1] On n'indique pas quelle tribu des *Zenâtah* prêta ce puissant secours, mais, dans l'énumération que fait Ibn-Khaldoun des branches de la grande famille des *Zenâtah*[a], il nomme les *Maghrâouah*, les *Beni-Iforen*, ... les *Beni-'Abd-el-Ouâd* ... et ailleurs le même Ibn-Khaldoun[b] dit : « Quelques historiens racontent que les *'Abd-el-« Ouâd* accompagnèrent 'Ok'bah-ibn-Nâfi' dans « son expédition en *Maghrib* lorsqu'il pénétra « dans le *Sous*. » Les avait-il recrutés dans l'*Aurás* ou à *Tâhart?* Les deux suppositions sont possibles.

[2] *H. d. B.* t. II, p. 4, l. 2 et 3 (t. III de la trad., p. 191).

[3] *Ibid.* t. II, p. 14, l. 9 et 10 et lin. penult. (t. III de la trad., p. 200 et 201). — On verra plus loin que la guerre qu'entraîna la révolte d'Abou-Iezîd dura de 331 à 336 de l'hégire.

[4] « Les *Beni-Iforen*, dit Ibn-Khaldoun, se « partageaient en un grand nombre de tribus, « dont les plus marquantes étaient les *Beni-Ouâr-« kou* et les *Merenjis'ah*. A l'époque de la conquête, « ils étaient la tribu la plus nombreuse et la plus « puissante de la grande famille zenâtienne. On « en trouvait des branches et des ramifications « dans l'*Ifrîk'iah*, l'*Aurás* et le *Maghrib central*. » (*H. d. B.* t. II, p. 12, l. 9 à 11; t. III de la trad., p. 198.) — Un peu plus loin, on lit : « Les nom-« breuses branches de la tribu d'*Iforen* vivaient « dispersées; les *Beni-Ouârkou*, les *Merendjis'ah* « et quelques autres habitaient l'*Ifrîk'iah*, ainsi « que nous l'avons dit, et une foule de peuplades, « appartenant à la même grande famille, occu-« paient la région qui sépare *Tâhart* de *Tlemcên*. » (*Ibid.* t. II, p. 13, l. 6 à 8; t. III de la trad., p. 212.)

[a] *H. d. B.* t. II, p. 4, in fine (t. III de la trad., p. 190 et 191).
[b] *Ibid.* t. II, p. 16, l. 8 et 9 (t. III de la trad., p. 202).

acteurs de nombreux événements entre l'instant où Abou-K'orrah disparut de la scène et le sanglant épisode dont Abou-Iezîd fut le héros. Nous avons vu, en 174, Edrîs Ier enlever *Tlemcên* aux *Beni-Iforen* et aux *Maghrâouah*, ou plutôt à ces derniers, et je crois avoir établi que, dans la même année, ce prince remit à son frère Solaïmân le gouvernement de la ville qui venait d'entrer dans ses possessions. Sous Edrîs II, probablement en 198, Moh'ammed-ibn-Solaïmân avait remplacé son père dans ce gouvernement: le partage des États edrîsites, en 213, avait confirmé la donation de Tlemcên à sa famille, «et, «dit Ibn-Khaldoun, les forteresses maritimes de cette province se répartirent «bientôt entre les descendants de Solaïmân[1].» Ce partage eut-il lieu du vivant de Moh'ammed ou à la mort de ce prince? La réponse à cette question est d'autant plus difficile qu'on ignore la date de la mort de Moh'ammed-ibn-Solaïmân; le mot «bientôt», dont vient de se servir Ibn-Khaldoun, porte à croire que le partage eut lieu à une date peu postérieure à 213, et quelques lignes plus bas il s'exprime dans des termes qui conduiraient indirectement à une date notablement postérieure, car, après avoir indiqué la part faite à chacun des fils (j'y viendrai tout à l'heure), il ajoute : «Dans la province de *Tlemcên*, le «pays ouvert fut abandonné aux *Beni-Iforen* et aux *Maghrâouah*, et, dans le «*Maghrib central*, les plaines CONTINUÈRENT *d'être en la possession de Moh'ammed-* «*ibn-Khazer*[2].» Mais quel était le Moh'ammed-ibn-Khazer qui était à la tête des *Maghrâouah* quand se fit le partage des États de Moh'ammed-ibn-Solaïmân? Il convient ici d'entrer dans quelques explications sur cette dynastie des Khazer.

On a vu[3] Maïçarah-el-H'ak'îr tué à *T'anger*, en 122, par les *Mat'gharah* qu'il avait appelés à la révolte, et remplacé par Khâlîd-ibn-H'amîd-ez-Zenâti[4], qui, en prenant la tête de l'insurrection, ne devenait pas, par ce fait, chef des *Mat'gharah*. «Après la mort de Maïçarah, dit Ibn-Khaldoun, le commande- «ment des *Mat'gharah* passa à Iah'iâ-ibn-H'ârith, autre membre de cette tribu, «et allié dévoué de Moh'ammed-ibn-Khazer, chef des *Maghrâouah*[5].» Or, non

---

[1] *H. d. B.* t. II, p. ٢٠, l. 7 (t. III de la trad., p. 229).

[2] *Ibid.* t. II, p. ٢٠, l. 9 et 10 (t. III de la trad., p. 229).

[3] T. I, p. 286-289.

[4] Suivant Ibn-'Abd-el-H'akam (*Fatah'-el-Andalous*, p. ٢١, l. 7, et p. 36), Khâlid-ibn-H'amîd appartenait à la tribu des *Hetourah*, branche des *Zenâtah*, mais Ibn-Khaldoun déclare (*H. d. B.* t. II, p. v, l. 4 et 5; t. III de la trad., p. 188) qu'il n'a jamais rencontré le nom de *Hetourah* dans aucun autre auteur.

[5] *H. d. B.* t. I, p. ١٠١, lin. ult. (t. I de la trad., p. 239). — J'ai mentionné, dans le tome I, un

LIVRE QUATRIÈME. — CHAPITRE I.   7

seulement il ne dit pas que ce fut *immédiatement après* la mort de Maïçarah, mais on doit même admettre qu'il s'écoula une dizaine d'années, car Ibn-Khaldoun explique ailleurs que Khazer mourut peu après la chute des OMAÏADES, c'est-à-dire peu après 132, et il s'exprime ainsi : « Sur ces entrefaites, Khazer « mourut, et laissa le commandement à son fils Moh'ammed [1]. » Moh'ammed-ibn-Khazer garda longtemps ce commandement, car, non seulement nous l'avons vu, en 173, remettre *Tlemcên* aux mains d'Edrîs Ier, mais nous l'avons retrouvé, en 197, prêtant serment à Edrîs II. A cette date, soixante-cinq années environ s'étaient écoulées depuis la mort de Khazer, et pour peu que Moh'ammed eût dix-huit ans quand, succédant à son père, il prit le commandement des *Maghrâouah*, il avait, en 197, quatre-vingt-trois ans. Voilà pourquoi, dans le tome I, je disais « le vieux Moh'ammed-ibn-Khazer. » Il dut survivre peu d'années à ce serment. On est obligé d'admettre qu'il eut un fils du nom de Khazer, et que celui-ci eut, à son tour, pour successeur, un fils du nom de Moh'ammed, car Ibn-Khaldoun parle d'un Moh'ammed-ibn-Khazer comme « d'un des *petits-fils* (من اعقاب) du Moh'ammed-ibn-Khazer-ibn-H'afs' qui avait « soutenu la cause d'Edrîs l'ancien [2]. » Ce petit-fils présente un exemple de longévité plus remarquable que celui de son grand-père [3], puisqu'on sait qu'il

ancêtre de ce Moh'ammed-ibn-Khazer, lequel ancêtre commandait déjà aux *Maghrâouah* à l'époque de la première expédition des Arabes en *Ifrîk'iah* : « Les *Maghrâouah*, dit Ibn-Khaldoun, « ayant été confirmés dans leurs possessions, « embrassèrent l'islamisme avec sincérité, et ce « fut alors que leur émir, S'oulât-ibn-Ouezmâr, « se rendit à *Médine* auprès de 'Othmân-ibn-'Affân « (le troisième khalife [a]) . . . . . . Depuis lors, « ajoute-t-il, S'oulât et toutes les tribus ma-« ghrâouiennes se regardèrent comme clients de « 'Othmân et des Omaïades [b]. » Ailleurs Ibn-Khaldoun dit, avec plus de vraisemblance, suivant moi, que ce fut le père de S'oulât, c'est-à-dire Ouezmâr-ibn-S'ak'lâb, qui, fait prisonnier dans l'expédition de l'an 27 de l'hégire, fut envoyé à 'Othmân [c].

[1] *H. d. B.* t. II, p. ۳۱۲, l. 18 et 19 (t. III de la trad., p. 229).

[2] *Ibid.* t. II, p. ۳۰, l. 18 (t. III de la trad., p. 230).

[3] Si l'on suppose, comme je viens de le faire, que celui-ci mourut peu après avoir prêté serment à Edrîs II.

[a] *Histoire des Berbers*, t. II, p. ۳۱۲, l. 4 et 5 (t. III de la traduction, p. 227). — On sait que ... assassiné à la fin de 23, eut pour successeur 'Othmân, qui fut tué dans une émeute, à la fin de 35 ; f... donc de l'an 24 à l'an 35 (de 645 à 656 de J. C.) que S'oulât-ibn-Ouezmâr se rendit à *Médine*, ou ...tôt y fut envoyé.

[b] *H. d. B.* t. II, p. ۳۱۲, l. 10 et 11 (t. III de la trad., p. 228). — C'est parce que 'Othmân étai... arrière-petit-fils de 'Omaïah que les *Maghrâouah* se considéraient comme attachés par les liens de la clientèle à la famille des OMAÏADES.

[c] *Ibid.* t. I, p. ۱۳۳, l. 14 (t. I de la trad., p. 210). — « Il était, dit ici Ibn-Khaldoun, l'ancêtre de la famille « Khazer, et alors chef des *Maghrâouah* et des autres peuples zenâtiens. »

mourut à *K'aïraouân* en 350, âgé de plus de cent ans[1]; il était donc né vers 245, et cette date approximative de sa naissance va nous permettre d'éclaircir un point obscur des récits d'Ibn-Khaldoun. D'après El-Bekrî[2], la ville de *Djorâouah* fut bâtie en 259 par Abou-'l-'Aïch-'Iça, *petit-fils* de Moh'ammed-ibn-Solaïmân, ce qui autorise à admettre que, bien avant 259, le partage des États de Moh'ammed était fait, et comme, au moment de ce partage, Moh'ammed-ibn-Khazer continua, vient de nous dire Ibn-Khaldoun, *d'être en possession des plaines du Maghrib central*, il est clair qu'il ne peut s'agir ni du Moh'ammed-ibn-Khazer qui avait quatre-vingt-trois ans en 197, ni du second Moh'ammed-ibn-Khazer, qui, né vers 245, n'avait qu'environ douze ans en 257[3], et était certainement plus jeune, s'il était né, quand se fit le partage des États de Moh'ammed-ibn-Solaïmân. J'en conclus qu'Ibn-Khaldoun a voulu désigner le père du second Moh'ammed-ibn-Khazer, et qu'il aurait dû dire Khazer-ibn-Moh'ammed-ibn-Khazer. Ce que j'ai rappelé (t. I), d'après El-Bekrî, des quatre cents familles qui, en 262, vinrent, de *Souk'-Ibrâhîm*, s'établir à *Tenès*, nouvellement fondé, confirme la pensée de reculer le partage des États de Moh'ammed-ibn-Solaïmân, puisqu'à cette date il y avait nécessairement un temps plus ou moins long que *Souk'-Ibrâhîm*[4] était dans les mains d'un de ses fils, de celui qui se nommait Ibrâhîm et qui, vraisemblablement, avait donné son nom à la ville principale du territoire destiné à prendre bientôt, mais pas immédiatement, le nom de *Province de Tenès*[5]. — Moh'ammed-ibn-Solaïmân avait, selon moi, deux

---

[1] *H. d. B.* t. II, p. ۳v, l. 14 (t. III de la trad., p. 233).

[2] *El-Meçâlik*, etc. p. ۱۴۲, l. 15 et 16 (*J. A.* t. XIII, p. 389, 5ᵉ série).

[3] Quand un *petit-fils* de Moh'ammed-ibn-Solaïmân bâtissait la mosquée de Djorâouah.

[4] Voyez, sur *Souk'-Ibrâhîm*, mon tome I.

[5] Je dis «pas immédiatement», parce qu'un auteur contemporain, El-Ia'k'oubî (كتاب البلدان) a été écrit en 278 (891-892 de J. C.), nous apprend qu'à cette date *Souk'-Ibrâhîm* appartenait à un *petit-fils* de Moh'ammed, à 'Iça-ibn-Ibrâhîm-ibn-Moh'ammed-ibn-Solaïmân[a], et il ne dit encore rien sur la nature des relations qui pouvaient exister entre ce prince et la ville fondée depuis seize ans à *Tenès*, ville

[a] *S'ifat-el-Maghrib*, p. ۱۲, l. 6 et 7 (p. 96 de la trad. lat.). — Ibn-Khaldoun, sans faire attention que, évidemment, *Tenès* n'était pas encore fondé quand se fit le partage entre les enfants de Moh'ammed-ibn-Solaïmân, dit : «*Tenès* échut à Ibrâhîm-ibn-Moh'ammed[1ᵃ];» il faut sans doute entendre par là le territoire qui, depuis, a dépendu de *Tenès*.

[1ᵃ] Ibn-Khaldoun, *Hist. des Edris.* (*H. d. B.* Append. ɪv au t. II, p. 570 et 571, de la trad.). — El-Bekrî, *El-Meçâlik*, etc. p. ۴۱, l. 17 et 18 (*J. A.* t. XIII, p. 103, 5ᵉ s.).

LIVRE QUATRIÈME. — CHAPITRE I.

autres fils, Edrîs et 'Iça-'l-Archk'ouli, nommés par El-Bekrî[1] et par Ibn-Khaldoun[2] : les fils d'Edrîs gardèrent *Tlemcên*, ceux de 'Iça-ibn-Moh'ammed se fixèrent à *Archk'oul*[3].

Je ne puis, avec M. de Gœje, voir, dans cet 'Iça, celui qui, selon Ibn-'Adzârî[4], mourut à *Djorâouah* en 291. Mon opinion n'est pas fondée sur la *suppression* proposée par M. de Slane[5]; je crois, au contraire, que là le texte d'Ibn-Khaldoun doit être respecté; mais je n'admets pas davantage l'*addition* proposée par M. de Gœje au texte d'El-Bekrî[6]. Je tiens pour exacts ces deux passages des textes d'Ibn-Khaldoun et d'El-Bekrî, et le tableau généalogique de la famille Solaïmân me paraît devoir être conçu comme je le donne à la page suivante.

Ce tableau présente de très grandes différences avec celui que donne M. de Gœje à la page 97 de son *S'ifat-el-Maghrib*, comme emprunté à El-Bekrî; c'est pourquoi, dans les notes qui l'accompagnent, je renvoie à tous les textes d'après

qu'il connaît bien, puisqu'il donne quatre journées pour sa distance à *Tâhart*[e].

[1] *El-Meçâlik*, etc. p. ۷۸, l. 3, et p. ۴۱, l. 19 (*J. A.* t. XIII, p. 138 et 175, 5ᵉ s.).

[2] *H. d. B.* t. II, p. ۳۰, l. 8 (t. III de la trad., p. 229).

[3] *Ibid.* mêmes pages. — Ibn-H'auk'al parle d'*Archk'oul*, qu'il écrit ارجكول (*Ardjkoul*), comme d'une petite ville située sur la *Tâfnâ* et ayant un port formé par une île habitée[b]. El-Bekrî écrit ارشقول (*Archk'oul* ou *Arachk'oul*); il entre dans quelques détails sur cette ville, située à l'embouchure de la *Tâfnâ*, qui la contourne à l'est; elle était habitée par des négociants quand 'Iça-ibn-Moh'ammed-ibn-Solaïmân vint s'y installer; en face est une île du même nom, qui s'étend en longueur du sud au nord et s'élève à une grande hauteur[d]. Edrîsî, qui assure que cette île était appelée aussi ارجكون (*Aradjkoun*, *Rachgoun* de nos cartes), semble commettre la faute énorme de la placer en face de l'embouchure du *Molouïah*[e] (ملويه), mais il a évidemment écrit موبلة (*Mouilah*), nom que porte encore la partie supérieure du cours de la *Tâfnâ*, comme on le voit sur la carte de la *Province d'Oran* (1856).

[4] *Baïân*, t. I, p. ۱۳۲, l. 2.

[5] Selon lui (*H. d. B.* t. III, p. 335, note 2, de la trad.), il faut, malgré les manuscrits, supprimer عيسى بن ادريس, là où ils disent عيسى بن ادريس بن محمد بن سليمان; M. de Gœje (*S'ifat-el-Maghrib*) n'est pas de cet avis.

[6] Là où cet auteur dit (*El-Meçâlik*, etc. p. ۷۸, l. 3 et 4) عيسى بن محمد بن سليمان, M. de Gœje (à la page 97 du *S'ifat*) pense qu'après عيسى il faut ajouter بن ادريس.

[a] *S'ifat-el-Magrib*, p. ۱۱۲, lin. ult. (p. 100 de la trad. lat.).

[b] Ibn-H'auk'al, p. ۵۳, l. 11 à 14 (*J. A.* t. XIII, p. 187 et 188, 3ᵉ sér. 1842).

[c] *El-Meçâlik*, etc. p. ۷۷, l. 17 et 18 (*J. A.* t. XIII, p. 137, 5ᵉ sér.).

[d] *Ibid.* p. ۷۸, l. 3 à 9 (*J. A.* t. XIII, p. 138, 5ᵉ sér.). — El-Bekrî donne une idée exagérée de cette hauteur, que M. Bérard évalue à soixante mètres au-dessus de la mer (*Description nautique des côtes de l'Algérie*, p. 179, in-8°, de l'I. R. 1839).

[e] *Descript. de l'Afrique et de l'Espagne*, p. ۱۷۴, l. 13 et 14. Le texte sur lequel a travaillé Am. Jaubert disait fautivement ارجلون.

10   ÉTUDE SUR LA CONQUÊTE DE L'AFRIQUE.

lesquels je l'ai dressé, textes qui montrent qu'à vraiment parler, c'est le tableau composé par El-Bekrî.

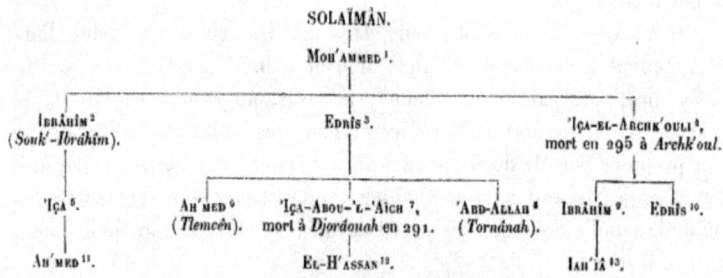

¹ El-Bekrî, p. ٧٧, l. 1 et 2, p. ٩٢, l. 19 et 20 (*J. A.* t. XIII, p. 136 et 175, 5ᵉ s.). On sait que c'est Moh'ammed-ibn-Solaïmân-ibn-'Abd-Allah-ibn-el-H'assan-ibn-el-H'assan-ibn-'Ali-ibn-Abou-T'âlib.

² *Id.* p. ٩١, l. 18 (*J. A.* t. XIII, p. 103, 5ᵉ s.).

³ *Id.* p. ٧٧, l. 3, et p. ٩٢, l. 19 (*J. A.* t. XIII, p. 136 et 175, 5ᵉ s.).

⁴ *Id.* p. ٧٨, l. 3 à 5 (*J. A.* t. XIII, p. 138, 5ᵉ s.). Il est vrai qu'El-Bekrî dit المذكور (le susnommé), comme s'il s'agissait du fils d'Edrîs, qu'il a en effet nommé, p. ٧٧, l. 3, mais le nom d'*El-Archk'oulî* qu'il lui donne semble avoir pour objet de le distinguer de 'Içâ-ibn-Edrîs, fondateur de *Djordouah*. «Archk'oul, dit-il, était habité « par des négociants quand 'Içâ-ibn-Moh'ammed- « ibn-Solaïmân vint s'y installer et prendre le « commandement. Il y mourut en 295.» On sait que 'Içâ-ibn-Edrîs mourut à *Djordouah* en 291 (voy. la note 7 ci-dessous).

⁵ Voyez la note 5 de la page 8.

⁶ El-Bekrî, p. ٩٢, l. 19 (*J. A.* t. XIII, p. 175, 5ᵉ s.). Là il dit : «Ah'med-ibn-Edrîs-ibn-Mo- « h'ammed-ibn-Solaïmân épousa une sœur de « Sa'îd-ibn-S'âlih...; le mariage fut célébré à « Nâkour, et Ah'med y passa le reste de ses jours « avec sa femme.»

⁷ *Id.* p. ٧٧, l. 1 à 4, et p. ١٣٢, l. 15 à 17 (*J. A.* t. XIII, p. 136 et 389, 5ᵉ s.). 'Içâ-Abou- 'l-'Aïch-ibn-Edrîs-ibn-, etc. bâtit *Djordouah* en 259; il en resta le seigneur et y mourut. — Ibn- 'Adzârî (*Baïân*, t. I, p. ٢٠٣, l. 2 à 5) place en 257 la construction de la mosquée de *Djordouah* par le même 'Içâ, et il avait dit (*ibid.* p. ١٣١ et ١٣٢) qu'il mourut dans cette ville en 291.

⁸ Ibn-H'auk'al, p. ٩٣, l. 11 (*J. A.* t. XIII, p. 230 ⁎, 3ᵉ s. 1842). — El-Bekrî (p. ٨٠, l. 13 à 17; — *J. A.* t. XIII, p. 143, 5ᵉ s. 1859) explique que 'Abd-Allah-(et-Tornânî)-ibn-Edrîs-ibn-Moh'ammed-ibn-Solaïmân avait sa résidence à *Tornânah*, ville, dit-il ailleurs (p. ١٣٣, l. 7 et 8; — *J. A.* t. XIII, p. 390, 5ᵉ s.), située à égale distance (une journée) de *Djordouah* et de *Tlemcên*. — Edrîsî, *Descr. de l'Afr. et de l'Esp.* p. ٨٠, l. 8.

⁹ El-Bekrî (p. ٧٨, l. 5; — *J. A.* t. XIII, p. 138, 5ᵉ s.) nous apprend qu'Ibrâhîm-ibn-'Içâ-'l-Archk'oulî était né à *Archk'oul*.

¹⁰ *Id.* p. ١٣٢, l. 8 et 9 (*J. A.* t. XIII, p. 349, 5ᵉ s.). El-Bekrî dit ici, d'après une source qui paraît sûre, qu'un certain 'Içâ-ibn-Djennoun était k'âdhi d'*Archk'oul*, quand Edrîs-ibn-'Içâ-'l-Archk'oulî régnait dans cette ville.

¹¹ Nommé par Ibn-Khaldoun dans son *Hist. des Edrîs*. (*H. d. B.* t. II, p. 571, de la trad.).

¹²⁻¹³ Ces deux notes se trouvent à la page 11.

⁎ Les manuscrits présentent d'assez nombreuses variantes (voyez Edrîsî, p. ٨٠, note K); celui que M. de Slane a eu sous les yeux disait *Berk'ânah*. C'est la leçon du manuscrit B.

LIVRE QUATRIÈME. — CHAPITRE I. 11

Ibn-Khaldoun vient de nous dire (voy. p. 6) que les fils d'Edrîs gardèrent *Tlemcên;* si réellement cette ville et ses dépendances échurent, dans le partage, à Ah'med, comme l'assure le même Ibn-Khaldoun[1], en faisant, à tort, ce prince *fils* de Moh'ammed-ibn-Solaïmân[2], on peut croire que la durée de son gouvernement dans cette ville fut assez courte, puisqu'il passa une grande partie de sa vie à *Nâkour* (voy. p. 10, note 6); on peut même croire qu'il ne fut à *Tlemcên* que le représentant de son frère 'Iça-Abou-'l-'Aïch, car, non seulement Ibn-

[12] (Note de la page 10.) El-Bekrî (p. ٧٨, l. 9 et 10°, et p. ١٣٢, l. 18 et 19; — *J. A.* t. XIII, p. 138 et 389, 5° s.) rappelle une circonstance dans laquelle El-H'assan-ibn-'Iça-Abou-'l-'Aïch-ibn-Edris, seigneur de *Djorâouah*, se réfugia à *Archk'oul*, et, plus loin, il parle d'un château construit à quatre milles au sud de *Djorâouah*, dans le *Djebel-Mamâlou*, par El-H'assan-ibn-Abi-'l-'Aïch. — Le *Baïân* (t. I, p. ٢٠٣, l. 5 et 6) nous apprend qu'à la mort de 'Iça, en 291, son fils El-H'assan prit le gouvernement de *Djorâouah*, et l'on sait par le *K'art'âs*[b], confirmé par Ibn-Khaldoun (*H. d. B.* t. II, p. ١٠٤, l. 14 à 16; — t. III de la trad., p. 336), qu'en 319 Tlemcên était encore au pouvoir d'El-H'assan-ibn-Abi-'l-'Aïch; qu'à cette date, il en fut dépossédé par Mouça-ibn-Abi-'l-'Afiah, et se réfugia à *Malilah*, une des îles du *Molouiah*. On lit dans El-Bekrî qu'El-H'assan avait fait construire à quatre milles au sud de *Djorâouah*, dans le *Djebel-Mamâlou*, un château où il se réfugia avec sa famille et ses trésors quand il quitta *Djorâouah*; en 338, il fut fait prisonnier dans ce château par El-Bour (fils de Mouça-ibn-Abou-'l-'Afiah), qui le livra à 'Abd-er-Rah'mân-

ibn-Moh'ammed[c], souverain de l'Espagne. (*El-Meçâlik*, etc. p. ٧٨, in fine, et p. ١٣٢, l. 19, à p. ١٣٣, l. 2. — *J. A.* t. XIII, p. 139 et 390-391.)

[13] (Note de la page 10.) El-Bekrî (p. ٧٨, l. 6 et 7; — *J. A.* t. XIII, p. 138, 5° s.) dit que Iah'iâ, fils et successeur d'Ibrâhîm-ibn-'Iça-'l-Archk'ouli, fut jeté en prison en 323 par Abou-'Abd-Allah-ech-Chîi[d]. Ibn-Khaldoun donne à ce fils d'Ibrâhîm le nom d'Edrîs[e] (*H. d. B.* t. II, p. ١٣٩, l. 8 et 9; — t. III de la traduction, p. 231); il me paraît le confondre avec le *frère* d'Ibrâhîm (voy. note 10 du tableau).

[1] *Hist. des Edrîs.* (*H. d. B.* Append. IV au t. II, p. 750, de la trad.).

[2] Cette erreur se retrouve dans l'*Histoire des Berbers,* t. I, p. ١٨٣, l. 10 (t. I de la trad., p. 283), mais, dans la même histoire (t. I, p. ٢٨٢, l. 4; — t. II de la trad., p. 140), Ibn-Khaldoun dit, comme El-Bekrî (voy. la note 6 du tableau) : « Ah'med-ibn-Edrîs-ibn-Moh'ammed-ibn-Solaïmân, seigneur de ..... » Le texte laisse ce nom de lieu en blanc; M. de Slane l'a rempli par « *Djorâouah* ».

[a] A cette ligne 10 El-Bekrî commet la faute de dire عيسى بن أبو العيش, et non seulement Ibn-Khaldoun lui a emprunté son récit, mais (*H. d. B.* t. II, p. ١٠٤, l. 15; — t. III de la trad., p. 336) il lui a emprunté, en la retournant[10], cette faute, qui n'est pas redressée dans la traduction. Il l'a commise encore t. I, p. ١٧٢, lin. penult. (t. I de la trad., p. 268).

[b] P. ٥١, l. 18 à 20 (p. 71 de la trad. lat. — p. 113 de la trad. franç.).

[c] 'Abd-er-Rah'mân III, huitième Omaïade d'Espagne, qui régna de 300 à 350.

[d] Il y a là quelque faute de copiste, car Abou-'Abd-Allah-ech-Chîi fut assassiné en 298, et si l'auteur avait écrit 'Obaïd-Allah, qu'une faute de copiste aurait défiguré, on sait qu'il mourut en 322.

[e] Quel que soit le nom de ce fils d'Ibrâhîm-ibn-'Iça-'l-Archk'ouli, il résulte de ce passage d'Ibn-Khaldoun qu'il régnait à *Archk'oul* vers 316.

[10] Il dit : El-H'assan-ibn-Abi-'l-'Aïch-ibn-'Iça.

Khaldoun et Ibn-'Abd-el-H'alîm nous apprennent qu'El-H'assan, fils et successeur de 'Içà, possédait encore *Tlemcén* en 319[1]; mais on sait par El-Bekrî que le royaume de 'Içà ne se bornait pas à *Djordouah*, puisqu'on lit dans cet excellent géographe : « Abou-'l-'Aïch et ses successeurs possédaient « *aussi* la ville de *Tlemcén* et les contrées qui en dépendent[2]. » Il paraît cependant avoir toujours résidé à *Djordouah*, où il mourut en 291[3], et la constance de ce séjour rend vraisemblable qu'il se fit représenter à *Tlemcén*[4]. « Les choses, « dit Ibn-Khaldoun, à propos du partage des États de Moh'ammed-ibn-« Solaïmân, restèrent en cet état jusqu'à la formation de l'empire fât'imite[5]. » Cette assertion est au moins hasardée, et c'est Ibn-Khaldoun lui-même qui va nous en fournir la preuve : « La famille des BENI-ROSTEM régnait encore, dit-il, « quand ses voisins, les *Maghrâouah* et les *Beni-Iforen*, s'emparèrent de *Tlemcén*, « et comme ces peuples voulaient la contraindre à reconnaître la souveraineté « des EDRÎSITES, elle soutint une guerre contre eux...... les ROSTEMITES leur « résistèrent avec succès, et quand ils succombèrent en 296, ce fut devant les « armes d'Abou-'Abd-Allah-ech-Chîï[6]. » Dans les quarante à cinquante années qui s'écoulèrent entre le partage du royaume de *Tlemcén* et l'établissement des FÂT'IMITES, il s'était donc opéré des changements bien profonds dans les sentiments des populations et dans la possession de certaines parties du territoire, particulièrement de *Tlemcén*, dont l'histoire est fort obscure dans cette période. On s'explique difficilement les *Zenâtah*, qui avaient été laissés en possession du pays ouvert, enlevant *Tlemcén* à un des descendants de Solaïmân, peut-être à 'Içà-Abou-'l-'Aïch[7], c'est-à-dire à un membre de la famille d'Edrîs, et *en même temps* voulant contraindre les ROSTEMITES à reconnaître la

---

[1] Voyez la note 12 du tableau. — A partir de 291, il y avait vingt-huit ans qu'il régnait. — El-Bekrî, sans donner la date de l'expulsion de ce prince, dit que H'assan se réfugia à *Arch-k'oul* (p. ٧٨, l. 10 et 11; — *J. A.* t. XIII, p. 138, 5ᵉ s.). On a vu (note *e* de la page précédente) que Iah'îâ-ibn-Ibrâhîm régnait à *Arch-k'oul* en 316; il est donc certain que ce fut près de lui qu'El-H'assan chercha un refuge en 319, puisque El-Bekrî dit que Iah'îâ fut emprisonné en 323 par Abou-'Abd-Allah-ech-Chîï (voy. la note 13 du tableau).

[2] *El-Meçâlik*, etc. p. ١٣٣, l. 23 et 24 (*J. A.* t. XIII, p. 390, 5ᵉ s.).

[3] Voyez la note 7 du tableau.

[4] On peut croire que ce fut par Ah'med, du moins jusqu'à l'instant où ce prince se fixa à *Nâkour*.

[5] *H. d. B.* t. II, p. ٣٠, l. 11 (t. III de la trad., p. 229).

[6] *Ibid.* t. I, p. ١٠٠, l. 3 à 6 (t. I de la trad., p. 243).

[7] Si l'événement dont il s'agit est postérieur à 291, ce serait à El-H'assan que les *Zenâtah* auraient enlevé *Tlemcén*, mais plus tard il en reprit possession, puisque nous avons déjà dit qu'il en fut chassé en 319; on lit même, dans Ibn-'Adzârî, qu'El-H'assan se rendit dans cette

souveraineté des Edrîsites. Faut-il en conclure que les princes de *Tlemcên* avaient rompu avec la cour de *Fés*[1]? Mais alors comment les Edrîsites laissaient-ils aux *Zenâtah* le soin de châtier une famille ingrate, et surtout de la châtier en lui enlevant une si importante possession? Quoi qu'il en soit, et sans chercher à résoudre ces questions, dont je ne me dissimule pas la difficulté, il suffit au sujet que je traite d'avoir constaté qu'à l'instant de l'apparition du Chîï en Afrique, la famille de Solaïmân avait perdu, au moins momentanément, le plus beau fleuron des possessions qu'elle tenait des Edrîsites, que les *Zenâtah du Maghrib central* étaient redevenus maîtres de *Tlemcén*, et que, non seulement ils avaient franchement accepté l'autorité des Edrîsites, mais qu'à une époque peu antérieure à celle qui vit le triomphe du Chîï, leur zèle était porté jusqu'à vouloir imposer, par la force des armes, cette autorité aux Beni-Rostem.

Après avoir essayé de préciser quelques dates relatives aux commencements des Edrîsites, j'ai montré, dans le premier volume, Moh'ammed-ibn-Edrîs-ibn-Edrîs partageant, en 213, le royaume paternel avec ses frères. Les conséquences de ce morcellement étaient faciles à prévoir : 'Iça ne tarda pas à se mettre en révolte à *Azemmour*, dans l'espoir d'arracher le sceptre des mains de celui-là même qui venait de lui donner un petit royaume. Moh'ammed chargea El-K'âcim, prince de *T'anger*, de soumettre le rebelle, et, sur son refus, il confia ce soin à 'Omar, dont les possessions s'étendaient à l'est de *Tet'ouân*. 'Omar resta vainqueur et reçut, pour prix de sa victoire, le territoire de l'ambitieux 'Iça. Bientôt le même 'Omar eut la mission d'aller châtier la désobéissance d'El-K'âcim; une nouvelle victoire amena un nouvel agrandissement de ses États, et il se trouvait ainsi maître de tout le littoral, depuis *Targhah* jusqu'à l'embouchure de l'*Omm-Rebïa*', quand il mourut, en ramadhân 220, à *Faddj-el-Faras*, dans le pays des *S'anhâdjah*[2]. Son frère Moh'ammed ne lui survécut que

Edrisites.

ville en 325ᶜ. Je ne saurais, toutefois, fixer la date à laquelle El-H'assan-ibn-'Iça-Abou-'l-'Aïch reprit possession de *Tlemcên*.

[1] Un passage d'Ibn-Khaldoun (H. d. B. t. I, p. ١٨٣, l. 11; — t. I de la trad., p. 283) pourrait le faire supposer, lorsqu'il dit que *Tlemcén* était dans les mains des descendants d'Ah'med, et que l'on y reconnaissait la souveraineté des Omaïades.

[2] *Baïân*, t. I, p. ٢٠٣, l. 7 et 8.

[²] *K'art'âs*, p. ٢٨, l. 24 et 25 (p. 41 de la trad. lat. — p. 63 de la trad. franç.). Ibn-'Abd-el-H'alim donne pour variantes : الفارس et فارس. — El-Bekrî avait parlé du *Faddj-el-Faras* (فجّ الفرس «défilé de la jument») comme d'une localité où l'on voit quelques villages appartenant à des familles mas'moudiennes, et qui se trouve entre le *Souk'* «marché» des *Maghrâouah* et la

14   ÉTUDE SUR LA CONQUÊTE DE L'AFRIQUE.

sept mois, puisqu'il mourut à *Fês* en rebî-'l-akhir en 221 [1], laissant pour successeur désigné son fils 'Ali, bien qu'il n'eût que neuf ans et quatre mois; mais cet enfant trouva chez les Berbers la docilité dont ils puisaient l'inspiration dans leur dévouement à sa famille; de son côté, le jeune prince, bien conseillé, suivit la voie tracée par son père et par son aïeul : il se montra juste, prudent, plein de sollicitude pour le bonheur des peuples, et son règne paisible eut une durée de treize ans et trois mois [2]. En redjeb 234, le jour même de la mort de 'Ali, son *frère* [3] Iah'îâ-ibn-Moh'ammed fut proclamé, et lui aussi se montra jaloux d'imiter les bons exemples transmis par ses prédécesseurs : « Sous son règne, dit l'auteur du *K'art'âs*, la population de *Fês* s'accrut considérablement; la ville fut bientôt insuffisante; une foule d'étrangers venus de l'*Andalousie*, de l'*Ifrîk'iah* et de toutes les parties du *Maghrib*, furent obligés de s'établir dans les jardins du dehors. » De là une vive impulsion donnée aux

ville de *Ouinâk'âm*, située sur le fleuve *Seshour* (نهر سهور) [a]. L'assertion d'El-Bekri, quant aux habitants [b], rapprochée de celle du *K'art'âs*, montre que *Faddj-el-Faras* était à la limite du territoire des *S'anhâdjah* et de celui des *Mas'moudah*. — Ibn-Khaldoun parait avoir emprunté au *K'art'âs* le passage où il nomme *Faddj-el-Faras* [c].

[1] *K'art'âs*, p. ٢٨ et ٢٩ (p. 41 de la trad. lat. — p. 64 de la trad. franç.). — Ibn-Khaldoun, *Hist. des Edris.* (H. d. B. Append. iv au t. II, p. 564, de la trad.). — El-K'aïraouâni place cet événement en rebî-'l-aouel en 221, et dit que Moh'ammed régna huit ans (*Hist. de l'Afr.* l. VI, p. 170); il admet, par conséquent, qu'Edris II était mort en rebî-'l-aouel 213, comme d'ailleurs l'assure El-Bekri, et j'en puis dire autant de l'auteur du *K'art'âs*, qui, fixant la mort de Moh'ammed en rebî-'l-akhir 221, donne au règne de ce prince une durée de huit ans *et un mois*.

[2] *K'art'âs*, p. ٢٤, l. 10 et 11 (p. 41 de la trad. lat. [d]; — p. 64 et 65 de la trad. franç.). — Voy. Ibn-Khaldoun à la page citée note 1 ci-dessus. — El-K'aïraouâni (p. 171) a, comme Ibn-Khaldoun, copié le *K'art'âs*.

[3] El-Bekrî prétend que 'Ali eut pour successeur son *neveu* Iah'îâ-ibn-Iah'îâ-ibn-Moh'ammed-ibn-Edris II (*El-Meçâlik*, etc. p. ١٢٥, l. 21; — J. A. t. XIII, p. 354, 5ᵉ sér.); j'ai admis la version d'Ibn-'Abd-el-H'alîm et d'Ibn-Khaldoun [e]; mais il est singulier qu'El-K'aïraouâni, qui dit, comme eux, que Iah'îâ succéda à son *frère* 'Ali, donne pour successeur à Iah'îâ son *cousin* 'Ali-ibn-'Omar-ibn-Edris, de sorte que, confondant en un seul Iah'îâ Iᵉʳ et Iah'îâ II, l'un fils, l'autre petit-fils de Moh'ammed-ibn-Edris, il n'y a, pour lui comme pour El-Bekri, qu'un souverain du nom de Iah'îâ entre 'Ali-ibn-Moh'ammed et 'Ali-ibn-'Omar.

[a] *El-Meçâlik*, etc. p. ١٠٧, l. 17 à 20 (J. A. t. XIII, p. 317, 5ᵉ sér.). — Voir aussi p. 110, l. 6 (t. XIII, p. 333).

[b] Du reste, El-Bekri avait dit aussi que «'Omar mourut à *El-Faras*, campagne qu'il possédait dans le pays des «*S'anhâdjah*.» (*Ibid.* p. ١٢٥, l. 17; — J. A. t. XIII, p. 353, 5ᵉ sér.).

[c] Voyez Ibn-Khaldoun à la page citée note 1.

[d] On lit ici (in fine) : «postquam tres ferme annos regnaverat,» quand le texte dit نحو الثلاثة عشر سنة «environ treize ans»; or *tres* est évidemment une faute d'impression, mais, même en y substituant *tredecim*, il ne faudrait pas dire *ferme*.

[e] Voyez *K'art'âs*, p. ٢٩, l. 21 (p. 65 de la trad. lat. — p. 103 de la trad. franç.). — Ibn-Khaldoun, *Hist. des Edris.* (H. d. B. t. II, p. 566, de la trad.).

LIVRE QUATRIÈME. — CHAPITRE I. 15

constructions de *Fés*. Iah'îâ fit élever de nouveaux bains, de nouveaux caravansérails (الفنادق, *fenâdîk'*) pour les marchands, et, en 245, la fameuse mosquée qui devint l'honneur du *quartier des K'aïraouânites*[1]. Ce fut le 1ᵉʳ ramadhân 245[2] que fut posée la première pierre de ce magnifique édifice, dû à la piété d'une femme de *K'aïraouân*, qui avait trouvé à *Fés* une nouvelle patrie[3]. L'auteur du *K'art'âs* a consacré de nombreuses pages à décrire minutieusement cette mosquée, à faire l'histoire du minaret (صومعة, *s'ôma'ah*) dont on l'orna un siècle après sa fondation, et même l'histoire des prédicateurs (خطبا) qui enseignèrent la parole de Dieu dans la chaire inaugurée par Abou-Moh'ammed-Mahdi-ibn-'Içâ[4]; mais tous ces détails absorbent l'attention d'Ibn-'Abd-el-H'alîm au point de lui faire oublier l'émîr Iah'îâ; et il nous laisse ignorer jusqu'à la durée de son règne, d'un règne qui a peut-être marqué l'apogée de la puissance des Edrîsites[5]. Il nous apprend cependant que le cinquième Edrîsite[6]

---

[1] On est en droit de s'étonner qu'El-Bekrî, faisant en 460 la description de *Fés*, ne mentionne dans le *quartier des K'aïraouânites* que le *Djâma'-ech-Chorafâ*, fondé par Edrîs-ibn-Edrîs en 193 (*El-Meçâlik*, etc. p. ١١٤, l. 19 et 20; — J. A. t. XIII, p. 337, 5ᵉ sér.).

[2] Le *K'art'âs* dit «un samedi» (p. ٣٠, l. 7; — p. 42 de la trad. lat. — p. 66 de la trad. franç.). Cette indication ne peut pas être exacte; le 1ᵉʳ ramadhân 245 tombe un jeudi et correspond au jeudi 30 novembre 859 de J. C.

[3] Ibn-Khaldoun, *Histoire des Edrîs*. (H. d. B. Append. iv au t. II, p. 565, de la trad.). A l'exemple d'Ibn-'Abd-el-H'alîm, il nomme cette sainte femme Oumm-el-Benîn «la mère des deux fils», fille de Moh'ammed-el-Fihri-l-K'aïraouâni, mais il prétend que, d'après son auteur, Oumm-el-Benîn était issue de la tribu des *Hooudrah*, et que sa famille était au nombre de celles qui affluèrent à *Fés* sous le règne de Iah'îâ-ibn-Moh'ammed-ibn-Edrîs II. Ces deux assertions sont inexactes, du moins ne se trouvent pas, comme il le dit, dans le *K'art'âs*, où on lit que la famille de Moh'ammed-el-Fihri était une de celles qui s'étaient réfugiées à *Fés* du temps d'Edrîs II (en 210 de l'hég.), et que la fille de Moh'ammed-el-Fihri bâtit la fameuse mosquée (جامع القرويين) sur un terrain qu'elle avait acquis d'un homme appartenant à la tribu des *Hooudrah*[a]. — Je ne puis m'empêcher de remarquer, en passant, le soin avec lequel Ibn-'Abd-el-H'alîm fait valoir que la fortune employée à cette œuvre pieuse avait une source pure, et surtout ne provenait pas du commerce[b].

[4] *K'art'âs*, p. ٣٠, l. 25 et 26, p. ٣٢, l. 4 et 5 (p. 50 et 58 de la trad. lat. — p. 80, 92 et 93 de la trad. franç.).

[5] El-Bekrî ne partage pas cette opinion; il parle de Iah'îâ-ibn-Edrîs-ibn-'Omar (Iah'îâ IV) comme du prince de cette famille dont la puissance et la considération furent portées au plus haut degré[c]; mais il semble ici faire confusion entre la puissance de la dynastie Edrîsite et la très grande valeur personnelle dont Iah'îâ-ibn-Edrîs fit preuve dans des circonstances difficiles assurément, mais dont il ne triompha pas, puisque nous le verrons détrôner et aller mourir à *Mahdiah* en 334.

[6] El-Bekrî ne compte pas ce cinquième Edrîsite (voyez la note 3 de la page précédente).

---

[a] *K'art'âs*, p. ٢٤, l. 23 et 24 (p. 42 de la trad. lat. — p. 66 de la trad. franç.).
[b] *Ibid.* p. ٣٠, l. 4 (*ibid.* — *ibid.*). Voir aussi p. ٣٠, l. 24 (p. 54 de la trad. lat. — p. 89 de la trad. franç.).
[c] *El-Meçâlik*, etc. p. ١٢٥, l. 21, p. ١٢٢, l. 11 et 12 (J. A. t. XIII, p. 355 et 356, p. 368, 5ᵉ sér.).

eut pour successeur un fils qui, comme lui, s'appelait Iah'îâ [1]; que ce fils avait épousé une de ses parentes, 'Âtikah, fille de 'Ali-ibn-'Omar-ibn-Edrîs II [2]; que, loin de marcher sur les traces du prince qui avait jeté un si vif éclat sur la branche de Moh'ammed, il s'abandonna à ses passions et perdit le trône. Ibn-'Abdel-H'alîm s'accorde avec El-Bekrî sur les faits qui amenèrent cet événement. Iah'îâ-ibn-Iah'îâ, s'étant épris d'une Juive nommée H'annah (حنة), dont l'auteur du *K'art'âs* parle comme de la plus belle femme de son temps, ne craignit pas de forcer l'entrée d'un bain public pendant qu'elle s'y trouvait. La population de *Fés*, indignée d'un pareil scandale, le chassa de son palais, et Iah'îâ-ibn-Iah'îâ, s'étant réfugié dans le *quartier des Andalous*, y mourut dans la nuit même du jour qui avait éclairé cette scène honteuse [3]. Nous allons voir le sceptre passer aux mains de la branche de 'Omar-ibn-Edrîs [4], sans pouvoir indiquer la date de la révolution qui déposséda pour toujours la branche de Moh'ammed-ibn-Edrîs.

La population de *Fés*, je viens de le dire, avait été vivement impressionnée par l'acte de violence auquel Iah'îâ-ibn-Iah'îâ s'était laissé entraîner; cette impression, comme il arrive toujours, fut aussitôt exploitée : un chef nommé «'Abd-er-Rah'mân-ibn-Abou-Sahl-el-Djodâmi [5] profita du mécontentement gé- «néral pour s'emparer du pouvoir,» et, à proprement parler, ce fut lui qui expulsa le prince coupable. Mais 'Âtikah n'avait pas accompagné l'émir dans sa fuite; elle se hâta de donner avis à son père de l'usurpation consommée par 'Abd-er-Rah'mân, et bientôt on vit 'Ali-ibn-'Omar paraître à la tête de ses

---

[1] *K'art'âs*, p. ۴۴, l. 21 (p. 66 de la trad. lat. — p. 103 de la trad. franç.). Lorsque El-K'aïraouâni (liv. IV, p. 171) dit : «Quant à son «successeur, appelé comme lui Iah'îâ,» il parle d'un autre Iah'îâ, de celui qui, dans mon TABLEAU, est appelé Iah'îâ IV.

[2] *K'art'âs*, p. ۴۴, l. 24 et 25 (p. 65 de la trad. lat. — p. 103 de la trad. franç.*). — El-Bekrî, p. ۱۲۰, l. 2 et 3, p. ۱۳۱, l. 22 (*J. A.* t. XIII, p. 354 et 367, 5ᵉ sér.).

[3] Voyez aux pages citées notes 1 et 2 ci-dessus. — Ibn-Khaldoun, *Histoire des Edrîs.* (H. d. B. Append. IV au t. II, p. 566, de la trad.). — El-K'aïraouâni, dans la confusion qu'il a faite, dit (liv. VI, p. 171) : «Iah'îâ mourut par suite du «chagrin que lui causa une affaire qu'il serait «trop long de rapporter.» Évidemment il veut dissimuler l'action honteuse commise par Iah'îâ II et qu'il croit avoir été commise par Iah'îâ Iᵉʳ, son père.

[4] *K'art'âs*, p. ۴۷, l. 8 et 9 (p. 65 de la traduction latine; — p. 104 de la traduction française).

[5] Aïeul de Ah'med-ibn-Bekr-ibn-'Abd-er-Rah'mân, que nous verrons plus tard, en 322 ou 323, se rendre maître de *Fés* et tuer le gouverneur. (*El-Meçâlik*, etc. p. ۱۴۸, l. 10; — *J. A.* t. XIII, p. 360, 5ᵉ sér.).

* M. Beaumier donne à cette femme le nom de *Khateka*, mais le texte imprimé dit, comme El-Bekrî, عاتكة ('Âtikah).

LIVRE QUATRIÈME. — CHAPITRE I.   17

troupes, pénétrer dans le *quartier des K'aïraouânites* et en prendre possession[1]. Ce prince « *réunit ainsi sous son autorité toutes les provinces du Maghrib*[2]. » Cette conclusion, dont j'emprunte les termes à Ibn-Khaldoun, montre que l'héritier de 'Omar avait conservé la part qui avait été octroyée à son père en 213, et même les annexions qui y avaient été faites depuis[3]; le royaume d'Edrîs II se trouvait donc en très grande partie reconstitué dans les mains d'un de ses petits-fils. Mais des germes de mécontentement s'étaient développés au sein des populations, et les Berbers du *Maghrib*, naguère encore si pleins de foi dans la dynastie d'Edrîs, étaient devenus accessibles à certaines suggestions. Aussi, le règne de 'Ali-ibn-'Omar, dont les commencements pouvaient faire espérer des jours paisibles, ne tarda-t-il pas à être troublé. Un certain 'Abd-er-Rezzâk'-el-Fihri[4], originaire de *Ouechk'ah*[5] (*Huesca*) en Espagne, « leva l'étendard de

---

[1] El-Bekrî (*El-Meçâlik*, etc. p. ١٣٢ et ١٣٥; — J. A. t. XIII, p. 354). Il ne dit pas que ce fut 'Âtikah qui donna à son père avis des événements qui se passaient à *Fès*; j'ai emprunté ce détail à Ibn-'Abd-el-H'alîm[a]. Ibn-Khaldoun ne mentionne pas non plus cette circonstance : « La nouvelle de « la mort de Iah'ïâ, dit-il, fut portée à son cousin « 'Ali-ibn-'Omar, souverain du *Rîf* : de pressantes « invitations lui arrivèrent en même temps de la « part des grands officiers de l'empire, tant arabes « que berbers, ainsi que des affranchis et clients « de la maison royale. Cédant à leurs instances... » (H. d. B. t. II de la trad., p. 566).

[2] *Ibid*, même page. — Ibn-'Abd-el-H'alîm s'exprime ainsi : « Il enleva l'*Adouah des K'aï-« raouânites* à 'Abd-er-Rah'mân, qui en était « maître, et se fit acclamer dans les deux *Adouah*; « dès lors son nom fut prononcé les jours de ven-« dredi *dans toutes les chaires des provinces du « Maghrib*[b]. » Il faut sans doute en excepter le territoire de *Nâkour*, qui, depuis longtemps, constituait, entre les mains des Beni-S'âlih', une petite principauté, dont je ne parlerai que plus loin.

[3] Des parts de 'Içà et d'El-K'âcim (voyez ci-dessus).

[4] El-Bekrî, *El-Meçâlik*, etc. p. ١٣٥, l. 5 et suiv. (J. A. t. XIII, p. 354 et 355, 5ᵉ sér.). — *Baïân*, t. I, p. ٢١٩, l. 21 et 22. — *K'art'âs*, p. ٥٢v, l. 15 (p. 66 de la trad. lat. — p. 104 de la trad. franç.). — Ibn-Khaldoun, *Hist. des Edrîs*. (H. d. B. Append. IV au t. II, p. 566, de la trad.). — El-K'aïraouâni (*Hist. de l'Afr.* liv. VI. p. 171) nomme ce personnage 'Abd-er-Rezzâk'-el-K'ardj, fautivement écrit pour El-Khâredji, car les auteurs antérieurs disent non seulement qu'il était Khâredjite (dissident), mais même qu'il appartenait à la secte des S'ofrites. (Sur ces sectes, voyez *Histoire des Berbers*, t. I, page 103, note 5.)

[5] وَشْقَة. C'est l'orthographe donnée par Iâk'out (*Mo'djam*, t. IV, p. ٩٢٩, lin. ult. — *Marâs'id*, p. ٢٩, l. 5). Non seulement des manuscrits, mais le texte imprimé du *K'art'âs* (p. ٥٢v, l. 15 et 18) donnent la leçon رَشْقَة (*Rechk'ah*), faute bien facile à commettre par les copistes. — *Huesca* est au nord-est de *Saragosse*.

[a] *K'art'âs*, p. ٥٢v, l. 3 et 4 (p. 65 de la trad. lat. — p. 103 de la trad. franç.). L'auteur du *K'art'âs* parle, en outre, d'un complot contre la vie de Iah'ïâ-ibn-Iah'ïâ, complot dans lequel serait entrée la mère elle-même de ce prince; il ajoute que 'Âtikah découvrit les trames ourdies contre son mari, qu'alors elle le pressa vivement de passer dans le *quartier des Andalous*, mais qu'il n'en eut pas le temps et mourut dans la nuit même.

[b] *K'art'âs*, p. ٥٢v, l. 6 à 8 (p. 65 de la trad. lat. — p. 103 et 104 de la trad. franç.).

« la révolte dans les montagnes des *Madïounah*, situées au sud de *Fês*[1]. » Ce centre d'insurrection était habilement choisi : « Un grand nombre de *Madïou-nah*[2], dit Ibn-Khaldoun, rentrèrent en Espagne lors de la première invasion de ce pays (en 92 de l'hég. — 711 de J. C.), et ils y devinrent très puissants[3]. » Évidemment 'Abd-er-Rezzâk', après avoir passé le détroit, avait traversé le *Maghrib* pour venir planter sa tente au milieu de familles auxquelles certains liens l'unissaient. En sa qualité de S'ofrîte, il avait facilement entraîné de nombreuses tribus berbères, les *Madïounah*, les *Ghiâtah*, etc., et avait construit, sur la montagne de *Slâ* (سلا[a], *salé*), dans le pays des *Madïounah*, un château très fort, auquel il avait donné le nom de *Ouechk'ah*, en souvenir de sa ville natale, « et qui existe encore aujourd'hui » (726 de l'hég. — 1325 à 1326 de J. C.), dit l'auteur du *K'art'âs*[5]. Après avoir livré plusieurs combats à 'Ali-ibn-

---

[1] El-Bekrî, *El-Meçâlik*, etc. p. ١٢٠, l. 7 (J. A. t. XIII, p. 354, 5ᵉ sér.). — Ibn-Khaldoun[a], *Hist. des Edris.* (H. d. B. Append. ɪv au t. II, p. 566, de la trad.). — Ibn-'Abd-el-H'alîm dit que, parti de *Ouechk'ah* et arrivé dans le *Maghrib*, 'Abd-er-Rezzâk' vint camper sur le mont *Ouîlân* (وِيلان[b]), à une journée et demie de *Fês*.

[2] Voy. sur cette tribu, t. I, p. 305, n. 4 et n. d.

[3] H. d. B. t. I, p. 14, l. 3 et 4 (t. I de la trad., p. 250). — Il a dit exactement la même chose des *Miknâçah*.

[4] Il ne peut pas s'agir ici du lieu qui porte identiquement le même nom à l'embouchure du *Bou-Regrâg*.

[5] P. ٢v, l. 18 (p. 66 de la trad. lat. — p. 104 de la trad. franç.).

---

[a] On a vu dans le tome premier qu'Ibn-Khaldoun place le *Djebel-Madïounah* au sud d'*Oudjdah* et, par conséquent, à l'est de *Fês*; en cela il s'accorde avec Abou-'l-Fedâ, qui parle du *Djebel-Madïounah* comme d'une montagne du *Barr-el-'Adouah*, qui s'élève à l'est de *Fês*[1c]; il y a cependant cette très grande différence que, pour le géographe syrien, le *Djebel-Madïounah* est à l'ouest du *Djebel-Mat'gharah*[2c], tandis que l'indication d'Ibn-Khaldoun porte, au contraire, le *Djebel-Madïounah* loin à l'est du *Djebel-Mat'gharah*. Il est fort possible, comme l'observe M. de Slane[3c], qu'il y ait plusieurs montagnes du nom de *Madïounah*; mais je ne puis, du passage d'Ibn-Khaldoun qu'invoque ce savant, inférer, comme lui, qu'il s'agit d'un *Djebel-Madïounah* voisin de *Mâzounah*[4c]; ce passage, que j'ai déjà cité, est ainsi conçu : « Le pays qu'ils (les *Maghrâouah*) avaient l'habitude de parcourir est situé dans « le *Maghrib* central et s'étend depuis [la ville de] *Chelif* jusqu'à *Tlemcên*, de là, aux *montagnes de Madïounah*[5c]. » Non seulement je ne connais aucun géographe qui confirme l'indication d'un pareil voisinage, mais du passage d'Ibn-Khaldoun je conclurais bien plutôt qu'il s'agit d'un *Djebel-Madïounah* situé à l'ouest ou au sud-ouest de *Tlemcên*.

[b] *K'art'âs*, p. ٢v, l. 16. Plusieurs manuscrits disent وبلان (*Ouablân*), comme on peut le voir à la note 2 de la page 66 de la trad. lat. Le manuscrit de M. Beaumier était dans ce cas (trad. franç. p. 104).

[1c] *Géogr.* p. ٤٤, l. 4 et 5, p. ١٣٣, l. 6 et 7 (t. II de la trad., p. 84 et 170).

[2c] Montagne que la *carte du Marok*, par M. Renou, place au sud de *Têza* (sur le méridien 6° ouest).

[3c] H. d. B. t. III de la trad., p. 227, note 4.

[4c] Pour la position de *Mâzounah*, voyez t. I.

[5c] H. d. B. t. II, p. ٣١٥, l. 1 et 2 (t. III de la trad., p. 227). — De ce passage et de la note de M. de Slane (note 4 ci-dessus, note 3c ci-dessus), M. de Gœje conclut qu'une certaine montagne qu'El-la'k'oubî nomme *Ank'abak'* pourrait bien être un *Djebel-Madïounah* (*S'ifat-el-Maghrib*, p. ٢٠, l. 10; — p. 107, note 2, de la trad. lat.); la manière dont la'k'oubî désigne le point où le *Chelif* sort de cette montagne pour aller se perdre à la mer laisse obscur l'emplacement de son *Ank'abak'* (supposé par M. de Gœje être le *Madïounah*).

'Omar, et remporté sur lui une victoire décisive, le rebelle marcha sur *Fès*, et reçut la soumission des habitants du *quartier des Andalous*[1], où la Khot'bah fut, dès lors, récitée en son nom[2]. Mais les habitants du *quartier des K'aïraouânites* firent une vigoureuse résistance à l'usurpateur, et comme 'Ali avait lâchement cherché un refuge chez les *Aurabah*, ils députèrent vers Iah'iâ-ibn-el-K'âcim, surnommé *El-Mik'ddm*[3] « le courageux », qui répondit à leur appel, vint se mettre à leur tête, fut proclamé, et chassa 'Abd-er-Rezzâk' du *quartier* dont il était maître[4].

La couronne, comme on voit, passait dans une troisième branche, dans celle d'El-K'âcim. Le premier soin du nouveau souverain fut de confier le commandement du *quartier des Andalous*[5] à Tha'labah-ibn-Moh'ârib-ibn-'Abd-Allah, descendant du célèbre émîr Mohallab-ibn-Abou-S'ofrah-el-Azdi. J'ignore en

---

[1] El-Bekrî, p. ١٣٥, l. 7 à 10 (*J. A.* t. XIII, p. 354, 5ᵉ sér.).

[2] *K'art'ds*, p. ٦٥, l. 22 (p. 66 de la trad. lat. — p. 105 de la trad. franç.).

[3] Tel est le surnom que lui donnent Ibn-'Adzârî[a] et Ibn-'Abd-el-H'alîm[b]; suivant El-Bekrî[c], son surnom était العدام (*El-'Adâm*), et Ibn-Khaldoun, dans son *Histoire des Edrisites*[d], donne deux versions : الصرام (*Es'-S'arâm*) et العدام (*El-'Adâm*), mais, dans ses *Prolégomènes*[e], il écrit ce surnom المعدام (*El-Ma'-dâm*).

[4] Les récits d'El-Bekrî et d'Ibn-'Abd-el-H'alîm me paraissent devoir être préférés à celui d'Ibn-Khaldoun, qui prétend que Iah'iâ III vint au secours des habitants de *Fès avec une armée*[f]. Où aurait-il recruté une armée, lui qui n'avait pas d'États, puisque son père avait été dépossédé, et puisque Ibn-Khaldoun lui-même vient de dire que 'Ali-ibn-'Omar réunissait sous son autorité *toutes les provinces du Maghrib?* Du reste, aucun des auteurs que je consulte ne nous fait connaître ni le lieu qui était celui de la résidence de Iah'iâ-ibn-el-K'âcim, et où les habitants de *Fès* l'envoyèrent chercher, ni les exploits qui lui avaient valu le surnom d'*El-Mik'dâm*.

[5] M. de Slane (*Hist. des Edris.* in *H. d. B.* t. II de la trad., p. 566) fait dire à Ibn-Khaldoun «du quartier des K'aïraouânites;» or, non seulement la raison veut que Tha'labah ait été préposé au commandement de celui des *quartiers* qui avait pris part à la révolte, mais le *K'art'ds* le dit positivement[g], et Ibn-Khaldoun lui-même le dit aussi ailleurs[h]; il est donc évident qu'il y a là une erreur, ou dans le texte, que je n'ai pas sous les yeux, ou dans la traduction. Peut-être cette erreur, si elle provient du texte, remonte-t-elle assez loin, car le *manuscrit* d'Ibn-'Adzârî dit que Iah'iâ-ibn-el-K'âcim s'empara du *quartier des K'aïraouânites*, en chassa 'Abd-er-Rezzâk', au lieu de dire du *quartier des Andalous*. (*Baïân*, t. I, p. ٢٢٠, l. 3, et la note *b* de cette page ٢٢٠.)

---

[a] *Baïân*, t. I, p. ٢٢٠, l. 2. A la note *a* de cette page ٢٢٠, on voit que des manuscrits disent العدام.
[b] *K'art'ds*, p. ٦٥, l. 23, et p. ٦٨, l. 5.
[c] *El-Meçâlik*, etc. p. ١٣٥, l. 11 (*J. A.* t. XIII, p. 355, et note 1, 5ᵉ sér.).
[d] *H. d. B.* t. II de la trad., p. 566 et note 3 de cette page 566.
[e] *Notic. et Extr.* t. XVI, p. 39, lin. ult. (t. XIX, p. 53 et note 1 de cette page 53).
[f] A la page citée note *d* ci-dessus.
[g] *K'art'ds*, p. ٦٥, lin. ult. (p. 66 de la trad. lat. — p. 105 de la trad. franç.).
[h] *H. d. B.* t. I, p. ١٧٢, l. 11 (t. I de la trad., p. 267).

quelle année Tha'labah reçut cette marque de confiance, mais il mourut peu de temps après, et Iah'iâ-ibn-el-K'âcim lui donna pour successeur son fils 'Abd-Allah-ibn-Tha'labah, surnommé *Abboud*, qui paraît avoir conservé ce poste pendant de longues années[1]. Cependant, la branche de 'Omar n'avait pas renoncé au trône; Iah'iâ-ibn-Edrîs-ibn-'Omar (Iah'iâ IV) en disputait la possession à son cousin; la guerre civile désolait le *Maghrib*, et tout ce que nous savons de cette période de décadence pour la dynastie des EDRÎSITES, c'est qu'en 292 Rebîa'-ibn-Solaïmân, général de Iah'iâ-ibn-Edrîs, resta vainqueur de Iah'iâ-ibn-el-K'âcim dans une bataille où ce prince perdit la vie[2]. La ville de *Fès* était donc rentrée en la possession de la branche de 'Omar au moment où le Chîi préparait l'avènement des FÂT'IMITES. Mais cet empire n'était pas affaibli seulement par les luttes des différentes branches de la famille d'Edrîs; deux chefs miknâciens, Mas's'âlah-ibn-H'abbous et Mouça-ibn-Abou-'l-'Âfiah[3], avaient profité de ces dissensions pour accroître leur puissance au point de soumettre toutes les peuplades berbères du territoire qui s'étend entre *Têza* (تازى) et *Lokâi* (لكاى) :
« Ils soutinrent même, ajoute Ibn-Khaldoun, plusieurs guerres contre les EDRÎ-
« SITES, et les victoires qu'ils remportèrent sur cette dynastie, alors en pleine
« décadence, les rendirent maîtres d'une grande partie des plaines de ce pays[4]. »
En parlant tout à l'heure de la révolte de 'Abd-er-Rezzâk', qui, né en Espagne, avait pris pour point de départ en *Maghrib* le pays des *Madiounah*, vraisemblablement restés en relation avec les *Madiounah* d'Espagne, et que nous avons vu s'emparer si facilement du *quartier des Andalous*, dans lequel il avait sans doute des intelligences, on pouvait supposer que le prince 'omaïade qui régnait alors à *Cordoue* (peut-être Moh'ammed-ibn-'Abd-er-Rah'mân II, dont le règne ne finit

---

[1] Puisqu'il fut tué en 315, après avoir défendu le *quartier des Andalous* contre Mouça-ibn-Abou-'l-'Âfiah (voy. plus loin sous l'an 315).

[2] El-Bekri, p. ۱۳٥, l. 12 (*J. A.* t. XIII, p. 355, 5° sér.). — Ibn-'Adzârî, *Baïân*, t. I, p. ۲۲۰, l. 5. — Ibn-'Abd-el-H'alim, *K'art'âs*, p. ۱۲۸, l. 9 (p. 67 de la trad. lat. — p. 106 de la trad. franç.). — Ibn-Khaldoun (*H. d. B.* t. II de la trad., p. 567). — Voici la première date qu'on retrouve depuis quarante-sept ans. On sait, en effet, que Iah'iâ I*er*, monté sur le trône edrisite en 234, l'occupait encore en 245, puisque ce fut sous son règne que fut fondée la fameuse mosquée du *quartier des K'aïraouânites*, mais on ignore quand ce règne finit. Après lui, trois princes (Iah'iâ II, 'Ali-ibn-'Omar et Iah'iâ-ibn-K'âcim) se succédèrent, sans qu'on sache à quelles dates leurs règnes ont commencé; on vient de voir finir en 292 le règne du dernier de ces trois Edrîsites.

[3] C'étaient les ancêtres de ces chefs qui avaient fondé la ville d'*Akercîf* (كرسيف) et le *ribât'* de *Tâza* (*H. d. B.* t. I, p. ۱۷۱, l. 5; — t. I de la trad., p. 266). Iâk'out (*Mo'djam-el-Boldân*, t. I, p. ۳۴۲, l. 12 à 14) parle d'*Akercîf* comme d'une petite ville située à cinq journées de *Fès* et à égale distance de *Tlemcên*.

[4] *H. d. B.* t. I, p. ۱۷۱, l. 8 à 10 (t. I de la trad., p. 266).

qu'en 273¹) n'était pas resté étranger au coup de main tenté par cet aventurier; mais on n'en a aucune preuve, et si cette supposition venait à se vérifier, je verrais, dans une pareille manœuvre, la continuation du travail lent mais persévérant dont j'ai déjà signalé des symptômes. Jusqu'ici il n'existe, ostensiblement du moins, aucune relation, ni amicale ni hostile, entre les Edrisites du *Maghrib* et les Omaïades d'*Espagne*; ces deux dynasties rivales, dont les empires ne sont séparés que par un détroit, se contentent de s'observer mutuellement et de se mesurer de l'œil; de part et d'autre on s'est deviné, mais aucun des deux champions ne semble oser lancer le trait qui sera le signal d'une lutte acharnée.

En parcourant, comme nous venons de le faire, l'immense espace qui s'étend de l'*Ifrîk'iah* à la grande mer, nous avons vu les Edrisites tenant tout l'Occi-

¹ J'ai déjà eu l'occasion de nommer ce prince et de dire que son règne finit le 28 s'afar 273ª; il eut pour successeur son fils El-Mondzir, qui régna moins de deux ans, puisqu'il mourut pendant le siège de *Barbochtaro* (بربشتر ᵇ), le samedi 15 s'afar 275 (29 juin 888), empoisonné, selon toutes les vraisemblances, par son frère 'Abd-Allah, qui, aussitôt, s'empara du sceptre, et le garda vingt-cinq ans et quatorze jours, c'est-à-dire jusqu'au 29 s'afar 300 (jeudi 15 octobre 912 de J. C.). C'était donc cet usurpateur fratricide qui régnait en Espagne au moment où se fondait la dynastie des Fât'imites. Ce n'est pas ici le lieu de raconter les événements par suite desquels 'Abd-Allah eut pour successeur son petit-fils 'Abd-er-Rah'mân-en-Nâs'ir-ibn-Moh'ammed-el-Mak'-toul (le tué), dont le règne se prolongea jusqu'au 3 ramadhân 350 (mercredi 16 octobre 961).

ª Ibn-H'abîb, Ibn-'Abd-Rabbouh¹* et Ibn-el-Khat'îb (in Casiri, t. II, p. 199, col. 2 et note *b*) placent la mort de ce vᵉ Omaïade d'Espagne au 1ᵉʳ rebi'l 273, mais Ibn-el-Abbâr (*El-H'ollat-es-Siarâ*, p. 64, l. 15 des *Notices* de Dozy), Ibn-'Adzâri (*Baïân*, t. II, p. ٤٤, l. 19 et 20), Abou-'l-Fedâ (t. II, p. 262 et 264), et Mak'k'ari²* disent le jeudi 28 s'afar 273. En-Nouaïri, incertain, indique les deux dates³*. Roderich de Tolède (cap. xxvIII, p. 24), El-Mak'în (p. 173, l. 33 et 34), Abou-'l-Mah'âcin⁴* (t. II, p. ٧٤, l. 15) donnent seulement l'année (273). Deguignes (t. I, p. 358) adopte la date de s'afar, et ajoute : «ou, selon d'autres, en rebi'-l-*akhir*;» je pense qu'il a voulu écrire *el-aoual*. On s'accorde à faire naître ce prince en 207, et comme Ibn-'Adzâri lui donne trente ans et cinq mois d'âge quand il parvint au trône, on doit admettre qu'il naquit au commencement de dzou-'l-k'a'dah 207. Son règne, d'après les dates ci-dessus, fut de trente-quatre ans dix mois vingt-quatre jours; Ibn-el-Abbâr et Abou-'l-Fedâ disent, en nombres ronds, trente-quatre ans onze mois. Il avait, quand il mourut, soixante-cinq ans quatre mois, comme le dit Ibn-'Adzâri, et c'est évidemment d'après Roderich de Tolède que D'Herbelot ne lui donne, à tort, que soixante ans d'âge quand il mourut en 273 (*Biblioth. orient.* p. 615, col. 2).

ᵇ C'est ainsi que ce nom est écrit par Iâk'out (*Mo'djam-el-Boldân*, t. I, p. ٥١٣, l. 18); M. Dozy (*Introd. au Baïân*, p. 45) transcrit *Bobaschter*; c'est le *Barbastro* des cartes modernes (voir les feuilles B et 71 de l'atlas de Lopez, publié à Madrid en 1810). *Barbastro* se trouve sur la rive droite de l'*Ouâd-Vero*, près de l'embouchure de cet affluent de la rive droite de la *Cinca*, affluent de la rive droite de l'*Èbre*. *Barbastro* est à l'est-nord-est de *Saragosse*.

¹* Ces deux auteurs cités par M. de Gayangos (t. II, p. 436, note 42). Quant à Ibn-H'abîb, il faut qu'il s'agisse d'un continuateur, puisque cet auteur est mort en 238 ou 239.
²* *Analectes*, t. I, p. ٣٣٤, l. 13 (Murphy, p. 95; — de Gayangos, t. II, p. 128). Mak'k'ari dit seulement «en s'afar 273.»
³* Voyez la note 42, à laquelle renvoie la note 1* ci-dessus.
⁴* Le texte imprimé omet le nom de Moh'ammed, et, par cette omission, il se trouve placé en 273 la mort de 'Abd-er-Rah'mân II.

dent jusqu'à l'*Atlas*, les *Zenâtah* maîtres de *Tlemcén*, et la famille de Solaïmân occupant, vers l'est, le reste du littoral jusqu'à *Tenès*, les BENI-ROSTEM toujours en possession de *Tâhart* et du pays environnant; nulle part nous n'avons aperçu, senti, je ne dirai pas l'autorité, mais l'intervention, si faible qu'elle pût être, de la dynastie des AGHLABITES. Les khalifes et leurs représentants sont comme inconnus à ces populations et à leurs chefs, qui ne tiennent pas plus compte de *K'aïraouân* ou de *Tunis* que de *Baghdâd*, et il ne faudra rien moins que le grand nom de 'Ali-ibn-Abou-T'âlib, de nouveau prononcé, pour faire sortir l'Orient de sa torpeur, et pour qu'on voie un ordre du sult'ân 'abbâsside franchir la frontière de l'*Ifrîk'iah*.

Beni-Midrâr.

Ce fut au représentant des BENI-MIDRÂR que cet ordre parvint, comme on le verra dans le récit des exploits du Chîi[1]. Cette dynastie, dans la durée de laquelle on ne peut saisir aucune relation quelconque avec les AGHLAB!TES, est, de toutes les dynasties du *Maghrib*, la seule qui ait conservé, à l'égard des khalifes, une attitude respectueuse. J'ai donné l'histoire sommaire de son établissement; j'ai dit comment, après un règne de quinze ans, son fondateur fut remplacé par Abou-'l-K'âcim-Samghou, qui régna de 155 à 168 : «Sous «son administration, dit Ibn-Khaldoun, la prière se faisait au nom des kha-«lifes 'abbâssides El-Mans'our et El-Mahdi[2],» ce qui justifie ce que je viens de dire sur l'attitude qu'avaient prise les BENI-MIDRÂR. Du reste, on ne les voit jamais jouer de rôle dans cette incessante agitation fiévreuse qui, tantôt sur un point, tantôt sur un autre, depuis *Tripoli* jusqu'à l'Océan, semble entraîner irrésistiblement les populations; on ne les vit pas figurer dans le formidable rassemblement qui, en 154, investit 'Omar-ibn-H'afs'-Hizârmard dans *T'obnah*; ils ne vinrent pas non plus au secours de cet émir, ils s'abstinrent comme si l'éloignement de la région qu'ils occupaient et les cimes de l'Atlas les mettaient à l'abri de toute atteinte, et les plaçaient en dehors de la sphère où bouillonnait le patriotisme exalté des Berbers. Cependant, le troisième prince

---

[1] Voyez ci-après, sous l'année 292.

[2] *H. d. B.* t. I, p. ١٤٨, l. 9 (t. I de la trad., p. 362). — Abou-Dja'far-el-Mans'our fut khalife du 13 dzou-'l-h'idjah 136 au 6 dzou-'l-h'idjah 158° (21 ans 11 mois 22 jours), et son fils El-Mahdi du 6 dzou-'l-h'idjah 158 au 23 moh'arram 169[b] (vendredi 5 août 785). — Voyez El-Mak'în, p. 105, l. 33 et 34, et p. 107, l. 28 et 29; — Abou-'l-Faradj, p. ٢٢٠, l. 11 et 12 (p. 147 de la trad. lat.); — Abou-'l-Fedâ, t. II, p. 32, l. 9, et p. 50, l. 13. Ces trois derniers auteurs disent le 22 moh'arram.

[a] Ibn-K'otaïbah, p. ١٤٧, l. 9.

[b] Ibn-el-Khat'îb, in Casiri, t. II, p. 186, l. 1 et 2 du texte arabe. Il dit لسبع بقين (le 23) moh'arram.

LIVRE QUATRIÈME. — CHAPITRE I.

de la dynastie ouâçoulienne, qui régna de 174 à 208, maria son fils El-Montas'ir (المُنتَصِر), dit Midrâr, à Aroua (اروى), fille de 'Abd-er-Rah'mân-ibn-Rostem. Cette alliance, quelque peu compromettante, était sans doute un acte de prudence de la part d'un prince qui porta fréquemment ses armes dans les oasis du sud de *Sidjilmâçah*, et dont les prétentions vers le nord semblent s'être bornées à prélever le quint sur les produits des mines du *Dara'*[1] (درعة). Le règne de Midrâr, dont la durée est incertaine, puisque ce prince mourut dépouillé de tout pouvoir[2], ne paraît avoir été troublé que par des luttes de famille. Quant aux règnes suivants, nous ne savons guère que leur durée et les noms des souverains; il faut arriver jusqu'au neuvième représentant de la dynastie des BENI-MIDRÂR pour trouver un élément qui sorte de la simple chronique et mérite le nom d'élément historique. Ce neuvième représentant se nommait El-Iaça'-el-Montas'ir, et cette identité de nom avec celui du père de Midrâr a donné lieu à quelques erreurs[3]. Un point sur lequel tous les auteurs s'accordent, c'est

---

[1] El-Bekrî, p. ١٠٠, l. 5 (*J. A.* t. XIII, p. 405, 5ᵉ sér.). — Ibn-'Adzârî, *Baïân*, t. I, p. ١٠٠, l. 11. — Ibn-Khaldoun, *H. d. B.* t. I, p. ١٩٨, l. 14 et 15 (t. I de la trad., p. 262). — Ia'k'oubî et Is't'akhrî[a] citent, autour de *Sidjilmâçah*, des mines d'or et d'argent, sans dire comment elles étaient situées par rapport à cette ville, mais au nombre des mines sur lesquelles Abou-'l-Montas'ir-el-Iaça'-ibn-Abou-'l-K'âcim préleva le quint se trouvaient sans doute les mines de cuivre qu'on signalait encore au vᵉ siècle de l'hégire (en 460) entre *Sidjilmâçah* et *Tih'ammâmîn*, celles de *Tanoudâdîn*[b], et celles de *Dâï* (داى), qu'on retrouve mentionnées, au milieu du vıᵉ siècle, par Edrîsi, comme donnant du cuivre d'une qualité supérieure (p. vıᵉ, l. 15 et suiv.).

[2] Si Midrâr fut renversé en 224, il aurait, en réalité, régné seize ans.

[3] M. Dozy[c] a fait ressortir, d'après Ibn-'Adzârî[d], la faute commise par Ibn-Badroun[e], qui, probablement entraîné par 'Arîb[f], fait ce Iaça' *père* de Midrâr, dont il était le *petit-fils*. La confusion peut venir de ce que ces deux Iaça' furent, l'un et l'autre, surnommés El-Montas'ir, mais le père de Midrâr commença à régner en 174, et son petit-fils monta sur le trône de *Sidjilmâçah* en s'afar 270[g]; il y avait, à cette date, huit ans et neuf mois qu'Ibrâhîm régnait à *K'aïraouân*. El-

---

[a] *S'ifat-el-Maghrib*, p. ٢١, l. 11 et 12 (p. 133 de la trad. lat.). — Is't'akhrî, p. ٣٩٤, l. 12 et 13; in-8°, Leyde, 1870.
[b] *El-Meçâlik*, etc. p. ١٥٢, l. 15, et p. ١٥٤, l. 4 (*J. A.* t. XIII, p. 410 et 416, 5ᵉ sér.).
[c] *Introd. au Baïân*, p. 36.
[d] Qui dit très bien : «El-Iaça'-ibn-Maïmoun-(ibn-Thak'iah)-ibn-Midrâr-ibn-el-Iaça'-ibn-Samghoun-ibn-Madlân.» (*Baïân*, t. I, p. ١٥٤, l. 8 et 9).
[e] *Comment. hist. sur le poème d'Ibn-'Abdoun*, p. ٢٤٢, l. 2 et 3.
[f] Dont la chronique a été écrite entre 363 et 366 (*Introd. au Baïân*, p. 43).
[g] Ibn-'Adzârî omet de le faire succéder à son frère Moh'ammed, qui, d'après El-Bekrî[1*] et Ibn-Khaldoun[2*], régna de 263 à 270.

[1*] *El-Meçâlik*, etc. p. ١٠٠, l. 16 à 20 (*J. A.* t. XIII, p. 406, 5ᵉ sér.).
[2*] *H. d. B.* t. I, p. ١٩٩, l. 6 (t. I de la trad., p. 263).

que le Iaça' dont je parle ici commandait à *Sidjilmâçah* depuis s'afar 270 [1], et l'élément historique auquel je fais allusion consiste, précisément, dans l'arrivée de 'Obaïd-Allah à *Sidjilmâçah*, où El-Iaça' régnait encore quand survint, en 292, ce fait, si insignifiant au début, et qui prit bientôt, par les faits subséquents, les proportions d'un grave événement; mais, malgré la conduite que nous le verrons tenir dans cette circonstance, on s'étonne d'entendre El-K'aïraouâni dire : « El-Iaça'-ibn-Midrâr [2] était gouverneur de *Sidjilmâçah* pour les « BENI-AGHLAB [3]. » Il serait bien difficile de justifier, par les faits, une assertion si évidemment hasardée; tout indique, au contraire, que les BENI-MIDRÂR, bien qu'ils fissent faire la prière pour les khalifes [4], vivaient dans le calme de l'indifférence à l'égard de leurs représentants en *Ifrîk'iah*, lesquels, à leur tour, ne songeaient pas à troubler les descendants de Midrâr. On trouve la preuve de cette indifférence mutuelle dans le mariage de Midrâr avec la fille (ارو ی) de 'Abd-er-Rah'mân-ibn-Rostem, dans l'absence absolue de toute intervention des AGHLABITES quand les gens de *Sidjilmâçah* déposaient et proclamaient leurs souverains, et dans les bonnes relations qui ne cessèrent d'exister entre les BENI-MIDRÂR et les autres dynasties ennemies des AGHLABITES.

Mais si, d'un bout à l'autre du *Maghrib*, l'autorité des représentants des khalifes était nulle, si elle était inaperçue dans le sud, et si les EDRÎSITES, maîtres du *Rîf*, s'étendaient, par les possessions de la branche Solaïmân, sur tout le littoral jusqu'à *Tenès*, peut-être cette autorité se faisait-elle sentir, au moins sur la côte, à l'est de *Tenès* jusqu'à la limite occidentale de l'*Ifrîk'iah*. Cette supposition est inadmissible, et je vais le montrer en faisant connaître une population qui jouera le rôle principal dans le terrible conflit qui se prépare, et qu'on voit poindre, en quelque sorte, à chacune des pages précédentes,

Bekrî (p. 10, l. 18 à 20; — *J. A.* t. XIII, p. 406, 5ᵉ série) place aussi en 270 le commencement du règne du ıxᵉ Midrârite, qu'il nomme El-Iaça'-ibn-Montas'ir-ibn-Abou-'l-K'âcim-Samghou, c'est-à-dire qu'il le fait *frère* de Midrâr. La même erreur se retrouve dans le tableau des MIDRÂRITES donné par M. Tornberg (*K'art'âs*, p. 386). Ibn-Khaldoun[a], en le nommant Iaça'-ibn-Midrâr, commet une troisième erreur, puisqu'il le fait *fils* de Midrâr. Cette mauvaise leçon a été suivie par Mak'rîzî[b] et par El-K'aïraouâni[c].

[1] Voyez la note 3 de la page précédente.
[2] Erreur déjà relevée.
[3] *Hist. de l'Afr.* liv. IV, p. 92.
[4] Voyez p. 22 ci-dessus.

[a] *H. d. B.* t. I, p. 144, l. 6 (t. I de la trad., p. 263), et *Hist. des Fât'im.* (*H. d. B.* t. II, p. 250, de la trad.).
[b] *Chrest. arabe*, t. II, p. 144, l. 3, et p. 115 du même tome. L'illustre Silvestre de Sacy ne fait aucune réflexion sur ce passage de Mak'rîzî, dont il donne la traduction.
[c] *Hist. de l'Afr.* liv. IV, p. 92.

sans qu'on puisse prévoir encore d'où partira la première étincelle de l'incendie qui va s'allumer pour dévorer plusieurs dynasties.

Parmi les nombreuses tribus berbères que nous avons montrées incessamment soulevées contre la domination arabe, il en est une dont le nom n'a figuré dans aucune révolte et qui n'a apparu que dans des circonstances particulières, c'est celle des *Kitâmah*. « Après l'introduction de l'islâmisme, à la suite des boule-
« versements causés par l'apostasie des Berbers, dit Ibn-Khaldoun [1], cette tribu
« se trouve établie dans les campagnes fertiles qui s'étendent à l'occident de
« *Constantine* jusqu'à *Bougie* (بجاية), et au midi de *Constantine* jusqu'à l'*Aurâs*
« (اوراس)........ Les *Kitâmah* possédaient même toutes les villes importantes
« de cette région, puisque entre l'*Aurâs* et le rivage de la mer qui s'étend depuis
« *Bougie* jusqu'à *Bône* ils occupaient *Inkidjân* (انكجان), *Sat'îf* [2] (سطيف), *Bâghâïah*
« (باغاية), *Nik'dous* (نقاوس), *Bilizmah* (بلزمة), *Tidjis* (تيجس), *Mîlâh* (ميلة), *Cons-
« tantine* (قسطنطينية), *Sîkdah* (السيكدة), *K'ollo* (القل), et *Djîdjel* (جيجل). » A mesure qu'on pénètre plus profondément dans l'étude des influences qui dominaient cette singulière contrée, on voit se restreindre les possessions sérieuses des Arabes; mais, sans nous arrêter ici à faire ressortir cette conséquence, dont la netteté croît incessamment avec le nombre des faits qui se déroulent, rappelons sommairement le rôle des *Kitâmah* dans leurs rares apparitions au milieu du tumulte de l'invasion arabe. Vers l'an 87 de l'hégire nous avons vu Mouçâ-ibn-Nos'aïr, à l'extrémité du *Maghrib-el-Ak's'â*, soumettre plusieurs tribus berbères, parmi lesquelles étaient les *Kitâmah* [3], qui livrèrent des otages au

Kitâmah.

---

[1] *H. d. B.* t. I, p. ١٨٨, l. 11 à 15 (t. I de la trad., p. 291).

[2] El-Ia'k'oubî nous apprend qu'à l'époque où il écrivait son كتاب البلدان, c'est-à-dire en 278 (891-892 de J. C.), une famille de la tribu de Açad-ibn-Khozaïmah gouvernait à *Sat'îf* au nom d'Ibn-Aghlab [a] (Abou-Ish'âk'-Ibrâhîm).

[3] Je ne saurais dire à quelle époque il faut faire remonter la présence des *Kitâmah* dans le *Maghrib-el-Ak's'â*, mais cette présence est prouvée par le seul fait qu'ils avaient donné leur nom à une petite région située dans les terres au sud de *Ceuta* et mentionnée par Ibn-H'auk'al [b] en ces termes : «*Tochommas* (نشمس), petite ville d'une très « haute antiquité, et entourée de ses anciennes mu- « railles, dont une partie longe l'*Ouâdî-Safîlad* [c],

[a] *S'ifat-el-Maghrib*, p. ١٢, l. 5 et 6 (p. 86 de la trad. lat.).
[b] *Kitâb-el-Meçâlik*, p. ٥١٢, l. 19, à p. ٥٥, l. 1; in-8°, Leyde, 1873 (J. A. t. XIII, p. 191, 3ᵉ sér. 1842).
[c] C'est ainsi (سغدد) que ce nom est écrit par Ibn-H'auk'al [1a], El-Bekrî [2a] et Edrîsî [3a]; mais Iâk'out [4a] écrit عمدد (*Chafdad*).

[1a] *Kitâb*, etc. p. ٥١٢, l. 20 et 21.
[2a] *El-Meçâlik ous*, etc. p. ٨٧, l. 6 et 8, p. ١١٢, l. 10, p. ١٢٤, l. 12 et 18 (J. A. t. XIII. p. 159, 331, 362 et 363, 5ᵉ sér.).
[3a] *Descr. de l'Afr. et de l'Esp.* p. ١٤٩, l. 12.
[4a] *Mo'djam-el-Bolédâ*, t. I, p. ٨٥٢, l. 7, et t. III, p. ٣٠٢, l. 13. — *Marâs'id-el-It't'ilâ*, t. II, p. ١١٩, lin. ult.

vainqueur[1]. En 150 (767 de J. C.), H'açan-ibn-H'arb, gouverneur de *Tunis*, s'étant révolté contre El-Aghlab et ayant été vaincu, se réfugia chez les *Kitâmah*, toujours prêts à favoriser les ennemis des Arabes, et El-Mokhârik' n'osa pas le poursuivre chez ses hôtes. Cinq ans après, en 155, le Maghîlah Abou-H'âtim, devenu maître de l'*Ifrîk'iah*, avait imprudemment confié des postes importants à deux généraux arabes, 'Omar-ibn-'Othmân et El-Mokhârik', qui le trahirent aussitôt qu'il se fut mis en marche vers *Tripoli*. Abou-H'âtim revint sur ses pas pour tirer vengeance de ses deux infidèles alliés; à son approche, ceux-ci se retirèrent à *Djidjil* chez les *Kitâmah*, qui leur offraient un asile sûr. Mais lorsqu'un an plus tard (en 156) Abou-H'âtim fut vaincu par Iezîd, et que 'Abd-er-Rah'mân-ibn-H'abîb, celui des généraux arabes qui s'était franchement associé à la révolte du chef berber, se vit dans une position désespérée, non seulement il trouva aussi asile chez les *Kitâmah*, mais, pendant huit mois, ses hôtes tolérèrent qu'il soutînt sur leur territoire, avec les Berbers qui l'avaient accompagné, une lutte à outrance contre les forces arabes envoyées par Iezîd pour se saisir de sa personne[2]. Ils ne le livrèrent pas, ils ne le défendirent pas non plus. Ainsi, d'une part, deux Arabes, H'açan et 'Abd-er-Rah'mân, avaient trouvé, sur le territoire de *Djidjil*, protection contre des gouverneurs arabes, d'autre part, deux Arabes, 'Omar-ibn-'Othmân et El-Mokhârik', avaient invoqué et reçu la même hospitalière protection contre un chef berber, Abou-H'âtim. La puissance des *Kitâmah* était-elle donc si grande que les dominateurs successifs de l'*Ifrîk'iah* craignissent de se faire une ennemie de cette tribu, et que tous, étrangers comme indigènes, crussent devoir respecter la neutralité si absolue qu'il lui convenait de garder? «Rien, dit Ibn-Khaldoun «d'après Ibn-Rak'îk', ne changea dans sa position depuis l'introduction de l'is«lâmisme jusqu'au temps des Aghlabites. Fort de sa nombreuse population, «le peuple kitâmien n'eut jamais à souffrir le moindre acte d'oppression de la «part de cette dynastie[3].»

«est située à un mille de la mer. Le *Safdad* se «compose de deux branches, dont l'une prend sa «source dans les montagnes de *Bas'rch*», et dont «l'autre vient du *pays des Kitâmah*[b].»

[1] *Baïân*, t. I, p. ٢٤, l. 8 à 13.
[2] Ibn-el-Athîr, *El-Kamîl*, t. VI, p. ٥ et ٧. —

Ibn-Khaldoun, *H. d. B.* t. I, p. ١٣١, l. 7 (t. I de la trad., p. 223); — *Histoire de l'Afrique et de la Sicile*, p. ٢٤, l. 14 et 15 (p. 68 de la traduction).
[3] *H. d. B.* t. I, p. ١٨٩, l. 7 et 8 (t. I de la trad., p. 292).

[a] Cette ville a reçu plusieurs surnoms indiqués par El-Bekri (*El-Meçâlik oua*, etc. p. ١١٠, l. 6 à 10. — *J. A.* t. XIII, p. 322 et 323, 5ᵉ sér.).
[b] Edrisi reproduit ces indications dans les mêmes termes (p. ١٤٩, l. 14 et 15).

Comment, après le résumé de cet ensemble de faits, s'expliquer l'abaissement auquel les gens de *Bilizmah* semblent avoir réduit les *Kitâmah?* Ces gens de *Bilizmah*, je l'ai déjà dit, étaient des Arabes descendant de ceux qui étaient entrés en Afrique à l'époque de la conquête, et dont le nombre s'était accru ensuite par l'adjonction de soldats de la milice; ils appartenaient, pour la plupart, à la tribu de *K'aïs*[1], « et, ajoute Ibn-'Adzârî, ils avaient humilié les *Kitâ-« mah*[2]. » En-Nouaïrî va jusqu'à dire : « Le peuple de *Bilizmah* avait soumis les « *Kitâmah* et les traitait comme des esclaves, les obligeant à payer la dîme et « les aumônes légales[3]. » Qu'il y ait, ou non, exagération dans ce langage, il ne paraît pas douteux qu'à un degré ou à un autre les *Kitâmah* subissaient une certaine oppression de la part de ces Arabes. Ceux-ci servaient dans les armées des émîrs de *K'aïraouân*, mais ils ne servaient pas toujours fidèlement, comme on l'a vu sous le règne d'El-Gharânik', et les expéditions dirigées de temps en temps contre le *Zâb*, par exemple celle de 268, montrent que la soumission de cette contrée aux Arabes de *Bilizmah* n'entraînait pas nécessairement la soumission aux émîrs de *K'aïraouân*, et que la protection de ces Arabes était loin d'être suffisamment efficace. La phrase de M. de Gœje ainsi conçue : « Semper « Aghlabidarum fidelissimi adjutores fuerant, et propugnaculum contra tribum « *Kitâmah*[4], » est donc vulnérable, et sous le rapport de la fidélité des gens de *Bilizmah*, et sous le rapport de la sécurité qu'ils offraient aux Aghlabites contre les *Kitâmah*. L'instant est venu de raconter avec quelque détail ce que je n'ai fait qu'indiquer plus haut, et de dire quelle fut la main qui, en brisant le joug de *Bilizmah*, rendit à la population kitâmienne son indépendance et sa force. En 278[5], l'émîr aghlabite Ibrâhîm-ibn-Ah'med avait marché à la tête d'une armée contre les habitants de *Bilizmah*, qui s'étaient révoltés contre lui; il n'avait pu réussir à leur faire accepter le combat, « et il s'était retiré, dit

---

[1] *Baïân*, t. I, p. ١١٧, l. 3 et 4.

[2] Peut-être ces humiliations avaient-elles trait au genre d'hospitalité que les *Kitâmah*, à l'exception de ceux de *Sat'if*, offraient aux étrangers qui venaient les visiter, hospitalité flétrie par Ibn-H'auk'al[a], et, environ deux siècles après, par Edrisî[b].

[3] *H. d. B.* t. I de la trad., p. 428.

[4] *S'ifat-el-Maghrib*, p. 85, l. 11 et 12. — On a vu dans le tome I que les *Kitâmah* n'étaient pas les seuls opposants.

[5] J'adopte cette date indiquée par En-Nouaïrî[c], non, comme il la donne, pour celle du massacre de *Rak'k'âdah*, mais pour celle du commencement de la révolte qui amena cette abominable catastrophe en 280 (*Baïân*, t. I, p. ١١٧, l. 16 à 23).

[a] *Kitâb-el-Meçâlik*, etc. p. ٩٩, l. 14 à 19 (*J. A.* t. XIII, p. 241, 2ᵉ sér.).

[b] *Descr. de l'Afr. et de l'Esp.* p. 44, l. 2 à 10.

[c] A la page citée note 3 ci-dessus.

« En-Nouaïrî[1], en déclarant qu'il accordait le pardon à leur conduite passée. »
Quelque temps après, une députation de la *province du Zâb* étant arrivée à la cour, Ibrâhîm assigna pour logement aux personnages qui en faisaient partie une espèce de grand fondouk', qu'il avait fait bâtir[2] dans la ville de *Rak'k'âdah*, et en même temps il les combla de cadeaux, de marques d'honneur, ne négligeant rien pour que ce séjour leur fût agréable. Un si bienveillant accueil, marque évidente de l'oubli du passé, ne pouvait manquer d'attirer dans la ville qui, depuis 264 (877-878 de J. C.), était le siège du gouvernement, d'autres habitants de la même province; aussi le nombre s'en éleva-t-il peu à peu jusqu'à mille environ, et rien n'avait pu faire naître le plus léger doute sur la sécurité dont ils jouissaient, lorsqu'un jour de 280, Ibrâhîm monta à cheval, se rendit avec un corps de troupes à la maison des gens de *Bilizmah*, et les fit massacrer jusqu'au dernier. « Ce fut, dit Ibn-'Adzârî, une des causes de la « chute de la dynastie aghlabite[3]. » En effet, les *Kitâmah* se trouvaient ainsi délivrés du joug qui pesait sur eux, et il est facile de prévoir l'usage qu'ils firent de la liberté qui leur était rendue; mais je dois faire connaître, par anticipation, une circonstance qui achèvera de caractériser les relations des *Kitâmah* avec les AGHLABITES. Lorsqu'au commencement de 288[4], le personnage que nous connaîtrons bientôt sous le nom d'Abou-'Abd-Allah-ech-Chîi cheminait vers le *Maghrib* avec les pèlerins *kitâmah* qui s'étaient attachés à lui pendant leur séjour commun à *la Mekke*, « il leur demandait toute sorte de rensei-
« gnements sur le pays qu'ils habitaient; il s'informait de leur situation, se
« procurait des notions sur leurs diverses tribus et sur leur dépendance à l'égard
« du sult'ân qui régnait dans la province d'*Ifrîk'iah*. Leur réponse à cette der-
« nière question fut qu'ils ne se reconnaissaient point pour ses sujets, et qu'ils
« étaient éloignés de lui de dix journées de marche[5]. » Ceci se passait environ

---

[1] *H. d. B.* t. I de la trad., p. 427.
[2] Ibn-'Adzârî (*Baiân*, t. I, p. 114, l. 9 et 20) dit même qu'il avait fait construire à leur intention cette grande maison, enceinte d'un mur qui ne pouvait être franchi que par une porte unique, précaution qui trahit ses projets futurs, et est peut-être un trait de lumière sur ce qu'étaient, d'assez longue date, les relations des Arabes de *Bilizmah* et des princes aghlabites. Il est regrettable qu'on ne nous donne pas la date de cette construction; quant à sa destination, tout est croyable de la part d'un monstre comme Ibrâhîm. — En-Nouaïrî (*H. d. B.* t. I de la trad., p. 427).
[3] *Baiân*, t. I, p. 114, lin. ult. et p. 115, l. 1. — En-Nouaïrî (*H. d. B.* t. I de la trad., p. 427 et 428). — Voyez ce que j'ai dit dans le tome I.
[4] Cette date sera justifiée plus loin.
[5] Mak'rîzî extrait et traduit par Silv. de Sacy*.

* *Chrestomathie arabe*, t. II, p. 40, l. 11 à 13, et p. 12; in-8°, de l'I. R. 1826. — *Exposé de la religion des Druzes*, t. I, p. CCLVIII; in-8°, de l'I. R. 1838.

huit années après qu'Ibrâhîm avait consommé l'affreux massacre de *Rak'k'âdah*, massacre qui, s'il n'avait pas pour intention, avait eu, du moins, pour conséquence l'affranchissement des *Kitâmah*[1].

Les quelques pages qu'on vient de lire résument l'état du *Maghrib* à la fin du IIIe siècle de l'hégire, au moment de l'apparition du Chîï. Ibrâhîm tenait l'*Ifrîk'iah* sous sa main de fer; les *Kitâmah* avaient, depuis plusieurs années, retrouvé leur indépendance; les petits-fils de Solaïmân, frère d'Edrîs Ier, s'étaient partagé le *S'âh'el du Maghrib central* (*Souk'-Ibrâhîm, Archk'oul, Djorâouah*); les *Zenâtah* étaient momentanément redevenus maîtres de *Tlemcén*, et dans le petit royaume de *Tâhart*, Ia'k'oub, le huitième Rostemite, succédait, en 282, à son neveu Abou-H'âtim-Iouçof; chez les Edrîsites, le royaume de *Fés* avait passé de la branche de 'Omar à celle d'El-K'âcim, pour y rester jusqu'en 292; enfin depuis s'afar 270 El-Iaça'-'l-Montas'ir, *petit-fils* de Midrâr, régnait à *Sidjilmâçah*. Et maintenant que cette vaste scène est préparée dans l'esprit du lecteur, je dois faire connaître le personnage qui va y jouer un si grand rôle, et dire au nom de quelles idées il va broyer toutes ces dynasties; mais, pour l'intelligence complète de mon récit, il nous faut jeter un coup d'œil en arrière et remonter jusqu'à la source de l'inspiration sous laquelle fut formée une entreprise, dont la seule puissance d'action du levier qui avait pour point d'appui le grand nom

---

— Ibn-Khaldoun, racontant les mêmes faits, dit : «Ils lui apprirent alors qu'ils n'obéissaient au «sult'ân que par complaisance.» (*H. d. B.* t. II de la trad., p. 510). — «Entre *Sat'if* et *K'ai-«raouân*, dit El-Bekrî[a], on compte dix journées «de marche.» — Malgré l'exactitude du renseignement donné par les pèlerins *kitâmah* sur la distance qui les séparait du siège du gouvernement aghlabite, il faut reconnaître qu'il y avait beaucoup de jactance dans leur langage, car ils ne disaient pas au Chîï qa'Ibrâhîm avait des gouverneurs à *Mîlah*, à *Sat'if*, à *Bilizmah*, et nous savons, par Ibn-Khaldoun[b], que ces représentants d'Ibrâhîm inspiraient une grande terreur aux *Kitâmah*.

[1] Une seule ligne d'En-Nouaïrî que j'ai citée tout à l'heure est à peu près tout ce que nous savons de la domination qu'exerçait sur les *Kitâmah* la poignée d'Arabes établie à *Bilizmah*[c]. Cette domination s'étendait sur quelques villes, même sur celles où Ibrâhîm avait des gouverneurs, comme semble le prouver le passage suivant d'El-Bekrî : «La muraille qui entourait *Sat'if*, «dit-il, fut détruite par les *Kitâmah*, partisans «d'Abou-'Abd-Allah-ech-Chîï, et cela parce que *les* «*Arabes leur avaient enlevé cette ville et les avaient* «*obligés à payer la dîme chaque fois qu'ils voulaient* «*y entrer*» (p. vᴛ, l. 5 à 7; — *J. A.* t. XIII, p. 134, 5[e] sér.). S'agit-il des Arabes de *Rak'k'âdah* ou de ceux de *Bilizmah*? Il valait la peine de le dire. J'infère de ce qui précède qu'il s'agit de ceux de *Bilizmah*.

[a] *El-Meçâlik*, etc. p. vᴛ, l. 8 et 9 (*J. A.* t. XIII, p. 134, 5[e] sér.).
[b] *H. d. B.* t. II de la trad., p. 511 et 512.
[c] Comment les Aghlabites, avec les forces dont ils disposaient, ne pouvaient-ils pas faire ce que faisait cette poignée d'Arabes? Il reste là une difficulté que la distance n'explique pas suffisamment.

de 'Ali ne suffirait pas à expliquer le prodigieux succès. J'ai déjà comparé la persévérance des Chîis[1] à celle des Juifs; j'ai dit avec quelle constance ils avaient protesté contre tous les pouvoirs représentés par des chefs qui n'appartenaient pas à la descendance directe de 'Ali; je dois à présent donner une idée sommaire de l'organisation au moyen de laquelle était entretenue l'ardeur de ce zèle, étudier à leur naissance les doctrines que l'on avait greffées sur la légitimité de l'époux de Fât'imah, et montrer comment de ces doctrines put sortir une secte au nom de laquelle les Edrîsites eux-mêmes, descendants de 'Ali par H'açan, furent renversés et anéantis.

CHAPITRE II.

ORIGINE DES FÂT'IMITES.

Motifs d'attachement pour 'Ali et sa famille dans certaines parties de l'Orient.

C'est en Orient qu'il faut chercher l'origine des idées qui, transportées et semées au loin par de mystérieux messagers, devaient d'une manière si inattendue germer sur un petit point du *Sâh'el de Bougie*, y produire un embrasement, de là propager le feu de la révolte, non seulement dans le *Maghrib* tout entier, mais jusqu'en *Égypte* et sur les rives mêmes de l'*Euphrate*. On peut dire, de ces idées, qu'elles existaient à l'état latent du vivant même du Prophète[2], et si elles ne se révélèrent pour ainsi dire que sourdement à son lit de mort, c'est qu'à cet instant la religion nouvelle fut dans un péril assez grand pour contenir l'ambition de quelques-uns des S'ah'âbah[3]. L'abjuration de nombreuses tribus, en même temps qu'elle redoubla la foi de plusieurs autres,

---

[1] Le nom de *Chîi*, donné par les *Sunnites* aux partisans de 'Ali, est si généralement admis, que je l'ai conservé, quoique, dans la pensée des orthodoxes, ce soit un terme de mépris. Les partisans de 'Ali renvoient à leurs adversaires le nom de *Chîite* (شيعي[a]) et donnent à leur secte celui d'*El-'Adâliah*[b]. (D'Herbelot, *Bibl. or.* p. 89, col. 1. — Simon Ockley, *The Hist. of the Sarac.* p. 334, l. 21; t. II de la trad. franç., p. 102. — Chardin, *Voyages en Perse*, t. VI, p. 71 et la note.)

[2] Comme on peut l'inférer de la singulière solution qu'il donna au débat survenu entre 'Omar-ibn-el-Khat't'âb et Hichâm-ibn-H'akam, au sujet de la lecture du K'orân. (J. A. t. II, p. 377 et 378, 4ᵉ sér. 1843.)

[3] On sait qu'il fallut faire, parmi les nombreux prétendants à ce titre envié, jusqu'à treize classes de ceux qui le méritaient. (Abou-'l-Fedâ, *Vie de Moh'ammed*, p. 114, l. 14, à p. 12, l. 9; — p. 98 et 99 de la traduction de Noël Desvergers.) Il ne peut s'agir ici que de ceux de la première classe.

[a] Que M. de Slane transcrit par *chîaï* (J. A. t. XIII, p. 406, 5ᵉ sér.).
[b] Évidemment formé du mot عَدَل, qui signifie «justice».

fit réfléchir les prétendants au khalifat, 'Ali particulièrement (car c'est surtout de lui qu'il s'agit), et sauva l'islâmisme. Moh'ammed ne laissait point de fils, et d'ailleurs la succession par droit de naissance n'était ni dans l'essence de sa doctrine ni dans les habitudes d'indépendance particulières aux Arabes[1]. Or, non seulement le mode de succession n'était pas réglé, mais on n'était pas d'accord sur le texte même du K'orân : « 'Ali, dit un savant orientaliste (Mirzâ « Kazem-Beg) avait *son propre K'orân* et sa lecture particulière, qui était suivie « par ses disciples[2]. » Il y avait donc, entre 'Ali et les autres S'ah'âbah un dissentiment dont l'élection d'Abou-Bekr et de ses deux successeurs[3] n'était pas l'unique cause; et ce dissentiment complexe donna naissance à une secte qui bientôt, comme il arrive toujours, se subdivisa en plusieurs autres, et l'on peut croire que la secte des *Khaoudridj*[4] (الخوارج), qui devint, plus tard, enne-

---

[1] Dozy, *Musulm. d'Espagne*, t. I, p. 4 à 9; in-8°, Leyde, 1861.

[2] *J. A.* t. II, p. 383, 4° sér. 1843.

[3] Ces nominations, toutefois, froissèrent violemment 'Ali, qui, dès l'élection d'Abou-Bekr, avait un parti puissant, dans lequel se trouvaient beaucoup de membres de la famille de Hâchim. (Abulfedæ *Annal. muslem.* t. I, p. 204, l. 9 à 12.)

[4] C'est-à-dire, d'après Mirzâ Kazem-Beg, *aventuriers, prétendants, errants, schismatiques*, etc.; M. de Slane dit : « c'est-à-dire *sortants, qui sortent de l'obéissance, rebelles*; » M. Dozy (*Musulm. d'Esp.* t. I, p. 64, note 1) les désigne sous le nom de *non-conformistes*. — L'origine du premier chef de cette secte a donné la valeur d'une prophétie aux paroles adressées par Moh'ammed à un certain Dzou-'l-Khaouaïs'arah (ذو الخويصرة), de la tribu des *Benou-Temîm*, qui l'accusait d'injustice dans le partage du butin, fruit des victoires de *H'onaïn* (حنين)[a] et d'*El-Aut'âs* (الأوطاس)[b], remportées en chaouâl 8°[c] (janvier à février 630 de J. C.) sur les *Haoudzin* (هوازن), « car de ce Dzou-'l- « Khaouaïs'arah, dit Abou-'l-Fedâ[d], sortit H'ar-

---

[a] Vallée entre *la Mekke* et *T'âif* ou *T'âief*. Ouâk'idi, cité par Iâk'out[1*], la place à trois nuits de *la Mekke*; d'autres, ajoute le même auteur, comptent un peu plus de dix milles. Abou-'l-Fedâ[2*] place *H'onaïn* à trois milles de *la Mekke*; Caussin (t. III, p. 248) dit, d'après le *Tarîkh-el-Khamîci* (fol. 271), « à dix milles derrière le mont 'Arafah[3*]. » La bataille de *H'onaïn* est mentionnée dans le K'orân[4*].

[b] C'est un vallon des dépendances des *Haoudzin* (*Mo'djam-el-Boldân*, t. I, p. ٢٠٥, l. 7), entre *H'onaïn* et *T'aïf*[5*].

[c] Le 6 (ست خلون [6*]) chaouâl 8, jour où Moh'ammed partit de *la Mekke* avec son armée, correspond au samedi 27 janvier 630 de J. C.

[d] *Vie de Moh'ammed*, p. ١٠٠, l. 12, à p. ١٠١, l. 9 (p. 82 et 83 de la trad. de Noël Desvergers).

[1*] *Mo'djam-el-Boldân*, t. II, p. ٣٥١, l. 5. — *Marâs'id*, t. I, p. ٣٢٥, l. 18, et p. ٣٢٦, l. 1.

[2*] *Vie de Moh'ammed*, p. 40, l. 14 et 15 (p. 78 de la trad. de Noël Desvergers). Il semblerait qu'au lieu de أميال il faut lire ليال, comme on lit dans Iâk'out.

[3*] Que Burckhardt place à six heures de marche de *la Mekke* (*Travels in Arabia*, t. I, p. 264, l. 21 et 22 ; in-4°, London, 1829). Ces six heures de marche permettent de supposer une distance de dix-huit à vingt milles.

[4*] Chap. IX, vers. 25, p. ١٥٨, l. 10 à 13, édit. Redslob; in-8°, Lipsiæ, 1855.

[5*] *Mo'djam*, t. III, p. ٢٤٢, lin. ult. et p. ٢٤٥. — Edrisi place *T'aif* à soixante milles (vingt lieues communes) à l'est de *la Mekke* (*Géogr.* t. I, p. 141). — Niebuhr, *Description de l'Arabie*, p. 323; in-4°, Amsterdam, 1774.

[6*] Abou-'l-Fedâ, *Vie de Moh'ammed*, p. 44, l. 7 (p. 78 de la trad.). — Caussin (t. III, p. 247) dit : «le 5 ou le 6 chaouâl (27 ou 28 janvier 630).» Il aurait dû dire 26 ou 27 janvier.

mie jurée de celle des *Chîis*[1], eut vraisemblablement le même point de départ[2]. Pococke[3], Mirzâ Kazem-Beg[4], M. de Slane[5], font naître la secte des *Khaouâridj* pendant la lutte engagée à S'*iffîn* (صِفِّين), au commencement de l'an 37 de l'hégire, entre le khalife 'Ali et Mo'âouïah[6]; mais les termes dont se sert Kazem-Beg me paraissent les plus conformes à la réalité des faits, car Abou-'l-Fedâ emploie la dénomination de *Khaouâridj*[7] comme dès lors acquise aux partisans de cette secte, lesquels d'ailleurs n'improvisaient assurément pas sur le champ de bataille de S'*iffîn* les principes dont, là même, ils faisaient l'ap-

«k'ous-ibn-Zohaïr-el-Bodjili, connu sous le nom «de Dzou-'t-Thadiah (ذو الثدية), et qui, le «premier, ayant été reconnu imâm par les *Khaouâridj*, s'éloigna de la vraie religion.» — Le nom de *Kharedji*, dont le pluriel est *Khaouâridj*, est, du reste, commun à plusieurs sectes. (*Exposé de la religion des Druzes*, t. I, p. XII, note 1; in-8°, de l'I. R. 1838.)

[1] Abou-'l-Faradj, p. IV·, l. 2 et 3 (p. 107, l. 1, de la trad. lat.). — *Spec. hist. arab.* p. 24, l. 5, et p. 264, l. 20. — «Les *Chîis* étaient directement opposés aux *Khaouâridj*,» lit-on aussi dans Mak'rizi, cité par Silvestre de Sacy (*Exposé de la religion des Druzes*, t. I, p. XVI).

[2] Dozy, *Musulmans d'Espagne*, t. I, p. 141. — Précisément parce qu'au point de départ la foi a été la même, on comprend que ceux qui s'en écartent par des interprétations diverses apparaissent aux fidèles comme les adversaires les plus dangereux, et ainsi s'explique ce passage que j'ai noté quelque part : «Il y a eu peut-être «plus d'acharnement de la part des sectes chré-«tiennes les unes contre les autres qu'entre chré-«tiens et païens.»

[3] Il dit, à propos des *Khaouâridj* : «Primi hoc «titulo notati sunt quidam qui ab Ali desciverunt «postquam cum eo fuissent in prœlio *Seffini* (sic).» (*Spec. hist. arab.* p. 265; in-4°, Oxoniæ, 1806.)

[4] «'Ali eut des ennemis dangereux dans les «*Khaouâridj*, qui, pendant les débats entre lui et «Mo'âouïah, avaient formé une communion à «part.» (*J. A.* t. II, p. 389, 4° sér.)

[5] «La secte des *Khaouâridj* parut pour la pre-«mière fois dans l'islâmisme, lors de la guerre «qui éclata entre le khalife 'Ali et Mo'âouïah, son «compétiteur.» (*H. d. B.* t. I, p. 203, note 5, de la trad.)

[6] Au moment de l'assassinat de 'Omar (en dzou-'l-h'idjah 23), Mo'âouïah-ibn-Abou-Sofiân était en possession du gouvernement de *Damas* et du territoire voisin de la mer jusqu'à *Antioche*[a]. On a vu dans le tome I que 'Othmân, toujours porté à servir ses parents[b], avait, en ajoutant à ce gouvernement celui que quittait 'Omaïr-ibn-Sa'd (*H'ims* et *K'innasrîn*), rendu Mo'âouïah maître de toute la *Syrie*. — Après la *journée du chameau*, 'Ali devait se croire enfin maître du khalifat, mais le refus de Mo'âouïah de reconnaître sa souveraineté le mit dans la nécessité de marcher contre ce chef rebelle, et le 5 chaoûâl 36 (خمس حلون) il quittait *Koufah*, à la tête de quatre-vingt-dix mille hommes, pour se rendre dans les plaines de S'*iffîn*. (Ma'çoudi, t. IV, p. 343, l. 10, et p. 344, l. 4. — Abulfedæ *Annal. muslem.* t. I, p. 304, l. 14 à 16.)

[7] *Annal. muslem.* t. I, p. 314, l. 12.

[a] Kemâl-ed-Dîn, p. ٤, l. 10 et 11 (p. 5 de la trad. de Freytag). — Mo'âouïah avait été nommé à ce gouvernement par 'Omar dans la septième année de son khalifat (Eutychii *Annalium* t. II, p. ٢٩٧, l. 18); or la première année de ce khalifat commence le 21 djoumâdi-'l-akhir 13. Ce fut donc en 19, comme du reste le dit Belâdzori (p. ١٣١, l. 6) d'après Tamim-ibn-'At'iah. Voyez Caussin, *Essai*, etc. t. III, p. 522.

[b] Mo'âouïah était cousin issu de germain de 'Othmân.

plication, et qu'ils ont professés depuis[1]; seulement il est clair qu'*alors* ils étaient encore loin d'être complètement séparés de 'Ali, puisqu'ils combattaient sous ses drapeaux. Mais les menaces dont ils usèrent envers lui pour l'obliger à rappeler El-Achtar, qui achevait de vaincre et ne pouvait croire à un ordre qui, cependant, avait été donné, l'audace avec laquelle ils lui dirent : «Nous «te ferions ce que tu sais qui fut fait au fils de 'Affân[2],» témoignent d'antécédents qui montrent 'Ali expiant, dans cette triste scène, les fautes graves que son ambition l'avait entraîné à commettre. Tous les faits qui suivent immédiatement : l'insistance d'El-Acha'th-ibn-K'aïs pour la nomination d'Abou-Mouça-'l-Acha'rî[3], de cet homme simple qui fut si ridiculement joué par 'Amr-ibn-el-'Âs'î-ibn-Ouâïl[4], ou qui trompa son maître[5] dans l'arbitrage entre les deux prétendants au khalifat[6], la méfiance que les *Khaoudridj* montrèrent à 'Ali en ne se retirant pas avec lui à *Koufah* pendant les délibérations des arbitres nommés[7], la sanglante bataille de *Nahraoudn* (نَهْرَوَان) livrée par 'Ali aux *Khaoudridj*, qui s'étaient donné pour chef 'Abd-Allah-ibn-Ouahab[8], sont autant de preuves d'une scission qui devint patente à cet instant, et pourraient faire croire à une trahison en faveur de Mo'âouïah, si le triple complot tramé à *la Mekke* par des *Khaoudridj*[9] n'était là pour prouver que ces sectaires n'agissaient dans l'intérêt d'aucun des ambitieux qui se disputaient la succession du Prophète.

Quoi qu'il en soit, la parenté de 'Ali, son alliance avec Fât'imah, la résigna-

---

[1] «Et necessarium putent antistiti cum legem «transgressus fuerit se opponere.» (*Spec. hist. arab.* p. 267, l. 20.)

[2] Ma'çoudî, t. IV, p. 381 et 382.

[3] Ma'çoudî, t. IV, p. 381 et 382. — *Annal. muslem.* t. I, p. 316, l. 9 et 10.

[4] Tel est son nom complet. (*Annal. muslem.* t. I, p. 318, l. 4. — Caussin. *Essai*, etc. t. I, p. 363.)

[5] Dozy, *Musulm. d'Esp.* t. I, p. 65.

[6] *Annal. muslem.* t. I, p. 324, l. 8 et suiv. — D'Ohsson, *Tabl. gén. de l'Emp. ottom.* t. I, p. 218 à 222; in-8°, Paris, 1788.

[7] *Annal. muslem.* t. I, p. 322, l. 3 et 4.

[8] Le dernier combat, celui qui fut interrompu par l'ordre envoyé à Achtar, dut être le quatre-vingt-dixième, si, comme on le prétend, les armées de l'*Irâk'* et de *Syrie* furent en présence à *S'iffîn* pendant cent dix jours[a] et en vinrent aux mains quatre-vingt-dix fois[b].

[9] Ce furent trois *Khaoudridj*: 'Abd-er-Rah'mân-ibn-Moldjam-el-Morâdî, El-Borak-ibn-'Abd-Allah, 'Amr-ibn-Bekr, ces deux derniers de la tribu de *Temîm*, qui résolurent le triple assassinat, dont un seul, celui de 'Ali, exécuté par Ibn-Moldjam, eut la fatale issue que se proposaient leurs auteurs. (El-Makîn, p. 42, l. 5 et suivantes. — En-Naouaouî, p. ۳۲۱, l. 3 à 6. — Abou-'l-Faradj, p. 14٠ et 141, p. 121 de la traduction latine. — Abou-'l-Fedâ, t. I, p. 332, l. 9 et suiv. — Abou-'l-Mah'âcin, t. I, p. ۴۴, l. 17 et suiv.)

[a] Ma'çoudî, t. IV, p. 294, l. 3, et p. 386, l. 9.

[b] *Annal. muslem.* t. I, p. 306, l. 2 et 3.

tion apparente qu'il avait montrée quand, trois fois en douze ans, il fut exclu du khalifat, auquel il se croyait des droits incontestables, sa ferveur, son indomptable courage, formaient autour de lui comme une auréole, dont l'éclat ne pouvait manquer d'exercer sur les Arabes un éblouissant prestige, capable d'entraîner aux dernières limites de l'exaltation des esprits si enclins au fanatisme. Ce qui est plus extraordinaire, mais ce qu'affirme Mak'rizî, le coryphée des historiens (عدد المورّخين), au jugement d'Abou-'l-Mah'âcin[1], c'est que, du vivant même de 'Ali, cet enthousiasme pour sa personne se manifesta avec une exagération telle, qu'il crut devoir la réprimer par des moyens violents : Ibn-Khaldoun et Mak'rizî racontent que, dans son indignation, il fit brûler[2] plusieurs de ceux qui avaient de lui des idées si extravagantes. Ce héros de l'islâmisme, lâchement assassiné, le 21 ramadhân 40[3] (jeudi 28 janvier 661 de J. C.), sur le seuil de la mosquée de *Koufah;* H'açan, dans ce lieu même, encore teint du sang de son père, abdiquant dès l'an 41, en donnant pour raison d'un acte si important qu'il ne pouvait consentir à voir verser le sang musulman pour sa cause; neuf ans après[4], son indigne épouse, Dja'dah, fille d'El-

---

[1] Textuellement cité par Silvestre de Sacy. (*Chrestomathie arabe*, t. I, p. 118, l. 11.) Le livre d'Abou-'l-Mah'âcin que cite ici Silvestre de Sacy est le *Manhal-es'-S'âfi* (منهل الصافى) indiqué par H'âdji-Khalîfah, t. VI, p. 224, l. 5, n° ۱۳۳۰۲.

[2] Ibn-Khaldoun, *Prolégomènes* (*Notic. et Extr.* t. XVI, p. 358, l. 4 et 5 du texte, et t. XIX, p. 404, de la trad.). — Mak'rizî, extrait et traduit par Silvestre de Sacy (*Exposé de la religion des Druzes*, t. I, p. XIII et XXXI). Sur l'ouvrage de l'auteur égyptien auquel ce passage est emprunté, voyez mon tome I. — S'il est vrai que les croyances absurdes qu'il punissait par le feu aient été encouragées, comme ses adversaires le lui reprochent, par des paroles telles que les sui-

vantes : «Je suis Allah, je suis le clément, je suis «le miséricordieux, je suis le Très-Haut, je suis «le créateur, je suis le conservateur, je suis le «compatissant, je suis celui qui accorde des «grâces; c'est moi qui donne, dans le sein de la «femme, une forme à la goutte d'eau[*],» 'Ali serait un monstre de duplicité.

[3] L'erreur qui consiste à placer cet événement au *vendredi* 17 ramadhân 40 est si répandue chez les historiens arabes, qu'il ne faut pas s'étonner de la trouver reproduite par des auteurs recommandables, tels que D'Herbelot[b], Simon Ockley[c], Deguignes[d], Mouradja d'Ohsson[e].

[4] Simon Ockley avait opté pour l'an 49. (*The Hist. of the Sarac.* p. 350, l. 26 et 27; — t. II de la trad. franç., p. 113.)

---

[a] *Dâbistân-i-Mazâhib* (l'école des sectes), chapitre textuellement cité par M. Garcin de Tassy (*J. A.* t. XIII, p. 432, note 1, 3ᵉ sér. 1842). — Sur cet ouvrage, voyez Zenker, t. I, p. 107, nᵒˢ 890 et suiv. t. II, p. 60, n° 776.

[b] *Bibliothèque orientale*, p. 87, col. 2; in-fol. Maestricht, 1776.

[c] *The History of the Saracens*, p. 327 et 328; 5ᵉ édit. in-8°, London, 1848 (t. II de la trad. franç., p. 85 et 89; in-12, Paris, 1748).

[d] *Histoire générale des Huns*, t. I, p. 323; in-4°, Paris, 1756.

[e] *Tableau général de l'empire ottoman*, t. I, p. 222; in-8°, Paris, 1788.

LIVRE QUATRIÈME. — CHAPITRE II.   35

Acha'th (جعدة بنت الاشعث), lui présentant, par ordre de Mo'âouïah, le poison qui allait tarir en lui les sources de la vie; H'oçaïn tombant à *Kerbelâ* (كربلا)[1] en 61 sur les corps de ses frères et de ses fils, après avoir combattu, avec une poignée de fidèles, contre toute une armée; son cadavre foulé aux pieds des chevaux, et sa tête outragée à *Koufah* avant d'être envoyée au khalife Iezîd, qui avait succédé à Mo'âouïah le 1er redjeb 60 (samedi 7 avril 680[2]) : tous ces désastres de la famille du Prophète durent engendrer, chez les fervents admirateurs de 'Ali, un mélange de profonde douleur et d'exaspération qui, avant de faire explosion par des révoltes ouvertes[3], couva longtemps dans l'ombre de

---

[1] C'est ainsi que ce nom est écrit par tous les auteurs : El-Bekrî (p. ۱۸۱, l. 15; — *J. A.* t. XIV, p. 117, 5ᵉ sér.), Iâk'out (*Mo'djam-el-Boldân*, t. IV, p. ۴۲۴, l. 20), Edrîsî (t. II, p. 158), Naouaouî (p. ۲۱۱, l. 14), Abou-'l-Fedâ (*Géogr.* p. ۳۰۰, l. 8).

[2] El-Makîn (p. 51, l. 19 et 20), Abou-'l-Faradj (p. ۱۹۹, l. 8 et 9; — p. 125 de la trad. lat.), Abou-'l-Fedâ (t. I, p. 388, l. 8, et p. 390, l. 6) placent cet événement au *vendredi 10 moh'arram* 61; Naouaouî (p. ۲۱۱, l. 13 et 14) dit le *vendredi* ou, suivant d'autres, le samedi dixième jour de l'année 61. Or, toutes ces indications sont fausses quant à la férie, car le 10 moh'arram 61 tombe un *mercredi*, correspondant au 10 octobre 680, et c'est ce que semble avoir remarqué Abou-'l-Mah'âcin (t. I, p. ۱۷۴, l. 9 à 11), qui se contente de dire que ce fut le dixième jour de l'an 61. — D'Herbelot, à l'imitation d'Abou-'l-Mah'âcin, n'a donné que la date (p. 428, col. 2); Simon Ockley a commis la singulière erreur de placer un *vendredi* le 2 moh'arram 61[a], ce qui est vrai pour l'an 60, et j'ignore d'après quelles sources Mouradja d'Ohsson[b] et de Hammer[c] rapportent au 10 moh'arram 60 la catastrophe de *Kerbelâ*. La date du mois (10 moh'arram) n'est un sujet d'incertitude pour personne, et Chardin fait connaître tous les détails d'une fête qui se célèbre encore chaque année en Perse en commémoration du martyre de H'oçaïn, fête qui dure du 1ᵉʳ au 10 moh'arram[d].

[3] En 145, Moh'ammed-ibn-'Abd-Allah à *Ah'djâr-ez-Zaït* et Ibrâhîm, son frère, à *Bâkhamrâ*; en 169, H'oçaïn-ibn-'Ali-ibn-'Abd-Allah à *Fakh* dans le *H'idjâz*; en 176, Iah'îâ-ibn-'Abd-Allah

---

[a] *The History of the Saracens*, p. 400, l. 31 (t. II de la trad. franç., p. 222 et 223); du reste, il n'hésite pas à placer la mort de H'oçaïn au 10 moh'arram 61 (*ibid.* p. 417, l. 11; — t. II de la trad. franç., p. 267).
[b] *Tableau général de l'empire ottoman*, t. I, p. 116.
[c] *Histoire de l'empire ottoman*, t. IV, p. 167; in-8°, Paris, 1836.
[d] Chardin, *Voyages en Perse*, t. IX, p. 49 et suiv. in-8°, Paris, 1811. — Le 29 juin 1765[1*] (samedi 10 moh'arram 1179 de l'hég.), Niebuhr assista, à *Khârak* (خارك)[2*], aux cérémonies qui se pratiquent le dixième jour de la fête de H'oçaïn. Cette fête fut instituée en 352 (963 de J. C.) par le célèbre émir-el-omarâ Mo'ezz-ed-Daulah, qui, l'année précédente, avait fait inscrire sur les portes des temples de *Baghdâd* une formule de malédiction contre les Omaïades, (Abulfedæ *Annal. muslem.* t. II, p. 478, l. 4 et suiv. et p. 480, l. 6 et suiv.)

[1*] Le traducteur dit par erreur 29 juillet (Niebuhr, *Voyage en Arabie*, t. II, p. 163; in-4°, Amsterdam, 1780), mais, à la page 157, il avait bien dit 29 juin.
[2*] *Mo'djam-el-Boldân*, t. II, p. ۴۸۷, l. 6 et suiv. (p. 193 de la trad. de M. Barbier de Meynard). — En 1755, une ville a été bâtie par les Hollandais dans la partie nord-est de l'île de ce nom qui s'élève vers l'extrémité la plus septentrionale du *golfe Persique* et mesure quatre ou cinq lieues de tour. (Niebuhr, *Descr. de l'Arab.* p. 277 à 279; in-4°, Amsterdam, 1774.) Après onze ans, en 1766, les Hollandais ont perdu cette possession. (*Id, Voyage en Arab.* t. II, p. 161, et *Descr. de l'Arab.* p. 282.)

sociétés secrètes, et servit de base à divers ambitieux qui s'érigeaient en chefs de sectes. Les uns s'attachèrent exclusivement à la descendance de H'a-

dans le *Daîlam*[a]; en 250, un descendant de H'o- çaïn à *Koufah*, et un descendant de H'açan dans le *T'abaristân*[b], levèrent aussi l'étendard de la révolte[c].

[a] Le *Daîlam* est le massif en partie montagneux qui enveloppe la rive méridionale de la *mer Caspienne* (بَحْرُ الخَزَرْ), laquelle, par conséquent, borne le *Daîlam* au nord. Sa limite sud est formée par une partie de l'*Adzerbidjân* et de la province de *Raï* (الرَّيّ[1*]); à l'est il est borné par le reste de cette dernière province et par le *T'abaristân*, à l'ouest par une partie de l'*Adzerbidjân* et les pays d'*Er-Rân* (الرَّان) (Ibn-H'auk'al[2*], p. ٢٤٧, l. 11 à 14, et p. ٢٩٨; — Abou-'l-Fedâ, *Géographie*, p. ٣٧٤, l. 1 à 10). — Edrîsi dit : «Les habitants du *Daîlam* «furent infidèles jusqu'à l'époque de H'açan-ibn-Zaïd (voy. la note *b* ci-dessous), mais à cette époque (250 de «l'hég.), la plupart d'entre eux devinrent Musulmans et embrassèrent la secte de 'Ali.» (*Géographie*, t. II de la trad. franç., p. 178 et 179.)

[b] Appelé aussi *Mâzandarân* مازندران[3*] (H'âdji-Khalîfah, *Djihân Numâ*, t. I, p. 448). — Ce fut H'açan- ibn-Zaïd (voy. la note 8* ci-dessous) qui fut le chef de cette révolte, que Iâk'out place en 249. Motas'im avait, en 218, succédé à Mâmoun, et, dans la sixième année (en 223) du khalifat de ce troisième descendant de Hâroun- er-Rachid, Mouçâ-ibn-H'afs', petit-fils de 'Amr-ibn-el-'Alâ, qui était gouverneur du *T'abaristân*, se révolta; il fut vaincu, et exécuté à *Sorra-man-râï*. Le *T'abaristân* entra alors dans les attributions de 'Abd-Allah-ibn-T'âhir, qui donna le gouvernement de cette province à son fils, sous la tutelle de son frère Solaïmân-ibn-'Abd-Allah-ibn-T'âhir. Ce fut alors qu'en 249, l'Alide H'açan-ibn-Zaïd se révolta, chassa Solaïmân et prit le gouvernement du *T'aba- ristân*[4*], qu'il garda jusqu'au 7 s'afar 270, après un règne de dix-neuf ans huit mois et quelques jours. Son frère Moh'ammed lui succéda[5*], et fut tué dix-sept ans et huit mois après, le vendredi 5 chaoual 287 (3 octobre 900 de J. C.), sous le règne du khalife Mo'tadhid.

[c] *Annal. muslem.* t. II, p. 210, l. 14 et suiv. — Voici la généalogie de ces deux princes telle qu'elle est donnée à cette page 210 du livre d'Abou-'l-Fedâ[6*] :

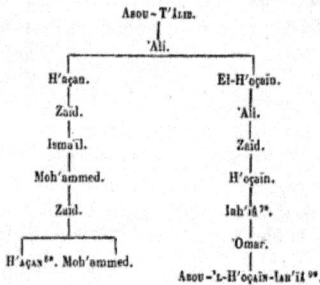

[1*] C'est ainsi qu'écrit Iâk'out (*Mo'djam*, t. III, p. ٨٩٢, l. 27; — *Marâs'id*, t. I, p. ٢٤٩, l. 13 à 17); dans Ibn-Khallikân on lit à plusieurs reprises الرِى (fasc. 1, n° ٣, p. ٧, l. 6, n° ٥A, p. ٣٦, l. 1, et fasc. III, n° ٢٩٨, p. ٨٢, l. 9; — t. I de la trad. angl., p. 7, 100 et 585).

[2*] Les premières lignes de son article الديلَم sont copiées mot à mot dans le كتاب صور الاقاليم d'Is't'akhri (p. ٢٠٤, l. 1 à 5).

[3*] H'âdji-Khalîfah dit que le *Mâzandarân* est la partie septentrionale du *T'abaristân* (*Djihân Numâ*, t. I, p. 449).

[4*] Iâk'out, *Mo'djam-el-Boldân*, t. III, p. ٥٠٦, l. 8, à p. ٥٠٧ (p. 385 et 386 de la trad. de M. Barbier de Meynard).

[5*] *Annal. muslem.* t. II, p. 260, l. 7 à 9, p. 284, l. 13 à 17, et p. 729, nota 250.

[6*] Voir aussi la *Géogr.* d'Edrîsi, t. II de la trad. franç., p. 178 et 179. — Am. Jaubert a écrit *H'oçaïn-ibn-Zaïd*, au lieu de *H'açan*.

[7*] Le traducteur des *Annales* d'Abou-'l-Fedâ a omis ce Iah'iâ, cependant nommé dans le texte arabe.

[8*] J'ai dit (note *b* ci-dessus) ce qu'il importait de savoir sur ce H'açan.

[9*] Abou-'l-H'oçaïn-Iah'iâ fut défait à *Koufah* (en 250) par Moh'ammed-ibn-'Abd-Allah-ibn-T'âhir, qui envoya sa tête au khalife Mostaïn. (*Annal. muslem.* t. II, p. 210, l. 19.)

çan[1], d'autres à celle de H'oçaïn, d'autres encore admirent qu'après la mort de ce dernier, l'imâmat devait passer au troisième fils de 'Ali, à Moh'ammed-ibn-H'anafiah[2], ainsi nommé du nom de la tribu de sa mère[3]; les *Râfidhis*[4], au moins une partie d'entre eux, partageaient cette dernière opinion et se signalaient par l'ardeur de la haine qu'ils portaient aux trois premiers khalifes, à 'Aïchah, aux OMAÏADES, à tous ceux qui étaient coupables d'une manifestation quelconque contraire au fils d'Abou-T'âlib et à sa famille. On donne le nom de *Kaïçâniens*[5] (الكيسانية) ou *Kaïçânites* à une secte de Chîis qui admettait que ce Moh'ammed-ibn-H'anafiah vivait dans les monts *Radhoua*[6] (رَضْوَى) et devait reparaître pour remplir la terre de justice, comme elle était présentement remplie d'iniquité. On s'explique très bien comment l'autorité des OMAÏADES ne s'étendit qu'avec peine dans les parties orientales de l'empire musulman : «Là, «dit Silvestre de Sacy, l'oppression seule et la tyrannie étouffèrent les regrets «et les vœux de tous les cœurs, qui conservaient un vif attachement pour la

---

[1] El-Bekrî, p. ١٤١, l. 11 (*J. A.* t. XIII, p. 479, 5ᵉ sér.).

[2] Ibn-K'otaïbah (p. ١١١, l. 12) le fait mourir en 81, à l'âge de soixante-cinq ans; Ma'çoudî (t. V, p. 267, l. 9, et p. 268, l. 1), El-Makîn (p. 65, l. 6 et seq.), Iah'iâ-ibn-Bakhr cité par Naouaouï (p. ١١١ᵇ, l. 14), Ibn-Khallikân[a] (n° ٥٧·, fasc. vi, p. 41, l. 6; — t. II de la trad. angl., p. 577), Abou-'l-Fedâ (*Annal. muslem.* t. I, p. 424, l. 5 à 7, et note 192), confirment la date donnée par Ibn-K'otaïbah pour celle de sa mort. Sur Moh'ammed-ibn-H'anafiah, voyez Chihab-ed-Dîn, *Kitâb-el-Djoumân* (*Notic. et Extr.* t. II, p. 146 et 147), et Ibn-Khaldoun, *Prolégomènes* (ibid. t. XVI, p. ٣٥٧ in fine; — t. XIX, p. 403) dans le chapitre intitulé : *Des opinions des Chîites au sujet de l'imâmat* (ibid. t. XVI, p. ٣٥٥ à ٣٩٤; — t. XIX, p. 400 à 411).

[3] La tribu des *Benou-H'anifah*, qui était celle de sa mère, Khaulah, fille de Dja'far-ibn-K'aïs-ibn, etc. ... ibn-H'anifah, et que des auteurs croient être une captive faite dans l'expédition commandée par Khâlid, dans le *Iémâmah*, cette tribu, dis-je, originaire du H'idjâz, occupait la partie du *Iémâmah* longtemps abandonnée après l'extinction des *Djâdicites*. (Caussin, *Essai*, etc. t. I, p. 100 à 102.)

[4] On les nommait ainsi du mot رَافِض «qui se sépare», et l'explication en est donnée dans les *Prolégomènes* (*Notic. et Extr.* t. XVI, p. ١٥٧, l. 11 et suiv. — t. XIX, p. 403), où ce mot est transcrit *Rafédites*. Silvestre de Sacy avait dit *Rafédhis*. (*Exposé de la religion des Druzes*, t. I, p. XLVIII et p. CLXXVII, à la note.)

[5] Ibn-Khallikân, n° ١٧·, fasc. vi, p. 41, l. 8 et 9[b] (t. II de la trad. angl., p. 577). — *Prolégomènes*, aux pages indiquées ci-dessus. — El-Makîn (p. 65, l. 7) dit à tort الكسانية (*Kaçâbites*).

[6] *Proleg.* (p. ٣٥٨, l. 16 et 17; — p. 404).

---

[a] Il dit que ce Moh'ammed, né deux ans avant la mort du khalife 'Omar, par conséquent, vers la fin de 21 de l'hégire, mourut à Médine le 1ᵉʳ moh'arram 81, ce qui lui donne environ cinquante-neuf ans d'âge. Ibn-K'otaïbah (à la page indiquée note 2 ci-dessus) dit soixante-cinq ans. Les incertitudes sur la date de sa mort sont telles que Naouaouï (p. ١١١ᵇ, l. 12 à 19) cite, d'après différents auteurs, des dates qui varient de l'an 72 à l'an 114.

[b] Voyez t. I, p. ٤٣٠, lin. penult. du texte donné par M. de Slane en 1842.

« maison de 'Ali[1]. » Ajoutons que les idées empruntées par les Chîis à l'ancienne théologie des peuples de l'Asie orientale durent jouer un grand rôle dans l'espèce de passion avec laquelle ces peuples servirent toujours la cause d'une dynastie déshéritée, qui offrait à leur raison le type de la légitimité et du bon droit, à leur cœur la touchante et poétique figure de la douleur soufferte pour le triomphe de la justice.

Sunnites et Chîis.

Il résulte des détails dans lesquels je viens d'entrer que, sur le lit de mort du Prophète, les Musulmans se partagèrent en deux camps : dans l'un se rangèrent ceux qui acceptaient les faits accomplis, dans l'autre ceux qui considéraient 'Ali comme ayant des droits qui avaient été méconnus, quoiqu'ils le plaçassent, parmi les prétendants, dans une position exceptionnelle. De là les Sunnites et les Chîis, noms dont je me sers sans savoir quels furent, à l'origine, les noms que se donnèrent ou reçurent ceux des Musulmans qui se considéraient comme orthodoxes, comme étant dans la vraie voie tracée par Moh'ammed, et ceux qui protestaient contre des actes qu'ils tenaient pour illégitimes. J'ai suffisamment indiqué comment une fraction de ces protestants, tout en conservant la base fondamentale de leur croyance, savoir, que le souverain pontificat appartenait de droit à 'Ali et à ses descendants, manifestèrent, pendant son khalifat, sous ses drapeaux mêmes, des sentiments d'hostilité qui témoignent d'une dissidence dont la cause est obscure, mais dont l'existence est certaine; et si, dès lors, un élément de discorde divisait les partisans de 'Ali au point de constituer une secte qui avait son nom (les *Khaouâridj*), on peut se représenter aisément ce que la mort de 'Ali dut engendrer de fractions, dont je ne saurais ici ni rechercher le nombre ni préciser les nuances. Pendant toute la durée de la dynastie Omaïade (jusqu'en 132), les Alides ne purent songer à prétendre au khalifat; leurs revers étaient trop récents, leurs blessures trop profondes; mais, en même temps qu'ils étaient obligés de se soumettre aux khalifes régnants, ils voyaient ailleurs le pouvoir légitime; pour eux, ce pouvoir résidait dans les descendants de 'Ali, ils les honoraient sous le nom d'*Imâms*, et la secte qui se rattachait à la branche de H'oçaïn s'appelait *Imâmiens*[2]. L'inaction dans laquelle leur faiblesse les tenait prépara le succès

Imâmiens.

---

[1] *Exposé de la religion des Druzes*, t. I, p. xxix et xxx.

[2] Les *Kaïçânites*, comme je l'ai dit à la page précédente, avaient aussi leur imâm, qui était Moh'ammed-ibn-H'anafîah; cette secte dut prendre naissance après le 10 moh'arram 61, jour de la mort de H'oçaïn. Voir *Histoire des Berbers*, t. II, p. 500, de la traduction. — Les *Râfidhis* partageaient aussi la croyance au retour d'Ibn-H'anafiah.

LIVRE QUATRIÈME. — CHAPITRE II.   39

d'une autre branche de la famille du Prophète. Profitant des coups portés aux Omaïades, que l'on ébranlait en les stigmatisant du nom d'usurpateurs, profitant aussi de l'impuissance à laquelle étaient réduits les Alides, absorbés et divisés par leurs vaines querelles sur la vraie souche de la légitimité, les descendants d'El-'Abbâs, oncle de Moh'ammed, concentrèrent tous leurs efforts sur la pensée de s'emparer du khalifat. Leur conspiration, lentement ourdie, finit par éclater, et triompha. Les partisans de 'Ali ne purent être que spectateurs de ce grand événement, et un changement de dynastie fut incapable de modifier la position d'infériorité à laquelle ils étaient arrivés. Sous les 'Abbâssides comme sous les Omaïades, leur existence se manifestait par de sourdes protestations et par des vœux stériles. Pleins de foi dans la justice de leur cause, les *Imâmiens* ne se lassaient pas de placer leurs espérances dans les petits-fils de H'oçaïn, lorsqu'en 148 le sixième imâm, Dja'far-es'-S'âdik', mourut[1] dans des circonstances particulières qui engendrèrent un nouvel élément de trouble dans ce gouvernement occulte. Es'-S'âdik' avait désigné son fils aîné, Isma'îl, pour lui succéder, mais ce fils était mort avant lui, et son second fils, Mouça-'l-Kâtzim, fut, à la mort de son père (en 148), appelé à l'imâmat[2]. Aussitôt de graves dissentiments surgirent, parce qu'Isma'îl avait laissé des fils, et que c'était à l'un d'eux, suivant un grand nombre de Chîis, que la qualité d'imâm revenait de droit. Deux sectes bien tranchées se formèrent donc au milieu du second siècle de l'hégire : l'une qui conserva le nom d'*Imâmiens*, l'autre qui prit le nom d'*Isma'îliens*. Les partisans de la première reçurent aussi le nom de *Duodécimains*, parce qu'ils continuaient la série des imâms à partir de Mouça-'l-Kâtzim jusqu'au douzième (Moh'ammed-el-Mahdi), pendant que les *Isma'îliens* étaient obligés d'avoir recours à leur absurde théorie des *imâms cachés*[3], théo-

---

[1] Ibn-el-Athîr, *El-Kâmil*, t. V, p. ६०१, l. 4 et 5. — Voir la généalogie de Dja'far (*Annal. muslem.* t. II, p. 22, l. 7 à 10).

[2] Ce septième imâm, né en 128 ou en 129, selon El-Khat'îb († 463), fut arrêté en ramadhân et conduit à *Baghdâd* par ordre d'Er-Rachîd, qui le fit mettre à mort en 183 ou 186. (Ibn-Khallikân, n° ४०४, fasc. IX, p. ६१, l. 6 et 7, et p. ६६, l. 5 ; — t. III de la trad. angl., p. 464 et 466.) Voyez Ibn-el-Athîr (*Kâmil*, t. VI, p. ११४, l. 7 et suiv.); voyez aussi Fakhr-ed-Dîn (in *Chrest. arabe*, t. I, p. ४८ ; — p. 6 de la trad.). Ibn-Bat'out'ah (t. II, p. 108, l. 3), Abou-'l-Fedâ (t. II, p. 76, l. 13), Abou-'l-Mah'âcin (t. I, p. ०।४, l. 5) écrivent ce nom الكاظم, El-Kâtzim, comme l'écrit Ibn-Khallikân.

[3] Le premier fut Moh'ammed-ibn-Isma'îl, dont le nom a été si souvent exploité par d'ambitieux intrigants, comme l'a montré Silvestre de Sacy dans son *Introduction à l'Exposé de la religion des Druzes* (p. LXX, CLXXXV, CXCV, CCI). Le père de cet Isma'îl était Dja'far-es'-S'âdik', le sixième des douze imâms admis par les *Duodécimains*. — Sur les *imâms cachés*, voy. les *Prolégomènes* (*Notic. et Extr.* t. XVI, p. ३४३, l. 15, à p. ३४३, l. 3 ; — t. XIX, p. 43 et 409).

rie, du reste, adoptée au fond par les différentes sectes de Chîis : les *Kaïçânites* et les *Râfidhis* croyaient, comme je l'ai dit, au retour d'Ibn-H'anafiah; les *Duodécimains*, encore du temps d'Ibn-Khaldoun (xive siècle de notre ère), pratiquaient tous les soirs une cérémonie ayant pour objet d'inviter le fils d'El-H'açan-el-'Askarî à sortir de sa caverne[1]. « Il m'est impossible, dit Silvestre « de Sacy, de dire ce que devint la secte des *Isma'îliens* pendant la vie de « Moh'ammed-ibn-Isma'îl; peut-être même ne prit-elle une forme et une or- « ganisation régulière qu'après sa mort, car il ressort de tous les monuments « qui nous en restent que le retour de Moh'ammed-ibn-Isma'îl était le dogme « principal de cette secte, que tout se faisait au nom de ce fils d'Isma'îl, que « c'était à son service qu'on s'enrôlait pour être prêt à le suivre quand il repa- « raîtrait[2]. »

Isma'îliens.

Obscurité qui couvre la véritable origine des Fât'imites.

J'ai suffisamment expliqué dans le tome I ce qu'était le personnage *attendu*, le Mahdi; les indications qui précèdent permettent d'entrevoir combien doit être obscure la véritable origine de celui des Mahdis annoncés qui fut en réalité le fondateur de la dynastie des FÂT'IMITES, appelée aussi dynastie des ISMA'ÎLIENS. Abou-'Obaïd-Allah-el-Mahdi (c'est le nom de ce fondateur) descendait-il vraiment d'Isma'îl, dont le père, Dja'far-es'-S'âdik', avait pour bisaïeul H'oçaïn-ibn-'Ali-ibn-Abou-T'âlib ? C'est là un de ces problèmes qui, vraisemblablement, resteront à tout jamais sans solution positive. Les divergences entre les auteurs sont si multipliées, les affirmations opposées sont si absolues, qu'il est, on peut le dire, impossible de démêler la vérité. Ibn-Khallikân[3], En-Nouaïrî[4], Abou-'l-Fedâ[5], Ibn-Khaldoun[6], Mak'rîzî[7], ne présentent qu'un tissu de contradictions, à l'exception toutefois des deux derniers, dont l'un a évidemment copié l'autre. Tous deux établissent la généalogie du Mahdi de la manière suivante : 'Obaïd-Allah[8]-ibn-*Moh'ammed-el-H'abîb*-ibn-*Dja'far-el-Mos'ad*-

---

[1] *Proleg.* (*Not. et Ext.* t. XVI, p. ۲۰۴, l. 2 à 10, et p. ۲۴۳, l. 9 et suiv. — t. XIX, p. 405 et 409). — *H. d. B.* t. II de la trad., p. 504.

[2] *Druzes*, t. I, p. LXV et LXVI.

[3] *Ouafaïât-el-'Aiân*, n° ۳۴۰, fasc. IV, p. ۰۰, l. 1 à 3 (t. II de la trad. angl., p. 77).

[4] *Druzes*, t. I, p. CLXVI, note 1, et p. CCCCXXXVIII.

[5] *Annal. muslem.* t. II, p. 308 et 310. Abou-'l-Fedâ, à ces pages, donne plusieurs généalogies qui ne s'accordent nullement entre elles, et il ne dit pas à laquelle il donne la préférence.

[6] *Prolégomènes* (*Notic. et Extr.* t. XVI, p. ۳۴۳, l. 2 et 3; — t. XIX, p. 409). — *H. d. B.* t. II de la trad., p. 505.

[7] *Chrestomathie arabe*, t. II, p. ۳۳ et ۳۴; — p. 92 du même tome.

[8] « 'Obaïd-Allah, dit Silvestre de Sacy, n'était « pas primitivement le nom de ce prince; il me « paraît indubitable qu'il s'appelait *Sa'îd*. Il était « fils de H'oçaïn-ibn-Ah'med, ou propre fils « d'Ah'med. » (*Exposé de la religion des Druzes*, t. I, p. CCLI et CCLII.)

LIVRE QUATRIÈME. — CHAPITRE II.   41

dik'-ibn-Moh'ammed-el-Mektoum[1]-ibn-Isma'îl-ibn-Dja'far-es'-S'âdik'-ibn, etc., jusqu'à 'Ali-ibn-Abou-T'âlib. Plusieurs causes ont contribué à obscurcir le berceau de cette dynastie. La principale réside dans les moyens mis en œuvre par les 'Abbâssides, qui, humiliés de s'être vu enlever la moitié de leurs États[2] par les Fât'imites, ne négligèrent rien pour parvenir à effacer jusqu'aux traces de la noble origine de cette famille. On sait qu'en 402 (1011 à 1012 de J. C.), sous le règne du khalife K'âdir, il fut dressé solennellement à *Baghdâd* un acte par lequel des k'âdhis et un certain nombre d'éminents docteurs[3] déclarèrent que la généalogie dont se glorifiaient les Fât'imites était un mensonge et une imposture[4]. D'autres causes ont dû agir dans le même sens : surveillés et traqués pour ainsi dire avec une persistance assidue, « les imâms changeaient « leurs noms et les noms de leurs dâ'is, dit En-Nouaïri, et se transportaient « souvent d'un lieu dans un autre[5]. » Ibn-Khaldoun prétend que ceux qui contestent à 'Obaïd-Allah-el-Mahdi la descendance directe de 'Ali ont profité de la nécessité, où s'était trouvé cet imâm, d'agir comme ses prédécesseurs, en se tenant caché afin d'échapper aux recherches de ses puissants ennemis; ils en ont profité, dit-il, pour attaquer sa naissance; les courtisans des 'Abbâssides, en vue de rehausser leurs faibles khalifes, ont accueilli et répandu ces calom-

---

[1] Les trois noms que j'ai soulignés sont ceux des *imâms cachés*. — Abou-'l-Mah'âcin (*Nodjoum*, t. II, p. ۲۴۱, l. 1 et 2) a adopté la même généalogie, en substituant seulement le nom de Maïmoun à celui de Dja'far-el-Mos'addik'.

[2] Ibn-Khaldoun, *Prolégomènes* (*Notic. et Extr.* t. XVI, p. ۳۱, l. 1 et 2; — *id.* t. XIX, p. 41). — Mak'rîzî (*Chrest. arabe*, t. II, p. ۶۱, l. 9 et 10, — p. 90 du même tome) rappelle qu'ils leur enlevèrent l'*Afrique* (بلاد العرب), l'*Égypte* (مصر), la *Syrie* (الشام), la *Mésopotamie* (الديار بكر), les *deux villes saintes* (الحرمين) et le *Iémen* (اليمن).

[3] Parmi lesquels figure le célèbre chérif Er-Ridhâ, dont Ibn-el-Athîr (*El-Kâmil*, t. IX, p. ۱۸۳, l. 4) place la mort en 406, et qu'Ibn-Khallikân fait mourir en djoumâdi-'l-aouel 400, ou 403 suivant d'autres[a]. Il paraît, d'après les explications données par Ibn-el-Athîr (t. VIII, p. 14), qu'Er-Ridhâ, en signant le document de 402, malgré les vers dans lesquels il reconnaissait l'ascendance des khalifes d'Égypte[b], céda à la pression que son père exerça sur lui. Sa résistance est la preuve de sa conviction.

[4] Abulfedæ *Annal. muslem.* t. III, p. 14, l. 18 et suiv. — *Exposé de la religion des Druzes*, t. I, p. ccliii et ccliv.

[5] Traduction de Silvestre de Sacy (*Druzes*, t. I, p. cccli).

---

[a] *Ouafaïâi-el-A'iân*, n° ۴۷۸, fasc. vii, p. ۸۷, l. 17 et 18 (t. III de la trad. angl., p. 122). — Le texte publié de 1838 à 1842 par M. de Slane (t. 1, p. ۷۲۳, l. 17) donne les mêmes chiffres que l'édition Wüstenfeld (1835 à 1840); mais la date que j'emprunte à Ibn-el-Athîr doit être préférée, puisque Er-Ridhâ signa la déclaration de 402.

[b] Ces vers, cités d'abord par Ibn-el-Athîr (*El-Kâmil*, t. VIII, p. ۱۸, l. 12) ont été reproduits par Abou-'l-Fedâ (*Annal. muslem.* t. II, p. 308, l. 15).

nies. Aussi pense-t-il qu'on ne doit faire aucun cas du document de 402, uniquement basé sur des ouï-dire et sur l'opinion publique qui régnait à *Baghdâd*, ville dévouée aux 'Abbâssides. Ibn-Khaldoun va plus loin, il regarde comme un témoignage irrécusable, comme une preuve manifeste de l'authenticité de la généalogie des 'Obaïdites, les dépêches que nous verrons le khalife Mo'tadhid adresser à l'émir de K'aïraouân et au prince de *Sidjilmâçah*[1]. « Quant « à ceux, dit-il en terminant, qui font descendre cette famille d'un juif ou d'un « chrétien, qui lui assignent Maïmoun-el-K'addâh' ou tel autre pour aïeul[2], « nous répondrons que cela suffit pour prouver la perversité et l'infamie de « ces gens-là[3]. » Mak'rîzî traite aussi les généalogies autres que celle qu'il adopte d'histoires faites à plaisir[4], et répond, à ce qu'il appelle un tissu de calomnies, par les mêmes arguments qu'avait employés Ibn-Khaldoun.

Silvestre de Sacy conclut avec réserve en ces termes : « *Je suis très porté à* « *penser* avec Mak'rîzî que l'auteur des Fât'imites, 'Obaïd-Allah, descendait vé« ritablement de 'Ali[5]; » toutefois, pour l'ascendance *immédiate* de cet imâm, il a recours à plusieurs suppositions pour expliquer *de la manière qui lui a paru la plus vraisemblable* la confusion qui résulte de la comparaison des diverses sources[6], et bien qu'il ajoute un argument à ceux de Mak'rîzî, il expose la vie de H'âkam-Biâmr-Allah en se gardant de remonter plus haut que 'Obaïd-Allah[7]. Ét. Quatremère a publié, en 1836, un mémoire[8] dans lequel il adopte l'opinion contraire, mais en s'exprimant, comme un maître qu'il était, avec la même réserve : « *Sans prétendre décider absolument la question*, dit-il, *je penche* « *cependant* pour l'opinion des écrivains qui ont vu, dans les Fât'imites, non de « véritables descendants de Moh'ammed, mais des imposteurs adroits qui avaient « cru devoir appeler au secours de leur ambition un titre vénérable pour tous « les musulmans[9]. » Je n'ai pas la prétention de trancher une difficulté que ces

---

[1] Par la raison (selon Mak'rîzî) que le khalife n'aurait pas pris une pareille précaution s'il avait cru que 'Obaïd-Allah fût simplement un imposteur, car, dans ce cas, il n'aurait pu avoir aucune influence. On conviendra que cette raison est bien faible, puisqu'il suffisait que les populations *crussent* qu'il descendait de 'Ali.

[2] Voir les généalogies auxquelles j'ai renvoyé plus haut.

[3] *Prolégomènes* (*Notic. et Extr.* t. XVI, p. ٣٣ et ٣١٥; — t. XIX, p. 44 et 45). — *H. d. B.* t. II de la trad., p. 507 et 508.

[4] *Chrest. arabe*, t. II, p. ٩١, l. 1 (p. 90 du même tome). — *Druzes*, t. I, p. CCXLVIII.

[5] *Id. ibid.* p. LXVI, note 1.

[6] *Id. ibid.* p. CCLII, note 2.

[7] *Id. ibid.* p. CCLI.

[8] *J. A.* t. II, p. 97-142, 3ᵉ sér. 1836. — M. Cherbonneau, parlant de ce mémoire (*J. A.* t. V, p. 544, note 1, 5ᵉ sér. 1855), se montre plus absolu que l'auteur lui-même.

[9] Au nombre des raisons sur lesquelles Ét. Quatremère cherche à appuyer son opinion, se trouve (p. 111) un récit d'Ibn-Khallikân qui

LIVRE QUATRIÈME. — CHAPITRE II. 43

deux illustres savants n'ont pu résoudre, difficulté telle, au milieu d'opinions diamétralement opposées, «qu'il nous est impossible, dit Silvestre de Sacy[1], « de distinguer la vérité avec une entière certitude. » Comment pourrait-il en être autrement quand, à une époque relativement voisine de ces événements, Ibn-H'ammâd, au sujet du partage d'opinions que cette question d'origine a fait naître, disait : « Dieu seul est capable de faire cesser cette division[2]. »

Après avoir exposé, aussi clairement que j'ai pu, ce qu'étaient les imâms, il me reste à dire comment ils exerçaient leur influence, malgré la retraite dans laquelle les recherches dont ils étaient l'objet[3] les obligeaient de vivre, et comment ils communiquaient avec leurs partisans. C'était au moyen de dâ'îs (دعاة), missionnaires mystérieux, secondés eux-mêmes par des agents en sous-ordre qui préparaient le terrain, ébauchaient les conversions, et les chefs ne paraissaient que quand le moment opportun était venu. C'est vers 250, par conséquent sous le règne de Mosta'in, douzième khalife 'abbâsside, qu'un certain 'Abd-Allah-ibn-Maïmoun se mit à répandre des idées qui lui étaient propres, en vue de se créer un parti puissant, et, pour attirer plus facilement les Chîis dans son parti, il commença par appeler les hommes à reconnaître pour imâm Moh'ammed-ibn-Ismâ'il[4]. Abou-'l-Fedâ[5] fait partir ce novateur des dépendances

'Abd-Allah-ibn-Maïmoun paraît vers 250.

serait, en effet, l'objection la plus forte peut-être qu'on puisse faire à la thèse soutenue par Ibn-Khaldoun et par Mak'rîzî, *si ce récit était authentique*. Je veux parler de l'interpellation que Moh'ammed-ibn-T'abât'abâ, membre de la famille de 'Ali, aurait adressée à Mo'ëzz-Lidîn-Allah, lorsqu'en ramadhân 362 ce prince vint d'*Afrique* en *Égypte*ᵃ, et de la scène qui suivit cette interpellation. Ibn-Khallikân, comme il le déclareᵇ, a emprunté ce récit au livre que Djemâl-ed-Dîn a publié sous le titre de الدول المنقطعةᶜ (*les dynasties éteintes*), livre dont H'âdji-Khalîfahᵈ parle avec éloge (*liber egregius*). Cependant Ibn-Khallikân lui-même objecte que Ibn-T'abât'abâ était mort en 348, c'est-à-dire depuis quatorze ans, quand le IVᵉ Fât'imite quitta l'Afrique; M. de Slane (t. II de la trad. angl., p. 49, note 7)

déclare être convaincu que cette anecdote est complètement fausse, et, malgré l'opinion favorable de H'âdji-Khalîfah, il ne regarde pas le *Daoual-el-Monk'at'iat* comme étant un guide toujours sûr.

[1] *Exposé de la religion des Druzes*, t. I, p. CCXLVIII.
[2] *J. A.* t. V, p. 530, 5ᵉ sér. 1855.
[3] «Les 'ABBÂSSIDES, dit Mak'rîzî, ne cessaient «de chercher les occasions de les tourmenter et de «les exposer à toute sorte de supplices.» (*Chrestomathie arabe*, t. II, p. ٢٣, l. 4 et 5; — p. 92 du même tome.)
[4] *Druzes*, t. I, p. LXVII à LXXI.
[5] *Annal. muslem.* t. II, p. 312, l. 3. — Mak'rîzî dit qu'il était d'Ahouâz. (*Chrest. arabe*, t. II, p. 14, l. 5, et p. 88.)

ᵃ Ibn-Khallikân, nº ٣٢٤, fasc. IV, p. ٣١٢, l. 6 à 8 (t. II de la trad. angl., p. 47).
ᵇ *Ibid.* p. ٣٥, l. 1 (p. 48 de la trad. angl.).
ᶜ H'âdji-Khalîfah, nº ٥١٢٢, t. III, p. 239, l. 6 à 8.
ᵈ Qui donne le nom complet de l'auteur, dont il place la mort en 623 (1226 de J. C.).

de *Karadj*[1] et d'*Ispahân* pour se rendre dans le *Khouzistân*, à *Ahouâz* et à *'Askar-Mokram* (عَسْكَر مُكَرَّم[2]), d'où il fut bientôt obligé de fuir à *Bas'rah*, qui ne lui offrit pas plus de sécurité; il alla alors se fixer à *Salamïah*, ville des dépendances de *H'ims'* (*Émesse*) en Syrie, et il y mourut. Un fils lui était né à *Salamïah*; ce fils, nommé Ah'med, lui succéda; ce fut Ah'med qui envoya en *'Irâk'* un certain El-H'oçaïn-Ahouâzi[3], dâ'ï qui avait accompagné 'Abd-Allah dans sa retraite à *Salamïah*. Arrivé sur le territoire cultivé de *Koufah*, auquel les Arabes donnent le nom d'*es-Saoudd* (السَّوَاد), ce missionnaire fit la rencontre de H'amdân-ibn-el-Acha'th, surnommé *K'armat'*[4]. Au dire du chérîf Abou-'l-H'açan, dont En-Nouaïrî reproduit la narration, ceci se passait en 264[5], par conséquent sous le règne du khalife 'abbâsside Mo'tamid, et c'est sans doute de cette origine qu'entend parler Mak'rîzî quand il dit qu'il commença à être question des *K'armat's* en 264[6], car c'est sous l'année 270 qu'Ibn-el-Athîr place l'instant où les *K'armat's* s'agitèrent sous le *Saoudd* de *Koufah*[7]. On doit croire que K'armat', avant de se

Son fils Ah'med lui succède à Salamiah. Ah'med envoie H'oçaïn-el-Ahouâzi dans l'Irak'. H'oçaïn rencontre H'amdân-ibn-Acha'th, dit K'armat'.

---

[1] Ibn-H'auk'al, dans le chapitre qu'il consacre aux *Djebâl* (contrée appelée aussi *'Irâk'-el-Adjem*[a]), parle de *Karadj*[b] comme d'une ville isolée, c'est-à-dire ne comprenant pas plusieurs villes dans sa circonscription.

[2] Ibn-H'auk'al, p. ١٧١, l. 11.

[3] Mak'rîzî, *Chrest. arabe*, t. II, p. 14, l. 8 et 9; — p. 89.

[4] Dans cet H'amdân-ibn-el-Acha'th nous voyons paraître ici l'homme qui fut le premier chef de la fameuse secte des *K'armat's*.

[5] *Druzes*, t. I, p. CLXVI à CLXXI.

[6] *Druzes*, t. I, p. XX. — Voir p. CLXXI la date des débuts de *K'armat'*, d'après le chérîf Abou-'l-H'açan. — J'ai dit que ce fut vraisemblablement vers 250 que 'Abd-Allah-ibn-Maïmoun commença à répandre les idées qui l'obligèrent à quitter *Karadj*, et qu'après avoir tenté de continuer sa propagande dans le *Khouzistân*, il y fut encore inquiété, et se vit dans la nécessité de fuir à *Bas'rah*, puis enfin à *Salamiah*, où il mourut, laissant comme successeur son fils Ah'med, qui, né à *Salamiah*, devait être encore bien jeune en 264, et cependant c'est à lui qu'on attribue l'envoi en *'Irâk'* du dâ'ï qui fit la rencontre de K'armat'. Peut-être le pouvoir occulte dont il avait hérité était-il exercé, de fait, par un serviteur dévoué; et, d'autre part, Silvestre de Sacy place en 274 la *naissance*, dans l'*Irâk'*, de la faction des *K'armat's*[c]. Voyez la note ci-dessous.

[7] *El-Kâmil*, t. VII, p. ٣٤٩, l. 21. — El-Makîn (p. 174, l. 12) donne la même date, et Abou-'l-Fedâ (t. II, p. 266, l. 9) dit en 277. — Abou-'l-Faradj, *Hist. dynast.* p. ٢٧٢, l. 11 (p. 179 de la trad. lat.), dit à la fin du règne de Mo'tamid, et on sait que ce khalife est mort le 19 redjeb 279.

---

[a] *Géogr.* d'Abou-'l-Fedâ, p. ٢٠٨. — Ibn-H'auk'al donne pour limites aux *Djebâl* : du côté de l'orient, le désert du *Khoraçân*, de la *Perse*, d'*Ispahân*, et la partie orientale du *Khouzistân*; vers l'occident, l'*Adzerbîdjân*; vers le nord, le *Daïlam*, les villes de *K'azouîn* et de *Raï*, mais plus ordinairement, ajoute-t-il, on sépare du *Djebâl* les villes de *Raï*, *K'azouîn*, *Abhar* et *Zandjân*, que l'on réunit au *Daïlam* (*El-Meçâlik*, etc. p. ٢٠٥, l. 12 à 15; in-8°, Leyde, 1872).

[b] Ville située entre *Ispahân* et *Hamadzân* (Iâk'out, *Mochtarik*, p. ٣٩١, l. 9. — Ibn-Khallikân, n° ٥١٩, fasc. VI, p. ٢٠, l. 14 et 15 (t. II de la trad. angl., p. 507).

[c] *Druzes*, t. I, p. CLXVI.

LIVRE QUATRIÈME. — CHAPITRE II. 45

poser en chef de secte, marcha dans la voie que H'oçaïn-el-Ahouâzi lui avait tracée, et ce qui prouve qu'il y resta pendant assez longtemps, c'est qu'El-Ahouâzi, avant de mourir, l'institua son successeur[1]. Devenu chef des dâ'is, K'armat' envoya de nombreux émissaires dans le *Saouâd*; l'un d'eux, nommé 'Abdân, contribua puissamment, par son habileté, à fortifier le parti de K'armat', son maître[2].

H'oçaïn nomme K'armat' pour lui succéder.

Succès de 'Abdân, dâ'i de K'armat'.

Cependant l'imâm caché (peut-être le dixième[3]) vivait à *Salamiah*, où il recevait les visites de ses partisans, quand ceux-ci se rendaient en pèlerinage au *mochhed H'oçaïn*. L'imâm lui-même, accompagné du plus dévoué de ses dâ'is, nommé Ibn-H'aucheb, allait parfois prier sur les tombes vénérées des martyrs que comptait la famille de 'Ali[4]. C'est dans l'accomplissement de ce pieux devoir au *mochhed H'oçaïn* que l'imâm fit la connaissance d'un riche habitant du *Iémen*, qui y était venu en pèlerinage; ce pèlerin, ardent Chî'i, se nommait Moh'ammed-ibn-Fadhl. Il donna sans doute des renseignements favorables sur la disposition des esprits dans son pays, car, peu après cette rencontre, Ibn-H'aucheb fut envoyé dans le *Iémen*. Le manuscrit de Gotha[5], Ibn-Khaldoun[6] et Mak'rîzî[7] s'accordent à dire que l'habile dâ'i reçut cette mission en 268[8]. Évidemment les renseignements donnés indiquaient la ville par laquelle il conviendrait de commencer : Ibn-H'aucheb se rendit à *'Aden-Lâ'ah* (عدن لأَعَة[9]), où

Ibn-H'aucheb dans le Iémen.

---

[1] En-Nouaïrî cité par Silvestre de Sacy (*Druzes*, t. I, p. CLXXI).

[2] *Druzes*, t. I, p. CLXXXIV et CLXXXV. Je ne m'étendrai pas davantage ici sur les K'armat's[a].

[3] Le dixième imâm, pour les *Isma'îliens*, est Moh'ammed-el-H'abîb, fils de Dja'far-el-Mos'addik' et, suivant Ibn-Khaldoun, père du Mahdi. (*Prolégomènes*, dans les *Notic. et Extr.* t. XVI, p. ۳۴۳, l. 2 et 3; — t. XIX, p. 409.)

[4] *Druzes*, t. I, p. CCLV. Peut-être Ibn-H'aucheb joua-t-il le rôle d'imâm pendant la jeunesse de Ah'med.

[5] *An account of the establishment of the Fatemite dynasty in Africa*, Introduction, p. 20; in-8°, Tübingen et Bristol, 1840. — Je suppose peut-

être à tort ici que Nicholson a emprunté à 'Arib cette date, qu'il ne donne que dans l'introduction à l'extrait qu'il publie de cet auteur, qui a écrit entre 363 et 366.

[6] *H. d. B.* t. II de la trad., p. 509.

[7] *Chrest. arabe*, t. II, p. ۱۲, l. 9 et 10, et p. 93.

[8] Malgré les autorités que je viens de citer, j'avoue que je conserve des doutes sur cette date, qui semblerait indiquer que l'imâm était alors Ah'med-ibn-'Abd-Allah (voy. la note 6 de la page précédente).

[9] Abou-'l-Fedâ (*Annal. muslem.* t. II, p. 312, l. 12) dit عدن tout court, et Reiske, dans ses annotations (p. 741, note 269), explique qu'il ne s'agit pas ici de la célèbre ville de *'Aden* qui

---

[a] Sur l'histoire des *K'armat's* et sur les sources à consulter en ce qui les concerne, on peut lire avec fruit le *Mémoire sur les Carmathes du Bahraïn*, par M. de Gœje, brochure de 86 pages, avec un appendice de XXI pages; in-8°, Leyde, 1862.

sa propagande eut un tel succès qu'il se trouva, au bout d'un certain temps, à la tête d'une force imposante[1]. « Ibn-H'aucheb, dit Mak'rîzî[2], établit son auto-« rité à S'an'â[3], et envoya des dâ'is dans diverses contrées. » Ses émissaires, selon le récit d'Ibn-Khaldoun, se répandirent dans le *Iémen*, le *Iémâmah*, le *Bahraïn*[4], le *Sind*, l'*Inde*, l'*Égypte* et le *Maghrib*. On voit s'étendre ce réseau, dans lequel la société secrète dont le chef était à *Salamiah*, cherchait à envelopper l'islâ-misme. Les missionnaires reçurent sans doute successivement leurs ordres de départ, et je ne saurais assigner ici de date précise, mais on doit s'écarter bien

Il envoie deux dâ'is dans le Maghrib.

était un port important à l'extrémité méridionale du *Iémen*°, mais d'une petite ville, ou même d'un fort, situé aussi dans l'*Arabie Heureuse*; et, en effet, le même Abou-'l-Fedâ dit ailleurs[b] qu'en dehors de *'Aden-Abiân*, il existe sur le mont *S'abir* (صبر) une autre ville du même nom, appelée *'Aden-Lâ'ah*, «d'où sont sortis les pre-«miers apôtres des princes fât'imites qui, plus «tard, régnèrent sur l'Égypte.» Il place cette autre ville de *'Aden*, d'après Ibn-H'auk'al[c], à trois marches de *S'an'â* (voyez les notes 3 et d ci-dessous).

[1] En-Nouaïri (*Druzes*, t. I, p. cccxlix et cccl.). — Bîbars-Mans'ouri (*ibid.* t. I, p. cclvi). — «Ibn-H'aucheb se rendit maître de presque «tout le *Iémen*, dit Ibn-Khaldoun, et, après avoir «pris le surnom d'El-Mans'our, il construisit une «forteresse sur la montagne de *Lâ'ah* et enleva «*S'an'â* aux Beni-*Iâfor*.» (H. d. B. t. II de la trad., p. 506 et 509.)

[2] *Chrest. arabe*, t. II, p. ٢٢, l. 10 et 11 (p. 93 du même tome).

[3] *S'an'â* était la principale ville[d] du *Iémen*. «Il n'y en a pas dans le *Iémen*, dit Edrisi[e], de «plus célèbre, de plus considérable, ni de plus «peuplée; elle est placée au centre du premier «climat..... c'était la résidence des rois de tout «le *Iémen* et la capitale de l'Arabie.» — Iâk'out, *Mo'djam-el-Boldân*, t. III, p. ٢٢٠, l. 22. — *Mochtarik*, p. ٢٨٩, l. 4. — *Marâs'id*, t. II, p. ١٩٨, l. 13. — Ibn-Bat'out'ah parle de *S'an'â* (صنعا) comme de l'ancienne capitale du *Iémen*[f]; de son temps, c'était *Ta'izz* (تعز) qui était la résidence du roi du *Iémen*[g]. — *S'an'â*, qu'Ibn-Khaldoun place au nord de *'Aden*[h], est restée, de nos jours, une ville très importante[i], comme on en peut juger par la description qu'en fait Niebuhr, et pour tout ce qu'il en dit[k].

[4] *Géographie* d'Abou-'l-Fedâ, p. ٨٥, note 2, et p. 44, l. 20 (p. 13 et 157 de la trad.).

[a] Voyez les pl. XX, XXV et les p. 201, 221 et 252 de la *Descr. de l'Arabie*, par Niebuhr. — Ibn-Bat'out'ah, *Voyages*, t. II, p. 177, l. 2 et 3. — D'Herbelot, *Biblioth. orient.* p. 10, col. 2, au mot ABIN; et p. 52, col. 2, au mot ADEN. — Edrisi, t. I de la trad., p. 51. — Iâk'out, *Mo'djam*, t. III, p. ٤٢١, l. 10. — *Mochtarik*, p. ٣٠١٢, l. 14. — *Marâs'id*, t. II, p. ٢١٢١, l. 3.

[b] *Géographie*, p. ٤٣, l. 19 (t. II de la trad., p. 126 et 127). — Iâk'out, *Mo'djam*, t. III, p. ٤٢٢, l. 9 à 12. — *Mochtarik*, p. ٣٠١٢, l. 18 à 20. — *Marâs'id*, t. II, p. ٢١٢١, l. 7 à 8.

[c] Les savants éditeurs du texte d'Abou-'l-Fedâ renvoient à une note 12 (qui se trouve p. ١٠١) et remplacent cette prétendue indication d'Ibn-H'auk'al par un passage de l'Azizi.

[d] Metropolis, comme dit H'âdji-Khalifah (*Djihân Numâ*, t. II, p. 121).

[e] *Géographie*, t. I de la trad. d'Am. Jaubert, p. 50.

[f] *Voyages*, t. II, p. 176, l. 3. Ibn-Bat'out'ah voyageait de 725 à 750 (1324 à 1349 de J. C.).

[g] *Ibid.* t. II, p. 172, l. 1.

[h] *Prolégomènes* (in *Notic. et Extr.* t. XVI, p. ١٠١, l. 3, et t. XIX, p. 121).

[i] Niebuhr, *Description de l'Arabie*, p. 201 et 202; in-4°, Amsterdam, 1774. — Voir pl. XXV.

[k] *Id. Voyage en Arabie*, t. I, p. 322 et suiv.; in-4°, Amsterdam, 1776.

LIVRE QUATRIÈME. — CHAPITRE II.

peu de la vérité en admettant que de 270 à 272 deux dâ'îs furent envoyés dans le *Maghrib*; ils se nommaient El-H'olouâni et Abou-Sofiân [1]. « Le *Maghrib* « est une terre en friche, leur dit Ibn-H'aucheb, allez-y donc et labourez-la, « jusqu'à l'avènement du *maître de la semence* [2]. » Bien pénétrés des instructions qui leur étaient données sur le mystère dont le but de leur voyage devait rester enveloppé, sur les conditions que devaient remplir les résidences qu'ils choisiraient, sur le langage à tenir aux adeptes [3], ils partirent, et, marchant toujours vers l'occident, ils s'établirent, l'un à *Marmâdjannah* [4], dans le pays des

---

[1] Ibn-Khaldoun, *H. d. B.* t. II de la trad., p. 508. — *Druzes*, t. I, p. cclv et cclvi. — Abou-'l-Fedâ ne nomme pas ces deux dâ'îs, il parle seulement de missionnaires envoyés antérieurement (à 'Abd-Allah-ech-Chîï) chez les *Kitâmah* [a]. En-Noaaïrî [b] et Mak'rîzî [c] donnent leurs noms; Ibn-Khaldoun, qui les nomme aussi, dit qu'ils reçurent leur mission de Dja'far-es-'S'âdik' [d], ce qui doit être une faute de copiste, car il s'agirait tout au plus de Dja'far-el-Mos'addik', qui, suivant Ibn-Khaldoun, serait le grand-père de 'Obaïd-Allah. On ne peut douter que Mak'rîzî ait emprunté son récit à Ibn-Khaldoun, quand on le voit reproduire la même erreur en ces termes : « Quelques gens avaient reçu « cette doctrine (celle des *Isma'îliens*) dès le temps « de Dja'far-S'âdik' [e], » fait complètement inadmissible, puisque la doctrine des *Isma'îliens* ne put naître qu'après la mort de Dja'far-S'âdik'.

[a] *Annal. muslem.* t. II, p. 312, l. 14.
[b] *Druzes*, t. I, p. cccl.
[c] *Chrest. arabe*, t. II, p. ٣١٣, l. 16 (p. 111 du même tome).
[d] *H. d. B.* t. II de la trad., p. 508.
[e] *Chrest. arabe*, t. II, p. ٢١٣, l. 6 (p. 93 du même tome).

[2] C'est là une de ces expressions énigmatiques sous lesquelles on désignait l'imâm. On disait souvent *maître de la chose*. (*Druzes*, t. I, p. cxcvii et p. ccccli.) Par *maître de la semence* on entendait qualifier l'homme qui ensemencerait quand les dâ'îs auraient labouré, préparé le terrain.

[3] En-Noaaïrî, *Druzes*, t. I, p. cccci. — Au nombre de ces instructions se trouvait comprise la recommandation d'établir leur résidence à une grande distance l'un de l'autre.

[4] L'itinéraire suivant, que j'emprunte à Ibn-H'auk'al (p. ٥٨, l. 13, à p. ٥٩, l. 2; — *J. A.* t. XIII, p. 214 à 216, 3ᵉ sér. 1842) jettera du jour sur ce que nous avons à dire :

De K'aïraouân à Sabîbah (سبيبة) . . . . 2 journées.
De Sabîbah à Marmâdjannah (مَرْمَاجَنَّه) [f]. 1
De Marmâdjannah à Maddjânah (مَجَّانَه) [g] . . 1

[f] Entre *El-Orbos* et *Tâmadît*, Ibn-H'auk'al [1*] place le village de *Marmâdjannah*, mais comme *Tâmadît* se trouve sur la route d'*El-Orbos* à *Tîfâh*, c'est-à-dire plus au nord que *Marmâdjannah*, je suppose que ce dernier village est sur un méridien passant entre celui de *Tâmadît* et celui d'*El-Orbos*, et en même temps au sud d'une ligne joignant ces deux villes. Cette supposition met d'accord ce qu'Ibn-H'auk'al dit ici avec ce qu'il a dit p. ٥٨, l. 18, lorsqu'il a placé *Marmâdjannah* à une journée [à l'ouest] de *Sabîbah*.

[g] C'est *Maddjânah-el-m'âden* [2*]. Voyez, sur ces mines, la *Rich. minér. de l'Alg.* t. I, p. 277 et 278. — El-

[1*] P. ٩١, l. 11 et 12 (*J. A.* t. XIII, p. 224, 3ᵉ sér. 1842). — Il paraît exister une certaine hésitation sur le nom de *Tâmadît*, (تَامَدِيت). Iâk'out, dans l'article qu'il consacre à cette localité (*Mo'djam*, t. I, p. ٨١٣, l. 20; — *Mars'id*, t. I, p. ١٤٥, l. 17), non seulement écrit *Tâmadalt* (تَامَدَلْت), mais indique aussi la leçon (تَامَدْنَت) par un noun. — Edrisî (p. ١١٨, l. 1 et 2) a emprunté à Ibn-H'auk'al cette indication de la position de *Marmâdjannah*.

[2*] Dont au moins une des mines, celle d'*El-Ourît'sî* (الْوَرِيطْسِى), qui produisait de l'argent, appartenait à des *Louâtah* (El-Bekrî, p. ١٥٠, l. 12; — *J. A.* t. XIII, p. 395, 5ᵉ sér.).

Kitâmah[1], l'autre à *Souf-Djimâr*[2], rivière qui coulait réellement dans le pays des *Kitâmah;* et la suite des événements rend très vraisemblable que l'autre

De *Maddjânah* à *Miskiânah* (مَسْكِيَانَة)[a].. 1 journée
De *Miskiânah* à *Bâghâiah* (يَاغَايَة)......1

Le même itinéraire se retrouve dans El-Bekrî sans indication de distances[b]; il se retrouve aussi dans Edrîsî, qui, à la vérité, compte deux journées de marche de *Marmâdjannah* à *Maddjânah*, mais en ajoutant «ou plutôt une très forte[c];» du reste, il emprunte à Ibn-H'auk'al, comme Iâk'out[d] l'a fait après lui, l'affirmation que *Marmâdjannah* appartenait aux *Hoouârah*[e] et non aux *Kitâmah*.

[1] C'est En-Nouaïrî (*Druzes*, t. I, p. cccl) qui place à tort *Marmâdjannah* dans le pays des *Kitâmah;* du reste, ce nom de *pays des Kitâmah* laissait du vague dans l'esprit de bien des auteurs. «Il paraît[f], dit Silvestre de Sacy, «que cette tribu habitait dans le voisinage du lieu «où fut construite la ville de Fès.» (*Chrest. arabe*, t. II, p. 101, note 21.) Il y avait certainement des *Kitâmah* dans le *Maghrib-el-Ak's'â*, et j'en ai donné la preuve plus haut; mais, d'une part, ils étaient beaucoup au nord de la région de *Fès*, et, d'autre part, le pays propre de cette tribu, de la grande fraction que nous allons voir à l'œuvre, et dont il ne paraît pas douteux que Silvestre de Sacy entendait parler dans le passage que je viens de citer, était l'immense espace que j'ai défini d'après Ibn-Khaldoun. Je ne puis m'empêcher de rappeler, en terminant cette note, qu'un ancien géographe (xe siècle de J. C.), Is't'akhrî, avait très bien dit : «Quant aux *Kitâmah*, ils occupent la région «de Sat'if» (*Kitâb S'our-el-Ak'âlim*, p. ٢٠, l. 4; in-8°, Lugd. Batav. 1870); et que Iâk'out (au xiiie siècle) avait répété (*Mo'djam*, t. III, l. 17 et 18) : «Sat'if est une ville *dans les montagnes des Kitâmah.*» Or l'emplacement de cette ville était connu de longue date.

[2] En-Nouaïrî, *Druzes*, t. I, p. cclvi et cccl. — M. de Slane[g] observe que dans le manuscrit d'En-Nouaïrî on lit سوق حمار (*Souk'-H'imâr*), mais qu'il faut probablement changer la position de deux points diacritiques et lire سوف جمار

Bekrî[1*] nous apprend que l'itinéraire ci-dessus est la route d'été, impraticable pendant l'hiver, à cause du grossissement des eaux de l'*Ouddi-Mollâk'* (مَلَّاك[2*]), qui oblige à passer par *Tebeçâ*, que l'on atteint après *Sabîbah*, et de *Tebeçâ* on se rend à *Miskiânah*. Il résulte de cette indication que *Maddjânah* est sur la rive droite du *Mollâk'*. L'itinéraire d'Ibn-H'auk'al donne deux journées de *Bâghâiah* à *Maddjânah;* ailleurs (*Rich. minér. de l'Alg.* t. I, p. 279) j'ai montré qu'il y avait la même distance de *Bâghâiah* à *Tebeçâ*, par conséquent *Maddjânah* et *Tebeçâ* sont sur des méridiens assez rapprochés l'un de l'autre, ce qui place *Maddjânah* à peu près au nord de *Tebeçâ*.

[a] En passant par une localité qu'Ibn-H'auk'al nomme *Tidjis*, et qui ne paraît pas pouvoir être *Tigisis* de Procope.
[b] *El-Meçâlik oua'l-Memâlik*, p. ١٣٠, l. 18 (*J. A.* t. XIII, p. 395, 5[e] sér. 1859).
[c] *Descr. de l'Afr. et de l'Esp.* p. 11A, l. 7.
[d] *Mo'djam-el-Boldân*, t. IV, p. ٥٠٢, l. 9 et 10. — *Marâs'id-el-It't'ilâ*, t. III, p. ٨٣, l. 12.
[e] Edrîsî, p. 114, l. 16.
[f] Je souligne ce mot parce qu'ici l'illustre académicien s'exprime comme s'il empruntait ce renseignement à autrui, et je suppose que c'est à Deguignes, qui dit, en parlant d'Obaïd-Allah le Madhi : «Il était de la tribu de «*Ketama*, qui demeurait *en Mauritanie, dans les montagnes qui sont aux environs de Phez.*» (*Hist. gén. des Huns*, t. I, p. 365; in-4°, Paris, 1756). Toutes ces indications sont fausses.
[g] *H. d. B.* t. II de la trad., p. 508, note 2.

[1*] *El-Meçâlik oua'l-Memâlik*, p. ١٣٠, l. 19 et 20 (*J. A.* t. XIII, p. 395 et 396, 5e sér. 1859).
[2*] El-Bekrî a déjà nommé cette rivière (*ibid.* p. ١٣٤, l. 21; — *J. A.* t. XIII, p. 60, 5e sér.) en donnant l'itinéraire de *K'aïraouân* au *K'alat-Abou-T'aouîl*.

LIVRE QUATRIÈME. — CHAPITRE II.

dâ'ï s'établit sur le *Souf-Djimâr*, en un point voisin de *Milah*. « Après être de- « meurés *beaucoup d'années* dans ces régions, dit En-Nouaïrî, ils moururent à « peu de distance l'un de l'autre [1], » et lorsque Ibn-H'aucheb reçut la nouvelle de la mort de ses deux missionnaires maghribins, il avait près de lui, depuis quelque temps, le personnage qui va désormais jouer le principal rôle dans ce grand drame, et que je dois maintenant faire connaître. —

Mort des deux dâ'îs du Maghrib.

Il se nommait Abou-'Abd-Allah-H'oçaïn-ibn-Ah'med-ibn-Moh'ammed-ibn-Zakariâ [2]. A proprement parler, son origine est inconnue : les uns, suivant

Abou-'Abd-Allah-ech-Chii est envoyé à leur place.

(*Souf-Djimâr*). J'adopte complètement cette correction, en ajoutant que le *Souf-Djimâr* n'est pas un nom de lieu, comme le dit En-Nouaïrî, mais le nom d'une rivière, l'*ouadi-rimâl* (وادى الرمال « la rivière des sables »), qui entoure *Constantine* et traverse une partie du pays des *Kitâmah* jusqu'à *Milâh*, où il se détourne à angle droit pour couler au nord jusqu'à la mer. C'est l'*Ampsaga* des anciens, le *Sufgmare* de Jean Léon [a], le *Sufegemar* de Marmol [b], le *Suf-jimmar* de Shaw [c], le *Sufegmar* de l'abbé Poiret [d], le *Soufjimmar* d'Hebenstreit [e]. Tous ces noms donnés au *Rimâl* (improprement appelé *Rummel* sur nos cartes) sont autant de mauvaises transcriptions du nom *Souf-Djimâr*, « rivière des cailloux », qui a été réellement donné à ce fleuve, et dans lequel *Souf* est, comme M. Carette l'a, je crois, fait remarquer le premier [f], une corruption du mot berber *Acêf* [g], « rivière ».

[1] *Druzes*, t. I, p. cccl. — Je ne puis guère estimer à moins d'une quinzaine d'années, à peu près de 272 à 287, la durée de l'action que les deux dâ'îs, chacun dans sa localité, exercèrent mystérieusement sur l'esprit des Berbers. Voir l'introduction de Nicholson, p. 20 et 21.

[2] Je donne ce nom comme l'a donné Silvestre de Sacy (*Druzes*, t. I, p. cclvii), mais je dois dire qu'il présente de nombreuses variantes, selon les auteurs; ainsi, dans Abou-'l-Fedâ [h] on lit Abou-'Abd-Allah-el-H'oçaïn-ibn-Moh'ammed-ibn-Zakariâ, que Reiske transcrit Abou-'Abd-Allah-*ibn*-H'oçaïn-*ibn-Ah'med*-ibn-Moh'ammed-ibn-Zacharïâ, changements sans doute empruntés à Ibn-er-Rak'ik', cité par En-Nouaïrî [i]; Ibn-Khallikân [k] l'appelle Abou-'Abd-Allah-el-H'oçaïn-ibn-Ah'med-ibn-Moh'ammed-ibn-Zakariâ, et il a été suivi par le traducteur d'Abou-'l-Fedâ, comme on vient de le voir, par Ibn-el-Khat'îb et par Ibn-

---

[a] In Ramusio, t. I, fol. 90 c, in-fol. in Venetiis, 1563 (p. 372 de la trad. de Jean Temporal, in-fol. Lyon, 1556).

[b] *Descripcion general de Affrica*, vol. II, fol. 235 v°, col. 2; in-fol, Granada, 1573 (t. II de la trad. franç., p. 438). — Marmol dit à tort « *Sufegemar o Bu Marzoc* (Bou-Merzouk'). » Ce sont deux rivières distinctes, qui se réunissent un peu avant d'entrer sous les voûtes naturelles de *Constantine*, et, à cette jonction, le *Bou-Merzouk* perd son nom.

[c] *Voyages* de M. Shaw *dans plusieurs provinces de la Barbarie et du Levant*, t. I, p. 115; in-4°, la Haye, 1743.

[d] *Voyages en Barbarie pendant les années 1785 et 1786*, Lettre xxiv, t. I, p. 165; in-8°, Paris, 1789.

[e] *Nouvelles Annales des voyages*, t. XLVI, p. 61; in-8°, Paris, 1830.

[f] *Études sur la Kabylie proprement dite*, t. I, p. 39; in-8° de l'I. R. 1839.

[g] *Dictionnaire berber* de Venture de Paradis (p. 150, l. 7), écrit en caractères arabes أسيڤ; in-4°, Paris, 1844.

[h] *Annal. muslem.* t. II, p. 312, l. 17.

[i] *Druzes*, t. I, p. cccliii. — A la page cccl, En-Nouaïrî l'appelle Abou-'Abd-Allah-H'oçaïn-ibn-Ah'med-ibn-Zakariâ.

[k] *Kitâb Ouafaïât-el-'Aiân*, n° 148, fasc. II, p. 170, l. 17 (t. I de la trad. angl., p. 465).

[l] *El-H'olal-el-Mark'oumah*, in Casiri, t. II, p. 194, l. 2 et 3 du texte arabe.

50 ÉTUDE SUR LA CONQUÊTE DE L'AFRIQUE.

Ibn-er-Rak'îk'[1], disent qu'il était de *Koufah*, d'autres de *S'anâ'*[2], et Abou-'l-Fedâ[3] exprime la même incertitude. Ma'çoudî[4] l'intitule *El-Moh'tesib-es'-S'oufi*, parce qu'il exerça la fonction d'inspecteur des poids et mesures[5], et le dit originaire de *Râm-Hormuz*[6], ville du district d'*El-Ahouâz*, dans le *Khouzistân*; Ibn-'Adzârî le surnomme *Es'-S'anâ'ni*[7]. Il pourrait sembler que ces divergences s'expliqueraient, au moins en partie, par un passage de Mak'rîzi, ainsi conçu : « Abou-« 'Abd-Allah habitait *S'anâ*' dans le *Iémen*. Après avoir exercé, dans un des dis-« tricts de *Baghdâd*, la charge de *moh'tesib*, il alla trouver Ibn-H'aucheb dans le « *Iémen*[8]. » Mais, suivant Ibn-H'ammâd[9] et Ibn-Khaldoun[10], c'était à *Bas'rah* qu'Abou-'Abd-Allah avait rempli cette charge. Quoi qu'il en soit, son savoir,

Khaldoun[a]; enfin dans Mak'rîzi[b] on lit H'açau-ech-Chîi-ibn-Ah'med-ibn-Moh'ammed-ibn-Zakarîâ, ce qui est encore le même nom que celui donné par Ibn-er-Rak'îk', car on sait que les noms de الحسن et الحسين sont très fréquemment confondus par les copistes[c].

[1] Cité par En-Nouaïrî (voyez la note *i* de la page 49).

[2] Ibn-Khallikân est de ce nombre (*Kitâb Ouafaïât-el-'Aïân*, n° 14A, fasc. II, p. 150, l. 19 et 20; — t. I de la trad. angl., p. 465). — Voy. sur *S'anâ'* la note 3 de la page 46 ci-dessus.

[3] *Annal. muslem.* t. II, p. 312, l. 9 et 10.

[4] *Moroudj-ed-Dzahab*, t. I, p. 371, l. 3 et 4.

[5] L'importante fonction du *moh'tesib* était désignée par le mot حسبة (*h'isbah*), comme nous l'apprend Ibn-Khaldoun dans ses *Prolégomènes* (*Notic. et Extr.* t. XVI, p. 505, lin. ult. à p. 507, l. 2; — t. XIX, p. 458 à 460). Voyez aussi Mak'rîzi (*Traité des monnaies musulmanes*, p. 51, note 97; in-8°, Paris, 1797). — Suivant Ibn-H'ammâd, on donnait aussi à Abou-'Abd-Allah le surnom d'*El-Mo'allim*[d], « le professeur », parce que, dit Ibn-Khaldoun[e], il avait d'abord enseigné certaines doctrines.

[6] Sur cette ville, voyez Ibn-H'auk'al, p. 141.

[a] *H. d. B.* t. II de la trad., p. 509.

[b] *Chrest. arabe*, t. II, p. 343, l. 10, et p. 111.

[c] Silvestre de Sacy, *Druzes*, t. I, p. CCCCXLV, note 1. — Bibars-Mans'ouri le nomme aussi H'açan (*ibid.* t. I, p. CCLVII, note 2).

[d] *J. A.* t. V, p. 532, 5ᵉ sér. 1855.

[e] *H. d. B.* t. II de la trad., p. 509.

l. 11, et p. 177, in fine; Iâk'out (*Mo'djam*; t. II, p. 348, l. 7; — *Mochtarik*, p. 41, l. 10, et p. 354, lin. ult. — *Marâs'id*, t. I, p. 504, l. 3); H'âdji-Khalifah, *Djihân Numâ*, t. I, p. 331. — *El-Ahouâz* était le district principal du Khouzistân, la capitale de la province, dit Edrîsi (*Géogr.* t. I de la trad., p. 378). — Iâk'out, *Mo'djam-el-Boldân*, t. I, p. 41., l. 20. — Abou-'l-Fedâ place *El-Ahouâz* à quatre-vingts parasanges d'*Ispahân* (*Géogr.* p. 414, l. 11; — Wustenfeld, *Abulfedæ tabulæ quædam geographicæ*, p. 29 de la trad. lat. in-8°, Göttingen, 1835).

[7] *Baïân*, t. I, p. 11A, l. 5.

[8] *Chrest. arabe*, t. II, p. 343, l. 11 et 12 (p. 111 du même tome).

[9] *J. A.* t. V, p. 531, 5ᵉ sér. 1855. — Dans le passage d'Ibn-H'ammâd auquel je renvoie ici on remarque cette singularité, qu'il fait, d'Abou-'Abd-Allah et de H'oçaïn-ibn-Ah'med-ibn-Moh'ammed, deux personnages distincts. M. Cherbonneau, qui, avec raison, relève (*ibid.* p. 545, note 3) la confusion faite par El-K'aïraouâni (*Histoire de l'Afrique*, liv. IV, p. 92), laisse passer celle-ci.

[10] *H. d. B.* t. II de la trad., p. 509.

LIVRE QUATRIÈME. — CHAPITRE II.

sa fine intelligence, son esprit fécond en ressources, tout ce qui dénotait en lui un homme supérieur, frappa Ibn-H'aucheb, qui n'hésita pas à lui donner la mission d'aller continuer l'œuvre ébauchée en *Maghrib* : « Abou-'Abd-Allah, « lui dit-il, la terre des *Kitamâh* a été labourée par H'olouâni et Abou-Sofiân; « maintenant ils sont morts; toi seul peux les y remplacer; hâte-toi donc de « t'y rendre, car elle est prête pour te recevoir[1]. » Je place à la fin de 287[2] le départ de cet émissaire, si connu sous le nom d'Abou-'Abd-Allah-ech-Chîï, que l'on peut appeler le précurseur des FÂT'IMITES, mais qui mériterait, à certains égards, le nom de fondateur de cette dynastie, car c'est à son courage et à son habileté, comme on va le voir, qu'est dû l'établissement de la puissance qui, née dans les montagnes des *Kitâmah*, couvrit l'*Afrique* entière, s'étendit ensuite à l'*Égypte* et à l'*Orient* même, jusqu'à faire trembler sur leur trône les khalifes de *Baghdâd*. Nous allons suivre Abou-'Abd-Allah dans sa mission; il nous ramène à l'*Ifrik'iah* et à son histoire, en nous obligeant, il est vrai, à rappeler çà et là quelques faits déjà connus, mais ce que le récit y gagnera en clarté sera, j'espère, l'excuse de ces répétitions.

Après avoir reçu les instructions d'Ibn-H'aucheb, qui le pourvut de l'argent nécessaire à sa mission, Abou-'Abd-Allah-ech-Chîï se rendit à *la Mekke*, où son premier soin fut de s'informer du quartier qu'habitaient les pèlerins venus du *Maghrib*, particulièrement ceux qui appartenaient à la tribu des *Kitamâh*[3]. Il ne tarda pas à les découvrir et, sans affectation, s'installa dans leur voisinage; bientôt des relations s'établirent entre eux. Les idées qu'il leur présentait, ses dehors de dévotion et d'austérité, la séduction de sa parole, formèrent rapidement un lien entre lui et ceux qu'il avait voulu s'attacher; aussi, venaient-ils lui faire de fréquentes visites. Ils s'enhardirent jusqu'à lui demander, un jour, dans quel pays il se rendrait en quittant *la Mekke*. Sa réponse était attendue avec une sorte d'anxiété, et quand il eut dit qu'il allait à *Mis'r*[4], la joie des *Kitâmah*

Il se rend à la Mekke.

---

[1] En-Nouaïrî, *Druzes*, t. I, p. ccccL. — Voir aussi p. ccLvII. — Mak'rîzî, aux pages citées ci-dessus. — Au dire d'Ibn-Khaldoun, ce fut Moh'ammed-el-Habîb (le troisième ïmâm caché, suivant lui) qui envoya Abou-'Abd-Allah dans le Iémen, avec ordre de se mettre à la disposition d'Ibn-H'aucheb. (*H. d. B.* t. II de la trad., p. 509 et 510.)

[2] J'ai déjà eu l'occasion de dire qu'il était arrivé en 288. Voy. ci-après p. 56.

[3] *Baiân*, t. I, p. ⁱⁱᴀ, l. 12 et 13ᵃ. — Abulfedæ *Annal. muslem.* t. II, p. 312, l. 18. — Mak'rîzî (*Chrest. arabe*, t. II, p. ⲙ०, l. 1 et suiv. — p. 111 du même tome). — *Druzes*, t. I, p. ccLvII.

[4] « Je suis de l'*Irak'* ᵇ, lui fait dire Ibn-'Adzârî, « je servais le sult'ân ..... voulant maintenant

---

ᵃ Ibn-'Adzârî dit ici qu'Abou-'Abd-Allah trouva dix hommes de la tribu des *Kitâmah* groupés autour d'un cheikh.
ᵇ Ceci semble infirmer ce que j'ai dit, d'après Ma'çoudi, mais le dâ'i pouvait avoir une raison pour ne pas dire sa véritable origine, et on ne peut rien conclure des réponses qu'il faisait aux questions des *Kitâmah*.

ne put se contenir : « Nous y allons aussi, s'écrièrent-ils, c'est notre chemin, « sois en notre compagnie¹. » Le temps de cette longue route ne fut pas négligé par le Chîi pour subjuguer de plus en plus l'esprit de ses compagnons de voyage, leur jetant une pensée l'une après l'autre *jusqu'à ce que leur cœur eût bu son amitié*, selon l'expression d'Ibn-'Adzârî². En même temps qu'il leur adressait une foule de questions et qu'il en obtenait des réponses utiles à ses projets³, il captait si bien leur affection, que chacun d'eux était devenu pour lui un serviteur empressé. Lorsqu'ils furent arrivés à *Mis'r*, il se mit en devoir de leur faire ses adieux. Les *Kitâmah*, qui s'étaient comme habitués à vivre sous le charme de la parole si entraînante d'Abou-'Abd-Allah, n'avaient pour ainsi dire pas songé que cette séparation fût désormais possible, et, dans leur trouble, ils se permirent de le questionner sur les raisons qui l'obligeaient à se fixer à *Mis'r*. « Aucune, répondit le rusé dâ'i, je me propose seulement d'y « donner des leçons⁴. » Alors les *Kitâmah* employèrent tous leurs moyens de persuasion à lui faire comprendre que leur pays lui offrirait bien plus de ressources sous ce rapport, qu'il y serait mieux apprécié, qu'il y trouverait une docilité dont l'affection qu'il leur avait inspirée était le sûr garant. Abou-'Abd-Allah finit par se rendre à leurs instances et à leurs raisons; ils cheminèrent donc de compagnie vers le *Maghrib*.

<small>Son arrivée chez les Kitâmah.</small>

Comme ils approchaient du terme de leur voyage⁵, un certain nombre de compatriotes amis vinrent à leur rencontre; les pèlerins s'empressèrent de dire quel était l'étranger qu'ils avaient le bonheur d'amener avec eux; leur langage passionné, qui n'était que l'expression vraie du cœur de ces hommes simples,

---

« enseigner le K'orân aux jeunes garçons, j'ai « demandé où je trouverais à exercer convenable- « ment cette profession; on m'a indiqué *Mis'r*. » (*Baïân*, t. I, p. 11A, l. 19 à 23).

¹ *Baïân*, t. I, p. 11A et 114.

² *Ibid.* t. I, p. 114, l. 3.

³ Ce fut dans ce voyage qu'il les questionna sur la nature de leurs relations avec les Aghlabites.

⁴ Suivant El-K'aïraouâni, qui a emprunté son récit à Ibn-ech-Chemmâ, il leur répondit qu'il ne voyageait que pour s'instruire. (*Hist. de l'Afr.* liv. IV, p. 90.) — On a vu que, dans le récit d'Ibn-'Adzârî (note 1 ci-dessus), il leur avait dit ses intentions avant le départ de *la Mekke*. Ces variantes n'ont aucune importance.

⁵ Ibn-'Adzârî prétend qu'Abou-'Abd-Allah se sépara, à *K'aïraouân*, de ses compagnons de voyage; qu'il les laissa continuer leur route, et ne les rejoignit que plus tard dans leur pays. « Il resta « à *K'aïraouân* », dit-il, s'informant des tribus et de « leur esprit, jusqu'à ce qu'il fût avéré pour lui que, « parmi les tribus de l'*Ifrîk'iah*, il n'y en avait pas « de plus nombreuse, de plus puissante, de plus « mal disposée à l'égard du sult'ân que celle des « Kitâmah. » (*Baïân*, t. I, p. 114, l. 13 à 15.) — Il devait savoir tout cela par les renseignements qu'Ibn-H'aucheb avait certainement recueillis.

ᵃ Ibn-Khaldoun (*H. d. B.* t. II de la trad., p. 510) dit, au contraire, qu'ils évitèrent de passer par *K'aïraouân*.

impressionna si vivement les auditeurs, qu'aussitôt une querelle s'engagea, et qu'il fallut que le sort décidât à qui serait réservé l'honneur d'offrir l'hospitalité à celui qu'ils ne désignaient que sous le nom d'*El-Mechrek'i*[1] (المشرقي « l'Oriental »); « ils furent même sur le point de se battre, » dit El-K'aïraouâni[2]. Enfin tous ensemble arrivèrent à la demeure des pèlerins *kitâmah*, au milieu de rebi-'l-aouel 288[3]. Abou-'Abd-Allah refusa l'hospitalité qui lui était offerte, et déclara qu'il voulait se rendre à *Fedj-el-Akhiâr* (فج الاخيار), « le défilé des gens de bien »). A ce nom, la surprise de ses compagnons de voyage fut extrême, car ils ne lui avaient pas nommé cette localité, et ils ne pouvaient comprendre comment il en avait connaissance; mais il avait exprimé sa volonté avec ce ton d'autorité auquel il faut céder, et, quel que fût leur étonnement, quels que fussent leurs regrets, sur la promesse qu'il leur fit de venir les visiter successivement, ils se résignèrent à le laisser partir. Le Chîi s'achemina vers la montagne d'*Inkidjân*[4], où se trouve *la vallée des gens de bien*[5]; « c'est, dit Ibn-Khaldoun en parlant d'*Inkidjân*, une ville située sur le territoire des *Beni-*

---

[1] Abulfedæ *Annal. muslem.* t. II, p. 314, l. 1. — Ibn-Khaldoun, *H. d. B.* t. II de la trad., p. 511.

[2] *Hist. de l'Afr.* liv. IV, p. 91.

[3] Voyez ci-après, p. 56.

[4] On trouve ce nom écrit de bien des manières : Edrîsî[a] et Ibn-Khaldoun[b] disent ايكجان (*Aikidjân*); Iâk'out[c] et Ibn-el-Athîr[d] écrivent إنكجان (*Inkidjân*), et c'est l'orthographe que j'ai adoptée, avec Abou-'l-Fedâ[e] et Makrîzî[f].

[5] Mak'rîzî, *Chrest. arabe*, t. II, p. ٣٤, l. 14 et 15; — p. 113 du même tome.

[a] *Descr. de l'Afr. et de l'Esp.* p. 41, l. 5, et p. 4A, lin. penult. (t. I de la trad. d'Am. Jaubert, p. 236 et 246). Ce traducteur, à la page 237, écrit ارجان (*Arbidjân*), et dit, en note, à la page 246, que le manuscrit A donne la leçon ابكجان (*Abkidjân*), ajoutant que la version latine dit *Ichegian*. — On a transcrit aussi *Aicagan* et *Aicahan*. (Hartmann, *Edrisii Africa*, p. 227.)

[b] *H. d. B.* t. I, p. ١٨٨, l. 14 (t. I de la trad., p. 291). — *Hist. de l'Afr.* p. ٢٠, l. 11, p. ٤٢, l. 8, p. ٤٠, l. 5 (p. 145, 147, 152 de la trad. de Noël Desvergers, qui transcrit *Aikdjân*). MM. de Slane[10] et de Goeje[20] transcrivent, l'un *Ikdjân*, l'autre *Ikgân*, mais depuis (in *Edrisi*, p. 105) le même M. de Goeje a écrit *Icdjân*, comme si le texte disait الإجان.

[c] *Mo'djam-el-Boldân*, t. I, p. ٣٩٢, l. 22. — *Marâs'id-el-It't'ilâ*, t. I, p. ٤٤, l. 5.

[d] *El-Kâmil*, t. VIII, p. ٢٢٢, l. 18, et p. ٢٤, l. 5 et 6.

[e] *Géographie*, p. ١٢١, l. 4 3°. — Reinaud (t. II, p. 194, note 1) critique, à tort selon moi, les auteurs, au nombre desquels se trouve Silvestre de Sacy[40], qui ont adopté l'orthographe de Iâk'out et d'Ibn-el-Athîr.

[f] *Chrest. arabe*, t. II, p. ٣٤, l. 15 (p. 113 et 153, note 56, du même tome).

[10] *H. d. B.* t. I de la trad., p. 291, et t. II, p. 511. — Malgré ce qui est dit à cette dernière page, je ne crois pas que *Inkidjân* soit le nom d'une *ville*.

[20] *S'ifat-el-Maghrib*, p. 87.

[30] Les éditeurs du texte d'Abou-'l-Fedâ renvoient ici à une note 9 (qui se trouve p. ١٢٤), ainsi conçue : «Le n° 578, seul manuscrit » dans lequel on lit ce passage, porte ابكجان.» C'est sans doute de cette leçon fautive que viennent les transcriptions citées note a ci-dessus, d'après Hartmann.

[40] Voyez la note *f* ci-dessus et l'*Exposé de la religion des Druzes*, t. I, p. CCLIX.

«*Sekïan*, branche de la tribu de *Djimîlah*[1];» et ailleurs il précise la position de ce territoire dans les termes suivants : «Le territoire des *Beni-Sekïan* avoi-«sine celui des *Loouâtah*[2] du côté du *Djebel-Bâbour* et embrasse toute la partie «de la *province de Bougie* qui dépend de cette montagne[3].» Je conclus du rapprochement de ces deux passages que le *Fedj-el-Akhdâr* doit être cherché au nord-ouest de *Djimîlah*, dans le triangle qui aurait pour base la route de cette ville à *Sat'if* et pour sommet le *Djebel-Bâbour*. La nouvelle de l'arrivée de cet étranger dans les montagnes des *Kitâmah* et sa réputation de sainteté ne tardèrent pas à se répandre. En-Nouaïrî[4], Abou-'l-Fedâ[5], Ibn-Khaldoun[6], Mak'rîzî[7], El-K'aïraouâni[8], s'accordent à dire que, de toutes parts, les Berbers vinrent se ranger sous son obéissance. Ibn-'Adzârî représente, au contraire, les commencements d'Abou-'Abd-Allah comme assez difficiles; il assure qu'après qu'il eut amené complètement à lui le cheïkh kitâmah dont il avait fait la connaissance à *la Mekke*, les parents de celui-ci se montrèrent rebelles à l'adoption des idées nouvelles qu'on leur enseignait, et qu'une guerre de sept ans s'ensuivit entre lui et sa famille[9]. Il semble que d'autres causes s'opposèrent aussi à cette unanimité de concours dont parlent les auteurs que je viens de nommer : soit qu'une partie des Berbers vît, avant tout, dans le Chïi, un chef arabe, soit que certaines méfiances traditionnelles[10] aient été comme

[1] *H. d. B.* t. II de la trad., p. 511. — Nos cartes indiquent une ville de *Djimîlah* (*Cuiculum* des anciens) entre *Mîlah* et *Sat'if*.

[2] Les *Loouâtah* s'étendaient jusqu'à la campagne de *Bougie*, dans la plaine de *Tâkrârt* (*H. d. B.* t. I, p. ۱۱٥۹, l. 20 et 21; — t. I de la trad., p. 236).

[3] *Ibid.* t. I, p. ۱٤۱ et ۱٤٢ (t. I de la trad., p. 296).

[4] *Druzes*, t. I, p. CCLX.

[5] Abulfedæ *Annal. muslem.* t. II, p. 312, lin. ult. et seq.

[6] *H. d. B.* t. II de la trad., p. 511.

[7] *Chrest. arabe*, t. II, p. ۳۷, l. 2 à 4 (p. 113 du même tome).

[8] *Hist. de l'Afr.* liv. IV, p. 91.

[9] *Baïân*, t. I, p. ۱۳۳, l. 13. — Il faut dire qu'Ibn-'Adzârî devait être embarrassé pour expliquer comment Abou-'Abd-Allah, après être arrivé, suivant lui, chez les *Kitâmah* en 280, n'entra pour ainsi dire en campagne que huit ou neuf ans après.

[10] De nombreux auteurs arabes, Ibn-el-Kelbi[a], T'abarî[b], Es'-S'ouli[c], prétendent que les *Kitâmah*

[a] Abou-'n-Nadhr-Moh'ammed-ibn-es-Sâib-ibn-Bichr-ibn-'Amr-el-Kelbi, dont Ibn-Khallikân parle comme d'un éminent généalogiste, qui mourut en 146[1*]. Il était généralement désigné sous le nom d'*Ibn-el-Kelbi*[2*].

[b] Abou-Dja'far-Moh'ammed-ibn-Djarir-ibn-Iezid-ibn-Khalid-et'-T'abarî, né en 224 à *Amol*[3*], dans le *Tabaristân*, est mort à *Baghdâd*, le samedi 25 chaouâl 310 (15 février 923 de J. C.). (Ibn-Khallikân, n° ٥٨١, fasc. VI, p. ۱۰۲, l. 9 et 10; — t. II de la trad. angl., p. 597.)

[c] Le texte ٩ الصولي البكري (*H. d. B.* t. I, p. ۱۱٢, l. 9), et M. de Slane (t. I, p. 177, note 2, de sa trad.)

[1*] *Kitâb Ouafaïât-el-'Aïân*, n° ٩۱۳٥, fasc. VII, p. ۲۴, l. 16 (t. III. p. 28, de la trad. angl.).

[2*] Dit M. de Slane (*H. d. B.* t. I, p. 57, note 2, de la trad.), mais H'âdji-Khalifah (t. II, p. 377, l. 4) dit que le surnom était *El-Kelbi*, et je prends la note 1 de la page 87 du tome I de M. de Slane pour une rectification de la note 2 de sa page 57.

[3*] Iâk'out, *Mo'djam-el-Boldân*, t. I, p. ٩٨, l. 6 et 20.

LIVRE QUATRIÈME. — CHAPITRE II. 55

réveillées par l'attitude que semblaient prendre les *Kitâmah* dans les événements qui se préparaient. « Abou-'Abd-Allah, dit Mak'rîzî, acquit une si « grande importance que les *Kitâmah* et des tribus berbères (قبائل البربر) en « vinrent aux mains à son sujet[1]. » Il y a plus, c'est que, même parmi les *Kitâmah*, certains cheïkhs, effrayés des conséquences que pouvaient avoir ces événements, non seulement refusèrent d'y prendre part, mais se concertèrent pour exiger des *Beni-Sekïan* qu'ils livrassent l'agent de désordre auquel ils avaient donné asile[2]. De là une guerre entre plusieurs tribus kitâmiennes, guerre à la suite de laquelle le Chîï resta maître de *Tâs'rout* et vainqueur des tribus récalcitrantes : « Il s'empara de leurs biens, dit Mak'rîzî, et ne cessa de « les combattre jusqu'à ce qu'il les eût contraintes à la soumission[3]. »

On a pu remarquer que, dans le chapitre précédent (p. 28), j'ai adopté 288, et non 280, pour l'année en laquelle le Chîï arriva dans le *Maghrib*, et en outre que j'ai placé à *Tâs'rout*, et non à *Tâhart*, le théâtre de ses premiers succès. Je dois, avant d'aller plus loin, justifier ces préférences.

<small>Guerre entre plusieurs tribus kitâmiennes.

Le Chîï reste maître de Tâs'rout.

Discussion sur la date de 288 et sur Tâs'rout.</small>

---

et les *S'anhâdjah* n'appartiennent pas à la race berbère[a], et Ibn-Khaldoun lui-même, si compétent, penche pour cette opinion[b]; mais les généalogistes berbers font descendre les nombreuses ramifications des *Kitâmah* de deux fils de Kitâm-ibn-Bernès[c].

[1] Cette distinction que fait Mak'rîzî des *Kitâmah* et des *Berbers* mérite d'être remarquée, parce qu'elle montre l'opinion de cet auteur sur l'origine des *Kitâmah*.

[2] De ce nombre était Feth'-ibn-Iah'iâ, émir des *Meçâltah* (مسالتة), que Noël Desvergers (p. 147 de la trad.) transcrit *Mésalétah*. Dans son *H. d. B.* (t. I, p. ١٧٧, l. 20), Ibn-Khaldoun écrit مشلاتة (*Meçallâtah*), qué M. de Slane (t. I, p. 275, de sa trad.) transcrit *Mecellata* (ou *Meslata*). — Ibn-Khaldoun (*H. d. B.* t. II de la trad., p. 512) nomme quatre chefs qui participèrent à la résolution prise contre les *Beni-Sekian*.

[3] Ibn-Khaldoun, *Hist. de l'Afr.* p. ٩٠, lin. penult. (p. 146 de la trad. de Noël Desvergers). — Mak'rîzî (in *Chrestomathie arabe*, t. II, p. ٣٧, l. 11 et 12; — p. 113 et 114 du même tome).

---

[a] très bien expliqué cette réunion de deux noms entièrement étrangers l'un à l'autre; seulement je ne crois pas qu'il y ait d'incertitude possible, et je pense que c'est bien d'*Es'-S'ouli*[1*] qu'il s'agit, car El-Bekrî considérait les *Kitâmah* comme une fraction des *Mas'moudah*[1] (*El-Meçâlik oua'l-Memâlik*, p. ١٠٢, l. 20 et 21, p. ١٠٩, l. 19 et 20; — *J. A.* t. XIII, p. 310 et 321, 5ᵉ sér. 1859).

[b] Ces divers auteurs sont cités par Ibn-Khaldoun (*H. d. B.* t. I, p. ١٠٧, l. 16 et 17, p. ١١٢, l. 12 et 13, p. ١٨٨, l. 5 et suiv.; — t. I de la trad., p. 170, 178 et 291). — Voyez aussi l'opinion d'Abou-'Omer-ibn-'Abd-el-Berr, qui les fait descendre de K'obt'-el-H'âm et venir d'Égypte. (*Ibid.* t. I, p. ١١٢ et ١١٥; — t. I de la trad., p. 181 et 182.)

[b] *Ibid.* t. I, p. ١٥, l. 17 à 19, p. ١١٧, l. 7 et 15 (t. I de la trad., p. 28 et 185).

[c] *Ibid.* t. I, p. ١٨٨, l. 16 (t. I de la trad., p. 291).

[1*] Abou-Bekr-Moh'ammed-ibn-Iah'iâ-ibn-'Abd-Allah-ibn-'Abbâs-ibn-Moh'ammed-ibn-S'oul-Tikin-el-Kâtib (le secrétaire), connu sous le nom d'*Es'-S'ouli*, mort à *Bas'rah* en 335 ou 336. (Ibn-Khallikân, n° ٤٠٤, fasc. VII. p. ٥١, et p. ٥١², l. 9; — t. III de la trad. angl., p. 68 et 72.)

Pour la date de 288 je m'appuie sur l'autorité d'Ibn-Khaldoun [1], de Mak'rizi [2] et d'Abou-'l-Mah'âcin [3]. Je n'ignore pas que de nombreux auteurs, Ibn-el-Athîr [4], Ibn-'Adzârî [5], Bîbars-el-Mans'ouri [6], En-Nouaïri [7], Abou-'l-Fedâ [8], Es-Soïout'î [9], El-K'aïraouâni [10], placent cet événement en 280 [11]; mais ce n'est pas ici une question de majorité, surtout quand des raisons puissantes viennent à l'appui de la date donnée par les cinq auteurs dont je m'autorise. En effet, tout indique, dans le récit qui précède, que l'action du Chîï avait été rapide, plus rapide peut-être qu'il ne l'aurait voulu lui-même, car, bien qu'il eût évité de passer par K'aïraouân [12], son arrivée chez les Kitâmah avait été bruyante, l'enthousiasme de ses compagnons de voyage était trop vif pour être mesuré; des débats avaient eu lieu, et toutes ces circonstances ne pouvaient être ignorées des gouverneurs qu'Ibrâhîm-ibn-Ah'med avait à Sat'if, à Milah [13], etc., et cependant on ne voit ce prince prendre aucune des mesures qu'il n'aurait pas manqué de prendre si Abou-'Abd-Allah s'était montré en armes à la tête de tribus nombreuses. Abou-'l-Fedâ, parlant de l'apparition du Chîï dans le Maghrib dit : «Celui qui dominait alors en Ifrîk'iah était Ibrâhîm-ibn-Ah'med-el- «Aghlabi; il méprisa les manœuvres de cet Oriental, qui lui parurent ne mé- «riter aucune attention et être sans portée [14];» preuve évidente, suivant moi,

---

[1] *H. d. B.* t. II, p. 511, note 1, de la trad. de M. de Slane.

[2] *Chrest. arabe*, t. II, p. ۳۴, l. 9 (p. 112 du même tome) : «Ensuite, dit Mak'rizi, ils gagnè- «rent tous ensemble le pays des Kitâmah, où ils «arrivèrent au milieu de rebî 1 288.» Le 15 correspond au lundi 9 février 901 de J. C.

[3] *En-Nodjoum*, t. II, p. ۱۳۴, l. 11.

[4] *El-Kâmil*, t. VIII, p. ۲۱۶, l. 13.

[5] *Baïân*, t. I, p. ۱۱۷, l. 20.

[6] Cité par Silvestre de Sacy (*Druzes*, t. I, p. ccLVIII, note 2). Il dit «au milieu de rebî premier 280.»

[7] Cité par M. de Slane (voyez la note ci-dessus).

[8] *Annal. muslem.* t. II, p. 312, lin. ult. — Il dit exactement comme Bîbars-el-Mans'ouri (voy. la note 6 ci-dessus).

[9] *Târîkh-el-Kholafâ*, p. ۳۷۴, lin. ult. et p. ۳۸۰; in-8°, Calcutta, 1857.

[10] *Hist. de l'Afr.* liv. IV, p. 91. — Suivant lui, le Chîï quitta ses compagnons de voyage et partit pour *la vallée des gens de bien*, le 1ᵉʳ rebi-'l-aouel 280.

[11] Nicholson a aussi adopté cette date. (*An account of the establishment of the Fatemite dynasty in Africa*, p. 21; in-8°, Tübingen, 1840.)

[12] Ibn-Khaldoun, *H. d. B.* t. II, p. 510, de la trad. — On a vu plus haut qu'au contraire Ibn- 'Adzârî le fait séjourner à K'aïraouân; la version d'Ibn-Khaldoun est plus vraisemblable, quand on songe à la surveillance dont les dâ'îs étaient l'objet de la part des khalifes.

[13] *Ibid.* t. II, p. 511 et 512. — J'admets que c'est par erreur qu'on lit (p. 511) *El-Meçila*, au lieu de *Milah*; je l'admets, non seulement parce qu'il est fort douteux que les Aghlabites eussent un gouverneur à *Masîlah*, mais surtout parce qu'Ibn-Khaldoun, après avoir parlé (p. 511) de Mouça-ibn-Aïâch, gouverneur d'*El-Meçila*, l'intitule (p. 513) gouverneur de *Mila*. M. de Gœje a déjà relevé cette erreur (in *S'ifat-el-Maghrib*, p. 86, note 1).

[14] «Molitiones hujus Orientalis contemnebat,

que le règne d'Ibrâhîm-ibn-Ah'med ne vit que les débuts de la mission du Chîi chez les *Kitâmah;* or ce règne finit en 289[1]. Suivant Ibn-Khaldoun, l'émir envoya au Chîi une lettre menaçante, à laquelle il reçut une réponse conçue en termes outrageants; « alors, dit l'historien, les gouverneurs qu'Ibrâhîm « avait à *Mîlah,* à *Sat'if* et à *Bilizmah* portèrent la guerre chez les *Kitâmah*[2]. » Bien que Silvestre de Sacy ait adopté ces récits, et qu'il ajoute même, ce que ne dit pas Ibn-Khaldoun, qu'Ibrâhîm fit marcher contre Abou-'Abd-Allah une armée dont il avait confié le commandement à *son fils* El-Ah'oual[3], je pense, malgré mon respect pour une si grande autorité, qu'il y a là une confusion, résultant de ce que l'illustre orientaliste n'a pas tenu compte de la position qu'eut Ibrâhîm dans la dernière année de sa vie; de là l'erreur commise sur El-Ah'oual, qui, on l'a vu (t. I), n'était pas *fils* mais *petit-fils* d'Ibrâhîm; il avait pour père Abou-'l-'Abbâs-'Abd-Allah, celui-là même à qui Ibrâhîm, déposé par le khalife Mo'tadhid, avait cédé le trône vers le milieu de rebî-'l-akhir 289. On ne peut guère douter que l'arrivée du Chîi chez les *Kitâmah* et les circonstances qui accompagnèrent cette arrivée n'aient eu de l'influence sur la facilité avec laquelle Ibrâhîm céda à l'injonction de l'envoyé du khalife. Ibn-'Adzâri dit : «En 289, le maître de l'*Ifrîk'iah,* Ibrâhîm-ibn-Ah'med, « montra du repentir lorsque la tentative d'Abou-'Abd-Allah prit de la consis- « tance chez les *Kitâmah*[4]. » Ibn-Khaldoun partageait complètement cette opinion, comme on en peut juger en se reportant à une citation que je lui ai empruntée. Si donc, ce qui est douteux, comme on vient de le voir[5], Ibrâhîm envoya des troupes contre Abou-'Abd-Allah, ce fut dans les derniers jours de son règne, car la lutte, une fois engagée avec les Aghlabites, n'eut plus de trêve, et l'on ne peut contester qu'elle ne s'engagea sérieusement que sous Abou-'l-'Abbâs. Ainsi, il ressort des récits les plus vraisemblables que le Chîi dut lever

---

« ut nulla dignus animadversione, nulliusque « momenti. » (*Annales muslem.* t. II, p. 314, l. 2 et 3.) — « Ce prince dédaigna Abou-'Abd-« Allah[a], qu'il crut au-dessous de sa tâche. » (El-K'aïraouâni, *Histoire de l'Afrique,* liv. IV, p. 91.) Voyez cependant ce que j'ai dit dans le tome I.

[1] Lorsqu'en rebî-'l-akhir 289 le khalife l'o-

bligea à abdiquer en faveur de son fils Abou-'l-'Abbâs (voyez t. I).

[2] *H. d. B.* t. II de la trad., p. 511 et 512.

[3] *Druzes,* t. I, p. ccLxi. — Sur le nom d'El-Ah'oual, voyez t. I de cet ouvrage.

[4] *Baïân,* t. I, p. 170, l. 20 et 21.

[5] Le prétendu envoi d'El-Ah'oual par Ibrâhîm suffit, à lui seul, pour faire naître le doute.

---

[a] El-K'aïraouâni l'appelle, à tort, Abou-'Obeid-Allah. J'ai déjà dit que cette confusion avait été relevée par M. Cherbonneau.

promptement le masque. On ne saurait d'ailleurs admettre, après l'éclat qu'avait eu son arrivée, qu'il ait eu la possibilité de pratiquer, *pendant huit années*, de sourdes menées, comme l'avaient fait les dâ'îs, ses prédécesseurs, et surtout qu'il ait laissé, pendant un si long temps, refroidir l'enthousiasme qu'il avait excité chez ses prosélytes; on est donc obligé de conclure, de ces rapprochements et de ces faits, que ce fut en 288 et non en 280 qu'Abou-'Abd-Allah arriva dans le *Maghrib*. L'année qui s'écoula entre le milieu de rebî-'l-aouel 288, date de cette arrivée, et le mois de rebî-'l-akhir 289, date de la déposition d'Ibrâhîm, dut lui suffire largement pour faire reconnaître sa mission[1], et pour terminer la lutte qui s'était engagée avec quelques tribus récalcitrantes.

J'ai avancé que la première ville dont le Chîi se rendit maître fut *Tâs'rout*[2], et pourtant Abou-'l-Fedâ dit positivement que ce fut *Tâhart*[3]; Mak'rîzî le dit aussi, il dit même qu'il entoura cette ville d'un fossé[4]; mais, en reproduisant et traduisant ce passage, Silvestre de Sacy observe que «le nom de طاصرت est altéré dans cinq manuscrits de Mak'rîzî qu'il avait sous les yeux[5],» puis il ajoute qu'au moyen du texte d'Abou-'l-Fedâ il a rétabli la *vraie leçon*, et, pour compléter sa preuve, il rappelle, d'après le même auteur, que les Beni-Rostem, possesseurs de *Tâhart*, ont vu finir leur dynastie au bout de cent soixante ans[6]. Si ce chiffre était exact, il faudrait en tirer une conclusion contraire, puisque nous avons vu cette dynastie commencer en 144, et qu'une durée de cent soixante ans la ferait finir en 304; mais je montrerai plus loin qu'elle fut renversée en 296, après cent cinquante-deux ans d'existence, ce qui

---

[1] Abou-'Abd-Allah se garda bien, d'abord, de faire connaître le lien qui rattachait sa mission à celle des deux dâ'îs qui l'avaient précédé; mais quand il fut manifeste que son arrivée avait été ébruitée, et qu'Ibrâhîm avait l'œil sur lui, il dit à ses adhérents, comme nous l'apprend Mak'rîzî : «Je suis *l'homme chargé de semer* dont vous ont «parlé Abou-Sofiân et El-H'olouâni.» Ces simples mots furent un trait de lumière et comme un signal qui appela de nombreuses tribus sous ses drapeaux. (*Chrest. arabe*, t. II, p. ۳۷, l. 6 et 7; — p. 113 du même tome. — Voyez aussi Ibn-el-Athîr, *El-Kâmil*, t. VIII, p. ۲۰, l. 9.)

[2] J'écris ce nom comme il est écrit par Ibn-Khaldoun (*Hist. de l'Afr. et de la Sic.* p. ۴۲, l. 8; p. 142 de la trad. de N. Desvergers). — Dans sa Table géographique (*H. d. B.* t. I, p. cviii), M. de Slane énumère plusieurs localités du nom de *Tazrout*, et (*ibid.* t. II, p. 512, note 2) il place à deux ou trois lieues au sud-ouest de *Milah* le *Tâs'rout* dont il s'agit ici. — Ibn-el-Athîr (*El-Kâmil*, t. VIII, p. ۲۰, l. 13 et 16) dit ناصرون; M. Tornberg, l'éditeur du texte publié, prévient que dans les mss. A et B on lit *Nas'rout*.

[3] *Annal. muslem.* t. II, p. 314, l. 3. — El-K'aïraouâni le répète (*Hist. de l'Afr.* liv. IV, p. 91).

[4] *Chrest. arabe*, t. II, p. ۳۷, l. 8 à 10 (p. 113 du même tome). Ibn-el-Athîr, parlant de *Nâs'-roun* (p. ۲۰, l. 16) l'avait dit aussi.

[5] *Ibid.* t. II, p. 134, note 60.

[6] *Annal. muslem.* t. II, p. 318, l. 5 et 6.

détruit également la preuve que M. de Sacy en veut tirer, et exclut l'idée que le Chîi se soit emparé, au commencement de 289, de la capitale des Beni-Rostem. Il est impossible, surtout, d'admettre que le Chîi, qu'on suppose à la tête d'une armée, par conséquent en hostilité ouverte avec les princes de l'*Ifrîk'iah*, et qui avait compromis ses hôtes concentrés dans un certain rayon autour de *Sat'if*, ait pu songer à livrer leur territoire aux ravages de l'ennemi pour les conduire, bien loin dans l'Ouest, à la conquête d'une ville située à plus de cent lieues de *Sat'if*, conquête inutile, vu sa distance du théâtre de la guerre qui était imminente, conquête dont le moindre inconvénient était de se faire un ennemi du prince rostemite, un de ceux dont il aurait pu espérer l'appui, s'il avait été, ce qui n'était pas, dans une position qui lui permît de rechercher des alliances. Après ces explications sur la faute de copiste qui altère le texte d'Abou-'l-Fedâ, reprenons le fil des événements.

Nous avons laissé le Chîi vainqueur des tribus kitâmiennes qui avaient refusé de se soumettre à lui, et en possession de *Tâs'rout*; bientôt il s'empara de *Mîlah*[1], dont il fit mettre à mort le gouverneur (*s'âh'eb*), Mouça-ibn-'Aïâch[2]: « Ibrâhîm, fils de ce gouverneur, parvint, dit Ibn-Khaldoun, à joindre Abou-« 'l-'Abbâs-el-Aghlabi, qui se trouvait à *Tunis*, son père étant parti pour la « *Sicile*. » La prise de *Mîlah* est donc postérieure au 6 redjeb 289, mais tout indique qu'elle eut lieu peu après cette date. Ibrâhîm, avons-nous dit, n'avait pas quitté l'*Ifrîk'iah* sans donner à son fils Abou-'l-'Abbâs des conseils de

Le Chîi s'empare de Mîlah.

---

[1] El-Ia'k'oubi[a], qui écrivait son *Kitâb-el-Boldân* en 278, avait parlé de *Mîlah* comme d'une ville grande et magnifique, qui avait jusqu'alors conservé son indépendance; il ajoute cependant que, vis-à-vis du château, se trouvait un château qui, de son temps, était occupé, au nom d'Ibn-Aghlab, par un homme des *Beni-Solaim*[b], dont le nom était Mouça-ibn-el-'Abbâs-ibn-'Abd-es-'S'amad. La ville fut sans doute saccagée par les troupes du Chîi, et resta pendant de longues années, paraît-il, sans réparer son désastre, car Ibn-H'auk'al, en 366 ou 367, bien qu'il la mentionne plusieurs fois (p. ٥٤, l. 11, p. ٧٧, l. 20, p. ٩٨, l. 11), ne lui consacre pas d'article particulier. *Mîlah* fut réduite en ruine par El-Mans'our-ibn-Bolokkîn à la fin de 378 (commencement de 989 de Jésus-Christ), mais elle était relevée de ses ruines en 460, puisqu'El-Bekri en parle comme d'une des villes les plus importantes [du gouvernement] du *Zâb*[d].

[2] C'est le nom que lui donne Ibn-Khaldoun[e]. Était-ce le même Mouça dont parle El-Ia'k'oubi dans la note précédente?

---

[a] *S'ifat-el-Maghrib*, p. 11, in fine (p. 86 de la trad. lat.).
[b] Tribu arabe qui habitait le *Nadjd* (partie centrale de l'Arabie).
[c] El-Bekri, *El-Meçâlik oua-'l-Memâlik*, p. ٤٢, lin. ult. et p. ٤٢ (J. A. t. XIII, p. 108, 5° sér. 1859).
[d] *Ibid.* p. ٤٢, l. 10 (*ibid.* p. 109).
[e] *Hist. de l'Afr. et de la Sic.* p. 41, lin. penult. (p. 147 de la trad.). — H. d. B. t. II de la trad., p. 513. Ibn-Khaldoun dit ici que ce fut par la trahison d'un des habitants que Abou-'Abd-Allah s'empara de *Mîlah*.

prudence sur la marche à suivre avec le Chïi; j'ai cité (t. I) les termes dans lesquels s'exprime Ibn-Khaldoun, et ce passage est digne d'attention, d'abord parce qu'il montre qu'Ibrâhîm n'avait pas envoyé de troupes contre Abou-'Abd-Allah[1], ensuite parce qu'il explique les hésitations qu'éprouvait, dit-on, Abou-'l-'Abbâs, hésitations auxquelles devaient contribuer aussi les dispositions pacifiques que ce prince avait apportées sur le trône. Parmi les cheïkhs *kitâmah* qui avaient résisté au Chïi et avaient été vaincus, se trouvait Feth'-ibn-Iah'iâ, chef de la fraction des *Meçâltah*[2]; il s'était réfugié auprès d'Abou-'l-'Abbâs et l'excitait sans cesse à combattre l'audacieux Oriental qui jetait le trouble dans ses États[3]. La prise de *Mîlah* et l'arrivée à *Tunis* du fils de Mouça-ibn-'Aïâch mirent fin aux incertitudes du prince aghlabite, qui envoya contre le Chïi une armée commandée par son fils Abou-'Abd-Allah-el-Ah'oual (الحول). «Celui-ci partit de *Tunis* en 289» (902 de J. C.), dit Ibn-Khaldoun[4], et la même date est donnée par Ibn-'Adzârî pour l'arrivée de l'armée à *T'obnah*[5]. Puisque l'ordre de cette expédition a pu, à tort il est vrai, être attribué à Ibrâhîm[6], il est peut-être permis d'en conclure qu'elle eut lieu du vivant de ce prince, par conséquent entre le 6 redjeb 289, date de son départ pour la *Sicile*, et le 19 dzou-'l-k'a'dah 289, date de sa mort.

Abou-'Abd-Allah-ech-Chïi marcha fièrement à la rencontre du général aghlabite, mais il fut complètement défait, obligé de rétrograder en désordre sur *Tâs'rout*, et même de se réfugier à *Inkidjan*. Cependant, les *Kitâmah*, sans se décourager, opposèrent une si vive résistance à l'ennemi à mesure qu'il pénétrait davantage dans leurs montagnes, que le vainqueur fut bientôt dans la nécessité de se retirer[7]. Il faut même croire qu'après avoir chèrement payé son premier succès, il avait perdu beaucoup de monde dans sa marche en avant, car «à son retour à *Tunis*, dit Ibn-Khaldoun[8], son père lui reforma une «seconde armée et le fit marcher de nouveau avec les tribus[9] qui se joignirent

---

[1] Comme je l'ai déjà indiqué à la page 57, en émettant des doutes sur l'envoi de troupes par Ibrâhîm.

[2] Voyez la note 2 de la page 55 ci-dessus.

[3] Ibn-Khaldoun, *Hist. de l'Afr. et de la Sic.* p. ٩١ et ٩٢, l. 5 et 6; — p. 147 de la trad. — *H. d. B.* t. II de la trad., p. 513 et 514.

[4] Aux pages citées à la note précédente.

[5] *Baïân*, t. I, p. ١٢٧, l. 16 et 17. — Si, comme je le crois, il parle de la même expédition dont parle Ibn-Khaldoun, on voit que l'armée partie de *Tunis* avait fait un assez grand détour pour aborder, par le sud, le pays insurrectionné des *Kitâmah*.

[6] *Druzes*, t. I, p. CCLXI.

[7] Voyez les pages citées note 3 ci-dessus.

[8] *Hist. de l'Afr. et de la Sic.* p. ٩٢, l. 12 (p. 148 de la trad.).

[9] Le texte dit (p. ٩٢, l. 12) الية القبايل que N. Desvergers a traduit (p. 148) par «avec les

LIVRE QUATRIÈME. — CHAPITRE II.   61

«à lui.» Ces expéditions, commencées dans les derniers mois de 289, se continuèrent pendant l'année 290, et n'étaient pas terminées lorsqu'un crime affreux vint changer la face des événements : Zïâdet-Allah III faisait assassiner son père, et immolait tous les membres de sa famille, même son frère El-Ah'oual, dernier rempart de la dynastie aghlabite [1].

290 de l'hégire (903 de J. C.).

Dès l'année 291, Zïâdet-Allah désigna son fils Moh'ammed pour lui succéder, et chargea les gouverneurs des provinces de recevoir pour lui les serments de fidélité [2]; en même temps, il envoyait en 'Irâk' un ambassadeur, El-H'açan-ibn-H'âtim, avec de somptueux présents [3]. Il est permis de se demander quels scrupules ou quels motifs portèrent Zïâdet-Allah à convoquer à Tunis une assemblée des jurisconsultes de l'Ifrîk'iah, auxquels on soumit les doutes relatifs aux idées que répandait Abou-'Abd-Allah. Ces savants se réunirent chez le maître des postes 'Abd-Allah-ibn-es'-S'âïgh, qui exposa, au nom de l'émir, les prétentions du Chîï; il va sans dire que la docte assemblée décida que le propagateur de pareilles idées était un homme abominable, et proclama qu'il fallait lui opposer une vive résistance [4]. Ce dernier point était sans doute le plus important pour réparer, autant que possible, l'insigne maladresse commise avec les troupes [5]. Dans la convocation de cette assemblée, on voit percer l'inquiétude vague qui devait agiter l'esprit de ce monstre couronné : l'exécution d'El-Ah'oual n'avait pas été seulement, comme nous l'a dit En-Nouaïrî, une victoire pour le Chîï, c'était l'arrêt de mort de la dynastie aghlabite.

291 de l'hégire (903-904 de J. C.).

De ce jour, la marche du Chîï, sans être rapide, fut marquée par une série

Le Chîï

«Kabiles.» Il va sans dire que, dans ces expéditions, El-Ah'oual était accompagné par Feth'-ibn-Iah'iâ et par Ibrâhîm-ibn-Mouça-ibn-'Aïâch, chefs auxquels quelques fractions de tribus étaient sans doute restées attachées.

[1] Au moment où El-Ah'oual avait été mandé à Tunis, on a vu (t. I de cet ouvrage) qu'il était maître de Sat'if et que les succès du Chîï étaient fort compromis.

[2] Baïân, t. I, p. ١٣١, l. 8 et note c de cette page ١٣١ ('Arîb-ibn-Sa'd in Nicholson, p. 55).

[3] Ibid. même page, l. 18 et 19 (Nicholson, p. 58).

[4] Ibid. t. I, p. ١٣٢, l. 3 à 10 (Nicholson, p. 55 à 57).

[5] Au moment où Zïâdet-Allah sortit de prison, il distribua des présents aux officiers de l'armée, et quand le soir fut venu, il fit dire aux soldats de venir le lendemain de bonne heure pour recevoir aussi des cadeaux. Les soldats furent exacts au rendez-vous; mais, après une attente qui se prolongea jusqu'au milieu du jour, on les congédia en alléguant que c'était un jour de travail (يوم هغل); ils revinrent le lendemain, furent encore renvoyés, et après être ainsi venus plusieurs fois, ils manifestèrent un mécontentement qu'il était facile de prévoir (Baïân, t. I, p. ١٣٠, l. 6 à 9; — Nicholson, p. 52 et 53). Peut-être l'assemblée des jurisconsultes eut-elle pour but principal de réchauffer le zèle fort attiédi de troupes ainsi mystifiées, qu'on allait envoyer combattre le Chîï, comme nous le verrons dans un instant.

s'empare
de Sat'îf
et détruit
cette ville.

de succès¹ : il mit le siège devant *Sat'îf*, qui se défendit avec héroïsme, mais la place finit par capituler, ce qui n'empêcha pas le vainqueur de la ruiner de fond en comble². La gravité de cet échec fit comprendre à Ziâdet-Allah tout le péril de la position. Ce fut alors³ qu'il se décida à remettre à un membre

¹ «Quo facto chiita jam totius Africæ absque «controversia potestatem adibat.» (Abulfedæ *Annales muslem.* t. II, p. 314, l. 7 et 8.) — Ce langage est certainement empreint d'exagération, mais il résume ce qui advint en effet dans les quelques années qui suivirent le supplice d'El-Ah'oual.

² Ibn-Khaldoun*, *H. d. B.* t. II de la trad., p. 516 et 517. — La vive résistance de *Sat'îf* ne paraît pas être la seule cause de la rigueur avec laquelle le Chîï traita cette ville, mais, au dire d'Ibn-H'auk'al ᵇ, le genre d'hospitalité que certaines tribus des *Kitâmah* pratiquaient envers les étrangers, «attira sur eux la colère d'Abou-'Abd-«Allah, le dâ'î qui les mit hors de la loi.» On pourrait croire qu'Ibn-H'auk'al a pris au sérieux ce qui n'était qu'un *prétexte*, quand on lit dans Édrîsî : «Ce détestable usage ne se pratique pas «parmi les *Kitâmah* des environs de *Sat'îf*, qui «ont toujours blâmé et considéré comme abomi-«nables les mœurs des *Kitâmah* habitant les envi-«rons d'*El-K'oll* (K'ollo de nos cartes) et les «montagnes qui touchent à la province de Cons-«tantine ᶜ.» — «La ville de *Sat'îf*, dit El-Bekrî ᵈ, «est grande et importante ᵉ; son origine remonte «aux temps antiques ᶠ; la muraille qui l'entourait «fut détruite par les *Kitâmah* partisans d'Abou-«'Abd-Allah-ech-Chîï.»

³ Il commença cependant par nommer 'Ali-ibn-Abou-'l-Faouâris-et-Temîmi au gouvernement de *K'aïraouân*, mais il le destitua presque aussitôt pour le remplacer par Ah'med-ibn-Masrour-el-

ᵃ Suivant lui, 'Ali-ibn-*Dja'far*-ibn-'Aslou...ah, gouverneur de la ville, et son frère Abou-H'abîb y perdirent la vie; mais Dâoud-ibn-Habatha, personnage éminent de la tribu des *Lahîça*, lequel s'y était réfugié avec plusieurs chefs kitâmiens, prit le commandement des assiégés. — Plus haut (p. 511), Ibn-Khaldoun avait donné au gouverneur de *Sat'îf* le nom de 'Ali-ibn-*H'afs*-ibn-'Asloudjah, nom confirmé par En-Nouaïri, que cite M. de Gœje (*S'ifat-el-Maghrib*, p. 87, note 3).

ᵇ Ibn-H'auk'al, p. 44, l. 17 et 18, p. 4ㄱ, l. 13 (*J. A.* t. XIII, p. 241 et 247, 3ᵉ sér. 1842).

ᶜ *Descr. de l'Afr. et de l'Esp.* p. 44, l. 11 et 12.

ᵈ *El-Meçâlik*, etc. p. ∨ㄱ, l. 5 et 6 (*J. A.* t. XIII, p. 134, 5ᵉ sér. 1859).

ᵉ El-Ist'akhrî¹*, antérieurement à El-Bekrî et même à Ibn-H'auk'al, en avait parlé dans les mêmes termes (*Kitâb s'our-el-Ak'âlîm*, p. ⴽ4, l. 15 et 16). Ce géographe avait placé *Sat'îf* entre *Tâhart* et *K'aïraouân*, indication peu instructive, vu la grande distance qui sépare ces deux dernières villes; mais on retrouve la même indication vague dans Iâk'out²* et dans Abou-'l-Fedâ³*; peut-être ces auteurs voulaient-ils dire que *Sat'îf* était à égale distance de *Tâhart* et de *K'aïraouân*, ce qui ne s'éloigne pas beaucoup de la vérité si l'on compte les distances en ligne droite, et ce qui ne contredit pas trop le passage où El-Bekrî compte dix journées de *Sat'îf* à *K'aïraouân* ⁴* et autant de *Sat'îf* à *K'azrounah*⁵*,(non loin de *Blîdah*).

ᶠ En effet, Ptolémée en parle déjà comme d'une ville élevée au rang de colonie, Σίτιφα κολωνία (lib. IV, cap. II, p. 96). — On la trouve mentionnée dans Ammien Marcellin (t. I, p. 495 et 519). — Procope en parle comme de la métropole de la première Mauritanie (*De bel. Vand.* lib. II, cap. xx, t. I, p. 501, l. 7). — Sur *Sat'îf* on peut consulter les *Itinéraires*, saint Augustin, Paul Orose, la *Notice des évêques*, la *Notitia Dignitatum*, Isidore de Séville, etc.

¹* Sur ce géographe, voyez tome I.
²* *Modjam-el-Boldân*, t. III, p. 4·., l. 18. — *Marás'id*, t. II, p. ⴽ1, l. 8.
³* *Géographie*, p. 1ⴽ1, l. 1 (t. II de la trad., p. 193).
⁴* C'est aussi la distance que fixaient les *Kitâmah* comme les séparant du siège du gouvernement.
⁵* Voyez, sur *K'azrounah*, une note de M. de Slane (*J. A.* t. XIII, p. 112, note 1, 5ᵉ sér. 1859).

LIVRE QUATRIÈME. — CHAPITRE II.

de la famille des Aghlab, Ibrâhîm-ibn-H'abachi-ibn-'Omar-et-Temìmi, le commandement d'une armée de quarante mille hommes, qui partit d'*El-Orbos* pour marcher contre le Chîi[1]. Ce général se dirigea sur *Constantine*, où il fit la faute de séjourner pendant six mois; son armée, il est vrai, se grossit, dans cet intervalle, au point d'atteindre le chiffre de cent mille hommes[2]; mais Abou-'Abd-Allah, effrayé et comme surexcité par un déploiement de forces si imposantes, profita des retards du général aghlabite pour faire un appel passionné aux Berbers, pour les exalter en levant complètement le masque et annonçant l'apparition prochaine du Mahdi. Une armée innombrable (ما لا يحصى [3]) et pleine d'ardeur se trouva bientôt prête à marcher sous ses étendards. Vint enfin le jour où ces deux formidables masses s'entre-choquèrent: la rencontre eut lieu à *Kabounah*[4] (كبونة); une mêlée terrible ne tarda pas à s'engager, mais l'enthousiasme des *Kitâmah* ne laissa pas un instant la victoire incertaine.

292 de l'hégire (904-905 de J. C.).

Grande victoire du Chîi.

Khâl[a], qui, l'année suivante (en 292), subit un châtiment humiliant[b] dans la ville même de *K'airaouân*, sans qu'on dise pour quel motif. (Nicholson, p. 60; — *Baiân*, t. I, p. ١٣١, l. 18 et 19.) Plus loin j'aurai à reparler de cet El-Khâl.

[1] Nicholson, p. 57. — *Baiân*, t. I, p. ١٣١, l. 15, et la note *e* de cette page ١٣١. C'est à cette note *e* que j'emprunte le nom complet du général de Ziâdet-Allah[c]; j'emprunte aussi à 'Arîb les autres détails, qui, du reste, sont confirmés, au moins en ce qui concerne la force de l'armée, par Abou-'l-Fedâ (t. II, p. 306, l. 1 et 2) et par Ibn-Khaldoun. Celui-ci donne au général le nom d'Ibrâhîm-ibn-H'abaïch (بن حبيش), et dit que c'était une des créatures de Ziâdet-Allah[d]. Ailleurs il l'intitule membre de la famille des Aghlab. — Silvestre de Sacy dit «Ibrâhîm, fils de H'aucheb, «un de ses proches parents.» (*Druzes*, t. I,

p. CCLXV.) H'aucheb est évidemment une faute d'impression.

[2] Ibn-Khaldoun, *Hist. de l'Afr. et de la Sic.* p. ٤٣, l. ١٢ (p. 150 de la trad.). — *Druzes*, t. I, p. CCLXXI.

[3] Nicholson, p. 61. — *Baiân*, t. I, p. ١٣٣, l. 10.

[4] 'Arîb-ibn-Sa'd (in Nicholson, p. 60) et Ibn-'Adzârî (*Baiân*, t. I, p. ١٣٣, l. 12) nomment كبونة le théâtre de ce grand fait d'armes, et non seulement cette localité m'est complètement inconnue, mais je ne la trouve nommée dans aucun géographe arabe. Une variante du ms. A du *Baiân* donne كينونة (*Kînounah*). Suivant Ibn-Khaldoun, la rencontre eut lieu à *Adjânah*[f] (*Hist. de l'Afr. et de la Sic.* p. ٤٣, l. ١٢ = p. 150 de la trad.), et ailleurs il dit: «Ibn-H'abachi[g] alla «leur livrer bataille près de *Bilizmah*.» Silvestre de Sacy (*Druzes*, t. I, p. CCLXVI), sans indiquer

---

[a] *Baiân*, t. I, p. ١٣١, l. 13 et 14, et la note *e* de cette p. ١٣١ (Nicholson, p. 57 et 58). — C'est 'Arîb qui ajoute au nom de Ah'med-ibn-Masrour le surnom de الخال (El-H'âl); mais il y a là l'omission d'un point diacritique, car plus loin (p. 60) Nicholson parle d'un châtiment infligé à El-Khâl à *K'airaouân*, et, à l'occasion du même fait, le *Baiân* (t. I, p. ١٣٢, l. 18) dit aussi الخال.

[b] Il fut fouetté et promené à travers les rues de la ville dans une cage placée sur un mulet conduit par un ânier.

[c] Le même nom se retrouve dans le *texte* d'Ibn-'Adzârî (*Baiân*, t. I, p. ١٣٤, l. 20).

[d] من صنايعه (*Hist. de l'Afr. et de la Sic.* p. ٤٣, l. 9; — p. 150 de la trad.).

[e] *H. d. B.* t. II de la trad., p. 517.

[f] Dans l'*H. d. B.* (t. II de la trad., p. 613) Ibn-Khaldoun nomme une tribu des *Adjânah*.

[g] Qui me paraît transcrit à tort pour Ibn-Hobaïch.

[h] *H. d. B.* t. II de la trad., p. 517.

64   ÉTUDE SUR LA CONQUÊTE DE L'AFRIQUE.

Ce fut moins une bataille qu'un carnage, qui dura depuis le commencement du jour jusqu'à la fin, pour faire place au pillage du camp, qui offrit aux vainqueurs un immense butin. A la faveur de la nuit, les débris de l'armée d'Ibrâhîm-ibn-H'abachi se dérobèrent à une poursuite meurtrière[1], et, se repliant sur *Bâghâïah*, ils rentrèrent en désordre à *K'aïraouân*[2].

Le Chîï avait ses raisons pour annoncer l'apparition prochaine du Mahdi : il avait déjà reçu l'avis de l'arrivée de 'Obaïd-Allah dans le *Maghrib*. Aussi, l'instant est-il venu d'interpréter les sources en ce qui touche la marche de ce personnage mystérieux, et si je dis *interpréter*, c'est qu'aussitôt qu'il s'agit de l'imâm il semble qu'un nuage s'avance en même temps pour couvrir d'obscurité les pages des historiens. Après l'avantage signalé qu'Abou-'Abd-Allah venait de remporter, «il dépêcha, dit Mak'rîzî, quelques *Kitâmah* vers 'Obaïd-« Allah pour l'informer de la victoire que Dieu lui avait donnée, et lui faire « savoir qu'il l'attendait. Ces envoyés trouvèrent 'Obaïd-Allah à *Salamïah* « (territoire de *H'ims'*). Son nom s'était répandu dans ce lieu, et le khalife « Moktafi faisait des recherches pour s'emparer de sa personne; il prit donc la « fuite avec son fils Abou-'l-K'âcim pour se soustraire à ces poursuites, et ils « vinrent en *Égypte*, où ils eurent quelques aventures avec le gouverneur En-« Noucheri[3].» En effet, En-Noucheri (النوشري) était gouverneur de l'*Égypte* depuis le milieu de 292[4] ou environ, et, si le récit de Mak'rîzî était exact, on

---

à quelle source il a puisé, donne le nom de *Kerma*[a] à la localité où Ibn-H'abachi et Abou-'Abd-Allah en vinrent aux mains. Le fait que l'armée vaincue se replia sur *Bâghâïah*, comme le dit Ibn-Khaldoun à deux reprises, me porte à admettre avec lui que la bataille fut livrée *près de Bilizmah*.

[1] *Baïân*, t. I, p. ١٣٣, l. 15.

[2] Ibn-Khaldoun, *Hist. de l'Afr. et de la Sic.* p. ٤٣, l. 13 (p. 150 de la trad.) et *H. d. B.* t. II de la trad., p. 517.

[3] *Chrest. arabe*, t. II, p. ٣٨, l. 3 à 7 (p. 114 du même tome).

[4] Le khalife Moktafi avait succédé le 22 rebi'-l-akhir 289 à son père El-Mo'tadhid, dont le règne avait été troublé par les guerres des *K'armat's*; Hâroun-ibn-Khomârouaïah régnait sur l'*Égypte* et sur la *Syrie* depuis l'an 283, et en 291 Moktafi chargea Moh'ammed-ibn-Solaïmân-el-Kâtib[b] d'aller s'emparer de *Damas* et d'enlever à Hâroun toutes ses possessions[c]. Celui-ci fut tué

---

[a] Iâk'out, dans son *Mo'djam-el-Boldân* (t. IV, p. ٢٩٧, l. 3) mentionne une localité du nom de كَرْمَة (*Karmah*), mais rien n'indique qu'elle ait le moindre rapport avec celle nommée par Silvestre de Sacy.

[b] Abou-'l-Mah'âcin, t. II, p. ١٣٨ . 3 à 7. — Moh'ammed-ibn-Solaïmân était surnommé El-Kâtib, parce qu'il avait été secrétaire du serviteur (الخادم) Loulou-et'-T'oulouni (*id.* t. II, p. 114, l. 7 et 8; — voir aussi p. ١١٨, l. 5 à 7). Quant au surnom de Loulou, celui-ci le devait sans doute à ce qu'il était un jeune favori (غُلَام) de Ah'med-ibn-T'ouloun (*id.* t. II, p. ١١٣, l. 7 et 8).

[c] Abulfedæ *Annal. muslem.* t. II, p. 292, l. 9 et suiv. — Abou-'l-Mah'âcin, t. II, p. 114, l. 8. — Moh'ammed-ibn-Solaïmân avait, en 291, obtenu de grands succès dans la guerre des *K'armat's*. (De Goje, *Mémoire* n° 1, p. 15; in-8°, Leyde, 1862.)

LIVRE QUATRIÈME. — CHAPITRE II. 65

trouverait là, tout au moins dans certaines limites, l'indication de la période de l'année 292 où Abou-'Abd-Allah remporta sa grande victoire; mais je

le 18 s'afar 292ᵃ (dimanche 30 décembre 904 de J. C.) et, malgré l'occupation éphémère de Chaïbân ᵇ, oncle de Hâroun, Moh'ammed-ibn-Solaïmân s'empara de l'*Égypte* le 27 du même mois ᶜ (mardi 8 janvier 905 de J. C.) Au nombre des généraux placés sous les ordres de Moh'ammed dans cette expédition, se trouvait 'Iça-ibn-Moh'ammed-en-Noucheri, auquel le général en chef donna la mission d'aller porter au khalife les détails de sa conquête; mais 'Iça était à peine arrivé à *Damas* qu'une lettre venue de *Baghdâd* lui apprit sa nomination au gouvernement de l'*Égypte*. Il envoya aussitôt son lieutenant, qui arriva à *Mis'r* le 14 djoumâdi-'l-aouel 292 ᵈ (dimanche 24 mars 905 de J. C.), et lui-même

arriva le 7 djoumâdi-'l-akhir suivant ᵉ (mardi 16 avril 905 de J. C.) pour recevoir, des mains de Moh'ammed-ibn-Solaïmân, l'investiture du gouvernement de l'*Égypte*. Dès le commencement de redjeb, Moh'ammed-ibn-Solaïmân quitta l'*Égypte*, emmenant avec lui tout ce qui y restait des membres de la famille des Tʼoulounides ᶠ et des personnages qui, sous leur règne, avaient rempli des fonctions plus ou moins importantes ᵍ. Il s'arrêta à *Alep* ʰ avec tous ses prisonniers, qui là furent, paraît-il, dispersés : les uns se rendirent en *'Irâk* ⁱ, d'autres rentrèrent en *Égypte*, et, parmi ces derniers, se trouvait un certain Moh'ammed-ibn-'Ali-'l-Khalandjt ᵏ, qui parvint à réunir assez de partisans du gouvernement déchu

---

ᵃ Eutychius, t. II, p. 494, l. 10 et 11. — Abou-'l-Mah'âcin, t. II, p. ۱۴۰, l. 3 et 4. — Il y a plusieurs récits sur la manière dont Hâroun fut tué. Voir Abou-'l-Fedâ, ci-dessus cité; Abou-'l-Faradj, p. ۲۸۳ et ۲۸۱ᶜ (p. 185 et 186 de la trad. lat.), Freytag, p. 109 et p. 119, l. 5.

ᵇ Voyez le t. I de cet ouvrage.

ᶜ Eutychius, t. II, p. 494, l. 15 et 16. J'ai conservé la date donnée par cet auteur, qui doit être considéré comme un témoin oculaire, ainsi que je l'ai dit t. I; cependant, si sa date est exacte, il se trompe sur la férie en disant يوم الخميس (le jeudi).

ᵈ Abou-'l-Mah'âcin, *En-Nodjoum*, t. II, p. 101, l. 8 et 9.

ᵉ *Ibid.* t. II, p. ۱۰۴, l. 11. — Le nom de ce gouverneur est souvent défiguré : c'est ainsi qu'El-Makin (p. 183, l. 31) l'appelle البوسري (*El-Bouseri*), qu'Ibn-Khaldoun écrit التوشزى ¹ᵃ (*Et-Touchezi*) et El-K'aïraouâni (liv. III, p. 88) *El-Kouzri*. — J'ai adopté la leçon donnée par Eutychius²ᵃ, Ibn-el-Athir³ᵃ, Abou-'l-Fedâ ⁴ᵃ, Mak'rîzi⁵ᵃ et Abou-'l-Mah'âcin. — Cardonne (t. II, p. 47) a trouvé moyen d'appeler ce gouverneur d'Égypte *Basi-'l-Nouchini*.

ᶠ Abou-'l-Mah'âcin, t. II, p. ۱۰۳, l. 16 et 17. — Eutychius (t. II, p. 497, l. 3) dit que Moh'ammed-ibn-Solaïmân était resté six mois en *Égypte*; il reçut donc l'ordre de départ à la fin de 291, et entra au commencement de moh'arram 292.

ᵍ *En-Nodjoum*, t. II, p. ۱۰۴, l. 6 et 7.

ʰ *Ibid.* t. II, p. 100, l. 5 et 6.

ⁱ Même page, l. 10.

ᵏ Même page, l. 12 et 13. — J'ai adopté cette orthographe, qui est aussi celle d'Abou-'l-Fedâ (*Annal. muslem.* t. II, p. 294, l. 6); je ferai observer cependant qu'Eutychius (t. II, p. 497, l. 9 et 14) écrit, non pas الخلنجي, mais الخلجي (*El-Khalidj*), et qu'El-Makin (p. 183, l. 25 et 28) reproduit ce nom, en le défigurant par la suppression de deux points diacritiques, ce qui lui donne الحلح (*El-H'alih'*).

¹ᵃ *Hist. de l'Afr. et de la Sic.* p. ۴۴, l. 7 et 12. — *Prolégomènes* (in *Notic. et Extr.* t. XVI, part. I, p. ۳۰, l. 11, et t. XIX, part. I, p. 40).

²ᵃ *Annalium* t. II, p. 497, l. 5; in-4°; Oxoniæ, 1658.

³ᵃ *El-Kâmil*, t. VIII, p. ۵۰, l. 5.

⁴ᵃ *Annal. muslem.* t. II, p. 314, l. 14.

⁵ᵃ *Chrest. arabe*, t. II, p. ۳۸, l. 7, et p. 114 du même tome, dont il convient aussi de voir la page 99, note 10.

II.   9 viens de dire qu'à cet instant le Mahdi était déjà dans le *Maghrib*. Cette assertion contredit le récit que j'ai emprunté textuellement à Mak'rîzî; il est

pour se rendre maître de *Ramlah*, en cha'bân 292, et bientôt de *Mis'r*, le 16 dzou-'l-k'a'dah de la même année[a] (jeudi 19 septembre 905 de J. C.). En-Noucheri ne reprit possession de son gouvernement que le jour où il parvint à se saisir de l'usurpateur, c'est-à-dire le matin (صبيحة) du lundi 8 redjeb 293[b] (5 mai 906 de J. C.); cette espèce d'interrègne avait donc duré sept mois et vingt et un jours[c]. On voit ce qui fait dire à Abou-'l-Mah'âcin qu'en 292 l'*Égypte* eut quatre émirs : Chaïbân-ibn-Ah'med-ibn-T'ouloun, Moh'ammed-ibn-Solaïmân-el-Kâtib, 'Iça-en-Noucheri et Mo-

h'ammed-ibn-'Ali-'l-Khalandji[d]. Moktafi étant mort le 12 dzou-'l-k'a'dah 295, son frère Mok'tadir, qui lui succéda, laissa le gouvernement de l'*Égypte* à 'Iça-en-Noucheri[e], qui le conserva jusqu'à sa mort, survenue le 26 cha'bân 297[f] (jeudi 10 mai 910 de J. C.), après avoir gouverné ce pays pendant cinq ans deux mois et dix-neuf jours[g]. Mok'tadir, qui régnait depuis un an neuf mois et demi, lui donna d'abord pour successeur son fils Abou-'l-Fath'-Moh'ammed-ibn-'Iça[h], mais il le remplaça presque aussitôt par Tikîn-el-H'arbi[i].

---

[a] Eutychius, t. II, p. 498, l. 3 et 4. — Abou-'l-Mah'âcin (t. II, p. 10v, l. 13 et 14) dit à tort le 26 dzou-'l-k'a'dah, mais dans deux autres passages (t. II, p. 141, l. 9 et 10, et p. 144, l. 3 et 4) il se redresse en confirmant, à un jour près, la date donnée par Eutychius.

[b] Abou-'l-Mah'âcin, t. II, p. 141, l. 8. Plus loin, à la p. 142, lin. ult., il dit le 5 redjeb.

[c] Dans deux passages des *Nodjoum* (t. II, p. 141, l. 8 à 10, et p. 142, l. 2 et 3) on lit sept mois vingt-deux jours. Ce sont ces passages qui montrent qu'Abou-'l-Mah'âcin a voulu dire le 16 et non le 26 dzou-'l-k'a'dah pour la date à laquelle El-Khalandji s'empara de *Mis'r*. J'ai donné plus haut rigoureusement la durée de sa possession.

[d] *En-Nodjoum*, t. II, p. 144, l. 10 à 12. — Il eût été plus exact de ne pas compter Moh'ammed-ibn-Solaïmân, qui ne fut pas investi du gouvernement de l'*Égypte*, mais de compter Hâroun-ibn-Chomârouaïah, qui, dans cette année 292, fut réellement émir d'*Égypte* jusqu'au 18 s'afar, jour où il succomba.

[e] Abou-'l-Mah'âcin, t. II, p. 140, l. 14 et 15.

[f] *Ibid.* t. II, p. 144, l. 1. — Ibn-el-Athîr (*El-Kâmil*, t. VIII, p. ۴۷, l. 5 et 6) avait aussi placé la mort d'En-Noucheri en cha'bân 297, et El-Makîn (p. 187, l. 17 à 19) avait précisé le 10 cha'bân.

[g] Dans les *Nodjoum* (t. II, p. 144, l. 2) on lit cinq ans deux mois et demi, à compter de son investiture par Moh'ammed-ibn-Solaïmân.

[h] *Ibid.* t. II, p. 144, l. 4 et 5.

[i] Je lui donne ici le nom que je trouve dans Abou-'l-Mah'âcin (*ibid.* l. 5), mais ce nom a été très diversement écrit. A la p. ۱۸۰, l. 10 de son tome II, le même auteur donne pour le nom complet : Tikîn-ibn-'Abd-Allah-el-H'arbi-'l-émir-Abou-Mans'our-el-Mo'tadhidi-'l-Khazari[1*]. Dans son texte Abou-'l-Mah'âcin l'appelle constamment Tikîn-el-H'arbi, mais M. Juynboll, dans la Table de ce texte (t. II, p. ۵۳۴, col. 1) l'appelle Tikîn-el-Khazari, et c'est aussi le nom que lui donne Ibn-Khallikân, qui, déplaçant le point diacritique du kha, écrit fautivement الجزري (*El-Djazari*), et il a été suivi par Mak'rîzî[2*]. El-Makîn (p. 187, l. 20), déplaçant deux points diacritiques et en supprimant deux autres, écrit يكين الحرري (*Iakîn-el-H'arari*). En écrivant تكين الخاصكي (Tikîn-el-Khâs'aki), Eutychius (t. II, p. 505, l. 7) a peut-être voulu dire الخاصري. — Tikîn avait pris en personne son premier gouvernement d'*Égypte*, le dimanche 2 dzou-'l-h'idjah 297 (12 août 910 de J. C.); l'auteur du *Boghiat oua el-aghtibât* dit le samedi[4*], mais c'est une petite erreur.

[1*] *En-Nodjoum*, t. II, p. ۱۸۰, l. 10 et 11; seulement le texte porte المعتصدى et je ne doute pas qu'il ne faille lire المعتضدى, nom qui lui avait été donné parce qu'il était un *maulâ* du khalife Mo'tadhid-Billah, comme le dit l'auteur à la p. ۱۸۱, l. 6. Il faut aussi, au lieu de الجزرى lire الخزرى.

[2*] *Kitâb Ouafaïât-el-Aïân*, n° ۷۰۰, fasc. viii, p. ۱۰, l. 11, et p. ۱۳, l. 12 et 13 (t. III de la trad. angl., p. 218 et 233).

[3*] *Chrest. arabe*, t. II, p. 99, note 10, et p. 154, note 27.

[4*] Abou-'l-Mah'âcin, *En-Nodjoum*, t. II, p. 141, l. 4 et 5.

LIVRE QUATRIÈME. — CHAPITRE II.

donc indispensable que je revienne un peu en arrière pour faire connaître les actes accomplis par le Mahdi pendant qu'en son nom le Chîï remuait les *Kitâmah*.

Comme vient de nous le dire Mak'rîzî, la résidence de 'Obaïd-Allah à *Salamïah* s'était ébruitée[1], soit qu'il eût le pressentiment de sa grandeur prochaine et qu'il se fût entouré de moins de précautions, soit que le Chîï, comme le prétend aussi Ibn-Khaldoun[2], lui eût envoyé quelques *Kitâmah* à *Salamïah*, non pas pour lui annoncer une victoire, mais pour lui donner avis de son arrivée dans cette tribu, du bon accueil qu'il y recevait, et qu'une pareille démarche eût attiré l'attention; il est certain du moins qu'au moment où le khalifat passait des mains d'El-Mo'tadhid dans celles de son fils El-Moktafi[3], 'Obaïd-

Événements
relatifs
à 'Obaïd-Allah.

---

[1] Abou-'l-Fedâ fait coïncider l'éveil donné sur la résidence de l'imâm avec l'instant où 'Obaïd-Allah reçut la fonction des mains de son père mourant : «Is (Moh'ammed-el-H'abîb?), inquit, «fini vicinus filio, Mahdio seu Obaidallæ, jure «suo cedens, docebat eum quid egerint et quan-«tum profecerint invitatores. Non latuit ejus rei «fama, sed Moktafio regnante dimanavit in vulgus. «Quæsitus itaque.....» (*Annal. muslem.* t. II, p. 314, l. 9 à 11.) — Ibn-Khaldoun joint, à cette remise du pouvoir occulte, un conseil sous forme de prophétie[a] : «Moh'ammed-el-H'abîb, dit-il, «étant près de mourir, légua l'imâmat à son fils «'Obaïd-Allah, et lui adressa ces paroles : C'est «toi qui es le Mahdi; après ma mort tu dois te «réfugier dans un pays lointain, où tu auras à «subir de rudes épreuves.» (*H. d. B.* t. II de la trad., p. 515.) — Voir aussi Mak'rîzî, *Chrest.* arabe, t. II, p. ۲۲, l. 12 à 15; — p. 93 du même tome.

[2] Voyez la page d'Ibn-Khaldoun à laquelle je viens de renvoyer.

[3] Ce qui me porte à admettre que ce fut au moment où le sceptre changeait de mains, c'est-à-dire vers le 22 rebî-'l-akhir 289, que le Mahdi quitta la *Syrie*, c'est qu'Ibn-Khaldoun, dans deux passages[b], attribue à Mo'tadhid la lettre par laquelle on avisait de l'évasion de 'Obaïd-Allah les gouverneurs des provinces, et que, dans un troisième passage, il attribue cette lettre à Moktafi[c]. Le rapprochement de deux passages de Mak'rîzî[d] conduit au même résultat, mais il paraît avoir copié Ibn-Khaldoun, sans faire attention aux différences qu'il signale ici. On est en droit de s'étonner que Silvestre de Sacy ait, à douze ans de distance, publié deux fois, sans commen-

[a] On sait qu'Ibn-Khaldoun attribuait à cette famille le don de prophétie. (*Prolégomènes* in *Notic. et Extr.* t. XVII, p. ۱۷۲, l. 8 et suiv. et t. XX, p. 214 et 215.)

[b] *H. d. B.* t. I, p. ۱۹۹, l. 7 (t. I de la trad., p. 263). — *Prolégomènes* (in *Notic. et Extr.* t. XVI, p. ۳۰, l. 14, et t. XIX, p. 40). — Dans l'extrait que M. de Slane a donné ailleurs (*H. d. B.* t. II de la trad., p. 507) et dans lequel Ibn-Khaldoun dit que Mo'tadhid adressa une lettre au prince aghlabite, le traducteur ajoute, entre parenthèses, «Ziâdet-Allah.» Cela n'est pas possible, puisque Mo'tadhid mourut le 22 rebî-'l-akhir 289 et que Ziâdet-Allah commença à régner le 28 cha'bân 290. Cette erreur, du reste, paraît empruntée à Silvestre de Sacy (*Chrest. arabe*, t. II, p. 91, et p. 101, note 16).

[c] *H. d. B.* t. II de la trad., p. 515 et 516. — Il n'est pas à dire, du reste, que les gouverneurs ne reçurent qu'une lettre à ce sujet, et Moktafi a très bien pu continuer les recherches commencées par son père Mo'tadhid.

[d] *Chrest. arabe*, t. II, p. ۲۲, l. 11, et p. ۳۸, l. 6 (p. 91 et 114 du même tome). — Silvestre de Sacy (*Druzes*, t. I, p. ccli) reproduit, sans observation, le passage où Mak'rîzî dit Mo'tadhid.

68   ÉTUDE SUR LA CONQUÊTE DE L'AFRIQUE.

Il quitte Salamiah en 289.

Allah, alors âgé de trente ans[1], fut activement recherché, et qu'il ne se crut plus en sûreté à *Salamiah*, car deux autorités dont on doit tenir grand compte, Ibn-H'ammâd[2] et Ibn-'Adzârî[3], affirment qu'il quitta la *Syrie* en 289, pour se rendre en *Égypte* sous le déguisement d'un marchand[4], emmenant avec lui son fils El-K'âcim, qui était un enfant de neuf ou dix ans. Le khalife avait, sans nul doute, connu l'évasion de celui qui se donnait pour être le Mahdi, et il dut écrire, en effet, pour signaler le fugitif et ordonner son arrestation. Mais Hâroun-ibn-Khomârouaïah avait mis peu d'empressement à exécuter les ordres venus de *Baghdâd*[5], puisque la relation était telle qu'au commencement de 292 la dynastie des T'OULOUNIDES fut renversée par Moh'ammed-ibn-Solaïmân, général de Moktafi. On s'explique donc très bien comment 'Obaïd-Allah put,

Il séjourne en Égypte.

à la faveur de son déguisement, rester trois ans en *Égypte* sans être découvert, attendant là l'issue des événements qui se préparaient en *Maghrib*[6]. Mais lorsqu'en 292 l'Égypte fut rentrée en la possession de Moktafi, et que cette province eut pour gouverneur 'Iça-en-Noucheri, général dévoué au khalife, d'actives perquisitions durent être faites, et le nouveau gouverneur soupçonna que le marchand qu'on lui signalait pourrait bien être le personnage objet des

---

taire, ce passage où Mak'rizî attribue à Mo'tadhid la lettre écrite à Iaça' le Midrârite[a], et que, quelques lignes plus loin, il admette, avec toutes les autorités, que ce fut sous le khalife Moktafi que le Mahdi quitta la *Syrie*[b]. Ét. Quatremère, dans son *Mémoire sur la dynastie des khalifes F'âtimites*, attribue à Mok'tadir la lettre qui ordonnait l'arrestation de 'Obaïd-Allah[c].

[1] Abou-'l-Mah'âcin (t. II, p. ٢٢, l. 1) place en 259 la naissance du Mahdi, et plus loin (p. ٢٩٢, l. 5) il dit en 260. Ibn-Khallikân (n° ٣٤٠, fasc. IV, p. ٥٢, l. 9; — t. II de la trad. angl., p. 78 et 79) dit 259 ou 260, ajoutant que certains auteurs donnent même la date de 266.

[2] *Journal asiat*. t. V, p. 530, 5ᵉ sér. 1855. — A cette même page, Ibn-H'ammâd place en 260 la naissance de 'Obaïd-Allah.

[3] *Baïân*, t. I, p. ٢١٢, l. 20.

[4] Abulfedæ *Annal. muslem*. t. II, p. 314, l. 13 et 14. — Voir aussi Ibn-Khaldoun (t. II de la trad., p. 515) et Mak'rizî (*Chrest. arabe*, t. II, p. ٢٢, l. 14, et p. ٨٨, l. 6 et suiv.; — p. 93 et 114 du même tome). — *En-Nodjoum*, t. II, p. ٢٩٢, l. 5. — *Druzes*, t. I, p. CCLXIII.

[5] Sous ce rapport, le lieu de la retraite de 'Obaïd-Allah était bien choisi, indépendamment de ce qu'en *Égypte* il était moins loin du théâtre de la guerre que le Chîî fomentait contre les AGHLABITES.

[6] Si l'on veut[d], avec Ibn-Khaldoun (t. II, p. 515), que le Mahdi se soit d'abord réfugié en *'Irâk'*, rien n'est changé au fond de mon récit, seulement la durée du séjour incognito en *Égypte* serait diminuée.

[a] *Chrest.* et *Druzes*, aux mêmes pages.
[b] *Druzes*, t. I, p. CCLXIII. — C'est évidemment par suite d'une faute d'impression que Silvestre de Sacy écrit ici *Mostacfi*. On sait que le prince de ce nom régna dans le siècle suivant, de 333 à 334.
[c] *Journal asiat*. t. II, p. 109, 3ᵉ sér. 1836. Je suppose qu'il a voulu écrire Mo'tadhid. Mok'tadir n'arriva au khalifat qu'en 295.
[d] Comme l'a admis M. Gust. Weil (*Geschichte der Chalifen*, t. II, p. 579).

LIVRE QUATRIÈME. — CHAPITRE II. 69

recherches de son souverain. Il le fit arrêter, lui et ceux qui l'accompagnaient; mais, n'ayant pu constater leur identité, malgré les précautions minutieuses d'un long interrogatoire, il relâcha ses prisonniers, qui partirent sur-le-champ et gagnèrent à grandes journées *Tripoli*, où une caravane était prête à se mettre en marche pour se rendre dans l'Ouest[1]. 'Obaïd-Allah laissa partir les marchands qui composaient cette caravane, mais leur adjoignit Abou-'l-'Abbâs, frère d'Abou-'Abd-Allah-ech-Chîi, avec ordre d'aller trouver celui-ci dans le pays des *Kitâmah*, évidemment pour l'aviser de son arrivée et du lieu où il allait se réfugier. La caravane se dirigea vers *K'aïraouân*, et Abou-'l-'Abbâs, craignant sans doute d'éveiller les soupçons s'il s'en séparait, entra avec elle dans la ville. Mais Ziâdet-Allah était déjà prévenu de l'évasion et des mouvements du Mahdi; il exerçait une surveillance rigoureuse sur tous les voyageurs, et les réponses d'Abou-'l-'Abbâs aux questions qui lui furent faites ayant paru suspectes, non seulement il fut jeté en prison, mais comme il venait de *Tripoli*, et que, soit par lui soit par les marchands de la caravane, on savait qu'il n'y était pas arrivé seul, l'ordre fut immédiatement envoyé dans cette ville d'arrêter les compagnons de voyage du marchand qu'on avait incarcéré à *K'aïraouân*. Il était trop tard; le Mahdi s'était enfoncé dans le Sud, il avait passé par *Kast'îliah*[2] (قسطيلية), sans oser y entrer, et, probablement avisé du sort d'Abou-

Il arrive à Tripoli.

Le frère du Chîi est incarcéré à K'aïraouân.

---

[1] *H. d. B.* t. II de la trad., p. 515. — Ceci se passait nécessairement entre le 7 djoumâdi-'l-akhir et le 26 dzou-'l-k'a'dah 292, puisqu'En-Noucheri ne tint, en 292, le gouvernement de l'Égypte que pendant ces cinq mois et demi; et comme, dès cette année 292, le Mahdi était parvenu à *Sidjilmâçah*, on est obligé d'admettre qu'il avait quitté l'Égypte au commencement du gouvernement d'En-Noucheri, probablement en redjeb 292. Dans le peu de temps que 'Obaïd-Allah séjourna à *Tripoli*, il accomplit un acte de dévotion qui ne dut être connu que plus tard. «Entre la porte appelée *Bâb-el-Bah'r* (la porte «de la mer), dit Et-Tidjâni, qui fit un long séjour «à *Tripoli*», et celle appelée *Bâb-el-Akhadher*, se «voit, derrière le rempart, une chapelle (مشهد) «qui jouit d'une grande réputation de sainteté, «ayant été visitée par l'imâm El-Mahdi à l'époque «où il passa par *Tripoli*.» (*Voyage*, J. A. t. I, p. 149, 5ᵉ sér. 1853.)

[2] Ibn-Khaldoun, à qui j'emprunte ce récit (*H. d. B.* t. II de la trad., p. 516), dit *Constantine* (قسنطينية[b]); toutefois les récits qui font passer le Mahdi par *K'ast'îliah* non seulement sont plus vraisemblables, vu la position de la ville qu'il voulait atteindre, mais sont confirmés par Ibn-el-Athîr[c]; Silvestre de Sacy a[d], je suppose, puisé dans cet auteur le fait des présents par lesquels

[a] Il y arriva le 19 djoumâdi-'l-akhir 707 (samedi 16 décembre 1307) et en repartit le 26 dzou-'l-h'idjah 708 (vendredi 6 juin 1309). (J. A. t. I, p. 135 et 161, 5ᵉ sér. 1853.)

[b] J'écris ce nom comme l'écrit Iâk'out (*Mo'djam*, t. IV, p. 4٨, l. 10) et je remarque qu'il est singulier qu'Ibn-Khaldoun, dans ses *Prolégomènes* (in *Notic. et Extr.* t. XVI, p. 104, l. 16; — t. XIX, p. 127), place cette ville à *une journée de marche* de la mer. Il y en a deux très fortes.

[c] *El-Kâmil*, t. VIII, p. ١٤ et ٢٠.

[d] *Druzes*, t. I, p. CCLXIV et CCLXV.

70   ÉTUDE SUR LA CONQUÊTE DE L'AFRIQUE.

Le Mahdi parvient à Sidjilmâçah.

'l-'Abbâs, il s'était dirigé sur *Sidjilmâçah*¹, où régnait alors, et depuis 270, El-Iaça', neuvième prince de la dynastie des Beni-Midrâr. « Celui-ci, dit Ibn-« Khaldoun, l'accueillit avec distinction, mais ayant appris *par une lettre de* « *Ziâdet-Allah, ou du khalife El-Moktafi*², selon un autre récit, que son hôte était « le Mahdi, dont les émissaires se donnaient tant de mouvement dans le pays « des *Kitâmah*, il le fit mettre en prison ³. » D'abord il n'y avait aucun motif pour que Iaça' fît un accueil quelconque à un étranger qui arrivait dans sa ville comme marchand ⁴. Selon toutes les apparences, 'Obaïd-Allah resta ignoré à *Sidjilmâçah*, et ce fut là qu'en 292 (très probablement à la fin de cette année) il reçut le message ⁵ d'Abou-'Abd-Allah, comme nous l'apprend Ibn-'Adzârî ⁶, qui ajoute à son récit le dire assez curieux ⁷ d'un homme des Benou-

le gouverneur de *Tripoli* aurait été corrompu. Ce fait, du reste, me paraît au moins douteux, car il eût été une bien grande imprudence commise par 'Obaïd-Allah. Gust. Weil semble ᵃ ne l'avoir pas personnellement admis.

¹ Mak'rîzî, *Chrest. arabe*, t. II, p. ⵃⴰ, l. 10; — p. 114 du même tome.

² Cette hésitation d'Ibn-Khaldoun est digne de remarque, car si réellement Moktafi écrivit directement à Iaça', cette démarche prouverait que les khalifes avaient une assez faible confiance dans l'autorité exercée par les Aghlabites sur les petits souverains du *Maghrib*. Ailleurs, Ibn-Khaldoun dit que Iaça' avait été prévenu par El-Mo'tadhid ᵇ, ce qui est d'autant moins vraisemblable qu'Ibn-el-Athîr ᶜ, Abou-'l-Fedâ ᵈ, El-K'aïraouâni ᵉ, s'accordent à dire que la lettre était de Ziâdet-Allah. Peut-être était-elle de Mok'tadir (voy. ci-après).

³ Ibn-el-Athîr, *El-Kâmil*, t. VIII, p. ⵃ۰, l. 9. — *H. d. B.* t. II de la trad., p. 516. — Mak'rîzî, *Chrest. arabe*, t. II, p. ⵃⴰ, l. 9 à 11; — p. 114 du même tome. Cet auteur dit : «lui et son fils «Abou-'l-K'âcim.»

« Relicta ergo *Tripoli*, *Segelmasam* migrabat, «cujus urbis et provinciæ qui tum erat domino, «Elisao Midraridæ, persuadebat se mercatorem «esse, qui lucri quærendi caussa eo terrarum «venisset.» (*Annal. muslem*. t. II, p. 314 et 316.) Silvestre de Sacy prétend (*Druzes*, t. I, p. cclxv) que le Mahdi «gagna l'affection de ce prince par «des présents et par ses assiduités.» Je répéterai à ce sujet ce que j'ai dit plus haut à propos du gouverneur de *Tripoli*.

⁵ Lui annonçant la grande victoire dont j'ai parlé plus haut.

⁶ *Baïân*, t. I, p. ⵃ۴ⵊ, l. 4 à 6. Il emprunte ce fait à 'Arîb (Nicholson, p. 62).

⁷ «*M'arriva* (وصلني) 'Obaïd-Allah, avec une «grosse somme d'argent en dinârs qui ne se «trouvaient pas dans ce pays ᶠ (*Sidjilmâçah*), ce «qui m'étonna beaucoup. Il vit ma surprise, en «devina la cause, et comprit qu'il était devenu né-«cessaire de placer sa confiance en moi. Il me lut «alors la lettre par laquelle Abou-'Abd-Allah lui «annonçait sa victoire, et me recommanda de «garder le secret sur cette nouvelle, de ne rien

ᵃ *Geschichte der Chalifen*, t. II, p. 581, note 2.

ᵇ *H. d. B.* t. I, p. ۱۴۴, l. 6 et 7 (t. I de la trad., p. 263).

ᶜ *El-Kâmil*, t. VIII, p. ⵃ۰, l. 8.

ᵈ *Annal. muslem.* t. II, p. 316, l. 2 et 3.

ᵉ *Hist. de l'Afr.* liv. IV, p. 92. — J'ai déjà dit que cet auteur présente ici une confusion complète.

ᶠ Ces dinârs, comme l'observe M. Nicholson (à la fin de sa note 12, p. 62), étaient sans doute frappés au coin des Aghlabites et étaient inconnus à *Sidjilmâçah*, dont le petit souverain, qui était indépendant, frappait sa propre monnaie.

Hâchim-ibn-'Abd-el-Mot't'alib. C'est sans vraisemblance aucune qu'on a supposé que ce message lui était parvenu dans sa prison [1], et, en admettant avec moi que le Mahdi fût *alors* en liberté à *Sidjilmâçah*, on trouvera encore qu'il fallut que les *Kitâmah* envoyés déployassent, pour remplir leur mission sans être découverts, toute l'adresse dont parle Ibn-Khaldoun [2], puisqu'ils n'apportaient pas seulement une lettre, mais une part du butin fait dans le pillage du camp d'Ibrâhîm-ibn-H'abachi, comme cela ressort clairement des termes de 'Arîb [3].

Bientôt (en 293) Ziâdet-Allah envoya vers *El-Orbos*, contre le Chîi, une nouvelle armée, dont il avait confié le commandement à Modladj-ibn-Zakariâ et à Ah'med-ibn-Masrour-el-Khâl [4] (l'oncle). Ce dernier avait des griefs à venger; il entraîna vraisemblablement son collègue, et, au lieu de marcher contre l'ennemi, on les vit, le vendredi [5] 13 djoumâdi-'l-akhir, se présenter à la tête de leur armée devant *K'aïraouân*. La population sortit contre eux et les repoussa; le cheval de Modladj s'étant abattu, ce général fut tué et mis en croix à la *porte de Rak'k'âdah* [6]. On doit croire qu'on n'était pas sans inquiétude à *Baghdâd* sur l'issue du soulèvement des *Kitâmah*, s'il est vrai, comme l'assure Ibn-'Adzârî, que Moktafi-Billah écrivit une lettre qu'on lut publiquement et dans laquelle ce khalife excitait la population de l'*Ifrîk'îah* à se serrer autour de Ziâdet-Allah pour combattre le Chîi [7]. Aussi Ziâdet-Allah, pour seconder cette invitation, s'empressa-t-il de se rendre à *El-Orbos*, où il fit aux

293 de l'hég. (905-906 de J. C.).

Révolte de deux généraux de Ziâdet-Allah.

Ziâdet-Allah se rend à El-Orbos.

« changer à mon genre de vie habituel, à ma
« nière d'être, à mon habillement, me disant: Nous
« sommes entourés d'yeux et d'espions; ne leur
« laissons apercevoir aucun accroissement dans
« notre état et dans nos richesses ². » Comment,
après ce récit d'un des acteurs de cette scène,
serait-il possible d'admettre que 'Obaïd-Allah
était incarcéré à *Sidjilmâçah*? Contrairement à
l'opinion émise par M. Weil (*Geschichte*, etc.
t. II, p. 582, note 2), les doutes émis par
M. Nicholson (p. 62, note 12) me paraissent très
fondés.

[1] *Druzes*, t. I, p. CCLXVI. — G. Weil, *Geschichte der Chalifen*, t. II, p. 582, l. 12.

[2] *H. d. B.* t. II de la trad., p. 517.

[3] Nicholson, p. 62. — *Baïân*, t. I, p. ١٣٠, l. 6.

* *Baïân*, t. I, p. ١٣٠, l. 9 à 13 (Nicholson, p. 63).

⁴ J'ignore la cause de ce surnom.

⁵ Ibn-'Adzârî (t. I, p. ١٣٠, l. 4) dit le *jeudi* (يوم الخميس), mais alors il aurait dû dire le 12 djoumâdi-'l-akhir 293, car le 13 correspond au *vendredi* 11 avril 906 de J. C.

⁶ *Baïân*, t. I, p. ١٣٠, l. 1 à 7 (Nicholson, p. 63 et 64). Ibn-'Adzârî explique un peu confusément les motifs de la rébellion de Modladj; je crois avoir indiqué ci-dessus (p. 62, note 3) ceux qui avaient fait agir El-Khâl, dont, du reste, il n'est plus parlé. La *porte de Rak'k'âdah*, une des portes de *K'aïraouân*, est mentionnée par El-Bekrî (*El-Meçâlik*, etc. p. ٩٨, l. 5; — *J. A.* t. XIII, p. 116, 5ᵉ sér. 1859).

⁷ Nicholson, p. 64 et 65. — *Baïân*, t. I, p. ١٣٠, l. 11 à 13.

soldats des largesses qu'on pourrait taxer de prodigalités, et les envoya à *Bâghâïah*[1] ; il arma en outre la ville de *T'obnah*, la garnit de troupes et en confia le commandement à son chambellan Abou-'l-Mok'âra'-H'açan-ibn-Ah'med-ibn-Nâfadz, conjointement avec Chabîb-ibn-Abou-Chadâd-el-K'amoudi et Khafâdjah-el-'Absi, qui étaient des hommes d'un courage éprouvé. Il leur recommanda de harceler les *Kitâmah*. En exécution de cet ordre, une série de combats eurent lieu sans résultat décisif, mais avec perte de beaucoup de monde de part et d'autre[2]. Ce fut aussi en 293 que la charge de k'âdhi de *Rak'k'âdah* fut confiée à Moh'ammed-ibn-'Abd-Allah, connu sous le nom d'Ibn-Djamâl, client des BENI-OMAÏADES[3].

Pendant que les généraux de Ziâdet-Allah défendaient son trône sur les champs de bataille, ce prince était à *El-Orbos*, se livrant à des amusements puérils, entouré de courtisans qui n'avaient d'autre occupation que de débiter de niaises frivolités, dont 'Arîb nous a conservé un échantillon qu'il a emprunté à un témoin oculaire, au médecin Abou-Ia'k'oub-Ish'ak'-ibn-Solaï-mân-el-Isrâïli, qui était venu d'Orient sur la demande de Ziâdet-Allah[4]. Mais

---

[1] Nicholson, p. 65 et 66. — *Baïân*, t. I, p. ۱۳۰, l. 20. باغلية qu'on lit à cette ligne doit être une faute d'impression.

[2] Nicholson, p. 66. — *Baïân*, t. I, p. ۱۳۰, l. 21, à p. ۱۳٤, l. 1.

[3] *Ibid.* p. ۱۳٤, l. 2 et 3.

[4] Comme Isrâïli le dit lui-même. «C'était lui «qui m'avait fait venir,» lit-on dans sa vie que Silvestre de Sacy a donnée d'après un manuscrit de la bibliothèque de Leyde (*Relation de l'Égypte*, traduite par 'Abd-el-Lat'îf[a], p. 43 à 45; in-4°, 1810). — Isrâïli, dit l'auteur à la même page, était un habile médecin, né en *Égypte*, où il exerçait son art lorsque Ziâdet-Allah le fit venir; après la fuite de ce prince, Isrâïli s'attacha au Chîï, qui souffrait de la gravelle et devint le médecin de 'Obaïd-Allah-el-Mahdi, Isrâïli mourut à plus de cent ans, vers 320. En arrivant à la cour de Ziâdet-Allah, qui se tenait alors à *El-Orbos*, il fut frappé et choqué de la futilité des conversations qu'il y entendit; il raconte, à ce sujet, ce qui lui arriva avec un courtisan[b]. (*Relation d'Égypte*[c], p. 43 et 44 ; — Nicholson, p. 67 ; — *Baïân*, t. I, p. ۱۳٤, l. 6 à 20.)

[a] La vie de 'Abd-el-Lat'îf[1*] a été donnée par Ibn-Abi-Os'aïbia', célèbre médecin, contemporain de celui dont il s'est fait le biographe. 'Abd-el-Lat'îf était mort en 629[2*] (1231 à 1232 de J. C.) et Ibn-Abi-Os'aïbia' est mort en 668[3*] (1269-1270 de J. C.). M. Sanguinetti a publié une savante notice sur Ibn-Abi-Os'aïbia' (*J. A.* t. III, p. 230, 5° sér. 1854).

[b] Dans le manuscrit de 'Arîb (Nicholson, p. 67) et, par suite, dans celui d'Ibn-'Adzâri (*Baïân*, t. I, p. ۱۳٤, l. 12), ce courtisan est nommé Khanbach (خنّبش) surnommé El-Iounâni, au lieu de Ibn-Hobaïch surnommé El-Iounâni, que portait le manuscrit auquel Silvestre de Sacy a emprunté la vie de Isrâïli; je n'ai aucun moyen de dire à qui appartient la vraie leçon.

[c] Ouvrage indiqué par H'âdji-Khalifah, t. I, p. 190 et 191, n° ۲۳۱.

[1*] Dont les nombreux ouvrages sont indiqués aux renvois du n° 6683 de la Table de H'âdji-Khalifah. Cette vie de 'Abd-el-Lat'îf se trouve, texte (p. 534) et traduction (p. 457), dans l'édition que Silvestre de Sacy a donnée en 1810 de la *Relation d'Égypte* par 'Abd-el-Lat'îf.

[2*] Le 12 moh'arram (*Relation d'Égypte*, p. 472). — H'âdji-Khalifah, t. I, p. 191, l. 1.

[3*] *Id.* t. IV, p. 133, l. 5; au mot *T'abak'ât-el-At'ibbâ*, n° ۷۸۸۳. Pour ses ouvrages, voir le n° 6622 de la Table de H'âdji-Khalifah.

LIVRE QUATRIÈME. — CHAPITRE II.   73

tout à coup cette vie de plaisir fut troublée par un courrier du théâtre de la
guerre; c'était à la fin de dzou-'l-h'idjah 293[1] : le Chîi venait de s'emparer de
T'obnah et de Bilizmah; Feth'-ibn-Iah'iâ-'l-Mesâlti[2], qui se trouvait à T'obnah,
avait été mis à mort; les murailles de Bilizmah étaient rasées[3], et le Chîi, faisant rendre compte à Abou-'l-Mok'âra', gouverneur de T'obnah, et à ses compagnons, de l'origine des sommes qui avaient été trouvées entre leurs mains,
avait donné l'ordre d'en restituer une grande partie aux habitants, et conqué-
rait ainsi une popularité qui allait s'étendre à toutes les parties de l'Ifrîk'iah[4].
Ces nouvelles jetèrent la désolation dans l'âme de Ziâdet-Allah, qui, pour se
venger, fit maudire le Chîi du haut des chaires (المنابر); mais en même temps il
réunit des troupes nombreuses, dont il confia de nouveau le commandement
à Ibrâhîm-ibn-H'abachi-ibn-'Omar, qui, dès le milieu de moh'arram 294,
partait d'El-Orbos pour marcher vers T'obnah, à la rencontre d'Abou-'Abd-
Allah-ech-Chîi[5]. En attendant les résultats de cette expédition, Ziâdet-Allah
cherchait à se populariser à sa manière : les notables de K'ast'îliah avaient
porté des plaintes contre leur k'âdhi, 'Abd-Allah-ibn-Moh'ammed-ibn-Mofridj,
connu sous le nom d'Ibn-ech-Châa'r; l'émîr les fit frapper à coups redoublés
et jeter dans une prison d'El-Orbos[6]. Bientôt, laissant à la tête des troupes
réunies autour de cette ville Ibrâhîm-ibn-Ah'med-ibn-Abou-'Ik'âl, il quitta
El-Orbos pour rentrer à Rak'k'âdah, dont il fit reconstruire les remparts avec
des briques, et, quand il s'y crut en sûreté, il se plongea de nouveau dans
tous les désordres de sa vie dissolue, entouré de bouffons et de baladins chargés de lui verser à boire et de lui chanter des couplets quand la pensée du
Chîi venait assombrir ses idées[7]. Le petit nombre d'hommes vertueux attachés
à sa fortune s'éloignaient; ainsi Djimâs-ibn-Merouân se démit de sa charge
de k'âdhi de K'aïraouân, et fut remplacé par Moh'ammed-ibn-Djimâl, qui conserva cette fonction jusqu'à la catastrophe qui devait terminer le règne du
dernier AGHLABITE[8]. Cependant Abou-'Abd-Allah s'avançait toujours vers l'est,

*Le Chîi
s'empare
de T'obnah
et de Bilizmah.*

*294 de l'hég.
(906-907
de J. C.).
Ziâdet-Allah
confie
de nouveau
un
commandement
à Ibrâhîm.*

*Il revient
à Rak'k'âdah.*

*Le Chîi
s'empare
de Bâghâiah.*

---

[1] Nicholson, p. 68. — Baïân, t. I, p. ١٣٤, l. 19 à 21.
[2] Voy. sur ce chef kitâmien, p. 55, note 2.
[3] Ibn-Khaldoun, Hist. de l'Afr. et de la Sic. p. ٣٣ in fine (p. 150 de la trad.). — Id. H. d. B. t. II de la trad., p. 517. Là Ibn-Khaldoun dit que Fath'-ibn-Iah'iâ était *gouverneur de T'obnah*, ce qui ne paraît pas être exact, d'après ce qui a été dit plus haut.

[4] Nicholson, p. 73. — Baïân, t. I, p. ١٣٤, lin. ult. et p. ١٣٧ jusqu'à la fin.
[5] Baïân, t. I, p. ١٣٨, l. 1 et 2, et l. 9 à 11. — Nicholson, p. 73 et 74.
[6] Baïân, t. I, p. ١٣٨, l. 11 à 20. — Nicholson, p. 74.
[7] Baïân, t. I, p. ١٣٨ et ١٣٩. — Nicholson, p. 74 à 76.
[8] Baïân, t. I, p. ١٣٩, l. 12 à 14.

et il faut croire qu'Ibrâhîm-ibn-H'abachi avait essuyé une nouvelle défaite, car, dans le mois de cha'bân 294, le Chîï entrait à *Bâghâïah*, en accordant l'amân aux habitants[1].

<small>Terreur de Ziâdet-Allah.</small>

Ibn-'Adzârî nous représente Ziâdet-Allah frappé d'épouvante au point de délibérer avec lui-même s'il ne prendra pas la fuite. Son vizir, Ibn-es'-S'âïgh, lui conseillait de partir pour l'*Égypte*, après avoir confié le commandement à un de ses généraux, auquel il laisserait les sommes nécessaires pour se soutenir. Le prince hésitait; il inclinait assez à ce conseil pour avoir donné l'ordre d'acheter cinq cents chameaux, destinés au transport de ses bagages; d'un autre côté, il craignait que la population ne se soulevât contre lui et ne s'opposât à son départ. Lorsque Ibrâhîm-ibn-H'abachi-ibn-'Omar, apprit les intentions du prince, il vint le trouver, et le pressa si vivement de changer de résolution, qu'à la fin il parvint à le faire entrer dans le *château du lac* (قصر البحر)[2], où il espérait que ses conseils seraient mieux écoutés[3]. Alors il fit valoir la force de ce château, comparée à celle de la ville dans laquelle son grand-père, détesté de presque tous ses sujets, abandonné même par ses généraux, avait été assiégé pendant plusieurs années et avait fini par vaincre[4]. «Mais toi, lui disait-il, «qu'as-tu à combattre? Un cheïkh sans racines chez les Berbers, et tu as à lui «opposer tes immenses richesses, l'affection de tes soldats, tout le peuple de «l'*Ifrîk'ïah*, qui t'acclame, un château imprenable, et Dieu même, qui protège «ta cause.» Ce langage mit fin aux irrésolutions de l'émîr; il envoya des renforts et de l'argent à *El-Orbos* pour opposer à son ennemi une vigoureuse résistance, et, vu la petite distance qui séparait alors ses possessions de celles du Chîï, les cavaliers de Ziâdet-Allah ne pouvaient pas sortir d'*El-Orbos* sans escarmoucher avec ceux du Chîï qui étaient partis de *Bâghâïah*. Aussi l'inquiétude était-elle grande à *Rak'k'âdah* et à *K'aïraouân*; des k'obbah (القبب) et des tentes (الخيم) avaient été dressées autour de ces villages; les habitants

---

[1] *Baïân*, t. I, p. ١٣٤, l. 15. — Nicholson, p. 76 et 77.

[2] Château pour lequel 'Obaïd-Allah témoigna plus tard une si grande admiration (El-Bekrî, *El-Meçâlik*, etc. p. ٢٩, l. 17 et 18; — *J. A.* t. XII, p. 477, 5ᵉ série, 1858). Ce récit montre que la scène entre Ziâdet-Allah et son général se passait à *Rak'k'âdah*, et le langage du général prouve que le *K'as'r-el-Bah'r* a été construit postérieurement à 278, date du soulèvement qui dut causer de si vives inquiétudes à Ibrâhîm.

[3] Nicholson, p. 77. — *Baïân*, t. I, p. ١٣٤, l. 16 à 21.

[4] *Baïân*, t. I, p. ١٣٤, l. 22, à p. ١٣٠, l. 8. — Nicholson, p. 77 à 79. Si cette indication de 'Arîb-ibn-Sa'd est exacte, il en faut conclure que le Chîï était déjà maître d'une partie de la région qui s'étend à l'est de *Bâghâïah*, car entre cette ville et *El-Orbos* il n'y a pas moins de trois à quatre journées de marche.

LIVRE QUATRIÈME. — CHAPITRE II.   75

y montaient la garde et s'y abritaient pendant la nuit, en même temps que Ziâdet-Allah renforçait les postes et encourageait ses soldats par des largesses[1].

Cependant, en moh'arram 295, ce prince se rendit à *Tunis*[2]. Les historiens gardent le silence sur le but de ce voyage et sur les faits d'armes du Chîï à cet instant; mais je crois pouvoir placer en cette année la prise de *Tîdjis*[3] par un de ses lieutenants, Iouçof-el-Ghassâni, qui reçut cette ville à capitulation et laissa à la garnison la faculté de se retirer à *K'aïraouân*[4]. Ce nouveau coup porté au pouvoir chancelant de Ziâdet-Allah le détermina enfin à prendre une résolution énergique : il quitta précipitamment *Tunis* pour se rendre à *K'aïraouân*[5], et se mit en personne à la tête de ses troupes; il s'avança même jusqu'à *El-Orbos;* mais, sur les conseils qui lui furent donnés par son entourage, il revint à *Rak'k'âdah* ou à *K'aïraouân*[6], après avoir encore une fois remis le commandement de l'armée à son parent Ibrâhîm-ibn-H'abachi. Je ne saurais dire la date précise de ce mouvement d'éphémère énergie qui porta Ziâdet-Allah à défendre personnellement sa couronne, mais on peut admettre que ce fut dans les premiers mois de 295 que le prince aghlabite fit la ridicule manifestation de cette entrée en campagne, si l'on en juge du moins par le grand nombre de faits qui s'accomplirent depuis cet instant jusqu'au milieu de 296;

295 de l'hég.
(907-908
de J. C.).
Le Chîï
s'empare
de Tidjis.

Ziâdet-Allah
confie
à Ibrâhîm
la défense
de l'Ifrîk'iah.

---

[1] Nicholson, p. 79. — Baïân, t. I, p. ۱۲۰, l. 11 à 14.

[2] Ibid. t. I, p. ۱۲۰, l. 15 et 16.

[3] S'agit-il là de la ville de *Tigisis* de Procope et de la *Table Peutingérienne*[a]? Je le crois, mais Ia'k'oubi parle d'une ville de *Tigisis* qui était des dépendances de *Bâghâiah* (من عمل باغاية [b]), et Ibn-H'auk'al[c] place *Tîdjis* entre *Maddjânah* et *Misk'iânah;* cependant, plus loin[d], il place *Tîdjis* à une journée (à l'ouest) d'*Arkou*.

[4] Ibn-Khaldoun *Histoire des Berbers,* t. II de la traduction, p. 517. — *Histoire de l'Afrique et de la Sicile,* p. ۴۲, l. 3 et 4 (p. 151 de la trad.). Le texte dit تيحس (*Ti'his*), mais le traducteur, dans sa note (163), observe qu'il faut sans doute lire تيجس, et, en effet, Ibn-Khal-

doun, dans son *Histoire des Fât'imites,* donne une leçon que M. de Slane (p. 517 ci-dessus citée) transcrit par *Tîdjist*.

[5] En-Nouaïrî, § LII (H. d. B. t. I de la trad., p. 441).

[6] Ibn-Khaldoun, *Hist. de l'Afr. et de la Sic.* p. ۴۲, l. 6 (p. 151 de la trad.). — *Histoire des Fât'im.* (H. d. B. t. II de la trad., p. 517). — *Druzes,* t. I, p. CCLXVII. Ici Silvestre de Sacy dit que Ziâdet-Allah s'avança jusqu'à *Elaris,* au lieu de *El-Orbos;* évidemment le manuscrit qu'il a eu sous les yeux disait الاريس pour الاربس. — Ibn-Khaldoun, dans le premier ouvrage cité ci-dessus, dit que le prince revint à *Rak'k'âdah* ou à *K'aïraouân;* la suite montre que ce fut à *Rak'k'âdah*.

---

[a] Voyez *Richesse minérale de l'Algérie,* t. I, p. 265 et 266; in-4°, de l'I. N. 1849.

[b] *S'ifat-el-Maghrib,* p. 11, l. 16 (p. 82 de la trad. lat. de M. de Gœje; in-8°, Lugd. Batav. 1860).

[c] P. ۶۸, l. 18 à 22 (J. A. t. XIII, p. 215 et 216, 3ᵉ sér. 1842).

[d] P. ۴۱, l. 19 (J. A. t. XIII, p. 225, 3ᵉ sér. 1842).

76 ÉTUDE SUR LA CONQUÊTE DE L'AFRIQUE.

et cependant, vu leur gravité, il est permis de regarder comme très rapides les événements qui se succédèrent. On a vu plus haut que 'Obaïd-Allah était à *Sidjilmâçah* et qu'il y reçut, en 292, les émissaires par lesquels le Chîï lui envoyait une part du butin que sa grande victoire lui avait mis dans les mains. Évidemment, à cette époque, 'Obaïd-Allah vivait inconnu sous son déguisement de marchand; mais plus le Chîï faisait de progrès, plus il annonçait hautement la venue prochaine du Mahdi, plus l'inquiétude devait s'accroître à *Baghdâd*, et il est naturel de supposer que les recherches devinrent plus actives au moment où le khalifat changea de mains. Or Mok'tadir avait succédé à Moktafi le 12 dzou-'l-k'a'dah 295, et je ne serais pas éloigné d'admettre que ce fut à la fin de cette année, ou au commencement de 296, que 'Obaïd-Allah et son fils furent jetés dans une prison de *Sidjilmâçah*[1]. Ce qui est certain, c'est qu'il semblerait qu'à cet instant Abou-'Abd-Allah sentit comme une secousse électrique, qu'il transmit à ses ardents *Kitâmah*, et, concentrant toute la puissance de son énergie, il se porta en avant avec une fiévreuse activité qu'aucun obstacle n'était plus capable d'arrêter[2]. *Tifâh*, *Misk'iânah*, *Maddjânah*, *Marmâdjannah*, *Tebessâ*[3], tombèrent successivement en son pouvoir[4]. Vainement Ibrâhîm quitta la position d'*El-Orbos* pour contraindre les habitants de *Tifâh* à rentrer dans l'obéissance; tous les efforts furent inutiles. Bientôt Abou-'Abd-Allah se présentait devant *El-Orbos*, à la tête d'une armée qu'Ibn-Khaldoun porte à deux cent mille hommes[5]. Après plusieurs combats, il forçait le général de

296 de l'hég.
(908-909 de J. C.).

Emprisonnement du Mahdi à Sidjilmâçah.

Plusieurs villes tombent au pouvoir du Chîï.

---

[1] Ce que dit El-K'aïraouâni, que ce fut seulement au moment où Abou-'Abd-Allah approchait de *Sidjilmâçah* que le prince midrârite fit emprisonner 'Obaïd-Allah, ne peut se concilier ni avec les indications précédentes, ni avec une des indications suivantes, puisque nous verrons que Abou-'Abd-Allah ne se mit en marche pour *Sidjilmâçah* que dans le mois de ramadhân 296, comme, du reste, le dit El-K'aïraouâni lui-même (*Hist. de l'Afr.* liv. IV, p. 92).

[2] «Abou-'Abd-Allah, dit Mak'rîzi, ayant reçu «la nouvelle de l'arrestation de 'Obaïd-Allah et «de son fils Abou-'l-K'âcim, se mit en marche et «serra de près Ziâdet-Allah; *il lui prit ses villes* «*l'une après l'autre*.» (*Chrest. arabe*, t. II, p. ۳۸, l. 12 et 13; — p. 114 et 115 du même tome).

[3] El-Bekrî (p. ۱۶۰, l. 20) écrit, avec un techdîd sur le sin, تبّسا, et, à la ligne suivante, il écrit تبسا (*Tebeçâ*). Iâk'out (*Mo'djam*, t. I, p. ۸۳۳, l. 10) écrit تبسّة (*Tebissah*); c'est la *Theveste* ou *Thebeste* des anciens.

[4] Ibn-Khaldoun, *H. d. B.* t. II de la trad., p. 518. — *Hist. de l'Afr. et de la Sic.* p. ۴۱۲, l. 10 à 17 (p. 151 à 152 de la trad.).

[5] *H. d. B.* t. II, p. 519. — Le chiffre de l'armée est sans doute exagéré, mais cela importe peu à mon récit. Quant à la ville de *Constantine* qu'Ibn-Khaldoun (*ibid.* p. 518) fait prendre par le Chîï, après que celui-ci avait été forcé de rentrer à *Inkidjân*, lorsque déjà il était maître de *Tebessâ*, de *K'as'raïn* et de toute la région à l'est de *Constantine*, il y a nécessairement là q elque confusion dans les dates des événements. Abou-'Abd-Allah n'avait pas pu laisser derrière lui une place qu'Edrîsî dit être «une des plus fortes du monde» (p. ۴۷, l. 8).

LIVRE QUATRIÈME. — CHAPITRE II. 77

Ziâdet-Allah à se replier sur *K'aïraouân*, emportait *El-Orbos* de vive force le 28 djoumâdi-'l-akhir 296[1] (dimanche 19 mars 909 de J. C.), et livrait cette ville à la fureur de sa soldatesque. Une partie des habitants et quelques débris de l'armée vaincue s'étaient réfugiés dans la mosquée, où ils s'entassaient et se pressaient au point de monter les uns sur les autres. Cette masse compacte fut assaillie par les *Kitâmah*, qui frappèrent sans miséricorde depuis la prière d'el-'as'r (3 heures après midi) jusqu'à la fin de la nuit. «Le sang, dit 'Arîb, «ruisselait par les portes de la mosquée comme coule l'eau après une pluie «abondante[2].» Le lendemain[3], la nouvelle de ce désastre arriva à *Rak'k'â-dah*, où se trouvait alors Ziâdet-Allah[4], qui comprit enfin qu'il était perdu sans ressources. Rassemblant à la hâte ses trésors, ses pierreries, ses armes, ses effets les plus précieux, il quitta la ville fondée par son grand-père et prit la route d'*Égypte*, suivi de quelques courtisans, de ses femmes, d'un millier de serviteurs et de tous les bagages de ce triste cortège, qui défila à la lueur des torches, apparemment parce que, dans l'effroi dont le prince avait été saisi, il croyait possible qu'en hâtant sa marche le Chîï parût aux portes de *Rak'k'âdah* au lever du soleil. Cette fuite et la fin du règne de Ziâdet-Allah, qui marque la fin de la dynastie des Aghlabites, eurent lieu dans la nuit du mardi 25 (4 restant) de djoumâdi-'l-akhir 296[5] (21 mars 909 de J. C.).

Prise d'El-Orbos.

Fuite de Ziâdet-Allah.

---

[1] Nicholson, p. 83. — *Baïân*, t. I, p. ١٢٣, l. 1 et 2. — En-Nouaïrî, *H. d. B.* t. I, p. 441 de la trad. — Ibn-Khaldoun, *ibid.* t. II, p. 519. — *Hist. de l'Afr. et de la Sic.* p. 40, l. 8; p. 152 de la trad. Tous ces auteurs s'accordent sur la date de djoumâdi-'l-akhir 296; 'Arîb précise le 23, et l'auteur du *Baïân* l'a copié.

[2] Nicholson, p. 83. — Ibn-'Adzârî, p. ١٢٣, l. 5 à 8. — El-Bekrî, p. ٢٤, l. 16 à 23[a]. Suivant ces trois auteurs, trente mille individus furent massacrés; Silvestre de Sacy (*Druzes*, t. I, p. cclxix) dit «plus de trois mille», ce qui est plus vraisemblable, quelque grande que fût la mosquée. 'Arîb et Ibn-'Adzârî ajoutent que le Chîï, après cette boucherie, se retira aussitôt à *Bâghâïah*, dans la crainte d'un soulèvement de la population. J'avoue que cette retraite me paraît difficile à concilier avec la date que nous verrons

les mêmes auteurs assigner à l'entrée du Chîï à *Rak'k'âdah*. Suivant Ibn-Khaldoun (*H. d. B.* t. II de la trad., p. 519), le Chîï était à *Sabîbah* quand il apprit le départ de Ziâdet-Allah; or la nouvelle dut arriver vite dans cette localité, que Ibn-Hʼauk'al (٥٨, l. 13[b]) place à *deux journées de marche de K'aïraouân*.

[3] Nicholson, p. 83 et 84. — *Baïân*, t. I, p. ١٢٣, l. 12 et 13. Le texte dit très bien «le lendemain cinq restant» de djoumâdi-'l-akhir, c'est-à-dire le 24, mais il devrait dire le *lundi* (يوم الاثنين) et non pas le *dimanche* (يوم الاحد).

[4] En-Nouaïrî, § liii (*H. d. B.* t. I, p. 441 et 442 de la trad.).

[5] Nicholson, p. 84. — *Baïân*, t. I, p. ١٢٣, l. 4. Pour nous, ce fut dans la nuit du 24 au 25 que ce départ eut lieu. 'Abd-Allah-ibn-es'-S'âïgh, avec qui le prince, au rapport d'En-Nouaïrî (pages

[a] *J. A.* t. XII, p. 527 et 528, 5ᵉ sér. 1858.
[b] *J. A.* t. XIII, p. 214, 3ᵉ sér. 1842.

'Arîb-ibn-Sa'd, Ibn-'Adzârî et En-Nouaïrî, auxquels j'emprunte ces détails, racontent qu'au moment où Ziâdet-Allah donnait le signal du départ, une de ses esclaves musiciennes se précipita au-devant de lui, un luth à la main, chantant avec un accent désolé des vers qui peignaient la douleur de la séparation, en même temps qu'ils exprimaient de tendres reproches sur l'insouciant abandon d'êtres naguère aimés avec passion. Ce parricide, ce monstre, qui avait égorgé toute sa famille, qui n'avait reculé devant aucun crime et avait versé des flots de sang humain avec l'indifférence d'une bête fauve[1], se sentit ému à la vue d'une femme dont toute la puissance était dans la grâce de son sexe, rendue plus séduisante par le parfum de poésie que répandait autour de la jeune fille la mélodie plaintive de ses chants; les yeux du parricide se remplirent de larmes; il fit, suivant Et'-T'abarî[2], décharger le fardeau d'un des chameaux qui portaient ses trésors et donna cette monture à l'esclave musicienne[3]. Suivant 'Arîb, la malheureuse position dans laquelle il se trouvait l'empêcha de céder à son émotion, et la jeune fille fut abandonnée. Lequel des deux historiens nous donne la vérité? Je ne saurais le dire; mais, quelle que soit la résolution prise, sachons gré à Ziâdet-Allah de cette larme, qui est le seul témoignage d'un bon mouvement éprouvé par ce misérable pendant un règne de cinq ans neuf mois vingt-sept jours[4].

Épisode de la chanteuse.

citées note 4), avait eu une scène assez vive[a], fut néanmoins chargé des préparatifs du voyage. (Nicholson, p. 86; — *Baïân*, t. I, p. ۱۴۴, lignes 14 à 19.)

[1] En-Nouaïrî raconte que Ziâdet-Allah, pour montrer des signes de la victoire qu'il disait avoir remportée à *El-Orbos*, fit mettre à mort tous les individus détenus dans les prisons de l'État, et promener leurs têtes en triomphe à travers les rues de *K'aïraouân*. (*H. d. B.* t. I de la trad., p. 441.)

[2] Cité par Ibn-'Adzârî (*Baïân*, t. I, p. ۱۴۸, l. 3) et suivi par En-Nouaïrî, § LIII (*H. d. B.* t. I de la trad., p. 442). Je rappellerai que T'abarî, mort en 310, était contemporain de ces événements et vivait à *Baghdâd*.

[3] Nicholson, p. 85 et 86, copié par Ibn-'Adzârî (*Baïân*, t. I, p. ۱۴۴, l. 11 et 12).

[4] 'Arîb et Ibn-'Adzârî[b] donnent à ce règne une durée de cinq ans onze mois quatre jours, et le prolongent ainsi jusqu'au mercredi 2 cha'bân 296, date qui ne correspond à aucun événe-

[a] D'après En-Nouaïrî, Ibn-es-S'âïgh conseillait à son maître de rester à *Rak'k'ddah* et l'encourageait à défendre sa couronne. «Ton insistance, lui dit le lâche émir, confirme les bruits qui se sont répandus sur ton compte; on «t'accuse d'entretenir une correspondance avec le Chîi et de vouloir me livrer à lui.» C'était évidemment une insinuation des intimes de Ziâdet-Allah, et celui-ci y avait prêté l'oreille. Nous pouvons nous attendre à voir bientôt tomber la tête du vizir. Du reste, 'Arîb fait jouer à Ibn-es-S'âïgh un rôle dont l'intention *pouvait* être bonne, mais qui prêtait aux soupçons; il le représente comme s'efforçant de dissimuler la fatale nouvelle reçue, et de faire croire que la victoire avait été remportée par eux contre le Chîi. (Nicholson, p. 84; — *Baïân*, t. I, p. ۱۴۳, l. 14 et 15.)

[b] Nicholson, p. 87. — *Baïân*, t. I, p. ۱۴۵, l. 6.

LIVRE QUATRIÈME. — CHAPITRE II.

Les derniers rangs du cortège de Ziâdet-Allah avaient à peine franchi les portes de la ville, que le palais du prince était envahi par la populace et mis au pillage [1]. Mais bientôt arriva Ibrâhîm, qui, ayant appris la fuite de son maître, accourait à K'aïraoudn. L'énergie dont nous l'avons déjà vu donner des preuves ne se démentit pas, même en présence de faits accomplis; il fit venir les notables, blâma amèrement l'émir d'avoir abandonné son peuple, invoqua Dieu et la religion pour engager ces notables à lui fournir des soldats et de l'argent, déclarant qu'il assumait sur sa tête le commandement de l'*Ifrik'iah*. Mais il parlait à des hommes découragés, qui lui représentèrent l'impossibilité de résister aux *Kitâmah*; car les bourgeois de *K'aïraoudn* n'étaient pas des gens de guerre, et, quant à l'argent, que ferait, avec les faibles sommes qu'ils pourraient fournir, le chef qu'ils se donneraient, lui qui avait succombé alors qu'il disposait du trésor de l'État? Cependant la foule s'amassait à la porte de la maison de l'émîrat, où se passait cette scène, et quand elle connut les propositions d'Ibrâhîm, elle se mit à pousser des cris de réprobation contre lui, à l'injurier, puis des injures en vint bientôt aux menaces. Le général, se voyant seul et reconnaissant que toute tentative était inutile, sauta sur son cheval, tira son sabre et, se frayant un passage à travers cette cohue [2], se dirigea vers la porte d'*Abi-'r-Rebia'* [3], pour sortir de la ville et aller rejoindre Ziâdet-Allah. Ce prince avait

Pillage du palais par la populace.

---

ment qui la justifie°, et n'est pas plus exacte que la durée de cent onze ans trois mois qu'ils donnent à la dynastie des AGHLABITES. En-Nouaïrî a fixé la fin du règne de Ziâdet-Allah comme je le fais, puisqu'il dit que ce règne dura cinq ans et dix mois ᵇ. Un auteur qu'Ibn-Khaldoun cite textuellement sans le nommer donne au règne de Ziâdet-Allah cinq ans neuf mois et quinze jours ᶜ, ce qui le ferait finir quinze jours *avant* la prise d'*El-Orbos*.

[1] Nicholson, p. 86. — *Baiân*, t. I, p. ١٢٥, l. 1 et 2.

[2] Nicholson, p. 87 et 88. — *Baiân*, t. I, p. ١٢٥, l. 8 à 19. — En-Nouaïrî, § LII: (*H. d. B.* t. I de la trad., p. 443 et 444).

[3] On sait que c'était la porte sud-est de *K'aïraoudn*. (El-Bekrî, *El-Meçâlik*, etc. p. ٢٠, l. 2; — J. A. t. XII, p. 474, 5ᵉ sér. 1858.) J'ai déjà eu l'occasion de nommer cette porte dans le tome I.

ᵃ A moins que cette date ne soit celle à laquelle Ziâdet-Allah franchit la frontière de l'*Ifrik'iah* et quitta son royaume pour entrer sur le territoire égyptien; mais les détails du voyage de ce prince fugitif entre *Tripoli* et *Mis'r* ne nous sont pas assez connus pour affirmer que telle fut la pensée des auteurs.

ᵇ Voyez à la fin de la note 174 de N. Desvergers (p. 159). — C'est évidemment par suite d'une faute d'impression que M. de Slane, dans sa traduction du même passage d'En-Nouaïrî (*H. d. B.* t. I de la trad., p. 447), dit cinq ans et dix jours. — Si le chiffre d'En-Nouaïrî (cinq ans dix mois) était rigoureusement exact, il en faudrait conclure que Ziâdet-Allah quitta *Rak'k'âdah* dans la nuit du 28 djoumâdi-'l-akhir 296, et non dans la nuit du 25, comme je viens de le dire; mais l'effroi dont était rempli l'émir, dans la pensée que peut-être il allait voir paraître le Chîi, rend invraisemblable qu'il soit resté dans la ville pendant trois jours après que la funeste nouvelle y était arrivée.

ᶜ *Kitâb Ouafaiât-el-'Aiân*, n° ١٤٨, fasc. II, p. ١٢٤, l. 19 et 20 (t. I de la trad. angl., p. 466).

Ziâdet-Allah s'arrête à Tripoli.

suivi la grande route qui conduit à *Tripoli*[1], où il s'arrêta et séjourna quelque temps, dit Et-Tidjânî[2], dix-sept jours, suivant En-Nouaïrî et Ibn-Khaldoun[3]. Il ne pouvait manquer de s'arrêter dans cette ville, car il devait y trouver l'occasion de verser du sang. Son vizir, 'Abd-Allah-ibn-es'-S'âigh, qui connaissait les instincts du maître qu'il avait servi pendant près de six années et la haine acharnée que lui avaient vouée quelques-uns de ses familiers, s'était arrangé pour ne pas accompagner Ziâdet-Allah; il avait rassemblé ses richesses et s'était embarqué, avec l'intention de se rendre en Orient, selon les uns[4], en Sicile, selon d'autres[5]. Mais la fatalité voulut que son bâtiment, assailli par la tempête, fût jeté dans le port de *Tripoli* au moment où Ziâdet-Allah se trouvait encore dans la ville[6]. Ce prince le fit venir, lui reprocha de ne l'avoir pas suivi, et un signe fait aux officiers qui l'entouraient fut l'arrêt de mort du malheureux vizir. Râchid le Noir lui trancha la tête de sa propre main[7]. Un autre serviteur, l'énergique Ibrâhîm-ibn-H'abachi, devait déplaire à cette poignée de débauchés qui formait la cour de l'émîr fugitif. Général malheureux, on pouvait se servir de ses défaites pour le perdre, mais un moyen bien plus sûr était à la disposition des envieux : Ibrâhîm n'avait quitté *K'aïraouân* pour rejoindre le prince qu'après avoir essayé de se faire proclamer. Aussi, dans le trajet qui restait à faire jusqu'à *Tripoli*, Ziâdet-Allah le tint à l'écart, et le général, qui connaissait la signification des froideurs de son parent, ne resta pas longtemps dans la ville; il se rendit en toute hâte en *Égypte*, où, sui-

Il arrive en Égypte.

---

[1] Nicholson, p. 86. — *Baïân*, t. I, p. ١٣٢, l. 14.

[2] *Voyage* (*J. A.* t. I, p. 141, 5° sér. 1853).

[3] En-Nouaïrî, § LIV (*H. d. B.* t. I de la trad., p. 445). — Ibn-Khaldoun, *Hist. de l'Afr. et de la Sic.* p. ٩٩, l. 3 et 4 (p. 154 de la trad.). — Cardonne, qui assure avoir consulté le manuscrit de Nouaïrî, n'a pas dû y trouver que Ziâdet-Allah resta *sept mois* à Tripoli, comme il le dit (*Hist. de l'Afr. et de l'Esp.* liv. III, t. II, p. 46; in-12, Paris, 1765). Il défigure le nom du vizir Es'-S'âigh (الصائغ) en l'appelant *Eddai*.

[4] Nicholson, p. 89. — *Baïân*, t. I, p. ١٣٠, l. 20.

[5] En-Nouaïrî, § LIV (*H. d. B.* t. I de la trad., p. 444).

[6] Ceci devait se passer en avril 909 de Jésus-Christ.

[7] Nicholson, p. 89 et 90. — *Baïân*, t. I, p. ١٣٤, l. 2 à 16. — En-Nouaïrî, à la page citée note 5 ci-dessus. — 'Arîb fait, à ce sujet, un récit qu'il emprunte au médecin 'Ali-ibn-Ish'ak'-ibn-'Amrân[a], qui avait connu l'infortuné Ibn-es'-S'âigh. Celui-ci, comme par un pressentiment qui ne s'est que trop vérifié, avait éprouvé, toute sa vie, une espèce d'horreur pour Râchid le Noir.

[a] Ish'ak'-ibn-'Amr'n avait été le maître de Ish'ak'-ibn-Solaïmân[b], dont j'ai eu occasion de parler; il est donc tout simple que son fils 'Ali ait connu Ibn-es'-S'âigh, qui était vizir d'un souverain dont Ish'ak'-ibn-Solaïmân était le médecin.

[b] Abd-el-Lat'îf, *Relation d'Égypte*, p. 43.

LIVRE QUATRIÈME. — CHAPITRE II.

vant En-Nouaïrî ¹, il indisposa le gouverneur contre l'émîr détrôné. Ce fut en ramadhân 296 (du 24 mai au 22 juin 909 de J. C.) que Ziâdet-Allah arriva en *Égypte* ²; il descendit à *Djîzeh* ³, au dire d'Abou-'l-Mah'âcin, et voulut entrer à *Mis'r;* mais le gouverneur, 'Iça-en-Noucheri, s'y opposa ⁴. Une lutte s'ensuivit entre ses gardes et les gens de la suite de l'émîr, lutte qui se termina par un accommodement : Ziâdet-Allah entrerait, mais seul; sa suite resterait en dehors ⁵ (probablement à *Djîzeh*). Dans cette position gênante, son séjour ne fut pas long; après avoir pris une semaine de repos, il se mit en route pour *Baghdâd*, en passant par *Ramlah* ⁶, et ce fut vraisemblablement là qu'il reçut, du khalife Mok'tadir-Billâh ⁷, la lettre qui, jusqu'à plus ample informé, lui assignait *Rak'k'ah* pour résidence ⁸. En-Nouaïrî, d'accord en cela avec Ibn-Khaldoun, dit qu'il fit dans cette ville un séjour d'un an. Comme on pouvait s'y attendre, il continua sur les bords de l'*Euphrate* la vie dissolue qu'il avait menée en *Ifrîk'iah*, et il était plongé dans les plus honteuses débauches ⁹ quand il reçut de *Baghdâd* l'invitation de retourner en *Égypte*, où l'ordre (assurait-on) avait été donné de mettre à sa disposition les moyens nécessaires pour reconquérir ses États. « Il fit son entrée à *Mis'r*, dit En-Nouaïrî, avec deux « épées suspendues au côté. En-Noucheri ¹⁰ le conduisit ainsi paré hors de la

---

¹ *H. d. B.* t. I, p. 445. En-Nouaïrî paraît seul à mentionner cette espèce de trahison, qui, à vrai dire, n'était pas nécessaire pour que Ziâdet-Allah fût froidement accueilli en *Égypte* et en *Orient*, où sa vie, sa lâcheté, bien connues, avaient dû lui attirer le mépris et retirer tout intérêt à sa cause.

² Eutychius, t. II, p. 501 in fine. — Abou-'l-Mah'âcin, *En-Nodjoum*, t. II, p. 180, l. 16 et 17. — En-Nouaïrî prétend que En-Noucheri le laissa s'établir dans l'hôtel d'Ibn-el-Djassas (*H. d. B.* t. I, p. 446), ce qui ne s'accorde pas avec ce qui suit.

³ *Djîzeh* se trouve sur la rive gauche du *Nîl*, à peu près en face du *K'aire*. C'est de *Djîzeh* que, le février 1834, je suis parti pour visiter les pyramides et faire l'ascension de la plus haute (146 mètres au-dessus du sol).

⁴ Suivant Ibn-Khaldoun, ce gouverneur l'empêcha d'entrer, à moins que ce ne fût par ordre du khalife (*Hist. de l'Afr. et de la Sic.* p. 44, l. 6 à 8; — p. 156 de la trad.). — C'était en effet 'Iça-en-Noucheri qui, en 296, était encore gouverneur d'*Égypte*, comme je l'ai dit plus haut.

⁵ Abou-'l-Mah'âcin, *En-Nodjoum*, t. II, p. 180, l. 17 et 19.

⁶ Voyez, sur *Ramlah*, mon tome I, et le *Mo'djam*, t. II, p. ΛΙΥ, l. 22.

⁷ Qui régnait depuis environ dix mois, depuis le 12 dzou-'l-k'a'dah 295 (samedi 13 août 908 de J. C.).

⁸ En-Nouaïrî, § LIV (*H. d. B.* t. I de la trad., p. 446). — Ibn-Khaldoun, *Hist. de l'Afr. et de la Sic.* p. 44, l. 10 (p. 156 de la trad.). — *Rak'k'ah*, ville située sur la rive gauche de l'*Euphrate*, se trouve à environ dix-huit journées de *Damas* (*Géogr.* d'Edrîsî, t. I, p. 260).

⁹ Le k'âdhi de la ville était intervenu pour le forcer à vendre des eunuques qui servaient à ses infâmes plaisirs.

¹⁰ Nous venons de voir que Ziâdet-Allah, fuyant d'*Ifrîk'iah*, était arrivé à *Mis'r* en ramadhân 296, et en était reparti au bout de huit jours. Si l'on tient compte de son trajet de *Mis'r* à *Rak'k'ah* en

82   ÉTUDE SUR LA CONQUÊTE DE L'AFRIQUE.

« ville, et lui dit de se tenir prêt à partir, puisqu'on allait bientôt lui envoyer
« des hommes et de l'argent ¹. » Plus vraisemblablement, ce gouverneur le conduisit dans une localité où il se proposait de lui faire attendre longtemps ce
qu'il lui promettait, et cette localité est très nettement indiquée par El-Bekrî,
dans lequel on lit : « Dzât-el-H'omâm (ذات الحمام), « qui renferme la fièvre »),
« où se tient un marché considérable, possède un djâmi' bâti par Ziâdet-Allah-
« ibn-el-Aghlab, quand il vint d'*Orient* pour rentrer en *Ifrîk'îâh* ². » Ce fut donc
là que le prince déchu attendit, mais vainement, la réalisation des promesses
au moyen desquelles on l'avait relégué en ce lieu. Il dut y faire un long séjour, comme le prouve la construction qu'il y laissa ; mais le gouverneur, pour
lui faire prendre patience, lui envoyait des cadeaux et du vin, de sorte que
là il put, comme sur le trône, comme à *Rak'k'ah*, se livrer à sa vie d'orgies ³.
Bientôt, atteint d'une maladie, fruit de ses excès, il se rendait en pèlerinage à
Jérusalem (بيت المقدس), lorsqu'il mourut à *Ramlah*, en 303 ⁴.

passant par *Ramlah*, où il fut obligé de rester le temps nécessaire pour échanger une correspondance avec *Baghdâd*, et obtenir que, d'*Égypte*, on fît droit à quelques réclamations qu'il avait adressées ᵃ ; si on tient compte aussi de son séjour d'un an à *Rak'k'ah*, et enfin du temps employé à revenir de cette ville à *Mis'r*, il devient impossible qu'il ait retrouvé encore gouvernant l'Égypte 'Iça-en-Noucheri, que nous savons être mort le 26 cha'bân 297. Ce fut nécessairement Abou-Mans'our-Takîn-el-Khazari qui fut chargé de fournir à Ziâdet-Allah les moyens de reconquérir son royaume.

¹ En-Nouaïrî, § LIV (H. d. B. t. I de la trad., p. 446 et 447).
² *El-Meçâlik oua-'l-Memâlik*, p. ٣, l. 17 à 22

(J. A. t. XII, p. 418 et 419, 5ᵉ sér. 1858 ᵇ). — Ia'k'oubi, décrivant la route de *Mis'r* à *Bark'ah*, avait nommé cette localité (*S'ifat-el-Maghrib*, p. ٢, l. 5 et 6 ; — p. 27 de la trad. lat.), qu'Edrîsî place à trente-huit milles d'*Alexandrie* ᶜ. La carte qui accompagne l'édition allemande (1849) des *Voyages* du Dʳ Barth place un *Bîr-el-Hamâm* à une distance d'*Alexandrie* qui se rapproche de celle donnée par Edrîsî pour *Dzât-el-H'omâm*. — C'est sans doute par erreur que Abou-'l-Fedâ (*Annal. muslem.* t. II, p. 306, l. 8) a écrit الحمامات (*El-Hamâmât*).

³ « ...pro more suo, potando vino et audiendis « psaltriis indulgebat. » (*Id. ibid.* p. 306, l. 10).
⁴ Nicholson, p. 133 ᵈ. — *Baïân*, t. I, p. ١٧٧, l. 18 et 19. Ici 'Arîb et Ibn-'Adzârî disent que

ᵃ En-Nouaïrî, à la page citée note 1 ci-dessus.
ᵇ Ét. Quatremère avait, dès 1812 ¹ᵉ, cité, comme l'ayant extrait du manuscrit d'un géographe anonyme, le passage que j'emprunte ici à El-Bekrî, qui est évidemment l'auteur, alors inconnu, du passage cité par Quatremère.
ᶜ *Géographie*, t. I, p. 295 de la trad. d'Am. Jaubert ; in-4°, Paris, 1836.
ᵈ A cette page, M. Nicholson place une note 84, dans laquelle il dit qu'Ibn-Khallikân, d'après deux différentes autorités, indique, pour la mort, deux dates (302 et 304) et deux localités (*Rak'k'ah* et *Ramlah*). Les deux dates qu'on trouve dans Ibn-Khallikân, comme je vais le dire, sont 304 et 296. Si Ziâdet-Allah passa à *Damas* en 302, ce ne put être que quand il revint de *Rak'k'ah* à *Mis'r*.

¹ᵉ *Observations sur quelques points de la géographie de l'Égypte*, p. 52 et 53 ; in-8°, Paris, 1812.

LIVRE QUATRIÈME. — CHAPITRE II.

Telle fut la misérable fin du dernier représentant de la dynastie des AGHLA-BITES. Si, comme je crois devoir le faire, on fixe la fin de cette dynastie sous le règne d'El-Mok'tadir-Billâh, au 25 djoumâdi-'l-akhir 296, jour où Ziâdet-Allah abandonna honteusement *Rak'k'âdah*, on trouve qu'elle eut une durée de cent douze ans et treize jours[1]. J'ai voulu, pour éviter toute confusion dans mon

Fin de la dynastie des Aghlabites.

Sa durée.

Ziâdet-Allah fut enterré à *Jérusalem* en 299, et plus loin (*Baïân*, t. I, p. ١٧٢, l. 18), Ibn-'Adzârî le fait mourir à *Ramlah* en 303. — Un auteur contemporain, qui habitait *Alexandrie*, Eutychius (+ 328), passe sous silence le voyage et le séjour à *Rak'k'ah*; il dit que Ziâdet-Allah, arrivé à *Mis'r* en ramadhân 296, quitta cette ville pour se rendre à *Ramlah*, où il resta jusqu'à sa mort[e]. — En-Nouaïrî[b] et Abou-'l-Fedâ[c] le font mourir, l'un à *Jérusalem*, l'autre à *Ramlah*, sans indiquer de date. D'après Ibn-'Asâkir, cité par Ibn-Khallikân, Ziâdet-Allah mourut et fut enterré à *Ramlah* en djoumâdi-'l-aouel 304[d], et, quelques lignes plus bas (lin. antepenult.), d'après un auteur qu'il ne nomme pas, il le fait mourir à *Rak'k'ah* en 296[e] et enterrer à *Jérusalem*. La date donnée par Ibn-'Asâkir est confirmée, quant à l'année, par Abou-'l-Mah'âcin, mais les sources où cet auteur a puisé le laissent incertain si le prince déchu

mourut à *Bark'ah* (je lis *Rak'k'ah*) ou à *Ramlah*[f]. «Dans cet état,» dit Ibn-Ouadrân, après avoir parlé de la maladie du prince, «il résolut de se «rendre seul à *Jérusalem* pour y terminer ses «jours, mais la mort le surprit à *Ramlah*, où il «fut enterré[g].» J'ai dû noter les incertitudes dont sont entourés le lieu et la date précise de la mort de Ziâdet-Allah, qui, dit-on, fut empoisonné. Je ne poursuivrai pas plus loin mes investigations: c'en est assez sur ce misérable.

[1] 'Arîb[h] et El-Bekrî[j] donnent à la dynastie des AGHLABITES une durée de cent onze ans, et Ibn-'Adzârî dit cent onze ans et trois mois[k]. Ces deux chiffres sont évidemment inexacts. Abou-'l-Fedâ, avec bien plus de raison, dit «environ cent douze «ans[l].» Ibn-Ouadrân[m] et El-K'aïraouâni[n] disent aussi cent douze ans; je ne sais comment un des auteurs cités par Ibn-Khallikân arrive au chiffre de cent douze ans cinq mois quatorze jours[o].

---

[a] *Annalium* t. II, p. 601 et 502.
[b] § LIV (*H. d. B.* t. I, p. 447 de la traduction).
[c] *Annal. muslem.* t. II, p. 306, l. 12. Il place une foule d'événements sous l'année 296, même le parricide (p. 304, l. 7 à 9); c'est évidemment à ce passage que Silvestre de Sacy a emprunté les erreurs que l'on remarque aux notes 58 et 61 (*Chrest. arabe*, t. II, p. 134).
[d] *Kitâb Ouafaïât-el-'Aïân*, n° ١٩٨, fasc. II, p. ١٢٩, l. 13 (t. I de la trad. angl., p. 466). C'est à l'*Histoire de Damas* par Ibn-'Asâkir qu'Ibn-Khallikân emprunte cette date. — Sur Ibn-'Asâkir, voy. t. I de cet ouvrage.
[e] S'il arriva en *Égypte* en ramadhân 296, et s'il resta un an à *Rak'k'ah*, cette date de 296, donnée pour celle de sa mort, est évidemment inexacte.
[f] *En-Nodjoum*, t. II, p. ٢٠٠, l. 15, à p. ٢٠١, l. 1.
[g] *Revue de l'Or., de l'Alg. et des colon.* t. XIV, p. 431, 2ᵉ sér. 1853.
[h] Nicholson, p. 87. Dans son *Introduction* (p. 29, à la note), Nicholson paraît admettre cette période de cent onze ans pour la durée de la dynastie des AGHLABITES.
[j] *El-Meçâlik oua-'l-Memâlik*, p. ١٢٩, l. 23 (*J. A.* t. XII, p. 528, 5ᵉ sér. 1858).
[k] *Baïân*, t. I, p. ١٢٥, l. 7 et 8.
[l] *Annal. muslem.* t. II, p. 306, l. 13 et 14.
[m] A la page citée note *g* ci-dessus.
[n] *Hist. de l'Afr.* liv. IV, p. 93.
[o] *Kitâb Ouafaïât-el-'Aïân*, n° ١٩٨, fasc. II, p. ١٢٧, l. 1 et 2 (t. I de la trad. angl., p. 466). Dans le texte de M. Wüstenfeld comme dans celui de M. de Slane (t. I, p. ٢٣٨, l. 16 et 17) on lit مائتين, au lieu de مئة, et la faute se retrouve dans la traduction anglaise, qui dit *two hundred*.

récit, conduire sans interruption le lecteur jusqu'à la disparition complète des Aghlabites, et j'ai, dans ce but, un peu anticipé sur l'ordre chronologique des faits; je me hâte de revenir aux grands événements dont l'*Ifrîk'iah* était le théâtre.

Le Chîi marche sur Rak'k'âdah.

Nous avons laissé le Chîi maître d'*El-Orbos*. « Aussitôt, dit Ibn-'Adzârî, « que lui parvint la nouvelle de la fuite de Ziâdet-Allah, il se mit en marche « d'*El-Orbos* sur *K'aïraouân*[1]; » mais, en s'exprimant ainsi, l'auteur oublie qu'il a dit un peu plus haut : « Au matin, lorsque furent terminés le mas- « sacre, le pillage, la capture (des prisonniers), il donna l'ordre du départ et « se retira à *Bâghâiah*[2]. » J'ai déjà fait pressentir l'invraisemblance de cette rétrogradation; seulement il paraît qu'au lieu de marcher droit sur *K'aïraouân*, il se dirigea sur *Sabîbah*[3], car Ibn-Khaldoun affirme que Abou-'Abd-Allah était dans cette ville quand lui parvint la nouvelle de la fuite de Ziâdet-Allah[4]. Ce

---

[1] Nicholson, p. 90. — *Baïân*, t. I, p. ١٣٩, l. 8 et 9. Ceci justifie les doutes que j'ai émis sur le mouvement rétrograde du Chîi à *Bâghâiah* après le massacre d'*El-Orbos*.

[2] Nicholson, p. 83. — *Baïân*, t. I, p. ١٣٨, l. 8 et 9.

[3] Peut-être pour tourner le massif de montagnes formé par le *Djebel-Hammâdah* et le *Djebel-Berberou*, ou bien en vue d'une manœuvre que je n'ai aucun moyen d'apprécier. — Quelques lignes du *Baïân* autorisent à supposer que des éclaireurs de l'armée kitâmienne s'étaient déjà depuis plusieurs mois (au commencement de 296) avancés vers le Sud, et peut-être s'étaient emparés de *K'as'raïn*ᵃ, puisque Ibn-'Adzârî raconte que le Chîi avait donné à ses troupes (à celles qui étaient dans le Sud, je suppose) l'ordre de ne faire aucun mouvement, et qu'elles observèrent cette consigne pendant environ deux mois (t. I, p. ١٣١, l. 14 et 15), mais qu'ensuite elles s'avancèrent à *K'as-t'îliah*ᵇ (*ibid.* l. 10); qu'à leur approche, Abou-Moslim-Mans'our-ibn-Isma'îl s'enfuit à *Tauzer*ᶜ; qu'alors Ibn-es'-S'âïgh, qui l'avait poursuivi de ses dénonciations jusqu'à ce qu'il l'eût fait destituer, poussa la haine jusqu'à profiter de cette fuite pour indisposer contre lui Ziâdet-Allah, qui donna à Chabîb-ibn-Ali-'s'-S'ârim (probablement gouverneur de *Tauzer*) l'ordre de le mettre en croix, après l'avoir fait décapiter, et que cette exécution eut lieu *au milieu de s'afar 296*ᵈ.

[4] *H. d. B.* t. II de la trad., p. 519. — Quelques lignes plus haut il avait dit que le Chîi s'était avancé jusqu'à *K'amoudah* quand Ziâdet-Allah quitta *Rak'k'âdah* en toute hâte, et il le répète ailleurs (*Hist. de l'Afr. et de la Sic.* p. ٤٠, l. 13 et 14; — p. 153 de la trad.). Silvestre de Sacy

ᵃ Voyez, sur cette ville, le tome I de cet ouvrage et la note 4 ci-dessus.

ᵇ Ibn-H'auk'al parle de *K'ast'îliah* comme d'une grande *ville* (p. ٧٧, l. 6 et suiv.; — J. A. t. XIII, p. 243, 3ᵉ sér. 1842). — «Le *pays* de *K'ast'îliah*, dit El-Bekri, renferme plusieurs villes, telles que *Tauzar*, *El-Hammah* «et *Naft'ah*. *Tauzar*, qui en est la métropole, est une grande ville, entourée d'une muraille de pierres et de «briques.» (*El-Meçâlik*, etc. p. ٦٨, l. 7 et 8; — J. A. t. XII, p. 531, 5ᵉ sér. 1858.) — Edrisi dit aussi que le chef-lieu de *K'ast'îliah* est *Tauzar*¹ᵉ (*Descr. de l'Afr. et de l'Esp.* p. ١٠٢, l. 6), et dans Et-Tidjâni on lit : «*Tauzar* est la capitale du *pays* de *Djerid*.» (J. A. t. XX, p. 199, 4ᵉ sér. 1852.)

ᶜ Nicholson, p. 80 à 82. — *Baïân*, t. I, p. ١٣١, l. 9, à p. ١٣٢, l. 14.

¹ᵉ Abou-'l-Fedâ, dans sa *Géographie* (p. ١٣٥ in fine), répète que *Tauzar* est la capitale du *pays de K'ast'îliah*, qu'il écrit par un *çod*, mais que Ibn-H'auk'al, El-Bekri, Iâk'out, Edrisi, etc. écrivent par un *sin*.

qui va suivre confirmera son assertion. Les habitants de K'aïraouân étaient consternés; ils envoyèrent au-devant du Chïï une députation, composée des jurisconsultes et des notables de la ville; mais, le jeudi 27 djoumâdi-'l-akhir[1], ces députés avaient à peine atteint un endroit nommé *Fah's'-Bârouk'as*, entre *Djaloulâ* et *H'amdmes-Sarâdik'*, qu'ils rencontrèrent Mah'boub-ibn-'Abd-Rabbihi-'l-Hoouârî, qui les empêcha d'aller plus loin[2], leur apprenant sans doute que le gros de l'armée s'avançait par une autre route. Fort inquiets de l'impossibilité où ils se trouvaient de remplir leur mission, ils écrivirent au Chïï pour s'excuser de ne pas s'être présentés au vainqueur de l'*Ifrîk'ïah*, lui demandant de leur assigner le jour et le lieu où ils devraient l'attendre. Ils reçurent pour réponse : «Samedi, à *Sâk'ïah-Mams*[3].» Gharouïah-ibn-Iouçof-el-Melouçi[4] avait été détaché, avec un corps de cavalerie, pour aller établir l'ordre à *Rak'k'âdah* et mettre en sûreté les richesses qui pouvaient y rester. Ce général prit possession de la ville le vendredi 28 djoumâdi-'l-akhir; il prescrivit quelques mesures de police, et traita les habitants avec bienveillance[5].

Un itinéraire qu'El-Bekrî nous a transmis, d'après Moh'ammed-ibn-Iouçof[6],

(*Druzes*, t. I, p. cclxx) a admis que le Chïï était à *Sabîbah* quand il apprit cette fuite. — Sur *K'amoudah*, voyez le t. I de cet ouvrage; j'ajoute ici qu'Ibn-Khaldoun place *K'as'raïn* dans la province de *K'amoudah* (*H. d. B.* t. II de la trad., p. 518), d'où l'on peut conclure que cette ville se trouvait à la lisière occidentale de ladite province.

[1] Ibn-'Adzârî (*Baïân*, t. I, p. ١٢٤, l. 12), comme le ms. de Gotha (Nicholson, p. 91), dit *mercredi*, deux nuits restant de djoumâdi II; mais cela n'est pas possible, car ce mois n'ayant que vingt-neuf jours, deux nuits restant donnent le 27, qui tombe un *jeudi* (23 mars 909 de J.C.).

[2] Nicholson, p. 90 et 91. — *Baïân*, t. I, p. ١٢٤, l. 9 à 12.

[3] Nicholson, p. 91. — *Baïân*, t. I, p. ١٢٤, l. 15. — ساقية ممس signifie, à proprement parler, le canal d'arrosage de *Mams* (voyez la note 3 de la page 86).

[4] Les *Melouçah* descendaient de Gharçan, un des deux aïeux des *Kitâmah* (*H. d. B.* t. I, p. ١٨٨ lin. ult. à p. ١٨٩, l. 2; — t. I de la trad., p. 291 et 292).

[5] Nicholson, p. 91 et 92. — *Baïân*, t. I, p. ١٢٤, l. 15 à 19. — Nicholson transcrit غرويه par Garwaih.

[6] Moh'ammed-ibn-Iouçof, plus connu sous le nom d'Ibn-el-Ouarrâk' (le fils du libraire ou du marchand de papier), était né à *K'aïraouân* en 292 et mourut en 363; il fut donc, bien jeune il est vrai, témoin de ces événements; en tout cas, on ne peut lui refuser d'avoir bien connu un pays qui était le sien, et de s'être fait la réputation de l'avoir si profondément étudié qu'El-H'akam-el-Mostans'ir, le IX᷃ Omaïade d'Espagne, le chargea d'écrire l'histoire et la géographie des principales villes d'Afrique, ce qui forme autant d'ouvrages, dont Mak'k'arî donne les noms[a] (*Analectes*, t. I, p. ١١٢ lin. penult. à p. ١١٣, l. 1).

[a] L'*Histoire de Nakour* est au nombre de ces ouvrages. On lit dans Edrisi : «De *Bâdis* à *Bouzkour*, port qui fut «jadis une ville *dont il ne reste plus de vestiges*[a*], et qui est désignée *dans les chroniques* sous le nom de *Nakour*, «vingt milles.» (*Descr. de l'Afr. et de l'Esp.* p. ١٧١, l. 13 et 14.)

[a*] Ceci explique is n'excuse pas complètement que Iâk'out n'en fasse pas mention.

se trouve très vraisemblablement être celui de la route suivie par le Chîi. « De
« Sabîbah, dit le savant géographe, on se rend à Sâk'ïah-Mams, bourg florissant
« et bien peuplé qui possède une mosquée et un caravansérail; puis à El-Mos-
« ta'în...[1]; de là au K'as'r-el-Khaïr...; ensuite au K'as'r-ez-Zerâdbah, nommé
« aussi El-Khat'ârah...; et enfin à K'aïraouân[2]. » Exact au rendez-vous qu'il
avait assigné, le Chîi reçut les notables de K'aïraouân à Sâk'ïah-Mams[3]; il les
accueillit avec bonté, leur donna l'amân, ce qui était un gage de sécurité
pour leurs propriétés. Mais ce dernier point motiva quelques réclamations des
k'âïds kitâmiens, à qui il avait promis l'abandon de K'aïraouân pour qu'ils se
partageassent tous les biens des habitants. Il répondit à leurs murmures par
ce verset : « *Vous ne pourrez rien contre elle, Dieu l'a prise sous sa protection*[4], »
ajoutant : « C'est de K'aïraouân qu'il s'agit[5], » et les Berbers se contentèrent de
cette interprétation. Vraisemblablement, ce jour-là (samedi), le Chîi s'avança
jusqu'au voisinage de K'as'r-el-Khat't'dra, et le lendemain, dimanche 1ᵉʳ redjeb

Son entrée
à Bak'k'âdah.

296 (26 mars 909 de J. C.), il se présenta devant Rak'k'ddah, à la tête de
sept corps d'armée, formant ensemble, au dire d'Ibn-'Adzârî, un total de trois
cent mille hommes, tant cavaliers que fantassins[6], qui campèrent autour

---

[1] M. de Slane prévient que l'orthographe de ce nom est incertaine; il est surtout regrettable que, dans cet itinéraire, les distances ne soient pas indiquées. *El-Djohanîïn*, dont j'ai parlé dans le tome I, n'étant pas nommée ici par El-Bekri, on peut croire qu'il y avait deux routes conduisant de *Sabîbah* à *K'aïraouân*.

[2] *El-Meçâlik oua-'l-Memâlik*, p. ١٢٧, l. 16 à 20 (*J. A.* t. XIII, p. 397 et 398, 5ᵉ sér. 1859).

[3] Je ne puis malheureusement pas donner la distance exacte de *Sâk'ïah-Mams* à *K'aïraouân*, et l'itinéraire que je viens d'emprunter à Ibn-el-Ouarrâk' pourrait faire croire que cette distance devait être assez grande; mais il est cependant certain qu'elle pouvait être franchie en une petite journée par une armée. Lorsqu'en 69, Zohaïr s'avançait pour combattre Koçaïlah, « celui-ci, dit Moula-Ah'med, quitta K'aïraouân et «alla camper à *Mams*ᵃ;» lorsque Ismaïl-el-Man-

s'our se mit en marche à la tête d'une armée pour aller attaquer Abou-Iezîd, « il partit de «K'aïraouân le 26 rebi-'l-aouel 335, nous dit «Ibn-H'ammâd, et fit halte à *Sâk'ïah-Mams*ᵇ.» Je me crois donc autorisé à compter une faible journée de *Sâk'ïah-Mams* à *K'aïraouân*.

[4] *K'orân*, sourate ٢٨, verset ٢١ (p. ٣٣٢, l. 9 à ١١ de l'édition G. M. Redslob; in-8°, Lipsiæ. 1855).

[5] Nicholson, p. 92 et 93. — *Baiân*, t. I, p. ١٢٧, l. 2 à 9.

[6] Nicholson, p. 91 et 92. — *Baiân*, t. I, p. ١٢٧ et ١٢٧. 'Arîb et Ibn-'Adzârî s'accordent à dire que ce fut le samedi; Silvestre de Sacy (*Druzes*, t. I, p. CCLXXI) l'a répété, j'ignore d'après quelle source. Il est certain que le 1ᵉʳ redjeb 296 tombe un *dimanche*. — En-Nouaïrî dit que *six jours après* le départ de Ziâdet-Allah, la cavalerie du Chîi parut aux environs de la ville^c; or

---

ᵃ *Voyage de Moula-Ah'med*, p. 231; in-8°, de l'I. R. 1846.
ᵇ *J. A.* t. XX, p. 481, 4ᵉ sér. 1852.
ᶜ En-Nouaïrî, § LIII (*H. d. B.* t. I de la trad., p. 443).

de la ville, pendant que le Chîi y faisait son entrée[1] avec un cérémonial qui a un cachet trop particulier pour ne pas en conserver quelques détails. Un lecteur marchait devant lui, récitant ce verset du K'orân : « *Et c'est lui qui a fait sortir de leurs maisons ces juifs mécréants*, etc. [2]; » puis il ajoutait cet autre verset : « *Combien ils abandonnèrent de jardins et de fontaines*[3]. » Aussitôt qu'il eut mis pied à terre au palais[4], son premier soin fut d'expédier un courrier à *Tripoli*, pour aller chercher son frère Abou-'el-Abbâs-'l-Mekht'oum, qui y était détenu[5]. Ce premier devoir rempli, il chargea Gharouïah-ibn-Iouçof de se rendre à *Sousah*[6] pour donner l'amân aux habitants; et ce général revint avec

nous avons vu plus haut que ce départ eut lieu dans la nuit du 24 au 25. — Ibn-Khaldoun ne donne pas la date précise, mais, dans deux passages[a], il dit que le Chîi entra à *Rak'k'âdah* en redjeb 296. — Suivant Mak'rîzî, « Abou-«'Abd-Allah, à la tête d'une armée de deux cent «mille hommes, alla attaquer *K'aïraouân*, qui «tomba en son pouvoir. De là il marcha sur «*Rak'k'âdah*, où il entra le 1ᵉʳ redjeb 296 ».» Puisque le Chîi venait du Sud-Ouest, il est clair, au contraire, qu'il entra d'abord à *Rak'k'âdah*, et puisque Ibrâhîm lui-même avait été obligé de fuir, la prise de *Rak'k'âdah* entraînait celle de *K'aïraouân*. — El-K'aïraouâni dit aussi : « Il «entra à *Rak'k'âdah* le 1ᵉʳ redjeb 296. » (*Hist. de l'Afr.* liv. IV, p. 92.)

[1] Nicholson, p. 93. — *Baïân*, t. I, p. ١٢٧, l. 10 et 11. — *Druzes*, t. I, p. CCLXXI.

[2] *K'orân*, sourate ٥٩, verset 2 (p. ٦٤٠, l. 1 et suiv. de l'édit. G. M. Redslob, 1855).

[3] *Ibid.* sourate ٤٣, verset ٢٥ (p. ٦١٤, l. 5 de l'édition ci-dessus).

[4] Il descendit au palais connu sous le nom de *K'as'r-es'-S'ah'n* (قصر الصحن)(Nicholson, p. 93; — *Baïân*, t. I, p. ١٢٧, l. 14). Il semblerait qu'au lieu de الصحن, le manuscrit de Gotha donne la leçon العين. Voyez une troisième leçon dans Ibn-H'ammâd (*J. A.* t. V, p. 533, 5ᵉ sér. 1855).

[5] Nicholson, p. 94. — *Baïân*, t. I, p. ١٢٨, l. 2 et 3. Ibn-Khaldoun[b] admet évidemment que ce frère était dans les prisons de *K'aïraouân*, et ce fut là en effet qu'il fut d'abord incarcéré, comme nous l'avons dit plus haut; mais il paraît qu'il avait été transféré à *Tripoli*, ce qui confirme le récit de 'Arîb sur ce point, c'est que si Abou-'l-'Abbâs avait été dans une des prisons de *K'aïraouân*, les députés de cette ville n'auraient pas manqué de l'en tirer et de se faire accompagner par lui à *Sak'iah-Mams*, heureux de le rendre eux-mêmes à son frère. Il est seulement fort extraordinaire que, dans son séjour à *Tripoli*, Ziâdet-Allah ait oublié de faire tomber cette tête.

[6] *Sousah* (*Adrumète* des anciens) était à une journée de *K'aïraouân*, selon Ibn-H'auk'al[d], à trente-six milles, selon El-Bekrî[e]. Au rapport d'Et-Tidjânî, il existait une haine héréditaire entre les habitants de *Sousah* et ceux de *K'aïraouân*[f]; il en fait remonter l'origine à la conquête même de l'*Ifrîk'iah*.

[a] *Hist. de l'Afr. et de la Sic.* p. ٤٤, l. 1 (p. 154 de la trad.) et *H. d. B.* t. II, p. 519 de la trad.
[b] *Chrest. arabe*, t. II, p. ٣٨, l. 14 à 16 (p. 115 du même tome).
[c] *H. d. B.* t. II de la trad., p. 519.
[d] P. ٦٤, l. 9 du texte (*J. A.* t. XIII, p. 176, 3ᵉ sér. 1842).
[e] *El-Meçâlik oua'l-Memâlik*, p. ٣١٣, l. 3 (*J. A.* t. XII, p. 498, 5ᵉ sér. 1858). C'est nécessairement par suite d'une faute d'impression que M. de Slane, dans sa traduction, dit trente milles, quand son texte dit ثلاثون ميلا
[f] *Voyage* d'Et-Tidjânî (*J. A.* t. XX, p. 115, 4ᵉ sér. 1852).

vingt-huit charges de richesses, qui avaient été déposées dans le K'as'r-er-Ribât'[1]. Abou-'Abd-Allah-ech-Chîi se montra clément a K'aïraouân, où se trouvaient encore des débris de la famille déchue et quelques k'âids, qui, à la vérité, avaient abandonné Ziâdet-Allah. Il leur donna l'amân; mais il fut impitoyable avec les noirs affranchis des BENI-AGHLAB, parce qu'ils avaient conspiré contre sa vie. Il leur fit trancher la tête, et Ibrâhîm-ibn-Berber (برر)-ibn-Ia'k'oub-et-Temîmi, connu sous le nom d'El-K'ous, fut étranglé. « Je ne « me considérais pas comme étant en sûreté en *Ifrîk'iah*, dit le Chîi, tant que « cet homme vivait[2]. » Le contre-coup de la révolution qui s'accomplissait en *Ifrîk'iah* s'était aussitôt fait sentir en *Sicile*. Dès le 11 redjeb, les habitants de *Palerme* avaient jeté en prison le gouverneur Ah'med-ibn-Abou-'l-H'oçaïn-ibn-Rabbâkh[3], que Ziâdet-Allah leur avait imposé[4]; ils avaient nommé à sa place 'Ali-ibn-Abou-'l-Faouâris, que je suppose le même 'Ali-ibn-Abou-'l-Faouâris que nous avons vu être un instant, en 291, gouverneur de *K'aïraouân*, et envoyaient Ibn-Abou-'l-H'oçaïn vers Abou-'Abd-Allah-ech-Chîi pour en obtenir la confirmation du gouverneur de leur choix. Abou-'Abd-Allah accorda ce qu'on lui demandait, et écrivit à 'Ali pour l'exhorter à attaquer les infidèles par terre et par mer. Il jugeait sans doute prudent de donner un aliment d'activité à ces turbulents insulaires. En même temps, le Chîi préparait tout pour l'accomplissement de ses projets : il préposa au commandement de *K'aïraouân* Ah'med-ibn-'Ali-ibn-Kolaïb[5], connu sous le nom d'Ibn-Abou-Khanzîr; au commandement de *K'as'r-el-K'adîm* Khalf-ibn-Ah'med-ibn-'Ali-ibn-Kolaïb, un des fils d'Ibn-Abou-Khanzîr, en leur ordonnant à tous deux de

---

[1] Nicholson, p. 93 (*Baiân*, t. I, p. ۱۲۷, l. 14 à 16). — On se rappelle la précipitation avec laquelle Ziâdet-Allah quitta *Rak'k'âdah*; dans le désordre inséparable d'une pareille fuite pendant la nuit, un convoi de vingt-huit ou trente chameaux chargés avait mal pris sa route et s'était rendu à *Sousah*; le gouverneur de la ville, Ibn-el-Hamadâni, avait mis ces richesses en sûreté dans le K'as'r-er-Ribât' de *Sousah*, où elles restèrent jusqu'à ce qu'il les remît au Chîi (Nicholson, p. 86; — *Baiân*, t. I, p. ۱۲۱۲, lin. penult.), lorsque celui-ci envoya Gharouïah-ibn-Iouçof dans cette ville pour donner l'amân aux habitants.

[2] Nicholson, p. 93 et 94. — *Baiân*, t. I, p. ۱۲۷ et ۱۲۸.

[3] Pour nommer ce gouverneur, il destitua 'Ali-ibn-Moh'ammed-ibn-el-Faouâris, qui me paraît être le cousin du gouverneur que nous allons voir choisir par les Palermitains.

[4] En-Nouaïri in Gregorio, *Rerum arabicarum quæ ad historiam siculam spectant*, p. 11 et 12, l. 4 du texte; in-fol., Panormi, 1790. — *Voyages en Sicile* par le baron de Riedesel, p. 416 et 417; in-8°, Paris, an x (1802). — *Chronicon cantabrigiense*, p. 44, l. 7 à 10. — Mich. Amari, *Storia dei Musulmani di Sicilia*, lib. III, cap. VII, t. II, p. 141; in-8°, Firenze, 1858.

[5] Nicholson, p. 94 et 95. — *Baiân*, t. I, p. ۱۲۸, l. 8 à 12. On verra plus loin pourquoi je ne dis pas, comme ces deux textes, «H'açan-ibn-Ah'med,» etc. pour le nom du chef préposé au gouvernement de *K'aïraouân*.

LIVRE QUATRIÈME. — CHAPITRE II.

tuer ceux qui sortiraient la nuit, soit qu'on les surprît buvant une boisson enivrante, soit qu'ils en portassent et qu'on en trouvât sur eux[1]; il leur prescrivit les modifications qu'il voulait apporter à l'appel à la prière[2], confia la monnaie à Abou-Bekr, le philosophe connu sous le nom d'Ibn-el-K'amoudi[3], et eut le soin, sur les monnaies, comme sur son cachet, comme sur le sceau, de ne faire graver que des légendes qui ne nommaient aucun souverain. Le 18 cha'bân (vendredi 12 mai 909 de J. C.), Moh'ammed-ibn-'Omar-ibn-Iah'iâ-ibn-'Abd-el-A'la-'l-Marouazi, de l'armée du *Khoraçân*, fut institué k'âdhi de *K'aïraouân*. Toutes ces dispositions prises, il remit le commandement de l'*Ifrîk'iah* à son frère Abou-'l-'Abbâs et à Abou-Zâkî-Tammâm-ibn-Mo'arrek-el-Adjânî[4]. Il pouvait maintenant voler à la délivrance du Mahdi.

---

[1] Nicholson, p. 95. — *Baïân*, t. I, p. 11ᶠᴬ, l. 12 à 14.

[2] Nicholson, p. 95 et 96. — *Baïân*, même page, l. 16 à 18. Sur la monnaie il fit inscrire : «Gloire à Dieu, maître des mondes.» Cette monnaie fut appelée *es-sidîah*. — Voyez Ibn-Khaldoun, *Hist. des Fât'im.* (Histoire des Berbers, t. II de la trad., p. 520.)

[3] *Baïân*, t. II, p. 1ᶠ4, l. 7 et 8, d'après Nicholson, p. 97.

[4] Nicholson, p. 100. — *Baïân*, t. I, p. 10·, l. 12 et 13. — Abulfedæ Annal. muslem. t. II, p. 316, l. 9 et 10. — Le manuscrit de Gotha, copié ici par Ibn-'Adzârî, s'exprime absolument dans les mêmes termes qu'Abou-'l-Fedâ, dont Reiske a traduit la phrase de la manière suivante : «Relictis in Africa, qui cam se absente moderarentur, *fratribus* Abou-Abbaso et Abou-Zakio,» comme si اخا était la forme duelle inusitée. Ce qu'il y a de particulier, c'est qu'on lit dans Ibn-H'ammâd : «Il donna le gouvernement de l'*Ifrîk'iah* à son frère Abârek-Tammâm-ibn-'Aa'rrek ᵃ et se porta sur *Sidjilmâçah* ᵇ.» Mais c'est probablement Abou-'l-Fedâ qui a entraîné Mak'rîzi à dire : «Il rencontra à *Salamiah* Abou-'Abd-Allah le chiïte avec *ses deux frères* ᶜ,» et certainement aussi Silvestre de Sacy à dire : «Il quitta l'Afrique ᵈ dont il laissa le gouvernement à *ses frères* Abou-'l-'Abbâs et Abou-Zâkî.» Malgré mon respect pour ces autorités, je n'ai pas hésité à traduire اخا! par «*son frère*», me référant en cela à l'opinion émise par M. Nicholson ᵉ. On trouvera, dans mon récit, plusieurs circonstances où Abou-Zâkî est nommé de manière à établir sa vraie relation avec Abou-'l-'Abbâs, et aux preuves données par Nicholson j'ajouterai ici, parce que c'est sa place, ce passage d'Ibn-Khaldoun : «Il désigna *son frère* pour gouverner l'*Ifrîk'iah* pendant son absence, et il plaça auprès de lui le chef addjânien ᶠ Abou-Zâkî-Tammâm-ibn-Tamîm ᵍ.»

ᵃ Ce nom semble être une altération du nom Mo'arrek.

ᵇ تاريخ ابن حَمّاد (*J. A.* t. V, p. 533 et 534, 5ᵉ sér. 1855).

ᶜ Traduction d'Ét. Quatremère (*J. A.* t. II, p. 116, 3ᵉ sér. 1836).

ᵈ *Druzes*, t. I, p. CCLXXII; in-8°, Paris, 1838.

ᵉ *An account of the establishment of the Fatemite dynasty in Africa*, by John Nicholson, p. 100, note 51; in-8°, Tübingen, 1840.

ᶠ C'est d'après ce passage que, dans le *Baïân* (t. I, p. 10·, l. 13) j'ai lu الاجاني, au lieu de الاجاني que porte le texte. Voy. note 4 ci-dessus.

ᵍ Ibn-Khaldoun, *Hist. des Fât'im.* (H. d. B. t. II, p. 520 de la trad.). Ce personnage est déjà nommé à la page 513 du même tome.

90   ÉTUDE SUR LA CONQUÊTE DE L'AFRIQUE.

Le Chîi marche sur Sidjilmâçah. Prise de Tâhart.

Ce fut le jeudi 16 ramadhân 296 (8 juin 909 de J. C.) que le Chîi partit de *Rak'k'âdah*, avec une armée nombreuse et l'élite de ses lieutenants[1]. Il marcha droit sur *Tâhart*, qu'il atteignit et où il entra dans le mois de chaouâl[2], en donnant l'amân aux habitants; mais il fit mettre à mort le Rostemite qui y gouvernait, Iak'tzân-ibn-'Abou-'l-lak'tzân, et beaucoup des membres de cette famille;

Fin de la dynastie des Beni-Rostem.

il envoya leurs têtes à son frère Abou-'l-Abbâs[3] et à Abou-Zâki, son lieutenant à *Rak'k'âdah*. Ces trophées sanglants furent, par leur ordre, promenés dans les rues de *K'aïraouân* et exposés sur la *Porte de Rak'k'âdah*[4]. Ainsi finit à *Tâhart* la dynastie des Beni-Rostem, après une durée de cent cinquante-deux ans[5]. Abou-

---

[1] Nicholson, p. 101. — *Baïân*, t. I, p. 10, l. 13 à 19. — 'Arîb et Ibn-'Adzârî placent ce départ au jeudi milieu de ramadhân; Abou-'l-Fedâ, sans fixer de date précise, dit en ramadhân (*Annal. muslem.* t. II, p. 316, l. 7); Mak'rîzî dit au commencement de ramadhân (*Chrest. arabe*, t. II, p. ۲۹, l. 1, et p. 115 du même tome); El-K'aïraouâni précise le 1ᵉʳ ramadhân 296 (*Hist. de l'Afr.* liv. IV, p. 92). J'ai adopté la date donnée par le *Baïân*, parce qu'elle concorde mieux avec les faits subséquents.

[2] *Baïân*, t. I, p. ۲.۱۰, l. 14 et 15. — El-Bekrî compte dix-neuf jours de marche de *K'aïraouân* à *Tâhart* (*El-Meçâlik*, etc. p. ۷۹, l. 10 et 11; — J. A. t. XIII. p. 140, 5ᵉ sér. 1859); mais il s'agit ici de la marche *d'une armée*.

[3] Ici, d'après le texte d'Ibn-'Adzârî (t. I, p. 101, l. 2), le mot اخيه ne prête à aucune incertitude.

[4] Nicholson, p. 102. — *Baïân*, t. I, p. 10, l. 19, à p. 101, l. 3.

[5] *Baïân*, t. I, p. 101, l. 3 et 4. — El-Bekrî. *El-Meçâlik*, etc. p. ۷۹, l. 2 à 5* (*J. A.* t. XIII, p. 116, 5ᵉ sér. 1859). — Ibn-Khaldoun, *H. d. B.* t. I, p. 100, l. 5 et 6 (t. I, p. 243 de la trad.). — Le manuscrit de Gotha se tait sur la durée de la dynastie des Beni-Rostem, à laquelle Ibn-'Adzârî[b], évidemment d'après El-Bekrî (à la page que je viens de citer) donne cent trente ans, chiffre reproduit par En-Nouaïrî[c] et répété par El-K'aïraouâni[d], qui, tous deux, attribuent cent soixante ans de durée à la dynastie des Beni-Midrâr[e], dont nous parlerons dans un instant. Abou-'l-Fedâ[f], au contraire, peut-être d'après Ibn-el-Athîr[g], donne cent trente ans aux Beni-Midrâr et cent soixante aux Beni-Rostem. Je ne m'explique pas ces divergences, pas même ces chiffres; il me paraît rationnel, dans l'ignorance où nous

[a] C'est par suite d'une faute d'impression, ou du mauvais texte dont a été obligé de se servir Ét. Quatremère, que ce savant dit, dans sa traduction (*Notic. et Extr.* t. XII, p. 523), 270 au lieu de 296. Le texte édité par M. de Slane (p. ۷۹, l. 2) donne la bonne leçon.

[b] *Baïân*, t. I, p. 101, l. 4.

[c] *H. d. B.* t. I, p. 447 de la trad. — *Hist. de l'Afr. et de la Sic.* p. 159, à la fin de la note 174 de N. Desvergers, qui a traduit le même passage d'En-Nouaïrî.

[d] *Histoire de l'Afrique*, liv. IV, p. ۵۳, l. 6 (p. 93 de la trad.).

[e] Je dis cent soixante ans, parce que c'est le chiffre donné par El-Bekrî[1*] et par Ibn-'Adzârî[2*], et qu'on peut considérer ce chiffre comme représentant assez approximativement la durée de la première période dans laquelle la dynastie des Beni-Midrâr régna à *Sidjilmâçah*.

[f] *Annal. muslem.* t. II, p. 318, l. 4 à 6. — Silvestre de Sacy a adopté ses chiffres (*Druzes*, t. I, p. cclxxiv).

[g] *El-Kâmil*, t. VIII, p. ۳۹, l. 4 et 5.

[1*] *El-Meçâlik*, etc. p. ۱۲۴, l. 6 (*J. A.* t. XIII, p. 402, 5ᵉ sér. 1859).
[2*] *Baïân*, t. I, p. 104, l. 16.

LIVRE QUATRIÈME. — CHAPITRE II.

'Abd-Allah, après avoir confié le commandement de *Tâhart* à Abou-H'omaïd-Dooûâs-ibn-S'oulât-el-Lahîdhî et à Ibrâhîm-ibn-Moh'ammed-el-Iemânî, connu sous le nom d'El-Hoouârî et surnommé « le petit seigneur » (السيد الصغير)[1], continua sa marche vers *Sidjilmâçah*[2]. Sur toute la route qu'il suivit, les *Zenâtah*, terrifiés, s'empressèrent de lui laisser le passage libre ou de faire leur soumission[3],

sommes des événements qui suivirent immédiatement l'arrivée d'Ibn-Rostem à *Tâhart*, de faire partir son règne de l'an 144, date de la construction de *Tak'demt*[a], et puisque nous venons de voir la dynastie fondée par lui finir en 296, j'attribue à cette dynastie une durée de 296−144=152 ans, comme je l'ai dit plus haut. Quant aux Beni-Midrâr, plusieurs membres de cette famille jouèrent encore un rôle plus ou moins secondaire dans la lutte entre les Omaïades d'Espagne et les Fât'imites d'Afrique, et ce ne fut que soixante-dix ans après la victoire du Chïi, c'est-à-dire en 366, que les Midrârites *disparurent tout à fait*, quand Khazroun-ibn-Felfoul, prince des *Maghrâouah*, dévoué aux Omaïades d'Espagne, s'empara de *Sidjilmâçah*[b].

par *K'ast'iliah* et par *Nifzâouah*; El-Bekrî parle d'une autre route, et évidemment de celle que suivit le Chïi, puisqu'il dit : « De *K'aïraouân* à « *Sidjilmâçah* on ne rencontre pas de ville plus « grande que *T'obnah* [c]. » Il compte quarante-six journées de marche ou cinquante-deux, selon Moh'ammed-ibn-Iouçof[d]. Du 16 ramadhân, jour du départ du Chïi, au 6 dzou-'l-h'idjah, jour où il campa sous les murs de *Sidjilmâçah*, il s'écoula quatre-vingts jours; mais, indépendamment de l'observation que j'ai déjà faite plus haut, il faut tenir compte de la prise de *Tâhart*, qui dut employer un certain nombre de jours, peut-être même le reste du mois de chaouâl. Il est très vraisemblable que de *Tâhart* il se rendit à *Oudjdah*[e] et, de là, suivit la route tracée par El-Bekrî[f].

[1] Nicholson, p. 102. — *Baïân*, t. I, p. 101, l. 4 à 6. Voir aussi p. ۴۱۴, l. 15 et 16.

[2] Ibn-H'auk'al (p. ۴۴, l. 14; — *J. A.* t. XIII, p. 241, 3ᵉ série 1842) compte deux mois de marche de *K'aïraouân* à *Sidjilmâçah*, en passant

[3] Ibn-Khaldoun, *Hist. des Fât'im.* (*H. d. B.* t. II de la trad. p. 520). — Mak'rîzî (*Chrest. arabe*, t. II, p. ۴۴, l. 2 et 3, p. 115 du même tome).

[a] Voy. l'*Histoire des Berbers*, t. I, p. ۱۱۲, l. 3 (t. I de la trad., p. 220). Il est vrai qu'Ibn-'Adzârî semble, dans un passage[1*], placer la construction de *Tâhart* en 161, mais ce qui suit immédiatement montre qu'il ne s'agit pas là de *Tak'demt* (*Tâhart la neuve*), puisque l'auteur ajoute : « Dans le temps passé, c'était une ville « ancienne. » On ne saurait oublier que les batailles gagnées par Ibn-el-Acha'th furent livrées en s'afar et rebi-'l aouel 144, que la fuite d'Abd-er-Rah'mân-ibn-Rostem vers l'Ouest avait été précipitée, et qu'il est très invraisemblable que celui qui fut choisi pour chef par les populations ibâdhites de la contrée où il arrivait soit resté dix-sept ans sans fonder la ville dans laquelle il régna jusqu'en 168 [2*].

[b] *H. d. B.* t. I, p. ۱۷, l. 12 à 23, et t. II, p. ۲۷, l. 4 à 6 (t. I, p. 265, et t. III de la trad., p. 218).

[c] *El-Meçâlik*, etc. p. ۵۱, l. 7 et 8 (*J. A.* t. XIII, p. 64, 5ᵉ sér. 1859).

[d] *Ibid.* p. 101 et 108 (*J. A.* t. XIII, p. 408 et 409, 5ᵉ sér. 1859).

[e] *Oudjdah* ne fut fondée qu'en 384, par Zîrî-ibn-'At'iah le Maghrâouien (Ibn-Khaldoun[3*], *H. d. B.* t. II, p. ۶۲, l. 8; — t. III de la trad. p. 243); mais la route ne devait pas moins être la même.

[f] *El-Meçâlik*, etc. p. ۸۱, l. 3 à 8 (*J. A.* t. XIII, p. 160 et 161, 5ᵉ sér. 1859).

[1*] *Baïân*, t. I, p. ۲۳۰, l. 17. Ce passage paraît se rapporter plutôt à la restauration de la vieille *Tâhart*.

[2*] *Ibid.* t. I, même page, l. 1).

[3*] Plus loin (*H. d. B.* t. II, p. ۹۴, l. 9 et 10; — t. III de la trad., p. 270), il place la fondation d'*Oudjdah* en 393 et l'attribue à El-Mo'izz-ibn-Zîrî-ibn-'At'iah.

et il arriva le samedi 6 dzou-'l-h'idjah[1] (26 août 909 de J. C.) devant la ville où était emprisonné l'imâm sur lequel reposaient de si hautes destinées.

El-Iaça'-el-Montas'ir occupait alors, et depuis s'afar 270, le trône des Beni-Midrâr. Ce prince était si peu dans la dépendance des Aghlabites que la fuite de Ziâdet-Allah semble n'avoir eu aucune influence sur sa conduite en ces graves circonstances, et qu'il ne tint compte que de la lettre qu'il avait reçue du khalife; il justifia jusqu'à un certain point cette expression d'Ibn-Khaldoun qu'El-Iaça' « était tout dévoué à la cour de *Baghdâd*[2], » et, si je m'exprime ainsi, c'est que les événements qui venaient de s'accomplir, l'espèce de mystère qui les enveloppait, puisque, même à *Rak'k'âdah*, le prudent dâ'i n'avait indiqué aucun nom qui dût être prononcé dans la khot'bah[3], étaient de nature à inspirer les plus vives inquiétudes à tous les souverains du *Maghrib*, qui voyaient déjà deux dynasties renversées et Abou-'Abd-Allah continuer sa marche. La conduite du prince de *Sidjilmâçah* put donc être au moins autant réglée sur une pensée de défense personnelle que sur le dévouement qu'on lui suppose pour le khalife. Cependant, le Chîi tremblait pour le sort des illustres prisonniers, et plusieurs historiens[4] disent qu'en vue de ses inquiétudes il tenta la voie des négociations, et envoya successivement deux députations chargées de remettre des lettres au prince midrârite. Les lettres furent déchirées, les envoyés mis à mort, et en même temps El-Iaça' sortait de sa capitale pour présenter la bataille. Mais il avait mal interprété l'intention des premières démarches du Chîi; il ne comprenait pas la sainte ardeur qui enflammait Abou-'Abd-Allah et ses Berbers. Le dimanche 7 dzou-'l-h'idjah 296[5] (27 août 909 de J. C.), les deux armées en venaient aux mains, et en quelques heures les bataillons midrârites étaient anéantis, le prince cherchait son salut dans la fuite, et le Chîi entrait à *Sidjilmâçah*. S'élançant aussitôt vers la prison,

Renversement
des
Beni-Midrâr.

---

[1] Nicholson, p. 102. — *Baïân*, t. I, p. ١٥١, l. 7.

[2] *H. d. B.* t. I, p. ١٩٩, l. 8 (t. I de la trad., p. 263).

[3] Ibn-Khaldoun, *Hist. des Fât'im.* (*H. d. B.* t. II de la trad., p. 520). — Mak'rîzî (*Chrest. arabe*, t. II, p. ٣٨, lin. ult. et p. ٣٩, l. 1; — p. 115 du même tome). — *Druzes*, t. I, p. cclxxii.

[4] Ibn-el-Athîr, *El-Kâmil*, t. VIII, p. ٣٧, l. 11 et 12. — Ibn-Khaldoun, *H. d. B.* à la page citée note 3 ci-dessus. — Silvestre de Sacy, *Exposé de la religion des Druzes*, t. I, p. cclxxiii. — Mich. Amari, *Storia dei Musulmani di Sicilia*, t. II, p. 134.

[5] Ibn-Khallikân, n° ٣٩٥, fasc. iv, p. ٥٩, l. 11 et 12 (t. II de la trad. angl., p. 79). — Nicholson, p. 102 (*Baïân*, t. I, p. ١٥١, l. 9). — Abou-'l-Mah'âcin, *En-Nodjoum*, t. II, p. ٢٩٣, l. 6 et 7. — Ibn-el-Abbâr place le jour de la délivrance au 30 dzou-'l-ka'dah 296, correspondant au dimanche 20 août ٩٠٩ de J. C. (Amari, *op. cit.*, t. II, p. 135, à la fin de la note 1.)

LIVRE QUATRIÈME. — CHAPITRE II. 93

il en fit ouvrir les portes avec une anxiété pleine de terreur, qui fit subitement place à l'inexprimable joie d'en voir sortir l'imâm et son fils [1].

Quel jour pour le Chîî! jour de gloire et de bonheur, dont aucun pinceau ne saurait rendre les émotions; d'abondantes larmes coulaient des yeux du vaillant dâ'î, qui, précédant à pied le Mahdi et son fils, auxquels il avait fait donner des montures, montrait au peuple le descendant vénéré de 'Ali et de Fât'imah : «Le voici, criait-il, le voici; c'est votre maître et le mien[2].» Dans l'ivresse de sa joie il l'appelait de tous les noms, et le plus tendre de ceux qu'un homme puisse donner à un homme, le nom de fils, était celui qui s'échappait tout naturellement de ses lèvres [3]. Ce n'était pas seulement l'exaltation de la victoire qui couronnait des efforts presque surhumains, ce n'était pas seulement l'éclat

Délivrance du Mahdi.

---

[1] Tous les auteurs s'accordent sur ce point; je ne connais qu'un passage d'Ibn-Khallikân dans lequel il est dit qu'à la nouvelle de la marche du Chîî sur *Sidjilmâçah*, Iaça' fit tuer 'Obaïd-Allah dans sa prison, et prit la fuite à l'approche de l'armée ennemie[a]. — El-Makîn place exactement la mort du Mahdi au 14 rebî-'l-aouel 322 [b], mais il se trompe en donnant à son règne une durée de vingt-quatre ans trois mois six jours[c], car il faudrait en conclure que ce règne commença le 7 dzou-'l-h'idjah 297, date qui est, à un jour près *et avec une erreur d'une année*, celle à laquelle 'Obaïd-Allah sortit de la prison de *Sidjilmâçah*. On ne peut s'empêcher de remarquer qu'El-Bekrî [d] et Et-Tidjânî [e] disent aussi que les événements de *Sidjilmâçah* eurent lieu en 297. Ce n'en est pas moins une erreur. Ailleurs [f], El-Makîn fait commencer la dynastie des Fât'imites en 298, c'est-à-dire dans son intention, je suppose, au moment où le Mahdi prit en personne possession de la ville de *Rak'k'âdah*. Cette date de 298 est une conséquence de l'erreur que je viens de signaler. Par une singularité bien plus inexplicable, Ibn-H'ammâd fait arriver 'Obaïd-Allah à *Sidjilmâçal* le 7 dzou-'l-h'idjah 296 [g], c'est-à-dire le jour même de sa délivrance, et, un peu plus loin, il place cette délivrance en rebî-'l-akhir 297 [h], c'est-à-dire au moment de l'arrivée à *Rak'k'âdah*. On voit qu'il y a là confusion de plusieurs événements.

[2] Nicholson, p. 103. — *Baïân*, t. I, p. 101, l. 13 et 14. — Mak'rîzî, in *Chrest. arabe*, t. I, p. ߴ4, l. 7 (p. 115 du même tome).

[3] Peut-être est-ce là l'origine de la confusion faite par plusieurs auteurs, notamment par El-K'aïraouâni (*Hist. de l'Afr.* liv. IV, p. 92), dans lequel 'Obaïd-Allah est présenté comme fils d'Abou-'Abd-Allah. — Cardonne (liv. III, t. II, p. 54), j'ignore d'après quelle source, a reproduit cette erreur.

[a] *Kitâb ouafaîdt-el-'Aïân*, n° ߴ40, fasc. IV, p. ٥٥, l. 18 (t. II de la trad. angl., p. 78).
[b] Voyez sous cette année 322.
[c] *Hist. sarac.* p. 201, l. 18 à 20 du texte arabe.
[d] Il dit que Iaça' régna jusqu'en dzou-'l-h'idjah 297 (*El-Meçâlik*, etc. p. ١٥٠, l. 19 et 20; — J. A. t. XIII, p. 406, 5ᵉ sér. 1859). — El-Bekrî oublie qu'il a placé lui-même la prise de *Tâhart* en 296 (*ibid.* p. ٩٨, l. 2; — J. A. t. XIII, p. 116, 5ᵉ sér.), et que le Chîî devait être bien impatient d'arriver à *Sidjilmâçah*.
[e] *Voyage* (J. A. t. I, p. 141, 5ᵉ sér. 1853).
[f] *Hist. sarac.* p. 187, l. 21 et 22 du texte arabe.
[g] J. A. t. V, p. 531, 5ᵉ sér. 1855.
[h] *Ibid.* p. 534.

du succès conquis et mérité par les périls de huit laborieuses années, c'était le triomphe d'une idée qui était sa vie, c'était la vérité apparaissant radieuse à travers les nuages qui l'avaient si longtemps obscurcie, et comme une ère nouvelle pour l'islâmisme, qui allait enfin éclairer le monde sous l'égide des descendants directs du Prophète. Quand l'espèce de cortège improvisé qui était parti de la prison fut arrivé à la tente préparée pour recevoir le Mahdi, Abou-'Abd-Allah déclara qu'il remettait le pouvoir suprême à son maître, qu'il salua du titre d'émîr-el-moumenîn. Les premiers instants une fois consacrés aux émotions d'un si grand jour, le Chîî abandonna la ville au pillage de ses soldats, qui, après l'avoir saccagée, l'incendièrent. Des cavaliers furent envoyés à la poursuite d'El-Iaça'-ibn-Maïmoun et ne purent l'atteindre[1]. Mais, dès le commencement de moh'arram 297, une troupe de Berbers, connus sous le nom de Beni-Khâlid, le livrèrent au vainqueur[2], qui le fit mettre à mort[3]. En même temps, on s'occupait de pourvoir aux diverses fonctions de l'État. 'Obaïd-Allah confia le gouvernement de la ville à Ibrâhîm-ibn-Ghâlib-el-Mezâtî, auquel il

297 de l'hégire (909-910 de J. C.).

Meurtre d'El-Iaça'-ibn-Maïmoun.

---

[1] Nicholson, p. 103. — Baïân, t. I, p. ١٠١, l. 15 à 17. — Ibn-Khaldoun dit le contraire (*H. d. B.* t. II de la trad., p. 520).

[2] Nicholson, p. 107. — Baïân, t. I, p. ١٠٧, l. 17 à 19. — C'est à propos de cette trahison des Beni-Khâlid[a] que M. Dozy, dans sa belle *Introduction au Baïân* (p. 36) relève l'erreur commise par Ibn-Badroun[b] dans la généalogie des Beni-Midrâr.

[3] Nicholson, p. 110 (Baïân, t. I, p. ١١٠, l. 8 à 11). Suivant le manuscrit de Gotha, qui est ici, copié par Ibn-'Adzârî, ce fut 'Obaïd-Allah qui, non loin d'*Arfâ*, et à la nouvelle de la tentative de Moh'ammed-ibn-Khazer, donna l'ordre de tuer Iaça', qui était malade. Ce prince et sa famille, garrottés, accompagnaient l'armée. — Chihâb-ed-Dîn[c], in Gregorio, *Rerum arab. quæ ad hist. siculam spectant*, p. 59, col. 1; in-fol., Pa-

[a] Graberg di Hemsö parle des Beni-Khâlid, qu'il écrit *Bni-Quelid*, comme étant au nombre des tribus puissantes. (*Specchio geografico e statistico dell' impero di Marocco*, p. 70, l. 18; in-8°, Genova, 1834.)

[b] Commentaire historique sur le poème *d'Ibn-'Abdoun*, par Ibn-Badroun, p. ٢٩٣, l. 2 à 5, texte édité par M. Dozy; in-8°, Leyde, 1848. — Ibn-'Abdoun était né à *Evora*, ville qui appartenait aux princes de *Badajos*; il est mort dans sa ville natale en 529 (1134-1135), et ce que l'on sait d'Ibn-Badroun, c'est qu'il a écrit de 558 à 580 (1162 à 1185).

[c] El-K'âdhi-Chihâb-ed-Dîn-Abou-Ish'âk'-Ibrâhîm-ibn-'Abd-Allah, vulgairement connu sous le nom d'Ibn-Abou-ed-Damm-el-H'amâoui [1a], et mort en 642 (1244-1245), est un auteur dont Abou-'l-Fedâ a souvent cité l'*Histoire de Motzaffer* (تاريخ المظفري [2a]). Dans l'extrait, traduit en latin, de l'histoire laissée par Chihâb-ed-Dîn, extrait que Gregorio a inséré dans son recueil, l'auteur arabe donne au gouverneur que 'Obaïd-Allah envoya en *Sicile* le nom d'El-H'açan-ibn-Ah'med-ibn-Abou-Haft'drir (p. 59, col. 1). L'altération du nom que je viens de souligner ne peut être attribuée au savant archéologue de *Palerme*. Évidemment elle appartient au

[1a] Ainsi nommé parce qu'il était né à *H'amâah* (حَمَاة), l'*Epiphania* des anciens, en *Syrie*. (D'Herbelot, *Biblioth. orient.* p. 764, col. ٢, au mot Schihabeddin el-Cadhi; in-fol. Maestricht, 1776.)

[2a] *Annal. muslem.* t. I, p. VIII, l. 15. — Casiri, t. II, p. 16, col. 1. — H'âdji-Khalfah, t. II, p. 150, n° ٣١٣١ (voir le n° 8421 de la table placée à la fin du tome VII).

LIVRE QUATRIÈME. — CHAPITRE II.

laissa deux mille cavaliers *kitâmah*[1], et plusieurs auteurs[2] s'accordent à dire qu'après un séjour de quarante jours, l'armée victorieuse se remit en marche pour l'*Ifrîk'iah*. Connaissant le jour de l'entrée à *Sidjilmâçah*, et sachant que l'année 296 est surabondante, il est facile de calculer que ce départ dut avoir lieu vers le 16 moh'arram 297 (jeudi 5 octobre 909 de J. C.).

Départ de Sidjilmâçah.

La facilité avec laquelle les BENI-ROSTEM avaient été renversés montre qu'ils n'étaient guère maîtres que de *Tâhart* et d'un petit territoire environnant; mais on a dû s'étonner de l'indifférence avec laquelle les *Maghrâouah*, branche puissante des *Zenâtah*, étaient restés simples spectateurs d'une révolution si menaçante pour eux-mêmes. Soit que la prise de *Sidjilmâçah* leur eût ouvert les yeux sur les conséquences que pouvait avoir l'occupation de cette ville par un souverain dont la domination s'étendait déjà depuis *K'aïraouân* jusqu'à *Tâhart*, soit qu'ils eussent reçu quelques conseils[3], leur chef, Moh'ammed-ibn-

---

normi, 1790. Il dit aussi que ce fut 'Obaïd-Allah qui donna l'ordre de tuer Iaça'. — Ibn-Khallikân, n° ٣٤٥, fasc. IV, p. ٥٥, l. 16 (t. II de la trad. angl., p. 78). Il intitule à tort deux fois Iaça' اخر « le dernier prince de la dynastie ملوك بني مدرار «midrârite»". — Abulfedæ *Annal. muslem.* t. II, p. 316, l. 16. — Ibn-Khaldoun, *Hist. des Fât'im.* (H. d. B. t. II, p. 520 de la trad.). Suivant lui, Iaça' fut mis à mort à *Sidjilmâçah* par ordre du Chîï. — Mak'rizî (*Chrest. arabe*, t. II, p. ٣٤, l. 9;

— p. 115 du même tome). Cet auteur est seul à dire qu'avant de tuer Iaça', le Chîï lui fit donner des coups de fouet.

[1] Nicholson, p. 110. — *Baïân*, t. I, p. ١٥١°, l. 6 et 7.

[2] Chihâb-ed-Dîn, Abou-'l-Fedâ, Ibn-Khaldoun, aux pages citées à la note 3 de la page précédente.

[3] Peut-être de l'Edrisite Iah'iâ IV[b], qui devait bien avoir aussi ses motifs d'inquiétude.

---

manuscrit, qui dit خفتبر pour خنزير [1ᵃ], comme l'écrivent 'Arîb[2ᵃ], Ibn-'Adzârî[3ᵃ] et Ibn-Khaldoun[4ᵃ], car la même faute se retrouve dans Abou-'l-Fedâ[5ᵃ].

[a] Il le dit deux fois : n° ١٤٨, fasc. II, p. ١٢٩, l. 2 et 3; n° ٣٤٥, fasc. V, p. ٥٥, l. 16 (trad. angl. t. I, p. 465, et t. II, p. 78). — M. de Slane a, depuis longtemps (1843), relevé cette erreur (à la note 3 de la page 79 du tome II de sa trad. angl.). — Il est si peu vrai que cette dynastie finit en 296 avec Iaça'-ibn-Maïmoun, que nous la verrons bientôt se relever (en 298), pour être de nouveau renversée en 347, et se relever encore vers 350, pour n'être définitivement détruite qu'en 366, date à laquelle Khazroun-ibn-Felfoul, prince des *Maghrâouah*, s'empara de *Sidjilmâçah* et envoya à *Cordoue* la tête du dernier des BENI-MIDRÂR[6ᵃ].

[b] C'était Iah'iâ-ibn-Edris-ibn-'Omar, qui régnait depuis 292.

[1ᵃ] Dont j'ai donné le nom complet plus haut.
[2ᵃ] Nicholson, p 94.
[3ᵃ] *Baïân*, t. I, p. ١١٢٨, l. 9.
[4ᵃ] *Hist. des Fât'im.* (H. d. B. t. II de la trad., p. 521).
[5ᵃ] *Annal. muslem.* t. II, p. 318, l. 2. — Parmi les auteurs qui écrivent bien le nom d'Abou-Khanzir je n'ai pas cité En-Nouaïrî, parce que le nom du gouverneur envoyé en *Sicile* par El-Mahdi a été laissé en blanc dans le manuscrit de l'auteur égyptien (in Gregorio, p. 12, l. 11), qui nous apprend, toutefois, que ce gouverneur arriva à sa destination le 10 dzou-'l-h'idjah 297 (lundi 20 août 910 de J. C.), ce que confirment Ibn-el-Athîr (*El-Kâmil*, t. VIII, p. ٣٨, l. 18) et Ibn-Khaldoun, en ajoutant que Ibn-Abou-Khanzir débarqua à *Mâzaro* مَازَر (*Hist. de l'Afr. et de la Sic.*, p. ٤٧, l. 6; — p. 159 de la trad.).
[6ᵃ] Ibn-Khaldoun, *H. d. B.* t. I, p. ٤٧, l. 17 à 19 (t. I de la trad., p. 265).

Khazer-ibn-S'îlât-ez-Zenâti[1], n'avait pas tardé à voir dans le Chîï un ennemi qu'il devait combattre; il avait marché sur *Tâhart*, pour s'en emparer après qu'il en aurait chassé le gouverneur, Doouâs-ibn-S'oulât[2], qu'Abou-'Abd-Allah y avait laissé, se proposant en outre de barrer le passage à ce dernier lorsqu'il reviendrait de *Sidjilmâçah*. Des gens de *Tâhart*, connus sous le nom de *Beni-Dalous*[3], devaient seconder le Maghrâouïen dans l'accomplissement de son projet; mais ils furent dénoncés et incarcérés dans le château fort de *Zafadjânah*, appelé aussi le *vieux Tâhart*. Moh'ammed-ibn-Khazer attaqua néanmoins la ville et même en occupa les faubourgs, ce qui obligea Doouâs à se réfugier auprès d'Ibn-H'ammah, commandant du fort. Toutefois la garnison reprit l'offensive et parvint à chasser les *Maghrâouah*[4]. — El-Mahdi et l'armée venaient d'atteindre la ville d'*Arfâ*[5], lorsque leur parvinrent les nouvelles des événements de *Tâhart*. L'ordre fut aussitôt donné de poursuivre Moh'ammed-ibn-Khazer; mais on ne put l'atteindre : il s'était réfugié dans le désert (دخل الرمال[6]). Après avoir sans doute laissé des forces suffisantes à *Tâhart*, Abou-'Abd-Allah fit prendre une route qui conduisait à *Inkidjân*, localité où il tenait à passer, parce que là il fit hommage à son souverain de tous les trésors[7] déposés dans ce berceau d'une dynastie qui venait de naître, et dont prochainement le *Maghrib* tout entier ne pourrait plus contenir la puissance. Bientôt d'autres nouvelles fâcheuses lui arrivèrent de *Rak'k'âdah* : deux jurisconsultes, Ibrâhîm-ibn-Moh'ammed-ed-Dhobi, connu sous le nom d'Ibn-el-Bardzoun, et Abou-Bekr-ibn-Hodzaïl, avaient été exécutés à *K'aïraouân*, en s'afar, par ordre d'Abou-'l-'Abbâs, pour des motifs d'opinions religieuses. Le Chîï, indigné de cette manifestation d'un fanatisme si maladroitement intempestif, écrivit à son frère pour le blâmer dans les termes les plus sévères[8]. Cependant, l'armée

---

[1] C'est celui dont j'ai donné plus haut, d'après le manuscrit de Gotha, le nom complet.

[2] C'est d'après Ibn-Khaldoun que j'écris *S'oulât* (H. d. B. t. II, p. ٣٢, l. 4).

[3] Je n'ai aucune notion sur ces *Beni-Dalous*, dont parlent ici 'Arib (p. 109) et Ibn-'Adzârî (t. I, p. ١٥٣ lin. ult. et la note *f* de cette page ١٥٣).

[4] *Baïân*, t. I, p. ١٥٣, l. 14, à p. ١٥٢, l. 5 (Nicholson, p. 108 et 109). A cette ligne 5, Ibn-'Adzârî, *s'écartant du manuscrit de Gotha*', dit que les gens de *Tâhart* combattirent Moh'ammed-ibn-Khazer jusqu'à ce qu'ils l'eussent tué, et, quelques lignes plus bas, il va parler de ce chef des *Maghrâouah* comme s'étant enfoncé dans le désert.

[5] Je ne trouve, même dans le *Mod'jam* de Iâk'out, aucune indication sur cette localité.

[6] Nicholson, p. 110. — *Baïân*, t. I, p. ١٥٢, l. 9 et 10.

[7] Ibn-Khaldoun, *Hist. des Fât'im.* (H. d. B. t. II de la trad., p. 520).

[8] Nicholson, p. 108. — *Baïân*, t. I, p. ١٥٣, l. 1 à 14.

[9] Qui ne mentionne pas ce fait (Nicholson, p. 110). — On a vu que Moh'ammed-ibn-Khazer mourut en 350.

LIVRE QUATRIÈME. — CHAPITRE II.   97

s'avançait toujours vers sa destination, et le 29 rebî-'l-akhir 297 (lundi 15 janvier 910 de J. C.) 'Obaïd-Allah faisait son entrée triomphale à *Rak'k'âdah*[1]. Ainsi s'accomplit cette parole du Prophète : « En l'an 300 le soleil se « lèvera du côté de l'Occident[2]. »

Arrivée à Rak'k'âdah.

Cet ensemble d'événements permet, comme on voit, de donner au commencement des Fâṭimites ou Isma'ilis plusieurs dates, qu'il serait facile de justifier[3].

Fâṭimites.

---

[1] El-K'âdhi-Chihâb-ed-Dîn, in Gregorio, p. 59, col. 1. — 'Arîb (Nicholson, p. 110). — Ibn-'Adzârî (*Baïân*, t. I, p. ٢١٣ in fine). — Abulfedæ *Annal. muslem.* t. II, p. ٣١٤ lin. ult. — Ibn-Khaldoun (*H. d. B.* t. II, p. 520 de la trad.). 'Arîb n'indique que l'année (297); dans les quatre autres sources auxquelles je viens de renvoyer on trouve seulement le mois (rebî-'l-akhir 297); je ne connais que Ibn-Khallikân[a] et El-K'aïraouâni[b] qui, tous deux, précisent le 20 rebî-'l-akhir; l'un dit *vendredi*, l'autre dit *jeudi*, et il est certain que le 20 rebî-'l-akhir 297 (6 janvier 910 de J. C.) tombe un *samedi*. Malgré cette espèce d'hésitation, entachée d'une petite erreur, il se trouve là une indication suffisante pour montrer qu'ils font partir le règne d'El-Mahdi du jour où ce prince arriva à *Rak'k'âdah*. Ibn-'Adzârî, qui, comme on va le voir, prend le même point de départ, nous offre un moyen de vérification. Cet auteur place la mort du premier prince fâṭimite dans la nuit du mardi milieu[c] de rebî-'l-aouel 322 (4 mars 934 de J. C.), après un règne de vingt-quatre ans dix mois et demi. Or, en remontant de cette quantité à partir de la date de la mort, on arrive au 29 rebî-'l-akhir 297

(lundi 15 janvier 910 de J. C.), qui est évidemment la date à laquelle Ibn-'Adzârî fait commencer le règne, date que j'ai d'autant plus volontiers adoptée, que Ibn-el-Athîr[d] place l'arrivée à *Rak'k'âdah* العشر الاخير (dans la dernière décade de ce mois) et que Mak'rîzî[e] dit في اخر (à la fin) de rebî-'l-akhir 297.

[2] D'Herbelot, *Biblioth. orient.* p. 542, col. 2, au mot Mahadi, et p. 678, col. 1, au mot Obeid-Allah. — Druzes, t. I, p. cclxii. Si Moh'ammed a dit cela, il a dû le dire autrement, car le calendrier musulman ne fut institué que sous 'Omar[f] (13 à 23 de l'hégire).

[3] Ainsi on pourrait adopter : le 25 djoumâdi-'l-akhir 296, jour où Ziâdet-Allah, comprenant qu'il était perdu, s'enfuit à l'approche du Chîï, précurseur des Fâṭimites; le 1er redjeb suivant, jour où le Chîï prit, comme au nom du Mahdi (sans que le nom de celui-ci soit prononcé), possession de *Rak'k'âdah*; le 7 dzou-'l-h'idjah 296, jour où le Chîï salua, comme étant le Mahdi attendu, Obaïd-Allah sortant de la prison de *Sidjilmâçah*, car c'est en ce sens qu'Ibn-'Adzârî[g] et Abou-'l-Mah'âcin[h] disent qu'il apparut à *Sidjilmâçah* en dzou-'l-h'idjah 296; enfin le 29 rebî-

---

[a] *Kitâb Ouafaïât-el-'Aïân*, n° ٣٤٠, fasc. iv, p. ٥٤, l. 10 et 11 (t. II, p. 79 de la trad. angl.). L'auteur dit là que le 20 rebî II les prières furent dites pour la première fois, dans les chaires de *Rak'k'âdah* et de *K'aïraouân*, au nom du khalife El-Mahdi.

[b] *Hist. de l'Afr.* liv. IV, p. 93. El-K'aïraouâni donne cette date (20 rebî-'l-akhir) comme celle du jour de l'arrivée d'El-Madhi à *Rak'k'âdah*.

[c] *Baïân*, t. I, p. ٢١٣, l. 18 à 20. — Rigoureusement quatorze jours, car le mardi tombe le 14. (Voy. p. xii de ma Préface.)

[d] *El-Kâmil*, t. VIII, p. ٣٨, l. 1. — Druzes, t. I, p. cclxxiv.

[e] *Chrest. arabe*, t. II, p. ٣٩, l. 10 et 11 (p. 115 du même tome).

[f] *Annal. muslem.* t. I, p. 60 à 64.

[g] *Baïân*, t. I, p. ٢١٣, l. 21.

[h] *En-Nodjoum*, t. II, p. ٢٤٣, l. 6.

J'ai pensé qu'il était plus rationnel de maintenir la réalité des faits, et de considérer comme un intérim rempli par le Chîi l'intervalle qui s'écoula depuis le 25 djoumâdi-'l-akhir 296, jour de la fuite de Ziâdet-Allah, jusqu'au 29 rebî-'l-akhir 297, jour où commença en *Ifrîk'iah* l'exercice du pouvoir des Fât'imites [1].

I. 'Obaïd-Allah-el-Mahdi.

'Obaïd-Allah, comme il approchait de *Rak'k'âdah*, reçut une députation composée des jurisconsultes et des notables de *K'aïraouân*, qui venaient le complimenter et lui demander de leur renouveler l'amân. Il donna toute sécurité pour leurs personnes et leurs familles, mais s'abstint de parler de leurs biens, et refusa même de répondre à la question qui lui fut spécialement posée à cet égard, ce qui inspira des craintes aux hommes clairvoyants [2]. Il entra

Son entrée à Rak'k'âdah.

dans la ville, précédé d'Abou-'Abd-Allah et suivi de son fils Abou-'l-K'âcim, traversant à cheval les flots du peuple, qui s'était porté sur son passage et le saluait de ses acclamations. Il descendit au palais connu sous le nom d'*Es'-S'ah'n*, et son fils au palais d'*Abou-'l-Fath'*. Ce fut alors seulement que 'Obaïd-Allah prit le nom d'El-Mahdi [3]. Son cachet portait : « *Celui qui conduit à la vérité est le plus digne d'être suivi; crois que celui-là seul conduit qui est lui-même dirigé* (par Dieu); *comment donc jugez-vous ainsi que vous le faites* [4]? » Organi-

Nominations aux emplois.

sant aussitôt son gouvernement, il fit acte de justice, en récompense des immenses services qu'ils avaient rendus à la dynastie nouvelle, en favorisant les *Kitâmah* dans la distribution des emplois divers [5]. Les nominations que le Chîi

---

[1] 'l-akhir 297, jour où il fit son entrée à *Rak'k'âdah*, et prit réellement en main le gouvernement de l'*Ifrîk'iah*.

Je m'accorde, comme on voit, avec le k'âdhi Chihâb-ed-Dîn[a], avec Abou-'l-Mah'âcin[b] et El-K'aïraouâni[c], qui font commencer en 297 le règne des Fât'imites, qu'El-Makîn fait commencer en 298.

[2] Nicholson, p. 110 et 111 (*Baiân*, t. I, p. 104, l. 20, à p. 10v, l. 5). — Ces deux sources disent qu'à cet instant le Mahdi était accompagné de son fils et de deux des chambellans qui vont être nommés.

[3] Nicholson, p. 111 (*Baiân*, t. I, p. 10v, l. 5 à 12). Ibn-'Adzârî copie dans le manuscrit de Gotha les détails minutieux donnés par 'Arîb sur la manière dont les personnages de cette scène étaient vêtus, sur les chevaux qu'ils montaient, etc.

[4] Nicholson, p. 111 (*Baiân*, t. I, p. 10v, l. 6 et 7). — Cette devise est extraite du verset 36 de la sourate x du *K'orân* (p. 144, l. 1 à 4 de l'édition Reslob; in-8°, Lipsiæ, 1855). La même devise se retrouve sur un dirhem unique de l'Alide Leïla-ibn-No'mân, dirhem qui a été frappé à *Nisâbour* (*Khorâçân*) en 309 (921 à 922 de J. C.). (Ch. M. Fraëhnii *Recensio numorum Mohammedanorum*, p. 84; in-4°, Petropoli, 1826.)

[5] Mak'rîzî (*Chrest. arabe*, t. II, p. ۳۴, l. 12; — p. 115 du même tome).

[a] In Gregorio, p. 59, col. 1.
[b] *En-Nodjoum*, t. II, p. 144, l. 10 et 11.
[c] *Hist. de l'Afr.* liv. IV, p. 94.

avait faites furent confirmées[1] ; il prit pour chambellans Abou-Fadhl-Dja'far-ibn-'Ali, Abou-Ah'med-Dja'far-ibn-'Obaïd, Abou-'l-H'açan-T'aïeb-ibn-Isma'îl, connu sous le nom d'El-H'âdhin, et Abou-Sa'ïd-'Othman-ibn-Sa'ïd, connu sous le nom de Moslim-es-Sidjilmâcî ; pour secrétaire Abou і-Iaçar-Ibrâhîm-ibn-Moh'ammed-el-Baghdâdî-ech-Chaïbânî ; il chargea du trésor public Abou-Dja'far-el-Khazrî, plaça au divan du Kharâdj Abou-'l-K'âcim-ibn-el-K'âdim[2], et nomma k'âdhi de *Rak'k'âdah* Aflah'-ibn-Haroun-ibn-el-Malouci[3]. Suivant Ibn-Khaldoun[4], que nous verrons confirmé plus loin par Ibn-'Adzârî, Mâk'noun-ibn-Dabbârah reçut le gouvernement de *Tripoli*. Ensuite le Mahdi ordonna d'effacer des monuments publics les noms de ceux qui les avaient élevés et d'y substituer le sien[5]. Ces puérilités, quelques actes impolitiques qui touchaient la corde si délicate des croyances religieuses, produisirent un effet fâcheux, inspirèrent certains vers satiriques, dont on rechercha vainement l'auteur, et, ce qui est plus grave, déterminèrent dans le pays des *Kitâmah* le soulèvement de plusieurs tribus berbères, à la tête desquelles se mit un nommé Babâb, qui groupa autour de lui de nombreux mécontents. Le général qui commandait au nom de 'Obaïd-Allah dans cette région combattit les révoltés, les vainquit et fit Babâb prisonnier. Ce mouvement fut pour les *Zenâtah* une cause d'agitation ; ils vinrent de nouveau assiéger Doouâs-ibn-S'oulât[6] dans *Tâhart*, et

Révolte de tribus berbères.

Les Zenâtah assiègent Tâhart.

[1] Le manuscrit de Gotha (Nicholson, p. 112) et le *Baïân* (t. I, p. 10л, l. 14 et 15) disent que le Mahdi confirma El-H'açan-ibn-Abou-Khanzîr[a] dans la fonction de gouverneur de *K'aïraouân* ; mais j'ai dit plus haut que cette charge avait été confiée à son père Ah'med-ibn-Abou-Khanzîr, et non seulement Chihâb-ed-Dîn[b], Abou-'l-Fedâ[c], Ibn-Khaldoun[d], El-K'aïraouâni[e], s'accordent à dire que H'açan fut nommé gouverneur de *Sicile* par le Mahdi, mais on verra plus loin Ibn-'Adzârî lui-même dire qu'en 299 c'était Ah'med-ibn-Abou-Khanzîr qui était gouverneur de *K'aïraouân*.

[2] Il avait autrefois servi Ziâdet-Allah. Soupçonné d'avoir trempé dans le complot que nous allons bientôt voir le Chîi tramer contre 'Obaïd-Allah, il fut mis à mort, et toutes les richesses qu'il tenait de son ancien maître passèrent entre les mains du Mahdi. (Ibn-Khaldoun, *H. d. B.* t. II, p. 522 de la trad.)

[3] Nicholson, p. 111 et 112 (*Baïân*, t. I, p. 10л, l. 8 à 14).

[4] *Hist. des Fât'im.* (*H. d. B.* t. II de la trad., p. 521).

[5] Nicholson, p. 112 (*Baïân*, t. I, p. 10л, l. 15 à 17).

[6] Nous avons vu plus haut que c'était le Chîi qui, en 296, avait confié le gouvernement de *Tâhart* à Abou-H'omaïd-Doouâs-ibn-S'oulât-el-Lahîdhî ; sa nomination était évidemment au

[a] Voyez Ibn-el-Athîr, *El-Kâmil*, t. VIII, p. ۳۸, l. 17 et 18.
[b] In Gregório, p. 59, col. 1 ; in-fol., Panormi, 1790.
[c] *Annal. muslem.* t. II, p. 318, l. 2.
[d] *Hist. de l'Afr. et de la Sic.* p. ۳v, l. 5 (p. 158 et 159 de la trad.). — *H. d. B.* t. II, p. 521 de la trad.
[e] *Hist. de l'Afr.* liv. IV, p. 94.

13.

'Obaïd-Allah fut obligé d'envoyer du secours à son gouverneur. Il chargea de cette expédition un k'âïd connu sous le nom de Chaïkh-el-Machâïkh, qui attaqua vigoureusement les *Zenâtah*, et les mit en fuite en leur tuant beaucoup de monde[1].

Quoique, dans le pays des *Kitâmah*, la révolte manquât de chef, puisque Babâb était entre les mains de 'Obaïd-Allah, la tranquillité était loin d'être rétablie. Aucune sécurité n'existait pour les populations; les routes étaient livrées au brigandage; les tribus berbères étaient insoumises, et, cette fois, le Chîï lui-même fut chargé de les faire rentrer dans l'obéissance. Il partit à la tête d'une armée pour porter la guerre dans le *Maghrib*, livra, et toujours avec succès, de nombreux combats aux révoltés qui troublaient l'ordre ou l'empêchaient de s'établir. Les bulletins de ses victoires étaient successivement envoyés et lus publiquement en *Ifrîk'iah*[2]. Peut-être s'étonne-t-on de voir un bras si puissant employé à réprimer des troubles qui, après tout, n'avaient qu'une importance secondaire. Ce choix si exceptionnel avait en effet une cause, et cette cause résidait en certains faits, que le lecteur n'a pu encore entrevoir; mais l'instant est venu de l'initier aux préludes de l'horrible drame qui bientôt se déroulera sous ses yeux, car nous touchons à l'heure où Abou-'Abd-Allah va laisser échapper les premières paroles qui devaient inévitablement amener une catastrophe.

On vient de voir que 'Obaïd-Allah s'était montré reconnaissant envers les *Kitâmah* en leur faisant une très large part dans la distribution des emplois et des faveurs dont il disposait à son avènement. Mais comment récompenser le Chîï, qui, enflammant tout un peuple du feu de sa passion, avait été l'âme d'une révolution si prodigieuse? Comment payer ce dévouement sans bornes, cette intrépidité qui, sans se démentir un instant, surmontèrent tant de difficultés et triomphèrent enfin de tous les obstacles? Celui-là va être assassiné par ordre de l'homme qu'il avait fait souverain, et la plume se refuserait à tracer le récit de cette monstrueuse ingratitude, si les historiens ne s'accordaient sur des faits qui n'excusent pas, mais qui expliquent jusqu'à un certain point la conduite du prince qui ne craignit pas de faire peser les rigueurs de

---

nombre de celles que le Mahdi avait confirmées. Ibn-Khaldoun, qui lui donne le même nom, en écrivant cependant اللهيصى, au lieu de اللهيصى, dit qu'il appartenait à la tribu des *Kitâmah*. (*Histoire des Berbers*, t. I, p. 100, l. 9, et p. ۱۸۳, l. 5; — t. I de la traduction, p. 244 et 283.)

[1] Nicholson, p. 119 (*Baïân*, t. I, p. 104, l. 15 à 21).

[2] Nicholson, p. 120 (*Baïân*, t. I, p. 14, l. 2 à 6).

sa toute-puissance sur le serviteur qui avait cru lui mettre en main le glaive de la justice. El-Mahdi avait pris son rôle au sérieux[1]; il voulait gouverner par lui-même; et Abou-'Abd-Allah, son frère Abou-'l-'Abbâs surtout, qui nous a déjà donné des preuves de sa maladresse, entendaient exercer une influence telle, que le pouvoir, en réalité, se serait trouvé résider en eux. A ces prétentions le prince fât'imite opposait une résistance douce, mais persistante, et comme les deux frères insistaient, il avait fini par leur retirer toute intervention dans les affaires de l'État. Cet acte de fermeté avait profondément blessé les deux serviteurs naguère si dévoués; peut-être l'envoi d'Abou-'Abd-Allah en *Maghrib* ne fut-il, de la part d'El-Mahdi, qu'une manière plus tranchée d'exprimer que sa volonté était inébranlable. Il n'en fallait pas tant pour envenimer une blessure déjà si dangereuse chez un homme de la trempe du Chîi. On voit donc dans quelle disposition d'esprit celui-ci dut partir pour l'expédition qui venait lui offrir une nouvelle occasion de se signaler, et l'on comprendra ce qui v. se passer à *Tenès*, où il arriva le 26 dzou-'l-h'idjah 297 (mercredi[2] 5 s..... 910 de J. C.). Toutes ses facultés étaient absorbées par la pensée de tirer vengeance de l'ingrat auquel il avait donné son sang et sa vie. Il descendit à l'endroit nommé *Eth-Thour*, et y convoqua les notables des *Kitâmah*, auxquels il exposa que les actes de 'Obaïd-Allah ne répondaient nullement aux actes du Mahdi qu'il leur avait annoncé, et qu'il pourrait bien s'être trompé à son égard; que, s'il était réellement celui qu'il avait salué comme son seigneur, il devait porter écrit entre les épaules : « El-Mahdi, prophète de Dieu, » de même qu'entre les épaules de Moh'ammed se trouvait le sceau de la prophétie[3], et que c'était à lui à prouver, par des miracles non équivoques, la mission dont on l'avait cru chargé. Ce thème, développé avec tout l'art de persuasion que possédait le Chîi, eut pour conclusion que les chefs présents saisiraient la première occasion où ils se trouveraient tous réunis à *Rak'k'âdah* pour sommer 'Obaïd-Allah de donner les preuves qui lui seraient

Complot contre El-Mahdi.

---

[1] Abulfedæ *Annal. muslem.* t. II, p. 318, l. 7 et seq.

[2] Nicholson, p. 120 (*Baïân*, t. I, p. 14., l. 19 et 20). — 'Arîb s'était certainement trompé en disant le *vendredi* 3 restant de dzou-'l-h'idjah 297, car le 1ᵉʳ moh'arram 298 tombe un dimanche, et 297 n'est pas une année surabondante, ce qui, d'ailleurs, ne justifierait pas l'erreur commise.

[3] « Entre les épaules, dit Abou-'l-Fedâ en parlant de Moh'ammed, il avait le sceau de la prophétie. C'était une excroissance charnue entourée de poils, grosse comme un œuf de pigeon. Les uns prétendent qu'elle était de la même couleur que le reste de son corps, les autres disent qu'elle était rouge. » (Abou-'l-Fedâ, *Vie de Moh'ammed*, p. 111ᵉ, l. 9 à 11; — p. 94 de la trad. de Noël Desvergers).

demandées, et qu'il ne pouvait refuser. Un pacte fut fait en conséquence entre Abou-'Abd-Allah et les chefs *kitâmah*. Gharouïah-ibn-Iouçof[1] fut un de ceux qui y donnèrent leur adhésion[2].

Pendant que le Chîi méditait et préparait les moyens de faire déposer 'Obaïd-Allah, celui-ci, sans méfiance, continuait à organiser son empire et donnait à la *Sicile* un gouverneur, qui débarquait à *Mâzaro* le 10 dzou-'l-h'idjah 297[3]. Il faut aussi placer à la fin de 297 un événement que je crois devoir mentionner, quoiqu'il n'ait pas l'importance que semblent lui donner les termes dont se sert Ibn-Khaldoun[4]. On a vu deux Arabes d'Espagne, Moh'ammed-ibn-Abou-'Aoun et Moh'ammed-ibn-'Abdoun, secondés par une troupe de marins andalous, fonder en 290 la ville d'*Orân*. Ibn-Khaldoun non seulement présente ces deux aventuriers comme étant au service du gouvernement espagnol, mais il ajoute que, pendant sept ans, ils gardèrent *leur conquête au nom du sult'ân omaïade*[5]. On a vu aussi plus haut que le Chîi, se rendant à *Sidjilmâçah*, avait confié le gouvernement de *Tâhart* à Abou-H'omaïd-Doouâs-ibn-S'oulât-el-Lahîdhî. Évidemment Doouâs avait été confirmé dans ce poste par 'Obaïd-Allah; car on lit dans Ibn-Khaldoun[6] que ce Kitâmah tenait d'El-Mahdi

---

[1] Déjà mentionné plus haut, à la page 85 et à la page 87.

[2] Nicholson, p. 120 et 121 (*Baïân*, t. I, p. 14, lin. ult. à p. 141, l. 10). — «Abou-Zâki-Tammâm, dit Ibn-Khaldoun, et plusieurs autres grands personnages de la tribu des *Kitâmah* entrèrent dans le complot.» (*H. d. B.* t. II de la trad., p. 522.)

[3] In Gregorio, p. 12, l. 11 à 13 du texte arabe. — Riedesel, *Voyage en Sicile*, p. 417; in-8°, Paris, 1802. Ce gouverneur, qui était H'açan-ibn-Ah'med-ibn-Abou-Khanzir, confia à son frère ('Ali*-ibn-Ah'med-ibn-, etc.) le gouvernement de *Girgente*, nous dit Ibn-Khaldoun (*H. d. B.* t. II de la trad., p. 521; — *Histoire de l'Afrique et de la Sicile*, p. ٧٧, l. 4 à 7; p. 158 et 159 de la trad.), qui parle d'Ibn-Abou-Khanzir

* Auquel nous avons vu le Chîi remettre le commandement de *K'as'r-el-K'âdim*, qu'il dut quitter pour accompagner son frère en *Sicile*.

[b] Nicholson, p. 54.

[c] *El-Meçâlik oua'l-Memâlik*, p. ٧٠, l. 10 (*J. A.* t. XIII, p. 121, 5ᵉ sér. 1859).

[d] *Baïân*, t. I, p. ١٣١, l. 5. — J'ai relevé ailleurs dans le tome premier les erreurs que présente le texte sur un des noms des fondateurs.

[e] *El-Meçâlik*, etc. p. ٧٠, l. 12 (*J. A.* t. XIII, p. 121, 5ᵉ sér. 1859).

comme d'un des principaux chefs de la tribu des *Kitâmah*.

[4] Ces termes sont exagérés encore par M. de Slane, qui fait de ces deux chefs des *généraux* au service des OMAÏADES (*H. d. B.* t. I, p. 283 de la trad.); le texte d'Ibn-Khaldoun (t. I, p. ١٨٣, l. 2) dit رجال الدولة الاموية; le manuscrit de Gotha[b], El-Bekri[c], Ibn-'Adzârî[d], ne qualifient pas les fondateurs d'*Orân* du titre de généraux.

[5] L'*Espagne*, à cette époque, ne possédait absolument rien en *Afrique*. — Rappelons ici que les deux fondateurs de la ville n'avaient rien *conquis*; qu'ils accomplirent leur entreprise *après avoir obtenu le consentement* des *Nafzah* et des *Beni-Mosk'en*; ce sont les termes d'El-Bekri[e].

[6] *H. d. B.* t. I, p. ١٨٣, l. 4 et 5 (t. I de la trad., p. 283).

LIVRE QUATRIÈME. — CHAPITRE II.   103

le gouvernement de *Tâhart*. Si cette assertion n'est pas rigoureusement exacte, il est certain du moins qu'Ibn-S'oulât eut l'occasion de jouer dans cette contrée un rôle d'une véritable importance, et c'est ici le lieu d'en raconter les principaux détails. — C'étaient les *Beni-Mosk'en* qui avaient autorisé les aventuriers espagnols à fonder une ville sur le terrain qui leur appartenait, et, tout naturellement, les membres de cette tribu habitaient la ville nouvelle avec ses fondateurs. Après sept ans d'une jouissance paisible, en 297, les tribus du voisinage, pour un motif qui n'est pas indiqué, mais voulant peut-être se venger de ce qu'elles avaient fini par considérer comme une trahison de leurs frères, se présentèrent devant la ville et sommèrent les Andalous de leur livrer les *Beni-Mosk'en*. Sur le refus qu'elles éprouvèrent, *Orân* fut assiégé, et la ville venant à être serrée de très près, les *Beni-Mosk'en* profitèrent d'une nuit obscure pour quitter la place et aller se mettre sous la protection des *Azdadjah*, leurs contribuables. Mais les Andalous eux-mêmes, se voyant bientôt sur le point de succomber, capitulèrent et consentirent à livrer leur ville et tout ce qu'ils possédaient, à la condition de se retirer avec la vie sauve. *Orân* fut saccagé et livré aux flammes dans le mois de dzou-'l-h'idjah 297[1]. Moh'ammed-ibn-Abou-'Aoun, dit Ibn-Khaldoun, se mit sous la protection de Doouâs, qui commandait à *Tâhart* pour 'Obaïd-Allah-el-Mahdi. En cha'bân 298, ce chef fât'imite marcha sur *Orân* à la tête de ses troupes et des tribus berbères[2] des environs, secondées par les *Beni-Mosk'en*, rebâtit la ville et y réinstalla Ibn-Abou-'Aoun[3] comme gouverneur. Si réellement Moh'ammed-ibn-'Aoun

Événements d'Orân.

298 de l'hégire (910-911 de J. C.).

---

[1] *El-Meçâlik oua'l-Memâlik*, p. ٧٠, l. 13 à 20 (J. A. t. XIII, p. 122, 5ᵉ sér. 1859). Je donne cette date d'après le texte, car, sans doute par mégarde, la traduction dit «dzou-'l-ka'dah 297». Ibn-Khaldoun (H. d. B. t. I, p. ١٨٣, l. 6; — t. I de la trad., p. 283) donne aussi l'année 297 pour la date de l'incendie d'*Orân*, mais il attribue à tort cette destruction à Doouâs-ibn-S'oulât, qui, cependant, suivant lui-même, reconstruisit la ville et la rendit plus belle que jamais.

[2] Qu'il avait amenées de gré ou de force à embrasser le parti des FÂT'IMITES, et l'on doit croire

que ce fut le plus souvent par la force, quand on lit dans Ibn-Khaldoun : «Doouâs ne cessa de «sévir contre les Berbers ibâdhites appartenant «aux tribus de *Lemâïah*, d'*Azdâdjah*, de *Looutâh*, de *Miknâçah* et de *Mat'mât'ah*, jusqu'à ce «qu'il les eût amenés à embrasser les doctrines «*râfadhîtes*⁴ et à abandonner pour toujours les «croyances des Khâredjites.» (*Histoire des Berbers*, t. I, p. ١٠٠, l. 9 à 11; — t. I de la trad., p. 244.)

[3] Comme le répète Ibn-Khaldoun (*ibid.* t. II. p. ٢٣, l. 1 et 2; — t. III de la trad., p. 213).

---

⁴ «Le mot *râfadhi* signifie hérétique. Il s'applique surtout aux partisans des FÂT'IMITES.» (M. de Slane, H. d. B. t. I de la trad., p. 30, note 4.) — Voir aussi les explications données sur ce mot par M. Alph. Rousseau (J. A. t. XX, p. 88, note 2, 4ᵉ sér. 1852).

tenait *Orán* au nom des Omaïades d'Espagne, il serait tout à fait inexplicable que ceux-ci ne lui eussent pas prêté secours; que, chassé de sa ville, il se fût mis sous la protection du gouverneur de *Tâhart*, et plus inexplicable encore que Dooûâs l'eût rétabli dans une ville qui aurait appartenu à l'Espagne. Évidemment, à cette époque, la petite colonie d'*Orán*, qui n'avait que sept ou huit ans d'existence, n'était dans la dépendance de personne autre que des tribus berbères qui avaient autorisé son établissement, tribus avec lesquelles Ibn-Abou-'Aoun s'était déjà brouillé, comme cela ressort du récit qui précède. On peut toutefois constater qu'à dater de 298 les aventuriers espagnols d'*Orán* se trouvèrent placés sous la protection des gouverneurs de *Tâhart* et, par conséquent, des Fât'imites.

Evénements de Sidjilmâçah.

En même temps que ces faits s'accomplissaient sur le littoral, une révolution éclatait par delà l'*Atlas*. Sa date précise est difficile à fixer, parce qu'il reste incertain si deux faits qui semblent coïncider ne furent pas séparés par un intervalle de plus d'une année : je veux parler de la révolte des habitants de *Sidjilmâçah* et de la proclamation d'El-Feth', dit Ouâçoul [1]. Suivant 'Arîb, le lundi 3 rebî-'l-aouel 297 [2], la population de *Sidjilmâçah* égorgea le gouverneur chîite, Ibrâhîm-ibn-Ghâlib-el-Mezâtî, avec tous ses *Kitâmah*, et proclama Ouâçoul, fils de Maïmoun-el-Émîr-ibn-el-Midrâr et frère d'El-Iaça', que 'Obaïd-Allah avait fait mourir. El-Bekrî [3] place cette révolte cinquante jours après l'installation d'Ibrâhîm, et Ibn-'Adzârî le répète dans deux passages [4]. Cependant, il faut s'entendre sur le fait de la proclamation de Ouâçoul, car El-Bekrî, Ibn-'Adzârî et Ibn-Khaldoun [5] s'accordent à dire que ce

Restauration des Midrârites.

---

[1] Il était fils de l'épouse de Thak'iah.

[2] Nicholson, p. 110 (*Baïân*, t. I, p. ιοίε, l. 13). — Si la révolte sanglante de *Sidjilmâçah* eut lieu le 3 rebî-'l-aouel 297, et s'il s'était écoulé cinquante jours depuis l'installation du gouverneur, comme le disent d'autres autorités que je vais citer, on trouverait que cette installation eut lieu le 12 moh'arram 297, ce qui s'accorde très bien avec la date du 16 moh'arram que j'ai admise pour le départ de l'armée. Mais on va voir que ces cinquante jours sont douteux.

[3] *El-Meçâlik oua'l-Memâlik*, p. 10·, l. 21 et 22 (*J. A.* t. XIII, p. 406, 5ᵉ sér. 1859). — El-Bekrî donne au prince qui fut proclamé le nom d'El-Feth'-Ouâçoul-ibn-el-Émîr-Maïmoun, ce qui est exact, et place en *rebî-'l-aouel* 298 l'instant où il prit le commandement.

[4] *Baïân*, t. I, p. 104, l. 17, et p. 11ᶜ, l. 13. — A la ligne suivante de cette dernière page, Ibn-'Adzârî dit que le règne de Ouâçoul eut une durée de *deux ans et quelques mois*, en ajoutant qu'en 300 il fut remplacé par Ah'med-ibn-el-Émîr (son frère), ce qui place *à la fin* de 298 l'instant où il avait pris le gouvernement, contrairement à ce que dit El-Bekrî (voy. la note précédente).

[5] Cet auteur compte *deux années* entre le départ de *Sidjilmâçah* et l'instant (en 298) où éclata la révolte des habitants de cette ville (*H. d. B.* t. I, p. 144, l. 13 et 14; — t. I de la trad., p. 263)

prince prit le pouvoir en 298. Il reste donc douteux que ces deux événements, la révolte de *Sidjilmâçah* et la restauration d'un Midrârite, aient été simultanés, comme semble le dire Nicholson[1]. On peut croire, pour concilier ces doutes, que, si Ouâçoul fut proclamé le 3 rebî'-l-aouel 297, des circonstances que nous ignorons firent qu'il ne put prendre possession de l'autorité à *Sidjilmâçah* que près de deux ans plus tard. L'indication que j'ai empruntée à Ibn-'Adzârî m'autorise à placer le rétablissement des BENI-MIDRÂR à la fin de 298, sans pouvoir fixer de date précise. Après avoir exposé les événements qui, dans les régions lointaines, s'accomplirent au commencement du règne du premier FÂT'IMITE, je reviens à l'*Ifrîk'îah*.

Les premiers mois de l'année 298 furent encore employés par le Chîï à guerroyer dans le pays des Berbers, combattant tour à tour les *S'adînah* et les *Zenâtah*, exterminant les populations, les dépouillant, emmenant leurs familles en captivité, brûlant les villages et faisant successivement part à 'Obaïd-Allah de ces dévastations par des lettres que celui-ci faisait lire publiquement. «Après avoir ainsi parcouru le *Gharb* (l'Occident) pendant de nombreux mois, «il rentra à *Rak'k'âdah*[2],» nécessairement accompagné des chefs *kitâmah* qui étaient ses complices, et se promettant sans doute la prompte exécution du complot formé. Mais sa confiance avait été trop grande. Aussitôt de retour de cette longue expédition, le premier soin de Gharouïah-ibn-Iouçof avait été de dévoiler au Mahdi tout ce qui s'était passé à *Tenès* et les moyens par lesquels on se proposait d'arriver à le déposer[3]. Le prince ne témoigna rien, se contenta de se tenir sur ses gardes, en attendant des circonstances propices pour se défaire de ses ennemis; mais il prit immédiatement certaines dispositions de prudence : la première fut de remplacer son secrétaire par Abou-Dja'far-Moh'ammed-ibn-Ah'med-ibn-Haroun-el-Baghdâdzî, à qui il pouvait s'ouvrir de ses projets et qui lui fut en effet de bon conseil, car c'était un

et, sauf la date, il s'exprime comme 'Arîb (voy. la note suivante).

[1] Dans sa traduction du manuscrit de Gotha (p. 110) il s'exprime dans les termes suivants, lorsqu'il parle de la révolte de *Sidjilmâçah* : «This «was on monday, 3 nights of rebî the former «having elapsed. They then choose as their ruler «Wâsûl-ben-el-Amîr-ibn-Midrâr.»

[2] Nicholson, p. 121 et 122 (*Baïân*, t. I, p. 141, l. 11 à 16).

[3] Nicholson, p. 122 (*Baïân*, t. I, p. 141, l. 16

à 18). — Ibn-Khaldoun ne parle pas de la trahison de Gharouïah-ibn-Iouçof; suivant lui, le complot reçut un commencement d'exécution : le grand chaïk des *Kitâmah* aurait été chargé par eux d'aller demander au Mahdi un miracle en preuve du caractère sacré qu'il s'attribuait. El-Mahdi fit mourir l'envoyé et, par cet acte, fortifia tellement les soupçons des *Kitâmah*, qu'ils résolurent de l'assassiner. (*H. d. B.* t. II de la trad., p. 522.) La version du manuscrit de Gotha m'a paru plus vraisemblable.

Révolte à Tripoli.

homme plein de finesse et d'intelligence[1]. Sur ces entrefaites, une révolte éclata à *Tripoli*. Les *Hooudrah* avaient mis à leur tête Abou-Haroun-el-Hoouârî; une troupe de *Zenâtah*, de *Lemâïah* et de Berbers appartenant à d'autres tribus étaient venus se joindre à eux, et tous ensemble assiégeaient la ville. 'Obaïd-Allah saisit aussitôt cette occasion pour disséminer les conjurés, et particulièrement pour éloigner Abou-Zâkî-Tammâm-ibn-Mo'arrek-el-Adjâbî, dont le caractère résolu et l'attachement au Chïï lui paraissaient redoutables; il ne craignit pas de confier à ce général une armée nombreuse, avec mission d'aller combattre les insurgés. Abou-Zâkî attaqua vigoureusement l'armée berbère, la tailla en pièces et envoya un nombre considérable de têtes et d'oreilles, qui furent exposées à *Rak'k'ádah*[2]. Aussitôt ce succès obtenu, Mâk'-noun-ibn-Dabbârah-el-Adjâbî, gouverneur de *Tripoli*[3], reçut l'ordre de tuer Abou-Zâkî, qui était son neveu. Mâk'noun envoya chercher le général, et lui présenta la lettre de 'Obaïd-Allah dans laquelle cette condamnation était motivée sur le complot tramé par lui de concert avec Abou-'Abd-Allah. Après l'avoir lue et s'être ainsi assuré que tout était découvert, Abou-Zâkî la remit en disant : «Oncle, exécute tes ordres;» puis il s'avança, et sa tête tomba[4]. Un pigeon emporta le billet par lequel Mâk'noun annonçait à son maître qu'il avait été obéi, et la nouvelle en parvint au Mahdi avec une rapidité prodigieuse le 16 djoumâdi-'l-akhir 298[5] (mardi 19 février 911 de J. C.). Tout

[1] Nicholson, p. 124. — *Baïân*, t. I, p. ١٣٣, l. 17 à 21.

[2] Nicholson, p. 125. — *Baïân*, t. I, p. ١٣٣, l. 10 et 11.

[3] *Ibid.* même page, l. 14 et 15.

[4] Nicholson, p. 125 et 126. — *Baïân*, t. I, p. ١٣٣, l. 14 à 19. — Ibn-Khaldoun ne dit rien de l'insurrection des *Hooudrah*; suivant lui, Abou-Zâkî eut l'ordre d'aller prendre le commandement à *Tripoli*, et Mâk'noun avait reçu les instructions nécessaires pour lui ôter la vie aussitôt qu'il arriverait dans cette ville. (*H. d. B.* t. II, p. 522.)

[5] 'Arîb et, d'après lui, Ibn-'Adzârî placent cet événement le mardi commencement de dzou-'l-h'idjah 298[a]. J'observerai d'abord qu'il aurait fallu dire *mercredi* 1ᵉʳ dzou-'l-h'idjah 298 (31 juillet 911 de J. C.); ensuite Ibn-Khallikân[b] place l'assassinat du Chïï, qui eut lieu le même jour[c], au milieu de djoumâdi-'l-akhir 298; Ibn-Khaldoun dit djoumâdi[d] tout court; mais comme le savant traducteur ajoute, entre parenthèses, «janvier 911», on doit admettre qu'Ibn-Khaldoun entend parler de djoumâdi-'l-*aouel*». Suivant Abou-'l-Fedâ[f], Ibn-el-Athîr place cet événement en 296; mais le *Kâmil*, qu'il cite, dit 298[g], et l'auteur d'un livre intitulé *Recueil de faits sur*

[a] Nicholson, p. 126. — *Baïân*, t. I, p. ١٣٤, l. 1.

[b] *Kitâb ouafaïât-el-'Aïân*, nº ١٩٨, fasc. ١١, p. ١٣٤, l. 7 (t. I de la trad. angl., p. 465).

[c] *El-Kâmil*, t. VIII, p. ٣١, l. 3. — *Druzes*, t. I, p. CCLXXVII.

[d] *H. d. B.* t. II de la trad., p. 522.

[e] Car le 1ᵉʳ djoumâdi-'l-*akhir* 298 tombe le lundi 4 février 911.

[f] *Annal. muslem.* t. II, p. 320, l. 1 et 2.

[g] *El-Kâmil*, t. VIII, p. ٣٤, l. 5.

LIVRE QUATRIÈME. — CHAPITRE II. 107

était prêt pour faire mourir les deux frères rebelles. Le prince les envoya chercher, suivant sa coutume, pour assister à son repas, et, comme ils arrivaient près de K'as'r-es'-S'ah'n [1], quelques Kitâmah [2] embusqués s'élancèrent

Le Chîi et son frère Abou-'l-'Abbâs sont assassinés.

l'histoire de K'aïraouân [e] rapporte, comme tous les auteurs ci-dessus cités, cet événement à l'année 298, année indiquée aussi par Eutychius [b] et par El-K'aïraouâni [c], qui s'abstiennent, comme Ibn-el-Athîr, de fixer une date précise. Silvestre de Sacy a suivi cet exemple [d]. J'ai conservé la férie (mardi) indiquée par 'Arîb, mais j'ai adopté la date donnée par Ibn-Khallikân (milieu de djoumâdi-'l-akhir), parce que 'Arîb et Ibn-'Adzâri terminent leurs récits de l'année 298 par une grande expédition, commandée par Si-ibn-Douk'ân et Radjâ-ibn-Abou-K'annah [e], contre les Loouâtah [f], expédition qui ne saurait trouver place dans la même année après le meurtre des deux frères, si ce meurtre avait été commis en dzou-'l-h'idjah 298.

[1] Derrière lequel les meurtriers étaient embusqués [g]. Ibn-Khaldoun [h] dit seulement «auprès «du château», sans le nommer. Suivant Ibn-Khallikân, ce fut «à Rak'k'âdah», entre les deux châ-«teaux [j];» peut-être entend-il parler des châteaux de K'as'r-es'-S'ah'n et de K'as'r-el-Fath; mais je ne crois pas qu'il veuille dire entre Al-K'as'r-el-K'adîm et Rak'k'âdah, comme l'a supposé M. de Slane (t. I, p. 466, note 2, de sa traduction d'Ibn-Khallikân).

[2] Les deux chefs de la petite troupe de Kitâmah que 'Obaïd-Allah avait désignés pour cette exécution étaient 'Aroubah-ibn-Iouçof-el-Malouçi [k], celui qui avait dévoilé le complot, et H'abâçah, frère de 'Aroubah [l].

[a] C'est à la page d'Abou-'l-Fedâ citée note f de la page précédente que j'emprunte cette indication; le nom de l'auteur n'y est pas donné, mais le titre de l'ouvrage (الجمع والبيان في تاريخ القيروان) se trouve dans H'âdji-Khalîfah [1*], et là on apprend que ce recueil a été composé par Abou-'l-Gharîb-es'-S'anhâdji, dont l'année de la mort paraît être ignorée.

[b] Annalium t. II, p. ۲۰۲, l. 5 et 6; Oxoniæ, 1658, in-4°.
[c] Hist. de l'Afr. liv. IV, p. 94.
[d] Druzes, t. I, p. CCLXXVI.
[e] Nicholson, p. 129. — Baïân, t. I, p. ۱۴۵, l. 9 à 11.
[f] Graberg di Hemsö, évidemment d'après Ibn-Khaldoun [2*], parle des Looudtah comme d'une branche des Temṣît, une des deux grandes familles qui composent les Dharíçah. (Specchio geografico e statistico dell' impero di Marocco, p. 302; in-8°, Genova, 1834.) — Cette tribu des Loouâtah était extrêmement dispersée : un auteur inconnu, qui écrivait en 460, en cite autour de Bark'ah [3*], et, suivant Mak'rîzî [4*], on en trouvait des fractions jusqu'en Égypte.
[g] Baïân, t. I, p. ۱۴۵, l. 4.
[h] H. d. B. t. II de la trad., p. 522.
[j] Kitâb ouafaiât-el-Áiân, n° 14A, fasc. 11, p. ۱۲۴, l. 7 (t. I de la trad. angl., p. 465).
[k] Ce nom est défiguré dans le manuscrit de Gotha et, par suite, dans Ibn-'Adzâri [5*], sous celui de غروبه, au lieu de عروبه, mais Ibn-el-Athîr [6*], confirmé par Ibn-Khaldoun [7*], donne la bonne leçon.
[l] Nicholson et le Baïân nomment ce second chef «Djabar-ibn-Namâcib-el-Mill.» Mais voyez le Baïân, t. I, p. ۱۷۰, note e.

[1*] Lexicon bibliogr. et encyclop. t. II, p. 622, n° ۴۱۷۹. — Au n° 2885 de la table (t. VII, p. 1076, col. 2) on voit que Abou-'l-Gharîb n'est nommé que cette seule fois dans le volumineux ouvrage de H'âdji-Khalîfah, vulgairement appelé Hadji-Khalfah.
[2*] H. d. B. t. I, p. ۱۰۸, l. 4 à 15 (t. I de la trad., p. 170 et 171).
[3*] Chrest. arabe, t. I, p. 494, l. 8.
[4*] Cité par Ét. Quatremère (Mém. géogr. et hist. sur l'Égypte, t. II, p. 207; in-8°, Paris, 1811).
[5*] Nicholson, p. 126. — Baïân, t. I, p. ۱۴۵, l. 2 et 3.
[6*] El-Kâmil, t. VIII, p. ۱۰, lin. ult. et p. ۱۷, l. 9.
[7*] H. d. B. t. II de la trad., p. 522. A la page 524, Ibn-Khaldoun explique que 'Aroubah, révolté, fut tué dans une bataille en 302 (914-915 de J. C.). Cette date avait été donnée par Ibn-el-Athîr, t. 9, citée note 6* ci-dessus.

14.

pour les frapper. « Ô mon fils, s'écria le Chîï, ne commets pas un si grand « crime, » et 'Aroubah, comme pour lui déchirer le cœur avant de le percer, lui répondit : « Celui à qui tu nous as ordonné d'obéir nous commande de te « tuer, » et à l'instant, d'un coup de lance, il l'étendit mort. En même temps Abou-'l-'Abbâs expirait sous dix-neuf coups de lance, et cela le mardi, à l'heure du déclin du soleil[1].

Cet attentat fut suivi de plusieurs faits dont les dates précises ne sauraient être fixées avec certitude. Suivant 'Arîb, El-Mahdi s'abstint pendant plusieurs jours de toute relation avec les *Kitâmah*, puis leur accorda une amnistie[2] et leur permit de paraître devant lui ; mais isolément, parce qu'il craignait qu'ils n'en voulussent à sa vie. L'auteur ajoute, ce que répète Ibn-'Adzârî, qu'ensuite il fit périr un certain nombre d'entre eux par divers genres de mort[3]. Ibn-Khaldoun passe ces faits sous silence, mais il prétend qu'une révolte éclata parmi les *Kitâmah*, que le Mahdi monta à cheval et réussit à calmer les esprits[4]. Ce fut alors que, soit en punition d'avoir pris part à la révolte de *Tripoli*, soit pour faire diversion aux événements qui occupaient les esprits, fut résolue l'expédition, dont j'ai déjà parlé, contre les *Loouâtah*. Les deux généraux que j'ai mentionnés combattirent les Berbers, pillèrent leurs biens, firent leurs familles prisonnières, et ces succès furent portés à la connaissance des populations par une lettre de 'Obaïd-Allah publiquement lue à *K'aïraouân* et dans d'autres villes[5]. On ne dit pas dans quelle région de l'*Ifrîk'iah* ou du *Maghrib* se trouvaient les *Loouâtah*[6] qu'on exterminait ainsi ; mais pendant que cette guerre favorisait les armes de 'Obaïd-Allah, de graves événements se passaient à *Tâhart*. Les habitants, insurgés, avaient menacé de mort leur gouverneur, Dooûâs-ibn-S'oulât[7] ; celui-ci, comme il l'avait fait dans des circonstances analogues, s'était réfugié dans le *vieux Tâhart* (*Zafadjânah*) et s'y était fortifié, ce qui n'empêcha pas les habitants de l'attaquer et de lui tuer mille cavaliers[8]. Les révoltés avaient fait plus : ils avaient appelé à leur aide Moh'ammed-ibn-

---

Révolte des Kitâmah.

Expédition contre les Loouâtah.

Révolte à Tâhart.

---

[1] Nicholson, p. 126. — *Baïân*, t. I, p. 141², l. 2 à 11. On voit ici le vrai sens dans lequel El-K'aïraouâni a pu dire que le Chîï fut le propre instrument de sa mort (*Hist. de l'Afr.* liv. IV, p. 95).

[2] Il s'agit nécessairement de ceux des *Kitâmah* qui avaient trempé dans le complot.

[3] Nicholson, p. 129. — *Baïân*, t. I, p. 140, l. 7 et 8.

[4] *Histoire des Berbers*, t. II de la traduction, p. 523.

[5] Nicholson, p. 129. — *Baïân*, t. I, p. 140, l. 10 et 11.

[6] On a vu plus haut à quel point cette tribu était disséminée.

[7] Personnage qui nous est bien connu.

[8] Nicholson, p. 130. — *Baïân*, t. I, p. 140, l. 16 et 17.

Khazer et ses *Zenâtah;* ils s'étaient même rendus près de lui, avec la mère de Doouâs et sa famille[1], dont ils s'étaient emparés, ainsi que d'une grande quantité d'armes, et enfin ils lui offraient de les gouverner[2]. Le Mahdi fit marcher contre eux une armée formidable, commandée par plusieurs de ses k'âïds, qui leur livrèrent une bataille sanglante à un endroit nommé *Falk-Madîk*[3] (فلك مديك). Un nombre incalculable de *Zenâtah* restèrent sur le champ de bataille, et, le vendredi 30 moh'arram 299 (27 septembre 911 de J. C.), l'armée victorieuse se présentait devant la ville, qui se défendit pendant trois jours et ne put être prise que par ruse, tant était grande la résolution des assiégés. Les troupes fât'imites y entrèrent le 4 s'afar (mardi 1ᵉʳ octobre 911); elles la saccagèrent si impitoyablement qu'au dire de 'Arîb, copié par Ibn-'Adzârî, huit mille habitants furent égorgés, les femmes et les enfants réduits en esclavage, et la ville livrée aux flammes[4]. 'Obaïd-Allah remit alors le gouvernement de *Tâhart* à Mas's'âlah-ibn-H'abbous-ibn-Manâzil-ibn-Bahloul-el-Miknâçi[5]; quant à Doouâs-ibn-S'oulât, il se rendit à *Rak'k'âdah*, où 'Obaïd-Allah le fit mettre à mort[6].

299 de l'hégire (911-912 de J. C.).

Tâhart est repris.

La douloureuse impression que l'assassinat du Chîï avait laissée dans le cœur des *Kitâmah* ne s'effaçait pas; le sacrifice que ces avides Berbers avaient pu faire à l'homme qui exerçait sur eux un si grand empire, ils n'étaient pas disposés à le faire au souverain qui, pour beaucoup d'entre eux, n'était plus le Mahdi promis, et sans cesse ils réclamaient l'exécution de la promesse relative au pillage de *K'aïraouân*. 'Obaïd-Allah éludait la difficulté, il reculait de jour en jour la réponse catégorique incessamment sollicitée par les *Kitâmah*,

---

[1] Ce qui montre avec quelle précipitation le gouverneur Doouâs-ibn-S'oulât avait été obligé de quitter la ville.

[2] Nicholson, p. 130. — *Baïân*, t. I, p. 140, in fine.

[3] Nicholson, p. 129. — *Baïân*, t. I, p. 140, l. 14. Cette localité m'est inconnue.

[4] Nicholson, p. 130. — *Baïân*, t. I, p. 140, l. 14, à p. 144, l. 5 et 6.

[5] J'ai déjà eu occasion de nommer ce chef miknâcien. — Ibn-Khaldoun dit [a], à propos des événements d'*Orân*, que les troupes fât'imites, commandées par Doouâs-ibn-S'oulât, *gouverneur*

de Tâhart, se mirent en marche *en* 297 pour aller assiéger *Orân;* et ailleurs [b] il avait dit qu'*en* 298 '*Aroubah-ibn-Ioucof*, au retour de sa brillante expédition dans le *Moghrib*, donna le commandement de *Tâhart* à Doouâs-ibn-S'oulât. Il doit y avoir là quelque confusion, qui s'ajoute, en quelque sorte, à celle que j'ai déjà signalée, et qu'il me paraît difficile d'expliquer ou de rectifier, en l'absence de la date précise de l'expédition de 'Aroubah dans le *Maghrib*.

[6] Nicholson, p. 130. — *Baïân*, t. I, p. 144, l. 6 et 7. Cette exécution ne fut pas immédiate, mais la date n'en est pas donnée.

[a] *H. d. B.* t. I, p. ١٨٣, l. 6 (t. I de la trad., p. 283).

[b] *Ibid.* t. I, p. 100, l. 8 et 9 (t. I de la trad., p. 244).

110   ÉTUDE SUR LA CONQUÊTE DE L'AFRIQUE.

et, au moyen de détours, de raisons vagues, il contenait leur avidité[1]. En attendant, les *Kitâmah* se livraient, envers les habitants, à des actes de violence qui engendraient chez ceux-ci une irritation difficilement comprimée. On était ainsi, de part et d'autre, arrivé à un de ces états latents d'hostilité qui, à la première circonstance fortuite, déterminera une explosion. Ce fut le vendredi[2] 19 cha'bân 299 (10 avril 912 de J. C.), qu'un abus commis par un soldat chez un marchand de la ville devint tout à coup l'occasion d'un soulèvement général : les habitants se ruèrent sur les *Kitâmah*, et bientôt les rues et les marchés furent jonchés de plus de mille cadavres. Ah'med-ibn-Abou-Khanzîr monta précipitamment à cheval et s'efforça de calmer la population[3]; il donna l'ordre de cacher les morts. On les jeta dans les latrines[4]; mais il ne fut pas possible de faire prendre le change aux *Kitâmah* sur l'espèce de protection accordée aux habitants dans cette terrible scène, ne fût-ce qu'en cherchant à dis-

Collision sanglante dans les rues de K'aïraouân.

---

[1] On voit clairement ici que, quand il refusa de répondre aux notables de K'aïraouân, c'était pour éviter de se compromettre, sur cette grave question, à l'égard des *Kitâmah*.

[2] 'Arîb (Nicholson, p. 131) et, par suite, Ibn-'Adzârî (*Baïân*, t. I, p. 144, l. 9) disent le *mardi* dix nuits restant de cha'bân, c'est-à-dire le 19; or en 299 le 19 cha'bân tombe un *vendredi*. Pour que ce fût un *mardi*, il faudrait que cette bataille dans les rues eût eu lieu le 16 ou le 23 cha'bân (7 ou 14 avril).

[3] Ibn-Khaldoun (*H. d. B.* t. II de la trad., p. 523). Cet auteur prétend, d'après Ibn-el-Âthîr (*Kâmil*, t. VIII, p. 41, l. 8), que le Mahdi lui-même monta à cheval et calma l'émeute, dans laquelle, d'après son récit, l'esprit de prosélytisme aurait joué un rôle. — Je crois plutôt que ce fut Ah'med-ibn-Abou-Khanzîr qui intervint, comme le disent 'Arîb[a] et Ibn-'Adzârî[b]. On a vu plus haut que les deux fils de cet Ah'med étaient en *Sicile* depuis la fin de 297. Moins de deux années s'étaient écoulées lorsque les Siciliens, fatigués de la mauvaise administration de ce *Kitâmah*, se soulevèrent, jetèrent leur gouverneur en prison, et mirent provisoirement à sa place Khalîl, chef de la Quinte (S'âh'eb-el-Khoms[c]), qui avisa le Mahdi de ce qui s'était passé, et celui-ci, ayant admis les raisons que les habitants faisaient valoir, envoya, pour les gouverner, 'Ali-ibn-Amr-el-Balouï, qui arriva en *Sicile* le 27 dzou-'l-h'idjah 299[d] (vendredi 14 août 912 de J. C.).

[4] El-Bekrî dit formellement que «les partisans du Chî'i furent massacrés par les habitants de K'aïraouân.» (*El-Meçâlik oua'l-Memâlik*, p. 3., l. 19 et 20; — *J. A.* t. XII, p. 487, 5ᵉ sér. 1858.) Il est permis de soupçonner le Mahdi de n'avoir pas été étranger au soulèvement des habitants; les *Kitâmah* le gênaient évidemment : il leur devait trop.

[a] Nicholson, p. 131.
[b] *Baïân*, t. I, p. 144, l. 17 et 18.
[c] En-Nouaïrî, in Gregorio, p. 13, l. 2. — Riedesel, *Voyages en Sicile*, p. 418 et note 2 de cette page. — Amari, *Storia dei Musulmani di Sicilia*, t. II, p. 145; ce savant traduit صاحب الخمس par «preposto della Quinta»; j'ai suivi cette interprétation de M. Amari, déjà indiquée par Caussin de Perceval dans la note 2 à laquelle je viens de renvoyer.
[d] En-Nouaïrî, in Gregorio, p. 13, l. 3 et 4; in-fol., Panormi, 1790. — Riedesel, p. 419. — Ibn-Khaldoun (*Hist. de l'Afr. et de la Sic.* p. 4v, l. 11 et 12; — p. 159 de la trad.) dit : «à la fin de 299,» ce qui confirme la date donnée par En-Nouaïrî.

LIVRE QUATRIÈME. — CHAPITRE II. 111

simuler le nombre des victimes. Aussi, ceux des *Kitâmah* qui se trouvaient aux environs de *Rak'k'âdah* regagnèrent-ils leur pays tout remplis de l'esprit de révolte contre 'Obaïd-Allah. Ils mirent à leur tête un jeune homme appelé El-Mâouat'î (ou El-Mârit'î), dont le nom était Kâdou-ibn-Mo'ârik[1], assurant qu'il était le Mahdi attendu. Les succès de ce nouveau prétendant furent extrêmement rapides; il s'empara de presque tout le *Zâb*, prit ainsi une certaine consistance, et le danger fut jugé tout à fait sérieux quand la nouvelle parvint que plusieurs des k'âïds envoyés pour le combattre avaient passé à l'ennemi, notamment S'oulât-ibn-Djandab, avec environ deux cents hommes. Alors 'Obaïd-Allah fit marcher contre les révoltés son propre fils, Abou-'l-K'âcim. Le jeune prince[2] partit de *Rak'k'âdah* le vendredi 15 ramadhân 299[3]; il s'empara de *Constantine* et d'autres villes des *Kitâmah*, livra plusieurs combats à El-Mâouat'î, et bientôt quelques-uns des k'âïds qui avaient passé dans les rangs de ce Mahdi improvisé revinrent à El-K'âcim, sur la promesse qu'il leur fit de leur donner l'amân et de les traiter avec bonté. Cette expédition dura plusieurs mois, car ce ne fut qu'en 300 que le fils du Mahdi rentra à *Rak'-k'âdah*, ramenant prisonniers El-Mâouat'î et ses compagnons[4]. Après avoir été promenés dans les rues de *K'aïraouân* montés sur des chameaux et coiffés de longs bonnets dits *el-k'oroun* (les cornes) et *mos'âfâ'*, ces malheureux furent exécutés à *Rak'k'âdah*[5].

Bientôt un terrible soulèvement eut lieu à *Tripoli*. Mâk'noun-ibn-Dabbârah-

Révolte des Kitâmah, ralliés à El-Mâouat'î.

300 de l'hégire (912-913 de J. C.). Mort d'El-Mâouat'î.

Révolte à Tripoli.

---

[1] Nicholson, p. 131. — *Baïân*, t. I, p. ١٩v, l. 1. — Ibn-Khaldoun, *H. d. B.* t. II de la trad., p. 523 et 524. Suivant lui, les *Kitâmah* mirent à leur tête un enfant, qu'il ne nomme pas, et auquel ils donnèrent le titre de Mahdi.

[2] Il était né à *Salamiah* en 279 ou 280; par conséquent, il n'avait encore que dix-neuf ou vingt ans.

[3] 'Arîb (in Nicholson, p. 132). — Ibn-'Adzârî, *Baïân*, t. I, p. ١٩v, l. 7. Le premier dit un *di*manche 5 restant de ramadhân, l'autre dit un *samedi* et copie la date; mais tous deux se trompent sur la férie, si la date est exacte. Le 25 ramadhân tombe un *vendredi*, correspondant au 15 mai 902 de J. C.

[4] Suivant Ibn-Khaldoun (*H. d. B.* t. II de la trad., p. 524), Abou-'l-K'âcim tua El-Mâouat'î avant de rentrer à *Rak'k'âdah*. Il ne dit pas si ce fut en combattant.

[5] 'Arîb (in Nicholson, p. 134). — *Baïân*, p. ١٩٨ in fine, à p. ١٩٩, l. 1. — Il semble que ce fut pendant cette guerre que furent exécutés à *K'aïraouân* de nombreux personnages, convaincus ou seulement soupçonnés d'avoir trempé dans la conspiration que le Chîî avait ourdie contre 'Obaïd-Allah. La main du Mahdi s'appesantit aussi sur les débris de la famille des Beni-Aghlab et de leurs k'âïds; en outre, il fit mettre à mort Abou-Ibrâhîm, connu sous le nom d'Ibn-el-Badjâout-'l-K'archi-'l-Fihrî, qui, cependant, s'était révolté contre Ibrâhîm-ibn-Ah'med-ibn-el-Aghlab avec les habitants de *Tunis*[a]. (Nicholson, p. 132 et 133. — *Baïân*, t. I, p. ١٩v, l. 10 à 16.)

[a] Je suppose qu'il s'agit ici de la révolte qui eut lieu en 278.

el-Adjâbî était toujours gouverneur de cette ville, et il tolérait les graves abus auxquels les *Kitâmah* se livraient envers les habitants. La patience de ceux-ci se lassa, et un jour ils firent main basse sur tous les *Kitâmah* qu'ils rencontrèrent, fermèrent les portes de la ville, et égorgèrent tous ceux qui y étaient entrés. Mâk'noun avait pris la fuite pour aller se réfugier auprès de son maître, et les Tripolitains avaient mis à leur tête Moh'ammed-ibn-Ish'âk', connu sous le nom d'Ibn-el-K'arlîn[1]. 'Obaïd-Allah résolut d'investir *Tripoli* par terre et par mer. Quinze vaisseaux se présentèrent devant la ville, abordèrent la flotte ennemie, la brûlèrent, et tous ceux qui la montaient furent massacrés. Le mardi[2] 2 djoumâdi-'l-aouel 300 (15 décembre 912 de J. C.), Abou-'l-K'âcim avait quitté *Rak'k'âdah* à la tête de l'armée; il attaqua les *Hoouârah*, il investit la ville, et la tint si étroitement bloquée que les malheureux habitants, privés de la flotte qui leur aurait permis de se ravitailler, et après plusieurs mois de siège, se virent réduits à l'horrible nécessité de manger les morts, et demandèrent l'amân. Abou-'l-K'âcim le leur accorda, en exceptant trois personnes, qui lui seraient livrées à merci : c'étaient Moh'ammed-ibn-Ish'âk'-el-K'archi, Moh'ammed-ibn-Nas'r et un homme connu sous le nom de El-H'ouh'ah'ah (الحوحاه)[3]. Après avoir repris possession de la ville, le vainqueur ramena ses troupes à *Rak'k'âdah*. Les trois prisonniers marchaient devant lui, et, arrivés à *K'aïraouân*, on leur fit subir, avant de les mettre à mort, les mêmes humiliations dont on avait accablé El-Mâouat'î. Suivant Ibn-Khaldoun, *Tripoli* fut emporté d'assaut après un long siège, les habitants passés au fil de l'épée, et ceux qui échappèrent à ce carnage durent payer une contribution de 300,000 pièces d'or[4].

---

[1] 'Arîb (in Nicholson, p. 134). Plus bas (p. 136, l. 2) il l'appelle El-K'archi. — Ibn-'Adzârî (*Baïân*, t. I, p. ١٤٨, l. 10 à 16); il lui donne aussi plus bas (p. ١٤٩, l. 17) le nom d'El-K'archi.

[2] C'est certainement par erreur que 'Arîb (in Nicholson, p. 135) fait correspondre au *dimanche* le 2 rebî-'l-aouel 300. Ibn-'Adzârî (*Baïân*, t. I, p. ١٤٩, l. 11) a copié cette erreur.

[3] Tous trois chefs de la révolte. (Nicholson, p. 136.) — Il paraît cependant qu'il ne s'en tint pas à cette exception, et que, une fois maître de la ville, il en profita pour faire mourir plusieurs membres survivants de la famille des Beni-Aghlab et quelques-uns de leurs k'âïds. (Nicholson, p. 136; — *Baïân*, t. I, p. ١٤٩, linea ultima.)

[4] *H. d. B.* t. II de la trad., p. 524. — Le chaîkh Et-Tidjânî dit 400,000 dînârs (*J. A.* t. I, p. 142, 5ᵉ sér. 1858). — Et-K'aïraouâni dit 340,000 pièces d'or (*Hist. de l'Afr.* liv. IV, p. 95).

* Cet auteur se trompe en plaçant l'expédition d'Abou-'l-K'âcim en 303. (Voyez Abou-'l-Mah'âcin, qui, dans ses *Nodjoum*, t. II, p. ١٨٣, l. 15 à 17, vérifie parfaitement l'année 300.)

LIVRE QUATRIÈME. — CHAPITRE II.

Pendant que ces événements se passaient sur le continent africain, une révolte avait aussi éclaté en *Sicile*, et sa durée, quelques circonstances de son développement, lui donnent un caractère de gravité particulier. On a vu que, pour remplacer El-H'açan-ibn-Abou-Khanzîr, emprisonné par les habitants, le Mahdi avait remis le gouvernement de la *Sicile* à 'Ali-ibn-'Amr-el-Baloui. « C'était, dit En-Nouaïrî, un vieillard doux et plein d'humanité[1]; » mais il était faible et ne pouvait convenir aux Siciliens. Aussi, dès le commencement de l'année 913 de J. C.[2], les habitants se soulevèrent contre lui, le chassèrent de *Palerme*, chassèrent de *Girgente* son frère 'Ali, qu'il y avait préposé[3], pillèrent leurs maisons, et voulurent mettre à leur tête Ah'med-ibn-Ziâdet-Allah-ibn-K'orhob[4], qui s'en défendit d'abord[5], et ne céda qu'à la promesse qui lui fut faite qu'il trouverait chez tous obéissance et respect[6]. Le lundi 18 mai 912 (28 ramadhân 299 de l'hégire) il fut investi solennellement du titre et des fonctions d'émir[7], et son premier acte fut d'écrire à *Baghdâd* au khalife El-Mok'tadir qu'il ne se considérait que comme son lieutenant en *Sicile*. Le khalife lui répondit en le confirmant dans ce titre. Sa réponse était accompagnée de divers cadeaux, qui tous étaient des emblèmes d'investiture[8]. Ibn-K'orhob, ainsi reconnu par El-Mok'tadir, mit au nombre de ses devoirs envers le khalife de faire la guerre au Mahdi, dont il venait de faire supprimer le nom dans

Révolte en Sicile.

---

[1] In Gregorio, p. 13, l. 5 et 6 (Riedesel, p. 419). — Ibn-Khaldoun, *Histoire de l'Afrique et de la Sicile*, p. ٧v, l. 12 et 13 (p. 159 de la traduction).

[2] Amari, *Storia dei Musulmani di Sicilia*, t. II, p. 147. — Le 1ᵉʳ janvier 913 correspond au 29 djoumâdi-'l-aouel 300; il n'y avait donc qu'environ cinq mois que le nouveau gouverneur était arrivé quand la révolte éclata.

[3] *Baïân*, t. I, p. 144, l. 2.

[4] *Ibid.* l. 3 et 4. C'était un personnage important, fort riche, d'une famille arabe noble, dévouée aux Aghlabites, et dont un des ancêtres avait été premier ministre d'Ibrâhîm-ibn-Ah'med. (Amari, t. II, p. 145 et 146.)

[5] Ibn-'Adzârî prétend même qu'il se réfugia dans une cave (Nicholson, 135; — *Baïân*, t. I, p. 144, l. 4 et 5) pour se soustraire aux instances des habitants.

[6] 'Arîb, in Nicholson, p. 135. — *Baïân*, t. I, p. 144, l. 3 à 6. — En-Nouaïrî, in Gregorio, p. 13, l. 8 (Riedesel, p. 419). — Ibn-Khaldoun, *Hist. de l'Afr. et de la Sic.* p. ٧v, l. 13 (p. 159 de la trad.). — En-Nouaïrî et Ibn-Khaldoun appellent ce personnage Ah'med-ibn-K'orhob. Son nom complet est donné ci-dessus dans le texte. 'Arîb et Ibn-'Adzârî placent cet événement en 300.

[7] *Chronicon Cantabrigiense*, in Gregorio, p. 44, l. 14 et 15. — Ibn-Khaldoun place, je crois, à tort cet événement en 304 (*H. d. B.* t. II de la trad., p. 524); du moins En-Nouaïrî assure que ce personnage fut tué à la fin de l'an 300, après avoir gouverné un peu plus de onze mois (in Gregorio, p. 13, l. 16; — Riedesel, p. 419).

[8] C'étaient des étendards noirs, des robes d'honneur noires, le collier d'or et les bracelets. (Ibn-el-Athîr, *Kâmil*, t. VIII, p. ٥١ᶜ, l. 7 et 8. — En-Nouaïrî, in Gregorio, p. 13, l. 16. — Riedesel, p. 419.)

114   ÉTUDE SUR LA CONQUÊTE DE L'AFRIQUE.

Attaque des Siciliens.

la khot'bah [1]. En conséquence, il envoya dans le port de *Lamt'ah* [2] une flotte, commandée par son fils Moh'ammed-ibn-K'orhob, qui rencontra dans le port africain la flotte de 'Obaïd-Allah, commandée par El-H'açan-ibn-Ah'med-ibn-Abou-Khanzîr [3]. La flotte fât'imite fut incendiée, et son chef tué de la propre main de Moh'ammed-ibn-K'orhob, qui fit six cents prisonniers [4]. Ibn-Khaldoun confirme ces faits [5], et la *Chronique de Cambridge* en donne les dates. *Suivant elle*, la flotte sicilienne avait mis à la voile le 12 dzou-'l-h'idjah 301 (samedi 9 juillet 914 de J. C.), et ce fut neuf jours après, le 21 dzou-'l-h'idjah (18 juillet), qu'elle rencontra et détruisit la flotte du Mahdi [6]. «A la suite de «cette victoire, dit Ibn-Khaldoun, les Siciliens se dirigèrent vers *Sfâk's* [7], qu'ils «livrèrent au pillage, et de là cinglèrent vers *Tripoli*, où ils pensèrent sur-

Mort d'El-H'açan-ibn-Abou-Khânzîr.

---

[1] *Hist. de l'Afr. et de la Sic.* p. ٩٨, l. 4 (p. 160 de la trad.).

[2] *Lamt'ah* était moins un port qu'un mouillage sur la côte orientale de l'*Ifrîk'iah*, entre *Monastîr* [a] et le promontoire qui devait bientôt recevoir la ville d'*El-Mahdïah*. (*Mo'djam-el-Bouldân*, t. IV, p. ٤٤١, l. 5, et p. ٤٤٣, l. 2.)

[3] On voit que 'Obaïd-Allah avait de nouveau confié d'importantes fonctions à ce *Kitâmah*, qui avait si mal réussi en *Sicile*.

[4] *Baïân*, t. I, p. ١١٧, l. 7 à 12. — Ibn-'Adzârî place ce fait d'armes en 301.

[5] *Hist. de l'Afr. et de la Sic.* p. ٩٨, l. 5 à 8 (p. 160 de la trad.).

[6] *Chronicon Siciliæ Cantabrigiense*, in Gregorio p. 44, l. 16 à 19 du texte arabe.

[7] Ia'k'oubi parle de cette ville comme située dans la région qu'on appelle le *Sâh'el*, à cause de sa verdure et de son ombrage [b]. Ibn-H'auk'al [c] la place à deux jours de marche d'*El-Mahdïah*, et El-Bekrî y signale l'existence du flux et du reflux [d], ce qui est très bien confirmé par Et-Tidjânî [e]. Iâk'out avait aussi mentionné *Sfâk's*; Ibn-H'auk'al (ci-dessus cité), Iâk'out [f] et Abou-'l-Fedâ [g] écrivent سفاقس et صفاقس (S'afâk'os). C'est l'*Asfachs* de Jean-Léon [h], l'*Esfacos* de Marmol [i], son copiste. Edrîsî en parle comme d'une ville ancienne et la place, d'après Ibn-H'auk'al, à deux

---

[a] «Ville sur le mérite de laquelle, dit Et-Tidjânî, on conserve des traditions sacrées.» (*J. A.* t. XX, p. 111 et suiv. 4ᵉ sér. 1852.) J'écris son nom comme l'écrit Iâk'out.

[b] *S'ifat-el-Maghrib*, p. 11, l. 6 (p. 80 de la trad. lat.). — Voyez *Rih'lah* d'Et-Tidjânî (*J. A.* t. XX, p. 124 et 125, 4ᵉ sér. 1852).

[c] P. ١٥٧, l. 14 à 22 (*J. A.* t. XIII, p. 171, 3ᵉ sér. 1852). — Edrîsî dit aussi (p. ١٠٧, l. 17 et 18) que de *Sfâk's* à *El-Mahdïah* il y a deux journées, ce qui ne l'empêche pas de dire à la page suivante (p. ١٠٨, l. 3 à 5): «Pour se rendre de *Sfâk's* à *El-Mahdïah* on va premièrement à *Rak'k'âdah* de *K'aïraouân* et puis de *Rak'k'âdah* «à *El-Mahdïah*. La distance entre elle et *El-K'aïraouân* est de deux journées.»

[d] P. ٢٠, l. 7 du texte (*Journal asiatique*, t. XII, p. 461, 5ᵉ sér. 1858). — Edrîsî, *Descr. de l'Afr. et de l'Esp.* p. ١٠٧, l. 3.

[e] *Rih'lah*, de ٧٠٣ à ٧٠٩, de décembre 1306 à juillet 1309 (*J. A.* t. XX, p. 128, 4ᵉ sér. 1852).

[f] *Mo'djam-el-Bouldân*, t. III, p. ٩٩, l. 3 et suiv. — *Marâs'id-el-It't'ilâ'*, t. II, p. ٣١٢, l. 10 et seq.

[g] *Géographie*, p. ٢٨, l. 9, p. ١٦٣ et ١٦٥ (t. II de la trad., p. 33, 34 et 200). — Voir aussi l'édition de M. Ch. Solvet, p. 122 et 123.

[h] In Ramusio, fol. 69 B; in-fol., in Venetia, 1563 (p. 285 de la trad. de Jean Temporal; in-fol., Lyon, 1556).

[i] *Descr. gen. de l'Africa*, libro VI, capit. xxix, vol. II, fol. 284 v°; in-fol., Granada, 1573 (t. II de la trad. franç., p. 528: in-4°, Paris, 1567).

LIVRE QUATRIÈME. — CHAPITRE II.   115

« prendre El-K'âcim, » qui, avec les débris de l'armée vaincue, revenait d'*Égypte*, ajoute M. Amari[1]. Or il doit y avoir là quelque erreur dans les dates données, car nous allons voir qu'El-K'âcim se mit en marche contre l'*Égypte* à la fin de 301, et d'ailleurs si, suivant Ibn-el-Athîr[2], En-Nouaïrî[3], Ibn-Khaldoun[4], la mort de Ah'med-ibn-K'orhob eut lieu *à la fin de 300*, Ibn-'Adzârî place cet événement en *moh'arram 304*; il raconte que, livré à 'Obaïd-Allah, celui-ci ordonna de fouetter Ah'med et ses compagnons sur le tombeau de H'açan-ibn-Abou-Khanzîr, leur fit couper les mains et les pieds, puis les fit crucifier à la *porte Salam*, près de ce tombeau[5].

Tous ces événements, particulièrement ceux dont la *Sicile* était le théâtre, montrent les résistances qu'eut à vaincre El-Mahdi pour asseoir son autorité;

journées de *Mahdïah*[a]; 'Abd-el-Ouâh'id dit trois journées[b]. D'Anville avait rapporté *Sfâk's* à *Taphrura*[c], et c'est sans doute d'après lui qu'en 1804 je trouve admise[d] la synonymie de *Sfâk's* et de *Taphrure* de Pomponius Mela[e], qui est la *Taphra* de Pline[f], la Ταφροῦρα de Ptolémée[g], la *Taparura* de la Table de Peutinger[h]. Shaw, qui écrit *Sfax*[i], donne à ce nom une étymologie arabe que sir Grenville Temple[k] a admise, mais que M. de Slane[l] rejette avec raison. Henri Barth a trouvé, en 1845, cette ville prospérant par son commerce d'huile et de fruits[m]; les détails dans lesquels entre M. Pellissier, qui a adopté l'orthographe de Shaw, témoignent aussi de l'importance de *Sfâk's*[n], ville à laquelle il attribue une origine sarrasine[o], opinion que ne partage pas M. Guérin[p].

[1] *Storia dei Musulmani di Sicilia*, t. II, p. 151. Voir Ibn-Khaldoun, *Hist. de l'Afr. et de la Sic.* p. ٩٨, l. 8 (p. 160 de la trad.).
[2] *El-Kâmil*, t. VIII, p. ٥١٥, l. 14.
[3] In Gregorio, p. 13, l. 16.
[4] *Hist. de l'Afr. et de la Sic.* p. ٩٨, l. 14 à 16 (p. 161 de la trad.).
[5] *Baïân*, t. I, p. ١٧٩, l. 10 à 16.

[a] *Description de l'Afrique et de l'Espagne*, p. ١٠٧, l. 7, 17 et 18. — Hartmann, *Edrisii Africæ* p. 261; in-8°, Gottingæ, 1796.
[b] 'Abd-el-Ouâh'id, *K'itâb-el-Mo'djib*, p. ٢٠٠, l. 2; édit. Dozy; in-8°, Leyden, 1847.
[c] *Géogr. anc. abrégée*, t. II, p. 655 des Œuvres publiées par de Manne; in-4°, de l'*I. R.* 1834.
[d] Par Fradin dans sa trad. de Pomponius Mela, t. I, p. 55, note *t*; in-8°, Paris, 1804. — Mannert, *Géogr. anc. des Ét. barb.* p. 160; in-8°, Paris, 1842. Il dit : «Sfâk's occupe, à ce qu'il paraît, l'emplacement de l'an-«cienne *Taphrura*.»
[e] *De Situ orbis*, lib. I, cap. VII, p. 43 de l'éd. de Gronovius; in-8°, Lugd. Batav. 1782.
[f] *Hist. natur.* lib. V, cap. IV, t. I, p. 247, l. 13; in-fol., Parisiis, 1723.
[g] *Geographiæ libri octo*, lib. IV, cap. III, p. 97; in-fol., Amstelodami, 1605.
[h] *Tab. Itiner. Peuting.* segm. VI; in-fol. Lipsiæ, 1824. — Limenianus *Taprurensis* assista à la *Conférence de Carthage* en 411 (collat. I, cap. CXXXV, S. Optati *De Schism. Donatist.* p. 423, col. 1, l. 33; in-fol., Lutet. Parisior. 1700. Voir aussi p. 433, col. 1, l. 6 et 7).
[i] *Voyages de M. Shaw dans plusieurs provinces de la Barbarie et du Levant*, t. I, p. 249; in-4°, la Haye, 1743.
[k] *Excursions in the Mediterranean*, t. I, p. 141; in-8°, London, 1835.
[l] *Journ. asiat.* t. XIII, p. 171, note 1, 3° sér. 1842.
[m] *Wanderungen durch die Küstenländer des Mittelmeeres*, p. 179; in-8°, Berlin.
[n] *Descr. de la Rég. de Tun.* chap. VII, p. 101 à 105; in-8°, de l'*I. R.* 1853.
[o] *Voyage archéol. dans la Régence de Tunis*, t. I, p. 159; in-8°, Paris, 1862.

elles rendent difficilement explicable la pensée qu'il nourrissait dès lors de porter ses armes en Orient, et dont l'exécution suivit de près, car les auteurs s'accordent pour placer à la fin de 301 les premières tentatives contre l'*Égypte*. Était-ce dans l'arrière-pensée d'éloigner les *Kitâmah* et de voir leurs rangs s'éclaircir dans cette aventureuse expédition? Cette supposition est admissible, vu ce que nous savons déjà de la politique de 'Obaïd-Allah. Ou bien était-ce à titre de représailles, pour se venger de la reconnaissance d'Ibn-K'orhob par Mok'tadir? Quelle qu'ait été la cause de cette audacieuse attaque, le fait de l'expédition est certain, mais les différences que les sources présentent ici nécessitent une explication préliminaire.

On lit dans Ibn-Khaldoun[1] : « Après s'être débarrassé du Chîi[2], El-Mahdi « accorda le gouvernement de *Bark'ah et des contrées qui en dépendent* à H'abâçah-« ibn-Iouçof; Ambeçah (lisez 'Aroubah), son frère, reçut le gouvernement du « *Maghrib*, et alla s'installer à *Baghdâiah*. » Mais à quel titre El-Mahdi aurait-il, *alors*, disposé du gouvernement de *Bark'ah et dépendances*? Son autorité y était absolument nulle. Ibn-Khaldoun ajoute : « La ville de *Tâhart*, dont le Mahdi « s'empara *ensuite*[3], fut placée sous le commandement de Dooûâs-ibn-S'ou-« lât-el-Lahîdhî. » Or nous avons vu plus haut que cette ville fut reprise le 30 moh'arram 299, que le commandement en fut alors confié à Mas's'âlah-ibn-H'abbous, et, qu'à cette époque, Dooûâs disparut de la scène. Tout indique qu'il y a là quelque confusion. Je le crois d'autant plus qu'Ibn-Khaldoun, arrivant à l'expédition contre l'*Égypte*, la place en effet en 301, mais il parle d'une expédition dont El-K'âcim était le chef, bien que H'abâçah-ibn-Iouçof y ait joué un rôle important. Je sais bien qu'Ibn-'Adzârî[4], suivi, quant à la date, par Ibn-Khaldoun[5], place en 301 une expédition contre l'*Égypte*, expédition commandée par H'abâçah-ibn-Iouçof, qui se serait emparé successivement de *Sort*, d'*Adjdâbiah*, de *Bark'ah*, villes d'où il aurait chassé les garnisons égyptiennes[6], et où il aurait commis des horreurs invraisemblables par leur

---

[1] *Histoire des Berbers*, t. II de la traduction, p. 523.

[2] A l'assassinat duquel nous avons assisté en djoumâdi-'l-akhir 298.

[3] Le don du gouvernement de *Bark'ah* aurait eu lieu, suivant ce passage, dès le commencement de 299, c'est-à-dire à une époque où El-Mahdi avait peine à contenir les *Kitâmah*, émus par le meurtre du Chîi, et nous allons voir qu'Ibn-Khaldoun lui-même ne place qu'en 301 le départ de H'abâçah pour l'Orient.

[4] *Baïân*, t. I, p. iv-, l. 12 et suiv.

[5] *H. d. B.* t. II de la trad., p. 524.

[6] Si en 301 les villes occidentales de la *Cyrénaïque* étaient occupées par des garnisons *égyptiennes*, H'abâçah n'en avait pas été nommé gouverneur, comme le dit Ibn-Khaldoun, *avant* la prise de *Tâhart*, qui eut lieu en 299.

LIVRE QUATRIÈME. — CHAPITRE II.   117

excès même[1], tellement invraisemblables que j'ai hésité à admettre la réalité de cette expédition; mais je n'ai pas cru pouvoir me permettre de supprimer un récit mentionné dans le livre d'un auteur contemporain, habitant d'*Alexandrie*, Eutychius, qui précise que H'abâçah fut envoyé par 'Obaïd-Allah en rebî-'l-akhir 300[2]. Je vais maintenant exposer ce qu'on est, je crois, en droit de considérer comme la première expédition envoyée par El-Mahdi en *Égypte*.

« En 301, dit Ibn-'Adzârî[3], Abou-'l-K'âcim-ibn-'Obaïd-Allah sortit de la ville « de *Rak'k'ddah*, avec une armée nombreuse, pour faire des incursions contre « l'*Égypte*. » Ibn-Khallikân place ce départ le 18 dzou-'l-h'idjah 300[4] (vendredi 15 juillet 914). La date de 301 avait déjà été indiquée par Ibn-el-Athîr, qui prétend que l'armée s'empara de *Bark'ah* en dzou-'l-h'idjah[5], et cette date du départ est confirmée par Abou-'l-Fedâ[6] et par Ibn-Khaldoun[7]. Ce dernier ajoute qu'en même temps une flotte de deux cents vaisseaux commandée par H'abâçah-ibn-Iouçof prenait la mer pour aller débarquer à *Alexandrie*, dont Abou-'l-K'âcim alla s'emparer aussitôt qu'il eut soumis le *pays de Bark'ah*. Remontant alors la rive gauche de la *branche Canopique*, il ravagea *Terennout*[8],

301 de l'hégire
(913-914
de J. C.).
Première
expédition
d'El-Mahdi
contre l'Égypte.

---

[1] *Baïán*, t. I, p. ıvı, l. 7 à 12.

[2] *Annalium* t. II, p. ٥٠٢, l. 16 à 18; in-4°, Oxoniæ, 1658 et 1659. — Eutychius prétend que ce général conquit *Bark'ah, Alexandrie*, le *Faïoun, Bahnasâ*, et, quelques lignes plus loin (p. ٥٠٥, l. 6), il nomme le fils de 'Obaïd-Allah comme envoyé en aide à H'abâçah (محمد الجباس), qui, en avisant l'émîr de ses succès, ne lui dissimulait probablement pas les préparatifs qui le menaçaient.

[3] *Baïán*, t. I, p. ıvr, l. 6 et 7.

[4] *Kitâb ouafaïât-el-'Aïân*, n° ٩٩٩, fasc. vıı, p. ١٢٤, l. 2 et 3 (t. III de la traduction anglaise, p. 181).

[5] *El-Kâmil*, t. VIII, p. ٩٣ in fine. Cette date

ne s'accorde guère avec celle du départ fixée par Ibn-Khallikân.

[6] *Annal. muslem.* t. II, p. 324, l. 17 à 20. Il dit qu'El-K'âcim s'empara d'*Alexandrie* et du *Faïoum*.

[7] *Histoire des Berbers*, t. II de la traduction, p. 524.

[8] *El-Meçâlik oua-'l-Memâlik*, p. ٢, l. 3 (*J. A.* t. VII, p. 415, 5° sér. 1858). — C'est Τερνοῦθης ou mieux Τερενοῦθις des Grecs[a], qui n'est presque que la transcription du nom donné par les Égyptiens à une ville située sur la rive du *Nil* la plus occidentale, à neuf lieues au-dessous de la pointe du *Delta*. Les Arabes en ont fait ترنوط[b] (*Tarnout*, comme l'écrit Iâk'out, t. I, p. ٨٦٥,

---

[a] Steph. Byzant. au mot Ἑρμωνθις, p. 271; in-fol., Amstelodami, 1678. — Lucæ Holstenii Notæ et Castigat. in Steph. Byzant. p. 117, col. 2; in-fol., Lugd. Batav. 1692. — *Notitia dignitatum*, t. I, p. 68 et 298, edit. Böcking; in-8°, Bonnæ, 1839 à 1853. — Christoph. Cellarii *Notitia orb. antiq.* t. II, p. 782, n° 9; in-4°, Lipsiæ, 1732.

[b] Ia'k'oubi, *S'ifat-el-Maghrib*, p. ٢, l. 3 (p. 27 et 28 de la trad. lat.). — C'est aussi l'orthographe d'Ibn-H'auk'al (p. ٤٠, l. 17). — El-Bekri, p. ٢, l. 4 (*J. A.* t. XII, p. 414, 5° sér. 1858). — Edrisî (t. I de la trad. franç., p. 324;— Hartmann, p. 345, 386 et 429). — Iâk'out, *Mo'djam-el-Boldân*, t. I, p. ٨٦٥, l. 8. — Ce nom est défiguré par Niebuhr, qui transcrit Terâne et à qui, sur les lieux, on aurait donné inexactement طرال (*T'erânî*). (*Voyage en Arabie*, t. I, p. 72, et pl. X; in-8°, Amsterdam et Utrecht, 1776.)

118   ÉTUDE SUR LA CONQUÊTE DE L'AFRIQUE.

et s'avança jusqu'au *Faïoum*, même jusqu'à *Bahnasâ*[1], deux villes dont il se rendit maître. Mais il se trouva bientôt en face des troupes du khalife El-Mok'tadir, commandées par Tikin-el-Khazari, gouverneur d'*Égypte*, et par Mounis-el-Khâdim [2] (l'eunuque), qui, après plusieurs engagements, l'obligèrent à une retraite précipitée vers le *Maghrib*[3], précipitée à ce point que son arrière-garde fut inquiétée par les troupes égyptiennes, qui, même, lui enlevèrent beaucoup d'armes, ses tentes, tous ses bagages[4]; et le jeune prince rentra à *Rak'k'âdah* en 302 avec son armée vaincue[5]. Dans ce récit, le nom de H'abâçah n'est pas même prononcé.

302 de l'hégire
(914-915
de J. C.).

Dans un récit que j'emprunte aussi à Ibn-'Adzârî, le fils du Mahdi entra à *Alexandrie* en 302, *accompagné de H'abâçah*[6]. La ville avait été abandonnée par les habitants, qui s'étaient embarqués, laissant seulement ce qu'il eût été trop difficile d'emporter. El-K'âcim et H'abâçah se rendirent dans le *Faïoum*, dont ils occupèrent des régions différentes, car ce fut dans le *Faïoum*[7] que H'abâçah vit arriver un général du nom de Abou-Feridan (فردن)[8], envoyé par

l. 8). Voir les savantes explications données sur cette ville par Ét. Quatremère[a] et Champollion le jeune[b].

[1] Eutychii *Annalium* t. II, p. ۰۰۰, l. 3. Il parle là des conquêtes qu'il attribue à H'abâçah. — Le texte dit البعدى (*El-Bahsadî*); la traduction latine dit *Baknasa*. Est-ce une correction? J'en doute, et je crois que, dans le texte, il faut lire البهنسا (*Bahnasâ*), car au sud du *Faïoum*, et sur la même rive du *Nil*, il existe une ville de ce nom, qui, comme الفيوم, donne son nom à une province[c], et que je suppose être la ville dont le nom est défiguré dans le texte d'Eutychius.

[2] Nous savons par Abou-'l-Mah'âcin que ce fut en cha'bân 301 que le khalife Mok'tadir chargea son fils Abou-'l-'Abbâs des affaires de la guerre en *Égypte* et dans le *Gharb*, et comme ce fils n'avait pas quatre ans, il lui donna pour lieutenant Mounis-el-Khâdim[d]. C'est en 301,

mais à tort je crois, qu'Ibn-el-Athîr place cette conquête éphémère d'*Alexandrie* et du *Faïoum* par Abou-'l-K'âcim[e]. Mounis arriva en *Égypte* un lundi, milieu du mois de ramadhân 302[f].

[3] Abulfedæ *Annal. muslem.* t. II, p. 324, l. 17 à 20. — Ibn-Khaldoun, *H. d. B.* t. II de la trad., p. 524.

[4] *Baïân*, t. I, p. ۱۷۳, l. 11 et 12.

[5] *Ibid.* t. I, p. ۱۷۴, l. 16 et 17. Ibn-'Adzârî ajoute : «Sa fuite du *Faïoum* avait eu lieu le dimanche (lisez *samedi*) le 10 dzou-'l-k'a'dah 302» (27 mai 915).

[6] *Baïân*, t. I, p. ۱۷۴, l. 17 et 18. Cette date s'accorde bien avec celle de la fin de 301 donnée par Ibn-Khallikân pour la date du départ.

[7] *Ibid.* t. I, p. ۱۷۳, l. 3 et 4.

[8] Orthographe incertaine par l'absence des voyelles et des points diacritiques sur la troisième lettre.

[a] *Mém. géogr. et hist. sur l'Égypte*, t. I, p. 353; in-4°, Paris, 1811.
[b] *L'Égypte sous les Pharaons*, t. II, p. 244; in-8°, Paris, 1814.
[c] 'Abd-al-Latif, *Relation de l'Égypte*, p. 685, édit. Silvestre de Sacy; in-4°, de l'*I. R.* 1810. — Iâk'out, *Mo'djam*, t. I, p. ۷۷۱, l. 16.
[d] *En-Nodjoum*, t. II, p. 141, l. 3 et 4.
[e] *El-Kâmil*, t. VIII, p. ۴۳, l. 17 à 23.
[f] *Baïân*, t. I, p. ۱۷۳, l. 9 et 10. Le 15 ramadhân 302 tombe, en effet, un lundi.

El-K'âcim pour prendre le commandement de l'armée qui était sous ses ordres.

H'abâçah, furieux de se voir enlever l'occasion de gloire qu'allait, pensait-il, lui offrir l'*Égypte*, partit brusquement, accompagné d'une trentaine de cavaliers de ses parents, pour retourner en *Maghrib*. Abou-'l-K'âcim envoya aussitôt aux gouverneurs des localités que le fugitif devait probablement traverser l'ordre de l'arrêter, et en même temps il avertit son père de ce qui se passait [1]. H'abâçah traversa le territoire de *Bark'ah*, se rendit ensuite à *Nafzdouah*, où il fut arrêté, chargé de chaînes, et conduit à 'Obaïd-Allah, qui le fit jeter en prison, lui et toute sa famille [2]. — Dans l'espoir que son frère 'Aroubah pourrait le rejoindre et lui venir en aide dans sa disgrâce, il avait eu l'imprudence de correspondre avec lui, et 'Aroubah, lorsqu'il apprit l'arrestation de son frère, craignit pour lui-même et s'enfuit de *Tâhart*, dit Ibn-'Adzârî [3]; mais il fut atteint dans les monts *Aurâs*, où il fut tué et sa tête envoyée à 'Obaïd-Allah, qui, en la recevant, apprit aussi l'existence des lettres échangées entre les deux frères [4]. A l'instant il ordonna que H'abâçah et tous ses proches fussent exécutés [5]. Quand les têtes de 'Aroubah et de H'abâçah furent présentées à El-Mahdi, il prononça ces paroles : « Combien sont étranges les destinées de « ce monde! voilà des têtes pour lesquelles l'Orient et l'Occident étaient trop « étroits; maintenant ce panier les contient [6]. » Puis, ajoute Ibn-'Adzârî, il donna l'ordre de les jeter en secret dans la mosquée d'*Alexandrie* [7].

Mort de 'Aroubah et de H'abâçah.

Au retour de son expédition malheureuse en *Égypte*, Abou-'l-K'âcim s'était arrêté à *Bark'ah*, dont les habitants, dans l'ignorance de son échec, l'avaient

Révolte à Bark'ah.

---

[1] *Baiân*, t. I, p. ١٧٣, l. 5 à 9.

[2] *Ibid.* t. I, même page, l. 12 à 15.

[3] *Ibid.* t. I, même page, l. 16. J'ai dit, d'après Ibn-Khaldoun, que 'Aroubah avait sa résidence à *Baghâiah*, alors siège du gouvernement du *Maghrib*. Comment se trouvait-il à *Tâhart*, avec la possibilité d'emporter tout ce qu'il avait, comme dit le texte (p. ١٧٣, l. 1)? L'auteur ne nous l'apprend pas.

[4] Peut-être est-ce la fuite même de 'Aroubah qui avait mis El-Mahdi sur la trace de la connivence qui avait pu exister entre lui et H'abâçah. Dans le récit d'Ibn-Khaldoun (*H. d. B.* t. II de la trad., p. 524), H'abâçah fut tué avant 'Aroubah, qui, révolté, périt en voulant venger son frère.

Son récit est emprunté à Ibn-el-Athîr (*Kâmil*, t. VIII, p. ٩٨, l. 7 et 8).

[5] *Baiân*, t. I, p. ١٧٤, l. 2 à 6. Abou-'l-Mah'âcin (*En-Nodjoum*, t. II, p. ١٩٣, l. 8 à 11) donne un récit bien différent : il fait partir, en 302, le Mahdi lui-même, 'Obaïd-Allah, du *Maghrib* pour *Alexandrie* avec H'abâçah (qu'il appelle H'obâchah). Il prétend que plusieurs combats furent livrés aux armées du khalife, et que, H'abâçah ayant été tué dans un de ces combats, 'Obaïd-Allah revint à *K'aïraouân*.

[6] *Ibid.* t. I, p. ١٧٤, l. 7 et 8.

[7] Par qui cet ordre aurait-il pu être exécuté? Il ne devait pas rester un soldat fât'imite en *Égypte*.

félicité de le voir revenir sain et sauf. Leurs compliments étaient d'autant plus sincères qu'ils supposèrent que la halte qu'il faisait chez eux était relative à H'abâçah, dont il voulait, pensaient-ils, punir les atrocités qu'il avait commises dans leur pays[1]. Toutefois, le jeune prince se borna à leur ordonner de relever les ruines de leur ville saccagée, et se remit en route, après avoir laissé à leur tête un certain nombre de *Kitâmah*. Mais, après son départ, *Bark'ah* reçut la nouvelle de la défaite de l'armée fât'imite en *Égypte*, les circonstances de la fuite d'El-K'âcim furent connues de tous, et alors le bon accueil se changea en révolte; tous les *Kitâmah* furent massacrés[2].

Cette manifestation lointaine, témoignage de la haine que les populations nourrissaient contre les *Kitâmah*, jointe aux révoltes que 'Obaïd-Allah avait eu à combattre en *Maghrib*, en *Sicile*, jointe aussi à la résistance que les Khâredjîtes, en si grand nombre dans l'*Ifrîk'iah*, opposaient à l'adoption des croyances chîites, les *Maghrâouah* toujours prêts à fondre sur *Tâhart* et menaçant incessamment la frontière occidentale de l'empire fât'imite, les *Kitâmah* tout pleins encore du souvenir de l'homme qui avait donné une couronne forgée de ses propres mains à celui qu'ils reconnaissaient comme leur maître, et qui leur apparaissait toujours couvert du sang de son bienfaiteur, la *Sicile* passée aux mains d'un élu qui s'était déclaré le vassal des 'Abbâssides, tous ces redoutables éléments constituaient, pour El-Mahdi, un danger dont l'imminence le poursuivait sans relâche, et il était trop clairvoyant pour ne pas comprendre à quel point sa dynastie naissante serait compromise le jour où les Khâredjîtes, prenant les armes au nom de leur foi[3], feraient un appel à tous ses ennemis. De là, dans son esprit, la préoccupation d'assurer un refuge aux membres de

---

[1] Ceci serait une confirmation de l'expédition de H'abâçah.

[2] *Baïân*, t. I, p. ۱۷۱°, l. 11 à 16. — Il faut sans doute attribuer aux deux fléaux, la peste[a] et la famine[b], qui désolèrent l'*Afrique* en 303, l'envoi tardif à *Bark'ah* d'un corps d'armée commandé par Abou-Madînî-ibn-Faroukh-el-Lahîdî[c], qui était chargé d'aller venger l'extermination des *Kitâmah*; la ville fut prise en 304, et, dans cette expédition, qui dura dix-huit mois, tout un groupe d'habitants que la guerre avait épargnés fut brûlé, leurs biens devinrent la proie du vainqueur, et les prisonniers furent envoyés à 'Obaïd-Allah, qui les fit égorger[d].

[3] *Histoire des Berbers*, t. II de la traduction, p. 525.

[a] *Baïân*, t. I, p. ۱۷۱°, lin. ult.

[b] *K'art'âs*, p. ۹۱, l. 7 et 8 (p. 83 de la trad. lat.; — p. 134 de la trad. franç.).

[c] *Baïân*, t. I, p. ۱۷٥, l. 13. Cette expédition indiquerait que le Mahdi n'avait pas renoncé à ses vues sur l'*Égypte*; nous en aurons bientôt la preuve.

[d] *Ibid.* t. I, p. ۱۷۷, l. 9 à 13. — L'exécuteur de toutes ces atrocités resta dans la ville, car Ibn-'Adzârî nous apprend que Abou-Madînî mourut à *Bark'ah* en 306 (*ibid.* t. I, p. ۱۸۱°, l. 16 et 17).

LIVRE QUATRIÈME. — CHAPITRE II.

sa famille, et la pensée de construire une ville qui serait vraiment la ville des Fát'imites. Aussi, dès l'an 300, 'Arîb et Ibn-'Adzârî[1] nous le représentent partant de *Rak'k'âdah* pour se diriger vers *Tunis*, *Carthage* et les rivages voisins, pour chercher un emplacement favorable à la construction de la ville dont il voulait faire sa capitale. Son choix se fixa sur la presqu'île de *Djamah* (جزيرة جمة [2]), située à l'est 10 degrés sud de *K'aïraouân*, et il commença immédiatement les constructions. C'est du moins ce que disent, quant à l'année de la fondation[3], 'Arîb[4] et son contemporain Ibn-er-Rak'îk'[5], confirmés par El-Bekrî, qui s'exprime en ces termes : «En l'année 300 il commença par exa- « miner l'emplacement de sa nouvelle ville; cinq ans plus tard, il avait achevé « les fortifications, et dans le mois de chaouâl 308 il alla s'y installer[6].» El-K'aïraouâni[7] le représente aussi cherchant son emplacement en 300, et Bâkouî[8] prétend que la ville fut bâtie en cette année même, mais Ibn-Khallikân[9] place la construction en dzou-'l-k'a'dah 303, ce que confirme Ibn-Khal-

---

[1] Nicholson, p. 136. — *Baïân*, t. I, p. ١٧٠, l. 1 et 2.

[2] *Baïân*, t. I, p. ١٧٠, l. 2. — Ibn-el-Athîr en donne une idée assez juste en disant : «C'est une «île jointe au continent et présentant la forme «de la main jointe au bras.» (*El-Kâmil*, t. VIII, p. ٧٠, l. 8 à 11, et t. XI, p. ١٤٠, l. 14 et 15.) Abou-'l-Fedâ a copié mot à mot le premier de ces passages. (*Annal. muslem.* t. II, p. 328, l. 8 à 10.)

[3] Je ne trouve qu'El-Makîn qui place cette fondation sous l'année 298 : «Ædificavit quoque «hoc anno Mahdiam, atque in ea habitavit» (*Hist. Sarac.* p. 187, l. 29 et 30 du texte ar.); ce qui est inexact, comme on va le voir.

[4] Nicholson, p. 136. — *Baïân*, t. I, p. ١٧٠, l. 1 et 2.

[5] Cité par Et-Tidjânî (*J. A.* t. I, p. 358, 5ᵉ sér. 1855).

[6] *El-Meçâlik oua'l-Memâlik*, p. ٢٧, l. 17 et 18, et p. ٣٠, l. 21 et 22 (*J. A.* t. XII, p. 480 et 487, 5ᵉ sér. 1858). — Ibn-'Adzârî (*Baïân*, t. I, p. ١٨٨, l. 1) précise le jeudi (lisez mardi) 8 chaouâl 308 (mardi 20 février 921 de J. C.). A la page ٢١٠ il donne seulement l'année. — Voyez la note 12 de la page suivante.

[7] *Kitâb-el-Mounis*, p. ٥١٢, l. 1 (p. 95 de l'*Histoire de l'Afrique*).

[8] *Kitâb Talkhis-el-Athâr* (*Notic. et Extr.* t. II, p. 462). — H'âdji-Khalîfah (*Lexicon*, t. II, p. 399, l. 9) donne ainsi le nom complet de Bâkouî[a] : «'Abd-er-Rachîd-ibn-S'âlih'-ibn-Nourî-«'l-Bâkouî,» mais il n'indique pas l'année de sa mort. On sait que son ouvrage a été écrit en 816[b] (1413-1414 de J. C.). Soïout'î dit qu'il tirait son nom de *Bakouïah* dans la région de *Derbend*, près de *Chirouân*. (*Lobb-el-Lobâb*, p. ٢٨, col. 2, l. 10; in-4°, Lugd. Batav. 1840-1842. — Voy. Iâk'out, *Mo'djam-el-Boldân*, t. I, p. ٤٧٧, l. 12 et 14; in-8°, Leipzig, 1866.)

[9] Texte de M. de Slane (t. I, p. ٣٨١, l. 24; — t. II de la trad. angl., p. 78). — Dans le texte d'Ibn-Khallikân donné par M. F. Wüstenfeld cinq ans auparavant, la date du commencement des travaux ne se trouve pas indiquée (n° 365, fasc. IV, p. ٥٤, l. 4 et 5; in-4°, Gottingæ, 1837).

[a] Voir aussi le n° 700 de la *Table* placée à la fin du tome VII du *Lexicon* de H'âdji-Khalîfah.
[b] *Notices et Extraits*, t. II, p. 390; in-4°, Paris, 1789.

doun[1] en disant que les travaux furent commencés vers la fin de 303; mais il y a plus : Ibn-el-Athîr[2], Et-Tidjânî[3] et Abou-'l-Fedâ[4] précisent le 5 dzou-'l-k'a'dah, correspondant au samedi 11 mai 916 de J. C., date qui me paraît devoir être adoptée. Je ne reviens pas présentement sur l'instant où El-Mahdi occupa la ville nouvelle; je dirai seulement qu'El-Bekrî, que j'ai cité plus haut, pourrait bien avoir emprunté la date de 308 à un auteur presque contemporain, à Ibn-H'auk'al[5]; ce qui n'empêche pas Ibn-Khaldoun d'affirmer que « tout le travail fut terminé en 306[6]; » mais une circonstance indépendante des erreurs de plume confirme Ibn-H'auk'al : « Il y eut dans l'année 308, dit Ibn-« 'Adzârî[7], à K'aïraouân et à Rak'k'âdah, des pluies diluviennes, qui renver-« sèrent plusieurs constructions. 'Obaïd-Allah fut obligé de précipiter son dé-« ménagement. » Mahdïah, selon Is't'akhrî[8], Ibn-H'auk'al[9] et Edrîsî[10], se trouve à deux journées de K'aïraouân; El-Bekrî[11] et Ibn-'Adzârî[12] donnent la même distance en d'autres termes, puisqu'ils comptent soixante milles entre ces deux villes. C'est l'*Africa* des Chrétiens du moyen âge[13]. La légende est venue se mêler à l'histoire dans les récits de la fondation de cette ville célèbre : Ibnel-Athîr, Et-Tidjânî, Abou-'l-Fedâ, Ibn-Khaldoun et d'autres racontent sérieusement que, quand les murailles d'*El-Mahdiah* furent élevées, 'Obaïd-Allah donna l'ordre à un archer d'y monter et de lancer une flèche du côté de l'occident; faisant alors remarquer l'endroit où elle tomba, il dit : « Voilà l'endroit « où parviendra l'*homme à l'âne*, » voulant ainsi désigner Abou-Iezîd[14]. Ce qui est vraisemblable, et ce que disent les mêmes auteurs, c'est que, quand la ville

[1] H. d. B. t. II de la trad., p. 525.

[2] El-Kâmil, t. VIII, p. v., l. 10 et 11. Il dit يوم السبت لخمس خلون من ذى القعدة سنة ثلاث وثلاثمايـة, «le samedi cinq nuits passées.»

[3] Voyage dans la régence de Tunis (J. A. t. I, p. 358, 5° sér. 1853).

[4] Annal. muslem. t. II, p. 328, l. 10. — Reiske a fait la faute de traduire لخمس خلون par *sexto*, quand il aurait dû dire *quinto*; il n'a pas fait attention qu'en disant يوم السبت son texte place très bien *le 5 au samedi.*

[5] Ibn-H'auk'al, p. ۳۸, l. 2; in-8°, Lugd. Batav. 1873 (J. A. t. XIII, p. 172, 3° sér. 1842).

[6] H. d. B. t. II de la trad., p. 525. — Suivant 'Arîb, qui écrivait dans le même temps que Ibn-H'auk'al, les murs de *Mahdiah* furent achevés et les portes dressées en rebî-'l-aouel 304 (Baïân, t. I, p. ۱۷٤, l. 17).

[7] Baïân, t. I, p. ۱۸۸, l. 3 et 4.

[8] Is't'akhrî, p. ۳۸, l. 5 à 7; in-8°, Lugd. Batav. 1870.

[9] Aux pages citées note 5 ci-dessus.

[10] Descr. de l'Afr. et de l'Esp. p. ۱۰۸, l. 5; in-8°, Leyde, 1866.

[11] El-Meçâlik oua'l-Memâlik, p. ٤٤, l. 8; in-8°, Alger, 1857 (J. A. t. XII, p. 483, 5° sér. 1858).

[12] Baïân, t. I, p. ۲۱۵, l. 12 et 13.

[13] «*El-Mahdia* città qual hora è detta *Africa.*» (Jean-Léon, in Ramusio, vol. I, fol. 69 A; in-fol., in Venetia, 1563.)

[14] Voyez plus loin dans ce volume, sous l'année 333, le siège d'*El-Mahdiah.*

LIVRE QUATRIÈME. — CHAPITRE II. 123

fut achevée, la pensée d'El-Mahdi se traduisit dans cette exclamation : « Main-
« tenant je suis tranquille sur le sort des Fât'imites[1]. »

Le fait de la flèche lancée n'a rien que de probable, en donnant pour but
au jet de cette flèche la détermination de l'étendue de la *Mos'allâ*[2]. Au point
où se terminait celle-ci vers l'ouest, commençait le faubourg de *Zaouîlah*, qui,
en effet, comme l'avait dit Edrîsî[3], et comme l'ont répété, d'après lui, Iâk'out[4],
Et-Tidjânî[5], et En-Nouaïrî[6], était à la distance d'un jet de flèche d'*El-Mahdïah*.
Les circonstances survenues après l'événement (en 333 de l'hégire) auront
fait tous les frais de la prophétie qu'on prête au Mahdi. C'est ce faubourg de
Zaouîlah qui a inspiré à M. le comte de Castiglioni, sur le mot *Mahdïah*[7], un
article qui me paraît assez obscur pour que je n'entreprenne pas de le discuter
ici. Mais plusieurs auteurs auraient pu lui donner des explications précises;
d'abord il aurait pu lire dans El-Bekrî[8] : « La ville de *Mahdïah* possède un

---

[1] *El-Kâmil*, t. VIII, p. v•, l. 17. — *Rih'lah* d'Et-Tidjânî (*J. A.* t. I, p. 358, 5° sér. 1853). — *Annal. muslem.* t. II, p. 328, l. 11. — *H. d. B.* t. II de la trad., p. 525. — El-K'aïraouâni, كتاب المونس, etc. p. ٠١٣, l. 5 à 8 (liv. IV, p. 95 de la trad.).

[2] Voyez, sur le mot *Mos'allâ*, le t. I, p. 348, note 6. — A la citation que dans cette note, j'ai empruntée à Silvestre de Sacy, ce savant, en parlant de l'usage des musulmans de s'y réunir aux deux Baïrams, ajoute : «Je crois que cet «usage est plus commun parmi les Chîites ou «partisans de 'Ali.» El-Bekrî parle des *Mo'sallâ* (المصلى) de plusieurs localités; ainsi il nous apprend qu'à l'est de T'obnah se trouvait le *Ghadir Farghân* (*l'étang de Farghân*), dont les eaux venaient traverser la *Mos'allâ de la fête* (مصلى العيد)¹; qu'en face de Nâkour s'élevait une colline nommée *El-Mos'allâ*, et que la porte occidentale de la ville s'appelait *Bâb-el-Mos'allâ*[b], d'où il résulte que la *Mos'allâ* de *Nâkour* était un espace entre la porte et la colline, peut-être la colline elle-même[c]; cependant les princes de Nâkour étaient loin d'être Chîites, comme on le verra bientôt. Ces lieux de prière existaient, paraît-il, dans tous les pays musulmans; ainsi, indépendamment des localités que j'ai nommées dans la note du tome I que je viens de rappeler, on sait que dans le *Voyage* de Moh'ammed-ibn-Djobaïr il est fait mention de la *Mos'allâ* de *Trâpani*[d] (اطرابنش).

[3] *Descr. de l'Afr. et de l'Esp.* p. ١٠٩ lin. ult. — Il nomme الرملة (*er-ramlah*, «le sable») l'espace qui séparait Zaouïlah d'El-Madhïah.

[4] *Mo'djam-el-Boldân*, t. II, p. ٩٩١, l. 12 à 14; in-8°, Leipzig, 1867.

[5] *J. A.* t. I, p. 363, 5° sér. 1853. — De son temps (premières années du xiv° siècle de notre ère) il ne restait pas trace de ce faubourg.

[6] « ... *Zaouïlam* urbem, quæ ab *Mahdia* teli «jactu aberat.» (En-Nouaïrî, in Gregorio, p. 29, col. 1, l. 10 et 11. — *Voyages* de Riedesel, p. 447.) — Voyez la note 1 de la page suivante.

[7] *Mém. géogr. et numism. sur la partie orient. de la Barbarie*, p. 5 à 23; in-8°, Milan, 1826.

[8] Il est vrai que le beau travail de Quatremère

---

[a] *El-Meçâlik oua'l-Memâlik*, p. ٥١, l. 6 et 7 (*J. A.* t. XIII, p. 63 et 64, 5° sér. 1859).
[b] *Ibid.* p. ٩٠, l. 16 et 18 (*J. A.* t. XIII, p. 164).
[c] Car ce lieu de prière pouvait être une montagne, comme on le voit dans 'Abd-al-Lat'îf, à propos du *Mokat't'am*. (*Description de l'Égypte*, p. 10 et 11; in-4°, Paris, 1810.)
[d] *J. A.* t. VI, p. 526, l. 8 et 10, 4° sér. 1845, et t. VII, p. 87 et 229, 4° sér. 1846.

« grand faubourg, appelé *Zaouîlah*, qui renferme les bazars, les bains et les
« logements des habitants de la ville[1]; » et El-Bekrî le répète un peu plus loin[2],
en disant que *Zaouîlah* était celui des faubourgs le plus rapproché de *Mahdïah*;
ensuite, dès 1826, il aurait pu consulter une note que Silvestre de Sacy a
jointe à la traduction de deux lettres publiées par Mak'rîzî[3], et il aurait lu
dans cette note : « Iâk'out dit..... 'Obaïd-Allah fixa sa résidence à *Mahdïah*,
« qu'il venait de bâtir, et il assigna *Zaouîlah* pour logement au peuple. Les
« marchands avaient leurs boutiques et leurs marchandises à *Mahdïah*, mais
« leurs habitations et leurs femmes étaient à *Zaouîlah*; ainsi ils passaient le
« jour à *Mahdïah*, et la nuit à *Zaouîlah*; par ce moyen, disait le Mahdi, je les
« tiens séparés de leurs propriétés pendant la nuit et de leurs femmes pendant
« le jour. »

Événements de Sicile.

En même temps que 'Obaïd-Allah assurait, par la fondation d'une capitale,
l'existence de sa dynastie, les inconstants Siciliens se lassaient du gouverneur
de leur choix, et adressaient à *Rak'k'âdah* des plaintes contre Ibn-K'orhob.
Le Mahdi ne s'empressa pas d'y faire droit; au contraire, il répondit à ces
plaintes par l'éloge de l'homme qui avait réuni tous les suffrages, rappelant
aux Siciliens la sécurité qu'ils lui devaient. Le langage railleur du prince fât'i-
mite eut tout l'effet qu'il en attendait; il savait bien que les services passés
ne peuvent rien contre la désaffection profonde, et bientôt ce qui restait
de partisans à Ibn-K'orhob en vint aux mains avec ceux qui voulaient le
déposer. Au milieu de ce conflit, Ibn-K'orhob fit ses dispositions pour s'em-
barquer et se rendre en *Espagne*[4]; mais les révoltés envahirent les vaisseaux
qu'il avait frétés, pillèrent les richesses qu'il y avait déposées, et, s'emparant
de leur gouverneur, ainsi que de son fils et de son k'âdhi, connu sous le nom
d'El-Khâmi, ils les chargèrent de chaînes et les envoyèrent à 'Obaïd-Allah.

304 de l'hégire (916-917 de J. C.).

Ces malheureux débarquèrent à *Sousah* en moh'arram 304 (du 5 juillet au
3 août 916 de J. C.), précisément au moment où le Mahdi se trouvait dans

---

sur Abou-'Obaïd-el-Bekrî n'a été publié dans les
Notices et Extraits qu'en 1831 (t. XIII, p. 443
à 464), et peut-être M. Castiglioni n'entendait-il
pas l'arabe.

[1] *El-Meçâlik oua'l-Memâlik*, p. ٢٩, l. 17 et 18
(J. A. t. XII, p. 484, 5ᵉ sér. 1858). El-Bekrî
dit زويلة ; dans Iâk'out (*Mo'djam-el-Boldân*, t. II,
p. ٩٩٠, l. 17) on lit زويلة ; et Edrîsî (p. ١٠٩, l. 2)
écrit زبيلة.

[2] *El-Meçâlik oua'l-Memâlik*, p. ٣٠, lin. penult.
(J. A. t. XII, p. 487, 5ᵉ sér. 1858).

[3] *Chrestomathie arabe*, t. I, p. 496; in-8°,
I. R., 1826.

[4] Il était plus naturel qu'il se rendît à *Baghdâd*,
mais, vraisemblablement, il se croyait plus sûr
de trouver, près de l'Omaïade d'*Espagne*, un
appui contre 'Obeïd-Allah. Cette préférence mérite d'être remarquée.

cette ville[1]. Il fit venir Ibn-K'orhob en sa présence : « Qui t'a poussé, lui dit-« il, à te révolter contre nous et à méconnaître notre droit? » — Les Siciliens, « répondit le prisonnier, m'ont nommé malgré moi et m'ont déposé malgré « moi. » Après ce court interrogatoire, on se mit en marche pour *Rak'k'âdah*, où Ibn-K'orhob et les siens furent frappés de verges à outrance; ensuite on leur coupa les pieds et les mains sur la tombe d'El-H'açan-ibn-Abi-Khanzîr, près de *Bâb-Salm*[2] (la porte de la paix), et leur supplice se termina par la croix[3].

Mais l'Occident était alors le sujet des préoccupations du souverain fât'imite. On l'a vu, en 299, saisir habilement l'occasion de s'attacher la puissante tribu des *Miknâçah*, en confiant le gouvernement de *Tâhart* à un de ses chefs les plus

[1] *Baïân*, t. I, p. ١٧٥, l. 18, à p. ١٧٦, l. 16. — La *Chronique de Cambridge* (in Gregorio, p. 44 in fine) vérifie bien cette date d'Ibn-'Adzâri, puisqu'elle place la déposition d'Ibn-K'orhob et son supplice au dimanche 14 juillet 916, qui correspond au dimanche 10 moh'arram 304 de l'hégire. — C'est ici le lieu de relever une erreur d'En-Nouaïri. Suivant cet historien[a], les Siciliens révoltés, ayant à leur tête un certain Abou-'l-Ghifâr, allèrent trouver Ah'med-ibn-K'orhob et lui signifièrent de quitter la *Sicile* et de se retirer où il voudrait; il refusa d'obtempérer à cette injonction, combattit les séditieux, et après avoir lutté pendant quelque temps, *il fut tué à la fin de 300*, après avoir gouverné onze mois. (In Gregorio, p. 13, l. 12 à 17; — *Voyages* de Riedesel, p. 419; in-8°, Paris, 1802.) Ibn-Khaldoun commet la même erreur de date[b], ce qui ne l'empêche pas de faire supplicier Ibn-K'orhob sur le tombeau d'Ibn-Abi-Khanzîr, qui fut tué, comme on l'a vu plus haut, en 301. Ailleurs (*H. d. B.* t. II de la trad., p. 524) il place en 304 la proclamation de cet Ibn-K'orhob, qui, d'après En-Nouaïri et d'après lui-même, périt en 300. — Si cet Ibn-K'orhob avait été investi de l'émirat de *Sicile* vers la fin de 299 ou au commencement de 300, comme je l'ai dit, et s'il fut déposé en moh'arram 304, son gouvernement aurait eu une durée d'environ quatre ans.

[2] C'était aussi le nom d'une des portes occidentales de *K'aïraouân* (*El-Meçâlik oua'l-Memâlik*, p. ٢٥, l. 3; — *J. A.* t. XII, p. 474, 5° sér. 1858).

[3] *Baïân*, t. I, p. ١٧٦, l. 12 à 16. — Ibn-el-Athîr (*El-Kâmil*, t. VIII, p. ٥٣, l. 14). On a vu (note a) qu'il place cet événement en 300, et c'est sans doute à lui qu'il faut faire remonter l'erreur commise par En-Nouaïri et par Ibn-Khaldoun. — Amari, *Storia dei Musulm.* etc., t. II, p. 155 et 156. — Après le supplice d'Ibn-K'orhob, Abou-Sa'îd-Mouça-ibn-Ah'med, surnommé Ed-Dheïf (l'hôte) fut envoyé, dès le 15 août 916 (jeudi 12 s'afar 304[c]), pour châtier les Siciliens, dont il fit un affreux carnage, et ce ne fut qu'en septembre 917 (du lundi 11 rebi-'l-aouel au 10 rebi-'l-akhir 305) qu'il revint à *K'aïraouân*, laissant pour gouverner la *Sicile* Sâlim-ibn-Abou-Râchid[d]. La *Chron. Cantabr.* (p. 45, l. 18 du texte) l'appelle Sâlim tout court.

[a] Qui a pu être entraîné, quant à la date, par Ibn-el-Athîr (*El-Kâmil*, t. VIII, p. ٥٣, l. 14).
[b] *Hist. de l'Afr. et de la Sic.* p. ٩٨, l. 14 (p. 161 de la trad.).
[c] *Chron. Cantabr.* p. 44, l. 28 du texte, in Gregorio; in-fol., 1790.
[d] *Baïân*, t. I, p. ١٧٧, l. 8 et 9. — La *Chron. Cantabr.* ne donne pas à ce personnage d'autre nom que celui de Sâlim. Elle le fait mourir (p. 49, l. 3) en 329 de l'hégire (940-941 de J. C.). — En-Nouaïri (in Gregorio, p. 13, l. 26) l'appelle Sâlim-ibn-Açad-el-Kennâî. — Le *Baïân* place sous l'année même 304 le retour de Sa'îd à *Kaïraouân*.

influents, Mas's'âlah-ibn-H'abbous. C'était sans doute une digue qu'il opposait aux remuants *Maghrâouah*, et en même temps un symptôme de ses projets contre une dynastie qui, sans conteste, descendait de 'Ali, la dynastie des EDRÎSITES. Je lis dans Ibn-Khaldoun : « Mas's'âlah-ibn-H'abbous-ibn-Manâzil, « puissant chef miknâcien, se distingua comme partisan de la dynastie fât'imite; « s'étant attaché au service du khalife 'Obaïd-Allah, il en devint un des prin- « cipaux généraux, et, jouissant de toute la confiance de son maître, il en « obtint le gouvernement de *Tâhart* et du *Maghrib central*[1]. » Nous allons voir ce gouverneur chargé de soumettre une petite principauté que je n'ai pas même nommée jusqu'ici[2], parce que, vu l'exiguïté de son territoire[3], elle était comme inaperçue dans le *Maghrib-el-Ak's'â;* mais je ne saurais aller plus loin sans faire connaître, au moins sommairement, la dynastie des BENI-S'ÂLIH', qui régnait à *Nâkour*[4]. Trois historiens, El-Bekrî, Ibn-'Adzârî et Ibn-Khaldoun[5], racontent son origine, et comme les deux derniers ont évidemment copié El-Bekrî, ces trois sources, à vrai dire, se réduisent à une seule. Ibn-Khaldoun, cependant, donne des dates[6] inadmissibles, qui ne se trouvent pas dans El-Bekrî, et présente quelques variantes.

[1] *H. d. B.* t. I, p. ١٤٤ et ١٤v, et p. ١v١, l. ١١ et ١٢ (t. I de la trad., p. 259 et 266).

[2] Ou plutôt que je n'ai nommée qu'une seule fois (t. I, p. 535), en parlant des expéditions des Normands.

[3] Quoique El-Bekrî (p. ٤٠, l. 5 à 10); — *J. A.* t. XIII, p. 161, 5ᵉ sér. 1859) étende son territoire à peu près depuis le *Malouïah* jusqu'aux approches de *Tit'douân* ou, plus vraisemblablement, de *Targhah*, qui était compris dans la part de 'Omar lorsque se fit le partage de l'empire edrisite en 213 (voy. le t. I, p. 499), mais ce territoire ne formait probablement qu'une bande très mince du littoral.

[4] Aux noms des auteurs que j'ai nommés (t. I, p. 535, note 3) comme écrivant ainsi le nom de *Nâkour* on peut ajouter celui du géographe Is't'akhrî (*Kitâb-el-Ak'âlim*, p. ٣v, l. 5; in-8°, Lugd. Batav. 1870).

[5] *El-Meçâlik oua'l-Memâlik*, p. ٤١, l. 15 et suiv. (*J. A.* t. XIII, p. 168, 5ᵉ sér. 1859). — *Baïân*, t. I, p. ١v٨ et ١v٩. — *H. d. B.* t. I, p. ٢٨٢ (t. II de la trad., p. 137).

[6] Ainsi, il attribue au règne de S'âlih'-ibn-Sa'îd-ibn-Edrîs une durée de soixante-deux ans et fait mourir ce prince en 250[a]. Or, d'une part, Ia'k'oubî, qui a écrit son *Kitâb-el-Boldân* en 278[b], nous dit que, de son temps, c'était S'âlih'-ibn-Sa'îd qui était prince de Nâkour, dont le royaume s'étendait à dix journées de marche vers l'occident[c]; d'une autre part, El-Bekrî donne au règne de ce prince une durée de vingt-huit ans[d], et puisque 278 − 28 = 250, on doit, sans pouvoir préciser de date, considérer ce règne comme

[a] *H. d. B.* t. I, p. ٢٨٢, l. 15 et 16 (t. II de la trad., p. 139).

[b] *S'ifat-el-Maghrib*, p. 16; in-8°, Lugd. Batav. 1860.

[c] *Ibid.* p. ١٨, l. 9 (p. 119 de la trad. lat.), et il n'y a aucune possibilité de supposer que Ia'k'oubî ait voulu parler de S'âlih-ibn-Sa'îd qui reçut le surnom d'*El-Jetîm* (l'orphelin), à cause de sa jeunesse en 305 (*El-Meçâlik oua'l-Memâlik*, p. ٤v, l. 6; — *J. A.* t. XIII, p. 179, 1859).

[d] *El-Meçâlik oua'l-Memâlik*, p. ٤٣, l. 15 et 16 (*J. A.* t. XIII, p. 172 et 173, 5ᵉ sér. 1859).

LIVRE QUATRIÈME. — CHAPITRE II.

Les commencements de la dynastie des Beni-S'àlih' remontent à l'époque la plus brillante de l'invasion arabe. Pendant que Mouçâ-ibn-Nos'aïr méditait et préparait la conquête de l'*Espagne* (90 de l'hégire = 708-709 de J. C.), il comprenait que, malgré les otages qu'il s'était fait livrer en 88, il aurait toujours à redouter l'insoumission des Berbers, surtout lorsqu'une partie de ses forces serait de l'autre côté du détroit; aussi réclamait-il du khalife (El-Ouâlîd-ibn-'Abd-el-Melik) l'envoi de nouvelles troupes pour maintenir au complet les cadres de l'armée d'occupation du *Maghrib;* et, en effet, des renforts lui furent successivement envoyés de l'Orient. « Dans le premier corps de ces ren-
« forts, composés d'Arabes de toutes tribus, dit Ibn-Khaldoun, se trouva un
« chef h'imîarite appartenant à ceux du *Iémen* et nommé S'âlih'-ibn-Mans'our.
« Ce guerrier, généralement connu sous le nom d'El-'Abd-es-S'âlih' (le bon ser-
« viteur), prit possession, vers l'an 91[1], d'un territoire qu'il obtint, du khalife,
« l'autorisation de garder à titre d'*ik't'â*' (اقطاعة)[2]. » Il s'établit au port de *Tem-*

Digression sur la dynastie des Beni-S'âlih'.

Son origine.

S'âlih'-ibn-Mans'our.

ayant commencé *après* 250. El-Bekrî nous apprend aussi que Sa'îd-ibn-Edrîs, père et prédécesseur de S'âlih', avait régné trente-sept ans[a]. Son règne avait donc commencé *après* 213 (250 – 37 = 213) et durait, par conséquent, en 244, date importante, comme on l'a vu[b]. S'âlih'-ibn-Sa'îd étant mort postérieurement à 278, son successeur Sa'îd-ibn-S'âlih'-ibn-Sa'îd régnait donc depuis *moins de vingt-six ans* en 304 (autre date importante[c]); et Ibn-Khaldoun assure qu'en 304 ce prince (qui fut tué le 3 moh'arram 305[d]) régnait depuis *cinquante-quatre ans*[e]. Si l'on veut une preuve directe de la négligence qu'Ibn-Khaldoun a apportée à ces dates qu'El-Bekrî lui fournissait, il suffit de remarquer qu'après avoir fait commencer le règne du fondateur de *Nâkour* (Sa'îd-ibn-Edrîs) en 143[f], il écrit à la même page :

« Il mourut en 188, après un règne de trente-
« sept ans[g], » donnant ainsi, *par ses dates*, une durée de *quarante-cinq* ans à ce règne, et copiant néanmoins les *trente-sept* ans[h] de son auteur, qui, lui, n'indique pas les dates.

[1] Ce fut en cette année qu'eut lieu la première reconnaissance en *Espagne*. (Voir mon tome I, p. 240 et 241.)

[2] Ibn-Khaldoun (*H. d. B.* t. I, p. ٢٨٢, l. 7 à 11; — t. II de la trad., p. 137) donne les noms des tribus qui entourent le territoire de *Nâkour*, et dit emprunter ces détails au *Mik'iâs*, ouvrage que M. de Slane (*H. d. B.* t. II de la trad., p. 137, note 3) déclare être inconnu, ainsi que le nom de celui qui le composa. — L'*ik't'â*' était une concession faite moyennant une redevance annuelle. (*Ibid.* t. I, p. 117, note 2.)

---

[a] *El-Meçâlik oua'l-Memâlik*, p. ٩٢, l. 15 (*J. A.* t. XIII, p. 170, 5ᵉ sér. 1859). — *Baïân*, t. I, p. ١٧٤, l. 16.
[b] T. I, p. 535. C'est la date à laquelle *Nâkour* tomba au pouvoir des Normands.
[c] C'est l'année où 'Obaïd-Allah enjoignit à Sa'îd-ibn-S'âlih' de le reconnaître comme le chef spirituel et temporel de tout le peuple musulman.
[d] *El-Meçâlik oua'l-Memâlik*, p. ٩٩, l. 4 (*J. A.* t. XIII, p. 177, 5ᵉ sér. 1859).
[e] *H. d. B.* t. I, p. ٢٨٢, l. 14 (t. II de la trad., p. 141).
[f] *Ibid.* t. I, p. ٢٨٣, l. 4 (t. II de la trad., p. 138).
[g] *Ibid.* même page, l. 13 (t. II de la trad., p. 139).
[h] *El-Meçâlik oua'l-Memâlik*, p. ٩٢, l. 15 (*J. A.* t. XIII, p. 170, 5ᵉ sér. 1859).

çâmân[1], près de *Bedkoun*, localité située sur l'*Ouddi-'l-Bak'ar*[2] (la rivière des bœufs), et occupée par des *S'anhâdjah* et des *Ghomârah*, auxquels il enseigna l'islâmisme avec succès. Mais bientôt, fatigués des obligations que cette religion leur imposait, les nouveaux néophytes chassèrent leur prédicateur et se donnèrent pour chef un certain *Dâoud-er-Rondi*[3], que, dans leur inconstance, ils ne tardèrent pas à tuer pour rappeler *S'âlih'*. Celui-ci revint, et vécut de longues années à *Temçâmân*, où il mourut[4]. Il laissait trois fils[5]. L'aîné, El-Mo'tas'im, qui lui succéda, était un prince accompli; mais il vécut peu de temps, et fut remplacé par son neveu, *Sa'îd-ibn-Edrîs-ibn-S'âlih'*, qui fonda la ville de *Nâkour*, à vingt milles à l'ouest de *Temçâmân*. Nâkour[6], qui a quatre

El-Mo'tas'im.
Sa'îd-ibn-Edrîs fonde Nâkour.

---

[1] La *carte du Maroc* publiée par M. Renou en 1846 écrit *Temamsân*, en changeant le *sin* de place. Cette orthographe est évidemment empruntée à la traduction d'une partie d'El-Bekrî par Quatremère (*Notic. et Extr.* t. XII, p. 544, 1831); mais, d'une part, le texte d'El-Bekrî (voyez la note 2 ci-dessous) et celui d'Ibn-Khaldoun paru en 1847 (*H. d. B.* t. I, p. ۲۸۳, l. 18, et p. ۲۸۳, l. 5) disent تمسامان; d'autre part, Quatremère lui-même, en citant le texte même de ce nom de lieu à sa page 546, prouve qu'à sa page 544 ce nom était altéré par une faute de copiste.

[2] *El-Meçâlik oua'l-Memâlik*, p. 41, l. 18 et 19; in-8°, Alger, 1857 (*J. A.* t. XIII, p. 168, 5ᵉ sér. 1859). — Le port de *Temçâmân* est à vingt milles à l'est de *Nâkour*; n'étant qu'une rade foraine, on ne peut le fréquenter qu'en été.

[3] Ainsi nommé parce qu'il était né à *Ronda* en Espagne; mais il appartenait à la tribu berbère des *Nafzah*. Il y a là trois lignes d'El-Bekrî (p. 41, l. 20 à 23) reproduites mot à mot par Ibn-'Adzârî (*Baiân*, t. I, p. ۱۷۸, l. 18, à p. ۱۷۹, l. 2); seulement ce dernier écrit المزيني (El-Mazîdî) au lieu de الرندي (Er-Rondi), diffé-

rence qu'on ne peut guère attribuer qu'à une faute de copiste. La leçon d'El-Bekrî est évidemment la bonne.

[4] Suivant Ibn-Khaldoun, il mourut en 132ᵃ (749-750 de J. C.), et El-Bekrî nous apprend que ce prince fut enterré au village d'*Ak't'a* (اقطى), sur le bord de la mer, où, de son temps (460 de l'hég.), on voyait encore son tombeau[b].

[5] El-Mo'tas'im, Edrîs, issus d'une mère s'anhâdjienne, et 'Abd-es'-S'amid. Suivant El-Bekrî, le second et le troisième n'ont joué aucun rôle; suivant Ibn-Khaldoun, Edrîs fut le successeur d'El-Mo'tas'im et fonda *Nâkour*, que son fils S'âlih' ne fit qu'achever. Il fait régner Edrîs de 132 à 143 (t. II de la trad., p. 138), ce qui lui donnerait un règne de moins de onze ans[c], dans l'ignorance où l'on est de la durée très courte de celui d'El-Mo'tas'im.

[6] On lit dans Ibn-H'auk'al, qui écrivait à la fin de 366 ou au commencement de 367[d]: « Dans « les temps anciens, *Nâkour* était une ville beau- « coup plus considérable, *comme ses ruines l'attes-* « *tent*; elle possède un port formé par une île (ou « presqu'île) nommée *Mazimmah*, où les bâtiments « jettent l'ancre[e]. » Ibn-'Adzârî (vers la fin du

[a] *H. d. B.* t. I, p. ۲۸۳, l. 1 (t. II de la trad., p. 138).
[b] *El-Meçâlik oua'l-Memâlik*, p. 4۲, l. 1 et 2 (*J. A.* t. XIII, p. 168 et 169, 5ᵉ sér. 1859).
[c] Mais Ibn-'Adzârî, quoiqu'il prononce le mot ولى (*Baiân*, t. I, p. ۱۷۹, l. 5 et 6), en parle dans des termes si laconiques, qu'on doit croire que son règne (s'il régna) n'eut pas cette durée. Il est très probable que les chiffres d'Ibn-Khaldoun sont inexacts.
[d] Uylenbrock, *Descriptio Iracæ Persicæ*, p. 17; in-4°, Lugd. Batav. 1822.
[e] Ibn-H'auk'al, p. ۵۳, in fine (*J. A.* t. XIII, p. 188 et 189, 3ᵉ sér. 1842). C'est à Ibn-H'auk'al que j'ai emprunté l'orthographe de ce mot.

portes, dont El-Bekrî nous a conservé les noms, parmi lesquels on remarque *Bâb-el-Iahoud*[1] (la porte des Juifs), est située à cinq milles de la mer[2], au confluent de deux rivières : le *Nâkour*, qui descend du *Djebel-Beni-Kouïn*, dans le pays des *Kezenndïah*[3], et le *Ghîs*, qui prend sa source chez les *Beni-Ouriâghol*. Nous avons vu (t. I, p. 535, note 3) que Sa'îd-ibn-Edrîs avait fondé *Nâkour* entre 213 et 244[4], ce qu'a confirmé la discussion de dates à laquelle je me suis livré (note 6 de la page 126 ci-dessus). A ce sujet, j'ai signalé le rachat aux Normands de deux nièces[5] de Sa'îd par l'imâm Moh'ammed-ibn-'Abd-er-Rah'mân II, qui ajoutait ce trait significatif au don qui avait suivi la destruction d'*El-'Abbâssïah* (voy. t. I, p. 513). Les OMAÏADES d'*Espagne* travaillaient donc à se créer des relations sympathiques sur le littoral maghribin, et cette pensée devient tout à fait claire par la conduite que nous verrons bientôt un des successeurs de Moh'ammed-ibn-'Abd-er-Rah'mân II ('Abd-er-Rah'mân III) tenir avec les arrière-petits-fils du prince (Sa'îd-ibn-Edrîs), que la fondation d'une capitale ne mit pas à l'abri de toutes les attaques, car il eut à combattre les Berbers *Berânis*[6], commandés par un de leurs chefs, nommé Saken (سكن), et remporta sur eux une victoire décisive. Il eut pour successeur[7] un de ses nombreux fils, à qui son frère Edrîs, qu'appuyaient les *Beni-Ouriâghol* et les *Kezenndïah*, ne tarda pas à disputer le trône. Les deux armées en vinrent aux

S'âlih'-ibn-Sa'îd.

viie siècle de l'hégire) dit que, de son temps, *Nâkour* portait le nom de *Mazimmah*[a], et Ibn-Khaldoûn, mort le 25 ramadhân 808 (mardi 16 mars 1406), le répète à peu près dans les mêmes termes[b]. El-Bekrî place *Mazimmah* à cinq milles nord (peut-être nord-ouest) de *Nâkour*[c].

[1] *El-Meçâlik oua'l-Memâlik*, p. 4·, l. 19 (*J. A.* t. XIII, p. 166, 5e sér. 1859).

[2] *Ibid.* p. 41, l. 5 (*J. A.* t. XIII, p. 167, 5e sér. 1859). — *Baïân*, t. I, p. ۱۷۹, l. 14.

[3] C'est de la même montagne que part l'*Oudd-Ouargha*[d] pour aller, vers l'ouest, réunir ses eaux à celles de l'*Oudd-Sabou*, qui les conduit à l'Océan.

[4] On ignore la date précise de cette fondation ; il est certain, du moins, que Sa'îd-ibn-Edrîs y régnait en 244.

[5] Nièces à la mode de Bretagne ; elles étaient filles de Ouâk'if, cousin germain de Sa'îd-ibn-Edrîs.

[6] *El-Meçâlik oua'l-Memâlik*, p. 41, l. 12 (*J. A.* t. XIII, p. 169, 5e sér. 1859). — Ibn-Khaldoûn (*H. d. B.* t. I, p. ۳۴۶, l. 10 et seq. — t. II de la trad., p. 139). — On désigne par le nom de *Berânis* les familles qui tirent leur origine de BRANIS (*ibid.* t. I, p. ۱۰۷, l. 4 ; — t. I de la trad., p. 168). Ces familles sont si nombreuses que l'expression employée par El-Bekrî et reproduite par Ibn-Khaldoûn ne nous apprend rien sur les noms des tribus qui cherchèrent à renverser Sa'îd-ibn-Edrîs.

[7] J'ai dit plus haut que Sa'îd-ibn-Edrîs avait, d'après El-Bekrî, régné trente-sept ans.

---

[a] *Baïân*, t. I, p. ۱۸۳, l. 12 et 13. — Voir p. ۱۷۸ à ۱۸۱ l'histoire des BENI-S'ÂLIH'.

[b] *H. d. B.* t. I, p. ۳۴۶, l. 6 (t. II de la trad., p. 138).

[c] *El-Meçâlik oua'l-Memâlik*, p. 4·, l. 12 (*J. A.* t. XIII, p. 165, 5e sér. 1859).

[d] Mot qui, en langue berbère, veut dire *or*. (*Dictionnaire* de Venture, p. 117 ; in-4°, Paris, 1844.)

mains sur le *Djebel-Kouïn*[1]; le frère rebelle remporta une victoire complète, et il fallut l'énergie et toute la présence d'esprit de l'officier à qui avait été confiée la défense de *Nâkour*, pour que S'âlih' pût rentrer dans la ville et s'emparer de son ennemi, qui fut mis à mort[2]. Nous savons par un contemporain que S'âlih'-ibn-Sa'ïd régnait à *Nâkour* en 278; nous ignorons la date de sa mort, mais il eut pour successeur son fils cadet Sa'ïd-ibn-S'âlih', qui eut bientôt à combattre son aîné, 'Obaïd-Allah, et un de ses oncles, Abou-'Ali-er-Ridhâ, dont il avait cependant épousé la fille. Sa'ïd-ibn-S'âlih' battit les princes coalisés et, victorieux, fit une justice rigoureuse, qui détermina la révolte d'un autre de ses cousins, Sa'âdat-Allah-ibn-Hâroun; celui-ci, à la tête des Îs'lîten[3], vint mettre le siège devant *Nâkour*, fut repoussé et, désabusé de ses projets ambitieux, fit une soumission sincère[4].

Évidemment la petite principauté de *Nâkour* avait échappé au partage du royaume d'Edrîs II en 213, et était restée étrangère aux bouleversements qui en avaient été la conséquence. Protégée par sa faiblesse, comme le sont, de nos jours et près de nous, les républiques de *Genève* et d'*Andorre*, protégée sans doute aussi par sa soumission aux Edrîsites, devenus puissants, la dynastie qui régnait à *Nâkour* était acceptée à ce point que Sa'ïd-ibn-S'âlih' avait marié sa sœur, Omm-es-Sa'd, à Ah'med-ibn-Edrîs-ibn-Moh'ammed-ibn-Solaïmân[5]. Ce

Sa'ïd-ibn-S'âlih'.

---

[1] Ibn-'Adzârî dit : « sur le *Djebel-Djerndāiah*. » (*Baiān*, t. I, p. ١٨٠, l. 1.)

[2] *El-Meçâlik oua'l-Memâlik*, p. ٩٣, l. 8 (*J. A.* t. XIII, p. 172, 5ᵉ sér. 1859). — Ce fut 'Alsoun, page de Sa'ïd, qui, au refus des autres serviteurs, exécuta Edrîs, après l'ordre formel qu'il en reçut de son maître. Ibn-'Adzârî a copié ce récit d'El-Bekrî. (*Baiān*, t. I, p. ١٧٩, lin. ult. à p. ١٨٠, l. 8.)

[3] Les *Îs'lîten*, comme les *Beni-Ouriâghol* et les *Kezenndāiah*, sont une branche des *Meklâtah*, que l'on rapporte à la souche de Mâdghis, quoiqu'il y ait, à ce sujet, des opinions diverses. (*H. d. B.* t. I, p. ١٨, l. 19, et p. ١٣٢, l. 5 et 6; — t. I de la trad., p. 172 et 227.)

[4] *El-Meçâlik oua'l-Memâlik*, p. ٩٣, l. 5 à 19 (*J. A.* t. XIII, p. 174 et 175, 5ᵉ sér. 1859). — *Baiān*, t. I, p. ١٨١, l. 1 à 10.

[5] En copiant ce passage dans El-Bekrî (p. ٩٣,

l. 19), Ibn-Khaldoun, après le mot Solaïmân, ajoute صاحب et laisse en blanc le nom de la localité dont Ah'med était seigneur. M. de Slane a rempli ce blanc par les mots « de *Djordouah* », mais j'avoue que cela me paraît contestable[*]. M. de Slane (*H. d. B.* t. III de la trad., p. 335, note 2) a émis l'opinion que, au tome II du texte, p. ١٠٧, l. 12 (là où Ibn-Khaldoun parle du partage du royaume d'Edrîs II entre les membres de sa famille), il y avait lieu, dans le texte imprimé comme dans les manuscrits, de supprimer *Ibn-Edrîs*. M. de Gœje (*S'ifat-el-Maghrib*, p. 97) rejette cette *suppression*, et pense que dans le texte d'El-Bekrî (p. ٧٨, l. 3) il y a lieu d'ajouter عيسى بن ادريس après بن عيسى. Je serais porté à n'admettre ni l'une ni l'autre de ces corrections, comme je l'ai dit page 9 de ce volume, et, quant à ce qu'à la même page du *S'ifat*, le savant hollandais dit de la confusion faite par Ibn-Khaldoun

[*] Du moins dans le partage dont il parle (t. II de la trad., p. 570), il dit que *Tlemçen* échut à Ah'med.

LIVRE QUATRIÈME. — CHAPITRE II.

mariage, dont j'ai déjà dit un mot[1], était compromettant, car c'était une alliance avec les Edrîsites, dynastie que, malgré l'état de décadence où elle était, 'Obaïd-Allah-ech-Chîï ne croyait pas pouvoir attaquer de front, à cause des racines qu'elle avait jetées dans le *Maghrib;* l'envelopper dans un cercle de populations soumises à son empire lui parut sans doute une manœuvre plus habile, quoique d'un succès peut-être plus lent, mais plus certain. Il s'était déjà assuré le dévouement des *Miknâçah*, il voulut tenir aussi les *Beni-S'âlih'* dans sa dépendance, et somma Sa'ïd-ibn-S'âlih' de réciter la khot'bah en son nom. Celui-ci eut le tort de confier à son frère Iouçof le soin de faire composer la réponse, et ce prince en chargea El-H'amas de *Tolède*, poète à la solde de Sa'ïd. La lettre de 'Obaïd-Allah était menaçante; la réponse, qui commençait par ces mots « tu en as menti », était une insolente bravade[2]. Aussitôt cette réponse reçue, le Chîï, courroucé, transmit à Mas's'âlah-ibn-H'abbous, gouverneur de *Tâhart*, l'ordre de marcher sur *Nâkour.* « Ce fut en 304 (916-917 « de J. C.) que Sa'ïd vit éclater cet orage[3]. »

Sa'ïd refuse de reconnaître la souveraineté du Mahdi.

Parti de *Tâhart* le 1ᵉʳ dzou-'l-h'idjah 304[4] (lundi 26 mai 917 de J. C.), Mas's'âlah s'avança jusqu'à une journée de *Nâkour*[5], prit position à *Nésaft*, où Sa'ïd le joignit à la tête des siens, et, pendant trois jours, livra des combats dans lesquels il déploya une grande bravoure et montra qu'il était digne de commander à de vaillants soldats. Il avait dans son armée un Berber nommé H'amd-ibn-el-'Aïâch, de la tribu d'It'ououeft (بطوفت[6]), qui conçut l'audacieux projet de pénétrer dans le camp ennemi avec sept cavaliers et de marcher droit à la tente du général fât'imite pour le faire tomber sous ses coups. Mais ce projet échoua; une foule de soldats entourèrent ces téméraires, les saisirent et les amenèrent devant Mas's'âlah, qui donna l'ordre de leur trancher

Mas's'âlah-ibn-H'abbous marche contre lui.

(*H. d. B.* t. II de la trad., p. 570), sa critique me paraît juste, et je ne me flatte pas d'avoir (p. 10 de ce volume) résolu toutes les difficultés que présente cette généalogie.

[1] Note 6 de la page 10 de ce volume.
[2] El-Bekrî, p. ٤١٢, in fine, à p. ٤٠, l. 8 (*J. A.* t. XIII, p. 175 et 176, 5ᵉ sér. 1859). — *Histoire des Berbers*, t. I, p. ٢٨٢, l. 6 à 12 (t. II de la trad., p. 140).
[3] *Histoire des Berbers*, t. I, p. ٢٨٢, l. 14 (t. II de la trad., p. 141). Ibn-Khaldoun prétend à tort qu'à cette date Sa'ïd-ibn-S'âlih' régnait depuis cinquante-quatre ans (voyez la note 6 de la p. 126 de ce volume). — *Musulmans d'Espagne*, t. III, p. 38.
[4] El-Bekrî, p. ٤٠, l. 11 (*J. A.* t. XIII, p. 176, 5ᵉ sér. 1859).
[5] On peut estimer à cent lieues la distance de *Tâhart* à *Nâkour*. Pour une armée, c'est au moins dix-sept jours de marche.
[6] Les *Beni-It'ououeft* formaient une tribu zénâtienne et étaient frères des *Beni-Barzâl.* (*H. d. B.* t. I, p. ٢٢٢, l. 10 et 11, p. ٧٥, l. 15; — t. II de la trad., p. 45, et t. III p. 291.) — Ibn-'Adzârî donne à ce Berber le nom de Ah'med-ibn-el-'Abbâs. (*Baïân*, t. I, p. ١٧٢, l. 2.)

17.

132　　　　ÉTUDE SUR LA CONQUÊTE DE L'AFRIQUE.

la tête. « On ne tue pas un homme comme moi, s'écria Ibn-el-'Aïâch. — Et
« pourquoi pas? dit le général. — Parce que, sans moi et sans le secours de
« mon bras, tu ne pourras jamais vaincre Sa'ïd. » La hardiesse de ce Berber
et sans doute aussi une attitude en harmonie avec l'assurance de son langage
firent impression sur Mas's'âlah; il lui laissa la vie, le traita avec des égards
dont le farouche guerrier fut manifestement touché, à ce point que le général
fât'imite ne craignit pas, au bout de peu de jours[1], de lui confier un détachement pour faire un coup de main. H'amd, sachant qu'un côté du pli de terrain
occupé par Sa'ïd était mal gardé, se dirigea vers cet endroit et pénétra dans
le camp; les troupes de Sa'ïd, se voyant attaquées par un point qu'elles avaient
cru inabordable, s'enfuirent dans le plus grand désordre, et le prince lui-
même, pris au dépourvu, fut entraîné dans la déroute. Jugeant la position
désespérée, il fit passer à *Nâkour* l'ordre d'évacuer le palais et d'en transporter
les habitants, avec leurs effets, dans l'île qui est située auprès du port[2]. Ses
trois fils (Edrîs, Mo't'as'im et S'âlih') se retirèrent, avec le reste de la famille,
dans ce lieu de refuge. Pour lui, endossant une double cotte de mailles, il
se mit à la tête de ses pages et de ses principaux lieutenants, fondit sur l'armée
ennemie, et combattit jusqu'à ce qu'il eût trouvé la mort. Son camp fut mis
au pillage, et le 3 moh'arram 305 (jeudi 26 juin 917 de J. C.) Mas's'âlah
entrait dans *Nâkour*[3]. La ville fut saccagée, les femmes et les enfants réduits
en captivité. La nouvelle de ce succès était aussitôt transmise à 'Obaïd-Allah,
avec la tête de Sa'ïd-ibn-S'âlih' et celles de son neveu Mans'our-ibn-Edrîs-
ibn-S'âlih' et de plusieurs autres membres de la famille vaincue. Ces trophées
furent promenés dans les rues de *K'aïraouân* et exposés sur les murs de *Rak'-
k'âdah*[4].

305 de l'hégire
(917-918
de J. C.).
Prise de Nâkour.

[1] Si l'on estime (voy. la note 5 de la page précédente) la date à laquelle Mas's'âlah dut arriver
devant *Nâkour*, et si l'on considère la date (que
je vais donner) à laquelle il y entra, il faut que
tous ces événements aient été très rapides.

[2] Voyez la note 6 de la p. 128 de ce volume.

[3] Il y avait trente-trois jours que Mas's'âlah
avait quitté *Tâhart*.

[4] El-Bekrî, p. ٤١٥, in fine, à p. ٤٩, l. 14 (*J. A.*
t. XIII, p. 175 à 178, 5ᵉ sér. 1859). — *Baïân*,

t. I, p. ١٧٧, l. 15, à p. ١٧٨, l. 3, et p. ١٨١, l. 11,
à p. ١٨٢, l. 13; — *H. d. B.* t. I, p. ٢٨٥, l. 15
et 16 (t. II de la trad., p. 141). Dans Ibn-Khaldoun on ne trouve pas les intéressants détails
donnés par El-Bekrî et copiés par Ibn-'Adzârî.
— El-Bekrî les avait certainement empruntés à
Moh'ammed-ibn-Iouçof, surnommé Ibn-el-
Ouarrâk'[a] (le fils du marchand de papier), qui
était né en 292 et mourut en 363; il avait la
réputation de connaître si bien l'histoire et la

[a] Casiri, *Biblioth. arab. Hisp. escurial.* t. II, p. 126 et 127; in-fol., Matriti, 1770; — de Gayangos, t. I,
p. 451, note 23.

Les fils de Sa'ïd-ibn-S'âlih' et tous les autres membres de la famille qui avaient pu quitter la ville partirent de l'île où ils s'étaient réfugiés, et allèrent débarquer à *Malaga* et à *Badjânah*[1]. Fidèle à la politique de sa dynastie[2], 'Abder-Rah'mân III leur fit l'accueil le plus empressé, « il leur envoya de beaux « habits et de riches présents, leur laissa le choix de venir se fixer dans la « capitale du royaume (*Cordoue*)[3] ou de rester à *Malaga*[4]. » En prévision des éventualités favorables qui pourraient se présenter aux jeunes fugitifs, ils préférèrent rester au point le plus rapproché de la côte d'Afrique.

Après avoir employé six mois à parcourir le territoire de *Nâkour*[5], Mas's'âlah reprit le chemin de *Tâhart*, laissant le gouvernement de la nouvelle conquête à Daloul[6], officier kitâmien, qui, sans qu'on en dise la cause, se vit, au bout de peu de temps, abandonné des troupes qu'on lui avait laissées. Les trois fils de Sa'ïd, bien renseignés sur la position du gouverneur de *Nâkour*, montèrent chacun sur un navire différent, après avoir fait la convention que le premier arrivé en Afrique prendrait et garderait l'autorité suprême. Ils s'embarquèrent le soir et partirent en même temps, poussés par un vent favorable. S'âlih', le plus jeune des trois, arriva la même nuit dans les parages de *Nâkour*, et, au point du jour, il entrait dans le port de *Ouâdi-'l-Bak'ar* (la rivière des bœufs), près de *Temçâmân*[7]. A la nouvelle de son arrivée, les Berbers accoururent de

géographie du Maghrib que le IX[e] Omaïade d'Espagne, El-H'akam-el-Mostans'ir[a], le chargea d'écrire ce qu'il savait sur un certain nombre de localités, parmi lesquelles Mak'k'arî[b] cite *Tâhart*, *Ouahrân* (*Orân*), *Tunis*, *Sidjilmaçah*, *Nâkour*, *Bos'rah* (du *Maghrib*), et on ne peut pas douter qu'El-Bekrî ait puisé à cette excellente source ce qu'il raconte de *Nâkour*.

[1] *El-Meria-Badjânah*, c'est-à-dire Almeria de Pechina. La ville de *Pechina*, située à six milles d'*Almeria*[c], était d'abord le chef-lieu de ce canton. (Note de M. de Slane, *J. A.* t. XIII, p. 104, note 1, 5[e] sér. 1859.)

[2] Voyez à la page 21 de ce volume.

[3] On a vu (t. I, p. 255, note 2, et p. 267) que ce fut Aïoub-ibn-H'abîb-el-Lakhmi, successeur de 'Abd-el-'Azîz, assassiné en Espagne par ordre du khalife Omaïade Solaïmân, on a vu, disje, que ce fut cet Aïoub qui, en 97 de l'hégire (715-716 de J. C.), transporta la capitale de l'Andalousie de *Séville* à *Cordoue*.

[4] El-Bekrî, p. ٤٤, l. 17 et 18 (*J. A.* t. XIII, p. 178, 5e sér. 1859).

[5] *Ibid.* p. ٤٤, l. 19 et 20 (*J. A.* t. XIII, p. 179). — H. d. B. t. I, p. ٤٨٢, l. 17 (t. II de la traduction, p. 141).

[6] Ibn-'Adzârî écrit ذلول (Dzaloul) (*Baïân*, t. I, p. ١٧٨, l. 10); j'ai, comme l'a fait Ibn-Khaldoun (t. I, p. ٢٨٢, l. 17), conservé l'orthographe d'El-Bekrî (p. ٤٤, l. 20), دلول.

[7] El-Bekrî, qui a dit précédemment[d] qu'il fallait *une journée et demie* pour passer de *Nâkour* à

[a] Qui régna du 3 ramadhân 350 au 3 s'afar 366.
[b] T. II, p. ١١٢, in fine, et p. ١١٣, l. 1.
[c] Sur la rive gauche du *Rio de Almeria*, au pied méridional de la *Sierra de Pechina* (feuille LXVIII de l'*Atlas de Lopez*; in-fol., Madrid, 1810).
[d] P. ٤٠, l. 13 et 14 (*J. A.* t. XIII, p. 165 et 166, 5[e] sér. 1859).

tous les côtés pour lui faire accueil et, le proclamant leur chef, ils lui donnèrent le titre d'*El-Îetîm* (l'orphelin), à cause de sa jeunesse. Ils allèrent aussitôt s'emparer de Daloul et de ses gens, pour les crucifier sur les deux bords du *Nâkour*. « 'Abd-er-Rah'mân III, ayant reçu de S'âlih' une dépêche lui annon-
« çant la nouvelle de ce succès, dit El-Bekrî, la fit lire publiquement dans la
« grande mosquée de *Cordoue*, et en expédia des copies dans toutes les pro-
« vinces andalousiennes; il donna en même temps l'ordre d'envoyer aux princes
« s'âlih'ides tout ce qu'on pourrait trouver de plus beau en fait de tentes,
« d'équipages, de vêtements, de selles, de bijoux, de drapeaux, de tambours,
« de cottes de mailles et d'armes de toute espèce[1]. » Ibn-Khaldoun ajoute que
S'âlih' fit proclamer la souveraineté de 'Abd-er-Rah'mân(-en-Nâs'ir) dans
toute l'étendue de ses États[2]; il dit même que cette proclamation précéda
l'envoi des cadeaux et que, parmi ceux-ci, se trouvaient les insignes de la
royauté. Il est facile de deviner ce qui s'était passé en Espagne dans les conférences que les réfugiés de *Nâkour*, ou tout au moins l'un d'eux[3], avaient eues
avec le souverain de *Cordoue*. L'idée fixe de la dynastie omaïade recevait enfin
un commencement de réalisation. Le passé nous a permis d'entrevoir quelle
était cette idée fixe; un avenir prochain la rendra plus nette encore; 'Abd-er-
Rah'mân III a déjà un vassal en *Maghrib*, il voudra bientôt y avoir une position.

L'année 3o5 (917 à 918 de J. C.), dans laquelle s'accomplissaient ces
événements, qui renfermaient le germe d'événements plus graves, fut remarquée dans l'Islâm et reçut le nom d'*année du feu* (سنة النار), parce que, dans le
seul mois de chaouâl, l'incendie détruisit les bazars de *Tâhart*, ceux de *Fés*,
les jardins de *Miknâçah* dans l'intérieur de l'*Espagne*[4] et les bazars de *Cor-*

Malaga, ne fait aucune réflexion sur la rapidité de cette traversée de S'âlih' *en une nuit;* il était d'autant plus naturel de la remarquer qu'elle suppose un temps exceptionnellement favorable, et que ses deux frères rencontrèrent, dans les mêmes parages, un tel temps et des vents si contraires que leur traversée, dit le même El-Bekrî, dura *deux mois*. Il y a là un ensemble de circonstances qui rend difficile de se défendre de la pensée que le plus jeune des frères, d'accord avec 'Abd-er-Rah'mân, joua ses deux aînés, et que la durée excessive de la traversée de ceux-ci ne fut pas due seulement à la mer et aux vents.

[1] El-Bekrî, p. ۴v, l. 8 à 11 (*J. A.* t. XIII, p. 179 et 180, 5ᵉ sér. 1859). — *Baiân*, t. I, p. ۱۸۳, l. 1 à 12.

[2] *H. d. B.* t. l, p. ۲۸۱, lin. ult. (t. II de la trad., p. 141).

[3] Voyez la note 7 de la page précédente.

[4] Je conserve ici, comme on voit, la leçon du texte du *K'art'âs* publié par M. Tornberg (p. ۴۱, l. 11; — p. 83 de la trad. lat. in-4°, Upsaliæ,

* P. ۴v, l. 12 et 13 (*J. A.* t. XIII, p. 180, 5ᵉ sér. 1859).

LIVRE QUATRIÈME. — CHAPITRE II.   135

doue¹. 'Obaïd-Allah éprouva sans aucun doute un vif regret de la perte qu'il venait de faire du seul territoire qu'il possédât dans le *Maghrib-el-Ak's'â*, et dut avoir hâte de réparer cette perte, qui dérangeait ses plans; mais la protection évidente que l'*Espagne* accordait aux petits souverains de *Nâkour* tint le prince fât'imite en respect; il comprit que tirer l'épée contre S'âlih'-el-Ietîm, c'était désormais déclarer la guerre aux Omaïades; il recula devant cette puissance, et ses vues se portèrent de nouveau vers l'orient. Ibn-Khaldoun² place en 307,

1846), parce qu'il y a une localité de ce nom ᵃ sur la rive droite de l'*Èbre*, au confluent de la *Sègre* dans ce grand fleuve, là où celui-ci traverse la *Catalogne*, avant de se jeter dans la Méditerranée, un peu au-dessous de *T'ort'ose* ᵇ (à 12 milles ᶜ).

¹ *K'art'âs*, p. ๚๚, l. 10 à 13 (p. 83 de la trad.

lat. — p. 134 de la trad. franç.). — Ibn-'Abd-el-H'alîm dit ici : « *Tâhart*, capitale des *Zenâtah* » (قاعدة زناتة).

² *Il. d. B.* t. II de la trad., p. 526. — A proprement parler, la campagne ne s'ouvrit guère qu'en 307, et, comprise ainsi, l'assertion d'Ibn-Khaldoun s'accorde avec celle des autres sources.

ᵃ Que les Espagnols écrivent *Mequinenza*, à huit lieues sud-sud-ouest de *Lerida*. Edrîsî place *Mequinenza* à cinquante milles de *T'ort'ose* (p. 14٠, l. 15), et la traduction d'Am. Jaubert ajoute (t. II, p. 234) : «et à soixante-«dix milles de *Huesca*.» Ce dernier chiffre doit être exact, mais je dis *ajoute*, parce que je ne retrouve pas ce passage dans le texte édité à Leyde, en 1866, par M. Dozy. Sans aucun doute, comme l'a expliqué ce savant ¹ᵃ, il n'y a en Afrique qu'une seule ville du nom de *Miknâçah* (*Miquenez* des cartes), et que c'est celle dont parlent tous les auteurs sous le nom de *Miknâçah-ez-Zeïtoun* (*Miknâçah des oliviers*) et de *Tâk'avart* ²ᵃ. La petite rivière qui coule à l'est de cette ville est un affluent de la rive gauche du *Sabou*. J'ai dit (t. I, p. 351), d'après Ibn-Khaldoun, quel était, à l'origine, le territoire des *Miknâçah*. Les membres de la tribu qui l'occupait vécurent longtemps en bonne intelligence; mais vint l'instant où ils se brouillèrent, et les plus faibles furent chassés du territoire de la tribu; les expulsés fondèrent *Mequinez* ³ᵃ, dont la construction projetée était peut-être le motif de la brouille, puisque ceux qui restaient sur le sol natal conservèrent leurs anciennes coutumes en continuant à habiter des cabanes construites de broussailles, comme cela avait encore lieu du temps d'El-Bekri ⁴ᵃ.

ᵇ Voir la feuille LXXV de l'*Atlas* de Lopez, in-fol., Madrid, 1810. La traduction française (p. 134) que M. Beaumier a donnée du *K'art'âs*, en 1860 ne dit pas comme le texte publié par M. Tornberg, qu'il s'agit de *Miknâçah d'Espagne*, comme si les mots من بلاد جوف الاندلس manquaient dans le manuscrit de la grande mosquée de Maroc, sur lequel M. Beaumier a travaillé. Iâk'out ne connaissait pas cette localité, car dans son *Mo'djam* (t. IV, p. ๒๑๐, l. 20) et dans son *Mochtarik* (p. ๒۰๒, l. 16) il en parle comme étant dans les dépendances de *Méridah*, qui en est à une distance énorme. Cette erreur a été redressée par M. Dozy (t. I, p. 196, à la note de la 1ʳᵉ édition de ses *Recherches*, Leyde, 1849), ce qui a empêché qu'elle ne se reproduisît dans le *Maráçid* (t. III, p. ๑๒๘, l. 9, 1854), où on lit bien : «des dépendances de *Laridah*;» du reste, comme Iâk'out, il l'intitule بشرقيها (h'is'n, « forteresse»).

ᶜ Edrîsî, p. 14٠, lin. ult. Il dit بغريبها الى الجزر (p. 14٠, l. 8); il serait plus exact de dire بشرقيها, car, dans la dernière partie de son cours, l'*Èbre* coule de l'ouest à l'est, et son embouchure, par rapport à *T'ort'ose*, est à très peu près à l'est de cette ville. (Voir la feuille XXIV de l'*Atlas* de Lapie, publié en 1829.)

¹ᵃ *Rech. sur l'hist. polit. et littér. de l'Esp. pendant le moyen âge*, p. 197, à la note; in-8°, Leyde, 1849.
²ᵃ Edrîsî, p. vv, l. 5, in-8°, Leyde, 1866.
³ᵃ In Ramusio, fol. 31 A r°, terza editione, in-fol., Venetia, 1561. (J. Temporal, p. 123, in-fol., Lyon, 1556.)
⁴ᵃ Qui disait en 460 (1067-1068) : «maintenant *Nâkour*,» etc., p. ๚๚, l. 10; — *J. A.* t. XIII, p. 183, 5ᵉ sér. 1859). — H'âdji-Khalfah (t. V, p. 510, n° ๑๑٨٧l, l. 3) place sa mort en 487 (1094 de J. C.). M. Dozy précise chaoual 487 (le 1ᵉʳ chaoual 487 correspond au samedi 28 septembre 1094). (*Rech. sur l'hist. polit. et littér. de l'Esp. pendant le moyen âge*, t. I, p. 198, Leyde, 1849.)

306 de l'hégire (918-919 de J. C.). Seconde expédition contre l'Égypte.

mais Ibn-el-Athîr[1], Ibn-'Adzârî[2], Abou-'l-Fedâ[3], Mak'rîzî[4], placent en 306 une seconde expédition que le Mahdi donna l'ordre à son fils de diriger contre l'*Égypte*. Selon Ibn-'Adzârî, l'armée se mit en marche le lundi 1ᵉʳ dzou-'l-k'a'dah[5] (5 avril 919 de J. C.); elle était composée de *Kitâmah* en grand nombre, d'*Arabes* de l'Ifrîk'iah et de Berbers de diverses tribus. Khâlil-ibn-Ish'âk', Abou-Ghânib le secrétaire et d'autres des hommes haut placés près de son père en faisaient partie. Les débuts de cette campagne furent heureux :

307 de l'hégire (919-920 de J. C.).

El-K'âcim s'empara d'Alexandrie le 8 safar 307[6], et la ville fut livrée au pillage[7]. Dirigeant alors le chef de son avant-garde, Solaïmân-ibn-Kâfî, sur le *Faïoum*, ce général s'en empara de vive force, et fit tomber sur cette malheureuse province tous les fléaux de la guerre; ensuite El-K'âcim transporta son camp d'*Alexandrie* dans le *Faïoum*[8], après avoir occupé *Djîzeh*, et remonta même bien au delà, s'il est vrai qu'en redjeb il prit possession d'*El-Ochmounaïn*[9], comme

---

[1] *El-Kâmil*, t. VIII, p. ⟨ar.⟩, l. 18 et 19.

[2] *Baïân*, t. I, p. ⟨ar.⟩, l. 3.

[3] *Annales muslemici*, t. II, p. 322, l. 19 et seq.

[4] *Khit'at'*, t. I, p. ⟨ar.⟩ de l'édition de Boulak, citée par M. de Slane (*J. A.* t. XII, p. 415, note 3, 5ᵉ sér. 1859). — Cet ouvrage de Mak'rîzî est indiqué dans H'âdji-Khalfah. (*Lexicon*, t. III, p. 161, l. 7 et 8.)

[5] *Baïân*, t. I, p. ⟨ar.⟩, l. 3 à 7. — *Chron. Cantabr.* in Gregorio, p. 45, l. 16 et 17. Suivant cette chronique, le départ eut lieu en 6427, qui commence le 1ᵉʳ septembre 918 de J. C.; le départ eut donc lieu le 5 du huitième mois de 6427, autre manière d'exprimer la date donnée par le *Baïân*.

[6] *En-Nodjoum*, t. II, p. ⟨ar.⟩, l. 7 et 8, et p. ⟨ar.⟩, l. 2. Abou-'l-Mah'âcin confirme ainsi, indirectement, l'indication donnée de la fin de 306 pour le départ d'Abou-'l-K'âcim. — Eutychius (*Annales*, t. II, p. 506, l. 9 et seq.) avait indiqué l'année 307 comme celle de la prise d'*Alexandrie*. — Ibn-el-Athîr (*El-Kâmil*, t. VIII, p. ⟨ar.⟩, l. 20) précise en rebî-'l-akhir 307. — Ibn-Khallikân dit en rebî-'l-aouel 307 (*Kitâb-ouafaïât-el-Â'iân*, n° ⟨ar.⟩, fasc. vii, p. ⟨ar.⟩, l. 4; — t. III de la trad. angl., p. 181).

[7] *Baïân*, t. I, p. ⟨ar.⟩, l. 3.

[8] *Ibid.* même page, l. 7 et 8.

[9] C'est la représentation du *Schmoun* des K'opt'es[a], l'Ἑρμούπολις μεγάλη des Grecs[b], *Hermopolis*[c] et *Mercurii oppidum*[d] des Latins. De *Schmoun* les Arabes ont fait ⟨ar.⟩[e]. « *Ochmounaïn*, dit Abou-'l-Fedâ, semble être, en arabe, « le mot *achmoun* mis au duel[f]. » — Iâk'out, *Mo'djam-el-Boldân*, t. I, p. ⟨ar.⟩, l. 1. — Ét. Quatremère, *Mém. géogr. et hist. sur l'Égypte*, t. I, p. 490-499; in-8°, Paris, 1811. — Champollion, *l'Égypte sous les Pharaons*, t. I, p. 292. — Vansleb place cette ville à cinq journées plus

---

[a] Champollion, *l'Égypte sous les Pharaons*, t. II, p. 125 et 126; in-8°, Paris, 1814.

[b] Ptolem. *Geogr. libri octo*, lib. IV, cap. v, p. 107, l. 28. — Strabon nomme seulement les *Hermopolitains*, Ἑρμοπολῖται (*Geographica*, lib. XVII, cap. 1, § 40, p. 690, l. 26, de l'édit. F. Didot). — Steph. Byzant. *De Urbe et Pop.*, p. 270; in-fol., Amstelod. 1678.

[c] Ammian. Marcel. lib. XXII, cap. xvi, § 2, t. I, p. 305; in-8°, Lipsiæ, 1808.

[d] C. Plinii *Hist. natur.* lib. V, cap. ix, § 11, t. I, p. 257, l. 16; in-fol., Parisiis, 1723.

[e] Ibn-H'auk'al, p. 1.0, l. 1; in-8°, Lugd. Batav. 1873.

[f] *Géographie*, p. 110, l. 5 et 6 (t. II de la trad. de Reinaud, p. 157). — Champollion, t. I, p. 292 et 293.

LIVRE QUATRIÈME. — CHAPITRE II.   137

le disent Ibn-el-Athîr[1], Ibn-Adzârî[2], Abou-'l-Fedâ[3] et Ibn-Khaldoun[4], qui assurent, en outre, qu'il conquit une grande partie du *S'a'îd* (الصعيد).

Ces succès étaient dus, en grande partie, à l'imprévoyance par suite de laquelle, sous Mok'tadir, qui régnait alors à *Baghdâd*, l'Égypte était presque complètement dégarnie de troupes au moment de cette seconde invasion d'Abou-'l-K'âcim[5]. Nous avons vu plus haut ce prince vaincu rentrer à la fin de 301 en *Maghrib*, et son général H'abâçah éprouver aussi une défaite en 302. Il paraît que, dans cette dernière campagne, Mounis-el-Khâdim avait eu, de son côté, à se plaindre de Takîn-el-Khazarî, car il le destitua de son gouvernement le mercredi 14 dzou-'l-k'a'dah 302 (31 mai 915 de J. C.), et fit connaître au khalife les motifs de la mesure sévère qu'il avait été obligé de prendre[6]. Le 7 dzou-'l-h'idjah suivant (vendredi 23 juin 915 de J. C.), Takîn quitta *Mis'r*, où il avait gouverné cinq ans et quelques jours. Le khalife le remplaça par Dzoukkâ-'r-Roumi[7], qui prit possession de son émirat le dimanche douze nuits passées de s'afar 303[8] (27 août 915 de J. C.). Lorsqu'en 307 ce gouverneur reçut la nouvelle de la prise d'*Alexandrie*, il rassembla les troupes dont il disposait, installa son camp à *Djîzeh* et l'entoura d'un fossé. Mais il tomba malade, et mourut le 11 rebî-'l-aouel (11 août 919 de J. C.), après avoir gouverné l'*Égypte* quatre ans et un mois. Takîn, nommé pour la seconde fois au gouvernement d'*Égypte*, fut appelé à le remplacer[9]. Mais Mok'tadir avait envoyé au secours de Dzoukkâ un corps d'armée, commandé par l'émir Ibrâhîm-ibn-el-Kîghlagh et par l'émir Mah'moud-ibn-Djamal (ou H'amal), qui arrivèrent à *Mis'r* avant Takîn, dans le mois de rebî-'l-aouel susnommé. Takîn les y suivit de près, puisqu'il y entra le 21 cha'bân. Il commença par confirmer

---

haut que le K'aire, sur la rive occidentale du *Nil*[a]. (Voyez, p. 503, la note *i* de l'*Edrisii Africa* de Hartmann; in-8°, Gottingæ, 1796.) — Ochmounaïn était la capitale de la province de ce nom.

[1] *El-Kâmil*, t. VIII, p. ۸۳, lin. ult.
[2] *Baïân*, t. I, p. ۱۸۰, l. 8.
[3] *Annal. muslem.*, t. II, p. 339, lin. ult.
[4] *Histoire des Berbers*, t. II de la traduction, p. 526.
[5] *Baïân*, t. I, p. ۱۸۰, l. 10 et 11.

[6] *En-Nodjoum*, t. II, p. ۱۸۳, l. 1 et 2. — Abou-'l-Mah'âcin dit à tort *jeudi* 14.
[7] El-Makîn l'appelle Doukkâ-'l-Â'ouar, «le borgne» (*Hist. Sarac.*, p. 188, l. 29).
[8] *En-Nodjoum*, t. II, p. ۱۴۰, l. 4 et 5. — Le texte dit à tort le *samedi* 12 écoulé de s'afar 303.
[9] *Ibid.*, t. II, p. ۱۴۴, l. 14 à 17, et p. ۲۰, l. 9. — Puisque le texte dit le soir du 11 rebî-'l-aouel, c'est que le soleil n'était pas encore couché, mais était près de l'être. Pour nous, le 11 août, il se couche à 7 heures 20 minutes.

[a] *Hist. de l'Église d'Alexandrie*, p. 21; in-12, Paris, 1677. — Voir aussi sa *Nouvelle relation d'Égypte*, p. 364; in-12, Paris, 1698.

Ibn-Tâhir dans le poste de la police, et, faisant rapidement ses dispositions, il sortit des environs de *Mis'r* avec les troupes de la ville et celles de l'*Irâk'*, pour aller s'établir à *Djîzeh*, où il fit creuser autour du camp un second fossé comme celui que Dzoukkâ venait de faire creuser quand il mourut[1]. L'avant-garde des troupes maghrebines était entrée à *Alexandrie* en s'afar 307. La population de *Mis'r*, émue de cet événement, avait fui à *K'olzoum* et dans le *H'idjâz*, surtout quand on vit mourir Dzoukkâ; mais l'arrivée de Takîn décida le retour de ces fugitifs. Bientôt Takîn apprit que non seulement El-K'acîm était tombé sérieusement malade à *Alexandrie*[2], mais que la peste s'était déclarée dans son armée[3] et emportait un certain nombre de ses généraux, parmi lesquels Daoud-ibn-H'abâçah fut une des victimes[4]. Ce ne serait donc pas en redjeb, comme je viens de le dire d'après Ibn-'Adzârî, mais un peu plus tard, qu'Abou-'l-K'acîm remonta vers *Mis'r*. Takîn l'attendit à *Djîzeh*, et quand l'armée fât'imite approchait, il sortit à sa rencontre, lui livra un combat terrible, dans lequel, au dire d'Abou-'l-Mah'âcin[5], la victoire resta aux Égyptiens; mais comme il ajoute que l'armée d'El-Mahdi se dirigea vers le *Sa'îd* et que Takîn rentra à *Mis'r*, je me demande si je ne dois pas donner aux Africains l'avantage de cette journée, que je dois placer en ramadhân 307, car ce fut ensuite, et en chaouâl, que vint, d'après Ibn-'Adzârî[6] et Abou-'l-Mah'âcin[7], le désastre de la flotte africaine, désastre dont je vais maintenant parler. La peste, ai-je dit, avait fait de grands ravages dans l'armée d'Abou-'l-K'âcim; le Mahdi envoya au secours de son fils une flotte de quatre-vingts vaisseaux, commandée par l'eunuque Solaïmân-el-Khâdim et par Ia'k'oub-el-Kitâmî, qui partirent de *Mahdïah* et se dirigèrent vers *Alexandrie*. D'après le conseil de Mounis-el-Khâdim, qui se préparait à passer en *Égypte*, le khalife fit partir de *T'arsous* une flotte de vingt-cinq vaisseaux, sous les ordres de Thaml (ثمل) le Fati[8]. Celui-ci rencontra la flotte fât'imite près de *Rosette* (*Râchid*[9]), brûla une

---

[1] *En-Nodjoum*, t. II, p. ٢٠٥, l. 10 à 16.
[2] *Ibid.*, t. II, p. ٢٠٤, l. 5.
[3] *Baïân*, t. I, p. ١٨٠, l. 10.
[4] *En-Nodjoum*, t. II, p. ٢٠٤, l. 4 à 6.
[5] *Ibid.*, t. II, p. ٢٠٤, l. 8.
[6] *Baïân*, t. I, p. ١٨٠, l. 17 à 19. Il donne à cette victoire navale la date du dimanche (lisez *samedi*) douze nuits restant de chaouâl 307 (samedi 4 mars 920 de J. C.).
[7] *En-Nodjoum*, t. II, p. ٢٠٤, l. 9.
[8] Voyez, sur la dénomination de *fati*, les explications données par M. Dozy (*Rech. sur l'hist. polit. et littér. de l'Espagne pendant le moyen âge*, t. I, p. 206; in-8°, Leyde, 1849). Eutychius écrit ثمال (Thamâl), mais son texte imprimé, Oxoniæ, 1658 et 1659, est rempli de fautes, et j'ai préféré l'orthographe du *Baïân* (t. I, p. ١٨٠, l. 17); j'observerai ici qu'Ibn-el-Athîr donne à l'amiral 'abbâsside le nom d'Abou-'l-Iaman (*El-Kâmil*, t. VIII, p. ٨١٥, l. 7).
[9] Voir, sur cette ville, Champollion le jeune, *L'Égypte sous les Pharaons*, t. II, p. 241. C'est

LIVRE QUATRIÈME. — CHAPITRE II. 139

partie des vaisseaux, coula bas les autres, fit prisonniers ceux des soldats qui ne périrent pas dans les flots. Je viens de fixer la date précise de cette victoire navale. Mais ce succès n'était pas décisif, et l'*Égypte* restait au pouvoir d'Abou-'l-Kâcim, dont il est si vrai que Takîn n'avait pu arrêter la marche vers le *S'a'îd*, qu'Abou-'l-Mah'âcin lui-même dit que ce gouverneur attendit à *Mis'r* l'arrivée de Mounis-el-Khâdim. Or ce fut seulement en moh'arram 308 que celui-ci arriva en *Égypte* avec environ trois mille hommes de troupes de l'*Irâk'*[1]. Takîn vint alors de nouveau camper à *Djîzeh* et envoya Ibn-Kîghlagh dans le *S'a'îd*. Mais cette expédition paraît avoir échoué encore. Au commencement de dzou-'l-k'a'dah, Ibn-Kîghlagh mourut à *El-Bahnaçâ*[2]. En outre, la position se compliqua de divers incidents : Takîn apprit qu'Ibn-el-Madînî le k'âdhî et beaucoup d'autres personnages de *Mis'r* faisaient de la propagande pour le Mahdi; il les fit arrêter, leur trancha la tête, et emprisonna ceux que cette propagande avait séduits. Les partisans du Mahdi se rendirent maîtres du *Faïoum*, de l'*île d'El-Ochmounaïn* et autres lieux. Les affaires ne se rétablirent pour le khalife que quand un second secours, commandé par Djimî-'l-Khâdim, lui arriva de l'*Irâk'*, en dzou-'l-h'idjah 308[3]. Tous

308 de l'hégire (920-921 de J. C.).

[1] *El-Kâmil*, t. VIII, p. ٨٣, l. 6 et s. — Abulfedæ *Annal. muslem.*, t. II, p. 334, l. 2 à 7. — Ibn-Khaldoun, *H. d. B.*, t. II de la trad., p. 526; — *En-Nodjoum*, t. II, p. ٢٠٤, l. 11 et 12. Abou-'l-Mah'âcin, qui est très bref, place, comme Ibn-Adzârî, la défaite de la flotte au 30 chaoûâl. Quant à Ibn-Khaldoun, qui a copié Ibn-el-Athîr, il suppose que les deux amiraux fât'imites tombèrent au pouvoir de l'ennemi. Eutychius seul porte à cinquante le nombre des vaisseaux de la flotte 'abbâsside[a], et Ibn-'Adzârî (*Baïân*, t. I, p. ١٨٥, l. 17) parle de vaisseaux *syriens*, ce qui indique nettement qu'alors l'ancienne *Cilicie* faisait partie des possessions *syriennes* du khalife. Évidemment le mont *Taurus* servait de limite à ces possessions et à celles des Chrétiens de *Constantinople*. Aussi Iâk'out parle-t-il de *T'arsous* comme d'une ville située *sur les frontières de*

[a] Eutychii *Annales*, t. II, p. 506, lin. ult.; in-4°, Oxoniæ, 1658.

Syrie, entre *Ant'âk'îah* et *H'alep* (dont il forme comme un groupe) et le pays des Roumis. (*Mo'djam-el-Boldân*, t. III, p. ٥٢٤, l. 7; in-8°, Leipzig, 1868.)

[2] «C'est, dit Soïout'î, un château de la région «du *S'a'îd*, dans la *haute Égypte*.» (*Lobb-el-Lobâb*, p. ٢٨, col. 1, l. 1 et 2; in-4°, Lugd. Batavorum, 1840.) — Iâk'out en parle (*Mo'djam-el-Boldân*, t. I, p. ٧٧١, l. 6; in-8°, Leipzig, 1866) comme d'une ville du *S'a'îd-el-Adna*, située au bord et à l'occident du *Nil*. Il dit que c'est un lieu de pèlerinage, parce qu'on prétend que le Messie et sa mère y ont résidé sept ans. Le même Iâk'out mentionne, à la page ٧٧, du même tome, une localité du nom de *Bahçanâ*, qu'on pourrait être tenté de confondre avec *Bahnaçâ*, mais il en parle comme d'un château fortifié dépendant du village de *Kaïçoum*, dans les dépendances d'Halep, et on voit par Edrîsî (t. II, p. 313) que *Bahçanâ* appartenait à la partie la plus septentrionale de la *Syrie*.

[3] *En-Nodjoum*, t. II, p. ٢٠٤, l. 12 à 19.

les corps d'armée se mirent alors en marche pour enlever au fils du Mahdi les conquêtes qu'il avait faites dans le *Sa'îd*, et ce dernier effort fut couronné de succès, car, suivant un auteur contemporain (Eutychius [1]), qui vivait en *Égypte*, le prince fât'imite, vaincu, reprit le chemin de *K'aïraouân*, en ramenant ses troupes à *Bark'ah*, dit Abou-'l-Mah'âcin [2]. Mais je suis porté à croire que sa défaite ne fut pas si prompte, quand je vois Ibn-'Adzârî assurer qu'Abou-'l-K'âcim ne rentra à *Mahdïah* que le lundi 1ᵉʳ redjeb 309 (5 novembre 921 de J. C.), après une expédition qui avait duré deux ans et huit mois [3]. J'ignore la cause qui amena la disgrâce de Takîn; mais Mounis-el-Khâdim, après être resté deux mois à *Mis'r* avant de retourner à *Baghdâd* [4], le destitua pour la seconde fois, le dimanche 13 rebî-'l-aouel 309 (22 juillet 921 de J. C.). Ce gouverneur fut remplacé par K'âbous-Mahmoud-ibn-Djamal, le second gouvernement de Takîn n'ayant duré qu'environ un an et sept mois, comme le dit très bien Abou-'l-Mah'âcin [5].

---

[1] Eutychii *Annales*, t. II, p. 510, l. 8 et 9.
[2] *En-Nodjoum*, t. II, p. ٢٠٧, l. 3 et 4.
[3] *Baïân*, t. I, p. ١٩٠, l. 1 à 3. Il dit à tort le *samedi*. — Ibn-el-Athîr (*El-Kâmil*, t. VIII, p. ٨١٢, l. 16) avait dit aussi qu'Abou-'l-K'âcim rentra à *El-Mahdîah* en redjeb, mais il ne dit pas de quelle année et place cet événement dans le chapitre qu'il consacre à l'année 307, en terminant sa phrase par les mots من السنة رجب. Cette manière d'exprimer la date du retour d'El-K'âcim a entraîné Ibn-Khallikân dans la même erreur quant à l'année, et, avec l'intention de rectifier la férie, il commet une autre erreur : il dit le mardi 3 redjeb 307, qui, en réalité, correspond au *lundi* 29 novembre 919. (*Kitâb ouafaïât-el-A'iân*, n° ٩٩٩, fasc. VII, p. ١٢٤, l. 8; — t. III de la trad. angl., p. 182.)

[4] Eutychius, t. II, p. 510, l. 9 et 10. — *En-Nodjoum*, t. II, p. ٢٠٧, l. 4 à 6.

[5] *En-Nodjoum*, t. II, p. ٢٠٧, l. 8. — Plus loin (*ibid.*, t. II, p. ٢١٠, l. 11 et 12), Abou-'l-Mah'âcin place au 23 rebî-'l-aouel 309 (mercredi 1ᵉʳ août 921 de J. C.) cet acte de rigueur. Il paraît certain que Takîn fut d'abord remplacé par Moh'ammed-ibn-Djamal (جَمَل ᵃ)-Abou-K'âbous ᵇ (p. ٢٠٩, l. 15 et 16, p. ٢١٠, l. 11 et 12), un des généraux du corps d'armée envoyé au secours de Dzoukkâ (voyez plus haut).

ᵃ جميل (Djomaïl).
ᵇ C'est cet Abou-K'âbous qu'El-Makîn nomme Abou-Fânis (فانس) (*Hist. Sarac.*, p. 189, l. 24), qui ne garda le gouvernement d'*Égypte* que cinq jours ¹ᵃ, après lesquels ce gouvernement fut rendu à Takîn, qui ne le garda que quelques jours et fut remplacé par Hilâl-ibn-Ieziz (*ibid.*, l. 26), qu'Abou-'l-Mah'âcin (t. II, p. ٢١١, l. 12, p. ٢١٧, l. 15, p. ٢٢٢, l. 3), à l'imitation du contemporain Eutychius (t. II, p. 510, l. 10), nomme Hilâl-ibn-Badr, qui ne fut destitué qu'en rebî-'l-akhir 311 (*En-Nodjoum*, t. II, p. ٢١٧, l. 15), pour être remplacé par Ah'med-ibn-Kîghlagh ²ᵃ. Celui-ci ne garda le gouvernement d'*Égypte* que sept mois, car le jeudi 3 dzou-'l-k'a'dah 311 (jeudi 12 février 924 de J. C.), arrivait à *Mis'r* un courrier annonçant que le gouvernement de l'*Égypte* était, pour la troisième fois ³ᵃ, donné à Takîn. (*En-Nodjoum*, t. II, p. ٢٢٢, l. 7 et 8.) Les tiraillements produits par l'in-

---

¹ᵃ El-Makîn, *Hist. Sarac.*, p. 189, l. 25.
²ᵃ كِيغلَغ. Voir l'orthographe de ce nom dans Abou-'l-Mah'âcin (*En-Nodjoum*, t. II, p. ١٢٤, lin. ult.).
³ᵃ *Ibid.*, t. II, p. ٢٢٢, l. 6. Abou-'l-Mah'âcin compte ce gouvernement de Takîn pour le *quatrième*, à cause des quelques jours de 309. A l'exemple d'Ibn-Khallikân, je le compte pour le troisième. (*Kitâb ouafaïât-el-A'iân*, n° ٧٠٠, fasc. VIII et IX, p. ١٣٠, l. 13; — t. III de la trad. angl., p. 227.)

LIVRE QUATRIÈME. — CHAPITRE II.

Que s'était-il passé dans le *Maghrib* pendant qu'Abou-'l-K'âcim tentait la conquête de l'*Égypte*? Les chroniques des Arabes ne nous apprennent rien à cet égard; mais, soit que les premiers succès obtenus par son fils sur les bords du *Nil* aient fait admettre au Mahdi que la conquête de l'Égypte était désormais assurée, soit que, dans l'Ouest, certains symptômes se fussent manifestés d'une manière assez nette pour qu'il ne crût pas devoir différer davantage d'attaquer de front une dynastie qui était comme une protestation vivante contre ses prétentions généalogiques; en 308, il envoya l'ordre à Mas's'âlah-ibn-H'abbous, gouverneur de *Tâhart*, de porter la guerre aux Edrîsites[1]. Le neuvième prince de cette famille, Iah'iâ-ibn-Edrîs-ibn-'Omar-ibn-Edrîs (Iah'iâ IV), régnait alors, et depuis 292, à *Fès*[2]. Il sortit à la rencontre du général fât'imite; mais au premier choc son armée fut défaite et taillée en

Expédition contre les Edrîsites.

Prise de Fès.

---

[1] *Baïân*[a], t. I, p. ιᴀv, l. 2 et 3. — Ibn-Khaldoun[b], *Hist. des Berbers*, t. II de la traduction, p. 526. — Abou-'l-Fedâ, qui a concentré toute la seconde expédition d'*Égypte* sous l'année 306, place sous l'année suivante, en 307, l'expédition du *Maghrib*. Dans son résumé, beaucoup trop rapide, il place même sous l'année 307 la fin de la dynastie des Edrîsites. (*Annal. muslem.*, t. II, p. 322 à 326.)

[2] Voyez p. 15 et 16 de ce volume.

---

dicible faiblesse de Mok'tadir étaient en grande partie la cause de ces tergiversations, qui ont bientôt jeté sur les khalifes la déconsidération qui engendra, à la fin de 324, les *émirs el-omarâ*.

[a] Ailleurs (t. I, p. ᴘᴘ·, l. 9), le même ouvrage place en 307 cette expédition de Mas's'âlah, qu'il appelle la *seconde* de ses expéditions dans le *Maghrib*, sans doute parce que celle qu'il appelle la *première*, et qu'il fixe en 305, était, dans la pensée de l'auteur, la prise de *Nâkour*, qui eut lieu, en effet, en 305 (voyez plus haut). En partant de cette date de 307, il dit très bien que Iah'iâ régnait depuis quinze ans. Du reste, cette erreur de date (307) vient d'El-Bekri (p. ιᴘᴏ, l. 15, et p. ιᴘᴧ, l. 16; — *J. A.*, t. XIII, p. 355 et 357, 5ᵉ série, 1859). Voyez la note 2* ci-dessous.

[b] Par suite de l'inattention que j'ai eu plusieurs fois l'occasion de signaler, Ibn-Khaldoun fixe ailleurs[1*] à l'année 305 cette invasion de l'empire edrîsite par Mas's'âlah-ibn-H'abbous. Cette erreur, qui vient d'El-Bekri, ou plutôt d'En-Naufeli[2*], et qui consiste dans la confusion de la date de l'expédition contre *Fès* avec celle de la prise de *Nâkour* par Mas's'âlah, a été reproduite par Ibn-'Abd-el-H'alim, dans lequel on lit : « Iah'iâ-ibn-Edrîs-ibn-'Omar-ibn-Edrîs régna paisiblement jusqu'en 305, date à laquelle il fut attaqué par Mas's'âlah-ibn-H'abbous-el-Miknâci, k'âid d'Obaïd-Allah-ech-Chî[3*]. » On retrouve la même date de 305 dans El-K'aïraouâni[4*]; mais ce qui mérite d'être remarqué, c'est que, par suite d'une erreur inverse, Ibn-Adzârî fait débuter par la prise de *Nâkour*[5*] l'expédition pour laquelle Mas's'âlah partit en 308. Or il est inadmissible que le premier acte de cette entrée en campagne ait été une attaque aux protégés de 'Abd-er-Rah'mân : le Mahdi était trop intelligent pour commettre une pareille faute.

[1*] *H. d. B.*, t. I, p. ιvι, l. 13 (t. I de la trad., p. 226; voir aussi t. II, p. 567, de cette traduction).

[2*] El-Bekri, p. ιᴘᴏ, l. 12 et seq. (*J. A.*, t. XIII, p. 356, 5ᵉ série, 1859). — Par suite de cette erreur, El-Bekri, oubliant qu'il a placé l'expédition de *Nâkour* en 304 et 305, et la dépossession de Iah'iâ-ibn-Edris en 307, dit qu'en 305 Mas's'âlah donna le gouvernement du *Maghrib* à Mouçâ-ibn-Abi-'l-Âfiah, et il place la seconde expédition de Mas's'âlah dans le *Maghrib* en 310, quoiqu'il indique la date de moh'arram 309 pour celle du meurtre d'Ah'med-ibn-Midrâr. (El-Bekri, p. 40, l. 11; p. ιᴘᴏ, l. 15 et 23; p. ιᴘᴧ, l. 1 et 2; p. ιᴏ· et 101; — *J. A.*, t. XIII, p. ιᴘ6, 355, 356 et 407, 5ᵉ série, 1859.)

[3*] *K'art'âs*, p. ᴘᴏ, l. 18 et 19 (p. 67 de la trad. lat.; — p. 106 de la trad. franç.).

[4*] *Kitâb-el-Mounis*, p. ι··, l. 2 (p. 172 de la trad.).

[5*] *Baïân*, t. I, p. ιᴀv, l. 4 à 6.

pièces; lui-même courut s'abriter derrière les remparts de sa capitale, où Mas's'âlah-ibn-H'abbous vint l'assiéger et bientôt l'obliger à reconnaître la souveraineté du Mahdi. Le vainqueur se retira, après avoir établi cet ordre, qu'on pourrait appeler étrange, car il laissait Iah'iâ à *Fês* avec le simple titre d'émîr, et confiait le gouvernement du *Maghrib* à Mouça-ibn-Abi-'l-'Âfiah, déjà maître de *Teçoul* et du pays de *Téza*[1]. Un pareil état de choses ne pouvait évidemment produire qu'une lutte entre Iah'iâ et Mouça, lutte qui amènerait la nécessité d'une nouvelle intervention. « En effet, dès l'année suivante, dit Ibn-Khaldoun[2], « Mas's'âlah envahit le *Maghrib* une seconde fois et le soumit en entier; puis, « cédant aux instances de son cousin, Mouça-ibn-Abi-'l-'Âfiah, il attaqua « Iah'iâ-ibn-Edrîs, seigneur de *Fês*, le fit prisonnier, ajouta ses États à ceux « de Mouça et mit fin à la puissance des EDRÎSITES dans le *Maghrib*[3]. Ces « princes, chassés du royaume de leurs pères, se réfugièrent dans le *Rif* et « dans la province des *Ghomârah*[4]. » Préposant alors Rîh'ân-ibn-'Ali-'l-Ki-

309 de l'hégire
(921-922 de J. C.).

Renversement des Edrisites.

---

[1] *K'art'âs*, p. ٦٨, l. 23 et 24 (p. 67 de la trad. lat.; — p. 127 de la trad. franç.). — «En « sa qualité d'émîr des *Miknâçah*, dit Ibn-Khal« doun, Mouça-ibn-Abi-'l-'Âfiah gouvernait déjà « depuis quelque temps *Teçoul*, *Téza* et *Kercîf*.» (*H. d. B.*, t. I, p. ١٧١, l. 16 et 17; — t. I de la trad., p. 266[a].) Mouça était le cousin et le frère d'armes de Mas's'âlah.

[2] *H. d. B.*, t. II de la trad., p. 526. Cette phrase vient à la suite du passage où Ibn-Khaldoun place en 308 la première expédition de Mas's'âlah contre *Fês*; la seconde expédition eut donc lieu en 309, comme du reste il le dit ailleurs dans deux passages[b] qui suivent la date de 305 attribuée à la première expédition. Cette date de 309 est généralement admise : on la retrouve dans Ibn-'Adzârî[c], Ibn-'Abd-el-H'alîm[d], El-K'aïraouâni[e]. Voyez la note *b* de la page précédente.

[3] S'il était besoin de prouver une fois de plus avec quelle négligence l'ouvrage de Cardonne a été composé, je rappellerais ici qu'il place en 296 le renversement de la dynastie edrisite par le Mahdi. (*Hist. de l'Afr. et de l'Espagne sous la domination des Arabes*, liv. III, t. II, p. 62; in-12, Paris, 1765.) J'ai déjà (note 1 de la page 141) relevé l'erreur que commet Abou-'l-Fedâ lui-même en plaçant cet événement en 307. (*Annales muslem.*, t. II, p. 336.) A la ligne 14 de cette page 336, le texte dit فضالة (*Fadhâlah*) au lieu de مصالة (Ma's'sâlah), qui est la bonne leçon.

[4] Suivant Ibn-'Abd-el-H'alîm, lorsque le général fât'imite marcha sur *Fês*, Iah'iâ-ibn-Edrîs vint à sa rencontre, non pour le combattre, mais accompagné de son état-major, pour le recevoir avec honneur, et se vit aussitôt chargé de chaînes. «Mas's'âlah, ajoute-t-il, entre à *Fês* précédé «de son prisonnier monté sur un chameau; puis, à «force de mauvais traitements, il se fit livrer

---

[a] Voir aussi t. II, p. 567, de cette traduction.
[b] *Ibid.*, p. 567 et 568. — *H. d. B.*, t. I, p. ١٧١, lin. ult. (t. I de la trad., p. 266). Outre ces deux passages, on peut voir la date de 309 reproduite encore par Ibn-Khaldoun, t. I, p. ٢٨٧, l. 18 (t. II de la trad., p. 145).
[c] *Baïân*, t. I, p. ١٨٩, l. 9 et 10.
[d] *K'art'âs*, p. ٢٤, l. 3 (p. 67 de la trad. lat.; — p. 107 de la trad. franç.).
[e] *Kitâb-el-Mounis*, p. ١٠٠, l. 9 et 10; in-8°, Tunis, ١٢٨٦ de l'hégire (1869 de J. C.) (liv. VI de la trad. franç., p. 172, in-8°, Paris, 1845).

LIVRE QUATRIÈME. — CHAPITRE II.   143

tâmi[1] au gouvernement de *Fés*[2], Mas's'âlah-ibn-H'abbous marcha sur *Sidjil-*   Prise
mâçah, emporta la ville d'assaut en moh'arram 309[3], après l'avoir assiégée   de Sidjilmàcah.
pendant quelque temps, tua Ah'med[4], qui y gouvernait, et installa à la place
de celui-ci un de ses cousins, El-Mo'tazz-ibn-Moh'ammed-ibn-Sârou[5]-ibn-
Midrâr[6].

«tous les biens et les trésors cachés du malheu-
«reux Iah'îâ, et, lorsqu'il n'eut plus rien à at-
«tendre de ses révélations, il lui ôta ses chaînes
«et l'exila dans la ville d'*As'îlâ*, nu et manquant
«de tout[a].»

[1] La traduction française, faite sur un très ancien manuscrit déposé dans la grande mosquée de la ville de *Maroc*, l'appelle Rîh'ân-el-Miknâci (p. 109 de cette traduction).

[2] El-Bekrî[b], p. ۱۴۴, l. 15 et 16 (*J. A.*, t. XIII, p. 357, 5ᵉ série, 1859). — *K'art'âs*, p. ۶۹, l. 17 et 18 (p. 68 de la trad. lat.; — p. 108 de la trad. franç.). — Ibn-Khaldoun, *H. d. B.*, t. I, p. ۱۷۴, l. 2 (t. I de la trad., p. 266).

[3] El-Bekrî, p. ۱۰۱, l. 1 (*J. A.*, t. XIII, p. 407, 5ᵉ série, 1859). — Si ce fut réellement en moh'arram, il faudrait, d'une part, que le siège eût été de très courte durée, d'autre part, que l'expédition de *Fés* eût été bien rapide[c]; il est donc permis d'avoir des doutes sur cette indication du mois de moh'arram, quoiqu'elle soit admise par Ibn-'Adzârî[d]. Quant à Ibn-Khaldoun,

il s'accorde avec tous deux (El-Bekrî et Ibn-'Adzârî) pour placer en 309 la prise de *Sidjil-mâçah*[e], ce qui ne l'empêche pas, deux pages plus loin, de placer en 305 cette occupation de *Sidjilmâçah*[f].

[4] On a vu plus haut que Ouâçoul, en faveur de qui avait été faite, en 298, une révolution à *Sidjilmâçah*, était mort en redjeb 300[g], et avait eu pour successeur son frère Ah'med-ibn-el-Amîr-ibn-Midrâr. C'est cet Ah'med qui régnait en 309 et fut détrôné et tué par Mas's'âlah-ibn-H'abbous. Le successeur que ce général lui donna y gouverna pendant douze ans, jusqu'en 321.

[5] Ibn-Khaldoun donne à ce grand-père d'El-Mo'tazz le nom de بَسَّادَر (Bassâder). (*H. d. B.*, t. I, p. ۱۴۴, l. 20; — t. I de la trad., p. 264.)

[6] El-Bekrî, p. ۱۰۰ et ۱۰۱ (*J. A.*, t. XIII, p. 407, 5ᵉ série, 1859). — Ibn-Khaldoun, *H. d. B.*, t. II de la trad., p. 527[h]. Il avait déjà dit : «Mas's'â-«lah soumit à l'autorité du Mahdi le pays du «*Maghrib* et les villes de *Fez* et de *Sidjilmâçah*.» (*H. d. B.*, t. I, p. ۱۴۷, l. 1; — t. I de la trad., p. 259.)

[a] *K'art'âs*, p. ۶۹, l. 6 à 8 (p. 68 de la trad. lat.; — p. 107 et 108 de la trad. franç.). — El-Bekrî avait parlé, d'après le k'âdhi Moh'ammed-ibn-'Omar-es'-S'adafi, de l'extrême misère à laquelle Iah'ïà-ibn-Edrîs se vit réduit. (El-Bekrî, p. ۱۴۴, l. 7 à 9; — *J. A.*, t. XIII, p. 356, 5ᵉ série, 1859; — *H. d. B.*, t. I, p. ۱۷۱ et ۱۷۴; t. I de la trad., p. 266.)

[b] Il intitule ce personnage *El-Kitâmi*, et Ibn-Khaldoun a donné le même titre à Rîh'ân-ibn-'Ali. La version du *K'art'âs* (p. ۶۰, l. 3), qui dit *El-Miknâci*, m'a paru plus probable, à cause de l'origine de Mas's'âlah. J'ai relevé plus haut l'erreur que commet El-Bekrî en plaçant à l'année 307 cette expédition de *Fés*.

[c] Puisqu'on s'accorde à faire commencer cette expédition en 309.

[d] *Baïân*, t. I, p. ۳۱۲, l. 15 et 16. A la page ۱۸۹, l. 9 à 11, il n'avait indiqué que l'année (309).

[e] *H. d. B.*, t. I, p. ۱۴۴, l. 18 et 19 (t. I de la trad., p. 264; — *ibid.*, t. II de la trad., p. 527).

[f] *Ibid.*, t. I, p. ۱۷۱, l. 13 et 14 (t. I de la trad., p. 266).

[g] El-Bekrî, p. ۱۰۰, lin. penult. (*J. A.*, t. XIII, p. 406, 5ᵉ série, 1859). — Ibn-Khaldoun dit «qu'il mourut «vers la fin du IIIᵉ siècle, peu de temps après son avènement au trône.» (*H. d. B.*, t. I, p. ۱۴۴, l. 16; — t. I de la trad., p. 263 et 264).

[h] Le traducteur dit : «Mas's'âlah tourna ensuite ses armes contre *Sidjilmâçah* et installa son cousin dans cette «ville, après en avoir tué le prince midrârite qui y exerçait le pouvoir et avait repoussé la souveraineté des «Fât'imites.» Il n'est pas superflu d'être prévenu qu'il s'agit du cousin du prince midrârite.

310 de l'hégire
(922-923
de J. C.).

Assassinats
dans l'Aurâs.

311 de l'hégire
(923-924
de J. C.).

Quand cette expédition fut terminée, Mas's'âlah se rendit à *Mahdïah*, où 'Obaïd-Allah le retint, mais en cha'bân 310 il le renvoya à *Tâhart*[1]. Sur divers points, des symptômes de rébellion s'étaient manifestés : ainsi, un des k'âïds du Mahdi, Abou-Ma'loum-Fah'loun-el-Kitâmi, avait été chargé de lever un lourd impôt sur les Berbers de l'*Aurâs* et d'amener leurs familles à *Mahdïah*. Ces montagnards se soumirent à tout ce qu'on exigeait d'eux; mais, pendant une nuit, ils égorgèrent le général et tous les *Kitâmah* qui l'accompagnaient[2]. En même temps, une révolte éclatait à *Nafouçah*[3]; les habitants avaient mis à leur tête un certain Abou-Bat't'ah, dont de nombreux Berbers reconnurent l'autorité. 'Obaïd-Allah fit marcher contre eux 'Ali-ibn-Silmân-ed-Dâ'ï, à la tête d'une armée nombreuse, qui, arrivée en présence de l'ennemi, se débanda, au point que le général fât'imite fut obligé d'aller se réfugier à *Tripoli*. Il fit connaître sa position au Mahdi, qui manda aussitôt au gouverneur de *K'âbis*, 'Ali-ibn-Lok'man, de tuer tous ceux des fuyards qui passeraient sur son territoire; et cet ordre fut ponctuellement exécuté. Des renforts ayant été envoyés à 'Ali-ibn-Silmân, il assiégea *Nafouçah* avec vigueur[4], mais les assiégés lui opposèrent une résolution non moins grande, car ce ne fut que le dimanche 17[5] cha'-bân 311 (30 novembre 923 de J. C.) qu'Ibn-Silmân parvint à emporter la

---

[1] *Baïân*, t. I, p. ۱۴۲, l. 2 et 3. — Ibn-Khaldoun, dans un de ses récits, ne parle pas même de l'expédition de *Sidjilmâçah*, et dit qu'après avoir installé Rih'ân comme gouverneur de *Fès*, Mas's'âlah revint à *K'aïraouân*, où il mourut. (*H. d. B.*, t. I, p. ۱۴۷, l. 1; — t. I de la trad., p. 266.) Ici Ibn-Khaldoun fait mourir Mas's'âlah à *K'aïraouân*; ailleurs il dit que ce général mourut, en 309, sur le champ de bataille (*H. d. B.*, t. II, p. ۳۰, lin. penult.; — t. II de la trad., p. 527; t. III de la trad., p. 230), et ce dire est confirmé par Ibn-'Adzârî, qui place cet événement sous l'année 312. (*Baïân*, t. I, p. ۱۴۲, l. 13 et 14.)

[2] *Baïân*, t. I, p. ۱۴۲, l. 8 à 11.

[3] On lit dans Ibn-H'auk'al : « *Djebel-Nafouçah* est une montagne très élevée qui couvre un espace d'environ trois journées[a]. » El-Bekrî dit : « La *montagne de Nafouçah* est à trois journées de *Tripoli* et à six de *K'aïraouân*. La longueur de cette chaîne, de l'orient à l'occident, est de six journées[b]. » Edrîsî, puisant, je suppose, dans ces deux sources, dit du *Djebel-Nafouçah* : « Cette montagne est très haute, et elle s'étend sur un espace d'environ trois journées de longueur ou un peu moins[c]. » Il compte six journées de *Tripoli* au *Djebel-Nafouçah*[d].

[4] *Baïân*, t. I, p. ۱۴۲, l. 11 à 18.

[5] *Ibid.*, t. I, p. ۱۴۳, l. 16 et 17. — Le texte dit à tort que la citadelle fut prise le *lundi* (يوم الإثنين) 17 cha'bân. Dans ce passage, l'auteur donne au général fât'imite le nom de 'Ali-ibn-Abou-Silmân (l. 15).

---

[a] Ibn-H'auk'al, p. ۹۷, l. 17 (*J. A.*, t. XIII. p. 245, 3ᵉ série, 1842).
[b] El-Bekrî, p. 4, l. 8 et 9 (*J. A.*, t. XII, p. 436, 5ᵉ série, 1858).
[c] *Description de l'Afrique et de l'Espagne*, p. ۱۰۵, l. 14.
[d] *Ibid.*, p. ۱۲۲, lin. antepenult. — Ibn-Khaldoun (*H. d. B.*, t. I, p. ۱۸۱, l. 4 et 5; — t. I de la trad., p. 280) a admis la distance donnée par El-Bekrî pour celle de *Tripoli* au *Nafouçah*, qui, suivant lui, a sept journées de longueur.

LIVRE QUATRIÈME. — CHAPITRE II.   145

citadelle, dans laquelle les habitants se défendaient. La citadelle fut rasée, les femmes et les enfants emmenés en captivité[1], et cela le lundi douze nuits restant de cha'bân (le 17 cha'bân, comme je viens de le dire).

Prise et sac de Nafonçah.

Le seul fruit des deux expéditions d'*Égypte* avait été l'occupation de *Bark'ah*. 'Obaïd-Allah y avait préposé un gouverneur, Masrour-ibn-Solaïmân-ibn-Kâfi[2], qui, paraît-il, avait mission d'inquiéter la *province d'Égypte* par des incursions sur certains points, qui n'étaient pas ou qui étaient peu défendus. C'est ainsi qu'en 310 on avait lu, dans la mosquée de *K'aïraouân*, une dépêche reçue par 'Obaïd-Allah lui annonçant qu'un combat avait eu lieu, à *Dzât-el-H'omâm*, entre Fellâh'-ibn-K'amoun et les troupes égyptiennes[3]; ainsi encore, en 311, Ibn-'Adzârî nous montre Masrour pénétrant en personne dans les *oasis du S'a'îd*, «qui sont, dit-il, deux forts dans le désert et dans les sables,» attaquant El-Karbâzi, à qui la défense en était confiée, l'obligeant à fuir, et faisant prisonniers son fils et son neveu. Mais la peste l'obligea lui-même à s'éloigner de ce lieu, et, après s'être emparé de tout ce que renfermaient les deux forts, il les fit raser et rentra à Bark'ah[4]. Ces faits se passaient à la fin de 311, car 'Obaïd-Allah, voulant donner un certain éclat à cette prétendue conquête, fit lire à *K'aïraouân* et dans les provinces un bulletin daté du 22 moh'arram 312 (vendredi 30 avril 924 de J. C.) qui annonçait ce fait d'armes[5].

Attaque des oasis du S'a'îd.

312 de l'hégire (924-925 de J. C.).

L'ardente ambition que révélait une pareille ténacité, la prise de *Nâkour* en 305, le renversement des Edrîsites en 309, n'avaient pas suffi pour faire sortir les *Maghrâouah* (branche des *Zenâtah*) de l'inaction dans laquelle nous les voyons rester. C'est là un des faits les plus inexplicables de l'histoire que j'ébauche ici. J'ai dit plus haut, d'après Ibn-Khaldoun, qu'envoyé en 309 pour réprimer une révolte des *Zenâtah*, Mas's'âlah livra une grande bataille et que, dans la mêlée, il fut frappé à mort de la main de Moh'ammed-ibn-Khazer[6]. Mais, d'une part, Ibn-Khaldoun offre plusieurs versions; d'autre part, Ibn-'Adzârî nous donne la date précise de la mort de Mas's'âlah, et cette date s'accorde beaucoup mieux avec l'ensemble des faits[7]. Suivant l'auteur

Mort de Mas's'âlah.

---

[1] *Baïân*, t. I, p. 14ᵛ, l. 16 et 17.
[2] *Ibid.*, t. I, p. 14ᵛ, lin. ult.
[3] *Baïân*, t. I, p. 14ᵛ, l. 4 à 6. — J'ignore si Fellâh'-ibn-K'amoun était un prédécesseur de Masrour ou si c'était un officier placé sous les ordres de celui-ci.
[4] *Ibid.*, p. 14ᵛ, l. 1 et 4.
[5] *Ibid.*, p. 14ᶜ, l. 7 à 9. — Ibn-'Adzârî dit à tort, dans ce passage, *jeudi* huit nuits restant de moh'arram. Puisque l'année 312 commence un vendredi, le 22 moh'arram correspond nécessairement à la même férie.
[6] *H. d. B.*, t. II, p. ۳۰, l. 20 à 22 (t. III de la trad., p. 230; voir aussi t. II de cette traduction, p. 527).
[7] Je rappellerai ici que nous avons vu Mas's'â-

146   ÉTUDE SUR LA CONQUÊTE DE L'AFRIQUE.

du *Baïân*, ce fut le prince fât'imite qui fut l'agresseur. En 312[1], Mas's'âlah sortit de *Tâhart* pour attaquer les *Zendtah*, il porta le ravage dans leur pays, et pendant que sa cavalerie envahissait les possessions de Moh'ammed-ibn-Khazer et que l'agresseur était resté en arrière avec une troupe de ses compagnons, Moh'ammed-ibn-Khazer vint le surprendre. Alors s'engagea un combat terrible, dans lequel Mas's'âlah fut tué et ses compagnons mis en fuite. Ceci se passait le 19 cha'bân 312[2] (20 novembre 924 de J. C.). Le Mahdi faisait, dans la personne de ce chef miknâcien, une perte dont il éprouva un profond chagrin, une espèce d'irritation[3]. Les talents militaires de Mas's'âlah, son dévouement qui ne s'était jamais démenti, le rendaient difficile à remplacer. 'Obaïd-Allah lui donna pour successeur, dans le gouvernement de *Tâhart*, son frère Ies'el-ibn-H'abbous[4], qui n'avait pas et ne pouvait avoir l'autorité que Mas's'âlah, par ses grands services, s'était acquise dans la contrée, qu'il tenait en respect; une autre influence dut surgir et c'est sans doute en ce sens qu'Ibn-Khaldoun dit : «Dès ce moment, Ibn-Abou-'l-Âfiah devint tout-puissant dans le *Maghrib*[5].» Privé du capitaine habile dont le nom seul était un gage de sécurité dans l'ouest de son vaste empire, et con-

Son frère Ies'el lui succède.

313 de l'hégire (925-926 de J. C.).

lah recevoir, en cha'bân 310, l'ordre de retourner à *Tâhart*, siège de son gouvernement.
[1] *Baïân*, t. I, p. ١٤٢, l. 9 à 15, et p. ٢٠٢, l. 19.
[2] Le texte (p. ١٤٢, l. 14) dit : *vendredi* (يوم الجمعة) dix restant de cha'bân 312; or le mois de cha'bân ayant vingt-neuf jours, le 10 restant de ce mois est le 19, qui, en 311, tombe un *samedi*, correspondant au 20 novembre 924 de J. C., et comme nous avons vu que Mas's'âlah-ibn-H'abbous reçut le gouvernement de *Tâhart* en 299, Ibn-'Adzârî dit très bien (*Baïân*, t. I, p. ٢٠٢, in fine) qu'il en fut en possession pendant treize ans.
[3] *Histoire des Berbers*, t. II de la traduction, p. 527.
[4] *Baïân*, t. I, p. ٢٠٢, lin. ult. Voir aussi p. ٢٠٢, l. 16. — Ce Ies'el-ibn-H'abbous garda cepen-

dant le gouvernement de *Tâhart* jusqu'à sa mort, en 319. Il eut un fils du nom de H'omaïd, que nous verrons jouer un rôle important et qui est plusieurs fois mentionné par El-Bekrî, sous le nom de حميد بن يزل[a]. Lorsqu'Ibn-Khaldoun parle du successeur de Mas's'âlah, il le nomme يصلتن بن حبوس[b] (Is'liten-ibn-H'abbous); quand il nomme le petit-fils de H'abbous, il l'appelle, comme El-Bekrî et Ibn-'Adzârî[d], H'omaïd-ibn-Iezel, quelquefois cependant H'amid, au lieu de H'omaïd, et Is'liten, au lieu de Ies'el[c]. Il importe d'autant plus d'être prévenu de ces variantes que, dans certains cas, au lieu de Ies'el ou Is'liten, il écrit Is'las'en ou même Bes'lâs'en. (H. d. B., t. I, p.١٠٠, l. 12; — t. I de la trad., p. 244.)
[5] H. d. B., t. I, p. ١٧٢, l. 2 et 3 (t. I de la trad., p. 267.)

[a] El-Bekrî, p. ٧٤, l. 7; p. ١٢٨, l. 4, 5, 12; p. ١٣١, l. 1 (*J.A.*, t. XIII, p. 140, 360, 361, 365, 5ᵉ sér. 1859).
[b] H. d. B., t. I, p. ١٧٧, l. 2 et 6 (t. I de la trad., p. 259 et 260).
[c] Voyez la note a ci-dessus.
[d] *Baïân*, t. I, p. ٢٠٢, l. 12 et 13, et p. ٢٠٥, l. 8.
[e] H. d. B., t. I de la trad., p. 234, et t. II, p. 528.

LIVRE QUATRIÈME. — CHAPITRE II.

sidérant l'éloignement où sa capitale se trouvait de possessions si peu assurées, 'Obaïd-Allah dut songer à fonder, au centre de cet empire qui s'étendait de *Tripoli* à la *mer environnante* [1], une espèce de succursale de *Mahdïah*, d'où il pût facilement faire surveiller les *Kitâmah* et qui permît en même temps de se porter rapidement sur les points les plus reculés. En 313 [2], il fonda, sur la lisière du *Zâb*, *Masîlah* ou *Moh'ammedïah* [3], ville dont la construction fut confiée

Fondation de Moh'ammediah.

[1] *Tripoli* a pour longitude 10° 51′ 18″ Est, *Tanger*, 8° 9′ 5″ Ouest [a], et la note *a* ci-dessous montre que *Dellys* aurait très bien satisfait à la condition d'égalité de distance entre les deux points extrêmes de l'empire; mais on voulait évidemment un point éloigné d'un port de mer, car on choisit *Masîlah*, dont la longitude est 2° 12′ Est [b], et qui, à l'avantage d'être dans l'intérieur des terres, par conséquent d'être à l'abri d'un débarquement, joignait, à moins d'un degré près, la condition d'égalité que présentait *Dellys*.

[2] El-Bekri, p. ٥٤, l. 2 et 3 (*J. A.*, t. XIII, p. 97, 5ᵉ série, 1859). — *Baïân*, t. I, p. ١٤٤, l. 8 et 9, et p. ٢٢٣, l. 16 et 17. — D'autres placent cette fondation en 315; j'indiquerai notamment l'auteur du *'Azîzî* [c], cité par Abou-'l-Fedâ [d], lâk'out [e], Ibn-Khaldoun [f] et El-K'aïraouâni [g]. La date de 313 est peut-être préférable.

[3] Du nom de son fils, dont le nom complet était Abou-'l-K'âcim-Mohammed [h], et qui fut surnommé El-K'âiem-Biâmr-Allah («celui qui maintient l'ordre de Dieu»). (Abulfedæ *Annal. muslem.*, t. II, p. 440, l. 9.) — Existait-il sur cet emplacement une localité du nom de *Masîlah*? On peut, pour la négative, faire valoir, d'une part, que Ia'k'oubi, en 278, ne mentionne aucune localité de ce nom [i], d'autre part, qu'Ibn-H'auk'al [k], que l'auteur

---

[a] *Connaissance des temps pour* 1869. Table des positions géographiques, p. LV, col. 3, l. 19 et 31; in-8°, juillet 1867. La somme des longitudes de *Tanger* et de *Tripoli* donne 18° 60′ 23″, dont la moitié est 9° 30′ 11 ½″; il y a donc 1° 21′ 6 ½″ à ajouter vers l'est à la longitude de *Tanger*, pour être sur le méridien qui est juste à égale distance de ceux de *Tripoli* et de *Tanger*, c'est-à-dire qu'à un peu moins de 1° ½ ce méridien serait celui de *Dellys* [1º], ce que vérifie assez bien, du reste, la longitude donnée par M. Bérard, qui a trouvé, pour *Dellys*, 1° 33′ 28″ Est. (*Descr. naut. des côtes de l'Algérie*, p. 31; in-8°, 2ᵉ édit. 1839.)

[b] *Tableau de la situat. des établ. franç. dans l'Alg. en* 1840, p. 28; in-4°, de l'I. R.; décembre 1841.

[c] Le *'Azîzî* est le nom donné à un ouvrage géographique dû à H'assan, fils d'Ahmed. Ce H'assan florissait en *Égypte* à la cour du cinquième khalife fât'imite (365-386), *El-'Azîz*-Billah, sous les auspices duquel l'ouvrage fut composé (*Introd. à la Géogr. d'Abou-'l-Fedâ*, par Reinaud, t. I, § 2, p. XCII; in-4°, de l'I. N., 1848); de là le nom de *'Azîzî* donné à cet ouvrage.

[d] *Géographie*, p. ١٣٨ et ١٣٤, l. 4 (t. II de la trad. de Reinaud, p. 191; — trad. de Solvet, p. 79).

[e] *Mo'djam-el-Boldân*, t. IV, p. ٥٣٢, l. 17 et 18. — *Mochtarik*, p. ٣٨٧, l. 8. — A la ligne 9 il écrit El-K'âim; dans le *Mo'djam*, El-K'âcim.

[f] *H. d. B.*, t. II de la trad., p. 510, 528, 535 et 553.

[g] El-K'aïraouâni, *Kitâb-el-Mounis*, p. ٥١, l. 11; in-8°, Tunis, ١٢٨٤ de l'hégire (1869 de J. C.) (liv. IV de la trad., p. 96).

[h] J'ai déjà remarqué (note *e* ci-dessus) que lâk'out, dans son *Mochtarik*, écrit El-K'aim.

[i] Les nombreux renvois de la Table du *S'ifat-el-Maghrib* (p. 159, col. 1, l. 16 à 19) n'en présentent pas un renvoyant au texte.

[k] P. ٧٠, l. 1; in-8°, Lugd. Batavorum, 1873 (*J. A.*, t. XIII, p. 219, 3ᵉ série, 1842).

[1º] *Rusucurrum* des anciens, تدليس (*Tadlis*) des Arabes (*Mo'djam-el-Boldân*, t. I, p. ٨٢٨, l. 19).

148   ÉTUDE SUR LA CONQUÊTE DE L'AFRIQUE.

à 'Ali-ibn-H'amdoun, serviteur fidèle[1] qui, après l'achèvement des travaux, en reçut le commandement, avec le titre de gouverneur du *Zâb*, titre qu'il garda

du *'Azîzi*[a], El-Bekrî[b] et Ibn-Saïd[c] disent positivement que *les khalifes fât'imites fondèrent Masîlah*. Mais d'où viendrait ce nom, puisque les fondateurs donnaient à la ville nouvelle le nom de *Moh'ammedîah*[d] ? Non seulement Ibn-H'auk'al, en 366, ne donne pas à cette fondation d'autre nom que celui de *Masîlah*, mais encore El-Bekrî explique que ce sont les Chîîs qui l'appellent *El-Mohammediah*[e]. Edrîsî, copiant Ibn-H'auk'al et El-Bekrî, dit : « *Masîlah* est de nouvelle date, « elle fut fondée par 'Ali-ibn-el-Andalosî, sous le « règne d'Edris-ibn-'Abd-Allah-ibn-el-H'açan-« ibn-el-H'açan-ibn-'Ali-ibn-Abou-Tâlib[f], » et, suivant Ibn-Khallikân, cette ville s'est, depuis, appelée du nom de cette famille[g], c'est-à-dire, apparemment, *Masîlah des Beni-H'amdân*[h]. Enfin je lis dans Ibn-Khaldoun[i] que, quand les travaux furent terminés et le gouverneur nommé, *El-Masîlah* reçut *alors* le nom de *Moh'ammedîah*[k]. De ces faits divers je suis porté à conclure qu'à

la lisière du *Zâb* il existait une petite localité du nom de *Masîlah*, localité trop peu importante pour trouver place dans le *Kitâb-el-Boldân* de Ia'k'oubî; qu'elle fut agrandie en 313, et que les travaux étant très avancés en 315, elle reçut *alors* le nom de *Moh'ammediah*, ce qui explique les deux dates (313 et 315) données, pour la fondation, par El-Bekrî et Iâk'out[l]; que, quand les FÂT'IMITES quittèrent l'*Afrique* pour fixer leur résidence au K'*aire*, elle reprit son nom de *Masîlah*[m], ce qui fait dire à Ibn-Khaldoun : « *Moh'am-« mediah*, que l'on appelle *maintenant Masîlah.* » (*H. d. B.*, t. II de la trad., p. 528.)

[1] Le nom complet de ce personnage est 'Ali-ibn-H'amdoun-ibn-Simâk-ibn-Mesa'oud-ibn-Mans'our-el-Djodâmi, surnommé *Ibn-el-Andalosî*[n] («le fils de l'Espagnol»). Suivant Ibn-Khaldoun, il était déjà attaché à 'Obaid-Allah et à son fils Abou-'l-Kâcim à *Salamiah* ; il les suivit en *Maghrib*, remplit la dangereuse mission de se rendre auprès

[a] Voyez la note c de la page 147.
[b] Je crois que c'est à tort qu'El-Bekrî (p. 64, l. 3) l'appelle Abou-'l-K'âcim-Ismâ'îl[1o], ce qui, outre l'inexactitude du nom, a l'inconvénient de rendre possible une confusion entre Abou-'l-K'âcim et Ismâ'îl, son fils, lorsqu'à la même page (l. 17 à 22) le nom de ce dernier est prononcé[2o] à l'occasion de vers empruntés par l'auteur à Ah'med-ibn-Moh'ammed-el-Meroudzi.
[c] Cité par Abou-'l-Fedâ (voyez la note d de la page précédente).
[d] Voyez la note 2 de la page 163.
[e] El-Bekrî, p. 64, l. 17 et 18 (*J. A.*, t. XIII, p. 99, 5ᵉ série, 1859).
[f] *Descr. de l'Afr. et de l'Esp.*, p. 80, *in fine*. Cet Edris, qui est le fondateur de la dynastie de ce nom, est mort empoisonné en rebi'-l-akbir 77, comme on l'a vu (t. I, p. 448, note 3). Edrîsî commet donc ici un anachronisme d'environ un siècle et demi, anachronisme relevé depuis longtemps (1866) par M. de Goeje (*ibid.*, p. 99, note 1).
[g] *Kitâb-ouafaïât-el-Â'iân*, nᵒ ١٢٤, fasc. II, p. ٥٧, l. 12 à 21 de l'édit. Wüstenfeld; in-4ᵒ, Gottingæ, 1836, — t. I, p. ١٢٤, l. 4 et suiv. de l'édit. de Slane (t. I de la trad. angl., p. 326).
[h] Ibn-Khaldoun écrit *H'amdoun* (*H. d. B.*, t. II de la trad., p. 553).
[i] *Ibid.*, même page.
[j] *Ibid.*, même page.
[l] *Mo'djam-el-Boldân*, t. IV, p. ٥٣٢, l. 18.
[m] *H. d. B.*, t. II de la trad., p. 528. — Ibn-H'auk'al, qui ne l'appelle que *El-Masîlah*, a terminé son livre à la fin de 364 ou au commencement de 367 (Uylenbrock, p. 17), et El-Mo'izz était arrivé au K'*aire* en ramadhân 362. Le nom d'*El-Masîlah* avait évidemment été conservé par les gens du pays.
[n] El-Bekrî, p. 64, l. 5 (*J. A.*, t. XIII, p. 97, 5ᵉ série, 1859); — *H. d. B.*, t. II de la trad., p. 553.
[1o] El-Bekrî, p. 64, l. 3 (*J. A.*, t. XIII, p. 97, 5ᵉ série, 1859; — *H. d. B.*, t. II de la trad., p. 535).
[2o] El-Bekrî, p. 64, l. 17 à 22 (*J. A.*, t. XIII, p. 99).

sans interruption, c'est-à-dire pendant une vingtaine d'années, jusqu'à ce qu'il périt (en 334) dans la guerre suscitée par la révolte d'Abou-Iezîd [1]. L'emplacement choisi pour élever la ville nouvelle « était, dit Ibn-H'auk'al, arrosé par « l'ouâdi *Saher* [2].... Les environs, ajoute-t-il, étaient habités par des Berbers

du Chîî pendant que 'Obaïd-Allah s'éloignait de Tripoli, trouva moyen de rejoindre ses maîtres et partagea avec eux les angoisses de la prison de *Sidjilmâçah* [a]. Son dévouement et ses services avaient tout naturellement appelé sur lui la confiance et les faveurs du souverain fât'imite [b]. Il eut deux fils (Dja'far et Iah'iâ), que nous verrons plus tard jouer un rôle important. — Ibn-Khaldoun parle ailleurs [c] d'un *Moh'ammed*-ibn-*H'amdoun*-ibn-*Simâk* qui aurait été envoyé en qualité de da'î, avant l'arrivée du Chîî, dans le *Maghrib*, et aurait accompagné celui-ci quand il se rendit pour la première fois chez les *Kitâmah*. S'il n'y a pas là une erreur de nom, ce Moh'ammed serait un frère de 'Ali, ce qui indiquerait que cette famille était, de longue date, dévouée à l'imâm.

[1] El-Bekrî, p. ٥٤, l. 5 et 6 (*J. A.*, t. XIII, p. 97 et 98, 5ᵉ série, 1859). — *H. d. B.*, t. II de la trad., p. 554.

[2] Ibn-H'auk'al, p. ٧٠, l. 3. — El-Bekrî donne

le même nom à cette rivière, mais il ajoute qu'elle portait aussi le nom d'*El-Ouâdi-'r-Rŭs* [d] (الوادى الريس), appelée aujourd'hui *Ouâdi-'l-K's'ab* [e] («la rivière aux roseaux»). Cette rivière avait sa source dans l'intérieur même d'une ville grande et ancienne qu'El-Bekrî nomme *Ghadîr-Ouârrou* [f], ville qu'il place à moitié route de *Masîlah* à *Set'if* et à deux journées de *T'obnah* [g]. Il compte une journée de *Masîlah* à *Ghadîr-Ouârrou* et autant de cette dernière ville à *Set'if*. Puisque j'indique ces distances, je suis conduit tout naturellement à relever une faute de copiste dans le manuscrit de la *Géographie d'Abou-'l-Fedâ*, faute qui a passé inaperçue dans le texte imprimé en 1840 et s'est reproduite dans deux traductions françaises [h]. Cette faute consiste à placer *Masîlah* à dix-huit milles (six lieues communes) de *Constantine*, et je crois qu'il y a plusieurs fois cette distance entre ces deux villes. Évidemment, le copiste a écrit مسيلة, au lieu de ميلة, qu'Edrîsî place en effet à dix-huit milles de *Constantine* [i];

[a] Il est assez probable que ce fut lui qui porta à 'Obaïd-Allah la nouvelle de la grande victoire remportée par le Chîî et la part de butin que celui-ci lui envoyait. Nous trouvons ici une preuve de plus que 'Obaïd-Allah n'était pas encore en prison quand les envoyés du Chîî arrivèrent près de lui à *Sidjilmâçah*.

[b] Ibn-Khaldoun l'intitule «l'un des protégés de la cour des Fât'imites.» (*H. d. B.*, t. II de la trad., p. 528.)

[c] *Ibid.*, t. II, p. 510 et 511.

[d] El-Bekrî, p. ٥٤, l. 6 et 7 (*J. A.*, t. XIII, p. 70, 5ᵉ série, 1859); — *ibid.*, p. ٥٤, l. 2 et 3 (*J. A.*, t. XIII, p. 97, note 1; 5ᵉ série).

[e] *Tableau de la situat. des établ. franç. dans l'Alg. depuis 1840*, p. 28; in-4°, de l'I. R.; 1841.

[f] El-Bekrî, p. ٥٤, lin. ult. (*J. A.*, t. XIII, p. 99, 5ᵉ série, 1859).

[g] El-Bekrî, p. ٧٤, l. 2 et 3, 12 et 13 (*J. A.*, t. XIII, p. 134 et 135, 5ᵉ série, 1859).

[h] Abou-'l-Fedâ, *Géographie*, p. ١٣٤, lin. ult. (t. II de la trad. de Reinaud, p. 193; in-4° de l'I. N.; 1848. — Solvet, p. 91).

[i] *Descr. de l'Afr. et de l'Espagne*, p. ٤١٢, lin. ult. — La *Table de Peutinger* (segm. II) donne quinze milles pour la distance entre *Constantine* et *Milah*, mais elle laisse en blanc la distance d'*Aquartilla* à *Numituriana*, que M. Lapie a estimée à dix milles [1*], ce qui fait vingt-cinq milles. D'après le temps que j'ai mis à faire le trajet de *Constantine* à *Milah*, trajet dans lequel j'ai retrouvé, en 1844, la station romaine d'*Aquartilla* [2*], je crois être très près de la vérité en donnant vingt et un milles (sept lieues communes) pour la distance de *Constantine* à *Milah*.

[1*] Portis d'Urban, *Recueil des itinéraires anciens*, p. 295; in-4°, de l'I. R.; 1845.

[2*] *Richesse minérale de l'Algérie*, t. I, p. 226 et 227; in-4°, de l'I. N.; 1849. — J'avais déjà eu l'occasion de publier ce résultat il y a trente ans, dans les *Annales des mines* (t. IX, p. 584, 4ᵉ série, 1846).

150   ÉTUDE SUR LA CONQUÊTE DE L'AFRIQUE.

« appartenant aux tribus de *Berzâl*, des *Benou-Zandâdj*, des *Hoouârah*, des
« *Mezâtah*[1], » peuples qui, suivant El-Bekrî[2], possédaient jadis le territoire de
la ville. Il est permis de faire remonter à cette époque (xe siècle au moins) le
transport à *Masîlah* des matériaux romains qu'encore aujourd'hui on trouve
dans cette ville, déchue au point de n'être plus qu'une misérable bourgade[3].

Expéditions sur les côtes d'Italie.

Après deux campagnes infructueuses contre l'*Égypte*, et la conquête du
Maghrib étant plutôt ébauchée que réalisée, on s'étonne, au milieu des difficultés dont 'Obaïd-Allah était entouré, de voir ce prince songer aux pays
d'outre-mer et distraire, en 313, une partie de ses forces pour une expédition dont on n'entrevoit pas bien nettement le but. Cette expédition, ou
plutôt ces expéditions, comme on va le voir, paraissent d'autant plus difficiles à expliquer que, depuis plusieurs années, les Chrétiens de *Constantinople* s'étaient assez inclinés devant l'orgueil musulman pour calmer chez le
Mahdi l'ardeur qui pouvait l'entraîner à la guerre sainte. En 305 (917-918
de J. C.), l'impératrice Zoë[4], voulant, pour réunir toutes les forces de l'Empire
contre Siméon, roi des Bulgares, conclure la paix avec les Sarrasins de l'Orient
et de l'Occident, avait, par l'intermédiaire d'Eustache, son préfet en *Calabre*,

mais ce qui rend cette inattention singulière, c'est
que la faute avait été relevée dès 1743 par Shaw
(*Voyages*, t. I, p. 139), et la correction faite
en 1796 par Hartmann (*Edrisii Africa*, p. 239
et 240), car la faute paraît avoir été empruntée
par Abou-'l-Fedâ à un manuscrit d'Edrisî.

[1] Ibn-H'auk'al, p. 4, l. 7; in-8°, Lugd. Batav. 1873 (*J. A.*, t. XIII, p. 220, 3e sér. 1842).

[2] El-Bekrî, p. 64, l. 13; in-8°, Alger, 1857
(*J. A.*, t. XIII, p. 98, 5e série, 1859).

[3] El-Bekrî indiquait *au sud de Masîlah* un
point nommé *El-K'ibâb* («les coupoles»), où se
voyaient les ruines d'une ville ancienne, nommée
par les Arabes بشليغة (*Bechlîghah*). Il aurait
dû dire *à l'est;* mais son indication s'est, à cela
près, parfaitement vérifiée. Bien que Jean Léon[b]

et Marmol[c] parlent de *Masîlah* comme d'une ville
romaine, nous savions déjà en 1840, par les
récits des indigènes, que les pierres romaines
que l'on trouve dans les constructions de *Masîlah*
venaient d'une ville antique située à quatre ou
cinq mille mètres à l'est de *Masîlah*, et qu'ils
appellent encore *Bechlîghah*[d]. M. Carette, qui
ignorait cette circonstance, avait rapporté *Masîlah*
au *Zabi* que l'*Itinéraire d'Antonin* place sur la
route de *Sitifi-Lat'if* à *Cæsarea* (Cherchêl), et il
avait approché bien près de la vérité, car il est
démontré aujourd'hui par une inscription[e] que
le *Zabi* des Romains est le *Bechlîghah* d'El-Bekrî.

[4] Qui gouvernait à *Constantinople* sous le nom
de son fils, Constantin VII, surnommé *Porphyro-
génète*.

[a] El-Bekrî, p. 64, l. 15 (*J. A.*, t. XIII, p. 98, 5[e] série, 1859).

[b] In Ramusio, fol. 63 F (p. 263 de la trad. de Jean Temporal). Le texte et la traduction écrivent *Mesila*.

[c] *Descripcion general de Affrica*, vol. II, fol. 226 r°, col. 2 (t. II de la trad. franç., p. 420). — Marmol et son
traducteur écrivent *Micila*.

[d] Fortia d'Urban, *Recueil des itinéraires anciens*, p. 7; in-4°, de l'I. R.; 1845. — *Tableau de la situation des
établissements français dans l'Algérie en 1840*, p. 28; in-4° de l'I. R.; 1841. Le *ia* est changé de place.

[e] *Revue africaine*, t. II, p. 324; in-8°, Alger, 1857-1858.

traité avec le khalife d'Afrique, s'engageant à lui payer un tribut annuel de vingt-deux mille pièces d'or[1], et avait envoyé à *Baghdâd* des ambassadeurs, qui furent reçus par le khalife Mok'tadir avec le faste asiatique dont Abou-'l-Fedâ nous a laissé la pompeuse description[2]. A la vérité, le tribut convenu avait été pour le moins très inexactement payé, comme on le voit en 923 (310-311 de l'hégire), lorsque Romain[3] connut la ligue formée entre Siméon et le khalife d'Afrique[4]. On sait que les députés ou agents des négociations entre ces deux derniers souverains furent arrêtés en *Calabre* et envoyés à *Constantinople*, que Romain fit jeter en prison les députés bulgares et, au contraire, entoura d'égards ceux du prince africain, les combla de présents pour eux et pour leur maître, près duquel il les renvoya, les chargeant de paroles flatteuses et d'excuses pour le retard qu'il avait mis à payer le tribut annuel (de vingt-deux mille pièces d'or), retard qui ne devait pas être imputé à sa mauvaise volonté, mais aux troubles dont la *Calabre* et la *Sicile* avaient été le théâtre. Le Mahdi fut si touché de ces prévenances que, non seulement il renonça à l'alliance des *Bulgares*, mais remit même à l'empereur la moitié du tribut qu'il était en droit d'exiger[5]. Malgré le traité de 305, et malgré cet échange de bons procédés avec Romain, le Mahdi ne cessa pas, en 306[6],

---

[1] G. Cedreni *Compendium historiar.*, p. 612 C et p. 650 D; in-fol., Parisiis, 1647. — Lebeau place ce traité sous l'année 915. (*Histoire du Bas-Empire*, liv. LXXIII, § 13, t. XIII, p. 409; in-8°, Paris, 1832.)

[2] Abulfedæ *Annal. muslem.*, t. II, p. 330, l. 16 et seq. — Abulfarajii *Hist. dynast.*, p. ᴨᴀᴠ, l. 5 à 12 (p. 188 de la trad. lat.).

[3] Qui régnait à *Constantinople* depuis le 1ᵉʳ décembre 909 (vendredi 21 redjeb 307) et y régna jusqu'au 20 décembre 944 (vendredi 1ᵉʳ djoumâdi-'l-aouel 233 de l'hégire). (Lebeau, *Hist. du Bas-Empire*, t. XIII, p. 421 et 468; in-8°, Paris, 1832.)

[4] En 305 (917-918 de J. C.), l'impératrice Zoë avait traité avec le Mahdi pour écraser enfin les Bulgares (voyez la note 4 de la page précédente). Six ans après, en 311 (923-924 de J. C.), Siméon, roi des Bulgares, traitait avec le Mahdi pour s'emparer enfin de *Constantinople*.

[5] G. Cedreni *Compend. historiar.*, p. 651 C à 652 B. — Suivant l'historien byzantin, ce tribut, ainsi réduit, fut payé jusqu'à la proclamation de Nicéphore Phocas, et comme cette proclamation eut lieu le 16 août 963ᵃ (dimanche 22 redjeb 352 de l'hégire), il fut payé pendant environ quarante ans. — Voir Amari, t. II, p. 173 et 174.

[6] Sur la fin de l'année 6426, des navires venus d'*Afrique* s'étaient emparés de *Reggio* (رجّيه) pendant la nuit[b]. Or le dernier mois de 6426 est le mois d'août 918 de l'ère chrétienne, qui comprend du samedi 19 s'afar au lundi 20 rebi-'l-aouel 306 de l'hégire. Il y a donc soixante-dix-neuf jours, du dimanche 1ᵉʳ moh'arram au lundi 20 rebi-'l-aouel 306, pendant lesquels cette expédition pourrait appartenir à l'année 306 de l'hégire.

ᵃ Lebeau, t. XIV, p. 65.

ᵇ *Chron. Cantabr.*, in Gregorio, p. 45, l. 13 et 14. — L'auteur incertain de cette *Chronique* s'est servi de l'*ère de Constantinople*, d'après laquelle l'année 5509 du monde commence le 1ᵉʳ septembre avant J. C.

310¹, 312², de diriger des expéditions contre les Grecs, et celle de 313, la première dont parle Ibn-el-Athîr, sans doute à cause de l'importance qu'elle eut, n'était qu'une suite des hostilités antérieures. En effet, en 313³, une armée fut envoyée pour porter la dévastation dans le pays des *Roum*. Au dire de la *Chro-*

---

¹ En 6432, dans une expédition commandée par Mesa'oud-es'-S'ak'labi («l'Esclavon»), les troupes du Mahdi prirent *Agàtha* (*Santa Agatha*), la pillèrent, et rentrèrent à *El-Mahdïah*ᵃ. Or l'année 310 de l'hégire finit le dimanche 20 avril 923 de J. C., et l'année 6432 commence le 1ᵉʳ septembre 923; il n'y a donc pas moyen de concilier la date donnée par le *Baïân* avec celle indiquée par la *Chronique de Cambridge*.

² La *Chronique de Cambridge* place en 6433 une expédition dans laquelle le h'âdjib du prince des fidèles s'empara de *Baris'ânah*ᵇ, et le *Baïân* place en 312 une expédition commandée par le h'âdjib Dja'far-ibn-'Obaïd, qui cingla sur la *Sicile* avec une flotte nombreuse pour attaquer les *Roum*. Il fit des prises en *Sicile*, dit Ibn-'Adzârî, mais il ne rencontra pas l'ennemiᶜ. Or l'année 6433 commence le mercredi 1ᵉʳ septembre 924, et l'année 312 de l'hégire finit le lundi 28 mars 925 de notre ère. Cette expédition a donc pu avoir lieu du mercredi 28 djoumâdi-'l-aouel au lundi 29 dzou-'l-h'idjah 312, et pendant ces deux cent neuf jours, les deux auteurs (qui donnent seulement l'année) se trouveraient d'accord.

³ *Chronic. Cantabr.*, in Gregorio, p. 46, l. 1 et 2. — Ibn-el-Athîr, *El-Kâmil*, t. VIII, p. 114, lin. ult. à p. 115, l. 2. — *Baïân*, t. I, p. 140, l. 10 à 16. — Ibn-Khaldoun, *Hist. de l'Afr. et de la Sicile*, p. 44, l. 5 à 9 (p. 162 de la trad. de Noël Desvergers). — La *Chronique de Cambridge* place cette expédition en 6434, et les trois autres sources disent en 313; or l'année 6434 commence le jeudi 1ᵉʳ septembre 925, et l'année 313 de l'hégire finit le samedi 18 mars 926. L'expédition a donc pu avoir lieu du jeudi 9 djoumâdi-'l-akhir au samedi 30 dzou-'l-h'idjah 313 (cette année est surabondante), et pendant ces cent quatre-vingt-dix-neuf jours, les quatre auteurs (qui donnent seulement l'année) s'accorderaient entre eux. Mais si, comme le dit le *Baïân*, Abou-Ah'med-Dja'far rentra en *Sicile* le 4 restant de rebî'-'l-akhir 313, c'est-à-dire le 25 (mercredi 20 juillet 925 de J. C.), les trois auteurs qui indiquent l'année 313 cesseraient d'être d'accord avec la *Chronique*, car, à cette date, l'année 6434 n'était pas commencée. Cependant il semble bien s'agir de la même expédition, puisque, d'une part, la *Chronique* et le *Baïân* s'accordent sur le nom de la ville emportée, et que, d'autre part, les deux mêmes récits s'accordent à terminer l'expédition par un traité. A la vérité, ces traités diffèrent : la *Chronique* parle d'un traité avec les *Calabrais*, en garantie duquel les Grecs auraient livré pour otages l'évêque de *Sicile* et le ouâli (préfet) de *Calabre*; le *Baïân* dit que l'on captura un patrice (بطريق, t. I, p. 140, l. 13), qui traita de sa personne et des habitants de la ville moyennant une rançon de cinq mille mithk'âlsᵈ. Or il vient de parler de *Ouâri*, ville de *Calabre*. Quant au nom du chef de l'expédition, il paraît évident qu'Ibn-el-Athîr et Ibn-Khaldoun, en attribuant le commandement en chef à Sâlim-ibn-Râchid, ont omis de nommer Abou-Ah'med-Dja'far, qui avait amené la flotte et la commandait.

ᵃ *Chron. Cantabr.*, in Gregorio, p. 45, l. 20 à 22. — Le *Baïân* (t. I, p. 14ᵥ, l. 19 et 20) place cette expédition en 310 et dit que Mesa'oud le *Fati* commandait vingt galères.
ᵇ *Chron. Cantabr.*, in Gregorio, p. 45, lin. ult.
ᶜ *Baïân*, t. I, p. 14ᵥ, l. 15 à 17.
ᵈ Le mithk'âl est un nom de poids, et en or il équivalait au dinar, que je calcule à une valeur de 14 fr. 50 cent. (Note de M. Amari, *Storia dei Musulmani di Sicilia*, t. II, p. 172, note 2.)

LIVRE QUATRIÈME. — CHAPITRE II. 153

nique, le khalife d'Afrique confia cette expédition à son h'âdjib (chambellan), que le *Baïân* (t. I, p. ١٤٠, l. 10) nomme Abou-Ah'med-Dja'far-ibn-'Obaïd[1], et, d'après Ibn-el-Athîr, copié par Ibn-Khaldoun, une armée fut envoyée à Sâlim-ibn-Abou-Râchid, gouverneur de *Sicile*, qui était chargé du commandement. La flotte cingla vers la *Lombardie*[2] (انكبردة). Les troupes furent débarquées, s'emparèrent, suivant Ibn-el-Athîr, de *Ghîrân* (غيران, var. عبران) et d'*Abradjah* (ابرجة, var. اباجة), et firent beaucoup de butin. Elles s'emparèrent, au dire de la *Chronique*, d'une ville de *Aourah* (اورة, p. 46), et, suivant le *Baïân*, de beaucoup de villes, au nombre desquelles était celle de *Ouâri* (وارى)[3]; il ajoute qu'au siège de cette ville six mille combattants furent tués, et que les Musulmans y firent dix mille prisonniers. De pareils faits d'armes supposent un déploiement de forces considérable.

Cependant les prévisions qui avaient porté 'Obaïd-Allah à fonder *Moh'ammediah* se réalisaient avec une rapidité inattendue. Dès cette année 313[4], un évène-

---

[1]. Des manuscrits disent 'Abd-Allah. (*Baïân*, t. I, p. ١٤٠, note *b*.)

[2] Les Arabes donnaient à toute la côte orientale de l'*Adriatique* et à une partie des *Calabres* le nom de *Lombardie*. (*Hist. de l'Afrique et de la Sicile*, p. 129, note :27.)

[3] Les cartes indiquent une ville d'*Uria*, ou *Oria*, située à huit lieues nord-est de *Tarente*, dans la *terre d'Otrante*, que l'on comprenait encore alors dans la *Calabre*. (Amari, *Storia dei Musulmani di Sicilia*, t. II, p. 172, note 5.)

[4] Pour placer cet événement en 313, je m'appuie sur l'autorité d'Ibn-Khaldoun[a], sans me dissimuler que des autorités plus imposantes sont en désaccord avec lui sur ce point, mais elles sont aussi en désaccord entre elles. Ainsi El-Bekri dit que Rîh'ân-ibn-'Ali «garda le gouvernement «de Fés jusqu'en 316, époque à laquelle H'açan «ibn-Moh'ammed vint l'expulser de la ville[b];» mais Ibn-'Adzârî[c], confirmé par Ibn-'Abd-el-H'alîm[d] et par Mak'k'ari[e], place cet événement en 310. Le coup hardi tenté avec succès par El-

[a] *H. d. B.*, t. I, p. ١٧٢, l. 3 à 6, et p. ٢٨٧, in fine (t. I, p. 267, et t. II de la trad., p. 145). — Voyez la note *c* ci-dessous.

[b] El-Bekri, p. ١٢٤, l. 17 à 19 (*J. A.*, t. XIII, p. 357, 5ᵉ série). — Suivant Ibn-Khaldoun, El-H'açan tua Rih'ân. (*H. d. B.*, t. I, p. ١٧٢, l. 5; — t. I de la trad., p. 267.)

[c] *Baïân*, t. I, p. ١٩٣, l. 1 et 2. — Il donne à tort au prince edrisite le nom de H'açan-ibn-'Ali-'l-H'açani, et c'est la suite de son récit qui montre qu'il s'agit bien de H'açan-ibn-Moh'ammed. Il lui donne, du reste, son véritable nom à la page ٣٢٠, l. 20 et 21 (H'açan-ibn-Moh'ammed-ibn-el-K'âcim-ibn-Edris-ibn-Edris, surnommé El-H'adjâm), où on lit ٣١٠, correction du manuscrit, qui, paraît-il, dit ٣١٣, et que M. Dozy a faite en s'appuyant sur la page ١٩٣ du tome I du *Baïân*, et sur la page ٥٠ du *K'art'âs*; mais peut-être faut-il lire ٣١١, car c'est la date que donnent les deux textes auxquels M. Dozy renvoie. Je crois devoir faire observer, en outre, que la traduction française du *K'art'âs*, faite sur un manuscrit considéré par l'auteur de cette traduction comme étant peut-être l'original (p. vi de l'avertissement), dit (page 109 du texte) 311, ce qui semble confirmer qu'à la p. ٢٢٠ du *Baïân* c'est bien ٣١١ que M. Dozy a voulu dire, au lieu de ٣١٠.

[d] *K'art'âs*, p. ٥٠, l. 5 (p. 69 de la trad. lat.; — p. 109 de la trad. franç.).

[e] M. de Gayangos (t. II, p. 444) ne dit pas qu'El-H'adjâm entra à Fés en 310, mais il dit qu'il y fut tué en 311, par Mouça-ibn-Abi-'l-Âfiah, désireux de venger la mort de son fils Minhel. Si H'açan gouverna Fés pendant deux ans, il y était donc arrivé en 309.

154   ÉTUDE SUR LA CONQUÊTE DE L'AFRIQUE.

El-H'adjâm s'empare de Fès.

ment grave s'accomplissait dans le *Maghrib* : El-H'açan-ibn-Moh'ammed-ibn-el-K'âcim-ibn-Edrîs paraissait sur la scène. C'était un prince d'une bravoure peu commune ; il était surnommé *El-H'adjâm* (الحجام, « le phlébotomiste »[1]), parce qu'il avait l'habitude, en combattant, de frapper ses adversaires à la veine du bras[2]. Il surprit la ville de *Fès*, en chassa le gouverneur Rih'ân et s'y fit reconnaître comme souverain. Mouça-ibn-Abi-'l-'Âfiah ne tarda pas à se mettre en marche pour l'attaquer. El-H'açan vint à sa rencontre, et les deux armées se trouvèrent en présence sur l'*Ouâdi-'l-Met'âh'en* (« la rivière des moulins »), dans la plaine d'*Addâdz* (اداد), qui s'étend entre *Fès* et *Têza*. Jamais, depuis l'arrivée des Edrîsites en *Maghrib*, bataille plus acharnée n'avait été livrée. Ibn-Abi-'l-'Âfiah fut honteusement défait, laissant deux mille[3] des siens sur le champ de bataille, et emportant la douleur d'avoir vu succomber son fils Minhel (منهل[a]). S'il faut en croire El-Bekrî, El-H'adjâm se tenait dans le fond du pays

H'adjâm n'eut certainement pas lieu du vivant de Mas's'âlah, car ce général n'aurait confié à personne le soin de marcher contre le prince qui s'était fait proclamer à *Fès*, et son nom n'apparaît même pas dans la lutte qui s'engagea. Or Mas's'âlah n'est mort qu'en 312. Quant à la date de 316 donnée par El-Bekrî, comme cet auteur admet, avec le *K'art'âs*, qu'El-H'adjâm gouverna *Fès* pendant deux ans (عامين[a]), par conséquent, suivant lui, jusqu'en 318, on ne s'expliquerait pas comment Mouça, qui, après tout, agissait dans le *Maghrib* sous l'autorité de 'Obaïd-Allah, aurait choisi un moment si défavorable pour détruire *Nâkour* (en 317), c'est-à-dire pour déclarer la guerre à l'*Espagne* ; on s'expliquerait encore moins comment Mouça aurait, en si peu de temps, enlevé un si grand nombre de villes aux Edrîsites, et surtout comment aucun auteur ne mentionnerait d'événements quelconques survenus dans le *Maghrib* en 318, année dans laquelle tant de choses se seraient passées. La date de 313, donnée par Ibn-Khaldoun, m'a donc paru concorder beaucoup mieux avec l'ensemble des faits, soit ceux déjà connus, soit ceux qu'il me reste à exposer.

[1] De φλέψ (veine), génitif φλεβός, et de τομή (incision). En chirurgie, on dit *phlébotomie* pour désigner la saignée ou l'art de saigner, et l'on appelle *phlébotomiste* celui qui saigne.

[2] Ce fut à son oncle, Ah'med-ibn-el-K'âcim-ibn-Edrîs, qu'il dut ce sobriquet. Une guerre étant survenue entre eux, les armées des deux princes se rencontrèrent à *El-Meddâli*, dans le pays des S'anhâdjah, et, dans un combat qui eut lieu, H'açan frappa successivement de sa lance trois des serviteurs de son oncle, et les atteignit tous trois dans la partie du bras où l'on pratique la saignée. «Décidément, dit Ah'med, mon neveu s'est fait chirurgien ;» et le surnom lui resta[b].

[3] Le *K'art'âs* (p. ०., l. 8) dit 2300.
[4] El-Bekrî, p. ۱۲۷, l. 4 à 7 (*J. A.*, t. XIII, p. 358 ; 5ᵉ série, 1859). — *Baïân*, t. I, p. ۲۲ et ۲۲۱ ; — *K'art'âs*, p. ०., l. 5 à 9 (p. 69 de la

[a] El-Bekrî, p. ۱۲۴, l. 18 et 19 (*J. A.*, t. XIII, p. 357, 5ᵉ série, 1859). — *K'art'âs*, p. ०., l. 20 (p. 69 de la trad. lat. ; — p. 111 de la trad. franç.). Il dit : «environ deux ans» (نحو عامين).
[b] El-Bekrî, p. ۱۲۴, l. 19 et suiv. (*J. A.*, t. XIII, p. 357 et 358, 5ᵉ série, 1859). — *Baïâa*, t. I, p. ۲۲۱, l. 10 à 16 ; — *K'art'âs*, p. ۲۹ et ०. (p. 68 et 69 de la trad. lat. ; — p. 109 de la trad. franç.) ; — *H. d. B.*, t. I, p. ۲۸०, l. 18 à 20 (t. II de la trad. de M. de Slane, p. 145).

LIVRE QUATRIÈME. — CHAPITRE II.   155

d'*El-Meddli*, et c'était de là qu'il gouvernait la ville de *Fés*[1], à chaque quartier de laquelle il avait dû préposer un commandant, comme nous le verrons bientôt. Continuant alors sans obstacle sa marche victorieuse, il s'empara successivement des villes de *Loouâtah*, *S'afroud*, *Medïounah*, des deux *Miknâçah*[2], de *Bas'ra*, et de la plus grande partie du *Maghrib*[3]. En même temps, Moh'ammed-ibn-Khazer attaquait et prenait la ville de *Tâhart*; mais il ne put s'y maintenir. 'Obaïd-Allah fit marcher contre lui Mouça-ibn-Moh'ammed-el-Kitâmi, qui l'obligea d'en sortir et le poursuivit jusqu'à *Tobnah*, où on le perdit de vue, parce qu'il s'enfonça dans le *S'ah'arâ*, laissant son frère 'Abd-Allah avec les principaux chefs de son armée sur l'*Ouâdi-Mat'mât'ah*[4], et ce lieu devint le théâtre d'une série de combats entre les troupes du Mahdi et celles de Moh'ammed-ibn-Khazer, combats dans lesquels l'avantage resta aux *Zenâtah* (*Maghrâouah*), secondés par les *Lemâiah*, qui s'étaient mis en révolte[5]. Non seulement le Mahdi venait de perdre *Fés* et luttait péniblement contre Ibn-Khazer, mais, comme si tous les ennemis des Fât'imites avaient agi de concert, 'Abder-Rah'mân-en-Nâs'ir, réalisant la pensée que les Omaïades d'Espagne poursuivaient avec tant de persévérance, posait enfin le pied en *Maghrib*, par la prise de possession de *Melîla*, qu'il entoura d'une muraille et dont il fit une place forte[6].

314 de l'hégire (926-927 de J. C.).
Ibn-Khazer prend Tâhart.

En-Nâs'ir occupe Melîla.

trad. lat.; — p. 109 et 110 de la trad. franç.). — Ibn-Khaldoun, *H. d. B.*, t. I, p. ١٧٢, l. 5 à 8 (t. I de la trad., p. 267). — C'est le *K'art'âs* qui indique le lieu du combat, qu'il nomme فحص الزاد (*Fah's'-ez-Zâd*), et qu'Ibn-Khaldoun appelle أددز (*Fah's'-Addâdz*). El-Bekri et Ibn-'Adzâri donnent au fils de Mouça le nom de منهل (Minhel); le *K'art'âs* (p. ٥٠, l. 8) le nomme سهل (Sahl), et Ibn-Khaldoun écrit منهال (Minhâl).

[1] El-Bekri, p. ١٢٧, l. 4 (*J. A.*, t. XIII, p. 358, 5ᵉ série).

[2] Voyez, sur *Miknâçah*, la première édition donnée par M. Dozy de ses *Récherches sur l'histoire politique et littéraire de l'Espagne pendant le moyen âge*, t. I, p. 195, note 1; Leyde, 1849.

[3] *K'art'âs*, p. ٥٠, l. 4 (p. 69 de la trad. lat.; — p. 109 de la trad. franç.).

[4] مطماط (*Mat'mât'ah*). (Edrîsî, p. ٥٧, l. 10;

p. ٧٠, l. 17; p. ٨٥, l. 4.) Cette vallée m'est inconnue.

[5] *Baïân*, t. I, p. ١٤٤, l. 16, à p. ١٤٧, l. 6. — Ibn-Khaldoun dit, en parlant des *Lemâiah* : «Ils «parcouraient en nomades les provinces de l'*Ifrî*«*k'îah* et du *Maghrib*; mais la grande majorité «de leurs tribus habitait cette partie du *Maghrib* «central qui avoisine le *S'ah'arâ*.» (*H. d. B.*, t. I, p. ١٠٣, l. 13 et 14; — t. I de la traduction, p. 241.)

[6] El-Bekri, p. ٨٨ et ٨٩ (*J. A.*, t. XIII, p. 162, 5ᵉ série, 1859). Il déclare emprunter à Moh'ammed-ibn-Ioucof[a] et à d'autres sources l'indication de cette prise de *Melîla*, en 314, par le souverain espagnol. Je ne conteste ni le fait ni sa date, mais quand El-Bekri ajoute qu'En-Nâs'ir bâtit *alors* la muraille de la ville, «afin d'en faire un «lieu de retraite pour Mouça-ibn-Abi-'l-'Âfiah», je me demande si, *à cette époque*, Mouça était un

[a] Voir p. 115 de la Préface placée en tête du texte d'El-Bekri publié à Alger, en 1857, par M. de Slane. Voir aussi *J. A.*, t. XIII, p. 162, 5ᵉ série, 1859.

156   ÉTUDE SUR LA CONQUÊTE DE L'AFRIQUE.

Dans ces régions, les instants de grands troubles voient fréquemment apparaître des hommes qui se prétendent doués du don de prophétie. Ce symptôme ne manqua pas à l'agitation engendrée par tous les événements du *Maghrib*. Ce fut dans le canton de *Mêdjekeçah*[1] que parut un certain Abou-Moh'ammed-H'amîm-*el-Mofteri* («le faussaire»). Ses prédications, commencées en 313, suivant Ibn-Khaldoun, entraînèrent facilement un grand nombre de *Ghomârah*, gens grossiers et plongés dans les ténèbres d'une profonde ignorance[2]. Il fut tué en 315 chez les *Mas'moudis* du *S'âh'el*, qui fait partie du territoire de *Tanger*[3].

Les succès d'El-H'adjâm ne furent pas de longue durée. Soit, comme le dit El-Bekrî[4], qu'il se trouvât accidentellement à *Fés*, soit, comme le veut Ibn-Khaldoun[5], qu'il s'y fût réfugié après avoir éprouvé une défaite, ses troupes, suivant l'usage invariable des habitants de cette ville, étaient campées en dehors des murailles[6], et leur chef se trouvait ainsi complètement isolé de son armée quand les portes de *Fés* étaient fermées. Un certain H'âmed-ibn-H'amdân-el-Hamdâni, surnommé El-Louzi, parce qu'il était originaire du bourg d'*El-*

Marginalia:
H'amîm le faux prophète.
315 de l'hégire (927-928 de J. C.).

---

partisan du souverain omaïade, quand je viens de lire quelques lignes plus haut : «*Melîlah*, «ville ancienne, environnée d'une muraille en «pierre et renfermant une citadelle très forte....» On rapporte qu'elle doit sa reconstruction aux fils d'El-Bouri-ibn-Abi-'l-'Âfiah le Miknâcien. (*El-Meçâlik oua'l-Memâlik*, p. ٨٨, l. 18; — *Descript. de l'Afr. sept.*, *J. A.*, t. XIII, p. 161 et 162, 5ᵉ série, 1859.) On sait qu'El-Bekrî écrivait son livre à la fin de 460, comme il le dit lui-même. (Voir son texte, p. ٤٤, l. 10; p. ٠٣١٥, l. 18; p. ١٧٠, l. 11; — *J. A.*, t. XIII, p. 183, 372 et 498, 5ᵉ série.)

[1] Qui appartient au pays des *Ghomârah*, limite occidentale du territoire de *Nâkour*. «Dans le «pays de *Mêdjekeçah* (*Ceuta*), dit El-Bekrî, on «voit une montagne qui porte encore le nom de «H'amîm; elle avoisine la ville de *Tît'âgân* «(تيطاوان), *T'et'ouân*).» (*El-Meçâlik oua'l-Memâlik*, p. ١٠٠, l. 1 à 4; — *J. A.*, t. XIII, p. 165, 5ᵉ série, 1859.)

[2] *H. d. B.*, t. I de la trad., p. 143. — «Plu-«sieurs faux prophètes, dit aussi Ibn-Khaldoun, «se sont montrés chez les *Ghomârah*, et, dans «tous les temps, leurs montagnes ont offert aux «rebelles une retraite assurée.» (*H. d. B.* t. I, p. ٢٨١, l. 1 et 2 du texte; — t. II de la trad., p. 135.)

[3] *H. d. B.*, t. II de la trad., p. 144.

[4] *J. A.*, t. XIII, p. 358, 5ᵉ série, 1859. — Voir le texte, p. ١٧٧, l. 7 et 8.

[5] *H. d. B.*, t. I de la trad., p. 267.

[6] *El-Meçâlik oua'l-Memâlik*, p. ١٧٧, l. 10 (*J. A.*, t. XIII, p. 358, 5ᵉ série, 1859).— Ibn-'Adzâri parle aussi de H'amîm et de ses prescriptions. (*Baïân*, t. I, p. ١٤٨, l. 8 à 13.) — Ibn-Khaldoun (texte, t. I, p. ٢٨٧, l. 1; — trad., t. II, p. 144, l. 16) dit que le faux prophète des *Ghomârah* fut tué en 315 dans un combat contre les *Mas'moudah*. — Le *K'art'âs** seul place l'apparition de H'amîm sous l'année 325 et le fait mourir crucifié au *K'as'r-Mas'moudah*, ce qui est d'autant plus singulier que son récit est évidemment emprunté à El-Bekrî, ou à la source à laquelle El-Bekrî avait puisé.

---

* *K'art'âs*, p. ٤٢, l. 1 et suiv. (p. 84 de la trad. lat.; — p. 135 à 137 de la trad. franç.).

Louz en *Ifrîk'iah*[1], commandait le *quartier des K'aïraouânites*, ou tout au moins y occupait une position élevée[2]; car il put profiter de ce qu'El-H'adjâm était son hôte pour pratiquer la plus abominable trahison[3]. Faisant charger de chaînes et enfermer le prince edrîsite, il en donna rapidement avis à Mouça-ibn-Abi-'l-'Âfiah, et livra à celui-ci, qui était accouru en toute hâte, le *quartier des K'aïraouânites*. Mouça, attaquant aussitôt le *quartier des Andalous*, parvint à s'en rendre maître, malgré la vaillante défense de son gouverneur, 'Abd-Allah-ibn-Tha'labah-ibn-Moh'âreb-el-Azdi. Soit qu'il ait trouvé la mort dans ce combat, comme l'a dit Ibn-Khaldoun[4], soit que, par ordre de Mouça, il ait été mis à mort avec deux de ses fils, Moh'ammed et Iouçof, comme l'avait dit, dès la fin de 460[5], El-Bekrî, qui avait fait le même récit[6], un troisième fils, nommé

El-H'adjâm est trahi

Ibn-Abi-'l-'Afiah reprend Fès.

[1] El-Bekrî, dans un passage (p. ०٠, l. 13; — J. A., t. XIII, p. 62), parle de la ville d'*El-Louz* comme située à l'est de *Bilizmah des Mezdiah*. — Suivant le *K'art'âs*, copié par Ibn-Khaldoun, cet H'âmed-ibn-H'amdân-el-Hamdâni appartenait à la tribu des *Aurebah*ᵃ.

[2] Il résulte du récit qui va suivre qu'El-H'adjâm avait conservé à 'Abd-Allah (dit *'Abboud*) le commandement du *quartier des Andalous*, qu'il exerçait depuis une vingtaine d'années, et que H'âmed-ibn-H'amdân avait été préposé au commandement du *quartier des K'aïraouânites*. Pour ce dernier, les auteurs ne le disent pas, mais, d'une part, le récit de ses actes en 313 l'indique suffisamment; d'autre part, ils ne nomment aucun autre commandant à ce quartier, qui devait en avoir un, si l'on considère surtout qu'El-H'a-

djâm ne résidait pas à *Fés*, comme El-Bekrî vient de nous l'apprendre.

[3] Puisque j'ai admis, d'après Ibn-Khaldoun (H. d. B., t. II, p. 145 et 568) qu'El-H'adjâm avait surpris *Fés* en 313, et puisque j'ai admis, d'après El-Bekrîᵇ et d'après le *K'art'âs*ᶜ, qu'il posséda cette ville pendant environ deux ans, j'ai dû placer en 315 les événements que je raconte ici. (Voir Ibn-Khaldoun, t. I, p. 267.)

[4] H. d. B., t. I, p. ١٧٢, l. 8 à 12; t. I de la trad., p. 267.

[5] On sait qu'il écrivit son ouvrage à cette date, comme il le dit. (J. A., t. XIII, p. 183, 372 et 498, 5ᵉ série.)

[6] El-Bekrî, p. ١٧٧, l. 7 à 17 (J. A., t. XIII, p. 358 et 359, 5ᵉ série, 1859). — *Baïân*, t. I, p. ١٩٣, l. 3 et 4ᵈ, p. ٢٢١, l. 17 à 19ᵉ; — *K'art'âs*,

ᵃ *K'art'as*, p. ٥٠, l. 10 (p. 69 de la trad. lat.; — p. 110 de l'édit. franç.). — Ibn-Khaldoun, H. d. B., t. II de la trad., p. 568.

ᵇ J. A., t. XIII, p. 357, 5ᵉ série, 1859 (texte, p. ١٧٤, l. 19).

ᶜ *K'art'âs*, p. ०٠, l. 20 (p. 69, lin. ult., de la trad. lat.; — p. 111 de l'édit. franç.).

ᵈ Le *Baïân* le dit aussi (t. I, p. ٢٢١, l. 2 et 3). — Dans ce premier passage, Ibn-'Adzârî dit, à tort je crois, que Mouça, introduit dans *Fés*, y gouvernait pour les OMAÏADES (il se contredira plus loin).

ᵉ Dans ce second passage, il assure que Mouça, lorsqu'il s'empara de *Fés*, tua 'Abd-Allah-ibn-Tha'labah-ibn-Moh'ârib-el-Âzdi, nom qu'Ibn-Khaldoun écrit 'Abd-Allah-ibn-Tha'labah-ibn-Moh'ârib-*ibn*-'Abboud (H. d. B., t. I, p. 267), sans répéter 'Abd-Allah avant 'Abboud, ce qui est peut-être une faute empruntée au *K'art'âs* (p. ٥١, l. 15 et 16, du texte; — p. 71, l. 3, de la trad. lat.; — p. 113 de la trad. franç.). Ce qui me fait croire à l'erreur du *K'art'âs*¹*, c'est qu'Ibn-'Abd-el-H'alîm avait dit, quelques pages plus haut, que 'Abd-Allah-ibn-Tha'labah était surnommé *'Abboud*²*. 'Abd-Allah, père de Moh'âreb-*el*-Azdi et arrière-grand-père de 'Abd-Allah dit *'Abboud*,

¹* *K'art'âs*, p. ٥١, l. 15 (p. 71 de la trad. lat.; — p. 113 de la trad. franç.).

²* *Ibid.*, p. ٣٨, l. 2 (p. 66 de la trad. lat.; — p. 105 de la trad. franç.).

Moh'âreb, étant parvenu à s'échapper, alla chercher un refuge à *Cordoue* ou, selon d'autres, à *El-Mahdïah*¹. Et cependant cette famille de Mohalleb était tellement inféodée au commandement du *quartier des Andalous*, que Mouça crut devoir y nommer Moh'ammed, frère du gouverneur qu'il venait de mettre à mort². Devenu ainsi maître de *Fès*³, il pressa vivement H'âmed-ibn-H'amdân d'immoler El-H'adjâm aux mânes de son fils Minhel. H'âmed s'y refusa d'abord,

---

p. o·, l. 9 à 13 (p. 69 de la trad. lat.; — p. 111 de la trad. franç.).

¹ C'est ainsi que s'exprime El-Bekrî. Le *Baïan* dit (t. I, p. ۳۲۱, l. 19) "à *Cordoue*".

² J'inscris ce fait sous toute réserve. Non seulement El-Bekrî et Ibn-'Adzârî ne parlent pas de cette nomination, mais, suivant le second de ces auteurs, Moh'ammed *frère* de 'Abd-Allah (dit 'Abboud) avait été mis à mort par Mouça. On ne peut donc, pour contredire ces deux autorités, s'appuyer ici que sur le *K'art'âs*, copié par Ibn-Khaldoun, et l'on va voir combien peu leurs assertions méritent de confiance. On lit dans le *K'art'âs*: "L'émîr Iah'îâ-ben-el-K'âçem confia le "gouvernement du *quartier des Andalous* à Tha'- "leba-ben-Moh'âreb-ibn-'Abd-Allah(-er-Râfedhi), "et celui-ci, étant mort, fut remplacé par son "fils 'Abd-Allah, surnommé *'Abboud*, également "nommé par l'émîr Iah'îâ, *et auquel succéda son* "*fils* Moh'âreb-ibn-'Abboud-ibn-Tha'leba ª." Plus loin, le même auteur dit que Mouça, après avoir fait périr 'Abd-Allah, nomma, à la place de celui-ci, Moh'ammed-ibn-Tha'leba, *frère de* 'Abd-Allah ᵇ; ce qui contredit manifestement son assertion antérieure. Ainsi, non seulement il donne deux solutions pour un point qui n'en comporte qu'une, mais, par la première, il fait nommer à *Fès* le *fils*, qu'El-Bekrî et Ibn-'Adzârî

disent s'être réfugié à *Cordoue;* par la seconde, il fait nommer le *frère*, qu'Ibn-'Adzârî assure être mort. Dans cette conjecture, à quel parti s'est arrêté Ibn-Khaldoun? Il a donné les deux solutions; dans un passage on lit : "Tha'leba "eut pour successeur son fils 'Abboud, *lequel* "*transmit l'autorité à son fils* Moh'âreb-ibn-'Ab-"boud ᶜ; » ce qui ne l'empêche pas de dire ailleurs que Mouça tua 'Abd-Allah-ibn-Tha'leba-ben-Moh'âreb-ibn-*'Abboud*, gouverneur du *quartier des Andalous*, et donna ce gouvernement à Moh'ammed *frère* de 'Abd-Allah ᵈ, copiant ainsi deux versions contradictoires, sans même relever l'erreur évidente qui consiste à faire Moh'âreb-el-Azdi fils de 'Abboud. Du reste, dans les circonstances où elle eut lieu, la nomination du fils ne serait pas plus étrange que celle du frère, si réellement un membre de cette famille fut nommé.

³ Le *K'art'âs*, qui a placé en 310 la surprise de *Fès* par El-H'adjâm, et raconte immédiatement le guet-apens qui lui fut tendu par H'âmed-ibn-H'amdân, quoiqu'il le place en 311, ajoute à l'incohérence de son récit en disant, plus loin, qu'en 313 Mouça s'empara de *Fès* (p. ٥١, l. 24 et 25; p. ٤١, l. 16 et 17; — p. 70 et 83 de la trad. lat.; — p. 111, 134 et 135 de la trad. franç.). J'ai dit plus haut pourquoi j'ai adopté la date de 315.

était désigné par le nom d'*Er-Râfedhi* ¹º. L'identité de nom du père de Moh'âreb et du fils de Tha'labah a trompé Ibn-'Abd-el-H'alîm, sans doute parce que le second est souvent désigné par son simple surnom de *'Abboud*.

ª *K'art'âs*, p. ۴۷ et ۴۸ (p. 66 de la trad. lat.; — p. 105 de la trad. franç.).

ᵇ *Ibid.*, p. ٥١, l. 15 et 16 (p. 71 de la trad. lat.; — p. 113 de la trad. franç.).

ᶜ *H. d. B.*, append. IV au tome II de la trad. franç., p. 566 et 567.

ᵈ *H. d. B.*, t. I, p. ١٧٢, l. 12 (t. I de la trad. franç., p. 267).

¹º Voyez les *Prolégomènes* d'Ibn-Khaldoun. (*Notices et Extraits des manuscrits*, t. XVI, 1ʳᵉ part., p. ۳۰۷, l. 16 et 17, et t. XIX, 1ʳᵉ part., p. 403.)

dans la crainte de l'horreur qu'inspirerait un tel forfait; puis, ayant cédé, il administra du poison à son prisonnier, et le conduisit ensuite, pendant la nuit, jusqu'à la muraille de la ville. H'açan sauta du haut du rempart, se démit la cuisse, et alla mourir dans le *quartier des Andalous*[1]. Telle fut la fin du prince qui avait été, pendant deux ans, maître d'un vaste territoire dans le *Maghrib*, puisqu'il tenait *Fès* et que, suivant El-Bekrî, il nommait des gouverneurs à *'As'îla*[2]. Son grand courage n'avait servi qu'à montrer à quel point la chute des Edrîsites était définitive. Soit que Mouça ait été irrité de l'hésitation que H'âmed-ibn-H'amdân avait manifestée[3], soit qu'il ait voulu faire disparaître toute trace d'un crime commis à son instigation, oubliant l'éminent service que cet H'âmed lui avait rendu en lui livrant *Fès*, il résolut de le faire mourir, et celui-ci, pour se soustraire au courroux d'Ibn-Abi-'l-'Âfiah, alla se réfugier à *El-Mahdîah*[4].

Mort d'El-H'adjâm.

[1] J'ai copié ici le récit d'El-Bekrî ª; le même récit est reproduit, avec quelques variantes, par Ibn-'Adzârî ᵇ, par Ibn-'Abd-el-H'alîm ᶜ et par Ibn-Khaldoun ᵈ.

[2] *Descr. de l'Afr. septentr.*, p. ۱۱۳, l. 17 (J. A., t. XIII, p. 328, 5ᵉ série). — *Baïân*, t. I, p. ۳۳۲, l. 11 à 13.

[3] El-Bekrî et Ibn-'Adzârî sont seuls à prétendre que du poison fut administré à El-H'adjâm. Le *K'art'âs* et Ibn-Khaldoun disent que H'âmed fit échapper son prisonnier; mais alors il n'est pas facile d'expliquer comment la fracture d'une jambe aurait causé la mort du prince au bout de trois jours, comme ils le prétendent.

[4] Les quatre auteurs* auxquels j'emprunte le récit des événements qui s'accomplissaient à *Fès* sont d'accord sur la fuite de H'âmed à *Mahdîah*, et le fait est incontestable, puisque nous verrons ce personnage revenir dans les rangs de l'armée fât'imite, et même recevoir le commandement de *Fès*. Cependant, à l'occasion de ce fait et de ceux qui l'ont précédé, quelques réflexions naissent tout naturellement. Mouça était maître du quartier des K'aïraouânites, puisque H'âmed le lui avait livré. Comment la violence de sa haine ne le porta-t-elle pas à s'emparer de vive force du prisonnier dont il désirait si ardemment la mort? Était-ce par égard pour les scrupules de l'officier qui venait de lui rendre un si grand service? Un pareil ménagement est peu en harmonie avec le caractère connu de ce chef miknâcien et avec la volonté qu'il allait bientôt manifester de punir de mort la lenteur de ce même officier à se soumettre à sa volonté. Craignait-il le scandale qu'aurait causé le fait d'attenter ouvertement à la vie d'un desc͟endant du Prophète? La suite de mon récit montrera que tel fut peut-être le motif qui le retint. Ensuite Mouça était encore, en apparence du moins, tout dévoué aux Fât'imites. Comment H'âmed chercha-t-il un refuge à *Mahdîah* pour échapper à la colère de l'homme qui, depuis la mort de Mas'-s'âlah, était le plus ferme appui de l'autorité de 'Obaïd-Allah dans le *Maghrib*? Pour les yeux si clairvoyants du Mahdi, les vues ambitieuses d'Ibn-Abi-'l-'Âfiah avaient-elles déjà percé?

ª *Descr. de l'Afr. septentr.*, p. ۱۱v, l. 13 à 16 (J. A., t. XIII, p. 359, 5ᵉ série).

ᵇ *Baïân*, t. I, p. ۳۳۱, l. 5 et seq.

ᶜ *K'art'âs*, p. ۶۰, l. 14 à 19 (p. 69 de la trad. lat.; — p. 110 et 111 de la trad. franç.).

ᵈ *H. d. B.*, t. I, p. ۱۷۳, l. 12 à 15 (t. I de la trad. franç., p. 267). — Voir aussi append. IV au tome II, p. 568, de cette traduction. Ce second récit présente quelques variantes par rapport au premier récit du même auteur.

* Voyez, pour tous quatre, les pages auxquelles j'ai renvoyé ci-dessus.

Expédition d'Abou-'l-Kâcim en Maghrib.

En présence du concours d'événements fâcheux que faisaient naître les intentions hostiles de la famille edrîsite, de Moh'ammed-ibn-Khazer, du souverain d'Espagne lui-même, évidemment d'accord avec les princes de la petite souveraineté de *Nâkour*, on comprend que le Mahdi ne pouvait rester inactif. Dès le 9 s'afar 315[1] (dimanche 15 avril 927 de J. C.), Abou-'l-K'âcim-ibn-'Obaïd-Allah-ech-Chîï s'était mis en marche vers le *Maghrib*. Il traversa *K'aïraouân*, s'arrêta quelque temps à *El-Orbos*, où une partie de ses troupes devait le joindre; de là se rendit à *Bâr'âi*, entra dans le pays des *Kitâmah* et se dirigea vers une montagne occupée par les *Beni-Berzâl*[2], qui, réunis à quelques tribus de leur voisinage, lui barrèrent le chemin. Il fut obligé de leur livrer plusieurs combats et de les vaincre avant de pouvoir continuer sa marche sur *Madr'ara*[3] (مدغرة) et sur *Souk'-Ibrâhîm*, où il fut retenu plus d'un mois par l'affreux état des chemins[4]. Les lettres qu'il expédiait en *Ifrîk'iah* n'arrivaient pas à leur des-

---

[1] Le texte du *Baïân* dit : «Le jour de jeudi «neuf nuits passées de s'afar.» C'est nécessairement une erreur : le 9 s'afar 315 tombe un dimanche. — Ibn-Khaldoun place aussi en 315 le départ d'Abou-'l-K'âcim pour une expédition contre Moh'ammed-ibn-Khazer[a]; mais il faut ici le citer avec beaucoup de prudence, parce qu'il paraît attribuer à Abou-'l-Kâcim les résultats de l'expédition dans laquelle, en 317, Mouça-ibn-Abi-'l-'Afiah détruisit *Nâkour*. Quant à celle que, suivant Ibn-Khaldoun, Abou-'l-K'âcim aurait faite en 310 contre le chef des *Maghrâouah*[b], je n'hésite pas à admettre que l'auteur fait confusion avec celle de 315.

[2] «A peu de distance de *Mesîla*, dit El-Bekri, «s'élève une montagne habitée par des *'Adjîça*, «des *Hoouârah* et des *Beni-Berzâl*.»

[3] Ia'k'oubi nomme deux fois[c] une ville qu'il appelle *Madkara* (مدكرة) et que M. de Goeje[d] suppose, avec beaucoup de vraisemblance, être *Miliâna*[e]. Observant que, dans les noms africains, les lettres غ, ق et ك sont fréquemment substituées les unes aux autres, observant en outre qu'*El-Khadhrâ* est la première station de la route de *Miliâna* à *Tenês*[f], et qu'El-Bekri dit, en parlant d'*El-Khadhrâ* : «Son territoire est cerné de «tous côtés par des tribus berbères, telles que «les *Madra'ra*, les *Beni-Demmer*, les *Mat'ïouna* et «les *Beni-Ouârifen*[g];» observant enfin que Ia'-k'oubi (p. ١٣, l. 19) place *El-Khadhrâ* entre *Madkara* et *Souk'-Ibrâhîm*, il en conclut que *Madkara* est *Madr'ara*, et que celle-ci est *Miliâna*, ainsi désignée, suivant un usage très habituel, par le nom de la tribu qui l'habitait.

[4] Cette circonstance doit paraître singulière, puisqu'il avait quitté *El-Mahdïah* le 15 avril et

---

[a] H. d. B., append. II au tome II de la trad. franç., p. 527.
[b] Ibid., t. II, p. ٣٠, l. 22, à p. ٣٤, l. 3 (t. II de la trad. franç., p. 230). — Voyez la note 2 de la page 163 de ce volume.
[c] S'ifat-el-Maghrib, p. ١٣, l. 19, et p. IV, l. 11 (p. 96 et 115 de la trad. lat.).
[d] Ibid., p. 98 et 99; in-8°, Lugd. Batav.; 1860.
[e] Malliana de l'Itinéraire et de saint Augustin (epist. 236), Maliana de la Confér. de Carth. (cap. 135), Miliana de la Notice des évêques (num. 8, Maurit. Cæsar.).
[f] El-Bekri, p. ٤١, l. 3 et 4 (J. A., t. XIII, p. 102, 5ᵉ série).
[g] Ibid., p. ٧٥, lin. ult. (J. A., t. XIII, p. 134, 5ᵉ série). — Sauf dans ce passage, El-Bekri dit constamment مطغرة (Mat'r'ara).

LIVRE QUATRIÈME. — CHAPITRE II.

tination, et le Mahdi éprouvait les plus vives inquiétudes sur le sort de ce fils, qu'il aimait tendrement : « Ô mon Dieu, disait-il, tu sais que, si je l'ai envoyé « en *Maghrib*, c'est dans l'unique pensée de t'être agréable, d'humilier tes « ennemis et de faire triompher ta religion, car pour moi c'est une douleur de « me séparer de lui un seul jour [1]. »

Au milieu de cette tourmente du *Maghrib*, des expéditions et des inquiétudes qui en étaient la suite, le Mahdi ne perdait pas de vue le pays des *Roum*. Après avoir raconté l'expédition de 313, Ibn-el-Athîr ajoute immédiatement et sans indiquer de date : « L'armée repartit pour la *Calabre* (ارض قلورية), « marcha sur la ville de *Tarente* (طارنت), y mit le siège, la prit d'assaut en ra- « madhân, et de là s'avança sur la ville d'*Otrante* (ادرنت), qui fut emportée et « ruinée de fond en comble. Une maladie cruelle ayant alors sévi sur les Musul- « mans, ils reprirent la mer [2]. » Ibn-Khaldoun a reproduit ce récit en l'abré- geant [3] et, comme Ibn-el-Athîr, il le présente dans des termes tels qu'on peut croire que cette expédition suivit presque immédiatement celle de 313. Il ne paraît pas cependant qu'il en ait été ainsi. La *Chronique de Cambridge*, après avoir mentionné, sous l'année 6435 (314 de l'hégire), une expédition commandée par deux cheïkhs, El-Balzami et El-Koschâni, qui châtièrent rudement les Grecs de *Sicile*, signale en 6436 une autre expédition, confiée à un Esclavon nommé S'âïn qui s'empara de *Zârnioua*, le 17 août [4]. D'autre part, le *Baïân* place en 315 (927-928 de J. C.) une expédition dans laquelle S'âbir le Fati, avec quarante-quatre navires, devait aller ravager le pays des *Roum*, mission dont il s'acquitta conformément aux ordres qu'il avait reçus [5], et en 316 (928-929 de J. C.) une autre expédition, à la tête de laquelle était le même S'âbir le Fati, qui s'empara d'une localité nommée *Er'- Rir'ân* [6] et du fort d'*El-H'açab*, qu'il pilla, pour se diriger ensuite vers *Salir*, dont les habitants achetèrent la paix au prix de richesses et d'étoffes précieuses [7],

Expéditions sur les côtes d'Italie.

316 de l'hégire (928-929 de J. C.).

---

que, d'après ce que je viens de dire sur sa marche, il ne put se trouver à *Souk'-Ibrâhîm* avant le mois de mai. Des pluies exceptionnelles (vu la saison), qui durèrent un mois entier, furent, paraît-il, la cause de cette longue halte d'Abou-'l-K'âcim et de son armée.

[1] *Baïân*, t. I, p. 14v, l. 7 à 21.
[2] *El-Kâmil*, p. 11v, l. 2 à 6.
[3] *Hist. de l'Afr. et de la Sic.*, p. 44, l. 8 et 9 (p. 162 de la trad. de Noël Desvergers).

[4] *Chronic. Cantabr.*, in Gregorio, p. 46, l. 5 à 10.
[5] *Baïân*, t. I, p. 148, l. 4 à 6.
[6] Que nous avons déjà vue figurer dans l'expédition qu'Ibn-el-Athîr place en 313.
[7] Le texte dit ديباج (*dibâdj*); c'est la corruption du mot grec δίβαφος (« teint deux fois »), parvenu aux Arabes par l'intermédiaire des Perses, qui écrivent *dîbâh'*. (Note 3, p. 173, t. II de M. Amari.)

162   ÉTUDE SUR LA CONQUÊTE DE L'AFRIQUE.

marcher sur *Nâbil* (*Neapolis*), dont les habitants se rachetèrent à des conditions analogues, et enfin rentrer en *Sicile*[1]. Or l'année 6436 commence le samedi 1ᵉʳ septembre 927, et l'année 315 finit le dimanche 24 février 928. La première de ces expéditions de S'âbir a donc dû avoir lieu du samedi 1ᵉʳ redjeb au dimanche 29 zou-'l-h'idjah 315, période de cent soixante-dix-sept jours, pendant laquelle les deux auteurs (qui indiquent seulement l'année) se trouveraient d'accord. Mais en plaçant la prise de *Zârnïoua* au 17 août, la *Chronique* montre que cette conquête appartient à la seconde des expéditions dont parle ici le *Baïân*, car le 17 août 6436 correspond au 17 août 928, c'est-à-dire au dimanche 27 djoumâdi-'l-akhir 316, et en même temps elle se met d'accord avec En-Nouaïri[2], qui place en 316 une expédition à laquelle il attribue les exploits de celle dont Ibn-el-Athîr vient de nous faire le récit, outre que, comme lui, il termine la campagne par l'invasion d'une maladie qui fit dans l'armée musulmane des ravages tels que celle-ci fut obligée de rentrer à *Palerme*. Nous avons vu la *Chronique* donner au chef de l'expédition de 6436 le nom de S'âïn-(صاىى)-es'-S'ak'labi, et Ibn-'Adzârî appeler le chef de celle de 316 S'âbir (صابر) le Fati; En-Nouaïrî donne à celui de l'expédition de 316 le nom de S'âreb-(صارب)-es'-S'ak'labi. Ces trois orthographes paraissent être des altérations d'un même nom; d'ailleurs, les circonstances de l'expédition racontée par En-Nouaïrî comme ayant eu lieu en 316 montrent que c'est la même dont parlent Ibn-el-Athîr et Ibn-Khaldoun quand ils disent que l'armée, rentrée en *Sicile*, repartit. C'est aussi l'expédition de 316 du *Baïân*, et celle de 6436 de la *Chronique*. Ces cinq indications se rapportent donc à un même fait.

Suite de l'expédition d'Abou-'l-Kâcim en Maghrib.

Abou-'l-K'âcim, que nous avons vu retenu à *Souk'-Ibrâhîm* par des pluies diluviennes, avait enfin pu se remettre en marche. Aucun document ne permet de suivre ses mouvements dans les six derniers mois de 315, mais le mardi 16 moh'arram 316[3] (11 mars 928 de J. C.), s'étant avancé au milieu des tribus berbères du *Maghrib*, il s'établissait à *Bark'ah*[4], près de la citadelle connue sous le

---

[1] *Baïân*, t. I, p. 144, l. 16 à 20.

[2] In Gregorio, p. 13 et 14 (Riedesel, *Voyage dans la Sicile*, p. 420). Dans cette expédition, En-Nouaïrî porte à trente le nombre des vaisseaux de la flotte.

[3] Le texte dit : «Le troisième jour, quatorze nuits restant de moh'arram.»

[4] Cette ville, dont Ibn-'Adzârî écrit le nom comme celui de *Bark'ah* de la *Cyrénaïque*, m'est complètement inconnue, ainsi que sa citadelle. Edrisi (t. I, p. 226) cite une place forte du nom de *Bark'âna* (برقانة), à moitié chemin de la route de *Djerâouah* à *El-'Alouïn*, localité mentionnée aussi par El-Bekri (p. vi, l. 19; — *J. A.*, t. XIII, p. 124, 5ᵉ série). Le manuscrit porte-t-il à tort برقة pour برقانة?

nom d'*Ar'arr*, où, paraît-il, les défenseurs de la ville s'étaient réfugiés. Le prince fât'imite les attaqua vigoureusement, mina les murailles jusqu'à ce qu'enfin elles s'écroulèrent, écrasant sous leurs débris un nombre considérable de combattants. Mais les assiégés firent une défense désespérée, brûlèrent tous les approvisionnements, coupèrent les jarrets des bêtes de somme, et luttèrent jusqu'à la mort, ne laissant au vainqueur que des ruines et quelques prisonniers. Le résultat de la prise de cette ville fut la soumission des *Hoouârah* et des *Lemdïah*, auxquels Abou-'l-K'âcim donna l'amân. Il se rendit alors à *Tâhart*, où il resta environ un mois, puis se porta sur *Tâmar'alet*[1], d'où, pendant deux mois, il surveilla les mouvements de Moh'ammed-ibn-Khazer, qui se trouvait alors en un lieu nommé *Aouran*; et, tout à coup, sans avoir même joint son ennemi, il revint vers *T'obnah* et rentra à *El-Mahdïah*. Le motif de ce brusque retour est expliqué par certaines inquiétudes qu'il avait conçues. Une lettre de son fils K'âcim lui mandait, assure-t-on, que le bruit s'accréditait de l'investiture de Ah'med, second fils de 'Obaïd-Allah, qu'à l'appui de ce bruit on avait remarqué que Ah'med avait fait la prière publique à la fête du jeûne et à la fête du sacrifice. Ces circonstances diverses lui avaient paru assez significatives pour l'engager à revenir tout de suite près de son père[2].

---

[1] Ville bâtie sur le flanc d'une montagne, à l'entrée du S'ah'ara et à trente milles du point où nous verrons bientôt fonder la ville d'*Aschîr*. (El-Bekrî, p. 44, l. 10 et 11; — *J. A.*, t. XIII, p. 113, 5ᵉ série.)

[2] *Baïân*, t. I, p. 144, l. 3 à 16. — Ce récit du retour de l'expédition qu'Abou-'l-K'âcim entreprit en 315 diffère complètement de la manière dont le même fait est présenté par Ibn-Khaldoun: «Après avoir soumis les provinces du «*Maghrib*, dit celui-ci, Abou-'l-K'âcim effectua «sa retraite sans opposition[a]. En passant par «l'endroit où s'élève maintenant la ville d'*El-* «*Mesîla*, il y trouva les *Beni-Kemlân*, tribu haouâ- «rite, et comme il les croyait mal disposés pour «le gouvernement de l'*Ifrîk'iah*, il les transporta «dans la plaine de *K'aïraouân*..... Au moment «d'éloigner les *Beni-Kemlân* de leur pays, il y «posa les fondations d'une ville, qu'il appela *El-* «*Moh'ammedïah* et que l'on appelle maintenant «*Mesîla*[b].» Évidemment Ibn-Khaldoun attribue ici aux *Beni-Kemlân* la résistance que le *Baïân* a attribuée aux *Beni-Berzâl*; en outre, il place au retour de l'expédition d'Abou-'l-K'âcim ce que le *Baïân* a placé au départ, et enfin il fixe en 315 la fondation d'*El-Moh'ammedïah*[c], que, d'après El-Bekrî et Ibn-'Adzârî, nous avons fixée en 313. Peut-être, pour concilier ces deux dates, pourrait-on dire qu'*El-Moh'ammedïah* fut fondée en 313 et inaugurée en 315, mais on contredirait le récit du *Baïân* sous plusieurs rapports. 1° Abou-'l-K'âcim ne revint pas de son expédition dans le *Maghrib* en 315, mais en 316, comme on vient de le voir. 2° Il ne se porta pas de *Tâhart*

[a] C'est aussi en ces termes qu'Ibn-Khaldoun achève le récit d'une expédition qu'Abou-'l-K'âcim aurait, suivant lui, faite en 310. (*H. d. B.*, t. II, p. 144, l. 3; t. III de la trad. franç., p. 230.)

[b] *H. d. B.*, append. iv au tome II de la trad. franç., p. 527 et 528.

[c] Il le répète *H. d. B.*, append. iii au tome II de la trad. franç., p. 553.

164   ÉTUDE SUR LA CONQUÊTE DE L'AFRIQUE.

En-Nas'ir envoie son consciller dans le Maghrib.

Cette retraite d'Abou-'l-K'âcim était d'autant plus inopportune, qu'en cette même année 316, En-Nâs'ir, souverain de *Cordoue*, qui suivait de l'œil tous les troubles du *Maghrib* et qui avait levé le masque par l'occupation de *Melîla*, envoya son conseiller privé, Moh'ammed-ibn-'Abd-Allah-ibn-Abi-'Aïça, avec la mission d'engager les EDRÎSITES et les *Zenâtah* à reconnaître sa souveraineté[1]. Ils trouvaient, en se soumettant, un puissant défenseur contre les attaques des FÂT'IMITES. S'il faut en croire Ibn-Khaldoun, la réponse de Moh'ammed-ibn-Khazer ne se fit pas attendre; il s'empressa d'expulser du *Zâb* les partisans des FÂT'IMITES et de leur enlever *Schelif* et *Tenès*; il prit aussi la ville d'*Orân*, y plaça comme gouverneur son fils El-Kheïr, et soumit à l'autorité des OMAÏADES toutes les parties du *Maghrib central*, à l'exception de *Tâhart*. L'historien ajoute qu'Ibn-Khazer trouva un imitateur dans Iah'iâ[2]-ben-Ibrâhîm-ibn-'Aïça-ben-Moh'ammed-ibn-Solaïmân, le seigneur d'*Arschk'oul*[3]. Je suis fort disposé à admettre qu'Ibn-Khazer entra facilement dans les vues d'En-Nâs'ir, mais je mets en doute la rapidité des mouvements qu'Ibn-Khaldoun lui attribue, car Ibn-'Adzârî dit bien que Moh'ammed-ibn-Khazer subjugua le *Zâb* et s'empara de *Djemîla*, mais il place cette conquête en 317[4]. Quant aux EDRÎSITES, ils n'étaient guère en position de faire une réponse quelconque. Depuis que Mouça était maître de *Fès*, il poursuivait cette malheureuse famille avec toute l'ardeur que lui inspirait la haine qu'il éprouvait contre elle. Cependant, en apprenant la mort d'El-H'adjâm, les frères de ce vaillant guerrier avaient reconnu pour chef leur frère aîné Ibrâhîm-ibn-Moh'ammed-ibn-el-K'âcim[5], et le groupe formé par cette branche sera désormais désigné par le nom de *Beni-Moh'ammed*. Une autre branche, celle des *Beni-'Omar*, eut pour chef Moh'ammed-Abi-'l-'Aïch-ibn-Edrîs-ibn-'Omar; il était plus connu sous le nom d'*Ibn-*

317 de l'hégire (929-930 de J. C.).

---

vers *Mesîla*, mais vers *Tâmar'alet*. 3° Il rentrait à *El-Mahdiah* avec une préoccupation qui ne lui permettait guère de s'arrêter à inaugurer une ville, puisqu'il abandonnait brusquement une entreprise bien plus importante, la poursuite de Moh'ammed-ibn-Khazer.

[1] Ibn-Khaldoun, *H. d. B.*, t. II, p. ۳۹, l. 3 à 5 (t. III de la trad. franç., p. 231). — «Vers «cette époque, dit ici Ibn-Khaldoun, En-Nâs'ir, «seigneur de *Cordoue*, conçut l'espoir d'occuper «le *Maghrib occidental*, et, après avoir écrit aux «princes edrîsites et aux chefs zenâtiens pour «leur faire connaître ses intentions, il leur envoya,

«en 316, son conseiller privé,» etc. Je crois avoir montré que les vues des OMAÏADES d'Espagne sur le *Maghrib* remontaient à une époque bien antérieure, et qu'En-Nâs'ir ne faisait là que saisir l'occasion de réaliser un projet prémédité de longue date.

[2] C'est à tort qu'Ibn-Khaldoun dit Edrîs au lieu de Iah'iâ.

[3] *H. d. B.*, t. II, p. ۳۹, l. 5 à 9 (t. III de la trad. franç., p. 231).

[4] *Baïân*, t. I, p. ۴۰۰, l. 14 et 15.

[5] *H. d. B.*, append. IV au t. II de la trad. franç., p. 568.

LIVRE QUATRIÈME. — CHAPITRE II.

Meïdla[1]. Ces débris de la famille edrîsite se répandirent dans les montagnes des *R'omârah* et dans les régions du *Rîf*, où ils retrouvèrent les populations encore animées d'un reste de cet amour dont jadis les Berbers du *Maghrib* avaient donné tant de preuves aux fondateurs du royaume de *Fés*. Les *R'omârah* surtout leur montrèrent une fidélité à toute épreuve et déployèrent une telle bravoure en soutenant leur cause, qu'ils les mirent en état de reconstituer un petit empire. Il paraît même qu'un partage eut lieu entre les deux branches : les *Beni-Moh'ammed* obtinrent la portion la plus grande, dont le chef-lieu était *Bas'rah*; et les *Beni-'Omar* restèrent maîtres du *pays des R'omârah*, depuis *Tik'içâs* jusqu'à *Ceuta* et même jusqu'à *T'anger*[2]. « Ce fut alors, en l'an 317, ajoute Ibn-« Khaldoun, qu'Ibrâhîm bâtit le château de *H'adjar-en-Nasr*, pour servir de « lieu de refuge à sa famille[3]. » Ibn-'Abd-el-H'alîm nous représente Mouça s'empa-

---

[1] El-Bekrî, p. ۱۳۲, l. 9 et 10 (*J. A.*, t. XIII, p. 368, 5ᵉ série). — Ibn-Khaldoun, au lieu de ابن مثال écrit ابن ميالة, *Ibn-Methâla*. (*H. d. B.*, t. I, p. ۲۸۸, l. 15; — t. II de la trad. franç., p. 147.)

[2] *H. d. B.*, append. IV au tome II de la trad. franç., p. 569. — Ailleurs[a], le même Ibn-Khaldoun prétend que les *Beni-'Omar* restèrent maîtres de *Tik'içâs*, de *Nâkour* et du *Rîf*; mais cette indication de *Nâkour* ne s'accorde ni avec ce qu'il a dit ni avec ce qu'il dira plus loin.

[3] *H. d. B.*, append. IV au tome II de la trad. franç., p. 568. — Cette date, évidemment erronée, attribuée à la construction de *H'adjar-en-Nasr* est donnée par El-Bekrî[b]; elle est reproduite par Ibn-'Adzârî[c] et par Ibn-'Abd-el-H'alîm, avec l'addition d'une erreur, car il attribue la fondation de cette citadelle, qui, dit-il, touchait presque les nuages, à *Moh'ammed-ibn-Ibrâhîm-ibn-el-K'âcim-ibn-Edrîs*[d], au lieu de dire *Ibrâhîm-Moh'ammed*, et Ibn-Khaldoun, aggravant cette erreur, au lieu de la relever, dit : *Moh'ammed-ibn-Ibrahim-ibn-Moh'ammed*-ibn-el-K'âcim[e]. Suivant Ibn-H'auk'al, *H'adjar-en-Nasr* fut fondé par Ibn-Edrîs[f], et ce qui confirme l'assertion de ce géographe, qui écrivait à la fin de 366, c'est que *H'adjar-en-Nasr* fut compris dans le partage de l'empire edrîsite en 213, comme le disent notamment l'auteur du *K'art'âs* et Ibn-Khaldoun. Tout ce que je puis admettre, c'est qu'Ibrâhîm-ibn-

---

[a] *H. d. B.*, t. I, p. ۲۸۸, l. 3 et 4 (t. II de la trad. franç., p. 146).

[b] *Descr. de l'Afr. septentr.*, p. ۱۴۷, l. 21 et 22 (*J. A.*, t. XIII, p. 359, 5ᵉ série).

[c] Qui dit que *H'adjar-en-Nasr* est un fort imprenable, bâti par Ibrahim-ibn-Moh'ammed-ibn-el-K'âcim-ibn-Edrîs. (*Baïân*, t. I, p. ۲۲۱, l. 21 et 22.) — Il avait déjà dit (p. ۲۰۰, l. 15) qu'en 317 les *Beni-Moh'ammed* bâtirent la ville connue sous le nom de *H'adjar-en-Nasr* (dans le *R'arb*).

[d] *K'art'âs*, p. ٥١, l. 5 et 6 (p. 70 de la trad. lat.): La traduction française, faite sur un très bon manuscrit de la mosquée de *Maroc*, donne une autre version. Après avoir dit que les EDRÎSITES se réfugièrent tous ensemble dans la citadelle de *H'adjar-en-Nasr*, elle ajoute entre parenthèses : « *Moh'ammed-ibn-Ibrâhîm-ibn-Moh'ammed*-ibn-el-K'âcim dit, dans son histoire, qu'à cette époque les EDRÎSITES disparurent dans un nuage, » allusion à la grande élévation de cette forteresse, qui se trouve, en effet, souvent enveloppée de nuages (p. 112 de la trad. franç.). Cette version, qui suppose qu'Ibrâhîm-ibn-Moh'ammed a eu un fils du nom de Moh'ammed, auteur d'une histoire de sa dynastie, n'excuse pas Ibn-Khaldoun, qui donne cet historien pour le fondateur de *H'adjar-en-Nasr*.

[e] *H. d. B.*, t. I, p. ۲۸۷, l. 14 (t. II de la trad. franç., p. 145). — Voyez la note *d* ci-dessus.

[f] *Descr. de l'Afrique*, § XLV (*J. A.*, t. XIII, p. 194, 3ᵉ série).

rant successivement de *Téza, Teçoul, Lokâï*[1], *T'anger, El-Bas'ra, As'îla, Schâla*, de tous les points occupés par les ÉDRÎSITES ou en leur nom[2], traquant, pour ainsi dire, les membres de cette malheureuse famille, et venant les bloquer étroitement dans leur dernier refuge, *H'adjar-en-Nasr*, pour se saisir de leurs personnes et éteindre enfin cette odieuse dynastie. Mais, dans l'aveuglement de sa haine, Ibn-Abi-'l-'Âfîah avait oublié de tenir compte des sentiments des Berbers, et quand les principaux cheïkhs du pays démêlèrent clairement la pensée du chef miknâcien, ils intervinrent pour s'opposer à ses projets sanguinaires, lui déclarant qu'ils ne souffriraient pas qu'il consommât le massacre de la famille du Prophète. Mouça n'osa pas insister[3]; laissant, au lieu dit *Tâouïnt*, un de ses principaux officiers, Abou-K'ameh', avec mille cavaliers, pour veiller à ce que personne ne sortît de la citadelle, il revint à *Fés*[4], où son premier soin fut de modifier les dispositions qu'il avait prises au moment du meurtre de 'Abd-Allah dit *'Abboud*[5] : ainsi il destitua le gouverneur du *quartier des Andalous* et nomma à sa place T'àouał-ibn-Abou-Iezîd, en même temps qu'il remettait à son propre fils, Medîn (ou Medïen), le commandement du *quartier des K'aïraouânites*, avec la lieutenance de tout le *Maghrib-el-Ak's'a*[6]. Ren-

Blocus de H'adjar-en-Nasr.

Moh'ammed-ibn-el-K'âcim fortifia davantage, en 317, cette citadelle, déjà presque imprenable par sa position. Quant aux variantes que j'ai signalées dans les noms, peut-être le manuscrit dont s'est servi M. Beaumier (voyez la note *d* de la page précédente) donne-t-il l'explication de cet imbroglio.

[1] Le texte imprimé écrit لُكَاىِ (*Lokâti*), mais un des manuscrits que M. Tornberg a eus à sa disposition, dit لكَاى (*Lokâï*). — Nous avons vu plus haut (p. 20 et 142) Ibn-Abi-'l-'Âfîah déjà maître de *Téza* et de *Teçoul* en 308. Voyez, sur ces villes, p. 20, n. 3; p. 177, n. 3; p. 178, n. 1; p. 187, n. 4; p. 196, n. 4.

[2] *K'art'âs*, p. ٥٠, in fine, et p. ٥١, l. 4 (p. 70 de la trad. lat.; — p. 111 et 112 de la trad. franç.). L'auteur, qui a fait entrer El-H'adjâm à *Fès* en 310, place en 313 ces exploits d'Ibn-Abi-'l-'Âfîah, mais la date qu'il leur assigne me paraît inadmissible. (Conf. p. 187, note 4).

[3] Ce fut sans doute une crainte de ce genre qui le retint quand il n'osa pas se saisir ouvertement d'El-H'adjâm, au moment où le *quartier des K'aïraouânites* lui fut livré par la trahison de H'âmed-ibn-H'amdân.

[4] El-Bekrî, p. ١٢٧, l. 19, à p. ١٢٨, l. 4 (*J. A.*, t. XIII, p. 359 et 360, 5ᵉ série). — *Baïân*, t. I, p. ٢٢١, l. 21, à p. ٢٢٢, l. 5. — *K'art'âs*, p. ٥١, l. 3 à 11 (p. 70 de la trad. lat.; — p. 112 de la trad. franç.). — *H. d. B.*, t. I, p. ١٧٢, l. 15 à 18 (t. I de la trad. franc., p. 267 et 268). — Le *K'art'âs* et, d'après lui, Ibn-Khaldoun, donnent au général laissé en observation devant *H'adjar-en-Nasr* le nom de Abou-'l-Fath'-et-Teçouli. J'ignore sur quoi se fonde la correction que M. de Slane a cru devoir faire dans sa traduction en disant Ibn-Abou-'l-Fath'.

[5] Suivant le *K'art'âs*, ce fut à son retour à *Fès* qu'il fit mourir 'Abd-Allah dit *'Abboud*; mais la ligne qui suit rend cette assertion peu vraisemblable.

[6] El-Bekrî, p. ١٢٨, l. 4 (*J. A.*, t. XIII, p. 360, 5ᵉ série). — *K'art'âs*, p. ٥١, l. 14 à 17 (p. 71 de la trad. lat.; — p. 113 de la trad. franç.). — *H. d. B.*, t. I, p. ١٧٢, l. 18 à 20 (t. I de la trad. franç., p. 268). — Le *K'art'âs* et Ibn-Khaldoun

LIVRE QUATRIÈME. — CHAPITRE II.   167

trant aussitôt en campagne, Mouça sembla avoir hâte de montrer à En-Nas'ir qu'il avait compris le sens de l'occupation de *Melîla*, et ce fut sur la principauté de *Nâkour*, vassale du khalife omaïade, que retomba une représaille d'autant plus terrible qu'elle avait été différée.

Il y avait dix ans que S'âlih' était rentré en possession de son petit royaume[1], et ce prince, dit Ibn-Khaldoun, n'avait pas cessé de suivre la politique de ses prédécesseurs[2], lorsqu'en 315 il mourut[3], laissant pour successeur un de ses cousins, fils de 'Abd-el-Bedia'[4], lequel fils portait malheureusement ou prit imprudemment le nom significatif d'*El-Mouaïed* (المؤيد, « le bien soutenu »). Celui-ci jouissait donc depuis deux ans de sa souveraineté, lorsqu'en 317 Mouça-ben-Abi-'l-'Âfiah, qu'Ibn-Khaldoun, à cette date, appelle encore le coryphée du parti fât'imite en *Maghrib*[5], vint investir *Nâkour*, et l'emporta dans un assaut où El-Mouaïed perdit la vie. « Le vainqueur, dit El-Bekrî, fit piller la ville, « saccager les maisons, renverser les fortifications, détruire les édifices publics, « et, portant le ravage bien plus loin que ne l'avait fait Mas's'alah-ben-H'abbous[6],

Mouça
détruit Nâkour.

placent ces nominations en 319, immédiatement avant le départ de Mouça pour son expédition contre *Tlemcén*.

[1] Nous avons vu que ce fut en 305 que S'âlih' fut rétabli à *Nâkour*.

[2] *H. d. B.*, t. I, p. ۳۸٥, l. 1 et 2 (t. II de la trad. franç., p. 141). — Ce passage veut évidemment dire que, comme ses prédécesseurs, il entretint de bonnes relations avec l'Espagne.

[3] C'est ici le lieu de relever une erreur grave commise par El-Bekrî. Cet auteur, ordinairement si exact, dit, après avoir placé en 305 le retour de S'âlih'-ibn-Sa'îd à *Nâkour*, que ce prince régna *vingt ans*ᵃ, ce qui conduirait la durée de son règne jusqu'à l'an 325. Or, non seulement nous allons voir El-Bekrî faire mourir en 317 le successeur de S'âlih', mais un peu plus loin le même El-Bekrî dit qu'Abou-Aïoub régnait encore en 323, deux faits qui détruisent son assertion. Évidemment il faut lire عشر سنة, ce qui donne

au règne de S'âlih' une durée de *dix ans*, et le fait finir en 315, date parfaitement confirmée par Ibn-Khaldoun[b], et mieux encore par les faits.

[4] Je n'ignore pas qu'Ibn-Khaldoun dit que S'âlih'-el-Ietîm eut pour successeur *son fils* 'Abd-el-Bedia', qui prit le surnom d'*El-Mouaïed*[c]; mais El-Bekrî donne pour successeur à S'âlih'-ibn-Ietîm un de ses cousins germains, qu'il nomme El-Mouaïed-IBN-'Abd-el-Bedia'-*ibn*-S'âlih'-ibn-Sa'îd-ibn-Edrîs-ibn-S'âlih'-ibn-Mansour[d], et il est confirmé par Ibn-'Adzârî[e], qui, toutefois, supprime les deux noms que je viens de souligner. J'ai cru devoir me ranger à ces autorités et admettre qu'El-Mouaïed était fils de 'Abd-el-Bedia', quoique je reconnaisse qu'El-Mouaïed semble bien être un surnom.

[5] *H. d. B.*, t. I, p. ۳۸٥, l. 3 et 4 (t. II de la trad. franç., p. 141).

[6] Il ne parle pas de la prétendue prise de *Nâkour* en 315 par Abou-'l-K'âcim.

ᵃ عشرين سنة. (El-Bekrî, p. ٤٧, l. 14; — *J. A.*, t. XIII, p. 180, 5ᵉ série.)
ᵇ *H. d. B.*, t. I, p. ۳۸٥, l. 2 (t. II de la trad. franç., p. 141).
ᶜ *H. d. B.*, t. I, p. ۳۸٥, l. 2 et 3 (t. I de la trad. franç., p. 141).
ᵈ *Descr. de l'Afr. septentr.*, p. ٩٨, l. 17 et 18 (*J. A.*, t. XIII, p. 180, 5ᵉ série).
ᵉ *Baïân*, t. I, p. ۲۰۰, l. 17.

168   ÉTUDE SUR LA CONQUÊTE DE L'AFRIQUE.

« laissa l'emplacement de la ville aussi nu qu'un champ dont le vent aurait
« balayé la poussière, et où rien ne s'entend plus que le glapissement des
« chacals¹. » Cette peinture est sans doute empreinte de l'exagération arabe,
car El-Bekrî lui-même nous apprend, comme nous le verrons plus loin, que
Nâkour fut reconstruite, peu d'années après, par un cousin du prince qui
venait de succomber. Quoi qu'il en soit, Mouça, poursuivant le cours de ses
exploits, marcha contre les Beni-Moh'ammed-ibn-Solaïmân-ibn-'Abd-Allah,
dont le chef était alors El-H'açan-ibn-'Aïça, connu sous le nom d'Ibn-Abi-
'l-'Aïch. Ce prince occupait *Djerâouah*, la ville la plus importante de cette
région, et le chef miknâcien vint l'y assiéger. L'attaque fut poussée avec une
telle vigueur qu'El-H'açan, voyant la place à la veille d'être emportée, en sortit
pendant la nuit avec sa famille, ses enfants et les gens de sa suite. Il se rendit
au port de *Djerâouah*, connu sous le nom d'*Akâs*², s'embarqua pour se mettre
en sûreté dans les *îles du Mlouïa*³, et se rendit de là à *Arschk'oul*, île bien
défendue par la nature et dans laquelle il se fortifia⁴. Il faut convenir que cette
expédition ressemble tellement au récit que fait Ibn-Khaldoun de l'expédition
d'Abou-'l-K'âcim dans le *Maghrib* en 315, expédition dans laquelle il repré-

Il s'empare
de Djerâouah.

¹ *Descr. de l'Afr. septentr.*, p. ٩v, l. 17 à 22 (*J. A.*, t. XIII, p. 180, 5ᵉ série). — *Baïân*, t. I, p. ٢٠٠, l. 16 à 19. — Ibn-Khaldoun, *H. d. B.*, t. I, p. ٢٨٥, l. 3 à 5 (t. II de la trad. franc., p. 141). — Par suite d'une petite inadvertance, le traducteur dit : « S'âlih' y perdit la vie » ; il aurait dû dire *Ibn-S'âlih'*. Du reste, les trois sources auxquelles je viens de renvoyer s'accordent parfaitement pour placer en 317 la destruction de *Nâkour* par Mouça-ben-Abi-'l-'Âfïah.

² Je ne connais pas *Akâs*; le port de *Djerâouah* était *Tâferkennît*. (El-Bekrî, p. ٨٨, l. 2, et p. ١٣٢, l. 7; — *J. A.*, t. XIII, p. 160 et 390, 5ᵉ série.)

³ Les *îles du Mlouïa* sont les *Zâfarînes* ou *Djâfarînes*; elles sont au nord-ouest de l'embouchure de ce fleuve, en face du cap *El-Agua* de nos cartes. (Bérard, *Descr. naut. des côtes de l'Alg.*, p. 183 et 184.) — Pour calculer exactement la distance de ces îles à celle d'*Arschk'oul*,

on a les éléments suivants : les îles *Zâfarînes* sont sur le parallèle 35° 11′ Nord, l'île d'*Arschk'oul* est sur le parallèle 35° 19′ 37″, et le méridien de cette dernière est à 57′ 11″ à l'est de celui des premières ᵇ. Il faut donc calculer l'hypoténuse d'un triangle dont un des côtés a 57′ 11″ (57′,1833), comptées sur le parallèle 35° 11′, et dont l'autre a 8′ 37″ (8′,6166), comptées sur un méridien. Or on trouve, par un calcul très simple, qu'à la latitude 35° 11′ la longueur du degré est 90808ᵐ,88, et que, par conséquent, 57′ 11″ donnent 86545ᵐ,857; d'ailleurs les 8′ 37″, comptées sur un méridien, donnent 15956ᵐ,22. Telles sont les longueurs des deux côtés du triangle, dont l'hypoténuse sera, par conséquent, 88004ᵐ,4676 ᶜ, qui, divisés par 4444ᵐ,4, donnent 19.8 lieues communes pour la distance cherchée.

⁴ *Baïân*, t. I. p. ٢٠٠, l. 19, à p. ٢٠١, l. 6.

ᵃ Dont parle El-Bekri, p. ٨٤, l. 15 (*J. A.*, t. XIII, p. 163, 5ᵉ série).

ᵇ Bérard, *Descr. naut. des côtes de l'Alg.*, p. 30 à 33; 2ᵉ édit. in-8°, de l'I. R.; 1839.

ᶜ C'est la racine carrée de 7,744,786,320ᵐ. 552849, nombre qui représente la somme des carrés des deux côtés dont les longueurs viennent d'être exprimées en mètres.

LIVRE QUATRIÈME. — CHAPITRE II.   169

sente ce prince s'emparant de *Nâkour*, se portant ensuite sur *Djerdouah*, où il assiégea El-H'açan-ibn-Abi-'l-'Aïch, elle lui ressemble tellement, que je crois, comme je l'ai déjà dit, qu'il la confond avec l'expédition de Mouça.

Du reste, la marche du chef miknâcien reste assez obscure aussi. Le texte imprimé du *K'art'ds* dit que Mouça, à son retour de *H'adjar-en-Nasr*, où il avait laissé un corps d'observation, rentra à *Fés* en 317 et y resta jusqu'en 320[1]. Mais le manuscrit dont s'est servi M. Beaumier paraît donner une version un peu différente, car on lit dans la traduction française : «Mouça rentra à *Fés* «en 317, et gouverna tranquillement jusqu'en 320[2].» En prenant le mot *tranquillement* dans le sens que Mouça n'aurait été l'objet d'aucune attaque, cette version s'accorde mieux avec les faits[3], puisque nous avons vu le chef miknâcien, depuis qu'il a renoncé à attaquer *H'adjar-en-Nasr*, constamment en campagne et constamment agresseur. Toutefois, comme je viens de le dire, sa marche, après qu'il a chassé Ibn-Abi-'l-'Aïch de *Djerdouah*, reste obscure. Ibn-'Adzârî nous apprend bien qu'il s'empara ensuite de la ville de *Tarbïa*[4], ainsi que de la ville d'*Arschk'oul*, que tous les membres de la famille de Moh'ammed-ibn-Solaïmân furent dispersés, qu'il força les k'âïds de Moh'ammed-ibn-Khazer d'évacuer les diverses places qu'ils occupaient, et que Mouça resta ainsi maître de toute la région qui s'étend de *Tâhart* à *Sous-el-Ak's'a*[5]. On peut donc croire, quoique l'auteur ne le dise pas, que ces exécutions employèrent tout ou partie de l'année 318, et peut-être l'année 319. Il est à remarquer cependant que les sources diverses[6] n'indiquent aucun événement en 318, mais la prise de *Tlemcên* par Mouça-ibn-Abi-'l-'Âfiah est placée en 319 par deux auteurs[7], sui-   319 de l'hégire

---

[1] *K'art'ds*, p. ٥١, l. 11 à 13 (p. 70 de la trad. latine).

[2] *Ibid.*, p. ١١٢ de la trad. franç.

[3] On peut même dire que le *K'art'ds* lui-même dément la première version, puisque, quelques lignes plus bas, il fait marcher Mouça sur *Tlemcên* en 319; ce chef ne resta donc pas à *Fés* jusqu'en 320.

[4] تربية, variante مرينة (*Mârina*). Aucun de ces deux noms ne correspond à une ville qui me soit connue.

[5] *Baïân*, t. 1, p. ٢٠١, l. 7 à 10.

[6] Il faut en excepter le *Baïân*, qui mentionne (t. 1, p. ٢٠٢, l. 12 à 17) une circonstance peu intéressante, d'une part, à en juger par la brièveté de son récit, et, d'autre part, tout à fait étrangère aux exploits d'Ibn-Abi-'l-'Âfiah dans le *Maghrib*. Suivant lui, H'omaïd-ibn-Ies'el aurait quitté *El-Mahdîah* sans permission, et se serait rendu à *Tâhart*, dans le voisinage de laquelle il aurait construit un fort. Ce qu'apprenant 'Obaïd-Allah, il aurait mandé à Ies'el-ibn-H'abbous de renvoyer son fils à l'heure même où l'ordre lui parviendrait. On avait tout à craindre de la colère du prince; mais elle n'eut aucune suite fâcheuse pour H'omaïd-ibn-Ies'el, que nous allons bientôt voir paraître sur la scène.

[7] *K'art'ds*, p. ٥١, l. 17 à 19 (p. 71 de la trad. lat.; — p. 113 de la trad. franç.). — Ibn-Khaldoun, *H. d. B.*, t. I, p. ١٧٢, l. 18, et t. II, p. ١٠٤,

vant lesquels H'açan-ibn-Abi-'l-'Aïch, qui possédait cette ville, se réfugia à *Melîla*[1]. Mais cette version joint, au tort d'être invraisemblable, celui de contredire un passage d'El-Bekrî qui est ainsi conçu : « H'açan-ibn-'Aïça-Abi-'l-« 'Aïch, seigneur de *Djerâouah*, se réfugia dans *Arschk'oul*, quand Mouça-ibn-« Abi-'l-'Âfiah lui enleva ses autres possessions[2]. » C'est aussi dans l'île d'*Arschk'oul* que nous avons vu ce prince se réfugier, quand, en 317, le chef miknâcien lui enleva *Djerâouah*. Était-il revenu sur le continent? Défendait-il *Tlemcên* quand Mouça se présenta devant cette place[3]? La retraite à *Arschk'oul* n'eut-elle lieu qu'une fois, et seulement quand il eut perdu toutes ses possessions? Ces détails m'échappent, et il n'importe pas beaucoup de les éclaircir. Il reste certain qu'en 319 Ibn-Abi-'l-'Âfiah se voyait maître de la presque totalité du *Maghrib*. Je dis *presque*, parce qu'évidemment les Edrîsites, malgré la guerre acharnée qui leur avait été faite et les revers qu'ils avaient éprouvés, possédaient encore

---

l. 14 et 15 (t. I de la trad. franç., p. 268; t. III, p. 336). Le *K'art'âs*, évidemment d'après lui, Ibn-Khaldoun disent que ce fut avant de se mettre en marche sur *Tlemcên* que Mouça préposa un de ses généraux[a] au blocus de *H'adjar-eu-Nasr*. C'est d'après El-Bekrî et le *Baïân* que j'ai placé en 317 le commencement de ce blocus, et cette date s'accorde mieux avec l'impatiente haine de Mouça.

[1] Le texte imprimé du *K'art'âs* dit (p. ٥١, l. 20) : الى مدينة مليلة من جزاير ملوية; ce que M. Tornberg traduit par « ad urbem *Melilam*, in insulis *Melujæ* sitam » (p. 71), et la traduction française faite sur un manuscrit de *Maroc* dit : « à *Melîla*, une des îles du *Mloüïa* » (p. 113). Ibn-Khaldoun (*H. d. B.*, t. I, p. ١٧٣, l. 2) a copié le *K'art'âs*, en supprimant seulement le mot مدينة, et M. de Slane a traduit : « à *Melîla*, île « [située près] du *Mlouïa* » (t. I, p. 268). Dans un autre passage (*ibid.*, t. II, p. ١٠٤, l. 16), Ibn-Khaldoun dit simplement « à *Melîla* », et il ajoute qu'El-H'açan-ibn-Abi-'l-'Aïch construisit près de *Nâkour* un château pour lui servir de lieu de refuge (t. III de la trad. franç., p. 336[b]). Toutes ces indications, sauf la dernière, semblent admettre que *Melîla* était ou une île (et même une des *Zâfarines*), ou une ville située dans une île. Or la ville bien connue sous le nom de *Melîla* n'est pas dans une île, pas même dans une presqu'île, car c'est à peine si l'on peut donner ce nom au cap faiblement saillant sur lequel s'élevait la citadelle. Il ne me paraît donc pas possible de tenir compte de ces indications diverses, pas plus que du château qu'El-H'açan serait allé construire près de *Nâkour*, sur le territoire de princes que leur alliance avec l'Espagne rendait nécessairement hostiles aux Edrîsites, à quelque branche qu'ils appartinssent.

[2] *Description de l'Afrique septentrionale*, p. ٧٨, l. 9 à 11 (*Journal asiatique*, t. XIII, p. 138, 5ᵉ série).

[3] Si ce fut de *Tlemcên* qu'il se rendit à l'*île d'Arschk'oul* pour échapper à Mouça, il dut traverser la vaste plaine de *Zidour*, conduisant avec vingt-cinq milles (huit lieues et un tiers) à *Arschk'oul*, qui était le port de *Tlemcên*. (El-Bekrî, p. ٧٧, l. 15 à 17; — *J. A.*, t. XIII, p. 137, 5ᵉ série.)

---

[a] Voyez la note 4 de la page 166 de ce volume.

[b] Il avait déjà parlé de ce château construit près de *Nâkour* (*H. d. B.*, t. I, p. ١٧١², l. 8 et 9; — t. I de la trad. franç., p. 270).

LIVRE QUATRIÈME. — CHAPITRE II. 171

quelques places, au nombre desquelles était *Ceuta*, ville qui se trouvait dans une position particulière, que je dois faire connaître ici.

On a vu que, selon toutes les apparences, *Ceuta* était en 213 dans un état de ruine et d'abandon complet, tellement complet que cette ville n'est mentionnée ni par la'k'oubi, ni par Is't'akhrî. A une époque inconnue, mais qu'on ne peut faire remonter qu'aux années florissantes de la dynastie des EDRÎSITES, un certain *Mâdjekes* (ماجكس[1]), Berber païen appartenant à la tribu des R'omârah, choisit *Ceuta* pour sa résidence, embrassa l'islâmisme, et devint seigneur de la ville. Il eut pour successeur son fils 'Ais'âm (عصام) et ensuite son petit-fils Modjaber-ibn-'Ais'âm. A la mort de celui-ci, l'autorité passa dans les mains d'Er-Ridha-ben-'Ais'âm, frère de Modjaber, et ce règne durait encore en 319[2]. La petite dynastie 'ais'âmite n'avait pu s'établir à *Ceuta* qu'avec l'assentiment des princes qui régnaient sur le *Maghrib*, et si, à l'époque de la puissance de ceux-ci, elle se reconnut loyalement vassale des EDRÎSITES, sa fidélité avait été tout au moins ébranlée par les revers qui étaient venus les frapper. « Cette « dynastie, dit Ibn-Khaldoun, témoignait aux EDRÎSITES une obéissance peu « franche[3]. » Telle était la position de *Ceuta* et des petits princes qui y commandaient, quand 'Abd-er-Rah'mân-en-Nâs'ir porta de nouveau ses regards de l'autre côté du détroit. Soit que le khalife omaïade ait vu, dans la destruction de *Nâkour*, un défi qu'il devait accepter, soit que, en présence des événements dont ces régions étaient le théâtre, il ait renoncé à masquer désormais des projets depuis longtemps devinés, il afficha hautement ses prétentions à la possession du *Maghrib*. Profitant de l'abaissement des EDRÎSITES, il leur proposa d'accepter sa souveraineté, en même temps qu'ils l'autoriseraient à enlever *Ceuta* aux *Beni-'Ais'âm*, et Ibn-Khaldoun nous donne le choix de deux solutions.

En-Nâs'ir s'empare de Ceuta.

[1] Ceci est l'orthographe d'Ibn-Khaldoun, que je crois devoir préférer à celle d'El-Bekrî, dans lequel on lit ماجكن (*Mâdjeken*), parce que le premier dit, avec une grande apparence de raison, que ce fut de là que *Ceuta* reçut le nom de *Mâdjekeça*[a]. Ibn-'Adzârî adopte une orthographe qui tient des deux : il écrit ماجكسن[b] (*Mâdjekeçen*).

[2] El-Bekrî, p. ١٠٢, l. 7 à 13 (*J. A.*, t. XIII, p. 193 et 194, 5ᵉ série). — *Baïân*, t. I, p. ٢١١.

l. 12 à 17. — Ibn-Khaldoun, *H. d. B.*, t. I, p. 281, l. 13 à 16 (t. II de la trad. franç., p. 136).
— Ibn-'Adzârî donne au successeur de 'Ais'âm le nom de Moh'ammed, au lieu du nom de Modjaber que lui donne El-Bekrî; tous deux le font *frère* de son successeur Er-Ridha (ou Er-Râdhi); mais Ibn-Khaldoun fait celui-ci *fils ou frère* de Modjâr (Modjaber).

[3] *H. d. B.*, t. I, p. ٢٨١, l. 16 et 17 (t. II de la trad. franç., p. 136).

[a] *H. d. B.*, t. I, p. ٢٨١, l. 12 et 13 (t. II de la trad. franç., p. 136).
[b] *Baïân*, t. I, p. ٢١١, l. 12.

suivant l'une, il *décida* les princes déchus à accepter sa proposition[1]; suivant l'autre, «il *obligea* Abou-'l-Aïch-ibn-Edrîs-ibn-'Omar à lui livrer la ville de «Ceuta[2].» Cette seconde version semble plus vraisemblable, puisque «le sou-«verain de *Cordoue*, dit le même Ibn-Khaldoun, envoya contre cette ville un «corps de troupes et une flotte sous les ordres de son général Feredj-ibn-«'Ofaïr[3]. Ceci eut lieu en l'année 319. Er-Ridha le 'Ais'âmite *s'empressa* de faire «sa soumission et d'abdiquer le trône. Telle fut la fin de cette dynastie[4].» Rien, comme on voit, n'indique un consentement de la part des Edrîsites, et peut-être l'*empressement* de Ridha a-t-il une certaine relation avec l'obéissance peu franche dont parlait tout à l'heure Ibn-Khaldoun. Quoi qu'il en soit, ce fut, suivant El-Bekrî, le premier vendredi de rebî-el-aouel 319 (le 2 rebî-el-

[1] *H. d. B.*, t. I, p. ⲢⲀⲒ, l. 16 et 17; p. ⲢⲀⲀ, l. 4 à 6 (t. II de la trad. franç., p. 136 et 146). Dans le dernier passage, Ibn-Khaldoun s'exprime ainsi: «En-Nâs'ir-'Abd-er-Rah'mân, l'Omaïade, ayant «conçu le projet de conquérir le *Maghrib* et d'en «expulser les Fât'imites, décida les *Beni-Moh'am-«med* à lui céder la ville de *Ceuta*, dont il prit «possession en 319.» Or j'ai dit, d'après le même Ibn-Khaldoun, que *Ceuta* appartenait aux *Beni-'Omar*, ou, si l'on veut, que les petits princes qui y commandaient étaient sous leur dépendance. Si donc on doit attacher un sens précis aux termes qu'emploie l'auteur, il faut admettre que les *Beni-'Omar* jouaient un rôle secondaire par rapport aux *Beni-Moh'ammed*, et Ibn-Khaldoun semble, quelques lignes plus bas, établir cette subalter- nité, quand il dit: «Depuis le temps où El-H'adjâm «s'était emparé du commandement, à la suite «de son insurrection contre Ibn-Abi-'l-'Âfîah, «les Edrîsites avaient toujours reconnu pour «chefs leurs parents de la famille de Moh'am-«med*».» Mais Ibn-Khaldoun présente de si fréquentes variantes dans ses récits, qu'on hé- site toujours à donner pour preuve d'un fait ce qu'il a dit, sur le même fait, dans un autre pas- sage.

[2] *H. d. B.*, append. IV au t. II de la trad. franç., p. 569.

[3] El-Bekrî[b] et Ibn-'Adzârî[c] écrivent ابن فرج عفير (*Feredj-ibn-'Ofaïr*); Ibn-Khaldoun[d] écrit نجاح بن غفير (*Nedjâh'-ibn-R'ofaïr*).

[4] *H. d. B.*, t. I, p. ⲢⲀⲒ, l. 19, à p. ⲢⲀⲢ, l. 2 (t. II de la trad. franç., p. 136 et 137). — «Et «nauigio *septum* veniens obtinuit ciuitatem, et «de suis in ea principem stabiliuit.» (Roderici Toletani *Historia Arabum*, cap. xxx, p. 26.) — «En el año trescientos diez y nueve ocuparon las «tropas de Abderahman las ciudades de *Cebta* y «de *Tanja*.» (J. Conde, *Hist. de la domin. de los Arab. en España*, t. I, p. 409.) Je ne sais pour- quoi Conde nomme ici *Tanger*. Nous verrons plus loin que ce ne fut qu'en 339, vingt ans plus tard, qu'En-Nâs'ir devint maître de cette ville. L'erreur de Conde paraît provenir du *K'art'âs*, dans lequel on lit : «En 349 'Abd-er-Rah'mân-«en-Nâs'ir se rendit maître de Ceuta et de *Tan-«ger*. . quelques-uns rapportent cet événement «à l'an 319[e].»

[a] *H. d. B.*, t. I, p. ⲢⲀⲀ, l. 20 à 22 (t. II de la trad. franç., p. 147).
[b] *Descr. de l'Afr. septentr.*, p. 1·F, l. 13 (*J. A.*, t. XIII, p. 194, 5ᵉ série).
[c] *Baïân*, t. I, p. ⲢⲒⲒ, l. 18 et 19.
[d] *H. d. B.*, t. I, p. ⲢⲀⲢ, l. 1 (t. II de la trad. franç., p. 137).
[e] *K'art'âs*, p. ⲎⲒ, l. 27, à p. ⲎⲢ, l. 1 (p. 83 et 84 de la trad. lat.; — p. 135 de la trad. franç.).

LIVRE QUATRIÈME. — CHAPITRE II.   173

aouel 319 = 25 mars 931 de J. C.) qu'En-Nâs'ir prit possession de *Ceuta*[1], et, suivant Ibn-'Adzâri, on y récita la khotbah au nom d'En-Nâs'ir le 4 du même mois[2]. Si la présence d'une armée espagnole sur la côte africaine était un événement redoutable pour Ibn-Abi-'l-'Âfiah, la puissance que celui-ci avait conquise dans le *Maghrib* devait aussi être prise en grande considération par En-Nâs'ir. Pour ce prince, soustraire le chef miknâcien à l'obéissance des Fât'imites et, par lui, devenir souverain du *Maghrib*; pour Mouça, rester maître, comme vassal des Omaïades, de l'immense espace qu'il avait soumis aux Fât'imites, telles étaient les deux pensées qui devaient pour ainsi dire fatalement provoquer, de la part de l'un ou de l'autre, des avances qui furent faites en effet. Lequel des deux en prit l'initiative? Je ne saurais le dire précisément, car deux autorités respectables se contredisent sur ce point. On lit dans Ibn-'Adzâri[3]: « En 319 Ibn-Abi-'l-'Âfiah entra en correspondance avec le souverain

Mouça trahit les Fât'imites.

---

[1] *Descr. de l'Afr. septentr.*, p. ۱۰۲, l. 14 (*J. A.*, t. XIII, p. 194, 5ᵉ série).

[2] *Baiân*, t. I, p. ۲۰٤, l. 1 et 2. Il dit à tort le *vendredi* 3 passé. Une inadvertance qui mérite davantage d'être relevée est celle qu'il commet, deux pages plus loin (p. ۲۱۱, l. 19), en plaçant la prise de possession de *Ceuta* au vendredi une nuit écoulée de cha'bân 319 (19 août 931 de J. C.). — Ibn-Khaldoun, dans trois passages, indique seulement l'année (319ᵃ), ce qui ne l'empêche pas, dans un quatrième passage, de placer en 317 la prise de *Ceuta* par En-Nâs'ir[b]. Mak'k'ari[c] a eu la mauvaise chance de tomber sur ce passage, et a fixé la prise de *Ceuta* à l'an 317, date que, tout naturellement, on trouve indiquée par Murphy[d].

[3] *Baiân*, t. I p. ۲۰۷, l. 3 à 6. — Le *K'art'âs* retarde cet important événement d'une année : « En cha'bân 320, dit-il, Mouça s'empara de la « ville de *Tekrour* ainsi que de tout le pays envi-« ronnant, et alors, comme souverain de *Fès*, de « *Tlemcên* et de *Tekrour*, il envoya sa soumission « à l'émir de l'*Andalousie*, 'Abd-er-Rah'mân-en-« Nâs'ir-Lidîn-Allah, au nom duquel il fit faire « les khotbahs dans tous ses États[e]. » J'ai conservé le nom de تكرور (*Tekrour*), quoiqu'un des manuscrits qui ont été à la disposition de M. Tornberg dise نكرور (*Nekrour*), et quoiqu'Ibn-H'auk'al écrive تكرور pour تكرور[f]; mais j'ai respecté l'orthographe du manuscrit de M. Beaunier. Du reste, cette ville de *Tekrour* m'est complètement inconnue; je ne connais de ville de ce nom que

---

[a] *H. d. B.*, t. I, p. ۲۸۲, l. 1, et p. ۲۸۸, l. 5 (t. II de la trad. franç., p. 137 et 146; — voir aussi p. 569).

[b] *Ibid.*, t. II, p. ۳۰۹, l. 9 (t. III de la trad. franç., p. 231).

[c] *Analectes*, t. I, p. ۲۲۷, l. 19 et 20. On lit bien ۳۱۹ dans le texte imprimé que je cite ici, mais le manuscrit porte سبع et non تسع, et la correction a été faite par M. William Wright d'après le *Baiân*, comme il a eu l'attention d'en prévenir à la note *h* de la page ۲۲۷. Mieux eût valu conserver le texte et faire la rectification dans une note.

[d] *The History of the mahometan empire in Spain*, p. 97; in-4°, London, 1816.

[e] *K'art'âs*, p. ۵۱, l. 21 à 24 (p. 71 de la trad. lat.; — p. 113 de la trad. franç.). L'auteur, comme on voit, parle de Mouça comme d'un souverain indépendant, et semble oublier qu'il n'était qu'un k'âid des Fât'imites.

[f] Leçon que ce savant regarde comme étant la bonne. (*K'art'âs*, p. 382, l. 5.)

[g] *Descr. de l'Afr.*, § XXVIII (*J. A.*, t. XIII, p. 188, note 3, 3ᵉ série).

« de l'Espagne, lui offrant, sous des conditions prévues, de faire sa soumission
« et même d'entrer dans sa clientèle. » D'autre part, Ibn-Khaldoun[1] assure
« que le khalife En-Nas'ir, s'étant déjà acquis beaucoup de partisans dans le
« *Maghrib*[2], essaya alors, par des promesses très séduisantes, de gagner l'appui
« d'Ibn-Abi-'l-Âfiah, et parvint à le détacher des Fât'imites. » De magnifiques
présents furent envoyés au chef miknâcien[3]; et une circonstance assez caractéristique des mœurs de ce temps, c'est que, le navire qui portait lesdits présents ayant abordé au port de *Djerâouah* (à *Tâferkhennît*), El-H'açan-ibn-Abi-
'l-'Aïch, qui, paraît-il, était revenu dans ces parages, s'empara des objets
destinés à Ibn-Abi-'l-Âfiah, qui adressa, mais vainement, les réclamations les
plus vives. Il eut alors recours à la force[4], et finit par obtenir satisfaction, mais
il avait porté le fer et la flamme dans les environs de *Djerâouah*, et fait le dégât
pendant plusieurs jours dans ce malheureux pays[5]. 'Obaïd-Allah avait reçu
presque en même temps, à *El-Mahdïah*, la nouvelle de la trahison de Mouça,
celle de la prise de possession de *Ceuta* par En-Nas'ir, et de l'arrivée au port

celle mentionnée par El-Bekrî[a], Edrisî[b], El-Ouârdi[c], Abou-'l-Fedâ[d], S'afi-'d-Dîn[e], Bak'oui[f], qui en parlent tous comme d'une ville du *Soudân*, nécessairement étrangère à mon récit. Le capitaine Clapperton a rapporté, de l'intérieur de l'Afrique, un manuscrit arabe contenant une relation historique et géographique du *Royaume de Tekrour*, écrite par le roi qui y régnait alors (1823). (Denham et Clapperton, *Voyages en Afrique*, t. III, p. 194; in-8°, Paris, 1826.) Le *K'art'âs* parle de *Tekrour* comme d'une ville qui fut à tout jamais détruite, en 473 (1080-1081), par Iousef-ibn-Tâschfîn. (P. ٩٢, l. 9; — p. 126 de la traduction latine; — p. 201 de la traduction française.)

[1] *H. d. B.*, t. I, p. ١٧٣, l. 3 et 4 (t. I de la trad. franç., p. 268).
[2] Il veut sans doute parler des *Beni-S'âlih'* et surtout de Moh'ammed-ibn-Khazer avec ses *Zenâtah* (*Maghrâouah*).
[3] *Baïán*, t. I, p. ٢٠٧, l. 7 et 8.
[4] S'il faut en croire le *Baïán*, il se dirigea vers *S'â'*[g], d'où il chassa 'Âmir, fils d'Abi-'l-'Aïch, pénétra ensuite dans le pays des *Zouâr'ah*[h], où il se trouva en face d'El-H'açan-ibn-Abi-'l-'Aïch, qui s'était avancé à sa rencontre avec des forces telles, que Mouça ne crut pas devoir accepter la bataille, mais il s'éloigna, et ce fut alors qu'il ravagea le pays, comme je vais le dire.
[5] *Baïán*, t. I, p. ٢٠٤, l. 5 à 14.

[a] *Descr. de l'Afr. septentr.*, p. ١٧٣, l. 13 (*J. A.*, t. XIII, p. 502, 5ᵉ série).
[b] *Géographie*, t. I, p. 10 et 11, 107, 206. — Hartmann, *Edrisii Africa*, p. 33.
[c] *Notices et Extraits*, t. II, p. 35; in-4°, de l'I. R.; 1789. — El-Ouardî écrivait dans le xiiiᵉ siècle de notre ère.
[d] *Géographie*, p. ١٢٤, l. 11, et p. ١٠٣, l. 1 et suiv. (t. II de la trad. de M. Reinaud, p. 182 et 208).
[e] *Marâs'id-el-It't'ilâ'*, t. I, p. ٢٠٤, l. 8.
[f] *Notices et Extraits*, t. II, p. 396. — Bak'oui vivait au commencement du xvᵉ siècle de notre ère (*ibid.*, t. I', p. 388).
[g] Bourg situé sur la rivière du même nom. (Voyez la *Géographie* d'Edrisî, t. I, p. 226.)
[h] Le texte du *Baïán* dit seulement الى زواغ ; pour justifier la petite modification que je me permets ici, je renvoie à El-Bekri, p. ٤٠, l. 2 et 3 (*J. A.*, t. XIII, p. 164, 5ᵉ série).

de *Djerâouah* du navire destiné à Ibn-Abi-'l-Âfiah¹. Il en fut vivement ému, et son premier soin fut d'écrire aux tribus pour les engager à l'obéissance et leur promettre de prompts secours². A la même époque, il perdait un serviteur dévoué, Ies'el-ibn-H'abbous, gouverneur de *Tâhart*³. Les habitants lui mandèrent qu'ils avaient nommé à sa place 'Ali-ben-Mas's'âlah, neveu de Ies'el⁴; mais le Mahdi ne ratifia pas ce choix et envoya son fils, H'omaïd-ibn-Ies'el, qui, à la tête d'une armée nombreuse, alla prendre possession de son gouvernement, où il arriva en zou-'l-h'idjah 319⁵.

Mort de Ies'el.

Son fils H'omaïd lui succède.

Dès le commencement de 320, Ibn-Ies'el entra en campagne; mais il ne paraît pas avoir cherché à se mesurer immédiatement avec Mouça-ben-Abi-'l-'Afiah. On peut croire qu'arrivé sur le théâtre des événements, il ne se trouva pas assez fort pour lutter contre un ennemi devenu si puissant, ou, plus vraisemblablement, qu'il rencontra des résistances dans quelques chefs subalternes, sur lesquels il était autorisé à compter, mais qu'il fallut vaincre. Telle fut, je suppose, la cause des combats qu'il livra à Dâoud-ibn-Mas's'âlah, Sinân et Abi-H'amlîl-ibn-Barnou, chefs qui paraissent avoir été unis entre eux et auxquels il tua beaucoup de monde dans diverses rencontres. Ils se réfugièrent dans un fort des dépendances d'Abi-H'amlîl, fort dont le général fât'imite ne se rendit maître qu'après trois mois de siège. Ce fait d'armes, qui eut lieu le 2 djoumâdi-'l-akhir 320 (dimanche 10 juin 932 de J. C.), parut assez important pour que 'Obaïd-Allah en fît l'objet d'une lettre, qui fut lue dans toutes les chaires de l'*Ifrîk'iah*⁶.

320 de l'hégire (932 de J. C.).

Après les dévastations auxquelles Ibn-Abi-'l-'Âfiah s'était livré dans les environs de *Djerâouah*, El-H'açan s'était décidé à rendre les présents qu'il s'était

---

¹ *Baïân*, t. I, p. ⵔ·⵰, l. 2 à 5.
² *Ibid.*, t. I, p. ⵔⵉ·, l. 3 et 4.
³ *Ibid.*, t. I, p. ⵔ·ⵔ, et p. ⵔⵉⵔ, l. 8 et 9.
⁴ Voyez la note 6 de la p. 169 de ce volume.
⁵ *Baïân*, t. I, p. ⵔⵉⵔ, l. 9 à 12. C'est donc par erreur qu'il avait dit (p. ⵔ·ⵔ, l. 1 et 2) que Ies'el eut pour successeur, dans le gouvernement de *Tâhart*, Abou-Mâlek-ibn-Ir'merâcân-ibn-Abou-Schoh'ma-'l-Lahîdhi — Ibn-Khaldoun donne aussi à H'omaïd (qu'il appelle ici H'amîd-ibn-Is'-liten*) la succession de son père à *Tâhart*ᵇ.

⁶ *Baïân*, t. I, p. ⵔⵉⵔ, l. 13 à 17. L'auteur dit à tort *jeudi deux jours passés*. Ce serait vrai s'il avait dit deux jours *restant* : on aurait alors le 27 djoumâdi-'l-akhir 320, correspondant au jeudi 5 juillet 932.

ᵃ El-Bekri dit H'omeïd-ibn-Is'eli¹*, et le *K'art'âs* l'appelle H'amaïd-ibn-Sobaïl (ou Soheïl²*).
ᵇ *H. d. B.*, t. I, p. ⵔⴸⴸ, l. 2 et 3 (t. I de la trad. franç., p. 260).

¹* P. ⵉⵔⴰ, l. 4 et 5 (*J. A.*, t. XIII, p. 360, 5ᵉ série). — M. de Slane observe, en note, que le nom de *Ie'sel* ou *Is'el* est probablement une altération du mot berber *is'li*, qui signifie *fiancé*.
²* *Kart'ás*, p. ⵈⵉ, l. 12 (p. 70 de la trad. lat.; — p. 112 de la trad. franç., qui dit Ibn-Sahel).

appropriés; les deux chefs avaient fait la paix, et Mouça était rentré dans son pays, pour se porter bientôt vers *Oudzak'k'our*, où, sans doute, se trouvait encore quelque membre de la famille edrîsite. Pendant que Mouça était occupé dans le Sud, les gens des *Forts de H'âra*[1] demandèrent à Ibn-Abi-el-'Aïch qu'il les aidât à faire une râ'zïa sur les terres d'Ibn-Abi-'l-Âfïah. Le prince edrîsite leur fournit un certain nombre de cavaliers. Une importante capture de chameaux eut lieu, et le butin fut partagé entre Ibn-Abi-'l-Aïch et les gens des forts. Cette insulte ne resta pas longtemps impunie. Mouça vint porter la guerre dans le pays de *Djerâouah*, s'empara, dit-on, de la femme d'El-H'açan, de ses enfants, de ses chevaux, de ses armes[2], et il faut croire, bien que l'auteur ne le dise pas[3], que le prince edrîsite fut encore obligé de se réfugier dans l'*île d'Arschk'oul*, car Mouça écrivit au souverain omaïade pour que celui-ci voulût bien lui procurer les moyens de s'emparer de cette île. En effet, des ordres furent donnés sur divers points de la côte d'Espagne. Quinze navires de guerre se trouvèrent bientôt équipés; on y embarqua des troupes, des armes, des munitions, de l'argent, et cette flotte vint bloquer l'*île d'Arschk'oul*. Le débarquement eut lieu; un grand nombre de ceux qui s'étaient réfugiés dans l'île furent tués, et les autres serrés de si près qu'ils faillirent mourir de soif, après avoir épuisé l'eau de leurs citernes[4]. Mais une pluie abondante vint les sauver. Les Espagnols, ayant reconnu que les assiégés avaient renouvelé leur approvisionnement d'eau, perdirent l'espoir de les soumettre, et reprirent la mer. La flotte rentra dans le port d'*Almerïa* en ramadhân 320[5] (du mercredi 5 septembre au jeudi 4 octobre 932 de J. C.).

---

[1] Je ne saurais dire où étaient situés ces forts. Il y avait cependant sur la route de *Ceuta* à *Fés* un *ribât* appelé *H'arâ-t-el-Ah'schîs**; mais cette localité était peut-être bien éloignée de *Djerâouah* pour admettre que c'est d'elle que parle ici le *Baïân*.

[2] *Baïân*, t. I, p. ۲۰۴, l. 11, à p. ۲۱۰, l. 1.

[3] Il dit même (p. ۲۰۳, l. 6 et 7) qu'en 319 El-H'açan se réfugia dans le *fort d'El-Mak's'oura* (حصن المقصورة). Les événements que je viens de placer sous l'année 320 sont rapportés par Ibn-'Adzârî à l'année 319; il s'agit donc bien ici, pour lui comme pour moi, de la guerre à l'issue de laquelle Ibn-Abi-'l-'Aïch fut obligé, pour la seconde fois, de fuir de *Djerâouah*; mais le *fort d'El-Mak's'oura* m'est inconnu. Nous verrons bien, plus loin, qu'El-H'açan avait construit, dans le *Djebel Mamâlou*, à quatre milles au sud de *Djerâouah*, un château dans lequel il finit par être fait prisonnier; mais, d'une part, j'ignore si ce château s'appelait *El-Mak's'oura*; d'autre part, le récit que je vais emprunter à El-Bekrî exclut toute idée d'un refuge dans un château quelconque situé sur le continent. Existait-il dans l'*île d'Arschk'oul* un fort nommé *El-Mak's'oura*?

[4] Je ferai remarquer en passant que, suivant Ibn-H'auk'al, l'*île d'Arschk'oul*, indépendamment de ses nombreuses citernes, renferme des sources. (J. A., t. XIII, p. 187, 3ᵉ série.)

[5] El-Bekrî, p. ۷۸, l. 12 à 20 (*J. A.*, t. XIII,

* El-Bekrî, p. ۱۱۶, l. 11 (*J. A.*, t. XIII, p. 331, 5ᵉ série).

LIVRE QUATRIÈME. — CHAPITRE II.   177

S'il faut en croire Ibn-'Adzârî, Moh'ammed-ibn-Khazer avait signifié par lettre à Ibn-Abi-'l-Âfiah qu'El-H'açan-ibn-Abi-'l-Aïch était placé sous sa protection, et à cette déclaration il ajoutait sans doute quelque menace pour le cas où les poursuites acharnées dirigées contre ce prince ne cesseraient pas. En 320, peut-être pendant le blocus de l'*île d'Arschk'oul*, Mouça marcha contre l'émir des *Zenâtah*, l'atteignit à l'improviste et le força de prendre la fuite, après lui avoir fait éprouver des pertes sensibles[1]. Il est d'autant plus difficile d'expliquer ce passage du *Baïân*, qu'Ibn-Khaldoun, après avoir rappelé la prise de *Ceuta* par En-Nâs'ir, ajoute : « *Plus tard*, Mouça-ibn-Abi-'l-'Âfiah passa « du côté des Omaïades et prêta son appui à Moh'ammed-ibn-Khazer[2]. » On comprend très bien que le chef du *Maghrib-el-Ak's'a* et celui du *Maghrib-el-Aouçat'*, devenus tous deux vassaux du souverain de *Cordoue*, dussent désormais se prêter un mutuel appui, mais comment s'expliquer, en 320, Ibn-Khazer s'érigeant, vis-à-vis d'Ibn-Abi-'l-Âfiah, en protecteur d'un prince edrîsite qu'En-Nâsi'r poursuivait ou venait de poursuivre dans son dernier refuge ?

Ce fut seulement en 321 que H'omaïd-ibn-Ies'el entra en campagne contre Ibn-Abi-'l-Âfiah. Les deux armées se trouvèrent en présence dans la plaine de *Messoun*[3]. Pendant plusieurs jours elles se mesurèrent sans résultat ; mais le

Lutte entre Mouça et Ibn-Khazer.

321 de l'hégire (933 de J. C.). Défaite de Mouça par H'omaïd.

p. 138 et 129, 5ᵉ série). — Cette date démontre l'erreur commise par le *K'art'âs*, quand il place en cha'bân 320 la soumission de Mouça au souverain omaïade ; mais Ibn-'Abd-el-H'alîm a dû être trompé par un passage d'Ibn-'Adzârî ainsi conçu : « En 320 Ibn-Abi-'l-'Âfiah proclama « émir-el-moumenîn En-Nâs'ir, et fit de la propa- « gande en sa faveur. Ceci eut lieu en cha'bân ». —

[1] *Baïân*, t. I, p. ۲۱۲, l. 18 à 23.
[2] *H. d. B.*, t. II, p. ۴۴, l. 10 et 11 (t. II de la trad. franç., p. 231).
[3] L'*Ouâd-Messoun* est un affluent de la rive gauche du *Mlouïa*. En jetant les yeux sur les cartes, on voit que le champ de bataille où Ibn-Abi-'l-'Âfiah fut vaincu dut être peu éloigné de celui où les armes françaises se signalèrent, le 14 août 1844, un peu à l'ouest de l'*Ouâd-Is'li*. En retournant de *Téza* à *Mezemma*[c], Roland Frejus s'arrêta, le 23 mai 1666, au bord de l'*Ouâd-Messoun* (qu'il écrit *Mçon*[d]), et cette circonstance autorise à supposer que la *carte du Maroc* de M. Renou, comme celle du capitaine Beaudouin, n'avancent peut-être pas assez l'*Ouâd-Messoun* vers l'ouest.

[a] *Baïân*, t. I, p. ۲۱۳, l. 18 et 19. — Il avait antérieurement placé cet événement en 319 (voyez p. 173 de ce volume et la note 3 de cette page 173).
[b] Voyez la note 1 de la page 166 de ce volume.
[c] Voyez la note 6 de la page 128 de ce volume.
[d] *Relation d'un voyage fait en Mauritanie*, p. 240 ; in-18, Paris, 1670. — Près d'un siècle et demi après, le 5 juin 1805, le voyageur connu sous le nom de 'Alî-Bey, partant de *Téza*, et marchant pendant cinq heures un quart à l'est, arriva à la *k'as'ba* de *Temessouín*, et, de là, traversa, pour arriver au *Mlouïa*, une vaste plaine aride, qu'il appelle un *véritable désert*. (*Voyages* de 'Alî-Bey, t. I, p. 319 et 321 ; in-8°, Paris, 1814.)

178   ÉTUDE SUR LA CONQUÊTE DE L'AFRIQUE.

H'omaïd reprend Fès et rentre en Ifrik'iah.

général fât'imite parvint à surprendre son adversaire dans une attaque de nuit, et lui fit éprouver une défaite telle, que celui-ci fut obligé de se réfugier à *'Aïn-Ish'âk'*, capitale de ses États, plus connue sous le nom de *Teçoul*[1]. Marchant aussitôt sur *Fès*, H'omaïd-ibn-Ies'el n'y trouva plus Medīen, qui avait abandonné précipitamment la ville pour aller rejoindre son père à *Teçoul*. La capitale du *Maghrib* rentra donc immédiatement sous la domination du Mahdi, et le général fât'imite, après y avoir installé, comme gouverneur, H'âmed-ibn-H'amdân[2], reprit la route de l'*Ifrîk'iah*. Aussitôt que la nouvelle de ces événements parvint à *H'adjar-en-Nasr*, les Edrîsites rassemblèrent leurs partisans, tombèrent sur les troupes d'Abou-K'ameh, les mirent en pleine déroute et s'emparèrent des approvisionnements amassés dans leur camp. De là, dit-on,

---

[1] *K'art'âs*, p. 51, l. 25 à 28 (p. 71 de la trad. lat.; — p. 113 et 114 de la trad. franç.). — Ibn-Khaldoun, *H. d. B.*, t. I, p. ١٨٣, l. 6 à 8 (t. I de la trad. franç., p. 268). Ailleurs Ibn-Khaldoun dit qu'Ibn-Abi-'l-'Âfiah fut obligé de se réfugier *dans le désert*[a]. Je pense que, par cette expression, il faut entendre la région que Jean Léon[b] et Marmol[c], d'après lui, nomment le *désert de R'aret* (ils écrivent *Garet*), et qui est plus étroit, du moins vers l'ouest, qu'ils ne le donnent à entendre, comme on en peut juger par le récit de Roland Frejus, qui, en se rendant d'*El-Mezemma* à *Téza*, traversa ce désert en moins d'un jour, le vendredi 23 avril 1666[d]. Il semblerait cependant qu'il s'élargit vers l'est; car, suivant El-Bekrî, il faut deux jours pour le traverser depuis la rivière de *Zâ'* jusqu'à *Djerâouah*[e]. — J'ai dit, d'après El-Bekrî que *'Aïn-Is'hâk'* était le surnom de *Teçoul*, capitale des États de Mouça-ibn-Abi-'l-'Âfiah; c'est pourquoi j'ai, dans mon texte, modifié la phrase du *K'art'âs*, dans lequel on lit que Mouça, après sa défaite, «se réfugia «à *'Aïn-Ish'âk'*, dans le pays de *Teçoul*.»

[2] Celui-là même que nous avons vu (ci-dessus, p. 159) se sauver de *Fès* pour échapper au ressentiment d'Ibn-Abi-'l-'Âfiah, et se réfugier à *El-Mahdīah*, où, évidemment, il avait été bien accueilli.

---

[a] *H. d. B.*, append. II au tome II, p. 528, de la trad. franç.

[b] In Ramusio, fol. 52 C et 53 D; in-fol., in Venetia, 1563. — En parlant de *Téza*, Jean Léon dit : «Passando pel *diserto di Garet.*» (*Ibid.*, fol. 54 D; — traduction de Jean Temporal, p. 215, 220 et 224; in-fol., Lyon, 1556.)

[c] *Descripcion general de Affrica*, libro IV, cap. xc, vol. II, fol. 152 r°, col. 2; in-fol., Granada, 1573. — Comme Jean Léon, Marmol dit, en parlant de *Téza* : «Atravesando por *el desierto de Garet.*» (*Descripcion general de Affrica*, libro IV, cap. cv, vol. II, fol. 161 v°, col. 1. — *L'Afrique* de Marmol, t. II, p. 283 et 300; in-4°, Paris, 1667.)

[d] *Relation d'un voyage fait en Mauritanie*, p. 97 et suivantes. — Voyez aussi la note *d* de la page précédente.

[e] *Descr. de l'Afr. septentr.*, p. ١٣٢, l. 8 et 11 (*J. A.*, t. XIII, p. 388 et 389; 5° série). — Évidemment ce désert traverse l'espace compris entre deux grandes rivières. «A l'époque (361 de l'hégire), dit Ibn-Khaldoun, «où les *Kitâmah* et les *S'anhâdjah* repoussèrent les *Zenâtah* dans le *Maghrib-el-Ak's'a*, les *Beni-Ouâcin* allèrent «s'établir dans le désert (القفل) qui est situé entre le *Mlouïa* et le *S'a'*[1*].»

[1*] *H. d. B.*, t. II, p. ٨٩, l. 10 et 11 (t. III de la trad. franç., p. 306).

LIVRE QUATRIÈME. — CHAPITRE II. 179

le nom d'*El-Kaoum* (الكوم, « le tas de blé ») que les vainqueurs donnèrent à cette localité[1]. Sur tous les points, la cause dont Ibn-Abi-'l-Âfiah s'était fait le soutien était donc fort compromise; mais, d'autre part, H'omaïd-ibn-Ies'el, en quittant le *Maghrib* sans en avoir reçu l'ordre et sans connaître les intentions de son maître à l'égard du chef miknâcien, avait commis une faute très grave, qui, du reste, ne tarda pas à recevoir son châtiment. A peine arrivé en *Ifrîk'iah*, Ibn-Ies'el fut jeté en prison par ordre du Mahdi[2]. Il est très vraisemblable que ce fut à cette époque (fin de 321) qu'Abou-Mâlek-ibn-Iar'merâçan-Abou-Schoh'ma-'l-Lahîdhi fut nommé au gouvernement de *Tâhart*[3]; mais je ne puis en fournir la preuve.

Il est jeté en prison.

A l'expédition que le Mahdi avait dirigée contre la *Calabre* en 316 avaient succédé deux autres expéditions contre le même pays, toutes deux commandées encore par S'aïn-es-S'ak'labi ou S'âbir-el-Fati[4], dont j'ai déjà parlé (p. 161), et peu après ce fut sur les *Roum* de *Sicile* que se fit sentir la main pesante

---

[1] El-Bekrî, p. ۱۲۸, l. 4 à 9 (*J. A.*, t. XIII, p. 360, 5ᵉ série). — *Baïân*, t. I, p. ۲۳۳, l. 6 à 10, où il faut lire ۲۴۱, au lieu de ۳/۱۷; voir aussi p. ۲۱۳۳, l. 8 et 9. — *K'art'âs*, p. ۵۱, lin. ult. à p. ۵۲, l. 5 (p. 71 de la trad. lat.; — p. 114 de la trad. franç.). — Ibn-Khaldoun, *Histoire des Berbers*, t. I, p. ۱۷۳, l. 5 à 11 (t. I de la trad. franç., p. 268; — voir aussi t. II, p. 528, de cette traduction). Suivant cet auteur, qui est seul à le dire, le général de Mouça[a], averti que son maître s'était retiré à *Teçoul*, leva précipitamment le siège (le blocus) de *H'adjar-en-Nasr*.

[2] El-Bekrî, p. ۱۲۸, l. 12 et 13 (*J. A.*, t. XIII, p. 361, 5ᵉ série). — *Baïân*, t. I, p. ۲۳۳, l. 13 à 16.

[3] Voyez la note 5 de la p. 175 de ce volume. On y remarquera que le *Baïân* dit Abou-Mâlek-ibn-Ir'merâcân. « Sous le règne d'Abou-'l-K'âcim-ibn-'Obaïd-Allah-el-Mahdi, lit-on dans Ibn-Khaldoun, le commandement de *Tâhart* fut exercé par Abou-Mâlek-Ir'merâcân-ibn-Abou-Schoh'-ma[b]. » Il serait donc possible que H'omaïd-ibn-Ies'el n'eût pas été immédiatement remplacé, et que Abou-Mâlek eût été appelé au gouvernement de *Tâhart* par Abou-'l-K'âcim, que nous allons bientôt voir succéder à son père. Ibn-Khaldoun prétend que, quand Ibn-Abi-el-Âfiah passa dans les rangs des Omaïades (par conséquent en 319 ou 320), Felfoul, frère de Moh'ammed-ibn-Khazer, alla se joindre aux Fât'imites, et qu'en récompense de sa défection, il obtint du Mahdi 'Obaïd-Allah le gouvernement de *Tâhart*; qu'il marcha sur *Fès*, chassant devant lui les populations nomades, tant zenâtiennes que miknâciennes, et qu'il réussit à soumettre le *Maghrib*. (H. d. B., t. II, p. ۳۴, l. 10 à 13; — t. III de la trad. franç., p. 231.) D'une part, Ibn-Khaldoun est seul à le dire; d'autre part, H'omaïd-ibn-Ies'el venait de reprendre *Fès* et de faire rentrer le *Maghrib* sous l'obéissance des Fât'imites. Son successeur immédiat, quel qu'il fût, n'eut donc pas cette tâche à remplir. Il me paraît qu'il y a lieu de conserver des doutes sur cette assertion d'Ibn-Khaldoun.

[4] La *Chronique de Cambridge* place ces expé-

[a] J'ai dit (note 4 de la page 166) le nom que, d'après le *K'art'âs*, Ibn-Khaldoun donne à ce général.
[b] H. d. B., t. I, p. ۱۸۳, l. 11 et 12 (t. I de la trad. franç., p. 283).

180   ÉTUDE SUR LA CONQUÊTE DE L'AFRIQUE.

322 de l'hégire (933-934 de J. C.). Première expédition contre Gênes.

du prince des fidèles[1]. «En 322, dit Ibn-Khaldoun, le Mahdi envoya, «sous le commandement de Ia'k'oub-ibn-Ish'âk', une escadre chargée de porter «la dévastation dans les environs de la ville de *Gênes*[2] (جنوة).» La *Chronique de Cambridge*[3] s'exprime de manière à faire admettre, Ibn-el-Athîr[4] et En-

ditions en 6437[a] et 6438[b] (in Gregorio, p. 46, l. 11 et 14).

[1] La *Chronique* place en 6440[c] une expédition commandée par Ibn-Sâlim[d] accompagné de deux cheïks, Ibn-Salema et Ibn-ed-Dâïa, envoyés d'*Ifrîk'iah*. Ils châtièrent rudement les *Siciliens*, et ces deux cheïks étant rentrés l'année suivante, 6441 (320-321 de l'hég.), à *El-Mahdiah*

sans y avoir été rappelés, 'Obaïd-Allah fut très irrité contre eux. (*Chron. Cantabr.*, in Gregorio, p. 46, l. 16 à 21.)

[2] *Hist. de l'Afr. et de la Sic.*, p. 44, l. 12 et 13 (p. 162 de la traduction de N. Desvergers).

[3] *Chron. Cantabr.*, in Gregorio, p. 46, lin. ult. Elle place la prise de *Gênes* en 6442[e].

[4] *El-Kâmil*, t. VIII, p. ۲۱۳ et ۲۱۴.

[a] L'année 6437 comprend
{ du 13 redjeb 316 (lundi 1ᵉʳ sept. 928) au 30 dzou-'l-h'idjah 316¹ˣ (vendredi 13 février 929)............................. 166 jours.
du 1ᵉʳ moh'arram 317 (samedi 14 février 929) au 22 redjeb 317 (lundi 31 août 929)..................................... 199
                                                                                                                        ───
                                                                                                                        365

Cette seconde expédition de S'âbir a donc pu avoir lieu de redjeb 316 à redjeb 317.

[b] L'année 6438 comprend
{ du 23 redjeb 317 (mardi 1ᵉʳ sept. 929) au 29 dzou-'l-h'idjah 317 (mardi 2 février 930)................................. 155 jours.
du 1ᵉʳ moh'arram 318 (mercredi 3 février 930) au 13 cha'bân 318 (mardi 31 août 930)..................................... 210
                                                                                                                        ───
                                                                                                                        365

Cette troisième expédition de S'âbir en *Calabre* a donc pu avoir lieu de redjeb 317 à cha'bân 318.

[c] L'année 6440 comprend
{ du 14 cha'bân 319 (jeudi 1ᵉʳ sept. 931) au 29 dzou-'l-h'idjah 319 (jeudi 12 janvier 932)............................... 134 jours.
du 1ᵉʳ moh'arram 320 (vendredi 13 janvier 932) au 25 cha'bân 320 (vendredi 31 août 932²ˣ).............................. 232
                                                                                                                        ───
                                                                                                                        366

[d] Elle ne le désigne pas autrement; c'était sans doute un fils de Sâlim-ibn-Râschid, gouverneur de *Sicile*. Il avait déjà accompagné deux cheïks dans une expédition analogue, dont j'ai parlé plus haut. (Voir Amari, t. II, p. 182 et 183.)

[e] L'année 6442 comprend
{ du 8 ramadhân 321 (dimanche 1ᵉʳ sept. 933) au 30 dou-'l-h'idjah 321 (samedi 21 décembre 933).......................... 112 jours.
du 1ᵉʳ moh'arram 322 (dimanche 22 décembre 933) au 17 ramadhân 322 (dimanche 31 août 934).............................. 253
                                                                                                                        ───
                                                                                                                        365

Il ne paraît pas douteux qu'il y a eu deux expéditions contre *Gênes* : la première, d'après les dates données, a très bien pu être envoyée par le Mahdi, qui a vécu soixante-treize jours appartenant à la fois à l'année 6442 de l'ère de Constantinople et à l'année 322 de l'hégire.

¹ˣ L'année 316 et l'année 321 (note *e* ci-dessus) sont surabondantes.
²ˣ L'année 932 est bissextile.

LIVRE QUATRIÈME. — CHAPITRE II.   181

Nouaïri[1] le disent formellement, que l'expédition contre *Gênes* fut envoyée par Abou-'l-K'âcim, et comme Ibn-Khaldoun ajoute : « La flotte revint, et, « l'*année suivante*, une seconde armée navale s'empara de *Gênes*, puis passa « dans l'île de Sardaigne (سردانية), qu'elle ne quitta qu'après avoir brûlé dans « ses ports un grand nombre de vaisseaux[2], » il reste sur la date de cet événement une incertitude qui se retrouve, paraît-il, dans les documents dont Muratori a disposé et qui a embarrassé ce profond érudit[3]. D'après les documents arabes, on ne peut guère mettre en doute que deux flottes furent successivement dirigées contre *Gênes*, et si la première fut réellement envoyée par le Mahdi, il est fort probable qu'il ne la vit pas rentrer dans ses ports, car ce prince mourut à *El-Mahdïah*, dans la nuit du mardi 14 rebî- el-aouel 322[4] (dans la nuit du lundi 3 au mardi 4 mars 934 de J. C.), à l'âge de soixante-trois ans[5] et après un règne de vingt-quatre ans dix mois

Mort du Mahdi.

---

[1] In Gregorio, p. 14, l. 7.

[2] Ibn-Khaldoun a copié ce passage dans En- Nouaïri, qui l'avait copié lui-même dans le *Kâmil*. Il adopte ici la date donnée par Ibn-el-Athîr (323 de l'hég.); nous le verrons ailleurs adopter celle de 324, lorsque, plus loin, nous reviendrons sur cet événement, qui appartient bien certainement au règne d'Abou-'l-K'âcim.

[3] Voir la note 180, p. 162 de la traduction d'Ibn-Khaldoun par N. Desvergers.

[4] La *Chronique de Cambridge*[a] dit le 3 mars, qui est le 184ᵉ jour de l'année 6442, correspondant au lundi 3 mars 934 (13 rebî-'l-aouel 322), et Ibn-el-Athîr[b], Ibn-Khallikân[c], El-Makîn[d], Ibn- 'Adzârî[e], Raîni-'l-K'aïraouâni[f] s'accordent à dire « dans la nuit du mardi milieu de rebî-'l-aouel[g]. » Cette petite différence n'est qu'apparente et tient à ce que les Arabes commencent leur jour après le coucher du soleil, à l'entrée de la nuit, et que nous le commençons à minuit. Si donc, comme il paraît, le Mahdi est mort avant minuit, pour l'auteur de la *Chronique*, le lundi 3 mars durait encore; pour les Arabes, le mardi 14 rebî-'l-aouel était commencé. Abou-'l-Fedâ[h] et Ibn-Khaldoun[i] placent la mort du Mahdi en rebî-'l-aouel 322, sans préciser quel jour de ce mois; Ibn-H'ammâd[k], Ibn-el-Khat'îb[l] et Abou-'l-Mah'âsin[m] n'indiquent que l'année.

[5] Ibn-H'ammâd, Ibn-el-Athîr, Ibn-'Adzârî (*Baïân*, t. I. p. ٢١٤, l. 1), Abou-'l-Fedâ, s'accor-

[a] In Gregorio, p. 46, l. 22 et 23.
[b] *El-Kâmil*, t. VIII, p. ٢١٢, l. 10 et 13.
[c] *Oufiât-el-'Aïân*, édit. Wüstenfeld, n° ٣٤٥, fasc. IV, p. ٥٢, l. 12 et 13 (t. II de la trad. angl., p. 79).
[d] *Hist. Sarac.*, lib. III, cap. I, p. 201, l. 18 et 19, du texte arabe.
[e] *Baïân*, t. I, p. ٢١٢, l. 18 et 19.
[f] *Hist. de l'Afr.*, liv. IV, p. 96.
[g] Voir Silvestre de Sacy, *Exp. de la relig. des Druzes*, t. I, p. CCLXXVII. — Conde, t. I, p. 413.
[h] *Annal. muslem.*, t. II, p. 382, l. 15.
[i] *H. d. B.*, append. II au t. II de la trad. franç., p. 528.
[k] *J. A.*, t. V, p. 541, 5ᵉ série.
[l] *El-H'olal-el-Mark'ouma* (in Casiri, t. II, p. 194, col. 1). Ibn-el-Khat'îb paraît être seul à dire que le Mahdi mourut à Rak'k'âdah et c'est la version que Deguignes a adoptée (*Hist. gén. des Huns*, t. I, p. 366).
[m] *En-Nodjoum*, t. II, p. ٢٤٣, l. 4 et 5.

quinze jours[1], qui fut sans aucun doute, depuis l'origine de la conquête, celui de tous où la puissance arabe en Afrique eut le plus d'étendue. Si, dans les dernières années de son règne, le Mahdi vit ses possessions lointaines inquiétées par 'Abd-er-Rah'mân-en-Nâs'ir, il venait, par la victoire de son k'âïd H'omaïd-ibn-Ies'el, de frapper l'Espagne dans la personne d'Ibn-Abi-'l-'Âfiah, qui restait avec la honte de sa trahison; s'il n'abattit pas tout à fait les Edrîsites, on récitait le khot'bah en son nom dans les mosquées de leur capitale; et s'il ne domina qu'incomplètement le *Maghrib*, il en fut plus maître que jamais prince de *K'aïraouân* ne l'avait été. C'est que, pour l'*Ifrîk'iah* et la région qui la touche à l'ouest, sa force résidait dans l'appui de la race berbère, personnifiée dans la grande famille des *Kitâmah*; c'est aussi que, pour le *Maghrib*, une autre famille de la même race, celle des *Miknâçah*, entraînée dès l'origine par Mas's'âlah, et guidée ensuite par Mouça-ibn-Abi-'l-'Âfiah, lui avait prêté son puissant concours, quand les Edrîsites avaient peut-être compté que ces Berbers, qui couvraient les bords de la *Mlouïa*, serviraient

---

dent à dire qu'El-Mahdi mourut âgé de soixante-trois ans. J'ai relevé plus haut l'étrange erreur d'El-Makîn, qui dit cinquante-trois ans, et je noterai ici, en passant, l'erreur de Raïni-'l-K'aïraouâni, qui prétend (p. 96) que le Mahdi mourut à soixante-neuf ans[a]. Condé (t. I, p. 406) dit soixante-deux ans, parce qu'il admet que ce prince naquit en 260; nous avons vu que c'est en effet la date indiquée par quelques auteurs.

[1] *Baïân*, t. I, p. ۲۱۶, l. 19 et 20. — On voit que je fais commencer le règne de 'Obaïd-Allah le 28 rebi-'l-akhir 297, jour de l'entrée triomphale de ce prince à *Rak'k'âdah*[b]; cette date est importante puisqu'elle fixe en même temps le commencement de la dynastie des Fât'imites. Comme je l'ai dit (note 1 de ma page 97), plusieurs points de départ peuvent être adoptés : ainsi, en donnant au règne du Mahdi une durée de vingt-quatre ans trois mois six jours, El-Makîn a évidemment eu l'intention de le commencer le jour où 'Obaïd-Allah, sortant de sa prison de *Sidjilmâçah*, fut proclamé par le Chïi[c]; mais quand Ibn-el-Athîr et Abou-'l-Fedâ attribuent à ce règne une durée de vingt-quatre ans un mois vingt jours[d], ce qui suppose qu'il commença le 23 moh'arram 298, je ne sais à quel événement se rattache cette date initiale.

---

[a] Ce qui supposerait qu'il naquit en 253. Cette date, fût-elle prouvée, justifierait à peine l'assertion de Deguignes, qui assure (*Histoire générale des Huns, des Turcs*, etc., t. I, p. 365) que 'Obaïd-Allah avait commencé à se faire connaître en 269.

[b] Voyez la page 97 de ce volume et la note 1 de cette page 97.

[c] S'il ne se fût pas trompé d'une année, il aurait dit, très exactement, vingt-cinq ans trois mois six jours. — Deguignes (t. I, p. 366) dit que l'année 296 est regardée comme la première des Fât'imites.

[d] *El-Kâmil*, t. VIII, p. ۲۱۶, l. 14 et 15. — *Annal. muslem.*, t. II, p. 382, l. 17 et 18. — On peut supposer que Condé a eu l'intention de[*] les copier quand il dit (t. I, p. 406) vingt-quatre ans deux mois vingt jours, mais il a grand tort d'ajouter, avec Ibn-el-Athîr, que c'est le temps écoulé depuis l'entrée du Mahdi à *Rak'k'âdah* jusqu'à sa mort, car ici l'auteur arabe contredit la date qu'il a donnée (t. VIII, p. ۳۸, l. 1).

de rempart à leur empire. Ibn-H'ammâd[1] et Ibn-'Adzârî[2] nous représentent 'Obaïd-Allah exerçant son autorité, soit par lui-même, soit par ses gouverneurs, sur l'*Ifrîk'îah*, sur *tout le Maghrib*, sur *Tripoli*, *Bark'ah*, la *Sicile*, et c'est peut-être l'emphase de leur langage qui a entraîné Raïni-'l-K'aïraouâni à dire : « El-Mahdi mourut au comble de la puissance..... Son pouvoir s'était étendu « *de Bark'ah au fond du Maghrib*, où celui des Edrîsites avait été renversé. Il « gouvernait toute cette contrée, à l'exception de *Ceuta*, que possédaient les « Omaïades[3]. » Mais les Edrîsites, comme je viens de le dire, et même les Beni-S'âlih' du *Rif*, les *Berr'aouât'a* dans l'immense région dont leur vaillance empêchait l'approche, les *Mas'mouda de l'Atlas*, viendraient, au besoin, démentir l'exagération à laquelle se livrent ici, sur la puissance du Mahdi, les deux auteurs que j'ai nommés. Ce qui est vrai, c'est qu'il eut la gloire de fonder une dynastie qui avait à jouer, dans d'autres régions, un rôle dont il eut le pressentiment, manifesté par ses deux tentatives sur l'*Égypte;* ce qui est vrai, c'est qu'il eut, avant les Omaïades d'Espagne, l'audace de se porter, à la face du khalife de *Baghdâd*, en chef de l'Islâmisme, et que cette audace fut justifiée par le haut degré de puissance auquel, après moins de trente ans, sa famille parvint en Orient. Quand En-Nâs'ir eut pris aussi le titre d'*émîr-el-moumenîn*, l'Islâmisme avait trois chefs : l'un à *Baghdâd*, l'autre à *El-Mahdïah*, le troisième à *Cordoue*. Il est curieux de rapprocher la durée des règnes de ces trois émules[4]. On dirait que la Providence, en aidant les deux émîrs occidentaux à consolider leur œuvre, voulut faire apparaître le signe de décadence dont sont marqués les pouvoirs contestés. A dater de l'an 325[5] (936-937 de

---

[1] J. A., t. V, p. 537, 5ᵉ série.

[2] *Baïân*, t. I, p. 110, l. 19 à 21. A cette dernière ligne, il va jusqu'à dire que, par son fils, 'Obaïd-Allah s'empara de l'*Égypte*. Or, nous savons à quoi nous en tenir sur cette conquête du Mahdi.

[3] *Hist. de l'Afr.*, liv. IV, p. 96.

[4] El-Mok'tadir, vingt-quatre ans (295-320); El-Mahdi, vingt-quatre ans (297-322); 'Abd-er-Rah'mân-en-Nâs'ir, cinquante ans (300-350). On voit que, pendant vingt ans (de 300 à 320), ces trois princes régnèrent simultanément.

[5] Monté sur le trône des khalifes à l'âge de treize ans, deux fois déposé et rétabli, puis précipité une dernière fois, pour mener, pendant plusieurs années encore, une existence misérable. El-Mok'tadir avait jeté sur le khalifat une déconsidération que la cruauté d'El-K'âhir, son frère et son successeur, ne fit qu'accroître pendant dix-huit mois d'un règne insensé. Mais Er-Râdhi-ben-Mok'tadir, qui succéda à son oncle en 322, porta pour ainsi dire le dernier coup à ce pouvoir déjà compromis, en créant la charge d'*émîr-el-omarâ* (émîr des émîrs). Le khalife n'excita plus la compassion comme sous Mok'tadir, il n'inspira plus l'horreur comme sous El-K'âhir, il inspira le pire des sentiments, le mépris des populations pour un souverain avili. Moh'ammed-ibn-Râik', qui le premier remplit les fonctions d'émîr-el-omarâ, arriva à *Baghdâd* pour prendre

J. C.), l'histoire nous montre le khalife de B ghdâd réduit au rôle de pontife qui récite la prière publique, et voit encore figurer son nom sur les monnaies, mais qui reste étranger aux affaires de l'État, sans plus compter pour rien dans le gouvernement des peuples. L'Orient, dès lors (xe siècle de notre ère), présenta le tableau que la France, aux viie et viiie siècles, avait présenté dans la personne de ses maires du palais et de ses rois fainéants. L'unité de l'empire était brisée, ses fractions dispersées n'étaient plus unies par le lien de *Baghdâd*; abandonnées à elles-mêmes, elles pouvaient entrer en lutte sans que la plus faible eût l'espoir de voir s'étendre la main secourable d'un pontife désormais impuissant. Tel était l'état de l'Islâmisme au moment de la mort du Mahdi.

II. Abou-'l-K'âcim-Moh'ammed.

Abou-'l-K'âcim-Moh'ammed, plus connu sous le nom d'El-K'âïem-Biâmr-Allah[1], et appelé par quelques-uns Abou-Nizâr[2], fut proclamé le jour de la mort de son père. Il était âgé de quarante-trois ans[3]. «El-K'âïem, dit Ibn-«H'ammâd, tint secrète la mort du Mahdi pendant un mois; d'autres disent

possession de la nouvelle charge, le 25 zou-'l-h'idjah 324[a] (dimanche 13 novembre 935 de J. C.). Cette charge ne tarda pas à devenir héréditaire; le khalifat n'existait plus que de nom.

[1] Abulfedæ *Annal. muslem.*, t. II, p. 382, l. 16, et p. 440, l. 9.

[2] Ibn-Khaldoun, *H. d. B.*, append. ii au t. II de la trad. franç., p. 528.

[3] Ibn-H'ammâd[b] dit formellement qu'Abou-'l-K'âcim avait quarante-deux ans quand le pouvoir lui fut déféré en 322; il était donc né en 280[c]. Ibn-Khallikân[d] précise en moh'arram 280; suivant Ibn-'Adzârî[e], ce prince avait

cinquante-cinq ans quand il mourut en 334; il était donc né en 279 et, par conséquent, il avait quarante-trois ans en 322. Voilà pourquoi j'ai dit plus haut qu'il était né en 279 ou 280, et, page 68, que, quand il quitta *Salâmîah* en 289, c'était un enfant de neuf ou dix ans. Ce qui m'a fait donner ici la préférence à l'indication du *Baïân*, c'est que, sur les dates, Ibn-H'ammâd est souvent en défaut, et, par exemple, ici on le surprend faisant mourir El-K'âïem en 334, à l'âge de cinquante et un an[f], quand, d'après l'âge qu'il lui donne en 322, il devrait dire cinquante-quatre ans.

[a] El-Makin, p. 203, l. 24. — Sur Ibn-Râïk', voyez, dans Ibn-Khallikân, l'article Ibn-Mok'la (n° ٥٠٨, fasc. viii et ix, p. ⟨...⟩ à ⟨...⟩; — t. III de la trad. angl., p. 272 à 276). On trouvera, dans le consciencieux *Mémoire* de M. Defrémery *sur les émirs-el-omarâ*, un ensemble de faits qui atténuent la faute commise par Râdhi. (*Acad. des inscript. et bel.-let.*, *Savants étrang.*, t. II, p. 110 à 115, 1re série, 1852.) J'ai consacré plus loin une note assez étendue à énumérer les émîrs-el-omarâ qui ont gouverné l'*Irâk* dans la période dont je m'occupe.

[b] *Chronique* (*J. A.*, t. XX, p. 472, 4[e] série).

[c] C'est l'année que Silvestre de Sacy fixe pour celle de sa naissance. (*Druzes*, t. I, p. cclxxvii.)

[d] *Kitâb ouafâïât-el-'Aïân*, n° ⟨...⟩, fasc. vii, p. ⟨...⟩, l. 10 (t. III de la traduction anglaise, p. 185). «D'autres, «ajoute-t-il, disent en 282, d'autres encore, en 277.»

[e] *Baïân*, t. I, p. ⟨...⟩, l. 4 et 5.

[f] *Chronique* (*J. A.*, t. XX, p. 476, 4[e] série). A cette page, on lit 335 au lieu de 334, mais c'est évidemment par suite d'une faute de copiste dans le manuscrit ou d'une faute d'impression dans la traduction de M. Cherbonneau, car l'auteur ajoute : «après un règne de douze ans et sept mois,» ce qui ne laisse aucun doute sur l'année qu'il a voulu désigner, puisqu'il n'existe aucune incertitude sur la date de l'avènement.

« une année entière[1]. » Le motif de ce mystère, ajoute-t-il, était qu'il voulait rassembler des troupes à *Bark'ah* pour maintenir l'Orient[2], et envoyer une armée à *Tâhart* pour tenir en respect l'Occident, avant que la funeste nouvelle transpirât dans le public. Tous les auteurs s'accordent à représenter ce prince plongé dans une profonde douleur, dont une des manifestations fut de s'abstenir complètement, le reste de ses jours, de monter à cheval dans la ville d'*El-Mahdïah*, sauf en deux occasions[3]. A peine fut-il sur le trône qu'éclata, dans la *province de Tripoli*, une révolte, dont un certain Ibn-T'âlout-el-K'arschi, qui prétendait être le Mahdi, fut l'instigateur et le chef. A sa voix s'était soulevée une masse de Berbers, à la tête desquels il marcha sur *Tripoli*, pour faire le siège de cette ville, qui, loin de se rendre, se défendit avec vigueur et fit éprouver aux assiégeants des pertes considérables. Bientôt les Berbers, ayant reconnu l'imposture du prétendu Mahdi, le massacrèrent et envoyèrent sa tête à El-K'âïem-Biâmr-Allah[4]. Mais c'était de l'Occident que devaient venir les plus grandes difficultés du nouveau règne; et cependant El-K'âïem, jaloux de continuer la politique de son père, envoya, dès 323, une escadre sur les côtes d'Italie. J'ai, par anticipation, dit un mot de cette expédition, qu'Ibn-Khaldoun, dans le passage que j'ai cité plus haut, place en 323, ce qui ne l'empêche pas

Révolte dans la province de Tripoli.

323 de l'hégire (934-935 de J. C.).

---

[1] *Chronique* d'Ibn-H'ammâd, traduite par M. Cherbonneau (*J. A.*, t. V, p. 542, 5ᵉ série). — Ibn-el-Athîr[a], Abou-'l-Fedâ[b] et Ibn-el-Kha'tîb[c] disent une année entière; mais la *Chronique de Cambridge* assure que la mort du Mahdi fut connue en *Sicile* le 25 août 934[d] (lundi 11 ramadhân 322), par conséquent, six mois après l'événement.

[2] J'ai dit que le seul fruit des deux expéditions du Mahdi en *Égypte* avait été l'occupation de *Bark'ah*. Rien n'indique que les gouverneurs de *Mis'r* songeassent à reprendre cette possession. El-K'âïem n'avait donc pas à *maintenir l'Orient*, où il ne possédait rien et qui ne le menaçait pas. Dans cette position, si le fait indiqué par Ibn-H'ammâd est exact, on peut regarder comme vraisemblable que l'envoi d'une armée à *Bark'ah* aurait eu pour but certains projets sur l'*Égypte*, projets que, du reste, nous verrons bientôt se réaliser, et dont on pourrait peut-être voir aussi un indice dans les préparatifs dont parle le *Baïân* (t. II, p. ٢١٤, l. 14 à 16). «Le premier soin «du nouveau souverain, dit-il, fut d'ordonner à «ses gouverneurs de toutes les régions de fabri-«quer des armes et les divers engins employés à «la guerre.»

[3] Ibn-H'ammâd, à la page indiquée note 3 de la page précédente. — *Baïân*, t. I, p. ٢١٤, l. 6 à 9. — Ibn-Khaldoun, *Histoire des Berbers*, appendice II au tome II de la traduction française, p. 528.

[4] *El-Kâmil*, t. VIII, p. ٢١٢, l. 18 à 21. — *Baïân*, t. I, p. ٢١٤, l. 11 à 14. — *H. d. B.*, à la page ci-dessus citée.

---

[a] *El-Kâmil*, t. VIII, p. ٢١٢, l. 11 et 12.
[b] *Annal. muslem.*, t. II, p. 382, l. 16 et 17. — Il a copié mot à mot Ibn-el-Athîr.
[c] *El-H'olal-el-Mark'ouma* (in Casiri, t. II, p. 194, col. 2 et note *b*).
[d] *Chron. Cantabr.* (in Gregorio, p. 46, l. 25).

186   ÉTUDE SUR LA CONQUÊTE DE L'AFRIQUE.

ailleurs[1] de la placer à une époque avancée de l'année 324; erreur évidente et d'autant plus inexplicable qu'il avait copié Ibn-el-Athîr, dans lequel on lit : « En l'an 323, El-K'âiem l'A'lide fit partir une flotte de l'*Ifrîk'iah* pour attaquer « le pays des Francs. Ses troupes s'emparèrent de la ville de *Gênes* et opérèrent « ensuite une descente en *Sardaigne*, où elles attaquèrent les habitants et brû- « lèrent un grand nombre de vaisseaux; de là l'escadre se rendit à *K'ark'icia*, « incendia aussi les vaisseaux qui s'y trouvaient, et rentra saine et sauve au « port[2]. »

Deuxième expédition contre Gênes. Prise de cette ville.

La mort du Mahdi avait rendu à Mouça-ben-Abi-'l-Âfiah toutes ses espé- rances, et cependant il ne paraît pas avoir donné directement le signal de la

Révolte dans le Maghrib.

---

[1] *H. d. B.*, t. II, p. 529, de la trad. franç.

[2] *El-Kâmil*, t. VIII, p. ٣٣٢, l. 7 à 10. — Ce passage d'Ibn-el-Athîr, fort abrégé par Ibn-'Adzârî[a], a été copié par Abou-'l-Fedâ[b], par En-Nouaïri[c], et par Ibn-Khaldoun, qui dit que « la « flotte africaine se dirigea vers les côtes de *Syrie* « et brûla les vaisseaux qui se trouvaient dans « le port de *Césarée*. » M. de Slane explique que le manuscrit d'Ibn-Khaldoun porte قرقيسية ; la correction qui consiste à lire قيسارية appartient donc au traducteur, et je ne la crois pas heureuse. D'abord, bien qu'en effet on lise قرقيسية dans un des manuscrits d'Ibn-el-Athîr et même dans le texte imprimé, M. Tornberg, le savant éditeur de ce texte, prévient que les manuscrits présen- tent deux variantes, قرفسه et قرفسية . Je consi- dérais donc cette dernière leçon comme la bonne, car il n'y avait rien d'invraisemblable à ce que la flotte africaine se fût rendue de la *Sardaigne* à l'entrée de l'*Adriatique* par le détroit de *Messine*, et eût été incendier les vaisseaux grecs dans un port de *K'orfou*. Mais toute incertitude semble levée par un manuscrit de Dzahabi, cité par M. Amari[d], qui assure qu'on y lit قرسة (*K'orse*), solution qui a d'ailleurs pour elle une vraisem- blance complète. En tout cas, la leçon قرقيسية est à coup sûr une faute de copiste, puisqu'on sait par Edrîsî[e], par Iâk'out[f], Abou-'l-Fedâ[g], S'afi-ed-Dîn[h], Soïout'i[i], que *K'ark'icia* était une ville sur les bords de l'*Euphrate*.

[a] *Baïân*, t. I, p. ٢١٤, l. 17 et 18. Il se contente de dire : « Il (El-K'âiem) fit sortir Ia'k'oub-ibn-Ish'âk' avec « une flotte vers le pays des *Roum*, et il s'empara de *Gênes*. » Confondant d'ailleurs avec la première expédition, il place la prise de *Gênes* en 322. Abou-'l-Mah'âcin a fait un autre genre de confusion en attribuant à Isma'îl-el-Mans'our cette expédition de 323. (*En-Nodjoum*, t. II, p. ٢٢٧, l. 8 à 11.)

[b] *Annal. muslem.*, t. II, p. 394, l. 14 à 16. — Voir, p. 759 et 760 de ce tome II, la note de Reiske dans laquelle, d'après Sigebert de Gembloux, savant écrivain du XIe siècle, cette prise de *Gênes* est très bien placée en 935; or l'année 323 de l'hégire comprend du 11 décembre 934 au 29 novembre 935.

[c] In Gregorio, p. 14, l. 7 à 10. A cette page, une note *d* fait observer que le manuscrit d'En-Nouaïri ne donne pas la date de cette expédition, qu'Abou-'l-Fedâ rapporte à l'année 328. Cette indication est une erreur, ou plus probablement une faute d'impression, car Abou-'l-Fedâ (note *b* ci-dessus) dit 323. — Ibn-el-Khat'îb (in Casiri, t. II, p. 194, note *b*) mentionne aussi la prise de *Gênes*, mais très brièvement et sans indiquer de date.

[d] *Storia dei Musulmani di Sicilia*, t. II, p. 180, et note 5 de cette page 180.

[e] *Géographie*, t. II, p. 138, 142.

[f] *Moschtarik*, p. ١٠٠, l. 17, et p. ١٧٠, l. 3.

[g] *Géographie*, p. ٥٢, l. 11 (t. II de la trad. de M. Reinaud, p. 66). Voyez aussi p. ٢٨٠ et ٢٨١.

[h] *Marâs'id-el-It't'ilâ'*, t. II, p. ٢٠١, l. 8.

[i] *Lobb-el-Lobâb*, p. ٢٠٤, col. 1.

LIVRE QUATRIÈME. — CHAPITRE II.   187

révolte qui éclata dans le *Maghrib* dès l'année 322 ou au commencement de
323. Ce fut Ah'med-ibn-Bekr-ibn-'Abd-er-Rah'mân[1]-ibn-Abi-Tehel-ed-Djo-
dâmi qui, après s'être rendu maître de *Fés*, tua H'âmed-ibn-H'amdân et son
fils, et envoya leurs têtes à Mouça, qui, à son tour, les fit porter aux pieds
d'En-Nâs'ir, à *Cordoue*, par un certain Sa'îd-ibn-ez-Zerrâd[2]. « Rentrant alors
« dans le territoire du *Maghrib*, dit Ibn-Khaldoun, Mouça-ben-Abi-'l-'Âfiah s'em-
« para de toute cette région et donna le gouvernement de *Fés* à Ah'med-el-
Djodâmi, » pendant que lui-même, toujours entraîné par sa haine contre les
Edrisites, portait la guerre chez ces princes du *Rîf* et du pays des *R'omârah*[3].
Cependant, à la nouvelle que Meïçour le Fati, général d'El-K'âïem, s'avançait à
la tête d'une armée nombreuse, n'osant pas hasarder une bataille, il alla s'enfermer dans la forteresse de *Lokâï*[4]. Meïçour alors marcha droit sur *Fés*. « En

Ibn-Abi-'l-'Âfiah reprend Fès.

Expédition de Meïçour.

Siége de Fès.

---

[1] C'est cet 'Abd-er-Rah'mân, grand-père de Ah'med, qui, à une date comprise entre 245 et 292, chassa Iah'iâ II du *quartier des K'aira-ouânites* et fut un instant maître de *Fés*.

[2] El-Bekrî, p. ١٢٨, l. 9 à 11 (*J. A.*, t. XIII, p. 360 et 361, 5ᵉ série). — *Baïân*, t. I, p. ٢٢٢, l. 10 à 13. — *K'art'âs*, p. ٥٢, l. 5 à 7 (p. 71 de la trad. lat.; — p. 114 de la trad. franç.). — Ibn-Khaldoun, *H. d. B.*, t. I, p. ١٧٢, l. 11 à 14 (t. I de la trad. franç., p. 269). — Ces récits, qui sont les mêmes au fond, présentent cependant quelques différences. Ainsi on remarque de légères variantes dans la manière dont est écrit le nom complet de Ah'med-ibn-Bekr[b]; ainsi encore El-Bekrî et Ibn-'Adzârî disent que le fils de H'âmed-ibn-H'amdân fut mis à mort, tandis que, suivant Ibn-'Abd-el-H'alîm, il fut envoyé à *Cordoue* en même temps que la tête de son père; et Ibn-Khaldoun ne fait aucune mention de ce fils. Au dire de Conde[c], qui a cependant copié le *K'art'âs*, cet Ah'med-ibn-*Abi*-Bekr (comme il l'appelle) était ouâli de *Nâkour*, et il passa au fil de l'épée la garnison de *Fés*, composée de sept mille hommes, ce que ne dit pas son auteur. Il est permis de se demander quel aurait pu être à *Nâkour* le rôle de cet indigène, puisqu'un représentant de la famille S'Âlih' y commandait alors, ainsi qu'on le verra bientôt.

[3] *H. d. B.* append. II au t. II de la trad. franç., p. 529. — Ibn-Khaldoun suppose ici que Mouça-ibn-Abi-'l-'Âfiah avait quitté le territoire du *Maghrib*, ce qui n'est nullement démontré.

[4] El-Bekrî mentionne la ville de *Lokâï*[d], et nous avons vu le *K'art'âs* la compter au nombre des villes dont Ibn-Abi-'l-'Âfiah s'empara, suivant lui en 313 (suivant nous en 317), au nom des Fât'imites. En outre, je lis dans Ibn-Khaldoun : « On trouve, dans les montagnes de *Téza* « et dans la contrée qui se prolonge de là jus- « qu'aux *montagnes de Lokâï*, quelques autres « tribus s'anhâdjiennes, telles que les *Bot'ouia*, les « *Medjâs'a*, les *Beni-Oudztîn* (ou *Ouâr'în*) et les

---

[a] Je ne puis m'empêcher de faire remarquer que, par suite d'une faute d'impression, la traduction latine omet le mot *ibn* entre Bekr et 'Abd-er-Rah'mân, et que la même omission, qui n'existe pas dans le texte, se retrouve dans la traduction française. J'ai déjà eu occasion de signaler une coïncidence du même genre.

[b] Le *Baïân* omet Ibn-'Abd-er-Rah'mân; le *K'art'âs* dit Abi-Bekr au lieu de Bekr, et Sehel au lieu de Abi-Sehel; c'est une transposition du mot Abi; Ibn-Khaldoun, dans les deux cas, supprime ce mot.

[c] *Hist. de la domin. de los Arab. en España*, t. I, p. 410 et 411.

[d] *Descr. de l'Afr. septentr.*, p. ١٢٩, l. 10 (*J. A.*, t. XIII, p. 356, 5ᵉ série).

188   ÉTUDE SUR LA CONQUÊTE DE L'AFRIQUE.

« l'an 323, dit El-Bekrî[1], Meïçour le Fati arriva en *Maghrib*. Ayant fait arrêter
« Ah'med-ibn-Bekr, qui commandait à *Fês* et qui était sorti de la ville pour
« visiter le camp, il l'envoya prisonnier à *El-Mahdïah*. Les habitants de *Fês* ayant
« alors pris pour chef H'açan-ibn-K'âcim-el-Louâti, Meïçour tint leur ville
« bloquée pendant sept mois, avant de se décider à la retraite. » El-Bekrî,
comme on voit, garde le silence sur les circonstances qui accompagnèrent
cette arrestation, et qui indignèrent les habitants de *Fês* au point de les pousser
à une défense désespérée. Ce fut évidemment peu après l'arrivée de Meïçour
devant *Fês* et avant que la capture de Ah'med-ibn-Bekr fût connue en *Ifrîk'iah*,
qu'El-K'âïem envoya un renfort en *Maghrib*; mais, pour la clarté de ce qui va
suivre, je dois dire ici quelques mots rétrospectifs sur *Nâkour*.

Événements de Nâkour.

On a vu la ville de *Nâkour* détruite de fond en comble en 317 par Mouça-ben-
Abi-'l-'Âfiah, entièrement dévoué alors à la cause des Fât'imites. El-Mouaïed,
qui y commandait, était mort en défendant sa couronne; les autres membres de
la famille des Beni-S'âlih' avaient cherché un refuge dans la montagne de *Tem-
câmân*, nommée aussi *Abou-'l-H'assan*, montagne occupée par les *Beni-Is'liten*[2].

« *Lokâï*, peuple dont ces montagnes ont pris le
« nom[a]. » Il y avait donc une tribu, une ville et
un massif de montagnes portant le nom de
Lokâï.

[1] *Descr. de l'Afr. septentr.*, p. ١٢٨, l. 14 à 18
(*J. A.*, t. XIII, p. 361, 5ᵉ série). — Cette capture
du gouverneur de *Fês* est racontée diversement par
chacun des historiens qui en ont parlé. Suivant
Ibn-'Adzârî, Ah'med-ibn-Bekr vint au-devant du
général fât'imite, qui le fit arrêter[b]; mais, comme
El-Bekrî, il laisse dans l'ombre tous les détails
de cette scène. Ibn-'Abd-el-H'alim[c], qui prétend,
je ne sais pourquoi, que Meïçour fut envoyé en
Maghrib pour venger la mort de 'Obaïd-Allah,
père d'Abou-'l-K'âcim, s'exprime ainsi : « Après
« quelques jours de siège, Ah'med-ibn-*Abi*-Bekr
« résolut de faire sa soumission; il sortit de la
« ville avec de riches présents et une grosse somme
« d'argent, qu'il vint déposer aux pieds de Meïçour.
« Celui-ci accepta tous les dons offerts, puis aussi-
« tôt, faisant saisir Ah'med, il donna l'ordre qu'on
« le chargeât de chaînes et qu'on l'envoyât à *El-
« Mahdïah*. » Au dire d'Ibn-Khaldoun, le général
fât'imite, ayant attiré Ah'med dans une conférence, le fit arrêter et conduire à *El-Mahdïah*[d].
Malgré les nuances du récit, on voit assez clairement qu'il y eut là un acte déloyal, qui souleva
l'indignation des habitants de *Fês* et entraîna les
plus fâcheuses conséquences. Nous verrons Ah'-
med-ibn-Bekr reparaître sur la scène.

[2] El-Bekrî, p. ٤., l. 11; p. ٤٢, l. 7; p. ٩٨,
l. 18 et 19 (*J. A.*, t. XIII, p. 165, 174, 182,
5ᵉ série). — Ibn-Khaldoun, *H. d. B.*, t. I, p. ٢٨٣,
l. 20 (t. II de la trad. franç., p. 139[e]).

[a] *H. d. B.*, t. I, p. ٢٧٢, l. 21 et 22 (t. II de la trad. franç., p. 123).
[b] *Baïân*, t. I, p. ٢١٧, l. 5 à 7.
[c] *K'art'âs*, p. ٥٢, l. 9 à 14 (p. 71 et 72 de la trad. lat.; — p. 114 et 115 de la trad. franç.). Il donne au Mahdi le nom de 'Obaïd-Allah-el-Fihri (الفِهري), mais le manuscrit de la bibliothèque de Leyde dit مهدى.
[d] *H. d. B.*, t. I, p. ١٧٣, l. 14 à 17 (t. I de la trad. franç., p. 269). Ici Ibn-Khaldoun place très bien cette expédition en 323, comme le font El-Bekrî, Ibn-'Adzârî et Ibn-'Abd-el-H'alim.
[e] C'est par erreur, comme l'a déjà dit M. de Slane (note 4 de cette p. 139), que le texte dit ابل الحسين.

LIVRE QUATRIÈME. — CHAPITRE II.   189

La prise de possession de *Ceuta* par En-Nâs'ir en 319 avait rendu le courage à ces princes dépossédés. Ayant reconnu pour chef Abou-Aïoub-Isma'îl-ibn-'Abd-el-Melek-ibn-'Abd-er-Rah'mân-ibn-Sa'îd-ibn-Edrîs-ibn-S'âlih', cousin d'El-Mouaïed, ils se mirent à reconstruire la ville que S'âlih'-ibn-Mans'our avait fondée[1], et ils y rentrèrent en 320, car je lis dans Ibn-Khaldoun : « Le nouveau « chef, ayant rebâti et repeuplé la ville de *Nâkour*, y habitait *depuis trois ans* « quand Meïçour, commandant de l'armée qui faisait alors le siège de *Fés*.. [2]. » Abou-Aïoub régnait donc en 323 à *Nâkour*, quand Abou-'l-K'âcim fit partir pour le *Maghrib* S'andal le Fati, son serviteur nègre, afin de porter secours à Meïçour, dont il n'avait pas de nouvelles depuis longtemps. S'andal quitta *El-Mahdïah* en djoumâdi-el-akhir 323[3], et, conformément aux ordres qu'il avait sans doute reçus, il s'avança jusqu'à *Djerâoua-'l-H'assan-ibn-Abi-'l-'Aïch*, où il donna quelques jours de repos à ses troupes[4]. De là il atteignit *Herrâs* (هرّاس), d'où il écrivit à Abou-Aïoub de se rendre auprès de lui. Le prince de *Nâkour*, qui avait déjà quitté sa ville pour s'enfermer dans le château d'*Akri*[5], envoya des ambassadeurs chargés d'assurer le général de sa soumission au gouvernement fât'imite. Peu satisfait de cette réponse, S'andal fit partir des messagers avec mission d'insister pour qu'Abou-Aïoub vînt le trouver à son camp. Sur la nouvelle que ces messagers avaient été mis à mort, le général fât'imite marcha sur *Akri* et prit position à *Nesâft* (نسافت), point voisin du fort d'*Akri* et ancien théâtre de la mort de Sa'îd-ibn-S'âlih', qui succomba en 305 sous les coups de Mas's'âlah-ben-H'abbous. Après huit jours de combats, S'andal emporta la place de vive force un vendredi de chaouâl 323[6] (du 4 au 25 septembre 935

S'andal s'empare de cette ville.

[1] El-Bekrî, p. ٩v, lin. ult. (*J. A.*, t. XIII, p. 181, 5ᵉ série).

[2] *H. d. B.*, t. I, p. ٢٨٥, l. 7 à 8 (t. II de la trad. franç., p. 142). — La suite du passage que je cite ici montre qu'Ibn-Khaldoun n'a pas suivi le récit d'El-Bekrî; suivant lui, S'andal faisait partie de l'armée de Meïçour, et ce fut ce général qui le détacha, avec un corps de troupes, contre *Nâkour*.

[3] Il est très vraisemblable que, peu de temps après, El-K'âïem vit arriver à *El-Mahdïah* Ah'med-ibn-Bekr, que Meïçour lui avait envoyé.

[4] S'andal voulut-il seulement, en s'arrêtant à *Djerâoua-'l-H'assan-ibn-Abi-'l-'Aïch*, donner du repos à ses troupes, et n'avait-il pas à s'assurer des dispositions du prince edrîsite qui y gouvernait ? Cette question mérite d'être faite, car, avec une troupe probablement peu nombreuse, il courait risque, en cas d'hostilité sur ce point, de se trouver placé entre deux corps ennemis.

[5] Ibn-Khaldoun donne à ce château le nom d'*Akeddi* (اكدّى); mais ses manuscrits présentent des variantes au nombre desquelles se trouve celle d'*Akerri*. (*H. d. B.*, t. II de la trad. franç., p. 142, note 1.)

[6] Le premier vendredi de chaouâl 323 tombe le 2 (4 septembre 935 de J. C.); le dernier tombe le 23 (25 septembre 935 de J. C.).

* *H. d. B.*, t. I, p. ٢٨٥, l. 10.

de J. C.). Isma'îl et presque tous ses partisans périrent dans le dernier assaut; ses femmes, ses parentes, deux de ses jeunes enfants, toutes les richesses renfermées dans la citadelle, tombèrent au pouvoir du vainqueur. Le général fât'imite, après avoir installé à *Nâkour* un gouverneur ketâmien, nommé Mermâzou, alla rejoindre Meïçour, qui était toujours devant *Fès*. Mais à peine s'était-il éloigné, que Mouça-ibn-Roumi, un des membres de la famille S'âlih' [1], descendit en force du *Djebel-Abou-'l-H'assan*, égorgea Mermâzou, ainsi que la petite garnison qu'on lui avait laissée, et envoya la tête de cet officier à l'émîr des croyants, 'Abd-er-Rah'mân-en-Nâs'ir [2].

Elle est reprise par les Beni-S'âlih'.

La longue durée du siège de *Fès* avait sans doute encouragé Mouça-ibn-Roumi à tenter ce coup hardi; mais les événements qui s'étaient accomplis sur d'autres points, et qui tous avaient évidemment la même cause, durent y contribuer beaucoup aussi. On peut croire que, si Mouça-ben-Abi-'l-Âfîah ne passa pas alors dans le *Maghrib-el-Aouçat'*, comme va nous le dire Ibn-Khaldoun, il y excita des soulèvements qu'on pourrait, avec plus de vraisemblance peutêtre, attribuer à Moh'ammed-ibn-Khazer [3]. Nous avons vu plus haut qu'Abou-Mâlek-ibn-Iar'meraçân-Abou-Schoh'ma-'l-Lahîdhi avait remplacé H'omaïd-ibn-Ies'el dans le gouvernement de *Tâhart*. « Les Berbers, dit Ibn-Khaldoun, se « révoltèrent contre cet officier, et le bloquèrent dans sa ville à l'époque où Ibn-« Abi-'l-Âfîah passa dans le *Maghrib central* afin d'y faire reconnaître l'autorité « des OMAÏADES. Parmi les chefs qui se rallièrent, à cette occasion, à la cause « des khalifes espagnols, on remarqua Moh'ammed-ibn-Abi-'Aoun, seigneur « d'*Oran* [4]. » La date de cette révolte de *Tâhart* nous est donnée par Ibn-'Adzârî : « Les gens du pays, dit-il, se révoltèrent contre Abou-Mâlek-ibn-Iar'meraçân

Révolte de Tâhart.

Défection du gouverneur d'Orân.

---

[1] Ibn-Khaldoun donne la généalogie de Mouça-ibn-Roumi identiquement comme la donne El-Bekrî; mais, aux lignes suivantes, il donne, d'après le *Mik'iâs*, une généalogie de ce prince qui bouleverse complètement le tableau de la famille des BENI-S'ÂLIH'.

[2] El-Bekrî, p. ٤٨, l. 1 à 21 (*Journal asiatique*, t. XIII, p. 181 et 182, 5ᵉ série). — Ibn-Khaldoun, *Histoire des Berbers*, t. I, p. ٢٨٥, l. 8 à 18 (tome II de la traduction française, p. 142).

[3] Ces soulèvements eurent certainement lieu pendant le siège de *Fès*, comme on va le voir, et, plus loin, nous aurons la preuve qu'ils eurent lieu à une époque assez avancée de ce siège.

[4] *H. d. B.*, t. I, p. ٢٨٣, l. 12 à 14 (t. I de la trad. franç., p. 283 et 284). — Si réellement Moh'ammed-ibn-Khazer avait pris *Orân* en 317 et en avait remis le commandement à son fils El-Kheïr, il n'est pas douteux que ce Maghrâouah en fut chassé, dès l'année suivante, par Mouça, et que celui-ci y rétablit Moh'ammed-ibn-Abi-'Aoun.

[5] *H. d. B.*, t. I, p. ٢٨٥, l. 13 et 14 (t. II de la trad. franç., p. 142).

LIVRE QUATRIÈME. — CHAPITRE II.   191

« et le chassèrent en 323. Ils se donnèrent alors pour gouverneur Abou-'l-
« K'âcim-el-Ah'dab-ibn-Mas's'âlah-ben-H'abbous[1]. » Évidemment, ce fils d'un
des serviteurs les plus dévoués des Fât'imites s'était laissé entraîner à passer
au parti des Omaïades.

Cependant tous les efforts de Meïçour échouèrent devant la vigoureuse dé- 324 de l'hégire
fense des habitants de *Fés*. L'arrivée du renfort qu'avait amené S'andal ne   (935-936
changeait rien, paraît-il, à la position relative des combattants; d'ailleurs le   de J. C.).
soulèvement du *Maghrib central* était devenu un péril pour l'armée fât'imite,
et, après sept mois de siège sans résultats[2], le général d'Abou-'l-K'âcim se vit
réduit à proposer un accommodement. Il accorda (on pourrait tout aussi bien Capitulation
dire il obtint) la paix moyennant le payement de six mille dînars et la livraison de Fés.
d'une certaine quantité d'approvisionnements dont les assiégeants manquaient.
En outre, les habitants de *Fés* donnèrent acte par écrit de leur soumission à
l'émîr des Musulmans, Abou-'l-K'âcim-ech-Chîï, et prirent l'engagement non
seulement de faire dire le khot'bah pour lui dans toutes les chaires, mais de
frapper la monnaie en son nom. Ibn-Khaldoun, au moins dans un de ses ouvrages, semble chercher à dissimuler ce demi-échec et à masquer la nécessité dans laquelle Meïçour se trouva. « Il les tint assiégés, dit-il, jusqu'à ce
« qu'ils consentissent à reconnaître la souveraineté des Fât'imites et à leur
« payer tribut. En se retirant, il confirma H'açan-ibn-K'âcim dans le gouver-
« nement de la ville[3]. » Ce dernier fait, emprunté d'ailleurs à El-Bekrî[a], est, à
lui seul, très significatif: on ne laisse jamais volontairement son ennemi à la
tête d'une population à laquelle il commande; c'est toujours une obligation
qu'on subit. Du reste, Ibn-Khaldoun, qui n'est jamais lié par ses appréciations
antérieures, pas plus que par les dates qu'il a fixées, dit ailleurs: « En 322,
« l'eunuque Meïçour entra dans le *Maghrib* et mit le siège devant *Fés*; mais la
« résistance qu'il y trouva fut si grande qu'il repartit pour l'*Ifrîk'îah*[5]. » Ici, non

---

[1] *Baïân*, t. I, p. ٣٠٥, l. 2 et 3. Si court que soit ce passage d'Ibn-'Adzârî, il jette beaucoup de lumière sur le récit d'Ibn-Khaldoun, qui, lui, caractérise la nature du mouvement opéré à *Tâhart*.
[2] Ce chiffre de sept mois pour la durée du siège est donné par El-Bekrî[a], par Ibn-'Adzârî[b] et par Ibn-'Abd-el-H'alîm, qui nous fait, en outre, connaître les conditions du traité[c].
[3] *H. d. B.*, t. I, p. ١٧٣, l. 18 et 19 (t. I de la trad. franç., p. 269).
[4] *Descr. de l'Afr. septentr.*, p. ١٣٨, l. 18 à 20 (*J. A.*, t. XIII, p. 361, 5ᵉ série).
[5] *H. d. B.*, t. II, p. ٣٤, l. 14 et 15 (t. III de

[a] *Descr. de l'Afr. septentr.*, p. ١٣٨, l. 18 (*J. A.*, t. XIII, p. 361, 5ᵉ série).
[b] *Baïân*, t. I, p. ٣١٤, l. 8.
[c] *K'art'âs*, p. ٥٢, l. 14 à 16 (p. 72 de la trad. lat.; — p. 115 de la trad. franç.).

seulement il place en 322 l'expédition qu'il a placée ailleurs en 323; mais il la présente comme un échec complet et en supprime la suite, qui a cependant une grande importance, comme on va le voir.

« Meïçour le Fati, dit El-Bekrî, ayant levé le siège de *Fès* en 324, se rendit « à *Ouarzîr'a*[1], dont il massacra la population mâle et réduisit les femmes en « esclavage[2]. » En considérant la longue durée du siège et la date à laquelle S'andal avait été rejoindre Meïçour, je pense qu'Ibn-'Abd-el-H'alîm se trompe en plaçant en 323 les événements qu'El-Bekrî place ici en 324; mais il s'accorde très bien avec lui pour dire que, « les différents points du traité avec les « habitants de *Fès* étant réglés, Meïçour leva le siège et se porta contre Mouça- « ben-Abi-'l-Âfîah[3]. » Le fait important de cette seconde partie de l'expédition, c'est que les *Beni-Moh'ammed* avaient fini par comprendre qu'en se soumettant à En-Nâs'ir, ils ne pouvaient que devenir la proie d'Ibn-Abi-'l-Âfîah, leur ennemi acharné, qui, lui-même, était désormais dans la dépendance du khalife omaïade. Ils s'unirent donc franchement au général fât'imite pour combattre l'ennemi commun[4]. De nombreuses rencontres eurent lieu, dans lesquelles les Edrîsites jouèrent le principal rôle et déployèrent une rare bravoure; dans l'une d'elles, El-Bourî, fils d'Ibn-Abi-'l-Âfîah, fut fait prisonnier, et on l'envoya

Meïçour lève le siège et marche contre Mouça.

Les Edrîsites se joignent à Meïçour.

---

la trad. franç., p. 231). — Comme pour multiplier ses contradictions, Ibn-Khaldoun dit, dans un autre ouvrage : « Meïçour l'eunuque arriva « de *K'airaouân* à la tête d'une armée, *enleva Fès* « à *El-Djodâmi*[a], » etc. Du reste, Ibn-'Abd-el-H'alîm, qui nous a donné les détails de la capitulation, dit, dans sa *Chronique* : « En 323, le « k'âïd Meïçour prend Fès d'assaut et fait périr « trois mille habitants. » (*K'art'âs*, p. ٣١, l. 17 à 19; — p. 83 de la trad. lat.; — p. 135 de la trad. franç.)

[1] Ce bourg était situé entre *Kezenndîah*[b] et *Ar'ir'a*, à une journée de chacune de ces deux localités, et à trois journées de *Fès*, sur la route de cette capitale à *Ar'mât*, un des itinéraires donnés par El-Bekrî[c].

[2] El-Bekrî, p. ١٠٠, l. 10 et 11 (*J. A.*, t. XIII, p. 415, 5ᵉ série). — Ibn-'Abd-el-H'alîm dit aussi que Meïçour s'empara, par la force, des villes de *Ouarzîr'a* (ورزيغة) et de *'Aousedja* (عوجة), villes du pays de *Miknâçah*, défendues par plus de sept mille hommes, qui furent exterminés[d].

[3] *K'art'âs*, p. ٥٢, l. 16 et 17 (p. 72 de la trad. lat.; — p. 115 de la trad. franç.).

[4] El-Bekrî, p. ١٢٨, l. 22 (*J. A.*, t. XIII, p. 361, 5ᵉ série). — *Baïân*[e], t. I, p. ٢١٧, l. 9. — *K'art'âs*,

---

[a] *H. d. B.*, append. 11 au t. II de la trad. franç., p. 529.

[b] Il y avait une tribu des *Kezenndîah* que j'ai mentionnée comme occupant le *Djebel-Beni-Kouïn*, au sud un peu ouest de *Nâkour*, ce qui montre que cette tribu était répandue sur plusieurs points du *Maghrib-el-Ak's'a*.

[c] *Descr. de l'Afr. septentr.*, p. ١٠٠, l. 8 à 16 (*J. A.*, t. XIII, p. 414 et 415, 5ᵉ série).

[d] *K'art'âs*, p. ٣١, l. 19 et 20 (p. 83 de la trad. lat.; — p. 135 de la trad. franç.). Il paraît que, pour la seconde des deux localités nommées, le manuscrit de M. Beaumier portait عوجة.

[e] Il dit que Meïçour demanda aux Edrîsites de lui prêter leur aide contre Ibn-Abi-'l-Âfîah. Ces princes avaient un intérêt si évident à l'offrir, que cette version n'est pas très vraisemblable.

à *El-Mahdïah*. Le chef miknâcien vaincu, abattu par ce dernier revers, se vit encore une fois réduit à se réfugier dans le désert[1]. Meïçour alors, sans doute d'après les ordres du khalife fât'imite, accorda les États d'Ibn-Abi-'l-'Âfiah aux Edrîsites. « Tous les membres de cette famille, dit El-Bekrî, reconnaissent aux « descendants de Moh'ammed-ibn-el-Kâ'cim-ibn-Edrîs-ibn-Edrîs le droit de « les commander, et ils avaient *alors* pour chefs H'açan, Kennoun et Ibrâhîm, « tous trois fils de Moh'ammed-ibn-el-K'âcim[2]. » Bien qu'Ibrâhîm fût l'aîné,

Mouça encore chassé dans le désert.

Ses États sont remis aux Edrîsites.

p. ٥٢, l. 18 (p. 72 de la trad. lat.; — p. 115 de la trad. franç.). — *H. d. B.*, t. I, p. ٢٨٨, l. 9 et 10 (t. II de la trad. franç., p. 146). Ibn-Khaldoun *ajoute* ici : « L'exemple des *Beni-Mo-*«*h'ammed* fut suivi par les *Beni-'Omar*, seigneurs «de *Nâkour*. » J'ai déjà fait remarquer que cette dénomination de *seigneurs de Nâkour*, attribuée aux *Beni-'Omar*, est une erreur; elle est en contradiction avec tout ce que j'ai dit, d'après Ibn-Khaldoun lui même, et avec ce que je dirai bientôt en parlant de *Nâkour*.

[1] *H. d. B.*, t. I, p. ١٧٣, l. 21 à 23 (t. I de la trad. franç., p. 269). Pour se rendre dans le désert, l'auteur dit que le fugitif traversa les territoires du *Mlouïa* et d'*Out'ât'*[a]. — Dans un autre ouvrage, dont je n'ai pas le texte sous les yeux, Ibn-Khaldoun *semble* dire qu'El-Bouri fut tué; du moins le traducteur s'exprime ainsi : « Meïçour «se mit à la poursuite d'Ibn-Abi-'l-'Âfiah, lequel « lui livra plusieurs combats, dans un desquels il «perdit son fils El-Bouri[b]. » Il est certain qu'El-Bouri fut fait prisonnier, comme le dit Ibn-Khal-

doun lui-même à la page ١٧٣, que je viens de citer.

[2] El-Bekrî, p. ١٢٨ et ١٢٩ (*J. A.*, t. XIII, p. 361, 5ᵉ série). — Ibn-'Abd-el-H'alîm ne compte que deux fils de Moh'ammed restant alors, Kennoun, qui était l'aîné, et Ibrâhîm[c]. D'une part, El-Bekrî dit que cet Ibrâhîm-ibn-Moh'ammed était surnommé Er-Rahouni[d] (الرهوني), et il est confirmé par le *Baïdn*, dont le texte imprimé dit à tort الرموني[e]; d'autre part, j'ai dit, d'après Ibn-Khaldoun, qu'Ibrâhîm-ibn-Moh'ammed *était l'aîné* de cette branche de la famille edrisite au moment de la mort d'El-H'adjâm (en 315); il n'y a donc pas possibilité de concilier ces deux assertions[f]. Quant à Kennoun, tous s'accordent à dire que son vrai nom était El-K'âcim; Kennoun était donc un surnom, et nous appellerons toujours ce prince El-K'âcim-Kennoun. Mais cette branche présente bien d'autres difficultés : El-Bekrî établit sa généalogie d'une façon qui n'a pas été suivie par Ibn-'Abd-el-H'alîm, et Ibn-Khaldoun a simplement copié celui-ci. Ainsi, suivant le premier, El-K'âcim-

---

[a] La carte du capitaine Beaudouin indique une région d'*Out'ât'* au sud-est de *Fès*, vers les sources du *Mlouïa*. On peut facilement admettre que Mouça s'était jeté dans les montagnes situées à l'est du point où il se trouvait, qu'il avait traversé le cours supérieur de l'*Ouâd-Sebou*, et qu'il avait ainsi gagné le *haut Mlouïa*, pour redescendre, par le territoire d'*Out'ât'*, vers le *désert de R'âret*.

[b] *H. d. B.*, append. IV au t. II de la trad. franç., p. 529.

[c] *K'art'âs*, p. ٥٣, l. 11 (p. 73 de la trad. lat.; — p. 117 de la trad. franç.). — El-Bekrî et Ibn-'Abd-el-H'alîm écrivent جنون, Ibn-'Adzârî écrit قنون, et Ibn-Khaldoun كنون.

[d] El-Bekrî, p. ١٢٩, l. 2 et 3 (*J. A.*, t. XIII, p. 362, 5ᵉ série).

[e] *Baïdn*, t. I, p. ٢١٧, l. 13.

[f] Le seul moyen de conciliation consisterait à admettre qu'au moment de la défaite d'Ibn-Abi-'l-'Âfiah, Ibrâhîm-er-Rahouni vivait encore, et qu'il mourut (en 324) si peu de temps après, que, quand il s'agit de disposer des États du chef miknâcien vaincu, El-K'âcim-Kennoun, son frère, avait été reconnu comme chef de la famille des *Beni-Moh'ammed*. Cette solution aurait l'avantage de s'accorder très bien avec un passage d'Ibn-Khaldoun (*H. d. B.*, append. IV au t. II de la trad. franç., p. 569).

par une cause qui m'échappe le gouvernement du *Maghrib*, *Fès* excepté, fut remis à El-K'âcim-Kennoun-ibn-Moh'ammed, comme Ibn-'Abd-el-H'alîm[1] et Ibn-Khaldoun[2] s'accordent à le dire. Après avoir ainsi assuré la tranquillité de ces régions, Meïçour reprit la route de l'*Ifrîk'iah*. En passant à *Arschk'oul*[3], il ôta le gouvernement de cette ville à Iah'iâ-ben-Ibrâhîm, descendant de Solaïmân-ibn-'Abd-Allah, pour le donner à Ibn-Abou-'l-Âïch-'Aïça[4]. Il ne se contenta pas de déposséder Iah'iâ, il le fit jeter en prison[5], parce qu'il avait fait sa soumission aux OMAÏADES[6]. «De là, ajoute Ibn-Khaldoun, il se porta rapi-« dement sur *K'aïraouân*, où il arriva en 324[7].» Mais ce retour ne put être aussi rapide que le donne à entendre ici l'historien des Berbers, qui oublie les défections produites par la longueur du siège de *Fès*, et si, avant de se rendre à *Arschk'oul*, le général fât'imite avait pu négliger *Nâkour*, où il avait cependant à venger le meurtre de Mermâzou, c'est qu'au moment même où il quittait le *Maghrib-el-Ak's'a*, une révolution s'était faite dans la ville des BENI-S'ÂLIH'. Ce fut en 324 que Mouça-ben-Roumi fut expulsé de *Nâkour* par un de ses parents,

Retour
de Meïçour.
Arschk'oul.

Kennoun eut un fils du nom d'Abou-'l-Aïch[a], et Ah'med-el-Fâdhl, fils d'Ibrâhîm-er-Rahouni, eut un fils du nom d'Abou-'l-'Aïch-'Aïça[b]; suivant les deux autres, Abou-'l-'Aïch-Ah'med-el-Fâdhl (ils réunissent ces deux noms en un seul) était fils d'El-K'âcim-Kennoun[c]. Je pourrais citer d'autres différences; celle-ci suffit pour bouleverser tout le tableau de la branche des *Beni-Moh'ammed*. Il résulte de ces explications que, pour nous (d'après El-Bekri), Ah'med-el-Fâdhl («l'homme de mérite») sera *neveu* et non pas *fils* d'El-K'âcim-Kennoun.

[1] *K'art'âs*, p. ٥٣, l. 15 (p. 73 de la trad. lat.; — p. 117 de la trad. franç.).

[2] *H. d. B.*, t. I, p. ٢٨٨, l. 21 et 22 (t. II de la trad. franç., p. 147; voir aussi p. 529 et 569 de ce tome II).

[3] Voyez, sur cette ville, qui existait encore du temps d'El-Bekri, la note 3 de la page 9 et la note 4 de la page 10.

[4] *Histoire des Berbers*, t. I, p. ١٧٢, l. 1 à 4

(t. I de la trad. franç., p. 269). Suivant l'auteur, Meïçour ôta le gouvernement d'*Arschk'oul* à *Edrîs-ibn-Ibrâhîm*, et j'ai dit *Iah'iâ*-ibn-Ibrâhîm. Je renvoie, pour justifier cette correction, à la page 164 de ce volume. Dans le même passage, Ibn-Khaldoun dit que le gouvernement d'*Arschk'oul* fut donné à Abou-'l-'Aïch-*ibn*-'Aïça; j'ai lu *Ibn-Abi*-'l-'Aïch-'Aïça, suivant les explications que j'ai données, et aussi parce que nous savons qu'Abou-'l-'Aïch-'Aïça est mort à *Djerâouah* en 291.

[5] El-Bekri, p. ٧٨, l. 6 et 7 (*J. A.*, t. XIII, p. 138, 5ᵉ série).

[6] Ibn-Khaldoun, *Histoire des Berbers*, t. II, p. ١٣٤, l. 8 et 9 (t. III de la traduction française, p. 231; voir aussi appendice IV au tome II de cette traduction, p. 570). Dans ces divers passages, Ibn-Khaldoun dit toujours Edrîs au lieu de Iah'iâ.

[7] *H. d. B.*, t. I, p. ١٧٢, l. 1 à 4 (t. I de la trad. franç., p. 269).

[a] El-Bekri, p. ١٢٤, l. 21 (*J. A.*, t. XIII, p. 363, 5ᵉ série).

[b] *Ibid.*, p. ١٣١, l. 3 à 6 (*J. A.*, t. XIII, p. 365 et 366, 5ᵉ série).

[c] Il place à tort cet événement en 323, et commet l'étrange erreur d'attribuer à Abou-'Abd-Allah-ech-Chîï l'incarcération de Iah'iâ, *fils et successeur* d'Ibrâhîm.

'Abd-es-Semïa'-ben-Djorthem-ibn-Edris-ibn-S'âlih'-ibn-Edris-ibn-S'âlih'-ibn-Mans'our; il se réfugia en Espagne, et se fixa dans la ville de *Pechina*[1], avec sa famille et son frère Haroun-ibn-Roumi. Ses cousins, Djorthem-ibn-Ah'med et Mans'our-el-Fâdhl l'accompagnèrent aussi et s'établirent à *Malaga*[2]. Ibn-Khaldoun, qui vient de nous dire que d'*Arschk'oul* Meïçour se porta rapidement sur *K'aïraouân*, nous apprend lui-même que ce général s'arrêta à *Orân*, dont le chef, Moh'ammed-ibn-Abi-'Aoun, s'était aussi prononcé en faveur des OMAÏADES. Ibn-Abi-'Aoun s'exécuta, protesta de sa fidélité pour l'avenir, obtint la confirmation de son gouvernement, et, après le départ du vainqueur, il embrassa de nouveau la cause d'En-Nâs'ir[3]. Une révolte plus grave devait appeler le général fât'imite sur un autre point; c'était la révolte qui avait éclaté dans la capitale du *Maghrib-el-Aouçat'*. Meïçour attaqua les habitants de *Tâhart*, tua Abou-'l-K'âcim-ibn-Mas's'âlah, qu'ils avaient placé à leur tête, et, après les avoir soumis, il leur laissa pour gouverneur Dâoud-ibn-Ibrâhîm-el-'Adjici[4]. Avant d'atteindre l'*Ifrîk'iah*, il restait encore une ville à châtier; c'était la ville d'*Adena*, située entre *Mesîla* et *T'obnah*, à deux journées de cette dernière[5]. La cause de ce châtiment est probablement la même, quoiqu'aucun auteur ne le dise, et la plus grande rigueur déployée contre elle tient sans doute à la plus grande proximité où cette ville se trouvait de l'*Ifrîk'iah*. On lit en effet dans El-Bekri : « *Adena*, ville abandonnée, *qui fut ruinée en 324* par 'Ali-ben-H'amdoun, surnommé Ibn-el-Andalouçi[6]; cela eut lieu à l'époque où Meïçour le Fati revint de son expédition dans le *Maghrib*[7]. » Cette simple indication est confirmée par Ibn-'Adzâri, qui commet une faute évidente en disant qu'en 324 'Ali-ben-H'amdoun ruina la ville d'*El-Mesîla*[8], au lieu de dire *Adena*. Si l'on considère que S'andal ne dut quitter *Nâkour* qu'en dzou-'l-k'a'dah 323, qu'il alla trouver Meïçour occupé au siège de *Fés*, que ce siège ne fut levé qu'en 324, et si, en

Orân.

Tâhart.

Adena.

---

[1] Le texte dit بابى.
[2] El-Bekri, p. ٩٨, l. 21, à p. ٩٩, l. 2 (*J. A.*, t. XIII, p. 182, 5ᵉ série). — Ibn-Khaldoun, qui place à tort cet événement en 329, donne la généalogie de 'Abd-es-Semïa' d'une manière incomplète, en omettant de répéter deux fois Ibn-Edris-ibn-S'âlih', comme le fait très bien El-Bekri.
[3] *H. d. B.*, t. I, p. ١٨٣, l. 15 et 16 (t. I de la trad. franç., p. 284).
[4] *H. d. B.*, t. I, p. ٢٢٥, l. 18 et 19 (t. II de la trad. franç., p. 142).
[5] *Baïân*, t. I, p. ٣٩٥, l. 4 à 6. L'auteur dit qu'Abou-'l-K'âcim-ibn-Mas's'âlah avait gouverné un an; ce qui indique nettement que la révolte avait eu lieu pendant le siège de *Fés*.
[6] El-Bekri, p. ١٣٢, l. 12 et 13 (*J. A.*, t. XIII, p. 393, 5ᵉ série).
[7] On sait que c'était le gouverneur de *Mesîla*.
[8] El-Bekri, p. ١٣٢, l. 3 à 5 (*J. A.*, t. XIII, p. 392, 5ᵉ série).
[9] *Baïân*, t. I, p. ٣٢٣, l. 16 et 17.

même temps, on considère la multiplicité des faits accomplis dans la seconde phase de l'expédition de Meïçour[1], l'immense étendue des espaces parcourus, on admettra facilement que le retour du général fât'imite à *El-K'aïraouân* ou à *El-Mahdïah* dut avoir lieu à une époque avancée de l'année 324[2].

Confusion des récits d'Ibn-Khaldoun.

D'après deux des récits d'Ibn-Khaldoun, El-K'âcim-Kennoun, chef de la famille edrîsite, devint en peu de temps maître de tout le *Maghrib*, *Fès* excepté, et y fit reconnaître la souveraineté des Fât'imites, dont il se montra le zélé partisan[3]; suivant un troisième récit, Ibn-Abi-'l-Âfiah sortit bientôt de sa retraite, reprit possession de tous ses États[a], s'empara même de *Fès*, de *Tlem-*

---

[1] Cette seconde phase comprit aussi un siège, car on lit dans El-Bekrî : «Meïçour, *étant revenu en Maghrib*, mit le siège devant la forteresse où Mouça-ben-Abi-'l-Âfiah s'était enfermé[b].» Il est très regrettable que l'auteur ne donne ni le nom ni la situation de cette forteresse; ces indications jetteraient peut-être quelque jour sur la supposition que je fais dans la note *e* ci-dessous.

[2] Je justifie ainsi ce que j'ai dit sur la contradiction dans laquelle tombe Ibn-Khaldoun en plaçant *après l'expédition de Meïçour* une expédition maritime, qu'il a placée ailleurs en 323.

[3] *H. d. B.*, t. I, p. ٢٨٨, l. 22 et 23 (t. II de la trad. française, p. ٢47; voyez p. 529 de ce tome II).

[4] Ibn-Khaldoun, en même temps qu'il présente Ibn-Abi-'l-'Âfiah reconquérant tout le *Maghrib*, dit que le chef miknâcien alla s'établir dans la forteresse de *Koumât'* (قلعة كماط[c]). Or El-Bekrî nous apprend que *Teçoul*, capitale des possessions de Mouça, avait été détruite par Meïçour, et qu'à dix milles au sud de cette ville se trouvait une forteresse nommée *Djormât'* (قلعة جرماط[d]), qui avait servi de retraite à Abou-Monk'adz, fils de Mouça-ben-Abi-'l-Âfiah[e]. Cette forteresse paraît être aussi celle qu'Edrîsi appelle قلعة كرمطة (*K'ala'a Kermat'a*) et qu'il place sur les bords de l'*Ouâd-Anbâouz*[f]. Autant qu'on en peut juger par les itinéraires de *Koumât'* (ou *Djormât'* ou *Kermat'a*) à *Djerâouah* donnés par El-Bekrî[h] et par Edrîsi, la forteresse où, suivant

[a] Ce membre de phrase que je souligne est manifestement une erreur; Meïçour venait de *Fès* quand il fit cette rude guerre à Ibn-Abi-'l-Âfiah, et il ne commanda qu'une expédition en *Maghrib*.

[b] El-Bekrî, p. ١٢٨, l. 20 et 21 (*J. A.*, t. XIII, p. 361, 5ᵉ série).

[c] *H. d. B.*, t. I, p. ١٨٢, l. 6 (t. I de la trad. franç., p. 269).

[d] Le manuscrit dont s'est servi M. Quatremère portait ورماط, évidemment كرماط, *K'ormât'*. (*Notices et Extraits*, t. XII, p. 590.) Si, dans le texte imprimé, ce mot n'était pas répété trois fois dans la même page, on serait tenté de lire خرماط, *Khormât'*.

[e] El-Bekrî, p. ١٢٢, l. 2 à 4 (*J. A.*, t. XIII, p. 388, 5ᵉ série). — On peut croire que, pendant la campagne désastreuse qu'Ibn-Abi-'l-'Âfiah venait de faire contre Meïçour, Monk'adz avait été chargé de défendre *Teçoul*, et qu'ayant été chassé de cette ville, que Meïçour détruisit, il alla se réfugier à *K'ala'a-Djormât'*.

[f] *Géographie*, t. I, p. 226.

[g] Je suppose que c'est le nom du cours supérieur de la rivière que M. Renou appelle *Ouâd-Ienaoub* et que le capitaine Beaudouin nomme *Ouâd-Yenahoun*.

[h] El-Bekrî, p. ١٢٢, l. 9 à 11 (*J. A.*, t. XIII, p. 389, 5ᵉ série). Cet itinéraire, qui est celui de *Fès* à *K'aïraouân*, conduit d'abord à *Djormât'*, et la station suivante est *Oualîli*. M. Quatremère a consacré une longue note à cette dernière localité[1*], mais ses nombreuses citations se rapportent évidemment à la ville des *Oualîli*, capitale de

[1*] *Notices et Extraits*, t. XII, p. 591, note 1. M. Quatremère aurait dû placer cette note à un autre endroit de son beau travail.

cén, de *Nâkour*, et rétablit la domination des OMAÏADES dans cet immense empire[1]. Mais il ressort, de toutes les lignes de ce troisième récit d'Ibn-Khaldoun, qu'il a reproduit, sous la date de 325, les mêmes événements déjà racontés par lui-même comme accomplis en 317 et 319, et, ce qui montre une singulière inattention, c'est qu'il fait renverser Abou-'l-'Aïch du trône de *Tlemcén* par Ibn-Abi-'l-'Âfiah en 325[2], quand, un peu auparavant, il a dit qu'en 319 ce même Ibn-Abi-'l-'Âfiah avait renversé du trône de *Tlemcén* H'açan-IBN-ABOU-'l-AÏch[3]. On peut, dans le premier cas, attribuer à une faute de copiste l'omission du mot *Ibn* devant Abou-'l-'Aïch; on le peut d'autant plus que celui-ci, comme je l'ai déjà rappelé, était mort en 291. Mais ce n'est pas tout: Ibn-Khaldoun ajoute que, de *Tlemcén*[4], Ibn-Abi-'l-'Âfiah se porta sur *Nâkour* et détruisit cette ville de fond en comble, après avoir tué 'Abd-el-Bedïa', qui y commandait. Or il a fait mourir cet 'Abd-el-Bedïa' dans les mêmes circonstances à la date de 317[5]. On est d'autant plus en droit de s'étonner de ces inadvertances qu'Ibn-'Abd-el-H'alîm dit formellement : « A cette époque (en 325) les « EDRÎSITES, placés à la vérité sous l'autorité d'El-K'âcim le Chïi, avaient en « main des possessions presque aussi étendues qu'avaient été celles d'Ibn-Abi-'l-« 'Âfiah lui-même; tandis que celui-ci était réduit à errer dans le *S'ah'ara* et dans « le pays qu'il avait pu conserver sous sa domination, c'est-à-dire depuis *Adjersîf*[6]

Ibn-Khaldoun, Ibn-Abi-'l-'Âfiah alla s'établir était peu distante du *désert de R'âret*; ce qui indique plutôt la position d'un fugitif que celle d'un conquérant du *Maghrib*, comme le suppose Ibn-Khaldoun. Nous allons avoir, d'ailleurs, bien d'autres preuves de l'invraisemblance de cette supposition.

[1] *Histoire des Berbers*, t. I, p. ١٧٢, l. 4 à 14, et p. ٢٨٨, l. 10 à 12 (t. I, p. 269 et 270; t. II de la traduction française, p. 146). Il va même jusqu'à prétendre, dans le premier de ces passages, qu'il marcha sur *Tlemcén*, à la tête d'un renfort de troupes que, sur sa demande, En-Nâs'ir lui avait envoyé d'Espagne.

[2] *H. d. B.*, t. I, p. ١٩٢, l. 7 (t. I de la trad. franç., p. 270).

[3] *Ibid.*, t. I, p. ١٧٢, l. 21, et t. II, p. ١٠٩, l. 14 à 16 (t. I de la traduction française, p. 268, et t. III, p. 336).

[4] *Ibid.*, t. I, p. ١٢١, l. 10 (t. I de la trad. franç., p. 270).

[5] *Ibid.*, t. I, p. ٢٨٥, l. 2 (t. II de la trad. franç., p. 141).

[6] Un des manuscrits du *K'art'âs* dit اكرسيف (*Aguersîf*); mais plus loin (p. ٩٢, l. 8) le texte imprimé répète اجرسيف. El-Bekrî, à deux reprises[a], écrit اجرسيف (*Adjersîf*), et il en parle comme d'un bourg très florissant situé sur le

l'empire fondé par Edris Ier, et qui était à *l'occident de Fés*, comme El-Bekri lui-même le dit dans deux passages[1a]. Il me paraît impossible de ne pas admettre que le village (قرية) de *Oualîli*, qu'El-Bekri place à l'est ou au nord-est de *Djormât'*, par conséquent *loin et à l'est de Fés*, n'a aucun rapport avec la ville célèbre du même nom.

[a] El-Bekrî, p. ٨٨, l. 12, et p. ١٥٢, l. 9 (*J. A.*, t. XIII, p. 161 et 409, 5e série).

[1a] El-Bekrî, p. ١١٥, lin. ult. et p. ١١٨, l. 8 et 9 (*J. A.*, t. XIII, p. 335 et 340, 5e série).

198   ÉTUDE SUR LA CONQUÊTE DE L'AFRIQUE.

«jusqu'à *Tekrour,* et mourut enfin en 341[1], dans les environs du *Mlouïa*[2].»
Ainsi se passèrent en effet les dernières années de ce puissant Berber;
il pouvait, par cela seul qu'il possédait encore un petit territoire, être,
pour le khalife de Cordoue, son représentant et, nominalement, le *chef du
Maghrib*. La preuve, c'est que nous verrons En-Nâs'ir continuer ce titre à Medien, fils de Mouça, quand celui-ci viendra à mourir. Mais en réalité le chef
miknâcien qui, pendant quinze ans (depuis 309), avait eu quelque sorte disposé du *Maghrib*, en assurant la possession de ce pays à celle des deux dynasties
rivales qu'il consentait à servir; ce chef, dis-je, n'eut plus de rôle à partir de
la défaite qu'il essuya en 324, et je n'aurai désormais à prononcer son nom
que pour faire connaître, en passant, les incertitudes qui règnent sur la date
de sa mort. L'instant où ce chef disparut de la scène marque nettement le
terme d'une des phases de la grande lutte engagée entre les FÂT'IMITES et les
OMAÏADES pour la possession du *Maghrib*. Cette lutte recommencera bientôt,
mais il y a là comme une pause de quelques années, pendant lesquelles le

Fin du rôle de Mouça.

Mlouïa. On lit dans Edrîsî[a]: «De *Melîla* à l'embouchure de la rivière qui vient d'*Ak'ersif*
(اقرسيف), on compte vingt milles.» Ibn-Khaldoun, qui écrit اكرسيف[b] (*Akersif*), place
cette ville sur la route de *Tlemcên* à *Fês*[c], à
la frontière du *Maghrib* et au nord des *bourgades d'Out'ât'* (t. II, p. ۱۸۸, l. 6 et 8). M. d'A-
vezac[d] a pensé, avec raison je crois, que le
Garsis de Jean Léon[e] et le *Garcis* de Marmol[f]
était l'*Akersif* des géographes arabes; mais il
me paraît avancer à tort que, selon El-Bekrî,
Akersif est *à moitié route d'Oudjda à Melîla*.
L'itinéraire entre ces deux villes[g] donné par
le savant géographe andalous ne conduit pas
à ce résultat. M. Renou (voir sa *carte du Maroc*) place *Akersif* sur la *rive droite du Mlouïa*.

Or El-Bekrî, dans l'itinéraire que je viens de
citer, dit que, quand on vient d'*Oudjda*, il
faut, pour arriver à *Adjersif*, traverser un gué
qui se trouve au sud de la ville. Ces quelques
mots suffisent pour placer *Adjersif* sur la *rive
gauche du Mlouïa*.

[1] En conservant cette date dans la citation
textuelle que je fais ici, je n'entends pas dire que
je l'adopte. La date de la mort d'Ibn-'Abi-'l-'Âfîah
sera donnée plus loin.

[2] *K'art'âs*, p. ٥٢, l. 19 à 21 (p. 72 de la
traduction latine; — p. 115 et 116 de la traduction française). Ce passage d'Ibn-'Abd-el-
H'alîm justifie complètement ce que j'ai dit sur
la manière d'entendre les retraites successives
d'Ibn-'Abi-'l-'Âfîah *dans le désert*.

[a] *Géographie*, t. II, p. 10. — Hartmann, *Edrisii Africa*, p. 145, note z.
[b] Partout ailleurs il écrit كرسيف (*Kersif*). (*H. d. B.*, t. I, p. ١٧١, l. 3 et 5; p. ٢١٢, l. 15; — t. II, p. ٤٨,
l. 4; p. ١٨٣, l. 16; p. ١٨٩, l. 16; p. ١٨٨, l. 5 et 9; p. ٢١٣, l. 6; p. ٢١٤, l. 3; p. ٢٤١, l. 7.)
[c] *H. d. B.*, t. I, p. ٣٠٧, l. 18, et t. II, p. ٢٤, l. 11 (t. II de la trad. franç., p. 180, et t. IV, p. 51).
[d] *Étude de géogr. crit. sur une partie de l'Afr. septentr.*, p. 171; in-8°, Paris, 1836.
[e] In Ramusio, fol. 53 F (p. 221 de la trad. de Jean Temporal).
[f] *Descr. gener. de Affrica*, vol. II, fol. 159 v°, col. 2. (*L'Afrique de Marmol*, t. II, p. 297.) Cet auteur n'appuie
sur rien la synonymie qu'il admet entre *Garcis* et le Γαλαφά de Ptolémée.
[g] El-Bekrî, p. ٨٨, l. 12 à 16 (*J. A.*, t. XIII, p. 161, 5ᵉ série).

LIVRE QUATRIÈME. — CHAPITRE II. 199

khalife de Cordoue semble avoir ajourné ses projets. Soit que l'alliance des Fât'imites avec les Edrîsites lui parût redoutable, soit plutôt qu'il fût absorbé par ses guerres avec les Chrétiens, et particulièrement par la formidable coalition d'un chef musulman avec les Chrétiens de la *Galice* [1], il laissa les Fât'imites maîtres du *Maghrib* et l'Edrîsite El-K'âcim-Kennoun administrer en leur nom, du haut de sa citadelle de *H'adjar-en-Nasr* [2], pendant que H'açan-ibn-el-K'âcim-el-Louâti commandait à *Fès* et suivait l'exemple de fidélité qu'El-Kennoun ne cessa de lui donner.

Si, comme le pense le savant M. Dozy, les Fât'imites avaient convoité la Péninsule [3], les circonstances étaient favorables à l'exécution de pareils projets : En-Nâs'ir avait de graves occupations du côté de la *Galice* et du *royaume de Léon*, c'est-à-dire dans la partie la plus septentrionale de l'Espagne; son vizîr Ah'med-ibn-Ish'âk' partageait les opinions des Chîites [4] avec assez d'ardeur pour avoir, paraît-il, formé le projet de livrer l'Espagne aux Fât'imites. Convaincu d'avoir entretenu, dans ce but, des relations avec la cour d'*El-Mahdiah*, il fut condamné pour ce fait, et décapité [5]. Cependant on doit dire que la première pensée d'Abou-'l-K'âcim, quand il se vit maître du *Maghrib* par les armes de son k'âïd Meïçour, fut pour l'Orient, et le peu d'insistance qu'il mit à poursuivre cette nouvelle expédition semble indiquer qu'il l'en-

---

[1] Voyez Dozy, *Hist. des Musulm. d'Esp.*, t. III, p. 52, et *Rech. sur l'hist. et la littér. de l'Esp. au moyen âge*, t. I, p. 182, 2ᵉ édition; in-8°, Leyde, 1860.

[2] *K'art'âs*, p. ٥٣, l. 18 (p. 73 de la trad. lat., — p. 117 de la trad. franç.).

[3] « De bonne heure, dit M. Dozy, ils avaient « jeté leur dévolu sur ce riche et beau pays. » (*Hist. des Musulm. d'Esp.*, t. III, p. 16; in-8°, Leyde, 1861.) Il est permis cependant de penser qu'ils considéraient la conquête de l'Orient comme devant précéder le reste; leurs expéditions en *Égypte* en sont la preuve. « A peine en possession « des États aghlabites », ajoute M. Dozy, 'Obaïd-« Allah avait déjà entamé une négociation avec « Ibn-H'afs'oun, et ce dernier l'avait reconnu pour « son souverain. Cette singulière alliance n'avait « abouti à rien, » etc. Pour bien apprécier les projets des Fât'imites, il faudrait, dans cette alliance, singulière en effet et sous bien des rapports, il faudrait, dis-je, savoir de quel côté étaient venues les ouvertures; si par exemple elles venaient d'Ibn-H'afs'oun, elles seraient moins compromettantes pour la sagesse de 'Obaïd-Allah. Ibn-H'afs'oun, comme nous l'apprend M. Dozy lui même (*ibid.*, t. II, p. 306), cherchait partout des alliés, en *Espagne*, en *Afrique* (à *As'îla*, par exemple).Tout ennemi des Omaïades lui semblait un allié naturel, et les Fât'imites avaient pu s'étonner qu'il se trouvât en *Espagne* le chef d'un petit État déjà prêt à devenir leur vassal, quand eux-mêmes ne possédaient encore qu'à peine l'*Ifrîk'iah*. A cette époque, les da'îs qu'ils avaient pu envoyer en *Espagne* préparaient vraisemblablement le sol pour un avenir lointain.

[4] Maçoudî, cité textuellement par M. Dozy (*Rech. sur l'hist.*, etc., t. I, append. IX, p. XXXIII, l. 17 et 18; — p. 182 du même tome). — La suite du passage cité ici se trouve dans Mak'k'arî (*Analectes*, t. I, p. ٢٢٨, l. 5 à 15).

[5] Dozy, *Histoire des Musulm. d'Espagne*, t. III, p. 57.

treprit moins par une conviction d'opportunité que par déférence pour les vues de son père, qu'il avait si tendrement aimé[1]. Mais, pour ne rompre aucun des fils de mon récit, je dois, malgré la brièveté de la campagne qu'Abou-'l-K'âcim fit faire en *Égypte*, exposer sommairement les événements accomplis ou plutôt les changements opérés dans ce pays depuis l'expédition qui se termina avec l'année 308.

État de l'Égypte.

Nous savons déjà que Takîn avait été appelé pour la troisième fois, à la fin de 311, au gouvernement de l'*Égypte*; il le conserva jusqu'à la mort du khalife Mok'tadir (27 chaouâl 320), et même un peu après, car El-K'âhir-Billah-Moh'ammed, qui fut alors proclamé à *Baghdâd*, continua Takîn dans son gouvernement et lui envoya les robes d'investiture. Mais celui-ci tomba bientôt malade, et mourut le 16 rebî-el-aouel 321[2] (samedi 16 mars 933 de J. C.). Il eut pour successeur Abou-Bekr-Moh'ammed-ibn-Abou-Moh'ammed-T'ar'dj-ibn-Djoff, celui-là même qui, après son installation définitive[3], fonda en *Égypte*, comme l'avaient fait les Toulounides, une petite dynastie, qui n'eut qu'environ trente-cinq ans d'existence, puisque nous verrons les Fâtimites la renverser en 358. Ce n'est pas ici le lieu de raconter les nombreuses aventures des ancêtres d'Abou-Bekr-Moh'ammed, mais je ne puis passer sous silence l'origine à laquelle il dut le nom sous lequel il est connu[4]. Il descen-

---

[1] Raïni-'l-K'aïraouâni dit qu'il avait fait à son père la promesse de suivre ses errements. (*Hist. de l'Afrique*, liv. IV, p. 96.)

[2] Ibn-Khallikân, édit. Wüst. n° v.., fasc. VIII et IX, p. ١٣, l. 13 (t. III de la trad. angl., p. 227). — *En-Nodjoum*, t. II, p. ٢٣٣, l. 4 à 8. — El-Makin (p. 199, l. 14) n'indique que l'année.

[3] Nous verrons dans un instant que son installation réelle n'eut lieu qu'en ramadhân 323.

[4] D'après Ibn-Khallikân, son nom était Abou-Bekr-Moh'ammed-ibn-Abou-Moh'ammed-T'or'dj'-ibn-Djoff-ibn-Ialtakîn-ibn-Fourân-ibn-Fouri-ibn-Khâfân-el-Ferr'âna[b]. Dans le manuscrit dont s'est servi M. Silvestre de Sacy[c] on lit : ...-ibn-T'or'dj...ibn-Baltakin-ibn-Tourân-ibn-Fourâk'-ibn-K'ouri-ibn-Khâk'ân. Celui dont s'est servi M. de Slane[d], qui n'a pas encore publié cette partie du texte, est évidemment conforme à celui de M. Wüstenfeld, mais on y lit, avec raison, Ibn-el-Khâk'ân au lieu de Ibn-Khâfân. Dans Abou-'l Mah'âsin[e], ce nom est écrit : Moh'ammed-ibn-T'or'dj-ibn-Djoff-ibn-Ialaktakîn (يَلْتَكِين)-ibn-Faouarân (فَوَرَان)-ibn-I'aouri (فَوْرِي)-el-émîr-Abou-Bekr-el-Ferr'âni-el-Turki. C'est certainement par erreur qu'El-Makin (p. 219, l. 26) écrit طعم, au lieu de طغج, et qu'Abou-'l-Fedâ (t. II, p. 392, l. 11) écrit خف, au lieu de جف.

---

[a] Ce nom, dans la langue ferr'ânite, veut dire 'Abd-er-Rah'mân («le serviteur du miséricordieux»).

[b] *Kitâb ouafaïât-el-A'iân*, édit. Wüstenfeld, n° v.., fasc. VIII et IX, p. 4, l. 17; in-4°, Gottingæ, 1840.

[c] *Chrestomathie arabe*, t. II, p. 149; in-8°, de l'I. R., 1826.

[d] *Biographical dictionary*, t. III, p. 221 et 222; in-4°, Paris et Londres, 1845.

[e] *En-Nodjoum*, t. II, p. ٢٥٠, l. 14 et 15.

LIVRE QUATRIÈME. — CHAPITRE II.

dait du Khâk'ân de *Ferr'ân*[1], seigneur du *trône d'or*[2] (serîr-ed-dzeheb), et comme ces princes s'appelaient tous *Ikhschîd*[3], mot qui, dans la langue ferr'ânite, veut dire «roi des rois»[4], le khalife Er-Râdhi-Billah-ibn-Mok'tadir lui conféra, en ramadhân 327, le titre d'*El-Ikhschîd*. Ce titre, constamment répété

[1] Khâk'ân, comme on va le voir à la note 3 ci-dessous, était le nom que les Turcs donnaient à leurs souverains. Iâk'out désigne le chef des *Khazar* sous le nom d'El-Khâk'ân[a], et Maçoudi nous apprend que, jusqu'à la ruine de *'Amât* dans les déserts de *Samark'and*, les Turcs avaient un Khâk'ân des Khâk'âns[b]. — Le *Ferr'ân* est une contrée d'Asie située vers les sources du fleuve Sihoun, le grand affluent oriental du lac d'Aral (بحيرة خوارزم, *Bah'ira Khouârezm* des Arabes[d]). Edrisi parle d'une chaîne de montagnes nommée *Ferr'ân*, qui court d'occident en orient sur une longueur de dix-huit journées[e]; le *Djihân-Nomâ* trace les limites de la région du *Ferr'ân*[f].

[2] Ancien nom du territoire de *Schirouân*, ville du *Bâb-el-Aboûâb* (*Derbend* des Persans). Ce territoire, qui, suivant Iâk'out, s'étendait à trois journées de *Bâb*[g], était nommé trône d'or (سرير الذهب), parce que, vu l'importance du commandement d'un pareil passage, que l'antiquité appelait les *Portes caspiennes*[h], le gouverneur était exceptionnellement autorisé, pour rendre la justice, à s'asseoir sur un siège doré[i].

[3] Comme les *Perses* donnaient le nom de Kosroès à tous leurs souverains, les *Turcs* celui de Khâk'ân, les *Roums* celui de César, les *Syriens* celui de Herak'l (Heraclius), les *Iemeniens* celui de Tobba', les *Abyssiniens* celui d'El-Nadjâschi ou d'El-H'adhi[j], les *T'abaristâniens* celui d'Is'-bahbad (اصبهبد)[k], les habitants du *Djordjân* celui de S'oul, les habitants d'*Aschrouna* celui d'El-Ifschin, les habitants de *Samark'and* celui de Sâmân, les anciens *Égyptiens* celui de Pharaon[m]. — Ce nom s'écrit الاخشيد et doit se prononcer El-Ikhschîd (*Chrest. arabe*, t. II, p. ٢٢, l. 4, et p. 148, note 2).

[4] *En-Nodjoum*, t. II, p. ٢٥٢, l. 10 et 11; p. ٢٥١, l. 7 à 9, et p. ٢٧٠, l. 13 à 16.

[a] *Dict. géogr. de la Perse*, extrait du *Mo'djam-el-Boldân*, par M. Barbier de Meynard, p. 71; in-8°, de l'I. I. 1861.
[b] *Les Prairies d'or* (*El-Moroudj-ed-Dzeheb*), t. I, p. 288, l. 11, et p. 289, l. 3 et 4; in-8°, de l'I. I. 1861.
[c] Voir la planche XXII de l'atlas qui accompagne l'*Histoire de l'empire ottoman*, par J. de Hammer; in-fol., Paris, 1843.
[d] *Géographie* d'Edrisi, t. II, p. 338.
[e] *Ibid.*, t. II, p. 348.
[f] *Djihân-Nomâ*, t. I, p. 481; in-8°, Lond. Goth. 1818.
[g] *Dict. géogr. de la Perse*, extrait du *Mo'djam-el-Boldân*, p. 70.
[h] Κάσπιαι πύλαι (Diod. Sic. lib. II, cap. II, § 3). — *Caspiæ portæ* (Plinii lib. V, cap. xxvii, § 27, lib. VI, cap. xi, § 12, et cap. xxiii, § 15, t. I, p. 272, l. 17, p. 309, l. 6, p. 311, l. 13; in-fol., Parisiis, 1723).
[i] *Biblioth. orient.*, p. 145, col. 1 et 2, au mot Bab al-Abuab, et p. 789, col. 2, au mot Serir Abdueheb; in-fol., Maestricht, 1776.
[j] Ibn-Khallikân, édit. Wüstenfeld, n° v..., fasc. viii et ix, p. 11, l. 4 et 5 (t. III de la trad. angl., p. 224). — El-Makin, p. 219, l. 32 à 34.
[k] Il paraît que le manuscrit du *Nodjoum* qu'a consulté M. de Slane portait الاصبهين, El-Is'bahîd (*Biogr. Diction.*, t. III, p. 228, note 7).
[l] Sur *Djordjân*, voir Edrisi, *Géographie*, t. II, p. 180.
[m] *En-Nodjoum*, t. II, p. ٢٥٢, l. 11 à 16. — «Peut-être, avait dit Maçoudi en parlant des Égyptiens, le nom de «Pharaon (فرعون) était-il d'abord commun à tous leurs rois». (*Prairies d'or*, t. II, p. 414, l. 3; in-8°, de l'I. I. 1863.) — Il serait facile d'allonger cette liste de noms au moyen des indications fournies par Edrisi (t. I, p. 173 et 174).

dans les prières qu'on faisait pour lui du haut des chaires, devint comme un nom qui lui resta. Il était né à *Baghdâd* le lundi 12 redjeb 268[1] (8 février 882 de J. C.). Sans entrer dans plus de détails, j'arrive tout de suite à l'instant où, quittant la vie errante du *désert de Syrie*, il alla en *Égypte* rejoindre Takîn-el-Khazarî[2], qui lui confia un petit gouvernement en *Palestine*. Le courage qu'il déploya en 306 pour dégager une caravane arrêtée à *En-Nok'aïb*[3] attira sur lui l'attention et les faveurs du khalife Mok'tadir. Celui-ci, en 316, l'appela au gouvernement de *Ramlah*[4], et, en 318, à celui de *Damas*, qu'il garda jusqu'en ramadhân 321, date à laquelle sa faveur s'était conservée sous le nouveau règne. El-K'âhir-Billah le nomma gouverneur d'*Égypte*. Mais précisément alors il y eut comme un instant d'hésitation dans les faveurs dont la fortune devait bientôt combler ce prince ferr'ânite. Depuis trente-deux jours on récitait la prière pour lui en *Égypte*, sans que cependant il se fût encore rendu dans son gouvernement, lorsque El-K'âhir revint sur la nomination qu'il avait faite et, le 10 chaouâl 321[5] (jeudi 3 octobre 933 de J. C.), nomma, à la place d'El-Ikhschîd, le même Ah'med-ibn-Kîr'lar' que nous avons vu, en 311, occuper ce poste important pendant sept mois. Alors les troupes se révoltèrent au sujet de leur solde, et il y eut des désordres graves. La maison d'El-

---

[1] Ibn-el-Athîr[a] et Abou-'l-Fedâ[b] disent seulement en 268; Ibn-Khallikân[c] et Abou-'l-Mah'âcin[d], qui l'a copié, disent le *lundi* milieu de redjeb 268; mais le 15 redjeb de cette année tombe un *jeudi*; de sorte qu'il faut changer le jour ou la date. J'ai conservé l'indication précise du jour.

[2] Probablement au moment où Takîn-el-Khazarî venait de prendre possession de son gouvernement d'Égypte, ce qui eut lieu le 2 dzou-'l-h'idjah 297.

[3] S'afi-ed-Dîn parle d'*En-Nok'aïb* comme d'une localité située entre *Tabouk* et *Mâ'n*, sur la route suivie par les pèlerins de *Syrie*[e]. Edrisî (t. I, p. 333) place *Tabouk* entre *El-H'adjer* et l'extrême limite du *pays de Damas* (de la *Syrie*) et compte huit journées de *Tabouk* à *Damas*; plus loin (t. I, p. 359), il ne compte que cinq journées entre ces deux villes.

[4] Sur *Ramlah*, voyez la note 4 de la page 130 du tome Ier.

[5] *En-Nodjoum*, t. II, p. ۲۵۸, l. 15 et 16. — Il résulte du passage d'Abou-'l-Mah'âcin auquel je renvoie ici qu'en attendant l'arrivée d'El-Ikhschîd, l'*Égypte* était administrée par Abou-'l-Fath'-ibn-'Aïça-en-Nouscheri', car ce fut des mains de celui-ci qu'Ibn-Kîr'lar' reçut le gouvernement dont il venait de prendre possession.

---

[a] *El-Kâmil*, t. VIII, p. ۳۱۳, l. 10 et 11.

[b] *Annal. muslem.*, t. II, p. 440, l. 16.

[c] *Kitâb-Ouafaïât-el-'Aïân*, édit. Wüst. n° ۷۰۰, fasc. VIII et IX, p. 11, l. 14 (t. III de la trad. angl., p. 224). — L'auteur va jusqu'à donner le nom de la rue de *Baghdâd* où il était né; c'était dans la *rue de la porte de Koufa*.

[d] *En-Nodjoum*, t. II, p. ۲۰۰ et ۲۰۱.

[e] *Marâs'id-el-It't'ilâ'*, t. III, p. ۳۲۸, l. 11 et 12.

Cet Abou-'l-Fath' avait été un instant gouverneur d'*Égypte*.

Mârdâni, percepteur du *kharâdj* (impôt foncier) en *Égypte*, fut envahie et incendiée[1]. Ces troubles duraient encore lorsque le 5 djoumâdi-el-aouel 322 (mercredi 23 avril 934 de J. C.) le khalife El-K'âhir fut déposé et remplacé par son neveu Er-Râdhi-Bîllah-ibn-Mok'tadir. Aussitôt que parvint la nouvelle de cette révolution, Moh'ammed-ibn-Takîn, qui se trouvait alors en *Palestine*, rassembla des troupes et entra en *Égypte* dès le 14 djoumâdi-el-aouel[2], prétendant qu'Er-Râdhi-Bîllah l'avait chargé du gouvernement de cette province. Ah'med-ibn-Kîr'lar' ne tarda pas à envoyer des troupes contre lui. Les deux armées se rencontrèrent entre *Belbeïs* et *Fâk'ous*, à l'orient de *Mis'r*; elles en vinrent aux mains. Ibn-Takîn fut complètement défait, pris et amené à Ibn-Kîr'lar', qui le relégua dans le *Sa'îd*. L'*Égypte* jouissait depuis environ quinze mois de la tranquillité qui succéda à ces agitations, lorsque arriva une lettre du khalife annonçant la révocation d'Ibn-Kîr'lar' et la nomination de Moh'ammed-ibn-T'or'dj[3], qui recevait en même temps les gouvernements de *Syrie*, de *Mésopotamie*, d'*El-H'aramaïn* et d'autres régions. Ibn-Kîr'lar' refusa d'obéir, et il envoya des troupes de *Mis'r* pour empêcher son successeur désigné d'entrer à *El-Faramâ*. Le 17 cha'bân 323[4] eut lieu un combat terrible, dans lequel les troupes égyptiennes éprouvèrent une de ces défaites dont on ne se relève pas, et le 23 ramadhân 323[5] (mercredi 26 août 935 de J. C.), Moh'ammed-ibn-T'or'dj entrait à *Mis'r* pour en chasser Ah'med-ibn-Kîr'lar', dont le gouvernement avait eu, cette fois, une durée d'un an onze mois treize jours[6]. On comprend comment, au milieu des désordres qui, de *Baghdâd*, s'étendaient à toutes les provinces, Moh'ammed-ibn-T'or'dj put bientôt se poser en souverain indépendant.

L'*Égypte* était donc sous la domination de ce prince ferr'ânite[7], lorsqu'en 324   Troisième

---

[1] *En-Nodjoum*, t. II, p. ۲۵۴, l. 1 et 2.
[2] *Ibid.*, t. II, p. ۲۵۴, l. 4 et 5.
[3] *Ibid.*, t. II, p. ۲۹۰, l. 16 à 20.
[4] *Ibid.*, t. II, p. ۲۹۱, l. 2 et 3.
[5] Ibn-Khallikân, éd. Wüstenfeld, n° ۵۰۰, fasc. VIII et IX, p. ۱۰, lin. ult. (t. III de la trad. angl., p. 223). — El-Makîn, lib. III, cap. 1, p. 203, l. 10 à 14[a]. — Abulfedæ *Annal. muslem.*, t. II, p. 392, l. 17 et 18. — Abou-'l-Mah'âcin,

[a] Il semblerait, d'après la manière dont il présente les faits, qu'El-Ikhschîd, qui avait déjà établi sa domination en *Syrie*, envahit l'*Égypte* et s'en empara. Il ne dit rien de sa nomination par le khalife Er-Râdhi.
[b] *El-Kâmil*, t. VIII, p. ۱۴۱, l. 20, à p. ۱۴۲, l. 7.

En-Nodjoum, t. II, p. ۲۷۰, l. 8 et 10. Il hésite entre le 24 et le 25 ramadhân 323.
[6] *En-Nodjoum*, t. II, p. ۲۹۱, l. 8. — Ce second gouvernement d'Ah'med-ibn-Kîr'lar' avait duré du 12 chaouâl 321 au 23 ramadhân 323.
[7] En effet, quand Abou-'l-Fedâ, dans un long passage entièrement emprunté à Ibn-el-Athîr[b], jette un coup d'œil sur l'état de l'islâmisme en 324, il met l'*Égypte* et la *Syrie* dans les mains

204   ÉTUDE SUR LA CONQUÊTE DE L'AFRIQUE.

expédition des Fât'imites contre l'Égypte.

El-K'âïem dirigea une expédition vers l'Orient. « Abou-'l-K'âcem, dit Ibn-Khal-« doun[1], envoya son affranchi Zeïdân contre l'*Égypte*. Cet officier s'empara « d'*Alexandrie*; mais il dut s'en éloigner et rentrer en *Maghrib*, pour éviter une « rencontre avec les troupes qu'El-Ikhschîd fit partir de *Mis'r* contre lui. » Suivant Abou-'l-Mah'âcin, les partisans d'Ibn-Kîr'lar', que Moh'ammed-ibn-T'or'dj avait si complètement défaits quand ils avaient voulu s'opposer à son entrée en *Égypte*, s'étaient retirés à *Bark'ah* et, de là, avaient gagné le *Maghrib*, où ils s'étaient présentés à El-K'âïem. Par la peinture qu'ils lui avaient faite de l'état de faiblesse où se trouvait l'*Égypte*, de la facilité avec laquelle elle serait conquise, ils auraient entraîné le prince fât'imite à mettre une armée en campagne[2]. Mais l'auteur n'omet pas de dire (p. ᴘᴠɪ, l. 5) qu'El-K'âïem y songeait de son côté, et je crois qu'il n'en faut pas douter. J'ai bien plus de doutes sur la démarche des partisans d'Ibn-Kîr'lar'. Tels sont les seuls détails que je trouve sur cette expédition, qui ne mérite pas que nous nous y arrêtions. Notre attention doit se reporter immédiatement sur l'Afrique, particulièrement sur une certaine région du *Maghrib-el-Aouçat'*, parce que c'est là que vont se préparer les événements dont nous aurons bientôt à faire le récit.

Les S'anhâdjah.

A l'orient du pays occupé par les *Maghrâouah* et par les *Zenâtah* auxquels commandait Moh'ammed-ibn-Khazer, se trouvait une puissante tribu, celle des *S'anhâdjah*, qui, comme les *Kitâmah*, avait rarement pris part aux mouvements insurrectionnels des Berbers contre les Arabes[3]. Son origine, comme celle des *Kitâmah*, est un sujet de controverse entre les généalogistes arabes et berbers. Suivant ceux-ci, elle appartenait à la souche de Brânis[4]; suivant les premiers, elle avait une origine arabe et descendait de H'imïer[5]. Mais, quelle que soit

d'El-Ikhschîd (*Annal. muslem.*, t. II, p. 394, l. 14 et 15); il ajoute même qu'il ne reçut qu'en cette année l'investiture solennelle de l'Égypte (*ibid.*, p. 400, l. 3 et 4).

[1] *H. d. B.*, append. ɪɪ, § 7, t. II de la trad. franç., p. 530.

[2] *En-Nodjoum*, t. II, p. ᴘᴠɪ, l. 1 à 7. — S'il est vrai, comme je l'ai dit d'après Ibn-H'ammâd, qu'El-K'âïem ait, dès le commencement de son règne (rebî-el-aouel 322), rassemblé une armée à *Bark'ah*, nous aurions ici le nom (Zeïdân) de l'officier qui la commandait.

[3] Je m'étonne de lire dans Ibn-Khaldoun que les *S'anhâdjah* s'étaient fait remarquer par leur insubordination. (*H. d. B.*, t. I, p. 141°, l. 10; — t. II de la trad. franç., p. 1.)

[4] *H. d. B.*, t. I, p. 141°, l. 14 (t. II de la trad. franç., p. 2).

[5] C'est ce que disent Et'-T'abarî et Ibn-el-Kelbî, cités par Ibn-Khaldoun[a], qui déclare partager leur opinion[b]. — Sur la généalogie des *H'imïerites*, voyez Caussin de Perceval, *Essai sur l'hist. des Arabes*, ᴛᴀʙʟᴇᴀᴜ ɪ et t. I, p. 54 et 55; à la page 68 il dit un mot de cette origine arabe

[a] *H. d. B.*, t. I, p. ɪᴀᴀ, l. 9 et 10, et p. 141°, l. 14 et 15 (t. I de la trad. franç., p. 291, et t. II, p. 2).
[b] *Ibid.*, t. I, p. 10, l. 17 à 19, et p. ɪɪᴠ, l. 14 et 15 (t. I de la trad. franç., p. 28 et 185).

LIVRE QUATRIÈME. — CHAPITRE II.   205

celle de ces deux origines controversées qui soit la véritable, l'une comme l'autre étaient une source d'hostilité native avec les puissants voisins dans les veines desquels coulait le sang des Mădn'is. La force des deux tribus était sans doute la seule cause du respect apparent qu'elles se portaient, et dont le premier effet était de prévenir les hostilités mutuelles. Parmi les nombreuses fractions des S'anhâdjah[1], la plus importante avec les Andjefa[2], celle qui avait la prééminence sur toutes les autres, était celle des Telkâta[3]. « Leur pays, dit Ibn-«Khaldoun, renfermait les villes d'*El-Mesîla*[4], *H'amza*, *Djezâïr*[5], *Lemdia* (*El-*

des S'anhâdjah et des *Kitâmah*, et examine la vraisemblance de l'expédition d'Afrîkos[a], chef arabe qui aurait, prétend-on, laissé ces tribus h'imïerites en Afrique. On a attribué la même origine aux *Mas'mouda*.

[1] *H. d. B.*, t. I, p. ۱٤۰, l. 6 et 7 (t. II de la trad. franç., p. 3).

[2] *Ibid.*, t. I, p. ۱٤۰, l. 13 (t. II de la trad. franç., p. 3): « Les *Andjefa*, la branche *la plus* « *considérable* de la tribu de S'anhâdjah, formait « plusieurs ramifications dont chacune occupait « un territoire différent. »

[3] *H. d. B.*, t. I, p. ۱٤٤, l. 10 et 11 (t. II de la trad. franç., p. 5). — A la même page ۱٤٤ (l. 5) Ibn-Khaldoun dit qu'ils descendaient de Telkât-ibn-Kert-ibn-S'anhâdj (l'ancien). Suivant El-Bekrî, les tribus s'anhâdjiennes se rattachaient à deux branches: celle de K'âr-ibn-S'anhâdj et celle de H'ezmâr-ibn-S'anhâdj (*Descr. de l'Afr. sept.*, p. ۱۰۲, lin. ult. — *J. A.*, t. XIII, p. 310, 5ᵉ série). J'ignore si, dans le K'âr d'El-Bekrî, il faut voir le Kert d'Ibn-Khaldoun.

[4] Cette indication ne paraît pas être tout à fait exacte. El-Bekrî nous apprend qu'*un peu à l'ouest de Mesîla* existe une source qui portait, de son temps, le nom d'*Aouzek'k'our*[b] et se trouvait *à l'extrême limite du pays des S'anhâdjah*[c]. Leur limite occidentale devait être un peu au delà de *Miliâna*, vers *El-K'ant'ra-'l-K'adima*, près duquel était *El-Khadhrâ*, ville dans le voisinage de laquelle commençait le territoire des *Zenâtah*, puisque nous savons que les *Beni-Oudrîfen*, branche des *Zenâtah*[d], étaient une des tribus qui occupaient les environs d'*El-Khadhrâ*[e].

[5] *Djezâïr-Beni-Mazr'annâ*[f] est, comme tout le monde le sait, la ville d'*Alger*, l'ancienne *Ico-*

[a] El-Bekrî, p. ۲۱, l. 6 (*J. A.*, t. XII, p. 463 et 464, 5ᵉ série). — Ibn-Khaldoun, *H. d. B.*, t. I, p. ۱۰, l. 16 à 18, et p. ۱۰٤, l. 16 à 18 (t. I de la trad. franç., p. 28 et 168).

[b] El-Bekrî indique une localité du même nom sur la route d'*Ar'mât* à *Fès*, dans le *Maghrib-el-Ak's'a* (*Descr. de l'Afr. septentr.*, p. ۱۰۰, l. 5; — *J. A.*, t. XIII, p. 414, 5ᵉ série).

[c] *Ibid.*, p. ۹۰, l. 12 (*J. A.*, t. XIII, p. 111, 5ᵉ série).

[d] *H. d. B.*, t. II, p. ٥, l. 16 (t. III de la trad. franç., p. 186).

[e] Voyez la note 3 de la page 160 de ce volume. — A propos de cette note j'observerai que, si les *Madkara* ou *Ma*d*r'ara* étaient les anciens possesseurs de *Miliâna*, il faut admettre que les S'anhâdjah leur avaient enlevé cette possession.

[f] Je me conforme à l'orthographe d'Ibn-H'auk'al[1*], d'El-Bekrî[2*], de Iâk'out[3*], et de 'Abd-el-Ouâh'id[4*], qui écrivent بني مزغنّة; cependant l'abréviateur de Iâk'out[5*] écrit *Beni-Mazr'annân*, comme l'a fait Abou-'l-Fedâ[6*], quoi-

[1*] *Descr. de l'Afrique*, § 23 (*J. A.*, t. XIII, p. 183, 3ᵉ série).

[2*] *Descr. de l'Afr. septentr.*, p. ۹۰, l. 19, p. ۹۹, l. 2, p. ۸۲, l. 9 et 10 (*J. A.*, t. XIII, p. 111, 112, 147, 5ᵉ série).

[3*] *Moschtarik*, p. ۱۰۱, l. 8 et 9. Il place cette ville à quatre journées de *Badjâïn* (Beugie).

[4*] *Kitâb-el-Mo'djeb*, p. ۲٥۷, l. 7 à 10; in-8°, Leyden, 1847.

[5*] S'afi-ed-Dîn, *Marâs'id-el-It't'ilâ'*, t. I, p. ۲٥۲, l. 12.

[6*] *Géographie*, p. ۱۲۰, l. 19, p. ۱۲٤, l. 20, p. ۱۳۷, l. 21 (t. II de la trad. de M. Reinaud, p. 175, 177 et 191).

« *Media*, *Médéah*), *Miliâna* et les régions occupées de nos jours (au xiv° siècle)
« par les *Beni-Iezîd*, les *H'os'eïn*, les *'At't'âf* (tribu zor'bienne) et les *Thâ*-

*sium*ᵃ. Ibn-Khaldoun assure que Ziri-ben-Menâd autorisa son fils Bolokkîn à fonder trois villes : *Djezâïr-Beni-Mazr'annâ*, *Miliâna*ᵇ et *Médéah*ᶜ, mais il ajoute que cette autorisation fut donnée *quelque temps après*ᵈ que Zîri, vu les grands services qu'il avait rendus à la cause des Fât'imites, eut reçu de ceux-ci le commandement de *Tâhart*; d'où il résulte que cette fondation serait postérieure à 349, date à laquelle Djouher reconquit le *Maghrib central* et incorpora en effet *Tâhart* à la province gouvernée par Ziri-ben-Menâd. Il faut donc, suivant Ibn-Khaldoun, placer la fondation de ces villes entre 350 et 360, date de la mort de Zîri, et il serait fort extraordinaire qu'Ibn-H'auk'al, qui termina son ouvrage à la fin de 366 et qui mentionne *Djezâïr-Beni-Mazr'annâ*, non seulement ne parlât pas de cette ville comme très récemment fondée, mais au contraire signalât son commerce comme actif dès lors et s'étendant jusqu'à *K'aïraouân*. Ajoutons que la phrase par laquelle il termine son article vient à l'appui d'une fondation déjà ancienne : « Dans la mer, dit-il, en face de la ville, « est une île *où les habitants trouvent un sûr abri* « *quand ils sont menacés par leurs ennemis*ᵉ. » Un pareil renseignement suppose des antécédents plus ou moins longs. A la vérité, El-Ia'k'oubi n'a pas nommé cette ville, d'où l'on peut inférer ou qu'elle n'existait pas en 278, ou que son importance était nulle; mais El-Is't'akhri mentionne deux fois en 309 une ville du nom de *Djezâïr-Beni-Ra'i*ᶠ, dans laquelle M. Mordmannᵍ et M. de Goejeʰ n'hésitent pas à voir *Djezâïr-Beni-Mazr'annâ*. Je ne puis m'empêcher de remarquer que l'auteur en parle comme d'une ville qui, avec beaucoup d'autres, dépendait du *haut Tâhart*, dont même elle était voisine, et que non seulement ces détails s'appliquent peu à la ville qui, depuis, a reçu le nom d'*Alger*, mais que *Djezâïr-Beni-Mazr'annâ* ne put être considérée comme une dépendance de *Tâhart* que quand cette capitale du *Maghrib central* passa dans les mains de Ziri-ben-Menâd, c'est-à-dire à une date postérieure de quarante ans à celle où écrivait El-Is't'akhri. Il est donc permis de conserver des doutes sur l'identité de ces deux *Djezâïr*. Quoi qu'il en soit, et pour concilier le langage d'Ibn-H'auk'al avec l'indication si précise d'Ibn-Khaldoun, je suis porté à admettre qu'une fraction des *S'anhâdjah* avait, à une époque inconnue, bâti

qu'il emprunte ce qu'il dit de cette ville à Edrisi, qui, seul, écrit *Beni-Mazr'âna*¹ᵃ, au moins dans le manuscrit dont s'est servi M. Am. Jaubert, car d'autres manuscrits d'Edrisi portent *Mazr'annân*²ᵃ.

ᵃ Voyez la *Richesse minérale de l'Algérie*, t. II, p. 147 à 151. Dans ces pages auxquelles je renvoie j'ai eu le tort de dire sans preuve que la ville berbère avait précédé la fondation d'*Icosium*, mais la plupart des éléments dont je dispose ici me manquaient en 1849.

ᵇ El-Bekri parle, à deux reprises, de *Miliâna* comme d'une ville de construction romaine que Ziri-ben-Menâd reconstruisit et donna pour résidence à son fils Bolokkîn (*Descr. de l'Afr. septentr.*, p. 41, l. 1 à 3, et p. 44, l. 10 et 11; — *J. A.*, t. XIII, p. 101, 102 et 119, 5ᵉ série).

ᶜ Il parle aussi d'*El-Media* comme d'une ville d'une haute antiquité (p. 40, l. 20; — *J. A.*, t. XIII, p. 111 et 112, 5ᵉ série).

ᵈ *H. d. B.*, t. I, p. 14v, l. 13 à 16 (t. II de la trad. franç., p. 6).

ᵉ *Descr. de l'Afr.*, § 23 (*J. A.*, t. XIII, p. 183, 3ᵉ série).

ᶠ *Kitâb-el-Ak'âlim*, p. 4⁰, l. 10 et 11, et l. 19 à 22.

ᵍ *Das Buch der Länder*, p. 22 et 23; in-4°, Hamburg, 1845.

ʰ *S'ifat-el-Maghrib*, p. 105; in-8°, Lugd. Batav. 1860.

¹ᵃ *Géographie* d'Edrisi, t. I de la trad. de M. Am. Jaubert, p. 235.

²ᵃ Eichhorn, cité par Hartmann, *Edrisii Africa*, p. 214 et 215; in-8°, Gottingæ, 1796.

« *leba*¹. » Au sud, les *S'anhâdjah* s'étendaient dans le désert jusqu'à une distance de six mois de marche, s'il faut en croire Et'-T'abarî et Ibn-el-Kelbi². Vers la fin du règne des Aghlabites, les *Telkâta* avaient pour chef Menâd-ibn-Menk'ous-ibn-S'anhâdj (le jeune), client (sans qu'on sache par suite de quelle relation) de la famille de 'Ali-ben-Abou-T'âleb³. Nous avons vu, dès l'origine de la conquête, les *Zenâtah* prêter secours, même à Sidi-'Ok'ba, contre les *Mas'mouda*, descendants de Brânis; on doit croire aisément que l'hostilité de race qui existait entre les *Zenâtah* et les *S'anhâdjah*, la communauté d'origine qui unissait ceux-ci aux *Kitâmah*, soutiens et comme précurseurs des Fât'imites, les liens de clientèle qui attachaient la famille de Menâd-ibn-Menk'ous à celle de 'Ali,

une ville sur l'emplacement actuel d'*Alger*, et que quand Zîri autorisa son fils à relever de leurs ruines trois villes romaines, Bolokkîn ne fit, à *Djezâïr*, qu'agrandir la ville déjà fondée par les *Beni-Mazr'annâ*.

¹ *H. d. B.*, t. I, p. 144, l. 6 et 7 (t. II de la trad. franç., p. 4).

² Cités par Ibn-Khaldoun (*Histoire des Berbers*, t. I, p. 140, l. 10; — t. II de la traduction française, p. 3).

³ *H. d. B.*, t. I, p. 140, l. 14, et p. 144, l. 14 (t. II de la trad. franç., p. 3 et 5). — Ibn-Khaldoun donne, d'après un historien espagnol nommé Ibn-en-Nah'ouiᵃ, une généalogie de Menâd qui remonte à dix-sept générationsᵇ; 'Imâd-ed-Dînᶜ (mort en 597), Ibn-Khallikânᵈ (mort en 681) et En-Nouaïrîᵉ (mort en 732) en donnent une autre qui comprend vingt-cinq générations, et qu'ils ont empruntée à Ibn-Scheddâdᶠ. Je ne m'arrêterai pas à discuter ces titres suspects.

ᵃ M. de Slane déclarait, en 1854, n'avoir pu recueillir aucun renseignement sur cet historien de la dynastie s'anhâdjienne (*H. d. B.*, note 5 de la p. 2 du t. II de la trad. franç.).

ᵇ *H. d. B.*, t. I, p. 144, l. 11 à 13 (t. II de la trad. franç., p. 5).

ᶜ *Kharîda-'l-K'as'r* (H'âdji-Khalîfah, t. III, p. 133, n° 4690. — Voir le n° 3827 de la table placée à la fin du tome VII).

ᵈ *Ouafaïât-el-'Aïân*, édit. Wüstenfeld, n° ١٧٥, fasc. II, p. ٢٣, l. 10 à 17 (t. I de la trad. angl., p. 281 et 282).

ᵉ *H. d. B.*, append. I au tome II de la trad. franç., p. 483.

ᶠ Cet auteur, dont les ouvrages ne sont pas venus jusqu'à nous, était le petit-fils de Temîm, prince s'anhâdjien qui régna sur l'Afrique de 454 à 501 (1107-1108 de J. C.). Son nom complet, d'après Mak'rîzi¹ᵃ, était 'Izz-ed-Dîn-Abou-Moh'ammed-'Abd-el-'Azîz-ibn-Scheddâd-ibn-Temîm-ibn-el-Mo'izz-ibn-, etc., et, vu la date de la mort de son grand-père, on doit admettre qu'il vécut dans le XIIᵉ siècle de notre ère. Il a laissé deux ouvrages, l'un sur l'histoire de *K'aïraouân* (الجمع والبيان), l'autre sur l'histoire de la *Sicile*²ᵃ. H'âdji-Khalîfah n'a connu que le premier³ᵃ, mais on les trouve tous deux cités par divers auteurs: le premier par Ibn-Khallikân⁴ᵃ et par Et-Tidjânî⁵ᵃ, le second par Abou-'l-Fedâ et par le k'âdhi Schihâb-ed-Dîn⁶ᵃ, qui désigne Ibn-Scheddâd par le nom d'*Es-Sanhaj* et d'*Es-Sanhaïj*, transcription fautive d'*Es-S'anhâdji*, nom sous lequel il était souvent désigné, comme l'avait dit D'Herbelot⁷ᵃ, évidemment d'après H'âdji-Khalîfah.

¹ᵃ Traduit par M. Quatremère (*J. A.*, t. II, p. 131, 3ᵉ série).
²ᵃ Abulfedæ *Annal. muslem.*, t. II, p. 446, l. 6.
³ᵃ *Lexicon bibliogr. et encyclop.*, t. II. p. 622, l. 2, n° ٤١٧٤. Il ignore la date de la mort de l'auteur.
⁴ᵃ *Ouafaïât-el-Aïân*, édit. Wüstenfeld, n° ١٧٥, fasc. II, p. ٢٣, lin. ult. (t. I de la trad. angl., p. 283).
⁵ᵃ *Rih'la* (*J. A.*, t. XX, p. 81, 4ᵉ série).
⁶ᵃ In Gregorio, p. 59, col. 2. Voir aussi p. 37, où il dit que Caruso (savant historien sicilien, mort en 1724) le désignait sous le nom d'*Ascanagius*, défiguration d'*Assanadjius* (*Es'-S'anhâdji*).
⁷ᵃ *Biblioth. orient.*, p. 742, col. 2, au mot Sanhaci; in-fol., Maestricht, 1776.

208   ÉTUDE SUR LA CONQUÊTE DE L'AFRIQUE.

avaient prédisposé favorablement les *S'anhâdjah* pour les Chîis, et que cette prédisposition, augmentée encore par le dévouement que Moh'ammed-ibn-Khazer montrait aux OMAÏADES, avait marqué d'avance les *S'anhâdjah* pour être les partisans zélés des FÂT'IMITES. Ils se tinrent cependant dans une prudente réserve; on ne vit pas leurs tribus grossir les rangs des armées qui, à diverses reprises, traversèrent leur territoire pour aller renverser les dynasties qui régnaient sur les deux *Maghrib* avant l'arrivée de 'Obaïd-Allah, et cette abstention est, à elle seule, le symptôme de relations, sinon amicales, au moins bienveillantes avec les nouveaux possesseurs de l'*Ifrîk'îah*.

Zîri-ben-Menâd. A une date que les historiens arabes ne fixent pas, mais qui doit être voisine de celle où nous sommes, Zîri, fils de Menâd-ibn-Menk'ous, succéda à son père. L'enfance de ce prince se trouve, dans les chroniques, entourée de particularités merveilleuses[1], comme il arrive presque toujours dans la biographie des hommes qui ont joué un grand rôle. Plusieurs auteurs s'accordent à le faire mourir en 360 (970-971 de J. C.), *après avoir gouverné vingt-six ans*[2], ce qui place le commencement de son gouvernement à l'an 334. Peut-être faut-il entendre par là l'instant où il reçut du khalife fât'imite une investiture régulière, car évidemment il commandait à sa tribu avant cette date. Zîri-ben-Menâd fonda la ville d'*Aschîr*[3]. En-Nouaïrî dit que ce fut en 324[4]; et il

Fondation d'Aschir.

---

[1] En-Nouaïrî, d'après Scheddâd (*H. d. B.*, append. 1 au tome II de la trad. franç., p. 486 à 488).

[2] Ibn-Khallikân, édit. Wüst., n° ۳۲٤, fasc. III, p. ٥٤, l. 1 et 2 (t. I de la trad. angl., p. 550). — Ibn-Khaldoun, *H. d. B.*, t. I, p. ١٤٤, l. 1 et 2 (t. II de la trad. franç., p. 8). A la note 2 de cette p. 8, M. de Slane ajoute que, suivant En-Nouaïrî, la mort de Zîri eut lieu en ramadhân 360.

[3] Moh'ammed-ibn-Iousef, cité par El-Bekrî (p. ٩٠, l. 9; — *J. A.*, t. XIII, p. 100, 5ᵉ série). — Ibn-Khallikân, aux pages citées note 2 ci-dessus. — *Baïân*, t. I, p. ۲۲۳, l. 1. — A l'appui de son assertion, Ibn-Iousef, qui, d'ailleurs, était un contemporain de Zîri-ben-Menâd, citait des vers qu'il avait entendu réciter à 'Abd-el-Malek-ibn-'Aïschoun, vers que reproduisent El-Bekrî et Ibn-'Adzârî. Aussi, El-Bekrî donnait-il à cette ville le nom de اشير زيرى[a] (*Aschîr-Zîri*), et il me paraît évident que là où le manuscrit d'Edrîsî dit اسيرزير, que M. Am. Jaubert a transcrit *Asirzir*[b], il ne faut voir qu'une faute du copiste, qui a voulu écrire اشير زيرى.

[4] En-Nouaïrî (*H. d. B.*, append. 1 au t. II de la trad. franç., p. 489). — Si, comme Ibn-Khaldoun semble le dire[c], *Aschîr* ne fut fondée qu'après le service rendu par Zîri pendant qu'Abou-Iezîd assiégeait *El-Mahdîah*, il faudrait placer cette fondation vers 334. Ibn-Khallikân dit positivement qu'*Aschîr* fut fondée pendant la guerre d'Abou-Iezîd[d]; or nous verrons bientôt que cette guerre commença en 332. Il en résulte que, malgré la

---

[a] *Descr. de l'Afr. septentr.*, p. ٩٩. l. 4 (*J. A.*, t. XIII, p. 118, 5ᵉ série).
[b] *Géographie* d'Edrîsî, t. I, p. 232. — Hartmann, *Edrisii Africa*, p. 209.
[c] *H. d. B.*, t. I, p. ١٤٧, l. 4 à 17 (t. II de la trad. franç., p. 5 et 6).
[d] Aux pages citées note 2 ci-dessus.

LIVRE QUATRIÈME. — CHAPITRE II.

est si vrai que des relations bienveillantes existaient dès lors avec les souverains fât'imites que, non seulement El-K'aïem envoya au jeune S'anhâdja un habile architecte pour diriger ses travaux, non seulement il lui fournit les matériaux, tels que le fer, qu'il ne se serait pas procurés facilement, en un mot l'aida de tous ses moyens dans l'accomplissement de son entreprise, mais on assure qu'il rendit publiquement grâces à Dieu des bienfaits qu'il attendait d'un pareil voisinage[1]. «Cette ville, dit Ibn-Khaldoun, fut bâtie sur le «flanc d'une montagne située dans le pays de H'os'eïn (حصين) et appelée en-«core aujourd'hui la montagne de Tit'eri (تطرى[2]),» qui paraît être le Kêf-el-

date précise de 324 donnée par En-Nouaïrî pour celle de la fondation de Aschîr, il reste une incertitude d'une dizaine d'années. Voyez la note 2 ci-dessous.

[1] En-Nouaïrî, à la page citée dans la note précédente. Le fait de cette aide prêtée par El-K'aïem ne nous apprend rien sur la date précise de la fondation d'Aschîr, puisque ce prince régna de 322 au 13 chaouâl 334.

[2] H. d. B., t. I, p. ۱۷, l. 7 et 8 (t. II de la trad. franç., p. 6). Ibn-H'auk'al, dont l'ouvrage ne fut achevé qu'à la fin de 366, dit, dans l'itinéraire qu'il trace de Milīāna à Mesīla : «On se «rend de Rat'l-Mâzoua'ah[a] (رطل مازوعه) à Aschîr «dans un jour. La ville d'Aschîr est la demeure «de Ziri-ben-Menâd; elle est entourée d'une forte «muraille, et possède des bazars, des sources «jaillissantes...;» et, dans le paragraphe suivant, il établit que Aschîr était à trois journées à l'ouest d'El-Mesîla. El-Bekrî n'indique, entre ces deux villes, qu'une rivière, nommée Djouza[c], et ne marque pas leur distances. Quant à Abou-'l-Fedâ, il se contente de dire, d'après l'auteur du Lobâb[d], que Aschîr est le nom d'un château dépendant du royaume de Bougie[e], ce qui était vrai de son temps. Enfin Soïout'i, plus vague encore, en parle comme d'un château fort (حصن) situé dans le Maghrib[f]. Les indications si nettes d'Ibn-H'auk'al et d'Ibn-Khaldoun auraient dû guider sûrement pour retrouver l'emplacement d'Aschîr. Il n'en a pas été ainsi. M. Pellissier avait placé Aschîr au sud d'El-Medīa (Médéah), vers Bou-R'âr, «sur le territoire de la tribu des Soudrî, «entre K's'our-el-Boukhâri et les ruines connues «sous le nom de 'Aïn-Bou-Sîf[g].» Suivant lui, les ruines de la ville de Ziri existent là avec leur ancien nom. Quatre ans plus tard, M. Carette citait aussi des ruines portant le nom d'Aschîr entre

[a] Cette localité ne se trouve, à ma connaissance, nommée nulle part sous une pareille forme, mais il est facile d'y reconnaître la localité de مأورغه (Mdouarr'a), qu'Edrîsî (t. I, p. 231) place aussi à une journée à l'ouest d'Aschîr-Zîri, quand, à son tour, il trace l'itinéraire de Milīāna à El-Mesîla.

[b] Description de l'Afrique, § 115 (Journal asiatique, t. XIII, p. 235 et 236, 3ᵉ série). Ce passage d'Ibn-H'auk'al semble indiquer que, quand il publia son ouvrage, il n'avait pas encore appris la mort de Ziri-ben-Menâd, survenue en 360.

[c] El-Bekri, p. ۷۰, l. 8 et 9 (J. A., t. XIII, p. 100, 5ᵉ série).

[d] Ibn-el-Athîr (mort en 630), qui a résumé sous ce titre (اللباب) l'Ansâb d'Abou-Sa'd-'Abd-el-Kerîm-es-Samâ'ni (mort en 562); beaucoup plus tard, Es-Soïout'i (mort en 911) condensa encore le Lobâb dans le livre intitulé Lobb-el-Lobâb. Je ne trouve rien dans Abou-'l-Fedâ qui justifie ce que dit M. Ch. Solvet, dans sa note 15, sur le nom de l'auteur du Lobâb.

[e] Géographie, p. ۱۳۳, l. 5 (t. II de la trad. de M. Reinaud, p. 172).

[f] Lobb-el-Lobâb, p. ۱۷, col. 1, l. 8; edidit P. J. Veth; in-4°, Lugd. Batav. 1840.

[g] Mém. hist. et géogr. sur l'Algérie, p. 413 et 414; in-8°, de l'I. R. 1844.

Akhdhar (le rocher vert) visité par M. Berbrugger le 25 août 1852[1]. — Après avoir fait connaître les *S'anhâdjah* et leurs relations avec la cour d'*El-Mahdïah*, je reprends le fil de mon récit.

325 de l'hégire (936-937 de J. C.).

Les succès obtenus par Meïçour dans le *Maghrib* étaient assez décisifs pour promettre un peu de repos à El-K'âïem, lorsque survint, sur un autre point, une révolte qui prit rapidement des proportions inquiétantes. Depuis vingt ans, Sâlem-ibn-Râschid gouvernait la *Sicile*[2]; il y commandait dans les conditions

El-Mesîla et *K'ala'a*[a], et y voyait l'*Aschîr-Zîri*[b]. Or Edrisî, dans un itinéraire qu'il trace de *Tâhart* à *El-Mesîla*, conduit jusqu'à *Aschîr-Zîri*, de là, avec une journée, à une localité qu'il nomme *Set'îb* ou *Set'îf*, et de là, encore avec une journée, à *El-Mesîla*[c]. Plus tard, M. Carette, ayant remarqué ce passage, dans lequel il trouvait *Aschîr-Zîri* placé à une journée *à l'ouest de Set'îf*, regarda comme hors de doute qu'il y eût là une confirmation complète de l'opinion qu'il avait émise[d]; mais il ne fit pas attention que, s'il n'y avait pas là une faute de copiste, *Set'îf* serait *à l'ouest d'El-Mesîla*, ce qui est contraire aux faits les mieux établis. Le passage d'Ibn-Khaldoun auquel je renvoie en tête de cette note montre que MM. Pellissier et Carette s'étaient trompés, mais que le premier avait plus approché de la réalité. Dans ce même passage, Ibn-Khaldoun dit que Zîri fortifia *Aschîr*, avec l'autorisation d'El-Mans'our

(qui régna de 334 à 341). Ibn-H'auk'al, qui avait visité cette ville avant l'année 360, nous a parlé de la forte muraille qui l'entourait. Mais, suivant El-Bekrî, ce fut Bolokkîn-ibn-Zîri (son règne dura de 361 à 373) qui fortifia *Aschîr* en 367, et il dit qu'elle fut ruinée, postérieurement à l'an 440, par Iousef-ibn-H'ammâd-ibn-Bolokkîn-ibn-Zîri, en ajoutant qu'elle commença à se repeupler vers 455e.

[1] On peut consulter la note que M. Berbrugger a remise à M. de Slane, et que celui-ci a insérée dans l'*Histoire des Berbers*, t. II de la traduction française, p. 490 et 491. — Le *Kêf-el-Akhdhar* est situé à peu près au sud du *cap Matifou*, à 0° 57' de longitude est, et à 35° 55' de latitude nord.

[2] Schihâb-ed-Dîn (in Gregorio, p. 59, col. 1) aurait donc dû dire *confirmé* en Sicile par El-K'âïem, et non pas *envoyé* (missus). Cette er-

[a] Il s'agit ici de la *K'ala'a-Beni-H'ammâd* ou *K'ala'a-t-Abi-T'aouîl*, fondée par H'ammâd-ibn-Bolokkîn en 398, dans le *Djebel-Kiâna*, à environ sept lieues au nord-est d'*El-Mesîla* (H. d. B., t. I, p. ٢٢١, l. 9 et 10; — t. II de la trad. franç., p. 43). Dans cette montagne existait depuis longtemps un château qui joue un rôle dans la guerre d'Abou-Iezîd.

[b] *Études sur la Kabylie*, t. II, p. 28, note 1; in-8°, de l'I. N. 1848. A la page 31, M. Carette, par une suite naturelle de la même idée, place la *principauté d'Aschîr* au sud de Bougie. Du reste, la tradition recueillie par ce sagace écrivain est probablement exacte, car le *Marâs'id-el-It't'ilâ'* (t. I, p. ٧٠, l. 4 à 6) indique une localité du nom de *Aschîr* dans l'emplacement même que désigne l'auteur des *Études sur la Kabylie*: «*Aschîr*, dit S'afi-ed-Dîn, est situé derrière une ville dans les montagnes des Berbers du *Maghrib*, à l'extrémité occidentale de «l'*Ifrîk'iah*, vis-à-vis (c'est-à-dire à peu près sur le méridien) de *Bedjâia*[1*] (*Bougie*) sur la mer.» Ce passage est très net, mais il ne se rapporte pas à *Aschîr-Zîri*.

[c] *Géographie* d'Edrisî, t. I. p. 233. Il ne compte ainsi que deux journées d'*Aschîr* à *El-Mesîla*, et nous avons vu qu'Ibn-H'auk'al en compte trois; mais, d'après Hartmann (*Edrisii Africa*, p. 209), Edrisî aurait copié Ibn-H'auk'al.

[d] *Orig. et migrat. des princip. trib. de l'Algérie*, p. 70, note 1; in-8°, de l'I. I. 1853.

[e] El-Bekrî, p. ٩٠, l. 20 à 23 (J. A., t. XIII, p. 101, 5° série); il dit à tort Ibn-H'ammâd-ibn-Zîri. — *Baiân*, t. I, p. ٢٢٣, l. 6 et 7.

[1*] Le texte imprimé dit بجاية, mais deux manuscrits disent بجاية, et c'est la vraie leçon.

LIVRE QUATRIÈME. — CHAPITRE II.   211

d'une confiance restreinte peut-être, puisque nous avons vu que chaque expédition de quelque importance avait un chef envoyé d'Afrique et indépendant du gouverneur de l'île. Quoi qu'il en soit, Sâlem avait assez de pouvoir pour commettre impunément de nombreuses injustices et, malheureusement, lui et les officiers sous ses ordres en usèrent de façon à faire éprouver aux Siciliens des vexations telles que le 2 djoumâdi-el-akhir 325[1] (lundi 17 avril 937 de J. C.) la ville de *Girgent*[2] se souleva, et chassa Ibn-'Amrân de la *K'ala'a-t-el-Bellout*'[3] (le château du Chêne), où, doit-on croire, il s'était retiré avec la garnison quand l'insurrection éclata dans la ville. Sâlem envoya contre les rebelles une armée de *Kitâmah* et de Siciliens commandée par Abou-Dek'âk'-el-Ketâmi, accompagné d'un certain Maïmoun-ibn-Mouça, que (dans ces récits un peu obscurs) je suppose être un Girgentin resté fidèle et qui, peut-être,

Événements de Sicile (325-329 de l'hégire).

Révolte de Girgent.

reur vient peut-être du *Kâmil* (t. VIII, p. ᛁᛁᛁ, l. 16).

[1] *Chron. Cantabr.*, in Gregorio, p. 47, l. 11 et 12. Cette *Chronique* est la seule qui donne la date précise du commencement de la révolte de *Girgent*; c'est elle aussi qui, avec Ibn-el-Athîr, fournit le plus de détails sur cette guerre de quatre ans, dont toutes les sources auxquelles je vais renvoyer placent le commencement en 325.

[2] Ville située sur la côte sud-ouest de la Sicile, à vingt-cinq lieues sud de *Palerme*. C'est l'Ἀκράγαντα et l'Ἀκράγας des Grecs[a], *Agrigentum* des Latins[b], *Girgenti* des modernes; les Arabes écrivent généralement جرجنت[c] (*Djirdjent*), et quelquefois كركنت[d] (*Kirkent*).

[3] *Calatabellotta* des cartes modernes, sur la rive droite d'un fleuve du même nom, et à quarante-sept kilomètres et demi[e] (en ligne droite) au nord-ouest de *Girgenti*. «C'est, dit Edrisi, un «château fort construit sur le sommet d'une mon-«tagne d'un difficile accès..., il ne reste plus à «*K'ala'a-t-el-Bellout'* qu'une faible garnison pour «la défense du château, situé à douze milles de «la mer, à neuf milles d'*Es-Schâk'k'a* (aujour-«d'hui *Sciacca*) et à une forte journée de *Kirkent*.» (*Géographie*, t. II, p. 87.)

[a] Herodoti lib. VII, cap. CLXV et CLXX. — Thucyd.[1*] lib. VI, cap. IV, § 4. — Polyb. lib. I, cap. XVII, § 7, et lib. IX, cap. XXVII, § 2[2*]. — Diod. Siculi lib, XIII, cap. XCI, § 1. — Strab. lib. VI, cap. II, § 5, p. 226, l. 11 et 12, et § 9, p. 228, l. 29. — Pour ces cinq auteurs je renvoie aux éditions données par Firmin-Didot.
[b] Titi Livii lib. XVIII, cap. XXXVIII, et lib. XXVI, cap. XL. — Pomponii Melæ[3*] *De situ orbis*, lib. II, cap. VII, p. 234; in-8°, Lugd. Batav. 1782. — C. Plinii *Hist. natur.* lib. III, cap. VIII, t. I, p. 162, l. 9; in-fol., Parisiis, 1723. — Solini *Polyhistor*, cap. V, p. 15 B et D; in-fol., Traj. ad Rhen., 1689.
[c] *Chron. Cantabr.*, in Gregorio, p. 49, l. 8. — Ibn-el-Athîr, *El-Kâmil*, t. VIII, p. ᛁᛁᛁ, l. 15. — En-Nouaïri, in Gregorio, p. 14, l. 12. — Abulfedæ *Annal. muslem.* t. II, p. 400, lin. ult., et *Géographie*, p. ᛁᛁᛁ, l. 12.
[d] Edrisi, *Géographie*, t. II, p. 86. — *Maràs'id-ol-It't'ilâ*', t. II, p. ᛁᛁᛁ, l. 3. — Ibn-Khaldoun, *Hist. de l'Afr. et de la Sicile*, p. 44, l. 16. Il écrit كركنت (*Kirkent*).
[e] M. Amari[4*] compte trente-deux milles, et sur l'échelle de la carte qu'il a publiée en 1859[5*] il donne 1487ᵐ,142 pour la longueur du mille de Sicile. On a donc 1487ᵐ,142 × 32 = 47,588 kilomètres.

[1*] Suivant lui, *Agrigente* fut fondée cent huit ans après *Géla*, c'est-à-dire en 605 avant J. C. (*Hérodote* de Larcher, t. VII, p. 464).
[2*] Il place la ville à dix-huit stades de la mer (trois kilomètres un tiers).
[3*] Il a conservé le nom d'*Acragas*. — Voir Steph. Byzant. au mot Ἀκράγαντες.
[4*] *Storia dei Musulmani di Sicilia*, t. II, p. 285; in-8°, Firenze, 1858.
[5*] *Carte comparée de la Sicile moderne avec la Sicile au XIIᵉ siècle*; in-8°, Paris, 1859.

27.

commandait les troupes siciliennes. Cette armée, ou une partie de cette armée, alla mettre le siège devant une place dont j'ignore la position, mais qui se nommait 'As'ra et avait suivi le mouvement insurrectionnel dont *Girgent* avait donné le signal. A la nouvelle de cette manifestation de répression, les Girgentins volèrent au secours de leurs frères, et le 11 cha'bân 325 (samedi 24 juin 937 de J. C.[1]) fut livré un combat terrible, dans lequel les *Kitâmah* et leur chef éprouvèrent une sanglante défaite[2]. Encouragés par ce succès, les vainqueurs marchèrent sur *Palerme*. Sâlem vint en personne à leur rencontre; les deux armées se trouvèrent en présence près d'un lieu nommé *Meçîd-Bâlîs*, et le 19 cha'bân (dimanche 2 juillet[3] 937 de J. C.) elles en vinrent aux mains. D'après la *Chronique*, non seulement Maïmoun-ibn-Mouça, mais les habitants eux-mêmes de *Palerme*[4] avaient suivi le gouverneur. Les insurgés furent taillés en pièces[5] et poursuivis jusqu'aux moulins de *Mirndou*[6]. Cette aide donnée par les Palermitains, qui, eux aussi, abhorraient la tyrannie de Sâlem, est d'autant plus inexplicable, que le 8 dzou-'l-k'a'dah suivant (dimanche 17 septembre 937 de J. C.[7]), ils levèrent à leur tour l'étendard de la révolte. Ibn-es-Sabâïa et Abou-T'âr les commandaient. Pendant plusieurs jours on combattit avec acharnement. Abou-Nat'âr, le nègre[8], trouva la mort dans une

Défaite des Kitâmah.

Bataille devant Palerme.

Révolte de Palerme.

---

[1] *Chron. Cantabr.*, in Gregorio, p. 47, l. 20. — Ibn-el-Athîr, *El-Kâmil*, t. VIII, p. ٢٥٢, l. 18.

[2] La *Chronique* ne nomme que les *Kitâmah* dans cette défaite; c'est pourquoi j'ai dit que peut-être une partie seulement de l'armée fât'imite avait investi *'As'ra*. — M. Amari (t. II, p. 186) dit qu'Abou-Dek'âk' y perdit la vie.

[3] C'est évidemment par erreur que le texte de la *Chronique* dit في يومين من شهر يونيو.

[4] «Soit, dit M. Amari, qu'ils n'osassent pas encore lever la tête, soit qu'ils fussent encore animés de leur vieille haine contre les Girgentins.» (*Storia dei Musulm.*, t. II, p. 186.)

[5] Indépendamment de la *Chronique*, on peut voir Ibn-el-Athîr, *El-Kâmil*, t. VIII, p. ٢٥٢, l. 20, et En-Nouaïrî, in Gregorio, p. 15, l. 1 et 2 (Riedesel, p. 421).

[6] مطاحى مرنوه إلى. Edrîsî (t. II, p. 91) place مرناو (*Mirndou*) à six milles de *Menzil-el-émîr* منزل الامير, aujourd'hui *Mizilmiri*), et comme on compte à peu près la même distance de *Misilmiri* à *Palerme*, ce qui donne douze milles[a] (quatre lieues) pour la distance des moulins de *Mirndou* (aujourd'hui *Marineo*) à *Palerme*, on est en droit de conclure que les insurgés s'étaient approchés bien près de la métropole et que *Meçîd-Bâlîs* était un point bien voisin de celle-ci.

[7] *Chron. Cantabr.*, in Gregorio, p. 48, l. 3 et 4; an 6446. — Ibn-el-Athîr, *El-Kâmil*, p. ٢٥٢, lin. ult. — En-Nouaïrî donne aux chefs de l'insurrection de *Palerme* les noms de Ish'ak'-el-Bostâni (le jardinier) et Moh'ammed-ibn-H'aman (in Gregorio, p. 15, l. 3; — Riedesel, p. 422). Voyez, à ce sujet, Amari, t. II, p. 187, note 1.

[8] M. Amari (t. II, p. 187) dit que c'était un des suppôts de la police de son temps, sans faire connaître la source de ce renseignement. Je ne trouve Abou-Nat'âr nommé que dans la *Chronique*, qui le qualifie seulement de الاسود.

[a] M. Amari (t. II, p. 186, note 2) dit dix-sept milles, mais sa carte ne donne, en ligne droite, que onze milles et demi.

de ces rencontres, sans qu'on puisse démêler à quel parti l'avantage resta; on voit seulement que le 20 septembre l'émîr fit clouer quelques prisonniers à des poteaux dans l'arsenal, et mit le siège devant la ville[1]. Les Palermitains sortirent-ils en plus grand nombre, ou les habitants d'autres villes soulevées vinrent-ils se joindre à eux? Je ne saurais rien affirmer à cet égard; mais le 7 octobre (samedi 28 dzou-'l-k'a'dah 325) des troupes nombreuses, s'il faut en croire la *Chronique*, vinrent attaquer le gouverneur, qui les tailla en pièces et les força de se réfugier dans la vieille citadelle (القصر القديم), où il les assiégea[2].

Cependant Sâlem avait mandé à El-K'âïem la position dangereuse que lui créaient les ferments de révolte qui agitaient la Sicile, et le 23 octobre 937 (lundi 14 dzou-'l-h'idjah 325) Khalîl-ibn-Ish'âk'[3] débarquait à *Palerme*, à la tête d'une armée formidable[4]. Il trouva les habitants disposés à se soumettre, et en témoigna sa satisfaction; mais ils se plaignaient amèrement de l'oppression de Sâlem. Les femmes aussi vinrent avec leurs enfants se jeter aux pieds du nouveau gouverneur, lui faisant le récit des longues souffrances qu'elles avaient endurées, et quand, au souvenir de tant de misères, elles éclatèrent en sanglots, les témoins de cette scène ne purent retenir leurs larmes. Khalîl semblait disposé à la clémence; des députations de diverses villes, même de *Girgent*, vinrent le trouver. Soit que Sâlem ait été destitué, soit qu'il ait conservé son gouvernement dans des conditions restreintes[5], on put bientôt

Arrivée de Khalîl (14 dzou-'l-h'idjah).

---

[1] C'est d'après Ibn-el-Athîr et En-Nouaïri que je mentionne ce siège, sur lequel la *Chronique* garde le silence; mais peut-être ces deux auteurs entendent-ils parler du siège qui suivit l'attaque du 7 octobre.

[2] *Chron. Cantabr.*, in Gregorio, p. 48, l. 8 à 11.

[3] Ibn-'Adzârî nous apprend que ce personnage était surnommé Abou-'l-'Abbâs, qu'il fut employé par 'Obaïd-Allah[a], et que celui-ci l'aurait fait mettre à mort pour ses méfaits, si El-K'âïem n'avait intercédé en sa faveur (*Baïân*, t. I, p. ٢٢٣, l. 10 à 13).

[4] Ibn-el-Athîr[b] et Ibn-'Adzârî[c] disent formellement qu'il fut envoyé comme gouverneur. Le récit d'En-Nouaïrî présente une nuance qui ne manque pas d'une certaine vraisemblance. Suivant lui, quand les Siciliens virent arriver Khalîl avec son armée, ils écrivirent à El-K'âïem pour protester de leur entière soumission, mais en même temps ils se plaignaient de la conduite de Sâlem envers eux. Ce serait alors que le prince fât'imite aurait mis à sa place Khalîl-ibn-Is'hâk'[d].

[5] M. Amari pense que Sâlem conserva son titre et sa fonction, et qu'il ne perdit que le commandement de l'armée (*Stor. dei Musulm. di Sicil.*,

[a] Au nombre des fonctions que ce prince lui confia, Ibn-'Adzârî compte celle de percepteur d'impôts (جبايات الاموال), et l'on sait, en effet, par Ibn-H'auk'al que Khalîl fut receveur des revenus du *Maghrib* (*J. A.*, t. XIII, p. 248 et 249, 3ᵉ série).

[b] *El-Kâmil*, t. VIII, p. ٢٥٣, l. 3.

[c] *Baïân*, t. I, p. ٢٢٣, l. 1 et 2.

[d] En-Nouaïrî, in Gregorio, p. 15, l. 8 et 9 (Riedesel, p. 422).

214   ÉTUDE SUR LA CONQUÊTE DE L'AFRIQUE.

s'apercevoir de la faute capitale que l'on avait commise en ne renvoyant pas ce tyran en *Ifrîk'iah* le jour même où arrivait en Sicile un chef qui, à un titre ou à un autre, avait en main la suprématie. En effet, Sâlem profita de la présence à *Palerme*[1] des habitants de divers points du pays pour leur persuader que Khalîl n'avait été envoyé par El-K'âïem que dans l'unique but de châtier ceux qui avaient combattu les troupes fât'imites. Une pareille confidence produisit l'effet qu'on en devait attendre, et certains faits qui coïncidèrent avec cette manœuvre ne tardèrent pas à donner au langage de la perfidie l'apparence de la vérité. Khalîl, sans doute comme mesure de sûreté, construisit, sur le port de *Palerme*, une ville qu'il fortifia et à laquelle il donna le nom d'*El-Khâlis's'a* (la pure), en même temps qu'il faisait démolir les murailles de la ville principale et en enlevait les portes. Ces travaux avaient entraîné des corvées, qui, à elles seules, étaient une cause de mécontentement, et lorsque les Girgentins eurent connaissance de ce qui se passait, ils y virent une vérification complète des insinuations de Sâlem. Aussitôt ils fortifièrent leur ville et firent des préparatifs de guerre[2].

Le vendredi 9 mars 938[3] (4 djoumâdi-el-aouel 326) Khalîl marcha contre les Girgentins; ils l'attendirent de pied ferme, et le repoussèrent après plusieurs combats, dans lesquels il perdit plusieurs de ses chefs, notamment Ibn-

Insinuations de Sâlem.

Fondation de Khâlis's'a (moh'arram 326).

---

t. II, p. 189, et note 1 de cette page). Aux raisons données par ce savant pour motiver son opinion, on pourrait répondre que, si Khalîl était exclusivement chargé en Sicile du commandement de l'armée, Sâlem avait dû être remplacé quand il mourut, en 328, et qu'au contraire il ne fut remplacé qu'après le retour de Khalîl en *Ifrîk'iah*.

[1] Ibn-H'auk'al, qui visita *Palerme* vers 360 (970-971 de J. C.), parle de cette ville comme divisée alors en cinq quartiers, dont un nommé *El-Khâlis's'a*: «C'est, dit-il, le séjour du sult'ân «et de sa suite; on n'y voit ni marchés, ni maga-«sins de marchandises, mais des bains, une «mosquée du vendredi, de grandeur moyenne, la «prison du sult'ân, l'arsenal (دار الصناعة, *Dâr-*«*es'-s'enâ'ah*) et les bureaux des administra-«tions...[a].» Du temps d'Edrisi, c'est-à-dire environ deux siècles après, de grands changements avaient eu lieu; «Le faubourg, dit-il, entoure «la ville de tous côtés; il est bâti sur l'emplace-«ment de la ville ancienne, qui portait le nom de «*Khâlis's'a*, où résidait.....[b].» Puisque Khalîl n'arriva en Sicile que le 14 dzou-'l-h'idjah 325, il est évident que *Khâlis's'a* fut fondée au commencement de 326 et non en 325, comme le dit En-Nouaïri[c].

[2] *El-Kâmil*, t. VIII, p. ٢٣, l. 3 à 12. — Ibn-Khaldoun, *Hist. de l'Afr. et de la Sicile*, p. v٠, l. 2 à 12 (p. 163 et 164 de la traduction de Noël Desvergers). Son récit est emprunté à Ibn-el-Athîr.

[3] *Chron. Cantabr.*, in Gregorio, p. 48, l. 17. — *El-Kâmil*, Ibn-Khaldoun, aux pages citées note 2 ci-dessus.

---

[a] *J. A.*, t. V, p. 84, l. 15 à 19, et p. 93, 4ᵉ série.
[b] *Géographie* d'Edrisi, t. II, p. 77. Le reste de la phrase est emprunté à Ibn-H'auk'al.
[c] *J. A.*, t. V, p. 104, l. 3, 4ᵉ série.

LIVRE QUATRIÈME. — CHAPITRE II.   215

Abi-H'arîr[1] et 'Ali-ben-Abi-'l-H'osseïn, gendre de Sâlem. Cependant, il revint à la charge, établit un siège en règle, qu'il maintint durant huit mois entiers, « sans qu'un jour se passât sans combat », dit Ibn-el-Athîr; mais tous ses efforts furent vains. L'approche des mauvais temps, peut-être aussi les pertes qu'il avait éprouvées, l'obligèrent à se retirer, et le 22 octobre 938[2] (lundi 24 dzou-'l-h'idjah 326) il rentrait à *El-Khâlis's'a*, pour frapper les Siciliens d'une contribution et demander des renforts en *Ifrîk'îah*. Cette dernière mesure était opportune, car, dès le commencement de 327[3], toute la Sicile s'unit dans une même révolte; de nombreux châteaux forts et les habitants de *Mâzer*[4] se soulevèrent à l'instigation des Girgentins, qui, en même temps, invoquèrent l'appui de *Constantinople*, et reçurent en effet plusieurs vaisseaux chargés de troupes et de provisions de toute espèce[5]. De son côté, El-K'äïem avait envoyé une nouvelle armée, commandée par Ouasâmâ et Ibn-Mod, noms qui semblent indiquer qu'elle était composée de Berbers[6], et Khalîl profita de ce renfort pour s'emparer de plusieurs forteresses, telles que *K'ala'a-t-Abou-Thour*[7] (*Calatavaturo*), *K'ala'a-t-es-Sîrât*[8] (*Collesano*), *Ask'lâfnia*[9] (*Sclafani*), *K'albarah*. Il se porta ensuite sur *K'ala'a-t-el-Bellout*, y mit le siège, et l'enleva après une sanglante bataille livrée le 10 juillet 939[10] (mercredi 19 ramadhân 327). En septembre

Premier siège de Girgent.

Révolte générale (327 de l'hég.).

Secours de Constantinople.

Khalîl s'empare de plusieurs places fortes.

---

[1] Je donne ce nom (حریر) tel qu'il est écrit dans la *Chronique*. M. Amari (t. II, p. 191) a lu خنزیر ; j'ignore d'après quel document. Si cette correction est exacte, il s'agirait de ce Khalf-ibn-Abi-Khanzîr, ancien gouverneur de *Girgent*, dont j'ai parlé plus haut.

[2] Cette date, que j'emprunte à la *Chronique*, montre que le siège ne dura pas tout à fait huit mois, comme elle le dit, et comme Ibn-el-Athîr le répète, probablement d'après elle.

[3] *El-Kâmil*, t. VIII, p. ۲۰۳, l. 16.

[4] Aujourd'hui *Mazara*, ville située sur la côte, à deux journées à l'ouest d'*Es-Schâk'k'a* et à huit milles seulement de *Mers-'Ali* (مرس علی), aujourd'hui *Marsala*. (*Géographie* d'Edrisî, t. II, p. 87 et 88.)

[5] La *Chronique* ne mentionne pas ce secours de *Constantinople*; mais non seulement Ibn-el-Athîr, Schihâb-ed-Dîn[a], Abou-'l-Fedâ[b] et Ibn-Khaldoun[c] l'affirment, mais les auteurs byzantins s'accordent avec eux quand ils racontent les événements du règne de Romain Lecapène. (Lebeau, *Histoire du Bas-Empire*, liv. LXXIII, chap. LVIII, t. XIII, p. 456.)

[6] Voyez Amari, *Storia dei Musulm. di Sicilia*, t. II, p. 191, note 1.

[7] Qu'Edrisî (t. II, p. 106) place à l'est-sud-est de *Sak'lâbia* (*Sclafani*), sur la route de *Termini* à *Polizzi*.

[8] Forteresse qu'Edrisî place à quinze milles à l'est-sud-est de *Termini* (*Géographie*, t. II, p. 108). Il écrit الصراط (*Es'-S'irât*).

[9] Je suppose qu'il s'agit de سقلابیة (*Sak'lâbia*) d'Edrisî (t. II, p. 106). — *K'albarah*, qui vient après, m'est inconnu.

[10] *Chron. Cantabr.*, in Gregorio, p. 48, l. 31.

---

[a] In Gregorio, p. 59, col. 2.
[b] *Annal. muslem.* t. II, p. 402, l. 2. Le récit très abrégé que fait Abou-'l-Fedâ de tous ces événements paraît emprunté à Schihâb-ed-Dîn.
[c] *Hist. de l'Afr. et de la Sicile*, p. ۷۰, l. 13 et 14 (p. 164 de la trad. de N. Desvergers).

ou octobre de la même année, Khalîl se porta sur *Blât'ia*[1] (*Platani*) avec une partie de son monde pour l'assiéger; et en novembre[2] (du 16 moh'arram au 14 s'afar 328) les Girgentins, dans une attaque de nuit, battirent les troupes restées devant *K'ala'a-t-el-Bellout'*, les mirent en fuite et s'emparèrent de leurs tentes. Le général fât'imite porta alors tous ses efforts sur *Girgent*, dont il commença le siège, « qui se prolongea, dit Ibn-el-Athîr, et Khalîl partit, lais- « sant à la tête de son armée Abou-Khalf-ibn-Hâroun[3]. » Ce départ doit, sui- vant toutes les vraisemblances, être attribué à ce que Khalîl venait de recevoir la nouvelle de la mort de l'émîr Sâlem, et peut-être aussi à la crainte d'un soulèvement déterminé par la famine qui désolait *Palerme* et les bourgs, famine telle, s'il faut en croire la *Chronique*, que les parents étaient réduits à l'hor- rible nécessité de manger leurs enfants[4].

Cependant les opérations de la guerre suivaient leur cours, et au mois de mars 940 (du 18 djoumâdi-el-aouel au 18 djoumâdi-el-akhir 328) *Blât'ia* tomba au pouvoir de l'armée fât'imite[5]. Huit mois après, le 20 novembre 940 (vendredi 16 s'afar 329), les habitants de *Girgent*, épuisés par la faim, de- mandèrent l'amân sous la condition de la vie sauve, ce qui leur fut accordé moyennant qu'ils sortiraient de la citadelle. A peine sortis, et désormais sans défense, ils furent faits prisonniers et envoyés à *Palerme*. La prise de *Girgent* entraîna la soumission des autres villes[6]. La *Chronique* se contente d'ajouter que Khalîl alors envoya beaucoup de prisonniers en *Ifrîk'iah* et fixe la date du départ de ce général au vendredi 10 septembre 941[7] (15 dzou-'l-h'idjah 329); elle passe sous silence l'atrocité dont un historien, à la vérité très postérieur,

---

[1] *Chron. Cantabr.*, p. 48, l. 33. — Ibn-el-Athîr écrit Ablât'anoud (ابلاطنو, var. بلاطنو) (*El-Kâmil*, t. VIII, p. ٢٥٣, l. 22). — Edrîsî (t. II, p. 96) place *Blât'anou* à dix-sept milles de *Schâk'k'a*, sur la rivière *Platani*. — Ibn-Khal- doun écrit aussi بلاطنو (*Blât'anou*) (*Hist. de l'Afr. et de la Sicile*, p. ٧, l. 16).

[2] *Chron. Cantabr.*, p. 48; an 6448. — Le *Kâmil* se sert de l'expression « à l'entrée de « l'année 328 » pour indiquer la date du com- mencement du siège de Girgent.

[3] *El-Kâmil*, t. VIII, p. ٢٥٣, l. 2.

[4] *Chron. Cantabr.*, in Gregorio, p. 49, l. 3 à 5. Le titre d'émîr donné ici à Sâlem est une des raisons qui font admettre à M. Amari que le gouvernement était resté dans ses mains. On voit que la mort de Sâlem dut arriver dans les pre- miers mois de 328, à peu près un an avant la prise de Girgent.

[5] *Chron. Cantabr.*, in Gregorio, p. 49, l. 5 et 6.

[6] *Ibid.*, l. 7 et 8. — *El-Kâmil*, t. VIII, p. ٢٥٣, l. 3 à 6. — Ibn-Khaldoun, *Hist. de l'Afr. et de la Sicile*, p. ٧١, l. 2 à 5 (p. 165 de la trad. de N. Desvergers).

[7] *Chron. Cantabr.*, in Gregorio, p. 49, l. 11 à 13; an 6450. Khalîl resta donc juste quatre ans en Sicile, comme le dit aussi Ibn-'Adzârî, qui confirme la date de 329 comme étant celle de son retour (*Baiân*, t. I, p. ٢٢٣, l. 4 et 5).

Ibn-el-Athîr, nous a laissé le récit. Cet auteur, qui, du reste, place aussi en dzou-'l-h'idjah 329 l'époque à laquelle Khalîl repartit pour *El-Mahdïah*, raconte qu'ayant fait monter les notables de *Girgent* sur un navire comme pour les emmener avec lui, il donna l'ordre de perforer ce navire quand il fut en pleine mer, et que tous périrent dans les flots[1]. Schihâb-ed-Dîn[2], Abou-'l-Fedâ[3] et Ibn-Khaldoun[4] reproduisent le même fait, sur lequel En-Nouaïrî a, comme la *Chronique*, gardé le silence. Mais on doit tout croire d'un monstre comme Khalîl, qui, peu après son retour de Sicile, se vantait, dans un salon d'*El-Mahdïah*, d'avoir, pendant cette campagne, fait mourir un million de personnes, suivant ceux qui donnaient le chiffre le plus élevé, cent mille, suivant ceux qui admettaient un minimum, et, se reprenant : « Non, par Dieu, « dit-il, si ce n'est davantage[5]. »

Noyade des Girgentins.

Les auteurs ne s'accordent pas sur ses successeurs immédiats en Sicile[6]. Suivant la *Chronique*, il laissa deux gouverneurs à *Palerme*, Ibn-el-Koufi et Ibn-'At't'âf[7], et on lit dans Ibn-Khaldoun que 'At't'âf-el-Azdi fut, après Khalîl, chargé du gouvernement de la Sicile[8]. En-Nouaïrî, laissant une lacune de cinq ans, ne fait venir un successeur de Khalîl en Sicile qu'en 334; il donne à ce successeur le nom de Moh'ammed-ibn-el-Asch'at[9]. Mais tous s'accordent pour dire qu'en 336 (947 à 948 de J. C.), El-Mans'our remit le gouvernement de la Sicile à El-H'assan, fils de 'Ali-ben-Abi-'l-H'osseïn-el-

El-H'assan

---

[1] Ibn-el-Athîr, *El-Kâmil*, t. VIII, p. ٢٥٣, l. 7 à 9.

[2] In Gregorio, *Rerum arabicarum collectio*, p. 59, col. 2.

[3] *Annal. muslem.* t. II, p. 402, l. 4 à 6.

[4] *Hist. de l'Afr. et de la Sicile*, p. vi, l. 5 à 8 p. 165 de la traduction de N. Desvergers). Suivant lui, Khalîl fit mettre le feu au bâtiment qui portait les principaux habitants de *Girgent*.

[5] *Baïân*, t. I, p. ٢٢٣, l. 5 à 8. — M. Amari, sans doute d'après Ibn-el-Abbâr, lui fait dire : «Si, par Dieu, j'en ai tué plus de six cent mille.» (*Storia dei Musulm. di Sicilia*, t. II, p. 196.)

[6] Si Sâlem conserva le gouvernement de la Sicile jusqu'à sa mort, survenue dans les premiers mois de 328[a], on admettra sans hésitation, je pense, que Khalîl eut ce gouvernement depuis cet instant jusqu'au 15 dzou-'l-h'idjah 329, jour où il s'embarqua pour rentrer en *Ifrîk'iah*.

[7] *Chron. Cantabr.*, in Gregorio, p. 49, l. 13 et 14.

[8] *Hist. de l'Afr. et de la Sic.*, p. vi, l. 8 (p. 165 de la traduction de N. Desvergers). — Il dit, quelques lignes plus loin[b], que les Palermitains se révoltèrent contre 'At't'âf, le 1er chaoûâl 335[c]. C'est la négation indirecte, mais complète, du fait avancé par En-Nouaïrî, qu'un nouveau gouverneur fut envoyé en 334.

[9] *Historia Siciliæ*, in Gregorio, p. 15, l. 12 et 13 (Riedesel, p. 422).

---

[a] Voyez la note 4 de la page précédente.

[b] P. vi, l. 16 (p. 166 de la trad. de N. Desvergers).

[c] Il a emprunté cette date à Ibn-el-Athîr, dans lequel on lit يوم عيد الفطر سنة خمس وثلاثين (*El-Kâmil*, t. VIII, p. ٣٥٣, l. 19 et 20). Ibn-Khaldoun l'a reproduite dans les mêmes termes.

218   ÉTUDE SUR LA CONQUÊTE DE L'AFRIQUE.

gouverneur de Sicile (336 de l'hég.).

Kelbi[1], tué dans un des combats qui précédèrent le premier siège de *Girgent* en 326. Dès l'année 337, au dire de la *Chronique*, une conjuration se forma contre le nouveau gouverneur. Mais elle fut découverte; un châtiment exemplaire fit rentrer tout dans l'ordre, et El-H'assan conserva son gouvernement jusqu'à la mort d'El-Mans'our (en 341), et même au delà, car ce ne fut qu'en 342 qu'il revint en *Ifrîk'îah*, laissant à son fils Ah'med le commandement qu'il exerçait depuis cinq ans et environ deux mois[2], et dans lequel Ah'med fut confirmé par El-Mo'izz en 343[3]. Il le garda pendant seize ans. Au commencement de 360, il eut pour successeur son frère Abou-'l-K'âcim[4], et en-

Son fils Ah'med lui succède (343 de l'hég.). Abou-'l-K'âcim.

[1] *Chron. Cantabr.*, in Gregorio, p. 49, l. 18 et 19; an 6456[a]. — *El-Kâmil*, t. VIII, p. ᴡᴏɪ̂ᴡ, l. 14 et 15. — Schihâb-ed-Dîn[b], in Gregorio, p. 59, col. 2. — En-Nouaïrî[c], p. 15, l. 14 à 18 (Riedesel, p. 422). — Abulfedæ[d] *Annal. muslem.* t. II, p. 446, l. 4 et 5. — Ibn-Khaldoun, *Hist. de l'Afr. et de la Sicile*, p. ᴠɪ, l. 1 et 2. Son récit est présenté de manière qu'on doit croire qu'El-H'assan vint débarquer à *Mâzara* en chaoûâl ou tout au plus bien en dzou-'l-k'a'dah 335; mais comme il avait dit auparavant que la révolte d'Abou-Iezîd était apaisée, ce qui n'eut lieu qu'en 336, on doit considérer Ibn-Khaldoun comme s'accordant, sur ce point, avec ses prédécesseurs, excepté toutefois dans son *Histoire des Fât'imites*, où il dit qu'en 339 El-Mans'our donna le gouvernement de la *Sicile* à El-H'assan-ibn-'Ali-ibn-Abi[-el-H'ossein]-el-Kelbi, qui, ajoute-t-il, remplaça ainsi Khalil-ibn-Ish'âk'[e]. Ibn-Khaldoun oublie que Khalil avait été mis à mort par Abou-Iezîd à la fin de s'afar 333.

[2] Si ce chiffre de cinq ans et deux mois, donné par Ibn-Scheddâd (puisqu'il est reproduit par Schihâb-ed-Dîn et par Abou-'l-Fedâ), est exact, il prouverait qu'El-H'assan aurait été nommé en dzou-'l-k'a'dah 336, et serait rentré en *Ifrîk'îah* en moh'arram 342. Son règne ne doit pas moins compter jusqu'en 343, puisque ce fut seulement en cette année qu'El-Mo'izz consentit à nommer Ah'med à la place de son père.

[3] *El-Kâmil*, t. VIII, p. ᴡᴏᴠ, l. 17. — Schihâb-ed-Dîn, in Gregorio, p. 60, col. 1. — Abulfedæ *Annal. muslem.* t. II, p. 446, l. 9 et 10. — En-Nouaïrî, in Gregorio, p. 15', l. 20 à 24 (Riedesel, p. 423). — Ibn-Khaldoun, *Hist. de l'Afr. et de la Sicile*, p. ᴠɪ̂ᴇ, l. 3 à 5 (p. 169 de la trad. de N. Desvergers).

[4] En-Nouaïrî, *Hist. Sicil.* cap. ᴠɪɪ, in Gregorio, p. 19, l. 26 et 27 (Riedesel, p. 430 et 431). — Abulfedæ *Annal. muslem.* t. II, p. 448, l. 17 à 21. — Ibn-Khaldoun, *Hist. de l'Afr. et de la Sicile*, p. ᴠᴏ, l. 13 et 14 (p. 172 de la trad.). —

[a] Il y a trois cent quatorze jours qui appartiennent à la fois à l'année 6456 de l'ère de Constantinople et à l'année 336 de l'hégire. Dans le passage que je cite ici la *Chronique* dit أبي على, au lieu de أبي بن على.

[b] Il déclare emprunter son récit à Ibn-Scheddâd-es'-S'anhâdj, dont j'ai parlé plus haut. On lit, dans ce récit, que Mans'our donna la Sicile à El-H'assan *à titre de fief* (*in feudum*), et la suite des gouverneurs qui se succédèrent jusqu'au milieu du xi° siècle de notre ère justifie cette assertion.

[c] Ses manuscrits portent الحلبي (El-H'alebi); mais Gregorio (note b) avait, avant M. Caussin, relevé cette faute.

[d] Abou-'l-Fedâ dit aussi avoir puisé dans l'*Histoire de Sicile* d'Ibn-Scheddâd.

[e] *H. d. B.*, append. ɪɪ au t. II de la trad. franç., p. 540.

[f] À la note c de cette page 15, Gregorio relève l'erreur évidente d'En-Nouaïrî, qui prétend qu'El-H'assan gouvernait la *Sicile* depuis *deux ans* et quelques mois. C'est cependant le même auteur qui dit que Ah'med fut confirmé par El-Mo'izz en 343.

LIVRE QUATRIÈME. — CHAPITRE II.   219

suite une série d'autres membres de la même famille jusqu'en 431. On voit qu'en réalité 'Ali-ben-Abi-'l-H'osseïn-el-Kelbi fut la souche d'une véritable dynastie, qui régna sur la Sicile pendant quatre-vingt-quinze ans à partir de l'an 336, et, d'après les meilleures sources, ce fut en 453 que Roger commença la conquête de la Sicile.

Pour ne pas scinder le récit de ces événements, il m'a semblé nécessaire d'anticiper beaucoup sur l'ordre chronologique que je m'astreins à suivre. Je reviens maintenant à l'*Ifrîk'iah* et à ce qui s'y passait en 325.

On a vu les Edrîsites recevoir, des mains de Meïçour, les États qu'Ibn-Abi-'l-'Âfiah leur avait enlevés et gouvernait au nom des Omaïades. Toutes les branches de la famille edrîsite participèrent à ce retour de fortune inespéré, et Ibn-'Adzârî nous apprend qu'en 325 El-H'assan-ibn-Abi-'l-'Aïsch rentra à *Tlemcên*[1]. En même temps les *Beni-Moh'ammed* reconstituaient leur empire, comme je l'ai dit plus haut; mais le temps n'était plus où le seul nom d'Edrîs entraînait les Berbers du *Maghrib-el-Ak's'a*, et plusieurs villes durent être prises de force. *As'îlâ* fut de ce nombre. Ses habitants, pendant toute la campagne de Meïçour, n'avaient pas cessé d'être fidèles à Ibn-Abi-'l-'Âfiah; les jours de désastre n'avaient pas ébranlé leur constance, et quand les Edrîsites voulurent rentrer en possession de cette ville, ils furent obligés de livrer un rude combat, dans lequel ils éprouvèrent un échec tel qu'il y eut nécessité d'ajourner leur projet. Le nom du chef miknâcien exerçait encore un certain prestige, car, bien que Mouça vécût en fugitif dans le *désert de R'âret*, ce fut vers lui que les gens d'*As'îlâ*, prévoyant une nouvelle attaque, tournèrent leurs regards; ils lui demandèrent du secours. Sa réponse prouve l'état d'impuissance auquel il était réduit : «Écrivez à l'émîr des croyants, leur dit-il, moi et vous nous sommes «ses sujets[2].» Ces paroles, empreintes d'une tristesse mêlée d'amertume, exprimaient évidemment une plainte, et même un reproche de l'état d'abandon dans lequel l'émîr des croyants laissait un homme qui s'était si entièrement dévoué à sa cause. Les habitants n'y virent qu'un bon conseil et, sur la demande qu'ils adressèrent en effet, 'Abd-er-Rah'mân leur envoya de *Ceuta*, qui était en sa possession, un certain nombre de braves archers. A la nouvelle

frère du précédent (359-37? de l'hégire).

326 de l'hégire (937-938 de J. C.). Les Edrisites reprennent As'îlâ,

---

Abou-'l-Fedâ dit bien que Ah'med mourut à *Tripoli* en 359, pendant que son frère El-K'âcim remplissait l'intérim de son gouvernement en *Sicile*; mais il faut croire que cette mort survint à la fin de 359, car l'auteur ajoute que ce fut en 360 qu'Abou-'l-K'âcim fut nommé émîr de *Sicile*.

[1] *Baïân*, t. I, p. ٢٠٣, l. 7 et 8.
[2] On a ici une nouvelle preuve de l'erreur commise par Ibn-Khaldoun quand il dit qu'en 315 Ibn-Abi-'l-'Âfiah était rentré en possession de tout ce que Meïçour lui avait enlevé.

de ce secours, les *Beni-Moh'ammed* comprirent qu'il fallait se hâter; ils réunirent des troupes nombreuses, marchèrent sur *As'îlâ*, qui fit une vigoureuse résistance, car ce ne fut qu'après quarante jours de combats qu'ils emportèrent cette ville, où ils entrèrent en 326[1].

Ce que j'ai dit des *S'anhâdjah* suffit pour faire connaître nettement quelle était, dès les premières années du règne d'El-K'âiem, la relation de cette tribu avec les Fât'imites. J'ai passé sous silence les exploits que l'on attribue à Zîri-ben-Menâd, dont nous aurons d'ailleurs plus d'une occasion d'admirer la vaillance et l'intelligente activité, mais ces récits m'ont paru d'autant plus suspects qu'on y trouve mêlées des circonstances manifestement mensongères, par exemple la soumission que, suivant En-Nouaïrî, Mouça-ben-Abi-'l-'Âfiah, *gouverneur de Djerdoua au nom d'En-Nâs'ir*, aurait faite au jeune Zîri[2]. La chronologie dément la démarche que l'historien prête au chef miknâcien et efface le ridicule discours qu'il met dans sa bouche. En effet, puisque, suivant En-Nouaïrî, Ibn-Abi-'l-'Âfiah appartenait alors au parti omaïade, la scène qu'il suppose serait postérieure à 319; or il ajoute que, *dans la suite*, Mouça se plaignit, au jeune S'anhâdjien, de la tribu des *R'omâra*, de son impiété et du faux prophète sorti de son sein, lui demandant de venir réprimer son audacieuse turbulence. Mais comme cet imposteur n'est autre qu'Abou-Moh'am-med-H'amîm, qui fut tué en 315 chez les *Masmouda-es-Sâhel*, il est impossible d'admettre l'exactitude de pareils récits. D'ailleurs Ibn-Abi-'l-'Âfiah ne fut jamais réduit au rôle de gouverneur de *Djerdoua*. Une fois dépouillé de l'immense autorité qu'il avait eue en *Maghrib*, il mena une vie obscure mais non inactive jusqu'en 327, date à laquelle, suivant Ibn-Khaldoun, il mourut «pendant, «dit l'historien, qu'il travaillait, de concert avec son puissant voisin (Moh'am-«med-ibn-Khazer), à fortifier la cause des Omaïades[3]. » Il pouvait en effet conspirer, mais la preuve de l'obscurité dans laquelle il vivait se trouve dans l'incertitude même de la date de sa mort et de son genre de mort[4]. D'après Ibn-'Abd-el-H'alîm, le chef miknâcien fut tué (قُتِل) en 341, dans une région des bords du *Mlouïa*; suivant d'autres, El-Bernouçi par exemple, il fut tué

327 de l'hégire
(938-939
de J. C.).
Mort
d'Ibn-Abi-'l-
'Âfiah.

---

[1] *Baïân*, t. I, p. ۴۱۳, l. 22, à p. ۴۱۴, l. 2.

[2] En-Nouaïrî, *H. d. B.*, append. 1 au t. II de la trad. franç., p. 492.

[3] *Histoire des Berbers*, t. I, p. ۱۷۲, l. 14 et 15 (t. I de la trad. franç., p. 270). — Il s'accorde avec lui-même en disant plus loin qu'Ibn-Abi-'l-'Âfiah mourut quelque temps après 325 (*ibid.*, t. I, p. ۱۸۸, l. 12; — t. II de la trad. franç., p. 146).

[4] Ibn-Khaldoun vient de nous dire, avec beaucoup de vraisemblance, qu'Ibn-Abi-'l-'Âfiah mourut tranquille, s'occupant de menées et d'intrigues. Nous allons voir d'autres auteurs prétendre qu'il fut tué.

LIVRE QUATRIÈME. — CHAPITRE II.   221

en 328 [1]. «Son fils Medïen, dit Ibn-Khaldoun, lui succéda dans le comman-
«dement du *Maghrib*, et, s'y étant fait confirmer par En-Nâs'ir, il contracta
«avec El-Kheïr, fils de Moh'ammed-ibn-Khazer, une alliance semblable à celle
«qui avait existé entre leurs pères [2]. » J'ai déjà dit ce qu'il fallait entendre par ce
commandement remis à Medïen; il ne pouvait être que nominal; évidemment,
pendant plusieurs années, les partisans des Omaïades ne durent songer qu'à
entretenir la ferveur des populations, et peut-être à faire quelques dispositions en vue d'éventualités favorables. C'est ainsi que H'omeïd-ibn-Ies'el, que
le Mahdi avait jeté en prison à la fin de 321, était parvenu à s'évader, et
qu'« en 328, nous dit Ibn-Khaldoun, il passa du côté de Moh'ammed-ibn-
«Khazer [3], traversa le détroit, et obtint d'En-Nâs'ir le gouvernement du *Maghrib*
«central [4]. » C'était encore là un de ces gouvernements *in partibus infidelium*,

328 de l'hégire
(939-940
de J. C.).
Évasion
d'Ibn-Ies'el.

[1] *K'art'ds*, p. ٥٢, l. 21 et 22 ª (p. 72 de la trad. lat.; — p. 116 de la trad. franç.). Le texte imprimé ajoute que son fils Ibrâhîm, qui lui succéda, mourut en 350. La traduction latine omet ce passage, et la traduction française place en 335 la mort de cet Ibrâhîm, successeur de Mouça. J'ai opté, sans de bien fortes preuves, je l'avoue, pour la version d'Ibn-Khaldoun, qui prétend que ce fut Medïen qui succéda à Mouça, mais ces divergences ont peut-être pour explication le partage qui eut lieu plus tard des États (reconquis) de Mouça entre trois de ses fils, quoique Ibrâhîm ne figure pas dans ce partage [b]. Du reste, il existe, pour les descendants d'Ibn-Abi-'l-'Âfiah des confusions de dates par suite desquelles Ibn-'Abd-el-H'a-lîm fait mourir Moh'ammed, petit-fils d'Ibrâhîm-ben-Mouça, en 363 [c], pendant qu'Ibn-Khaldoun, d'après des auteurs qu'il ne nomme pas, dit que ce même Moh'ammed succéda à son père en 430 [d]. Pour le sujet que je traite, je n'ai aucun intérêt à débrouiller ce chaos.

[2] *H. d. B.*, aux pages citées note 3 de la page précédente. — Il s'emblerait, d'après ce passage, que Moh'ammed-ibn-Khazer était mort à cette époque et presqué en même temps qu'Ibn-Abi-'l-'Âfiah, mais nous savons déjà qu'il n'en est pas ainsi. Seulement, comme en 327, le chef des *Maghrâoua* avait environ quatre-vingts ans, il est vraisemblable que son fils gouvernait déjà avec lui [e], et ce serait là l'explication des termes employés par Ibn-Khaldoun.

[3] On peut raisonnablement supposer qu'il vint trouver Moh'ammed-ibn-Khazer au moment de son évasion, qui, dans cette supposition, aurait eu lieu en 328, pendant qu'à *El-Mahdïah* l'attention était concentrée sur les graves événements de Sicile.

[4] *H. d. B.*, t. II, p. ٢٤, l. 15 et 16 (t. III de la trad. franç., p. 231).

[a] Plus loin (p. ٤١, l. 23 et 24 ; — p. 83 de la trad. lat.; — p. 135 de la trad. franç.) l'auteur du *K'art'ds* place la mort d'Ibn-Abi-'l-'Afiah en 328, témoignant ainsi qu'il adopte la date donnée par El-Bernouçi.
[b] Ibn-Khaldoun, *H. d. B.*, t. I, p. ١٧٤ et ١٧٥ (t. I de la trad. franç., p. 270 et 271).
[c] *K'art'ds*, p. ٥٢, l. 25 (p. 72 de la trad. lat.; — p. 116 de la trad. franç.). Le père de ce Moh'ammed se nommait 'Abd-Allah.
[d] *H. d. B.*, t. I, p. ١٧٥ et ١٧٤ (t. I de la trad. franç., p. 272).
[e] Nous savons avec certitude, par Ibn-Khaldoun, que, vers 340, El-Kheïr partageait avec son père le fardeau du gouvernement des *Maghrâoua*. Parlant des événements qui suivirent immédiatement la révolte d'Abou-Iezid, comprimée en 336, il dit : «Moh'ammed-ibn-Khazer et son fils El-Kheïr *continuèrent à gouverner dans le Maghrib* «*central*.» (*H. d. B.*, t. II, p. ٢٧, l. 5 ; — t. III de la trad. franç., p. 232.)

comme celui de Medïen, car *Tâhart* était en la possession des Fât'imites; quant à la région occupée par Moh'ammed-ibn-Khazer, l'omnipotence qu'y exerçait ce chef ne laissait aucune place ni aucun rôle à un gouverneur envoyé de Cordoue. D'ailleurs, on avait, d'une part, tout intérêt à ménager le chef des *Maghrâoua;* d'autre part, le khalife omaïade n'était alors en mesure de prêter à qui que ce fût un appui sérieux dans le *Maghrib*. En 324, il s'était contenté d'accorder un asile à la famille du prince chassé de *Nâkour* par un de ses parents, prince qui non seulement était tout dévoué aux Omaïades, mais qui s'était compromis de la manière la plus grave avec les Fât'imites. J'ai indiqué plus haut les événements qui appelaient alors toute l'attention du khalife de Cordoue vers les *Pyrénées* (l'*Aragon* et le *royaume de Léon*), et bien que, depuis, Moh'ammed-ibn-Hâschim fût rentré dans le devoir en rompant son alliance avec Ramire II[1], celui-ci était trop actif et trop menaçant pour que 'Abd-er-Rah'mân se tînt en repos tant qu'il n'aurait pas abattu cet ennemi redoutable. Après avoir rassemblé une armée de cent mille hommes, le khalife était entré en campagne au milieu de 939. Ramire II et son alliée Tota, la reine régente de *Navarre*, étaient venus à sa rencontre, et le 15 chaouâl 327 (lundi 5 août 939 de J. C.) l'armée musulmane avait éprouvé à *Simancas*[2] une défaite complète, suivie, quelques jours après, à *Alhandega*[3], d'une déroute plus désastreuse encore[4], et telle que ce ne fut qu'en s'afar 329 (novembre 940) qu'il put réorganiser une armée et envoyer un de ses gouverneurs faire le dégât sur les frontières du *royaume de Léon*[5]. Ainsi s'expliquent les quelques années de tranquillité dont put jouir l'Afrique depuis les victoires

329 de l'hégire
(940-941 de J. C.).

---

[1] Dozy, *Hist. des Musulm. d'Esp.*, t. III, p. 57; — *Rech. sur l'hist. et la littér. de l'Espagne*, t. I, p. 233 et 234. — M. Dozy ajoute même que la reine Tota « avait reconnu 'Abd-er-Rah'mân comme suzerain de la *Navarre*; nous allons cependant voir cette vassale marcher contre son seigneur.

[2] *Septimanca* des anciens, شنت مانكس (*Schnet-Mânkas*) des Arabes, aujourd'hui *Simancas*, ville du *royaume de Léon*, située au sud-sud-ouest de *Valladolid*, sur la rive droite du *rio Puiserga*, un peu au-dessus de l'embouchure de cette rivière dans le *rio Duero* (carte n° 4 de l'*Atlas* de Lopez; in-fol.; Madrid, 1810).

[3] Au sud de *Salamanque*, sur les bords du *rio Tormes*, affluent de la rive gauche du *Duero*. C'est une des localités auxquelles les Arabes donnaient le nom الخندق, *El-Khandek'*, « le fossé ». (Dozy, *Recherches*, etc., t. I, p. 175 et 176.)

[4] Dozy, *ibid.*, t. I, p. 171 et suiv. — *Histoire des Musulm. d'Esp.*, t. III, p. 62 et 63.

[5] *Id, ibid.*, t, III, p. 65. — A la même époque se terminait, par la prise de *Girgent*, la guerre qu'El-K'âïem avait été obligé de porter en Sicile.

---

[a] Elle était mère de Garcia, qui régnait alors en *Navarre*, et elle exerçait la tutelle comme veuve de Sancho le Grand.

LIVRE QUATRIÈME. — CHAPITRE II. 223

de Meïçour[1]. Mais, pendant le silence de cette paix, un terrible incendie couvait au sein des populations répandues sur la lisière du *S'ah'ara*, et devait bientôt faire payer chèrement au khalife fât'imite les années de repos qui avaient semblé consolider en sa personne la dynastie fondée par son père. Cet incendie fut allumé par un Berber qu'on peut considérer comme le continuateur d'Abou-K'orra, et qui sortait, comme lui, de la branche des *Zenâtah*. Mais nous arrivons ici à une série de perturbations qui eurent une trop haute portée, pour que je ne fasse pas connaître les antécédents de l'homme remarquable qui fut l'âme de cette immense agitation et le centre d'un ébranlement si violent qu'on put croire un instant la dynastie fât'imite à jamais renversée.

Ce Berber se nommait Makhlad-ibn-Keïdâd[2], mais il est beaucoup plus connu sous le nom d'Abou-Iezîd. Il était issu des *Beni-Ouarkou* (بني وارکو), tribu sœur de celle des *Merendjís'ah*, qui appartenait, comme elle, à la grande famille des *Beni-Iforen*[3] (branche des *Zenâtah*). Aussi, Ibn-'Adzârî l'appelle-t-il Abou-Iezîd-Makhlad-ibn-Keïdâd-el-Iforeni-ez-Zenâti[4]. Son père, né à *Nifzdouah* selon les uns[5], à *K'ast'îliah* suivant d'autres[6], habitait soit *Tak'ïous*[7], soit *Tôzer*[8],

Histoire d'Abou-Iezîd. Origine de ce chef.

---

[1] Ainsi s'explique aussi l'absence, chez les auteurs, de toute indication relative à l'Afrique pendant les années 329 et 330.

[2] C'est ainsi que tous les auteurs écrivent son nom, excepté cependant Ibn-H'auk'al[a], Ibn-el-Athîr[b] et, probablement d'après eux, Abou-'l-Fedâ[c], dans lesquels on lit كنداد (*Kendâd*, au lieu de كيداد (*Keïdâd*). Quant au nom de Makhlad, c'est dans El-Bekrî (p. ٣١, l. 18) que je le trouve écrit مخلد.

[3] Ibn-Khaldoun, *H. d. B.*, t. II, p. ١٤, l. 19 (t. III de la trad., p. 201). Suivant Ibn-H'ammâd, Abou-Iezîd était de la tribu des *Beni-Dja'far*, fraction des *Beni-Djânâ*. (*J. A.*, t. XX, p. 472, 4ᵉ série.)

[4] *Baïân*, t. I, p. ٢٢٢, l. 10 et 11. — Ibn-'Adzârî, qui a emprunté son récit à Ibn-Sa'doun, auteur presque contemporain[d], donne, à la suite du nom d'Abou-Iezîd, une longue généalogie,

qu'on trouve reproduite, avec quelques différences, dans Ibn-Khaldoun (t. II, p. ١٧, l. 2 et 3); mais celui-ci l'a empruntée à Ibn-H'azm, qui, suivant lui, s'exprimerait ainsi: «Ibn-Iousef-el-Ouerrâk' m'a raconté qu'il tenait de Aïoub-ibn-Abou-Iezîd que le nom de son père était,» etc. Or Ibn-el-Ouerrâk', mort en 363[e], a très bien pu tenir un récit de la bouche de Aïoub-ibn-Abou-Iezîd, qui mourut en 336; mais Ibn-el-Ouerrâk' n'a pas pu le transmettre de vive voix à Ibn-H'azm, né le mercredi 30 ramadhân 384[f].

[5] El-Bekrî, p. ١٢٢, l. 17 et 18 (*J. A.*, t. XIII, p. 393 et 394, 5ᵉ série). Il l'appelle النفزي.

[6] Ibn-Khaldoun, *Hist. des Fât'im.*, § VIII (*H. d. B.*, append. II au t. II de la trad. franç., p. 530).

[7] *Chronique* d'Ibn-H'ammâd (*J. A.*, t. XX, p. 472, 4ᵉ série).

[8] Ibn-el-Athîr, *El-Kâmil*, t. VIII, p. ٣١٥, l. 20.

[a] Voyez la note 3 de la page 248 du tome XIII (*J. A.*, 3ᵉ série).
[b] *El-Kâmil*, t. VIII, p. ٣١٥, l. 19.
[c] *Annal. muslem.* t. II, p. 430, l. 5.
[d] Dozy, *Hist. des Musulm. d'Espagne*, t. III, p. 67, note 1.
[e] Page 15 de la *Préface* que M. de Slane a mise en tête du texte d'El-Bekrî.
[f] Ibn-Khallikân, n° ٣٥٩ de l'édit. Wüstenfeld, fasc. v, p. ٣٨, l. 5 et 6 (t. I de la trad. angl., p. 267).

deux villes du territoire de *K'ast'îliah*, et faisait de fréquents voyages dans le *Soudân* pour le commerce auquel il se livrait. Ce fut là, dans la ville de *Kaoukaou*[1] (كُوكُو), que lui naquit, d'une servante (جارية) nommée Sebîka, le fils auquel il donna le nom d'Abou-Iezîd, et qui devait jouer un rôle en *Ifrîk'îah*, malgré son infirmité : il était boiteux[2]. Amené par son père à *K'eït'oun-Zenâtah*[3], dans le pays de *K'ast'îliah*, son enfance se passa tantôt à *Tôzer*, tantôt à *Tak'ïous*[4].

— Abulfedæ Annal. muslem. t. II, p. 430, l. 6. — Ibn-Khaldoun, à la page citée note 3 ci-dessus. — Raïni-'l-K'aïraouâni, *Hist. de l'Afr.*, liv. IV, p. 97.

[1] On écrit quelquefois *Koukou*. El-Bekrî donne, sur cette ville, quelques détails, au nombre desquels se trouve celui-ci : que «Dans le pays de «*Kaoukaou* le sel tient lieu de monnaie dans les «opérations commerciales[a].» Abou-'l-Fedâ parle de *Kaoukaou* d'après l'*Azîzi*, le *K'ânoun*[b], Edrîsî et Ibn-Sa'îd, comme étant la capitale du *Pays des Noirs*[d]; mais ce qu'en dit Ibn-Bat'out'ah offre un intérêt particulier : il a séjourné pendant un mois de l'année 754 (1353-1354 de J. C.) dans cette ville, qui semblait être alors (c'était sous le règne du XIᵉ des Benî-Merîn, Abou-'Inân) un lieu de refuge pour beaucoup de gens venus du *Maghrib septentrional*; car ce voyageur y reçut l'hospitalité de trois personnages dont l'un était de *Miknâça*, un autre de *Téza*, le troisième de *Tâfîlâlt*[e]. Cette hospitalité était sans doute donnée à titre de compatriote, puisque Ibn-Bat'out'ah était né à *Tanger*[f]. — *Kaoukaou* ou *Koukou* ne peut pas être le *Gougou* de D'Herbelot[g].

[2] *Chronique* d'Ibn-H'ammâd (*J. A.*, t. XX. p. 472, 4ᵉ série). — Suivant Ibn-el-Athîr, il n'était pas seulement petit de taille (قصير), il était tortu (أعوج) et hideux de figure (*El-Kâmil*, t. VIII, p. ٣١٤, l. 10 et 11). — Voir Abulfedæ *Annal. muslem.* t. II, p. 430, l. 10.

[3] Il serait possible que le *K'eït'oun-Zenâtah* d'Ibn-Khaldoun fût la localité qu'El-Bekrî nomme *K'eït'oun-Biddha* et qu'il place à une journée vers l'ouest de *Nefta*[h], à deux journées dans un autre passage, où il dit aussi que *K'eït'oun-Biddha* commence le *canton de Somât'a*[i]. S'afi-ed-Dîn donne trois jours pour la distance de *K'eït'oun* à *K'afs'a*[j]. M. Carette avait cru, à tort, devoir placer *K'eït'oun-Biddha* dans la région plus méridionale qu'on appelle aujourd'hui l'*Ouâd-Souf*[k].

[4] *H. d. B.*, t. II, p. IV, l. 8 et 9 (t. III de la trad. franç., p. 201).

---

[a] El-Bekri, p. ١٨٣, l. 22 (*J. A.*, t. XIV, p. 122, 5ᵉ série). — Voir aussi p. ١٨١, l. 19, et p. ١٨٣, l. 7 et 10 (ibid., t. XIV, p. 118 et 121). — Ibn-Bat'out'ah (t. IV, p. 378, l. 7) confirme le dire d'El-Bekrî quant à l'emploi du sel comme monnaie dans le *Soudân*, mais plus loin (p. 435, l. 8 et 9) il dit qu'à *Kaoukaou* on se sert de petites coquilles.

[b] Reinaud, *Introd. à la Géogr. d'Abou-'l-Fedâ*, p. LXXXIX et XCVII. A la première de ces pages M. Reinaud dit que le *K'ânoun* a été rédigé vers l'an 1036 de notre ère (427-428 de l'hégire).

[c] *Géographie*, t. I, p. 22 et 23. — Hartmann, *Edrisii Africa*, p. 55.

[d] *Géographie*, p. ١٠٤ et ١٠٧, nᵒ ٣ (t. II de la trad. de M. Reinaud, p. 221 et 222).

[e] *Voyages* d'Ibn-Bat'out'ah, t. IV, p. 436, l. 1 à 3.

[f] *J. A.*, t. I, p. 182, 4ᵉ série.

[g] *Biblioth. orient.*, p. 378, col. 1; in-fol., Maestricht, 1776.

[h] El-Bekrî, p. ٦٧, lin. ult., à p. ٦٨, l. 1 (*J. A.*, t. XII, p. 531, 5ᵉ série).

[i] *Ibid.*, p. ٧٦, l. 21 à 23 (*J. A.*, t. XIII, p. 131, 5ᵉ série). — Ibn-H'auk'al dit qu'Abou-Iezîd était natif de *Somât'a*[l*]; il paraît faire confusion avec le lieu où se passa sa première enfance.

[j] *Marâs'id-el-It't'ilâ'*, t. II, p. ٣٤٧, l. 8 et 9.

[k] Carette, *Rech. sur la géogr. et le comm. de l'Alg. mérid.*, p. 69, in-8ᵒ, de l'I. R. 1844.

[l*] *Descr. de l'Afr.*, § CXL (*J. A.*, t. XIII, p. 248, 3ᵉ série).

LIVRE QUATRIÈME. — CHAPITRE II. 225

On sait que les *Beni-Iforen* avaient embrassé les croyances khâredjites avec assez d'ardeur pour les soutenir par la force des armes[1]. Le jeune Abou-Iezîd, en même temps qu'il étudiait le K'orân et les belles-lettres, fréquentait des gens de sa tribu qui, parmi les diverses sectes khâredjites, avaient adopté celle des *S'ofrîtes-Nekkâriens*[2]. Il y prit un goût très vif, et se distingua par la sagacité et la profondeur dont il fit preuve dans le maniement des subtilités qui caractérisent ces doctrines. Je ne saurais dire à quelle époque il se rendit à *Tâhart* pour s'y livrer à l'enseignement, et en même temps se perfectionner sous certains cheïkhs nekkâriens, notamment sous Abou-'Obeïda, mais il se trouvait dans cette ville en ramadhân 296, quand le Chiï s'en empara dans sa marche sur *Sidjilmâçah*, où il allait délivrer le Mahdi. Abou-Iezîd jugea prudent alors de retourner à *Tak'ious*, où il acheta une propriété, dit Ibn-el-Athîr[3]; suivant Ibn-Khaldoun, il se rendit de *Tâhart* à *K'eïl'oun*[4], où, réduit à la misère par la mort de son père, il fut obligé d'accepter les dons que les habitants lui offraient par charité[5]. Quoi qu'il en soit, il continua à enseigner, et ses enseignements étaient de la nature la plus dangereuse, puisqu'ils respiraient le fanatisme au point, non seulement d'appeler sur tout homme qu'il considérait comme hérétique la peine de mort et la confiscation des biens, mais de poser en principe le devoir de se révolter contre le sult'ân[6]. Il faut croire cependant qu'il apporta beaucoup de mesure dans la propagande qu'il fit de ces idées subversives, car environ quatorze années s'écoulèrent sans que rien vînt le troubler. Toutefois, le bruit finit par se répandre qu'il enseignait aux enfants des doctrines hérétiques; on sut que de *Tak'ious* il faisait de fréquentes excursions à *Tôzer*, et qu'il travaillait à indisposer les habitants de cette ville contre leur chef[7]. « Dans le temps de 'Obaïd-Allah le Fât'imite, dit Ibn-Khaldoun, la

Ses études.

Il enseigne à Tâhart.

Revient à Tak'ious en 296.

---

[1] H. d. B., t. II, p. ١٢, l. 17 (t. III de la trad. franç., p. 198).

[2] Ibn-Khaldoun, *Hist. des Fât'im.*, § VIII (H. d. B., append. II au t. II de la trad. franç., p. 530). — Sur les diverses sectes khâredjites (*Ibâdhites*, *S'ofrîtes*, *S'ofrîtes-Nekkâriens*, *Ouâs'eliens*), voir *Specimen historiæ Arabum* (p. 17 et suiv. et passim) et une note de M. de Slane (H. d. B., t. I de la trad. franç., p. 203, note 5).

[3] *El-Kâmil*, t. VIII, p. ٣١٤, l. 1.

[4] Ailleurs il dit à *Tak'ious*.

[5] Ibn-Khaldoun, H. d. B., t. II, p. ١٧, l. 11 à 13 (t. III de la trad. franç., p. 202). — El-K'aïraouâni, p. 97.

[6] *Hist. des Fât'im.*, § VIII (H. d. B., append. II au t. II de la trad. franç., p. 530). — Ibn-el-Athîr, *El-Kâmil*, t. VIII, p. ٣١٤, l. 2. — *Baïàn*, t. I, p. ٢٠٠, l. 5 et 6.

[7] Ibn-Khaldoun, à la page citée note 2 ci-dessus.

* Du temps d'Et-Tidjânî (au commencement du XIV° siècle de notre ère), une partie des habitants de Djerba, la partie qui occupait l'est et le sud-est de l'île, appartenait encore à la secte nekkârienne. (J. A., t. XX, p. 172, 4° série.)

Il est obligé de fuir en 310.

« présidence du conseil appartenait à Ibn-Fork'ân [1]. » Ce fut probablement sur la plainte de ce président qu'en 310 Abou-Iezîd fut mis hors la loi par les magistrats de K'ast'îliah [2]. Sa première pensée fut de fuir à *la Mekke*, et il avait déjà atteint *Tripoli* quand, se voyant poursuivi, il revint à *Takïous* [3], où sans doute il vécut caché. Cependant, il continuait à agir sourdement sur les gens du Sud, et, en 316, les circonstances lui parurent favorables pour manifester sa présence. Les armées du Mahdi étaient occupées dans le *Maghrib* et en *Sicile;* il semblait, comme je l'ai dit, que tous les ennemis des Fât'imites se fussent unis pour agir de concert et étouffer dans son berceau la dynastie naissante, en même temps que la fondation d'*El-Mahdïah* et de *Moh'ammedïah*, inspirant au chef de cette dynastie une sécurité trompeuse, devait le porter à dédaigner un obscur agitateur prêchant l'hérésie sur les confins du *S'ah'ara*.

---

[1] *H. d. B.*, t. I, p. ԿՒЧ, l. 13 et 14 (t. III de la trad. franç., p. 141). — Voyez la note 2 ci-dessous).

[2] *H. d. B.*, t. II, p. ɪᴠ, l. 16 (t. III de la trad. franç., p. 202). — Depuis l'époque de la conquête musulmane et pendant la durée des dynasties aghlabite, fât'imite et s'anhâdjienne (*zîrite* et *h'ammâdite*), les villes du *Djerîd* recevaient leurs gouverneurs du siège du gouvernement [a] (*K'aïraouân*, *El-Mahdïah*, etc.); mais, en outre, depuis une époque que je ne saurais assigner, et qui est probablement reculée, chacune de ces villes était administrée par un grand conseil dont les membres appartenaient aux familles les plus notables de la localité: telles étaient les *Beni-Iemloul* à *Tôzer*, les *Beni-'Âbed* à *K'afs'a* [b], les *Beni-Khalef* à *Nefṭ'a*, et les *Beni-Abi-Menïa'* à *El-H'âmma* [c].

Quand les Fât'imites eurent été mis en possession de l'*Ifrîk'iah*, ils donnèrent tout naturellement la prédominance aux *Kitâmah;* c'est pourquoi on lit dans El-Bekrî : « Depuis l'époque où 'Obaïd-« Allah entra en *Ifrîk'iah*, le gouvernement de « *K'âbes* est toujours resté dans la famille des *Beni*-« *Lok'mân-el-Kitâmi* [d]. » Probablement d'autres familles kitâmiennes formèrent les grands conseils des autres villes, comme les *Beni-Ouât'âs*, les *Beni-Mâreda*, les *Beni-'Aoudh*, les *Beni-Fork'ân*. Ces derniers composaient en 310 le conseil de *Tôzer*.

[3] *H. d. B.*, t. II, p. ɪᴠ, l. 16 et 17 (t. III de la trad. franç., p. 202). — *Baïân*, t. I, p. ᴦ··, l. 8 à 11. Je pense que c'est à tort qu'Ibn-'Adzârî place en 316 cette fuite à *Tripoli* et ce retour à *Tak'ious*.

[a] *H. d. B.*, t. I, p. ԿՒᴠ, l. 8 et 9 (t. III de la trad. franç., p. 157).

[b] «A l'époque où les localités du *Djerîd*, dit Ibn-Khaldoun, passèrent sous l'administration de conseils indé-«pendants, *K'afs'a* avait déjà pour président Iah'iâ-ibn-Moh'ammed-ibn-'Ali-ibn-'Abd-el-Djelîl, membre de la «famille *'Âbed*, une des premières maisons de la ville.» (*H. d. B.*, t. I, p. ԿՒЧ, l. 4 à 6; — t. III de la trad. franç., p. 145.)

[c] *Ibid.*, t. I, p. ԿՒЧ, l. 5 et 6 (t. III de la trad. franç., p. 141).

[d] El-Bekrî, p. ɪᴧ, l. 2 et 3 (*J. A.*, t. XII, p. 456, 5ᵉ série). — «A l'époque des Chîites, dit aussi El-Tidjânî, «le gouvernement de *K'âbes* était héréditaire dans les mains des *Beni-Lok'mân*, les Kitâmiens.» (*J. A.*, t. XX, p. 145 et 146, 4ᵉ série). — Ces *Beni-Lok'mân* étaient-ils, comme furent plus tard les *Beni-Iemloul*, des Arabes de la première invasion qui avaient fini par se *berbériser*? Je me pose cette question parce qu'Ibn-Khaldoun parle des *Beni-Lok'mân* comme descendant de Lok'mân-ibn-Khalîfa, souche d'une des ramifications de la tribu des *Lat'ýf*, qui formait elle-même une des fractions de la tribu d'*El-Athbedj*, branche de la grande tribu de *Hilâl-ibn-'Âmer*. (Ibn-Khaldoun, *H. d. B.*, t. I, p. ᴘᴨ, l. 21 et 22; — t. I de la trad. franç., p. 56.)

LIVRE QUATRIÈME. — CHAPITRE II.   227

Ce fut donc en 316 qu'Abou-Iezîd reparut, s'érigeant en censeur des mœurs et en réformateur des abus[1]. Cette manifestation eut, aux yeux d'Ibn-'Adzârî, un caractère assez grave pour lui faire dire : « En 316 commença l'af- « faire d'Abou-Iezîd-Makhlad-ibn-Keïdâd-ez-Zenâti. » Il est vrai que, quelques lignes plus bas, il ajoute que sa propagande eut un tel succès qu'il entraîna les habitants de *Tak'ious* à tuer leur gouverneur[2]; mais il est seul à le dire. Ce qu'on peut du moins avancer avec certitude, c'est qu'à dater de cet instant le nombre de ses partisans grossit au point qu'à la mort du Mahdi, en rebî-el-aouel 322, il se crut assez fort pour lever ouvertement l'étendard de la révolte. « Ce fut Ibn-Fork'ân, dit Ibn-Khaldoun, qui, s'apercevant qu'Abou-Iezîd tra- « mait un soulèvement contre Abou-'l-K'âcim-el-K'âiem, provoqua son expul- « sion[3]. » Aussitôt El-K'âiem envoya aux autorités de *Kast'iliah* l'ordre d'arrêter le perturbateur. Mais celui-ci avait déjà pris la fuite et s'était dirigé vers l'Orient, où il accomplit le pèlerinage, et ne revint dans son pays qu'en 325, date à laquelle il rentra à *Tôzer* sous un déguisement. Bientôt reconnu, il fut dénoncé au gouverneur de la ville par Ibn-Fork'ân, et jeté en prison[4]. A la nouvelle de cet échec d'Abou-Iezîd, son ancien précepteur, Abou-'Ammâr-el-'Âma (l'aveugle), chef des Nekkâriens, et nommé 'Abd-el-H'omeïd[5], accourut en toute hâte à *Tôzer* avec une troupe de *Zenâtah* et, sur le refus du gouverneur de relâcher le prisonnier, Fâdhl et Iezîd, tous deux fils d'Abou-Iezîd, employèrent la force et délivrèrent leur père[6].

Il reparaît en 316.

Excite une révolte en 322.

Fuit en Orient. Revient en 325 et est emprisonné.

Deux de ses fils le délivrent.

---

[1] Ibn-el-Athîr, *El-Kâmil*, t. VIII, p. ۳۱۴, l. 4, — Ibn-Khaldoun, *Hist. des Fât'im.*, § VIII (*H. d. B.*, append. II au t. II de la trad. franç., p. 530).

[2] *Baiân*, t. I, p. ۳۰۰, l. 2 à 11.

[3] *H. d. B.*, t. I, p. ۴۳۴, l. 15 (t. III de la trad. franç., p. 141). — *Chronique* d'Ibn-H'ammâd (*J. A.*, t. XX, p. 473, 4ᵉ série).

[4] *H. d. B.*, t. II, p. IV, l. 18 à 20 (t. III de la trad. franç., p. 202). — J'ai dit plus haut en quoi consistait l'organisation administrative des villes du *Djerîd*; on voit très nettement ici le président du grand conseil, Ibn-Fork'ân, veillant à la sécurité publique et dénonçant le coupable au gouverneur.

ᵃ *Chronique* (*J. A.*, t. XX, p. 473, 4ᵉ série).

ᵇ *Baiân*, t. I, p. ۳۰۰, l. 10, et p. ۳۳۲, lin. ult.

ᶜ *Chronique* d'Ibn-H'ammâd (*J. A.*, t. XX, p. 474, 4ᵉ série).

[5] Ibn-H'ammâd donne à ce chef de la secte nekkârite (il dit ibâdbite) le nom de Abou-'Omar-ibn-'Abd-Allah-el-H'omeïdi-el-H'adjeri ᵃ, ce qui diffère notablement de celui donné par Ibn-Khaldoun; et Ibn-'Adzârî ne me met pas à même de fixer ce nom, puisqu'à deux reprises il dit simplement Abou-'Ammâr-el-'Âma ᵇ.

[6] *H. d. B.*, t. II, p. IV, l. 20, à p. IA, l. 3 (t. III de la trad. franç., p. 202 et 203). — Abou-Iezîd avait deux autres fils, l'un nommé Abou-Moh'ammed-Aïoub, l'autre Iounes ᶜ. Aïoub ne joua pas seulement un rôle actif, comme nous le verrons bientôt, dans la rude mission que son père s'était donnée; il était doué d'un grand savoir, notamment en ce qui concerne les généa-

Il se réfugie chez les Beni-Zendâk.

Après ce coup hardi, il fallait fuir au plus vite, et ce fut chez les *Beni-Ouârgla* ou plutôt chez les *Beni-Zendâk* qu'il se rendit. Il séjourna au milieu d'eux pendant un an, faisant seulement quelques visites aux Berbers de l'*Aurâs* et aux *Beni-Berzâl*, tribu qui habitait le *Djebel-Sâlât*, situé au sud de *Mesîla*. Encouragé par la promesse de leur appui, et après un an de séjour, comme je viens de le dire, par conséquent en 326, il passa dans l'*Aurâs* avec Abou-'Ammâr et douze autres personnages influents; tous s'établirent chez les Nekkâriens de *Nouâlât*[1]. « Abou-Iezîd avait alors soixante ans, dit Ibn-H'ammâd, et «son corps était épuisé par les infirmités[2]. » La propagande qu'il avait faite dans ces montagnes n'avait pas jeté des racines aussi profondes qu'il l'avait supposé, car ce ne fut qu'en 331, après cinq ans d'efforts soutenus, qu'il obtint enfin, des populations sur lesquelles il agissait, le serment d'exterminer les Fât'imites et d'établir un gouvernement républicain (un conseil de cheïkhs)[3]. C'est donc avec raison qu'El-Bekrî[4] et Ibn-Adzârî[5] placent dans l'*Aurâs* le point de départ de l'insurrection d'Abou-Iezîd. En 332, le rebelle osait paraître en armes dans la plaine de *Bâr'dï* et saccageait plusieurs bourgades voisines

En 326, se rend dans l'Aurâs.

331 de l'hégire (942-943 de J. C.). Serment des Berbers de ces montagnes. 332 de l'hégire (943-944 de J. C.).

---

logies berbères[c]. Ibn-Khaldoun vante son exactitude[b], et dans un passage on lit : «[Abou]-Mo«h'ammed-ibn-Abou-Iezîd, flambeau de la foi et «membre de la tribu de *Nefza*[c]. » En 335, Aïoub se rendit en Espagne sur l'ordre de son père[d]; il y séjourna quelque temps, et ce fut sans doute alors qu'il eut l'occasion d'entretenir Ibn-el-Ouerrâk[1].

[1] *H. d. B.*, t. II, p. ١٨, l. 3 à 6, et p. ٧٢, l. 8 à 11 (t. III de la trad. franç., p. 203 et 286). Les *Beni-Zendâk* étaient une fraction d'une tribu maghrâouienne, et se trouvaient alors chez les *Beni-Ouârglâ*.

[2] *Chronique* (J. A., t. XX, p. 473, 4ᵉ série). Je dois conclure de ce passage qu'Abou-Iezîd était né en 266, sous le règne d'Ibrâhîm, neuvième prince de la dynastie aghlabite. Si, comme la phrase mal tournée d'Ibn-H'ammâd prête peut-

être à le supposer, cet auteur entend donner soixante ans à Abou-Iezîd lorsqu'il devint redoutable par le nombre des partisans qu'il était parvenu à grouper dans l'*Aurâs*, ce serait en 331 qu'il avait cet âge, et l'on serait conduit à placer sa naissance en 271, sous le même règne.

[3] *H. d. B.*, t. II, p. ١٨, l. 7 à 9 (t. III de la trad. franç., p. 204 et 205).

[4] El-Bekrî, p. ٥٠, l. 4, et p. ١٢٢, l. 17 et 18 (J. A., t. XIII, p. 60 et 393, 5ᵉ série). — Cet auteur place en 331 le départ de Iah'iâ-ben-Edrîs-ibn-'Omar-ibn-Edrîs II pour *El-Mahdïah* et l'impossibilité où fut ce prince de joindre les Fât'imites, alors bloqués dans leur capitale par Abou-Iezîd[c]. J'ajourne ce détail, sur lequel, du reste, nous trouverons des indications qui s'accordent peu entre elles.

[5] *Baïân*, t. I, p. ٢٢٢ et ٢٢٣, et p. ٢٢٢, l. 17.

---

[a] Ibn-Khaldoun, *H. d. B.*, t. I, p. ١١٢, l. 15 (t. I de la trad. franç., p. 178; — voyez aussi p. 28, note 1).

[b] *Id. ibid.*, t. I, p. ١٠٧, l. 9 (t. I de la trad. franç., p. 169).

[c] *Id. ibid.*, t. I, p. ١٣٠, l. 2 et 3 (t. I de la trad. franç., p. 205). J'admets sans hésitation la correction proposée par M. de Slane à la note 1 de la page ١٣٠., quoique je m'étonne de l'expression de «flambeau *de la foi*».

[d] *Id. ibid.*, t. II, p. 14, l. 15 et 16 (t. III de la trad. franç., p. 207).

[e] El-Bekrî, p. ١٢٤, l. 13 à 15 (J. A., t. XIII, p. 357, 5ᵉ série).

de cette place [1]. La guerre qu'il fomentait depuis plus de vingt-cinq ans était enfin déclarée.

Commencement de la guerre.

Pendant que ces événements se passaient dans l'*Ifrîk'iah*, un incident sans gravité pour le présent, mais inquiétant pour l'avenir, se produisait dans le *Maghrib-el-Ak's'a*. Ah'med-el-Fâdhl-ibn-Ibrâhîm-ibn-Moh'ammed, loin de partager les sentiments de fidélité qui animaient son oncle El-K'âcim-Kennoun-ibn-Moh'ammed [2] pour les Fât'imites, avait un tel penchant pour les Omaïades qu'il poussa jusqu'au fanatisme son dévouement à cette famille. «Ce fut lui, «dit El-Bekrî, qui en l'an 332 s'adressa au grand k'âdhi d'Andalousie, Mo-«h'ammed-ibn-'Abd-Allah-ibn-Abi-'Aïça, pour lui exprimer le désir d'aller «faire la guerre sainte sous les ordres de l'émîr-el-moumenîn 'Abd-er-Rah'-«mân [3].» La réponse ne pouvait être douteuse; non seulement l'émîr chargea le k'âdhi d'encourager le prince à se rendre près de lui, mais il lui fit annoncer

---

[1] *H. d. B.*, t. I, p. ۱۴۴, l. 17, et t. II, p. ۱۸, l. 9 (t. I de la trad. franç., p. 203, et t. III, p. 305). — Ibn-el-Athîr place en 333 l'instant où les infatigables menées d'Abou-Iezîd donnèrent à ce perturbateur une importance réelle en *Ifrîk'iah* [a], et Ibn-'Adzârî, bien qu'il s'exprime à peu près dans les mêmes termes, rectifie la date et donne celle de 332 [b]. Ibn-H'ammâd avait dit aussi que ce fut en 332 qu'éclata la révolte d'Abou-Iezîd [c]; mais on ne s'explique pas qu'il prétende que cette révolte signala les commencements du règne d'El-K'âïem, quand on sait que le règne du fils de 'Obaïd-Allah-el-Mahdi, commencé en 322, finit en 334, comme nous le verrons bientôt. Le cheïkh Et-Tidjânî dit avec plus de raison: «Ce fut vers la fin du règne d'El-«K'âïem que commença la révolte d'Abou-Iezîd [d].»
— On sait que *Bâr'âï* est au pied du versant septentrional de l'*Aurâs*, et qu'une grande plaine borde le pied de ce versant.

[2] Suivant El-Bekrî, Ah'med-el-Fâdhl était seigneur du territoire qui s'étendait de Iou-Iddjâdjîn à *Ceuta* [e]. Il faut sans doute admettre qu'il ne gouvernait que sous l'autorité d'El-K'âcim-Kennoun.

[3] Il ne s'agissait pas même de combattre directement sous les ordres de 'Abd-er-Rah'mân, car on sait que, depuis l'affreuse défaite d'*Alhandega* en 327, ce prince n'accompagna plus ses armées quand elles se mettaient en campagne [f]. C'est Ibn-Khaldoun qui a fait connaître cette circonstance [g].

---

[a] *El-Kâmil*, t. VIII, p. ۳۱۵, l. 18.
[b] *Baïân*, t. I, p. ۲۲۴, l. 20 et 21.
[c] *Chronique* (*J. A.*, t. XX, p. 472, 4ᵉ série).
[d] *J. A.*, t. I, p. 363, 5ᵉ série.
[e] El-Bekrî ne s'accorde pas bien ici avec lui-même. Iou-Iddjâdjîn (يوجّاجين), ville arrosée par le fleuve *Souçak'*, était située sur la route de *Ceuta* à *Fés*, dans le canton de *Djenâdra*, entre *H'adjar-en-Nasr* et *As'âda*; elle appartenait à Kennoun-ibn-Moh'ammed (El-Bekrî, p. ۱۱۴, l. 14 à 19, et p. ۱۴۴, l. 21, à p. ۱۳۰, l. 1; — *J. A.*, t. XIII, p. 332 et 363, 5ᵉ série); or, en s'exprimant comme il le fait, El-Bekrî suppose que les possessions d'El-Fâdhl s'étendaient *au sud de H'adjar-en-Nasr*, ce qui ne se pouvait, puisque cette place était le siège du gouvernement de Kennoun, dont les possessions s'étendaient jusqu'à *Fés*.
[f] Dozy, *Hist. des Musulm. d'Espagne*, t. III, p. 63 et 64.
[g] Dozy, *Rech. sur l'hist. et la littér. de l'Esp. au moyen âge*, t. I, p. 180 et 181, et p. xxxiii, l. 11 et 12.

Réception de Ah'med-el-Fâdhl l'Edrisite en Espagne. 333 de l'hégire (944-945 de J. C.). D'autres parents d'El-Fâdhl se rendent aussi en Espagne.

une réception splendide : depuis *El-Djezira-'l-Khad'ra* (*Algéziras*), où s'opérerait son débarquement, il trouverait, à chacune des trente stations qui séparent ce port de *Belât'-H'omeïd*, qu'il devait atteindre, dans le nord de l'Espagne, un kiosque construit à son intention, chacun de ces kiosques coûtant mille mithk'âls[1]. Un accueil si flatteur attira à la cour de *Cordoue* d'autres membres de la même famille, H'assan-ibn-el-K'âcim, surnommé Kennoun[2], et 'Aïça-ibn-Kennoun-ibn-Moh'ammed-ibn-el-K'âcim[3], qui arrivèrent en Espagne le 12 chaouâl 333, et y séjournèrent quatre mois, pendant lesquels ils furent comblés de faveurs[4]. Ibn-Khaldoun attribue ces visites à l'arrivée dans le *Maghrib*, en 333, d'El-K'âcim-ibn-Moh'ammed-ibn-T'omlos, vizîr d'En-Nâs'ir; suivant lui, Abou-'l-'Aïsch-ibn-Edris-ibn-'Omar, généralement connu sous le nom d'*Ibn-Methâla*[5], s'empressa de faire sa soumission et d'envoyer une ambassade à En-Nâs'ir[6]. Celui-ci ne négligeait aucune occasion de se faire des partisans dans le *Maghrib*. Du reste, l'opportunité de ces prévenances était grande, car jamais les Fât'imites n'avaient été menacés par un ennemi aussi redoutable qu'Abou-Iezîd, et la guerre de religion qu'ils avaient à soutenir contre lui avait rendu au souverain omaïade toutes ses espérances. Ces gracieusetés obtenues par certains membres de la famille des *Beni-Moh'ammed* n'empêchaient pas d'autres membres de la même famille de continuer ouvertement leurs protestations contre l'occupation de *Ceuta* et même de protester les armes à la main, comme on en trouve la preuve dans un passage d'Ibn-'Adzârî, passage qui, pour être très court, n'en est pas moins significatif. Après avoir nommé les gouverneurs, au nombre de quatre, qui de 319 à 330

---

[1] El-Bekrî, p. ١٣٠, l. 2 à 9 (*J. A.*, t. XIII, p. 363 et 364, 5ᵉ série).

[2] Je suppose un peu gratuitement qu'il s'agit d'un frère de Ah'med-el-Akber, puisque le texte *semble* désigner un frère de 'Aïça (voyez la note 3 ci-dessous). Ibn-Khaldoun est loin d'éclaircir cette obscurité, car il fait de ces deux envoyés des *Beni-Moh'ammed* deux arrière-petits-fils de Moh'ammed-ibn-el-K'âcim-ibn-Edris II (*H. d. B.*, t. I, p. ١٨٨, l. 18 et 19; — t. II de la trad. franç., p. 147).

[3] Cet 'Aïça serait le fils de celui des *Beni-Moh'ammed* à qui était confié le gouvernement du *Maghrib*. La constante fidélité qu'El-K'âcim-Kennoun garda aux Fât'imites rend bien invraisemblable le voyage de son fils.

[4] El-Bekrî, p. ١٣٠, l. 12 à 16 (*J. A.*, t. XIII, p. 364 et 365, 5ᵉ série). — Il dit qu'ils partirent le lundi* douze nuits passées de chaouâl 333 (mercredi 28 mai 945) et revinrent en s'afar de l'année suivante (du 13 septembre au 11 octobre 945).

[5] El-Bekrî dit *Ibn-Meïâla* (p. ١٣٢, l. 10; — *J. A.*, t. XIII, p. 368, 5ᵉ série).

[6] *H. d. B.*, t. I, p. ٢٨٨, l. 12 à 15 (t. II de la trad., p. 146 et 147).

* Il y a là une erreur; le 12 chaouâl 333 tombe un *mercredi*. Si El-Bekrî avait dit بقين, au lieu de خلت, on aurait le 17 chaouâl, qui tombe en effet un *lundi*, correspondant au 2 juin 945.

LIVRE QUATRIÈME. — CHAPITRE II. 231

avaient commandé à *Ceuta* au nom d'En-Nâs'ir, l'auteur arrive au cinquième, appelé Ibn-Mok'âtal, qui succéda en 330 à deux gouverneurs successivement destitués. « Ibn-Mok'âtal, dit-il, gouverna jusqu'à ce qu'il fût fait prisonnier « en chaoûâl 332 par les *Beni-Moh'ammed*, qui le tinrent captif jusqu'en rama- « dhân 333, époque à laquelle leur k'âdhi Moh'ammed-ibn-Abou-'Aïça intervint « et les décida à faire la paix. Ils relâchèrent alors Ibn-Mok'âtal et envoyèrent « des otages à En-Nâs'ir. »

Cependant les débuts du chef nekkârite n'avaient pas été heureux; le gouverneur de *Bâghâïah*, qui se trouvait absent au moment où les gens de l'*Aurâs* faisaient le dégât dans la plaine, était promptement revenu à son poste et les avait forcés de se réfugier dans les montagnes avec leur chef. Quelques escarmouches eurent encore lieu, et le gouverneur, qu'Ibn-Khaldoun nomme Kennoun, ayant reçu un renfort de troupes kitâmiennes, Abou-Iezîd dut renoncer à toute tentative sur *Bâghâïah*[1]. Sans se laisser décourager par cet échec, il envoya aux *Beni-Oudçin* et aux autres peuplades berbères de la province de *K'ast'îliah* l'ordre écrit d'investir *Tôzer*[2]. Aussitôt cet ordre fut exécuté. En même temps, Abou-Iezîd se portait sur *Tebessâ*, dont il abattait en partie la muraille[3], sur *Medjâna, Marmâdjannah*, qui se rendaient à composition[4]. Comme il approchait de cette dernière ville, un habitant vint à sa rencontre et lui

Abou-Iezîd échoue devant Bâ...âi.

Blocus de Tôzer. Prise de plusieurs villes.

---

[1] *Chronique* d'Ibn-H'ammâd (*J. A.*, t. XX, p. 500, 4ᵉ série). — Ibn-Khaldoun, *H. d. B.*, t. II, p. ١٨, l. 9 à 15, et p. ٨٢, l. 16 et 17 (t. III de la trad. franç., p. 205 et 301). — *Histoire des Fât'im.*, § VIII (*H. d. B.*, append. II au t. II de la trad. franç., p. 530).

[2] Ibn-Khaldoun, à toutes les pages citées note 1 ci-dessus. — *H. d. B.*, t. II, p. ٨٢, l. 16 à 18 (t. III de la trad. franç., p. 301). — Dans ce passage, l'auteur nous apprend qu'il emprunte à Ibn-er-Rak'îk' (historien contemporain) la date de 333 fixée pour cet événement.

[3] El-Bekrî, p. ١٢٠, l. 22 et 23 (*J. A.*, t. XIII, p. 396, 5ᵉ série).

[4] Ibn-el-Athîr, *El-Kâmil*, t. VIII, p. ٣١٤, l. 7 à 9. — Abulfedæ *Annal. muslem.* t. II, p. 430, l. 9 à 11. — Ibn-Khaldoun, *H. d. B.*, t. II, p. ١٨, l. 17 (t. III de la trad. franç., p. 205). — *Histoire des Fât'im.*, § VIII (*ibid.*, append. II au t. II de la trad. franç., p. 531).

---

* Par une singularité qui doit être remarquée, Reiske (notes 331 et 332) a fait, au texte qu'il éditait, deux corrections qui défigurent deux noms très bien écrits par Abou-'l-Fedâ. Ainsi Reiske a imprimé تنسة et سبينة, quand le manuscrit portait تبنة et سبيبة; il explique que c'est d'après Jean Léon qu'il a fait ces corrections, ce qui ne peut être vrai [1*]. Par contre, dans sa note 333, il dit que son manuscrit portait الاريس (*El-Arîs*) et il n'a pas osé écrire الاربس (*El-Orbos*), quoiqu'il pût s'appuyer sur Jean Léon, dans lequel on lit *Vrbs*; du reste, il a très bien reconnu la ville que Salluste nomme *Laris* (*Bel. jug.* cap. xc) et, sous ce rapport, la leçon d'Abou-'l-Fedâ est aussi bonne que celle de Jean Léon et de bien d'autres géographes arabes.

[1*] Puisque Jean Léon ne nomme pas *Sebîba* et écrit très bien *Tebessa* (in Ramusio, fol. 65 C; édit. de 1563).

offrit un joli âne gris[1], qui devint sa monture habituelle; de là le nom de *l'homme à l'âne*[2], sous lequel il était le plus souvent désigné. Ce fut alors aussi qu'il prit le titre de *cheïkh-el-moumenîn*; et comme si l'aspect de la pauvreté était une condition indispensable de succès pour tous les initiateurs, il n'avait d'autre vêtement qu'une grossière chemise de laine, courte, à manches étroites, et ne portait d'autre arme qu'un bâton[3]. De *Marmâdjannah* il dirigea vers l'est un détachement sur *Sebîba*[4], pendant qu'à la tête de son armée il marchait au nord sur *El-Orbos*, dont il s'empara et qu'il livra aux flammes[5].

Prise d'El-Orbos.

Quand la nouvelle de ces rapides événements parvint à *El-Mahdïah*, El-K'âcim en fut consterné, et ne vit clairement qu'alors toute la gravité de la révolte de *l'homme à l'âne*. La population témoignait aussi les plus vives inquiétudes : « *El-Orbos*, se disait-on, est la porte de l'*Ifrîk'ïah*; quand le Chïi en a « été maître, la dynastie des Beni-Aghlab disparut. — *L'homme à l'âne*, répon- « dait le prince, arrivera jusqu'au *Mos'alla*; il n'ira pas plus loin[6]. » En même temps qu'il affectait cette confiance, El-K'âïem prenait ses mesures pour repousser le rebelle, et fortifiait les points les plus importants; il envoyait des troupes à *K'aïraouân* et à *Rak'k'âdah*, sous les ordres de Khalîl-ibn-Ish'âk', le

Préparatifs de défense.

---

[1] Et-Tidjâni[a] et Raïni-'l-K'aïraouâni[b] prétendent que cet âne était blanc.

[2] صاحب الحمار (*s'âh'eb-el-H'imâr*, «le maître de l'âne»).

[3] Ibn-H'ammâd, *Chronique* (*J. A.*, t. XX, p. 474, 4ᵉ série). — Ibn-el-Athîr, *El-Kâmil*, t. VIII, p. ٣١٤, l. 9 et 10; — *Baïân*, t. I, p. ٢٢٣, lin. ult. — Abulfedæ *Annal. muslem.* t. II, p. 430, l. 10. — Ibn-Khaldoun, *Histoire des Berbers*, t. I, p. ١٧٤, l. 17, et p. ١٨, l. 17 et 18 (t. I de la traduction française, p. 203, et t. III, p. 205. — Voir aussi t. II de cette traduction, p. 531).

[4] Ibn-Khaldoun dit ici *Tebessa* (*H. d. B.*, t. II, p. ١٨. l. 20; — t. III de la trad. franç., p. 205), et M. de Slane, dans une note, explique que l'auteur a probablement oublié d'ajouter «pour la « seconde fois». L'auteur n'a rien oublié, mais il a écrit تبسّة, au lieu de سبيبة, et il s'est rectifié lui-même dans un passage de son *Histoire des Fât'imites*, § VIII (*H. d. B.*, append. II au t. II de la trad. franç., p. 531). Là il dit que le gouverneur de *Sebîba* fut tué; suivant Ibn-el-Athîr, ce malheureux fut crucifié.

[5] Ibn-el-Athîr et Ibn-Khaldoun, aux pages citées note 3 ci-dessus, reproduisent les horribles détails dans lesquels je suis entré en racontant le massacre dans la mosquée d'*El-Orbos*, lorsque le Chïi emporta cette ville d'assaut en 296; il ne me paraît cependant pas vraisemblable que les mêmes scènes se soient renouvelées, puisqu'au dire d'Ibn-Khaldoun lui-même, la garnison s'était retirée lorsqu'on apprit qu'Abou-Iezîd approchait de la ville (*H. d. B.*, t. II, p. ١٨, l. 18 et 19; — t. III de la trad. franç., p. 205). Là il dit seulement que le vainqueur fit mettre à mort l'imâm qui présidait à la prière. Suivant El-K'aïraouâni (liv. IV, p. 97), il se commit des horreurs indignes de Musulmans.

[6] *El-Kâmil*, t. VIII, p. ٣١٤, l. 14 à 16.

[a] *Rih'la* (*J. A.*, t. XX, p. 101, 4ᵉ série).
[b] *Hist. de l'Afrique*, liv. IV, p. 97.

LIVRE QUATRIÈME. — CHAPITRE II.   233

pacificateur et le bourreau de la *Sicile*, il faisait occuper *Bédjah* par son fati Boschra-es'-S'ak'labi[1] avec un corps d'armée, et confiait le commandement en chef à Meïçour, le vainqueur du *Maghrib*, qui, à la tête d'un troisième corps d'armée, était chargé de couvrir *El-Mahdïah*[2]. Abou-Iezîd comprit qu'il ne pouvait se porter vers *K'aïraouân* sans que Boschra vînt, sur ses derrières, ou l'attaquer, ou lui couper tout moyen de retraite en cas d'insuccès; il continua donc sa marche vers le nord. L'armée des rebelles était commandée par Aïoub-ibn-Khîran-ez-Zouïli-en-Nekkâri[3]. En approchant de *Bédjah*, elle rencontra l'armée ennemie, dont elle ne put soutenir le choc. Sans doute Abou-Iezîd observait, de quelque hauteur, les mouvements des combattants, car, après cet échec, suivant Et-Tidjânî, il se fit amener son âne et, en le montant, il dit à ceux qui l'entouraient : « Ce n'est certainement pas avec cette monture qu'on « peut fuir rapidement, mais c'est ainsi qu'on affronte la mort. » Puis, donnant aussitôt ses ordres et tournant habilement le camp de Boschra, il y pénétra avec toutes ses forces. L'épouvante se mit dans les rangs de l'armée fât'imite, qui, après avoir perdu beaucoup de monde, s'enfuit en désordre à *Tunis*, pendant que *l'homme à l'âne* entrait victorieux à *Bédjah*[4]. Cette antique cité fut livrée au pillage et à l'incendie; ses habitants, les enfants mêmes, furent massacrés, et les femmes emmenées en esclavage[5]. Vainement Boschra envoya,

Prise de Bédja.

---

[1] Ibn-el-Athîr écrit بُشرى (Boschra); Ibn-Khaldoun écrit de même, mais sans le *d'amma*; Et-Tidjânî, transcrit par M. Alph. Rousseau, dit Beschera-es-Sek'li[a] (*J. A.*, t. XX, p. 101, 4ᵉ série); El-K'aïraouâni, transcrit par MM. Pellissier et Rémusat, dit Beschir-el-Fita (*Hist. de l'Afrique*, liv. IV, p. 97).

[2] *El-Kâmil*, t. VIII, p. ۳۱۴, l. 19 et 20. — Abulfedæ *Annal. muslem.* t. II, p. 430, l. 12. — Ibn-Khaldoun, *H. d. B.*, t. II, p. ۱۸, l. 21, à p. ۱۹, l. 1 (t. III de la trad. franç., p. 206). — *Id. Hist. des Fât'im.*, § VIII (ibid., append. II au t. II de la trad. franç., p. 531).

[3] *Rih'la* d'Et-Tidjânî (*J. A.*, t. XX, p. 101, 4ᵉ série). — Je ne trouve ce général nommé nulle part ailleurs; bientôt nous verrons les armées d'Abou-Iezîd commandées par ses fils, dont un se nommait Aïoub.

[4] *J. A.*, t. XX, p. 101 et 102. — Voyez, sur *Bédjah*, la note B de la *Richesse minérale de l'Algérie*, t. I, p. 379 et suiv.

[5] El-Bekrî, p. ۶۷, l. 5 à 10 (*J. A.*, t. XIII, p. 77, 5ᵉ série). — Ibn-el-Athîr[b], *El Kâmil*, t. VIII, p. ۳۱۴, l. 21, à p. ۳۱۷, l. 1. — Ibn-Khaldoun, *H. d. B.*, t. II, p. 14, l. 1 à 4 (t. III de la trad. franç., p. 206. — Voir aussi t. II de cette trad., p. 531). — Marmol semble avoir commis une double erreur quand il a dit, en parlant de *Bugeya* (Bougie), qu'El-K'âïem détruisit cette ville, la rasa en partie, et l'assujettit au seigneur

---

[a] Le texte porte probablement الصقلي (Es'-S'ak'ali, « le Sicilien »); mais Ibn-Khaldoun (*H. d. B.*, t. II, p. ۱۸, l. 21) écrit الصقلي (Es'-S'ak'labi, « l'Esclavon »). Malheureusement Ibn-el-Athîr dit بُشرى tout court et n'aide pas à opter.

[b] Il prétend, ce qui est bien invraisemblable, qu'Abou-Iezîd vaincu restait avec environ quatre cents combattants, quand il alla surprendre le camp de Boschra et mettre son armée en fuite.

234   ÉTUDE SUR LA CONQUÊTE DE L'AFRIQUE.

de *Tunis*, une nouvelle armée contre les insurgés; elle fut complètement défaite[1]. Boschra lui-même quitta cette ville en toute hâte pour aller se réfugier à *Sousah*[2], et les Tunisiens, se voyant abandonnés, firent leur soumission au vainqueur, qui leur accorda l'amân et leur donna un chef choisi parmi ses plus fidèles prosélytes[3]. «Ce coup, dit Ibn-Khaldoun, entraîna la défection de la «plupart des tribus berbères[4].» De tous côtés, des combattants vinrent se ranger sous les drapeaux du rebelle; ce fut sans doute alors qu'on vit accourir les *Hoouârah*[5], les *Loouâtah*[6], etc., et l'armée d'Abou-Iezîd devait être nombreuse

Tunis se livre à Abou-Iezîd.

L'armée rebelle se grossit.

de *K'aïraouân*[a]. Rien, dans tout le règne d'El-K'âïem, n'indique que ce prince ait été dans le cas de réduire *Bougie*, et je crois que la prétendue ruine de *Bugeya* (بجاية, *Bougie*) par El-K'âïem doit s'entendre de la ruine de *Beggia*[b] (باجة, *Bédjah*) par Abou-Iezîd, sous le règne d'El-K'âïem. Je donne ici cette explication, parce que, ailleurs[c], j'ai emprunté à Marmol ce que je crois maintenant être une confusion de noms; j'aurais dû remarquer, dès l'époque où j'ai fait cet emprunt à l'historien espagnol, que Jean Léon, qu'il copie si constamment, n'avait pas mentionné cette ruine de *Buggia*[d], bien qu'à la vérité il ne parle pas de celle de *Beggia*[e] (*Bédjah*) à l'article qu'il consacre à cette ville.

[1] *El-Kâmil*, t. VIII, p. ۴۱۷, l. 3 à 7. — Ibn-Khaldoun, *Hist. des Fât'im.*, § VIII (*H. d. B.*), append. II au t. II de la trad. franç., p. 531). — Suivant Ibn-el-Athîr, ce fut Abou-Iezîd qui fut défait, et les troupes envoyées par Boschra rentrèrent à *Tunis* avec du butin; alors une révolte éclata dans la ville, on pille la maison du gouverneur; celui-ci prit la fuite, et les Tunisiens écrivirent à Abou-Iezîd pour lui demander l'amân, qu'il leur accorda en même temps qu'il leur donnait un gouverneur nommé Rah'moun. J'ai préféré le récit d'Ibn-Khaldoun, qui admet, avec beaucoup plus de vraisemblance, que l'armée de Boschra fut défaite. C'est aussi ce qu'admet El-K'aïraouâni, qui, du reste, confirme la révolte, déterminée précisément par cette seconde défaite (*Hist. de l'Afrique*, liv. IV, p. 98).

[2] Voyez, sur *Sousah*, la note 6 de la page 87 de ce volume.

[3] Ibn-el-Athîr, Ibn-Khaldoun, aux pages citées note 5 de la page précédente. Voir en outre le *Rih'la* d'Et-Tidjâni (*J. A.*, t. XX, p. 102, 4ᵉ sér.). — *H. d. B.*, t. II, p. 14, l. 4 et 5 (t. III de la trad. franç., p. 206).

[4] Les mêmes, aux mêmes pages.

[5] «Les *Hoouârah*, dit Ibn-Khaldoun, montrè-«rent une grande audace pendant la révolte «d'Abou-Iezîd le Nekkârien, dont ils avaient em-«brassé la cause, aussitôt qu'il se fut rendu maître «de l'*Aurâs* et de *Marmâdjannah*, localités qu'ils «habitaient alors. Pendant cette guerre, les «*Hoouârah*, et les *Beni-Kemlân*[f] surtout, com-«mirent des forfaits épouvantables.» (*H. d. B.*, t. I, p. ۱۴۹, l. 4 à 6; — t. I de la trad. franç., p. 277.)

[6] «Les *Loouâtah* prirent une part très active à «la révolte d'Abou-Iezîd : une nombreuse popu-

---

[a] *Descr. gener. de Affrica*, libro V, cap. LX, vol. II, fol. 223 r°, col. 2 (*L'Afrique de Marmol*, t. II, p. 415).
[b] *Ibid.*, libro VI, cap. XXXI, vol. II, fol. 285 v° (*L'Afrique de Marmol*, t. II, p. 530).
[c] *Richesse minérale de l'Algérie*, t. II, p. 20; in-4°, de l'I. I. 1854.
[d] In Ramusio, fol. 63 D (p. 261 de la trad. de Jean Temporal).
[e] *Ibid.*, fol. 65 E (p. 271 de la trad. de Jean Temporal).
[f] Les *Beni-Kemlân* étaient une branche des *Hoouârah* (*H. d. B.*, t. I, p. ۱۴۷, l. 20, et p. ۱۷۷, l. 18; — t. I, p. 170 et 275, de la trad. franç.). — Nous verrons bientôt qu'au moins une partie des *Beni-Kemlân*, ceux qui étaient incorporés dans l'armée fât'imite, ne purent se réunir que plus tard à Abou-Iezîd.

quand il se porta, de sa personne, à *Fah′s′-Abi-S′âleh′*[1], envoyant son général Aïoub-ibn-Khirân à la poursuite de Boschra. Celui-ci avait reçu à *Sousah* des renforts qu'El-K′âïem lui avait expédiés avec ordre de reprendre l'offensive, et Aïoub était déjà parvenu à la petite ville d'*El-Mers′ed*[2] quand il se trouva en face de Boschra, qui venait à sa rencontre. Soit que le général fât′imite voulût choisir son terrain, soit qu'il eût l'intention d'attirer l'ennemi jusqu'aux approches de *Sousah*, il battit en retraite, se replia sur *Djoun-el-Medfoun*, et il avait rétrogradé jusqu'à *Ahrîk′lîa*, quand il fut rejoint par Aïoub et obligé d'accepter le combat. Cette fois la victoire fut infidèle à Abou-Iezîd; les rebelles laissèrent quatre mille morts sur le champ de bataille, et cinq cents prisonniers, emmenés à *El-Mahdïah*, y furent massacrés par le peuple[3]. Aïoub-ibn-Khirân alla porter lui-même la nouvelle de ce désastre à son maître, qui se rendit sur le lieu du combat, s'apitoya amèrement sur la mort de ses compagnons, et leur fit rendre les derniers devoirs[4].

Bataille d'Ahrîk′lîa.

«lation louât̪ienne du *Djebel-Aurâs* s'était réunie «aux *Beni-Kemlân*.» (*H. d. B.*, t. I, p. ۱۴ν, l. 12 à 14; — t. 1 de la trad. franç., p. 232.)

[1] *El-Kâmil*, t. VIII, p. ۳۱ν, l. 7. — El-K′aïraouâni dit : *Fah′s′-Abi-T″âleb*, «lieu encore inconnu de nos jours, ajoute-t-il, et qui se trouve «près du *Zar′ouân*» (*Hist. de l'Afr.*, liv. IV, p. 98). Il a publié son livre en 1681 de notre ère.

[2] Ou *K′as′r-el-Mers′ed*, qu'Edrîsî (t. I, p. 278) place à six milles d'*El-Menâra*, localité dont j'ai parlé ailleurs. — Et-Tidjânî a parcouru tout l'espace dans lequel ont manœuvré les deux armées, et ce passage de son *Rih′la* est trop précieux ici pour que je ne le transcrive pas, au moins en résumé : «Nous partîmes d'*El-Menâra*, «dit-il, le jeudi matin 1ᵉʳ djoumâdi-el-akher 706 «(8 décembre 1306); nous passâmes d'abord «par la petite ville d'*El-Mers′ed*, nous traver«sâmes les sables qui y touchent, puis nous cou«pâmes la *Sebkha* nommée *El-Djerdâ*, et nous «prîmes à droite, au milieu de broussailles, nous «approchant de la plage[a]..... De là nous aper«çûmes devant nous le *K′as′r-el-Madefoun*..... «Nous terminâmes notre étape au bourg appelé «*Ahrîk′lîa* (اهريقلية)..... Nous quittâmes ce «bourg le vendredi 2 djoumâdi-el-akher, et nous «arrivâmes à *Sousah*, grande ville qui en est peu «distante[b].»

[3] *El-Kâmil*, t. VIII, p. ۳۱ν, l. 12 et 13. — *Rih′la* d'Et-Tidjânî (*J. A.*, t. XX, p. 102 et 103, 4ᵉ série). — Ibn-Khaldoun, *Hist. des Fât′im.*, § VIII (*H. d. B.*, append. II au t. II de la trad. franç., p. 531). — Raîni-'l-K′aïraouâni, *Hist. de l'Afrique*, liv. IV, p. 98. Suivant Et-Tidjânî, la population d'*El-Mahdïah* tua ces prisonniers à coups de bâtons et à coups de pierres. Évidemment cet acte de barbarie fut toléré, si même il ne fut excité.

[4] *Rih′la* d'Et-Tidjânî (*J. A.*, t. XX, p. 103, 4ᵉ série).

[a] Ou il faut lire «nous prîmes à gauche», ou il faut lire «nous éloignant de la plage».

[b] *Rih′la* d'Et-Tidjânî (*J. A.*, t. XX, p. 100 et 103, 4ᵉ série). — Edrîsî compte six milles d'*El-Menâra* au *K′as′r-el-Mers′ed*, six milles de là au *Djoun-el-Madefoun*, huit milles de là à *Ahrîk′lîa* (il écrit اقليبة), et dix-huit milles de là à *Sousah* (*Géogr.*, t. I, p. 278. — Hartmann, *Edrisii Africa*, p. 280 et 281). Je crois que ses deux premières distances sont trop faibles; et, d'après la carte de M. Pricot Sainte-Marie, publiée en 1842, il me paraît qu'on doit compter environ vingt-sept milles de *K′as′r-el-Menâra* à *Herk′la*; c'est pourquoi l'étape du 2 djoumâdi-el-akher semble si courte à l'auteur du *Rih′la*.

Revenant aussitôt vers *Tunis*, « Abou-Iezîd s'avança jusqu'au bord du *Me-
« djerda* (*Bagradas* des anciens), où il établit son camp en attendant l'arrivée des
« renforts qu'on lui envoyait de tous côtés; les populations, saisies de terreur,
« couraient se réfugier à *K'aïraouân*. » Formant alors de ses troupes plusieurs
divisions, il les lança sur les campagnes de l'*Ifrik'îah* pour y porter le carnage
et la dévastation, et ses ordres ne furent que trop ponctuellement exécutés :
le sang ruisselait sur le passage des Berbers. Après avoir ainsi répandu l'épouvante, et maître de *Tunis*, dont la garnison protégeait ses derrières, il s'avança
hardiment vers le sud, dispersa quelques détachements de troupes kitâmiennes
qui essayaient de s'opposer à sa marche, et bientôt, à la tête de cent mille
hommes, il cernait *Rak'k'âdah*[1], ou plus vraisemblablement, comme le dit Ibn-
el-Athîr, il venait camper entre *K'aïraouân* et *Rak'k'âdah*[2], qui fut prise avec
d'autant plus de facilité que Khalîl-ibn-Ish'âk', gouverneur de *K'aïraouân*, ne
fit pas la moindre démonstration de défense. Ce général s'attendait, à chaque
instant, à voir arriver Meïçour avec son corps d'armée; il s'était enfermé dans
sa maison et s'obstinait à n'en pas sortir. Ce fut malgré lui que les habitants,
soutenus par quelques troupes, tentèrent une sortie, aussitôt repoussée; ils
furent défaits après avoir perdu beaucoup de monde, et se portèrent sur la
maison de Khalîl, vociférant contre lui et l'accablant d'injures, jusqu'à ce qu'ils
l'eussent mis dans l'obligation de marcher contre l'ennemi. Il sortit par la
porte de Tunis[3]. Mais à peine Abou-Iezîd s'avançait-il pour l'attaquer, que le
général fât'imite prit la fuite, sans même avoir combattu, et, rentré dans la
ville, s'enferma de nouveau chez lui, toujours, disait-il, pour attendre l'arrivée de Meïçour. Des groupes de Berbers pénétrèrent dans les faubourgs de
K'aïraouân, massacrèrent un certain nombre d'habitants et firent quelques
dégâts qui amenèrent des luttes partielles, sans décider une action générale.
Alors Abou-Iezîd, voyant se prolonger l'inaction du gouverneur, et ne pouvant
plus croire qu'elle cachât un piège, donna l'ordre à son général Aïoub-ez-
Zouîli de se mettre à la tête des troupes et de forcer les portes de la ville.

Prise
de Rak'k'âdah.

[1] *H. d. B.*, t. II, p. 14, l. 5 à 9 (t. III de la trad. franç., p. 206). — Ibn-el-Athîr prétend qu'après sa défaite, Abou-Iezîd rentra dans la presqu'île d'*El-Djezîra*, et que ce fut de là qu'il marcha sur *Rak'k'âdah*. Du reste, il porte aussi à cent mille hommes l'armée que commandait le rebelle, et El-K'aïraouâni (liv. IV, p. 98) donne le même chiffre.

[2] *El-Kâmil*, t. VIII, p. ۲۱۴, l. 18 et 19. Il dit à l'ouest d'*El-K'aïraouân* et à l'est de *Rak'k'âdah*, villes qui n'étaient distantes que de trois ou quatre milles, comme je l'ai dit dans une note précédente.

[3] C'était la porte nord de *K'aïraouân*. (El-Bekrî, p. ۲٥, l. 3; — *J. A.*, t. XII, p. 474, 5ᵉ série.)

LIVRE QUATRIÈME. — CHAPITRE II.   237

Ces portes furent presque aussitôt ouvertes; *l'homme à l'âne* était maître de
K'aïraouân à la fin de s'afar 333[1] (du 15 au 21 octobre 944). Il fit camper son
armée en dehors de la *porte de Tunis*, et ne laissa entrer dans la ville que les
Berbers, qui la livrèrent au pillage. Khalîl, arraché de sa maison, fut amené
devant le vainqueur et mis à mort malgré, paraît-il, la promesse qui lui avait
été faite de garder la vie sauve, et malgré les remontrances d'Abou-'Ammâr[2],
qui, sans doute, blâmait énergiquement ce manque de foi.

Prise
de K'aïraouân.

On vit bientôt paraître les notables de la ville venant implorer l'amân.
Abou-Iezîd leur demanda pourquoi ils n'avaient pas fait cette démarche plus
tôt. Leur excuse lui était bien connue d'avance, mais il différait sa réponse,
et le pillage de *K'aïraouân*, le massacre de sa population, continuaient. Ces
malheureux revinrent invoquer sa pitié, lui disant, pour le toucher, que leur
ville allait être détruite : « Qu'est-ce cela? répondit-il, *la Mekke* et *Jérusalem*
« (la maison sainte) l'ont bien été. » Toutefois, il leur accorda l'amân[3], et fit
son entrée dans la ville. Sa première parole fut pour appeler les bénédictions
du ciel sur les khalifes Abou-Bekr et 'Omar; il invita les populations à se
conformer au rite de Mâlik, en même temps qu'il les excitait à combattre
les Fât'imites[4] : « Pourquoi ne prenez-vous pas les armes contre eux? Voyez-
« nous, mon compagnon et moi; je suis boiteux, Abou-'Ammâr est aveugle;

---

[1] *El-K'âmil*, t. VIII, p. ᴘⱵⱵ, l. 20, à p. ᴘⱵ٨,
l. 5; — *Baïân*, t. I, p. ⱵⱵ۵, l. 4; — *K'art'âs*,
p. ⱵⱵ, l. 24 et 25 (p. 83 de la trad. lat. —
p. 135 de la trad. franç.). — Ibn-Khaldoun,
Hist. des Fât'im., § vııı (*H. d. B.*, append. ıı au
t. II de la trad. franç., p. 532). — Raïni-'l-
K'aïraouâni, *Hist. de l'Afrique*, liv. IV, p. 99. —
J'ai adopté, pour la prise de *K'aïraouân*, la date
donnée par Ibn-el-Athîr et par Ibn-Khaldoun;
c'est évidemment à tort qu'Ibn-'Adzârî dit en
s'afar 332; Ibn-'Abd-el-H'alîm ne donne que
l'année (333 de l'hégire), et El-K'aïraouâni n'indique aucune date. Quand on se reporte à la date
(année 333) à laquelle eut lieu l'investissement
de *Tôzer* et à la multiplicité des événements
accomplis à la fin de s'afar 333, on se demande
involontairement s'il n'y a pas quelque erreur de
date, et si les premières conquêtes d'Abou-Iezîd
ne doivent pas être placées à la fin de 332; mais
je n'ai pas voulu me permettre de modifier les
dates qui nous sont données.

[2] *H. d. B.*, t. II, p. 14, l. 10 (t. III de la trad.
franç., p. 206. — Voyez aussi t. II de cette trad.,
p. 532). — Ibn-H'auk'al dit qu'Abou-Iezîd tua
Khalîl, *receveur des revenus du Maghrib*[a]. Évidemment il s'agit là d'une fonction que ce général
ne remplissait plus depuis longtemps, mais qu'il
avait en effet exercée sous le règne de 'Obaïd-
Allah[b] et bien antérieurement à la guerre de
Sicile. Il y a donc un anachronisme dans la manière dont s'exprime l'intelligent géographe, qui,
cependant, était contemporain de ces événements.

[3] *El-Kâmil*, p. ᴘⱵ٨, l. 7 à 10. — Ibn-Khaldoun, aux pages citées dans la note précédente.
— El-K'aïraouâni, *Hist. de l'Afr.*, liv. IV, p. 99.

[4] *Baïân*, t. I, p. ⱵⱵ۵, l. 5 et 6.

[a] *Descr. de l'Afrique*, § cxl (*J. A.*, t. XIII, p. 248 et 249, 3ᵉ série).

[b] Voyez la note *a* de la page 213 de ce volume.

« Dieu nous a dispensés de combattre, et pourtant nous n'épargnons pas notre
« sang[1]. » Étant venu le jour du vendredi[2], il se rendit en grande pompe à
la mosquée. Ibn-'Adzârî, d'après Sa'doun, donne le détail des sept drapeaux
qu'on portait devant lui et des devises qui y étaient inscrites. Montant alors
en chaire, il employa toutes les ressources de sa puissante éloquence à prêcher
la guerre sainte, à exalter les récompenses célestes réservées aux martyrs
d'une si glorieuse cause, et il entraîna tout ce peuple à prendre les armes
contre les Chîis[3].

Pendant qu'Abou-Iezîd obtenait de si grands et de si rapides succès, sa pensée
dut se reporter plus d'une fois sur la promesse qu'il avait faite, dans l'*Aurâs*, de
remplacer le gouvernement des 'Obeïdites par celui d'un conseil de cheikhs, et
plus il voyait prochain le renversement d'El-K'äiem, plus il dut réfléchir aux
difficultés de réaliser les idées de liberté qui avaient déterminé les Berbers à le
suivre. Sans doute aussi il rêva de s'asseoir sur ce trône qui allait devenir
vacant, et de s'y asseoir d'autant plus solidement que les *Zenâtah*, ennemis des
Fât'imites, le voyant occupé par un homme de leur race, en deviendraient les
soutiens naturels, surtout s'ils y étaient invités par un souverain auquel leur

Ambassade en Espagne.

dévouement était depuis longtemps acquis. Ce souverain, c'était le représentant de la dynastie omaïade en Espagne. « Au moment de quitter K'airaouân,
« dit Ibn-Khaldoun, Abou-Iezîd envoya une ambassade à En-Nâs'ir, pour lui
« offrir ses services *avec l'assurance de sa fidélité* et pour lui demander des secours.
« Les envoyés lui rapportèrent une réponse très favorable, et ouvrirent ainsi,
« avec la cour andalousienne, des relations qui ne cessèrent plus tant que dura
« cette guerre[4]. » Nous verrons bientôt les conséquences d'une si redoutable
union; mais, après avoir donné par anticipation la réponse d'En-Nâs'ir, il nous
faut revenir tout de suite au principal théâtre de la guerre.

L'inaction dans laquelle resta Khalîl n'est pas moins inexplicable que celle
dans laquelle s'était tenu Meïçour-el-Fati[5], et l'on doit croire qu'Ibn-Khaldoun
partageait l'involontaire sentiment de surprise qu'on éprouve à la lecture de

---

[1] *Chronique* d'Ibn-H'ammâd (*J. A.*, t. XX, p. 473 et 474, 4ᵉ série).

[2] Très probablement le 4 rebi-el-aouel 333 (vendredi 25 octobre 944).

[3] *Baïân*, t. I, p. ۲۲۰, l. 8 à 21.

[4] *H. d. B.*, t. II, p. 14, l. 13 à 15 (t. III de la trad. franç., p. 206 et 207). — Si, par secours, on doit entendre secours de troupes, cette partie de la promesse ne paraît pas avoir jamais été tenue.

[5] J'ai dit que Meïçour, chargé du commandement en chef, avait pour mission spéciale de couvrir *El-Mahdiah*; mais il reste inexplicable qu'il ait pris ce rôle assez au pied de la lettre pour ne pas porter secours à K'aïraouân, qui, une fois au pouvoir d'Abou-Iezîd, ouvrait à l'armée rebelle la route d'*El-Mahdiah*.

LIVRE QUATRIÈME. — CHAPITRE II. 239

ces récits, lorsqu'il disait : «Meïçour *partit enfin* pour attaquer les rebelles, et
«ayant su, par un avis d'El-K'âiem, que les *Beni-Kemlân* incorporés dans les
«rangs de son armée [1] entretenaient une correspondance avec l'ennemi, il les
«chassa de son camp [2].» Cette énorme faute produisit immédiatement les effets
qu'il était facile de prévoir : les *Beni-Kemlân* passèrent sous les drapeaux
d'Abou-Iezîd, qui se disposait à quitter *K'aïraouân* et qui sut mettre à profit non
seulement le renfort inattendu qu'il recevait, mais les renseignements que lui
fournirent les transfuges [3]. Ce fut le jeudi 10 rebî-el-aouel (31 octobre 944)
que les deux armées se rencontrèrent au col d'*El-Akhouïn* (ثنية الاخوين, «col
«des deux frères»), station entre *El-K'aïraouân* et *El-Mahdïah*. On en vint
promptement aux mains, et un combat furieux s'engagea. La gauche d'Abou-
Iezîd ne tarda pas à être enfoncée; mais, avec cette rapidité de coup d'œil qui
le caractérisait, *l'homme à l'âne* jugea tout de suite où il devait porter ses
forces, et, chargeant en masse l'armée de Meïçour, il jeta le désordre dans tous
ses rangs. Le général fât'imite, renversé de son cheval, fut entouré par l'élite
de ses troupes, qui se dévoua pour le défendre. Vains efforts! les *Beni-Kemlân*,
animés par la soif de venger leurs griefs, coururent sur ce point, semèrent la
mort autour d'eux pour se frayer un passage jusqu'à Meïçour, dont bientôt ils
apportaient la tête à Abou-Iezîd. De cet instant, l'armée fât'imite ne présenta
plus que le tableau d'une affreuse déroute. La victoire du rebelle était complète; des lettres en portèrent la nouvelle dans tout le pays, et la tête de

Bataille
d'El-Akhouïn.

Meïçour
est vaincu
et tué.

[1] Une explication est ici nécessaire. On a vu
que, suivant Ibn-Khaldoun, le fils du Mahdi
avait, en 316, ordonné la transportation, dans
la plaine d'*El-K'aïraouân*, d'une fraction des *Beni-
Kemlân*, qu'il trouva hostile au gouvernement de
l'*Ifrîk'iah*. Ce détail, que j'avais rejeté dans une
note, parce qu'il m'avait paru entouré de circonstances un peu obscures, semble recevoir ici
sa vérification, car les *Beni-Kemlân* incorporés
dans l'armée de Meïçour ne peuvent guère être
que les transportés de 316.
[2] *El-Kâmil*, t. VIII, p. ٣١٨, l. 12 à 14. —
Ibn-Khaldoun, *Hist. des Fât'im.*, § VIII (H. d. B.,
append. II au t. II de la trad. franç., p. 532).
[3] Suivant Ibn-el-Athîr, les *Beni-Kemlân* déterminèrent le prompt départ d'Abou-Iezîd : «Si tu
«te hâtes, lui auraient-ils dit, tu es sûr de la

«victoire;» et il partit le jour même. (*El-Kâmil*,
t. VIII, p. ٣١٨, l. 15.)
[4] El-Bekrî, p. ٣١, l. 18 à 21 (*J. A.*, t. XII,
p. 488 et 489, 5ᵉ série). Le texte dit *mercredi*
10 passé de rebî-el-aouel 333. En admettant que
le mot nuits (ليالي) est sous-entendu, cette date
correspond bien au 10 du mois, mais le 10 rebî-
el-aouel 333 tombe le *jeudi* et non le *mercredi*.
Dans ce même passage, l'auteur écrit *Meïçera-el-
Fati*; partout ailleurs il écrit, comme tous les
textes que j'ai cités, *Meïçour*. — C'est évidemment en se reportant à l'expédition que Meïçour
avait commandée dans le *Maghrib* sous le règne
de 'Obaïd-Allah, qu'Ibn-H'auk'al a dit qu'Abou-
Iezîd tua Meïçour, *général de l'armée du Maghrib* [a].
L'auteur commet là un anachronisme analogue
à celui qu'il a commis en parlant de Khalîl.

[a] *Descr. de l'Afrique*, § CXL (*J. A.*, t. XIII, p. 249, 3ᵉ série).

Meïçour fut promenée dans les rues de K'aïraouân[1]. On comprend aisément l'effroi que cette défaite répandit à *El-Mahdïah*. Les habitants des faubourgs coururent se réfugier dans la ville pour s'abriter derrière ses murailles; mais El-K'äiem, malgré les inquiétudes qu'il éprouvait lui-même, fit bonne contenance, promit la victoire, et détermina les fugitifs à rentrer à *Zaouïla*[2], où ils firent des préparatifs de défense[3].

Peut-être Abou-Iezîd aurait-il dû profiter de sa victoire et du découragement qu'elle avait jeté dans les esprits pour marcher droit sur *El-Mahdïah*, dont il était à moins de deux journées. Mais il paraît avoir voulu être maître de toutes les villes de l'*Ifrîk'ïah* avant de commencer le siège de la capitale des Fât'imites. Il resta deux mois et huit jours sous les tentes de Meïçour[4], préludant, selon sa coutume, par l'envoi, dans toutes les directions, de colonnes que l'on excitait au pillage, au meurtre, à l'incendie, et qui répandaient ainsi la terreur au sein des populations qui se trouvaient sur leur passage. Un de ces corps d'armée prit *Sousah* de vive force, et les habitants de cette malheureuse ville eurent à subir toutes les atrocités auxquelles peut s'abandonner une soldatesque ivre de sang : les hommes furent torturés; on leur coupait les pieds et on leur brisait les os; les femmes étaient éventrées depuis les parties sexuelles jusqu'à la poitrine. « Il se commit, dit El-K'aïraouâni, des horreurs qui ne « seraient pas même permises vis-à-vis des ennemis de la religion. » Un massacre épouvantable remplit de cadavres toute l'*Ifrîk'ïah*; les villes, les hameaux, furent changés en solitudes, et les malheureux que le fer n'avait pas atteints succombèrent à la faim et à la soif[5]. Pour maintenir en respect ce qui restait

Prise de Sousah.

---

[1] *El-Kâmil*, t. VIII, p. ۳۱۸, l. 15 à 21; — *Baïân*, t. I, p. ۲۲۴, l. 10. — Ibn-Khaldoun, à la page citée note 2 de la page précédente; il dit même ailleurs, ce qui paraît peu vraisemblable à cette date, que la tête de Meïçour fut envoyée dans le *Maghrib* (H. d. B., t. II, p. 14, l. 19; — t. III de la trad. franç., p. 207).

[2] «*El-Mahdïah*, dit El-Bekrî, possédait plu-«sieurs faubourgs, tous florissants et bien peu-«plés. Dans *Zaouïla*, celui qui était le plus rap-«proché, on avait, » etc. (*Description de l'Afrique septentrionale*, p. ۴۰, l. 22 et 23; *J. A.*, t. XII, p. 487. 5ᵉ série.)

[3] *El-Kâmil*, t. VIII, p. ۳۱۸, l. 21 à 24.

[4] J'emprunte ce chiffre à Ibn-el-Athîr; Ibn-Khaldoun dit soixante-dix jours[a], ce qui revient même à deux jours près; El-K'aïraouâni dit soixante jours[b]. Ce détail n'est pas sans importance, puisque, par le chiffre adopté, nous déterminerons assez approximativement l'instant où commença le siège d'*El-Mahdïah*.

[5] *El-Kâmil*, t. VIII, p. ۳۱۸, l. 24, à p. ۳۱۹, l. 5; — H. d. B., t. II, p. 14, l. 2 à 22 (t. III de la trad. franç., p. 207. — Voir aussi t. II de cette traduction, p. 532). — El-K'aïraouâni, *Hist. de l'Afrique*, liv. IV, p. 99 et 100.

[a] *Hist. des Fât'im.*, § VIII (H. d. B., append. II au t. II de la trad. franç., p. 532).

[b] *Hist. de l'Afrique*, liv. IV, p. 99.

LIVRE QUATRIÈME. — CHAPITRE II.

d'habitants à *Sousah* après l'affreux carnage qui avait suivi la prise d'assaut, et au moment où le corps d'armée allait quitter la ville pour rentrer au quartier général du chef nekkârite, un gouverneur et quelques troupes y furent laissés, comme nous en aurons plus loin la preuve. Cependant, El-K'âïem continuait ses préparatifs de défense; à la fin de rebî-el-akhir 333[1] il fit entourer de fossés les faubourgs d'*El-Mahdïah*, en même temps qu'il mandait à Zîri-ben-Menâd, émîr des *S'anhâdjah*, aux chefs des *Kitâmah* et d'autres tribus, de lui envoyer des renforts pour l'aider à combattre les Nekkârites; et aussitôt ces chefs firent leurs dispositions pour répondre à son appel[2].

Abou-Iezîd, informé de ces demandes de secours, jugea qu'il ne devait pas différer davantage d'entreprendre le siège de la capitale des Fât'imites, et s'avança vers l'est. Si, comme nous l'avons dit, il était resté soixante-dix jours dans le camp de Meïçour, dont il s'était emparé le 10 rebî-ei-aouel 333, ce fut vers le 18 djoumâdi-el-aouel qu'il se mit en marche. Il installa son quartier général à *Kherbet-Djemîl*, point peu distant d'*El-Mahdïah*[3], dit Et-Tidjânî, qui ajoute que la population des faubourgs, incessamment harcelée par les cavaliers de l'armée rebelle, qui venaient massacrer et piller jusque dans les rues, dut se réfugier derrière les murailles de la ville; en même temps que des détachements berbers se répandaient sur divers points pour se livrer au maraudage. On était au 21 djoumâdi-el-aouel[4] (jeudi 9 janvier 945 de J. C.) lorsque

---

[1] Le 29 rebî-el-akhir correspond au jeudi 19 décembre 944. On peut croire que l'indication donnée par Ibn-el-Athîr correspond à l'achèvement des fossés, car il y avait alors quarante-cinq à cinquante jours que la bataille d'*El-Akhouïn* avait été livrée.

[2] *El-Kâmil*, t. VIII, p. ۲۱۴, l. 6 à 9. — Ibn-Khaldoun, *Hist. des Fât'im.*, § VIII (H. d. B., append. II au t. II de la trad. franç., p. 532). — El-K'aïraouâni, *Hist. de l'Afr.*, liv. IV, p. 100.

[3] *El-Kâmil*, t. VIII, p. ۲۱۴, l. 11 et 12; — *Rih'la* d'Et-Tidjânî (*J. A.*, t. I, p. 364, 5ᵉ série). — Ibn-Khaldoun, à la page citée note 2 ci-dessus. — C'est l'auteur du *Rih'la* qui donne le nom de *Kherbet-Djemîl* à l'emplacement du quartier général d'Abou-Iezîd. La carte de M. Pricot Sainte-Marie (1842) et celle de M. Pellissier (1843) indiquent une localité de *Djemâl* à sept lieues (21 milles) ouest un peu nord d'*El-Mahdïah*. Si c'est la localité dont parle le cheikh Et-Tidjânî, l'expression «à peu de distance de la ville», dont il se sert, ne serait pas très exacte, surtout dans son récit, qui fait partir de cet instant le commencement du siège. Suivant Ibn-el-Athîr, le chef nekkârite vint prendre position à quinze milles (5 lieues) d'*El-Mahdïah*, et Ibn-Khaldoun dit à cinq parasanges, ce qui revient au même. — El-Bekrî[*] mentionne un *Ouâdi-'l-Djemâl* qui se trouvait beaucoup plus au sud, dans le *Belâd-el-Djerîd*, et qui ne peut avoir aucune relation avec le *Djemâl* ou *Djemîl* dont il est ici question.

[4] Le texte d'Ibn-el-Athîr dit jeudi 8 restant de djoumâdi-el-aouel 333 (*El-Kâmil*, t. VIII, p. ۲۱۴, l. 16 et 17). Si ce fut réellement le jeudi,

[*] *Descr. de l'Afr. septentr.*, p. ۲۸, l. 16 (*J. A.*, t. XII, p. 532, 5ᵉ série).

242 ÉTUDE SUR LA CONQUÊTE DE L'AFRIQUE.

El-K'âïem, voulant profiter de la faute que commettait Abou-Iezîd en laissant ainsi ses troupes s'éparpiller, fit sortir l'armée hors de la place, dans l'espoir de surprendre l'ennemi. Mais une circonstance imprévue pour lui vint déjouer son projet. Fâdhl, un des fils d'Abou-Iezîd, arrivait de K'aïraouân avec un contingent considérable de *Dhariça*[1], presque au moment où son père apprit que l'armée fât'imite s'avançait pour l'attaquer. Celui-ci donna l'ordre à Fâdhl de se porter au-devant des *Kitâmah*, et de ne cesser le combat qu'après les avoir repoussés, sauf le cas où il pourrait acquérir la certitude que c'était avec lui-même qu'El-K'âïem voulait se mesurer, et alors de lui en donner avis par un courrier. Les deux partis se trouvèrent en présence au lieu dit *Souk'-el-Ah'ad*[2] (le marché du dimanche), entre *Mahdïah* et le quartier général, qu'Et-Tidjânî, comme je viens de le dire, place à *Kherbet-Djemâl*. On put bientôt juger, à l'acharnement de la lutte, que l'armée fât'imite voulait et croyait combattre le chef nekkârite. L'ordre qu'il avait donné fut ponctuellement exécuté; le courrier de son fils lui parvint, et déjà la victoire s'était déclarée contre El-Fâdhl quand tout à coup parut Abou-Iezîd à la tête de ses troupes[3]. A cette vue, les *Kitâmah* prirent l'épouvante; presque toute « l'armée d'Abou-'l-K'âïem fut taillée « en pièces et, pour échapper au vainqueur, ce prince dut s'entourer de quel-« ques serviteurs et s'enfuir précipitamment[4]. » Il fut poursuivi jusqu'à la *porte*

Bataille de Souk'-el-Ah'ad ou de l'Ouâdi-'l-Meleh'.

l'auteur n'a pas fait attention que le mois de djoumâdi I a trente jours, et comme le jeudi correspond au 21, il aurait dû dire «jeudi 9 restant».

[1] Les *Dhariça*, descendants de Dhari-ben-Zah'îk-ben-Mâdr'is-el-Abter, formaient ensemble deux grandes familles : les enfants de Tems'ît-ibn-Dhari et ceux de Iah'iâ-ibn-Dhari[a]. Et-Tidjânî ne dit pas à laquelle des nombreuses branches de l'une de ces deux familles appartenaient les Berbers que Fâdhl avait recrutés.

[2] Il y a de nombreuses localités de ce nom en Afrique et, malheureusement, un pareil nom,

sans autre indication, est peu instructif. Voyez la note 4 ci-dessous.

[3] *El-Kâmil*, t. VIII, p. ۳۱۴, l. 18 à 21; — *Rih'la* d'Et-Tidjânî (*J. A.*, t. I, p. 365, 5ᵉ sér.).

[4] El-Bekrî, p. ۲۴, l. 13 à 15 (*J. A.*, t. XII, p. 484, 5ᵉ sér.). Ce savant géographe, suivi ici par Ibn-'Adzârî[b], place le champ de bataille célèbre sur l'*Ouddi-'l-Melek'* (la rivière salée), entre *Tomâdjer* et *El-Mahdïah*. Quelques lignes plus haut il a expliqué que deux routes mènent de *K'aïraouân* à *El-Mahdïah* : l'une passant par *Menzil-Kâmel*[d], l'autre passant par *Tomâdjer*. Si

[a] Ibn-Khaldoun, *H. d. B.*, t. I, p. ۱۰۹, l. 5 et 6 (t. I de la trad. franç., p. 172).
[b] *Baïân*, t. I, p. ۳۳۴, l. 12 et 13.
[c] Dont il parle comme d'une grande ville «remplie d'habitants, possédant un *Djâma'*, des bazars (اسواق), des caravansérails et un bain (p. ۲۴, l. 11 et 12). Ce bain unique ne donne guère l'idée d'une grande ville, quand on sait que *K'aïraouân* en possédait quarante-huit (p. ۲۴, l. 18).
[d] La *Carte de la Régence de Tunis* dressée par M. Pricot Sainte-Marie indique cette localité de *Menzil-Kâmel* à peu près à moitié route de *K'aïraouân* à *El-Mahdïah* et à huit milles ouest de *Djemâl*, qu'on traversait le lendemain, pour ensuite atteindre *El-Mahdïah*.

LIVRE QUATRIÈME. — CHAPITRE II.   243

de la Victoire, contre laquelle une troupe de Berbers se rua de manière à pénétrer jusqu'à l'entrée du faubourg de *Zaouila;* et la défaite paraissait si décisive qu'Abou-Iezîd voulut dresser ses tentes devant cette porte même. Mais, cédant aux conseils de ses lieutenants, il se décida à rentrer dans son camp, en se promettant bien de commencer l'attaque peu de jours après. On vient de voir qu'Ibn-el-Athîr donne le 21 djoumâdi-el-aouel pour la date de cette bataille. Ibn-Khaldoun place la défaite d'El-K'âïem à la fin du même mois [1]. Ces indications s'accordent assez bien entre elles.

Alors, dans les premiers jours de djoumâdi-el-akhir, commença ce fameux siège d'*El-Mahdïah*[2], dont les débuts durent inspirer les plus vives inquiétudes au prince fât'imite, autant qu'on en doit juger d'après les récits, bien qu'un peu confus, qui nous sont faits de la première attaque. Abou-Iezîd s'était présenté devant la *porte de la Victoire*, dont une troupe d'esclaves noirs défendait le fossé. Une fois le combat engagé, il longea la muraille et entra dans la mer. Les chevaux avaient de l'eau jusqu'au poitrail. Il atteignit ainsi la première

Siège d'El-Mahdïah.

Première attaque (premiers jours de djoumâdi II).

---

une ville ruinée indiquée sur la carte de M. Pricot Sainte-Marie était *Tomâdjer*, on pourrait admettre, puisqu'il fallait tourner la *Sebkha-Sidi-'l-Honi*[a] au nord ou au sud, que la route par *Menzil-Kâmel* et *Kherbet-Djemîl* était la route du nord, et que celle par *Tomâdjer*, un peu plus longue que la première, était la route du sud. Ce doit être en vue de la première qu'El-Bekrî compte soixante milles de *K'aïraouân* à *El-Mahdïah*. Dans le cas où la supposition que je fais sur l'emplacement de *Tomâdjer* serait exacte, cette ville se trouvait à environ cinq lieues au sud-sud-ouest de *Kherbet-Djemîl*. Malheureusement aucune des deux cartes que j'ai sous les yeux ne trace le cours de l'*Ouâdi-'l-Meleh'*, ce qui jetterait beaucoup de jour sur l'incertitude que je cherche à lever ici. Tout ce qu'on peut conclure de l'indication d'El-Bekrî rapprochée de celle d'Et-Tidjânî, c'est que le *Souk'-el-Ah'ad* se trouvait sur les bords de l'*Ouâdi-'l-Meleh'*. Ibn-el-Athîr, sans donner de nom au champ de bataille, dit seulement que les deux armées se rencontrèrent à sept milles d'*El-Mahdïah* (*El-Kâmil*, t. VIII, p. ﾳ۱۴, l. 19).

[1] *El-Kâmil*, t. VIII, p. ﾳ۱۴, l. 21 à 23; — *Rih'la* d'Et-Tidjânî (*J. A.*, t. I, p. 365, 5ᵉ sér.). — Ibn-Khaldoun, *Hist. des Fât'imites*, § VIII (*H. d. B.*, append. II au t. II de la trad. franç. p. 332 et 333). Le 30 djoumâdi-el-aouel 333 correspond au samedi 18 janvier 945 de J. C. — El-K'aïraouâni mentionne aussi cette défaite d'El-K'âïem, mais il n'indique que l'année (*Hist. de l'Afrique*, liv. IV, p. 100).

[2] Ibn-el-Athîr (t. VIII, p. ﾳ۱۴, l. 23 et 24) fait commencer le siège d'*El-Mahdïah* en djoumâdi-el-akhir; Ibn-Khaldoun fixe implicitement la même date, puisqu'il dit que ce fut quelques jours après la défaite d'El-K'âïem, qu'il place à la fin de djoumâdi I. Abou-'l-Fedâ (*Annal. muslem.* t. II, p. 430, l. 15) fait commencer le siège en djoumâdi I. On doit donc placer la première attaque dans les derniers jours de djoumâdi I ou, plus vraisemblablement, dans les premiers jours de djoumâdi II.

---

[a] C'est une immense *Sebkha* qui se trouve à l'est de *K'aïraouân*, et qui, au dire d'El-Bekrî, «fournit un sel «vraiment excellent et d'une pureté remarquable.» (*Descr. de l'Afr. septentr.*, p. ﾳ۱۴, l. 16; — *J. A.*, t. XII, p. 473, 5ᵉ série.) — Voyez, sur cette *Sebkha*, les détails donnés par M. Pellissier en 1853 (*Descr. de la Rég. de Tunis*, p. 131 et 132).

enceinte, la dépassa, et pendant qu'une partie de ses troupes saccageait *Zaouila*, il arrivait à la porte d'*El-Mahdiah* qui fermait le faubourg du côté du *Mos'alla*; il ne se trouvait donc plus qu'à une portée de flèche de la ville même. L'épouvante fut à son comble parmi les habitants; ils se rendirent auprès du khalife pour le supplier de demander l'amân au rebelle. El-K'âïem différait sa réponse, et quand il se fut assuré qu'Abou-Iezîd venait de se retirer du *Mos'alla*, soit que ce prince voulût rassurer les habitants, soit qu'il obéît lui-même à un sentiment de superstitieuse croyance dans la prétendue prophétie du Mahdi, il prononça cette parole si connue : « C'est de là que *l'homme à l'âne* « doit rebrousser chemin. » En effet, au milieu du tumulte du combat, le bruit s'était répandu que Zîri-ben-Menâd arrivait à la tête d'un corps d'armée, et Abou-Iezîd venait de quitter le *Mos'alla* pour retourner vers la *porte de la Victoire*, à la rencontre du chef des *S'anhâdjah*[1]. Pendant cette marche à travers *Zaouila*[2], soit que des détachements eussent été envoyés du *Rabedh-el-H'ima*[3], soit qu'un certain nombre de *Kitâmah* se fussent ralliés sur le point que le chef nekkârite venait de quitter, celui-ci était suivi à distance par une troupe qui s'avançait, tambour battant et enseignes déployées, de telle sorte que les gens du faubourg pensèrent qu'El-K'âïem était sorti en personne d'*El-Mahdiah*, et ils reprenaient courage, lorsque, reconnaissant Abou-Iezîd, ils l'attaquèrent avec vigueur. Alors s'engagea un combat terrible, dans lequel celui-ci courut les plus grands dangers, puisque, suivant Ibn-el-Athîr, il se trouva bloqué de telle façon qu'il fallut démolir un mur pour qu'il pût s'échapper; mais il arriva enfin vers la *porte de la Victoire*, et, à la vue de leur chef, ceux des rebelles qui n'avaient pas cessé de combattre sur ce point, redoublèrent d'efforts, et achevèrent de mettre en déroute tous les défenseurs de *Zaouila*, pendant qu'Abou-Iezîd regagnait *Kherbet-Djemîl*[4].

[1] L'annonce de l'arrivée de Zîri-ben-Menâd n'était évidemment qu'une fausse alerte, car il n'en est plus fait mention dans le reste de la journée, ni dans aucune des trois attaques subséquentes, et ce vaillant chef ne pouvait pas rester dans l'ombre quand il s'agissait de combattre. Le grand service que nous lui verrons rendre pendant ce long siège ne suppose pas, et au contraire, qu'il fut venu s'enfermer dans la place avec El-K'âïem.

[2] Ce faubourg, au moins du temps d'El-Bekrî, n'avait pas moins de deux milles de longueur : « La largeur varie, dit-il, et, dans sa plus grande « dimension, elle paraît peu considérable, tant le « faubourg se développe en longueur[*]. »

[3] Le *faubourg du parc*; il servait de logement aux milices de l'*Ifrîk'iah*, tant arabes que berbères. (El-Bekrî, p. ۳۰, l. 23 et 24; — J. A., t. XII, p. 487, 5ᵉ série.)

[4] *El-Kâmil*, t. VIII, p. ۳۱۹, l. 24, à p. ۳۲۰,

[*] *Descr. de l'Afr. septentr.*, p. ۲۹, l. 19 et 20 (J. A., t. XII, p. 484, 5ᵉ série).

LIVRE QUATRIÈME. — CHAPITRE II.   245

Le soleil venait de disparaître sous l'horizon quand *l'homme à l'âne* rentra dans son camp, qu'il ne tarda pas à déplacer, pour le rapprocher, en l'installant à cinq ou six milles d'*El-Mahdïah*, dans la *plaine de Terennout'* (ترنوط مخص). « Ce « fut de là, dit El-Bekrî, qu'il dirigeait ses colonnes d'attaque [1]. » Il avait entouré ce nouveau camp d'un retranchement et, le bruit de ses succès s'étant répandu au loin, il vit accourir de toutes parts sous ses drapeaux une foule de gens de l'*Ifrík'iah*, des Berbers, des gens de *Djebel-Nefouçah*, du *Zâb*, et même du fond du *Maghrib* [2]. Avec toutes ces forces réunies, il serra la place d'assez près pour que personne ne pût ni entrer ni sortir, et le 22 djoumâdi-el-akhir [3] (dimanche 9 février 945 de J. C.), il donna le signal de l'attaque. On combattit avec un acharnement incroyable, et l'élite de l'armée d'El-K'âïem resta sur le champ de bataille. Le chef rebelle, de son côté, courut le plus grand

Deuxième
attaque
(22 djoumâdi II)

---

l. 16; — *Rih'la* d'Et-Tidjânî (*J. A.*, t. I, p. 365 et 366, 5ᵉ série). — Ibn-Khaldoun, *Histoire des Berbers*, t. II, p. ٢٠, l. 2 à 5 (t. III de la trad. franç., p. 207 et 208); — voir aussi t. II de cette trad., p. 533). — El-K'aïraouâni, *Histoire de l'Afrique*, liv. IV, p. 100 et 101. — Voyez p. 241 de ce volume.

[1] *Descr. de l'Afr. septentr.*, p. ٢١, l. 13 à 15 (*J. A.*, t. XII, p. 488, 5ᵉ série); — *El-Kâmil*, t. VIII, p. ٣٣٠, l. 16; — *Baïân*, t. I, p. ٢٢٧, l. 17; — *Rih'la* d'Et-Tidjânî (*J. A.*, t. I, p. 366, 5ᵉ sér.). El-Bekrî place *Terennout'* ᵃ à six milles et Et-Tidjânî à cinq milles d'*El-Mahdïah* ; le même El-Bekrî (p. ٢١, l. 16 et 17) cite, à ce sujet, un passage du *Kitâb-el-H'adethân* ᵇ (le livre des prédictions) ainsi conçu : «Quand le schismatique «attachera ses chevaux à *Terennout'*, les gens du «*Soudd* n'auront plus de bêtes à lier ou à délier «(n'auront plus de sécurité),» et il ajoute : «par «ces mots gens du *Soudd*, il entend désigner les «gens du *Sâh'el* ᶜ.» Ibn-'Adzârî et Et-Tidjânî ont emprunté cette citation à El-Bekrî.

[2] *El-Kâmil*, t. VIII, p. ٣٣٠, l. 16 à 18; — *H. d. B.*, t. II, p. ٢٠, l. 5 et 6 (t. III de la trad.

franç., p. 208 ; — voir aussi t. II de cette trad., p. 533). — El-K'aïraouâni, *Hist. de l'Afrique*, liv. IV, p. 101. Ces deux derniers auteurs nomment en outre les Berbers des environs de *K'âbis* et même de *Tripoli*.

[3] C'est à Ibn-el-Athîr que j'emprunte cette date précise. Ibn-Khaldoun dit à la fin de djoumâdi-el-akhir, et en même temps on lit dans Ibn-H'ammâd : «Ce fut un *lundi* 27 djoumâdi-el-akhir 333, «sous le règne d'El-K'âïem, et un an avant la «mort de ce prince, que l'hérétique eut son «armée taillée en pièces [d].» D'abord le 27 djoumâdi-el-akhir 333 tombe un *vendredi* et non un *lundi*; ensuite nous verrons bientôt qu'El-K'âïem mourut le 13 chaouâl 334, par conséquent plus de quinze mois et demi après le 27 djoumâdi-el-akhir 333. Mais ce qui est plus important c'est que, suivant Ibn-el-Athîr et suivant Ibn-Khaldoun, l'avantage resta à Abou-Iezîd dans les deux attaques qui eurent lieu, l'une au commencement, l'autre à la fin de djoumâdi-el-akhir, ce qui dément l'assertion d'Ibn-H'ammâd. En général, la *Chronique* de ce dernier historien paraît mériter peu de confiance ; elle ne présente pas seu-

---

ᵃ J'ai parlé plus haut d'une localité du même nom en *Égypte*.

ᵇ Dont l'auteur est El-Djerbî. (El-Bekrî, p. ١٠, l. 19; — *J. A.*, t. XII, p. 514, 5ᵉ série.)

ᶜ *Sâh'el* étant, sans aucun doute, pris ici dans le sens que j'ai eu l'occasion d'indiquer à la page 29 de ce volume.

ᵈ *Chronique* d'Ibn-H'ammâd (*J. A.*, t. XX, p. 480, 4ᵉ série).

danger; il s'était avancé jusqu'à la *porte*[1]; un esclave le reconnut, et saisit la bride de son cheval en criant : « Voici Abou-Iezîd, tuez-le. » Mais aussitôt un Berber s'élança sur l'esclave et lui trancha la main d'un coup de sabre. Abou-Iezîd était sauvé[2]. L'avantage de cette journée peut être considéré comme étant resté aux assiégeants, en ce sens qu'El-K'âiem avait éprouvé des pertes énormes et qu'en définitive les assiégés avaient été refoulés derrière leurs murailles. Mais Abou-Iezîd put apprécier aussi à quelle énergique résistance il devait s'attendre. Il fit donc de nouvelles dispositions, et manda au gouverneur d'*El-K'aïraouân* de lui envoyer tous les combattants disponibles. Ces renforts lui étant arrivés, il tenta, à la fin de redjeb, une troisième attaque, dans laquelle il fut repoussé après avoir perdu beaucoup de monde, et ce furent les troupes venues de *K'aïraouân* qui souffrirent le plus. On eût dit qu'en effet le génie du rebelle avait été comme subitement frappé d'impuissance le jour où il avait touché le *Mos'alla*. Une quatrième attaque dirigée contre *El-Mahdïah*, dans les dix derniers jours de chaouâl[3], échoua encore contre la vaillance des assiégés, et Abou-Iezîd fut obligé de rentrer dans son camp retranché. Mais il tenait toujours la ville étroitement bloquée et, ce qui s'explique difficilement, puisqu'on pouvait s'approvisionner par mer, la famine vint ajouter ses horreurs aux désastres du siège, et réduisit les habitants à l'affreuse nécessité de dévorer des bêtes de somme et jusqu'à des cadavres. Bientôt même El-K'âiem donna l'ordre d'évacuer la ville, pour qu'il n'y restât plus que la garnison. Ce fut dans cette fuite des habitants qu'on vit à quels excès peut se porter la férocité d'une soldatesque sans frein : obligés de traverser les lignes des assiégeants et implorant leur pitié, les malheureux étaient éventrés, les femmes enceintes

---

lement les faits dans un grand désordre, elle fourmille de dates fautives : c'est ainsi qu'elle place la mort d'El-K'âiem en 335 [a]; c'est encore ainsi qu'elle fait naître son fils Isma'îl en 299 ou 302 [b] à *El-Mahdïah*, ville qui ne fut fondée qu'en 303 et habitée par son fondateur seulement en 308.

[1] Ibn-el-Athîr dit seulement قرب الباب (près de la porte), sans dire de quelle porte. Je ne puis guère mettre en doute qu'il s'agit d'une des portes du faubourg, car pour arriver jusqu'à la porte de la ville, il aurait fallu traverser le *Mos'alla*, et il paraît certain qu'Abou-Iezîd n'atteignit cette place des fêtes qu'une seule fois, à sa première attaque, comme je l'ai dit. C'est là ce qui constitue l'accomplissement de la prétendue prophétie du Mahdi.

[2] *El-Kâmil*, t. VIII, p. ۳۲۰, l. 18 à 23. Aucune des autres sources où j'ai puisé ne reproduit ce détail.

[3] Du 20 au 29 chaouâl 333 (du jeudi 5 au samedi 14 juin 945 de J. C.).

[a] *J. A.*, t. XX, p. 476, 4ᵉ série.
[b] *Ibid.*, t. XX, p. 477.

LIVRE QUATRIÈME. — CHAPITRE II. 247

elles-mêmes, et dans leurs entrailles palpitantes une cupidité sauvage cherchait l'or qu'on y supposait caché[1].

A l'époque où le Mahdi construisit l'asile des Fât'imites, il avait, pour augmenter les moyens de défense, fait creuser des citernes et des silos, dans lesquels il avait enfermé des approvisionnements considérables[2]. Lorsque la ville fut débarrassée des bouches inutiles, El-K'âiem fit ouvrir ces magasins et en distribua le contenu aux troupes de la garnison[3]. Un autre secours, presque inespéré, lui vint puissamment en aide : ce fut en effet dans cette terrible extrémité que Zîri-ben-Menâd conquit à jamais les bonnes grâces des Fât'imites, en réussissant à faire entrer un convoi dans *El-Mahdiah*[4]. En-Nouaïrî nous apprend que ce convoi consistait en cent charges de blé, escortées par deux cents cavaliers s'anhâdjiens et cinq cents esclaves nègres[5]. C'était la réponse de l'émîr des *S'anhâdjah* à l'appel fait par El-K'âiem. D'autres secours avaient été organisés dans les tribus depuis longtemps dévouées à la famille du Mahdi : ainsi, une armée kitâmienne s'était rassemblée à *Constantine*; mais elle fut hors d'état de résister à un corps d'*Ouarfadjouma* commandé par Lekkou-'l-Mezâti, qu'Abou-Iezîd envoya contre elle; taillée en pièces et dispersée, elle ne put, même partiellement, parvenir à sa destination, et le prince fât'imite dut renoncer à tout espoir de ce côté. Quoi qu'il ne fût pas sans importance, ce succès était loin de compenser la série d'échecs éprouvés devant *El-Mahdiah*. Or, tant que les Berbers avaient trouvé dans l'*Ifrîk'îah* une proie à dévorer, on les avait vus accourir avec empressement vers Abou-Iezîd; mais cette malheureuse province, à force d'être saccagée, était complètement épuisée. Aussi l'ardeur des Berbers s'était-elle singulièrement refroidie; chaque jour amenait de nouvelles désertions, et le chef nekkârite était menacé de n'avoir bientôt plus autour de lui que les *Hoouârah de l'Aurès* et les *Beni-Kemlân*[6]. Voulant pro-

Secours envoyé par Zîri-ben-Menâd.

Armée kitâmienne réunie à Constantine et dispersée.

---

[1] *Chronique* d'Ibn-H'ammâd (*J. A.*, t. XX, p. 475, 4ᵉ série). — *El-Kâmil*, t. VIII, p. ۳۲۰, lin. ult., à p. ۳۲۱, l. 9. — *Abulfedæ Annal. muslem.* t. II, p. 430, l. 15 à 17; — *H. d. B.*, t. II, p. ۲۰, l. 6 à 7 (t. III de la trad. franç., p. 208; — voir surtout t. II de cette traduction, p. 533 et 534). — El-K'aïraouâni, *Histoire de l'Afrique*, liv. IV, p. 101.

[2] *Rih'la* d'Et-Tidjâni (*J. A.*, t. I, p. 361, 5ᵉ série). — Ibn-Khaldoun, *Hist. des Fât'im.*, § VI (*H. d. B.*, append. II au t. II de la trad. franç., p. 525). — El-K'aïraouâni, liv. IV, p. 101.

[3] Ibn-Khaldoun, *Hist. des Fât'imites*, § VIII (*H. d. B.*, append. II au t. II de la trad. franç., p. 524). — El-K'aïraouâni, p. 101.

[4] *H. d. B.*, t. I, p. ۱۴۷, l. 4 à 6 (t. II de la trad. franç., p. 5 et 6).

[5] En-Nouaïrî (*H. d. B.*, append. I au t. II de la trad. franç., p. 493).

[6] *El-Kâmil*, t. VIII, p. ۳۲۱, l. 10 à 15, et p. ۳۲۲, l. 15 et 16. — *Histoire des Berbers*, t. II, p. ۲۰, l. 8 à 11 (t. III de la traduction française, p. 208; — voir aussi t. II de cette traduction, p. 534).

248   ÉTUDE SUR LA CONQUÊTE DE L'AFRIQUE.

fiter de cet affaiblissement des forces de son ennemi, El-K'àïem fit une sortie le 7 dzou-'l-k'a'dah (samedi 21 juin 945 de J. C.), et alors s'engagea une bataille terrible, dont le résultat fut incertain. D'autres combats furent livrés avec des chances diverses, plutôt défavorables dans leur ensemble que favorables au rebelle. Dans l'un de ces combats, deux cents cavaliers *kitâmah*, résolus à vaincre ou à mourir, chargèrent comme un seul homme l'armée d'Abou-Iezîd et semèrent la mort dans ses rangs; peu s'en fallut qu'ils n'atteignissent le chef nekkârite lui-même, qui fût infailliblement tombé sous leurs coups si une poignée de braves ne lui eussent fait un rempart de leurs corps et ne se fussent fait tuer à ses côtés. Pendant qu'avaient lieu ces alternatives de succès et de revers, on avait atteint l'année 334[1].

334 de l'hégire
(945-946
de J. C.).

Ibn-el-Athîr raconte qu'en moh'arram de cette année parut en *Ifrîk'iah* un imposteur, qui, faisant appel aux populations crédules et turbulentes de cette région, réunit une foule de partisans. Il prétendait appartenir à la famille 'abbâsside et disait arriver de *Baghdâd*. Pour unique preuve de sa mission, il déployait des étendards noirs. Bientôt atteint par les troupes d'Abou-Iezîd, il fut arrêté, amené devant le rebelle, et mis à mort par son ordre[2]. C'est sans doute aussi dans ce mois qu'il faut placer la mort de Iah'ïâ-ben-Edrîs, qui, en 331, avait reçu l'hospitalité à *El-Mahdïah*, et « mourut dans cette ville « en 334, dit El-Bekrî, pendant qu'Abou-Iezîd en faisait le siège[3]. » Suivant

Prétendu 'Abbâsside.

Mort de Iah'ïâ-ben-Edrîs.

---

[1] *El-Kâmil*, t. VIII, p. ۳۲۱, l. 15, à p. ۳۲۲, l. 8. — El-K'aïraouâni, *Hist. de l'Afr.*, p. 101. — Il y a ici deux lignes d'Ibn-el-Athîr que je ne m'explique pas; après une des rencontres où El-K'âïem avait été défait, l'auteur du *Kâmil* prétend que «beaucoup de gens d'*El-Mahdïah* s'en«fuirent en *Sicile*, à *Tripoli*, en *Égypte*, et même «dans le *pays des Roums*» (p. ۳۲۲, l. 2 et 3). D'une part, cette évasion n'aurait pu avoir lieu que par mer, c'est-à-dire sur des vaisseaux, qui auraient été beaucoup mieux employés à tirer, de *Sicile* par exemple, des approvisionnements pour la ville affamée; d'autre part, comment admettre que le prince fât'imite, avec une armée très éclaircie par les pertes qu'il avait éprouvées, aurait laissé sortir qui que ce fût d'une place qui ne renfermait plus que des combattants, puisqu'il en avait expulsé la population, comme je l'ai dit à la page précédente?

[2] *El-Kâmil*, t. VIII, p. ۳۲۲, l. 8 à 11.

[3] El-Bekrî, p. ۱۲۰, l. 19 et 20, p. ۱۳۲, l. 11 et 12 (*J. A.*, t. XIII, p. 355 et 368, 5ᵉ sér.). Le même auteur emprunte au k'âdhi Moh'ammed-ibn-'Omar-es'-S'adefi deux passages, dans l'un desquels il est dit que Iah'ïâ-ben-Edrîs fut fait prisonnier par Mouçâ-ben-Abi-'l-'Âfiah, que celui-ci dévasta la ville où il s'était établi, le retint captif à *Lokâi*, et qu'*après une longue détention* il lui rendit la liberté, dont le prince edrîsite profita pour se rendre à *As'îla*, où il vécut misérablement*. Dans le second passage Moh'ammed-ibn-'Omar dit qu'en l'an 331 Iah'ïâ prit la route

* Ce passage jette de l'obscurité sur les détails relatifs à Iah'ïâ-ben-Edrîs, car nous avons vu qu'en 309 Mas's'âlah-ben-H'abbous relégua ce prince à *As'îla* dans un état complet de misère. El-Bekrî ne place cette retraite à *As'îla*

LIVRE QUATRIÈME. — CHAPITRE II. 249

Ibn-'Abd-el-H'alîm, qui n'a adopté qu'en partie le récit de Moh'ammed-ibn-'Omar, le prince edrîsite mourut de faim[1], ce qui est peu vraisemblable

d'*El-Mahdïah*, et que, cette ville étant étroitement bloquée par Abou-Iezîd, le fils d'Edris mourut de faim, *sans qu'il lui fût possible de joindre les princes fât'imites*[a]. Ibn-Khaldoun dit au contraire que Iah'ïâ-ben-Edris *arriva à El-Mahdïah* en 331, et *qu'il venait d'être retenu en prison* par Ibn-Abi-'l-'Âfiah pendant *deux ans*[b], tandis que, suivant Ibn-'Abd-el-H'alîm, ce serait non pas dans les prisons de *Lokaï*, mais dans celles de *Miknâçah* qu'Ibn-Edris aurait gémi, et non pas pendant *deux*, mais pendant *près de vingt ans* (نحو من العشرين سنة [c]), ajoutant qu'il mourut de faim à *El-Mahdïah*, au commencement de 332. Pour adopter le récit d'Ibn-Khaldoun, il faudrait admettre que le prince edrîsite fut incarcéré en 329 ; or, depuis 324, Mouça vivait en fugitif dans le *Maghrib*, et, suivant Ibn-Khaldoun lui-même, il était mort en 327. Pour adopter le récit du *K'art'âs*, il faudrait admettre que Iah'ïâ, expulsé à As'ila en 309, fut fait prisonnier en 311 et incarcéré jusqu'en 331. Ce que nous avons dit explique très bien comment Ibn-Abi-'l-'Âfiah saisit toute occasion qui put se présenter de jeter en prison un membre de la famille edrîsite et, en particulier, celui pour lequel il n'avait cessé d'éprouver une jalouse haine, que le malheur même n'avait pu désarmer. Mais il resterait à expliquer comment, dans l'expédition de 324, Meïçour, ou tout au moins les *Beni-Moh'ammed*, alors ses alliés, n'auraient pas délivré Iah'ïâ, bien qu'il appartînt à la branche de 'Omar, et comment en 331 ce prince aurait dû sa liberté à la bienveillance d'Ibn-Abi-'l-'Âfiah, qu'on suppose encore vivant à cette date. Ces difficultés me portent à regarder comme suspects les récits empruntés par El-Bekrî à Moh'ammed-ibn-'Omar, et comme d'autant plus suspects que, pour ce k'âdhi, ils sont l'accomplissement d'une malédiction jetée sur Iah'ïâ par son père Edris-ibn-'Omar[d], dans un mouvement de colère : «Je prie «Dieu, aurait dit Edris, de faire que mon fils «meure de faim sur la terre étrangère.» On est autorisé à se demander si les termes de la malédiction ont été formulés après l'événement, ou si le récit de l'événement a été arrangé de manière à réaliser une invocation qui, d'ailleurs, a tous les caractères de l'invraisemblance. Pour qui connaît la crédulité arabe, à laquelle El-Bekrî lui-même est loin d'avoir échappé, tous les soupçons, en pareille matière, sont légitimes.

[1] *K'art'âs*, p. ۲۴, l. 15 et 16 (p. 68 de la trad. lat. ; — p. 108 de la trad. franç.). Le texte dit : «Il y mourut de faim en 332 *sur la terre* «étrangère,» et dans la traduction française on lit : «Il y mourut de faim *au commencement* de «l'année 332.» La différence des mots que j'ai soulignés tient sans doute à la manière dont le mot غربة est écrit dans les manuscrits ; mais, ce qui est plus grave, l'erreur manifeste de date paraît exister dans tous les manuscrits ; il faut évidemment lire 334, au lieu de 332, puisque l'on a vu que le siège proprement dit de la capitale des Fât'imites commença en djoumâdi-el-akhir 333.

qu'*après une longue détention ;* ce serait donc d'*As'ila*, suivant lui[1*], que le malheureux prince edrîsite serait parti pour se rendre à *El-Mahdïah*. Je crois, comme va nous le dire Ibn-Khaldoun, que Iah'ïâ se rendit dans cette dernière ville immédiatement à sa sortie de prison.

[a] El-Bekri, p. ۱۲۴, l. 9 à 15 (*J. A.*, t. XIII, p. 356 et 357, 5 série). La date seule dément ce récit.

[b] Ibn-Khaldoun, *Hist. des Edris.* (H. d. B., append. IV au t. II de la trad. franç., p. 568).

[c] *K'art'âs*, p. ۲۴, l. 13 et 14 (p. 68 de la trad. lat. ; — p. 108 de la trad. franç.).

[d] El-Bekri, p. ۱۲۴, l. 12 et 13 (*J. A.*, t. XIII, p. 357, 5ᵉ série). — *K'art'âs*, p. ۲۴, l. 11 et 12 (p. 68 de la trad. lat. ; — p. 108 de la trad. franç.). Cette traduction française dit, par erreur, 'Omar-ibn-Edris, au lieu de Edris-ibn-'Omar.

[1*] Je dois dire : et suivant le *K'art'âs* (p. ۲۴, l. 9 et 10 ; — p. 68 de la trad. lat. ; — p. 108 de la trad. franç.).

malgré la famine qui désolait la garnison. Telle fut la misérable fin d'un prince qu'El-Bekrî signale comme ayant été le plus puissant et le plus considéré des Edrîsites [1], et que ces avantages ne protégèrent pas contre les coups du sort, car, pendant les vingt-cinq dernières années de sa vie, le malheur sembla s'être attaché à lui comme à une proie qu'il ne lâcha pas jusqu'à son dernier jour. N'interrompons pas plus longtemps par ces épisodes le récit de la lutte que les Fât'imites soutenaient avec un courage qui touchait à l'heure de sa récompense.

Les auteurs sont unanimes pour nous représenter, à cet instant, les Berbers se détachant du chef qu'ils avaient suivi avec tant d'ardeur. Sans doute l'épuisement de l'*Ifrîk'ïah* et, par suite, l'impossibilité d'un pillage fructueux, comme je l'ai dit plus haut d'après Ibn-el-Athîr, la fatigue et les privations d'un si long siège jointes au désir d'aller revoir leurs champs et leurs familles, comme le dit le cheïkh Et-Tidjânî [2], durent jouer un rôle dans la désertion des Berbers; il paraît même que, par suite d'inimitiés entre diverses tribus, un certain nombre des partisans d'Abou-Iezîd s'étaient rendus à *El-Mahdïah* et combattirent dans les rangs d'El-K'âïem [3]. Mais un autre motif avait joué le plus grand rôle dans cet abandon de la cause nekkârite. Depuis la grande victoire qu'il avait remportée sur Meïçour (rebî-el-aouel 333), *l'homme à l'âne* s'était complètement transformé; il avait mis de côté sa grossière chemise de laine et son âne; on ne le voyait plus que couvert de vêtements de soie et montant des chevaux de luxe. Ce changement avait été un sujet de scandale pour ses rudes compagnons; des représentations lui avaient été faites à ce sujet, et non seulement il n'en avait tenu aucun compte, mais il justifiait sa conduite, qu'Ibn-Khaldoun traite d'immorale [4], par un verset du livre saint : « *et vous leur permettrez de s'équiper richement, de se servir de chevaux de race...* [5] »

---

[1] El-Bekrî, p. ١٢٥, l. 20 et 21, p. ١٣٢, l. 11 à 16 (*J. A.*, t. XIII, p. 355 et 356, p. 368, 5ᵉ série).

[2] *Rih'la* d'Et-Tidjânî (*J. A.*, t. I, p. 367, 5ᵉ série).

[3] *El-Kâmil*, t. VIII, p. ٣٢٣, l. 12 à 14. — Au dire d'Ibn-Khaldoun, El-K'âïem avait cherché, par des émissaires, à agir sur les *Hoouârah* de l'*Aurâs* et sur les *Beni-Kemlân**; ces Berbers, croyant voir, d'ailleurs, qu'Abou-Iezîd leur témoignait de la méfiance, s'étaient retirés, les uns pour retourner dans leur pays, d'autres pour passer à *El-Mahdïah*. (*Histoire des Berbers*, t. II, p. ٢٠, l. 11 et 12; — t. III de la trad. franç., p. 208.)

[4] *H. d. B.*, t. II, p. 14 et ٢٠ (t. III de la trad. franç., p. 207; — voir aussi t. II de cette trad., p. 534.)

[5] *Chronique* d'Ibn-H'ammâd (*J. A.*, t. XX, p. 475 et 476, 5ᵉ série). — *K'orân*.

* Nous savons déjà qu'Abou-Iezîd ne comptait plus dans son camp que ces tribus, restées seules fidèles à sa cause.

LIVRE QUATRIÈME. — CHAPITRE II.   251

Voilà comment il vit ses partisans se disperser peu à peu et le laisser seul avec les *Hoouârah de l'Aurâs* et les *Beni-Kemlân*. Il y a plus : après une dernière défaite, les chefs même de ces tribus tinrent conseil entre eux et décidèrent de rentrer dans leur pays, avec la pensée, il est vrai, de faire appel aux Berbers et de les ramener à Abou-Iezîd. Mais celui-ci, qui avait tout à redouter de leur éloignement et qui, dans leur départ, ne pouvait voir qu'une désertion en masse, dépêcha des courriers pour les inviter à revenir dans son camp. Vains efforts! les chefs, suivis de tout ce qui restait des contingents, continuèrent leur route, et le rebelle resta avec trente hommes [1]. Après huit mois de tentatives inutiles, le siège d'*El-Mahdïah* se trouvait levé de fait. Abou-Iezîd, abandonnant ses bagages, se retira vers *K'aïraouân*, où il arriva le 6 s'afar et s'établit au *Mos'alla* [2].

Levée du siège d'El-Mahdiah.

Non seulement personne, à l'exception du gouverneur, n'était venu à sa rencontre, mais le chef abandonné fut l'objet de la risée publique, les enfants même sortirent de la ville pour aller lui lancer leurs sarcasmes [3]. Aussitôt que le départ d'Abou-Iezîd fut connu à *El-Mahdïah*, les soldats de la garnison vinrent piller le camp berber; ils s'emparèrent des approvisionnements, des tentes, des drapeaux, de tout ce qui s'y trouvait, et à la disette succéda l'abondance. En même temps, à *El-K'aïraouân*, les habitants, voyant le peu de soldats qui entouraient le chef nekkârite, songèrent à se saisir de sa personne [4]. Ils n'osèrent cependant, mais ils écrivirent à El-K'âïem pour lui demander l'amân, ce qui attira au gouverneur une vive remontrance de la part de son maître, qui lui reprocha de passer le temps à boire, à manger, et autres satisfactions analogues, au lieu de veiller aux vrais intérêts de la ville qu'il lui avait confiée. La lettre des habitants resta sans réponse, et s'il est permis de s'éton-

Abou-Iezîd à K'aïraouân.

---

[1] *El-Kâmil*, t. VIII, p. ٣٢٢, l. 14 à 22. — El-K'aïraouâni, *Hist. de l'Afr.* liv. IV, p. 102.

[2] On peut conclure d'un passage d'Ibn-el-Athîr : 1° que le siège d'*El-Mahdïah* fut levé le 4 s'afar 334, puisque Abou-Iezîd était campé près de la place, c'est-à-dire à environ deux journées de K'aïraouân; 2° que le *Mos'alla de K'aïraouân*, que nous avons vu mentionné en 139 sous le nom de *Mos'alla de Rauh'*, était à l'est de cette ville, du côté de la *Sebkha*.

[3] *El-Kâmil*, t. VIII, p. ٣٢٢, lin. ult., à p. ٣٢٣, l. 2; — *Rih'la* d'Et-Tidjâni (*J. A.*, t. I, p. 367, 5ᵉ série). — Abulfedæ *Annal. muslem*. t. II,

p. 430, l. 17. — Ibn-Khaldoun, *H. d. B.*, t. II, p. ٢٠, l. 13 et 14 (t. III de la trad. franç., p. 208; — voir aussi t. I de cette trad., p. 534). — El-K'aïraouâni, *Histoire de l'Afrique*, liv. IV, p. 102. — Ibn-el-Athîr donne seul la date précise; Et-Tidjâni et Abou-'l-Fedâ disent en s'afar, Ibn-Khaldoun et El-K'aïraouâni n'indiquent que l'année.

[4] *El-Kâmil*, t. VIII, p. ٣٢٣, l. 2 à 8. — Ibn-Khaldoun dit aussi qu'«Abou-Iezîd fut assez «heureux d'échapper à un complot ourdi par les «habitants, qui voulaient s'emparer de sa per-«sonne» (*H. d. B.*, t. II, p. ٢٠, l. 14; — t. III

ner de ce silence, on est en droit de s'étonner bien plus encore qu'El-K'âiem, qui n'était qu'à deux journées de K'aïraouân, n'ait pas cherché, par une marche de nuit, à surprendre son ennemi presque sans défense. Il semble avoir perdu un temps précieux à chasser les gouverneurs qu'Abou-Iezîd avait préposés à diverses villes, probablement peu importantes, puisqu'elles ne sont pas nommées, et l'on doit croire que les chefs par lesquels le rebelle craignait d'être abandonné l'avaient au contraire servi avec un grand zèle, car celui-ci vit arriver de tous côtés des Berbers qui venaient se ranger sous ses drapeaux [1], et se trouva de nouveau à la tête d'une armée nombreuse, puisque nous allons le voir rentrer si promptement en campagne. Ce fut pendant son séjour à K'aïraouân qu'Abou-Iezîd comprit enfin la faute qu'il avait commise en changeant les allures de simplicité rustique qui le caractérisaient avant ses succès : « Cédant, dit Ibn-Khaldoun, aux remontrances d'Abou-'Ammâr, qui blâmait « amèrement son attachement aux choses mondaines, il renonça aux habitudes « de luxe qu'il avait contractées et reprit, avec sa chemise de laine, la vie « simple et rude d'autrefois [2]. » Parmi les gouverneurs nekkârites contre lesquels El-K'âiem avait sévi, soit en envoyant quelques troupes, soit en excitant les populations contre eux, plusieurs avaient été massacrés, d'autres avaient été arrêtés et conduits à *El-Mahdïah*. Aussitôt qu'Abou-Iezîd disposa de ses nouvelles troupes, il répondit à ces hostilités, commises quand il était isolé et impuissant, par d'horribles représailles. Des détachements furent lancés dans toutes les directions, avec ordre de répandre sur leur passage le meurtre, la dévastation, l'incendie [3], et maintenant que nous savons comment ce barbare intelligent faisait la guerre, nous pouvons être sûrs que, par ces atrocités, il préludait à quelque expédition.

Révolte de Sousah contre Abou-Iezîd.

La levée du siège d'*El-Mahdïah* n'avait pu manquer d'amener, de la part de plusieurs villes soumises au rebelle, des manifestations en faveur d'El-K'âiem. *Sousah* fut de ce nombre : profitant de la faiblesse de la garnison laissée dans ses murs, cette ville, animée par le souvenir des actes de cruauté dont elle avait été témoin, et indignée de la tyrannie qui pesait sur elle, se souleva contre son gouverneur, qui fut arrêté et conduit prisonnier à *El-Mahdïah* [4]. Ibn-

de la trad. franç., p. 208), mais il ne mentionne pas la demande de l'amân à El-K'âiem.

[1] *El-Kâmil*, t. VIII, p. ٣٢٣, l. 9 à 11.
[2] *H. d. B.*, t. II, p. ٢٠, l. 15 et 16 (t. III de la trad. franç., p. 208).
[3] *El-Kâmil*, t. VIII, p. ٣٢٣, l. 12, 13, 15

et 16 ; — *H. d. B.*, t. II, p. ٢٠, l. 16 et 17 (t. III de la trad. franç., p. 208 et 209).
[4] *Rih'la* d'Et-Tidjânî (*J. A.*, t. XX, p. 106, 4ᵉ série 1852). L'auteur commet une erreur évidente en disant : «Ces événements se passaient «en 322.» D'abord, il a voulu dire «en 333»,

LIVRE QUATRIÈME. — CHAPITRE II.   253

el-Athîr ajoute qu'une troupe des siens (évidemment la garnison) subit le même sort, et qu'à titre de remerciement pour ce service, le prince fât'imite envoya aux habitants sept navires chargés d'approvisionnements[1], et probablement de troupes. *Tunis* aussi se révolta. Aux premiers symptômes du mouvement qui se prononçait, Abou-Iezîd fit marcher contre cette ville des troupes commandées par Mostâouïa-en-Nakkâri[2], qui y entra de force le 20 s'afar 334[3]. El-K'âïem, de son côté, voulant soutenir les habitants, avait fait partir 'Amer-ibn-'Ali-ben-el-H'assan, à la tête d'un corps d'armée; mais ce général arriva trop tard. Mostâouïa occupait déjà la ville et y avait porté le massacre et la dévastation. C'est peut-être à ce sujet qu'El-Bekrî dit, en parlant de *Tunis* : « Du temps d'Abou-Iezîd, les habitants eurent à subir une dure « épreuve : le massacre, la captivité et la perte de leurs biens[4]. » 'Amer-ibn-

Tunis suit son exemple.

puisqu'il ajoute : «L'année suivante Abou-Iezîd «vint lui-même mettre le siège devant *Souçah*... «le siège se prolongea ainsi jusqu'à la mort d'El-«K'âïem, qui eut lieu dans le cours de cette même «année 333.» Or ces deux événements appartiennent sans incertitude à l'année 334. Mais, en outre, la manière dont El-K'âïem reconnut, comme va nous l'apprendre Ibn-el-Athîr, le service que venaient de rendre à sa cause les habitants de *Sousah* montre que ces événements se passaient en 334 et après la levée du siège d'*El-Mahdiah*, car à aucun instant de 333 le prince fât'imite ne fut en mesure d'envoyer sept vaisseaux chargés de vivres. Les faits que j'emprunte ici à Ibn-el-Athîr et à Et-Tidjânî répondent à la note que M. de Slane a mise à la page 532 du tome II de sa traduction de l'*Histoire des Berbers*; ils montrent qu'il n'y a aucune *supposition* à faire, et que *Sousah* était bien réellement retournée sous l'obéissance des FÂT'IMITES. Du reste, Et-Tidjânî se redresse lui-même (*Journal asiatique*, t. I, p. 367, 5° série).

[1] *El-Kâmil*, t. VIII, p. ٣٣٣, l. 13 et 14. —

On a ici la preuve de l'existence d'une flotte à *El-Mahdiah* au commencement de 334, et l'on voit pourquoi je me suis étonné de l'affreuse famine qui rendit si difficile la défense d'*El-Mahdiah* en 333, famine qui, cependant, n'est mise en doute par aucun auteur.

[2] Le nom de ce général d'Abou-Iezîd n'est donné que par le cheikh Et-Tidjânî.

[3] *El-Kâmil*, t. VIII, p. ٣٣٣, l. 16 et 17. — El-K'aïrouâni (liv. IV, p. 102) dit le 10 s'afar, ce qui est inadmissible, puisque nous venons de voir Abou-Iezîd arriver presque seul, le 6 s'afar, au *Mo'salla* de *K'airaouân*. C'est déjà beaucoup d'admettre, vu l'état où l'on nous le dépeint à cet instant, qu'il ait pu, le 17 s'afar[a], faire partir de *K'aïraouân* un corps de troupes.

[4] El-Bekrî[b], p. ٢٠, l. 18 (*J. A.*, t. XII, p. 514, 5° série). — «Là la ville fut livrée au pillage, dit «Ibn-el-Athîr[c], les femmes et les enfants emmenés en captivité, les hommes massacrés, les «mosquées renversées; beaucoup de gens périrent dans les flots en essayant de se sauver par «mer.» El-K'aïrouâni a copié ces détails, en

[a] On sait qu'il y a trois journées de marche de *K'aïraouân* à *Tunis*, et encore faut-il admettre que, bien qu'il ait éprouvé de la résistance devant la ville, il y entra le jour même de son arrivée.
[b] En s'afar 334 et dans les trois mois qui suivirent, *Tunis* fut plusieurs fois pillée et saccagée; ce passage d'El-Bekrî peut donc s'appliquer à l'ensemble des dévastations qu'eut à subir cette malheureuse ville pendant la guerre d'Abou-Iezîd.
[c] *El-Kâmil*, t. VIII, p. ٣٣٣, l. 17 à 19.

'Ali, apprenant qu'il avait été devancé, et n'étant pas en mesure d'assiéger la ville, se décida à revenir sur ses pas; mais Mostâouïa se mit à sa poursuite et l'atteignit à *S'olt'ân*[1]. L'armée fât'imite éprouva une terrible défaite, et perdit beaucoup de monde. La nuit étant venue, 'Amer se réfugia dans les gorges du *Djebel-el-Res'âs'* (la montagne du plomb); le lendemain matin, il continua à battre en retraite, et Mostâouïa continua à le poursuivre. Mais, faisant tout à coup volte-face, le général d'El-K'âïem prit une revanche complète. Le champ de bataille resta jonché de Berbers; Mostâouïa lui-même fut blessé et poursuivi à son tour jusqu'à *Tunis*, en éprouvant sur toute la route des pertes énormes. Ce fut le 5 rebî-el-aouel qu'Ibn-'Ali-ben-el-H'assan rentra ainsi dans la ville; il y trouva les habitants soulevés à la nouvelle de sa victoire et massacrant les Berbers, que ses soldats achevèrent de chasser et d'exterminer[2].

El-K'âïem reprend Tunis.

Aussitôt qu'Abou-Iezîd apprit ce désastre, il fit partir son fils Aïoub à la tête

ajoutant que «d'autres allèrent se cacher dans «les ruines de *Carthage*, où ils moururent de faim».»

[1] Aujourd'hui Henchir-S'olt'ân, à quatre ou cinq milles est-sud-est de *H'ammâm-el-Lif* ou *H'ammâm-el-Enf*, eaux thermales (40° cent.) déjà connues du temps de Strabon[b] (20 à 26 de J. C.) et indiquées dans la *Table de Peutinger* (segm. V. E); eaux encore en réputation du temps d'El-Bekrî[c], vantées aussi sous le nom de *H'âmma-'l-Djezîra* par Et-Tidjânî[d], et qui, visitées en juin 1724 par Peyssonnel[e], en 1784 par Desfontaines[f], ont conservé de nos jours leur antique réputation[g].
— El-K'aïraouâni dit que les armées se rencontrèrent près de l'*Ouâd-Mîliân*[h].

[2] *El-Kâmil*, t. VIII, p. ۳۳۳, l. 20, à p. ۳۳۴, l. 2; — *Rih'la* d'Et-Tidjânî (*J. A.*, t. XX, p. 96 à 98, 4ᵉ série). — El-K'aïraouâni, *Hist. de l'Afr.* liv. IV, p. 102. Cet auteur ajoute que l'armée d'El-K'âïem retourna ensuite à *El-Mahdîah*. Nous verrons bientôt qu'on ne commit pas la faute de laisser ainsi *Tunis* sans défense.

[a] *Hist. de l'Afrique*, liv. IV, p. 102. Je suppose que c'est du même événement qu'il parle page 100, et qu'il avait déjà mentionné page 3, où, par suite de quelque faute de copiste, il le place en 316.
[b] *Geographica*, lib. XVII, cap. XVI, p. 708, l. 2, de l'édit. Firmin Didot.
[c] *Descr. de l'Afr. septentr.*, p. ۴٥, l. 20 (*J. A.*, t. XII, p. 525, 5ᵉ série).
[d] *Rih'la* d'Et-Tidjânî (*J. A.*, t. XX, p. 75 et 76, 4ᵉ série).
[e] *Voyages dans les Régences de Tunis et d'Alger*, t. I, p. 44 et 45.
[f] *Ibid.*, t. II, p. 83.
[g] Pellissier, *Descr. de la Rég. de Tunis*, chap. IV, p. 63; in-8°, de l'I. l. 1853.
[h] Rivière qui se jette dans le golfe de Tunis, entre *Râdes* et *H'ammâm-el-Lif*. On la traverse sur un beau pont en pierre [1*] construit par H'amouda-Pacha, qui régna du 26 mai 1782 au 15 septembre 1814 [2*]. Ce pont a remplacé celui dont parle Et-Tidjânî [3*] et qui avait été construit par Abou-Zakariâ-Iah'iâ-el-Ouâthek, le IIIᵉ H'afs'ide, qui régna du 11 dzou-'l-h'idjah 674 au 3 rebî-el-akhir 678 [4*] (du mercredi 27 mai 1276 au dimanche 13 août 1279 de J. C.).

[1*] Pellissier, *Descr. de la Rég. de Tunis*, p. 63; in-8°, de l'I. l. 1853.
[2*] Alph. Rousseau, *Annales tunisiennes*, p. 194 et 288; in-8°, Alger, 1864.
[3*] *Rih'la* (*J. A.*, t. XX, p. 74 et 75, 4ᵉ série); — voir la note 2 de cette page 75).
[4*] Ez-Zerkeschi nous apprend que ce prince abdiqua le dimanche 3 rebî-et-thâni 678, *après un règne de trois ans trois mois et vingt-deux jours* (*J. A.*, t. XIII, p. 272, l. 20 à 23, et p. 285, 4ᵉ série). — El-K'aïraouâni (p. 230) dit *deux ans trois mois vingt jours*.

LIVRE QUATRIÈME. — CHAPITRE II.   255

d'un corps d'armée pour aller rallier, dans le *S'at'foura*[1], ce qui restait des troupes de Mostâouïa[2]. Aïoub avait réuni son armée à *Bédjah*, lorsqu'il apprit que 'Ali-ben-H'amdoun s'avançait à la tête d'une armée composée de *Kitâmah* et de *Zouâouah*. Le gouverneur de *Mesîla* avait passé par *Set'if*, *Constantine*, *El-Orbos*, *Sicca Veneria* (*El-Kéf*), grossissant son armée de tous les combattants qu'il pouvait recruter dans ces villes; il venait d'installer son camp dans une plaine peu distante de la rivière d'*Oudjra*[3], lorsque Aïoub le surprit par une attaque de nuit. L'épouvante s'empara de tous à la fois, sans qu'il fût possible de rallier une troupe capable de résister; ce fut une horrible mêlée ou plutôt un sauve-qui-peut général, dans lequel 'Ali-ben-H'amdoun, entraîné lui-même et traversant un pays accidenté qui lui était inconnu, tomba avec son cheval dans un précipice, où son cadavre mutilé fut retrouvé[4]. «Son fils Dja'far, qui

Mort de 'Ali-ben-H'amdoun.

---

[1] A la ligne 22 de la p. ۳۲۳ ci-dessus citée du *Kâmil* se trouvent trois mots, ثم إلى أصطفور, qui ne paraissent pas être à leur place. J'ai déjà eu l'occasion de dire que *S'at'foura* est le nom de la région qui s'étend au nord et à l'ouest de *Tunis*, et que traverse le cours inférieur du *Medjerda*. Or il ne peut s'agir de *S'at'foura*, où évidemment Mostâouïa vaincu se retira, qu'après la défaite de celui-ci et l'entrée à *Tunis* du général d'El-K'âïem. Je crois donc, par la place que je donne ici à ces trois mots, les interpréter convenablement.

[2] Suivant Ibn-Khaldoun, Aïoub s'était rendu, par ordre de son père, à *Bédjah*, pour y attendre de nombreux renforts que les Berbers devaient lui fournir[a], et il ne dit absolument rien des événements de *Tunis*, ou plutôt il ne parle que de ceux qui survinrent plus tard. S'il faut en croire Ibn-el-Athir, Aïoub, après avoir opéré la jonction (sur un point qu'il ne nomme pas) de son armée avec les débris de celle de Mostâouïa, se porta sur *Tunis*, l'incendia et égorgea la garnison fât'imite; marchant ensuite sur *Bédjah*, il y entra de force, livra cette ville aux flammes et passa au fil de l'épée tous ceux qui tenaient pour El-K'âïem. «La plume, dit l'auteur, refuse à décrire les meurtres, les dévastations, les horreurs qui, à cette époque, se commirent dans ce malheureux pays[b].» J'emprunterai plus particulièrement à Ibn-Khaldoun le récit des événements qui précédèrent immédiatement le siège de *Sousah*; je dirai les motifs de cette préférence.

[3] C'est Ibn-H'ammâd qui nomme cette rivière, que je n'ai trouvée indiquée sur aucune des cartes dont j'ai pu disposer; c'est très vraisemblablement un des petits affluents de la rive gauche du *Medjerda*, et je dis de «la rive gauche», parce qu'Ibn-Khaldoun assure qu'Ibn-H'amdoun se rendit d'*El-Kéf* aux environs de *Bédjah*. El-Bekri (p. ۰۹, lin. ult.; — *J. A.*, t. XIII, p. 76) place à une journée de *Bédjah* le territoire des *Ourdâdja*, nom qui n'est pas sans analogie avec celui de la rivière mentionnée par Ibn-H'ammâd.

[4] *Chronique* d'Ibn-H'ammâd[c] (*J. A.*, t. XX. p. 474, 4ᵉ série). — El-Bekri, p. ۰۹, l. 5 et 6 (*J. A.*, t. XIII, p. 97 et 98, 5ᵉ série). — *El-Kâmil*, t. VIII, p. ۳۲۴, l. 20, à p. ۳۲۵, l. 2;

---

[a] *H. d. B.*, t. II, p. ۲۰, l. 18 (t. III de la trad. franç., p. 209).
[b] *El-Kâmil*, t. VIII, p. ۳۲۴, l. 2 à 7. — El-K'airaouâni, *Hist. de l'Afrique*, l. IV, p. 103.
[c] Il attribue la mort de 'Ali-ben-H'amdoun à une panique survenue dans la nuit qui suivit le jour où ce général avait été défait par Aïoub.

« était resté à *El-Mesîla*, dit El-Bekrî[1], devint gouverneur du *Zâb* entier. » — Vainqueur à *Bédjah*, Aïoub[2] marcha sur *Tunis*; mais Ibn-'Ali-ben-el-H'assan[3],

— *Baïân*[a], t. I, p. ࢳࢳ, l. 18. — Ibn-Khaldoun, *H. d. B.*, t. II, p. ࢲ., l. 18 à 22 (t. III de la trad. franç., p. 209; — voir aussi t. II de cette trad., p. 554[b]).

[1] El-Bekrî, p. ٥٤, l. 6 et 7 (*J. A.*, t. XIII, p. 98, 5ᵉ série). — Ce passage d'El-Bekrî a été copié mot à mot par Ibn-'Adzârî (*Baïân*, t. I, p. ࢳࢳ, l. 18 et 19). — Suivant Ibn-Khaldoun[c], ce fut quand la révolte d'Abou-Iezîd fut étouffée que Dja'far-ibn-'Ali-ben-H'amdoun reçut le gouvernement d'*El-Mesîla* et du *Zâb*; mais s'il en fut ainsi, on doit admettre qu'avant d'en recevoir le titre il en remplit les fonctions, comme Ibn-Khaldoun lui-même va bientôt nous en fournir la preuve.

[2] C'est évidemment par erreur qu'El-K'aïraouâni dit Iâk'oub au lieu de Aïoub (*Histoire de l'Afrique*, liv. IV, p. 103).

[3] Ibn-Khaldoun (voyez la note 1, p. 257) écrit H'assan-ibn-'Ali; mais comme j'ai dit,

[a] C'est évidemment par suite d'une faute de copiste qu'il place la mort de 'Ali-ben-H'amdoun en 326, puisqu'il dit qu'elle eut lieu pendant la révolte d'Abou-Iezîd. Or, à cette date, le rebelle passait dans l'*Aurâs* pour s'y faire des partisans (voir ci-dessus, p. 228), et ce ne fut qu'en 332 qu'il put commencer la guerre.

[b] Les deux récits d'Ibn-Khaldoun auxquels je renvoie ici s'accordent assez bien entre eux et se terminent par la mort d'Ibn-H'amdoun. Mais, comme il arrive fréquemment à cet auteur, il donne une troisième version, qui contredit à peu près complètement les deux autres; dans celle-ci[1*] : 'Ali-ben-H'amdoun n'était pas mort dans la déroute qui eut lieu près de *Bédjah*; il avait pris la fuite et s'était retiré à *El-Mesîla*, pendant qu'Aïoub marchait sur *Tunis*, où il livrait à la garnison fât'imite divers combats, dont l'issue fut une défaite telle que le fils d'Abou-Iezîd fut obligé de rentrer à *K'aïraouân*. Son père l'envoya bientôt contre 'Ali-ben-H'amdoun, qui, nous venons de le dire, s'était retiré à *El-Mesîla*; on se battit à de nombreuses reprises avec des alternatives de succès et de revers; mais Aïoub réussit enfin à prendre la ville, en se ménageant des intelligences avec les habitants. Alors Ibn-H'amdoun s'enfuit dans le pays des *Kitâmah*, rassembla les guerriers de cette grande tribu et alla camper à *Constantine*, d'où il dirigea une partie de ses troupes contre les *Hoouârah*[2*]; mais au moment où cette tribu subissait le châtiment de ses méfaits, elle reçut un secours que lui envoyait Abou-Iezîd, secours qui ne put cependant pas empêcher Ibn-H'amdoun d'enlever aux Berbers les villes de *Tidjis* et de *Bâr'dî*. Ce troisième récit d'Ibn-Khaldoun est emprunté à Ibn-el-Athîr[3*], et quoiqu'on doive reconnaître que cette page du *Kâmil* est assez obscure, il faut avouer aussi qu'Ibn-Khaldoun l'a lue avec une grande inattention. D'abord Ibn-el-Athîr ne dit pas un mot d'*El-Mesîla*; lorsque, selon lui, Abou-Iezîd fit partir une seconde fois son fils d'*El-K'aïraouân* pour aller combattre Ibn-H'amdoun, il dit que Aïoub atteignit le général fât'imite à *Balt'a*, localité dont j'ignore l'emplacement; ensuite il parle en effet des nombreux combats qui se livrèrent avec des chances diverses, et ajoute qu'un certain Ah'med livra par trahison la ville à Aïoub; mais de quelle ville entend-il parler? Ibn-el-Athîr ne le dit pas, et Ibn-Khaldoun paraît avancer sans preuve qu'il s'agit d'*El-Mesîla*. Comment pourrait-on admettre qu'Abou-Iezîd, découragé par la défaite de son fils à *Tunis* au point d'avoir voulu abandonner *K'aïraouân*, et qui dut être pressé par son entourage pour différer ce projet de fuite, comment admettre, dis-je, qu'il aurait engagé son fils dans une expédition lointaine, et étendu le théâtre de la guerre jusqu'à la lisière du *Maghrib-el-Aouçat'*, quand il avait plus que jamais besoin de concentrer toutes ses forces en *Ifrîk'iah*? On voit pourquoi j'ai préféré deux des récits qu'Ibn-Khaldoun a empruntés à une source qui m'est inconnue, au troisième récit, dont il a emprunté les éléments à Ibn-el-Athîr, en les modifiant fâcheusement en quelques points.

[c] *Hist. des Beni-H'amdoun* (*H. d. B.*, append. III au t. II de la trad. franç., p. 554).

[1*] Ibn-Khaldoun, *Hist. des Fât'im.*, § VIII (*H. d. B.*, append. II au t. II de la trad. franç., p. 534 et 535).

[2*] Si, comme on doit le croire d'après ce récit, c'est de *Mesîla* qu'Aïoub s'était emparé par trahison, Ibn-H'amdoun, en se rendant à *Constantine*, se serait placé entre l'armée d'Abou-Iezîd et celle de son fils, en même temps que celui-ci se serait installé dans un pays où il n'avait que des ennemis. Tout cela est invraisemblable.

[3*] *El-Kâmil*, t. VIII, p. ࢳࢲ١ࢰ, l. 20, à p. ࢳࢳ٥, l. 25.

LIVRE QUATRIÈME. — CHAPITRE II.   257

qui commandait la garnison de cette ville, vint à sa rencontre et lui fit éprouver une défaite telle que le fils d'Abou-Iezîd fut obligé de rentrer à K'aïraouân. On était à la fin de rebî-el-aouel 334[1]. Il faut croire que cette défaite avait été terrible, car le chef nekkârite, toujours si intrépide et si tenace, songea à s'enfuir de K'aïraouân; il fallut que les chefs berbers qui l'entouraient fissent leurs efforts pour le dissuader et, tout au moins, pour ajourner sa résolution. Se rendant à cet avis, il envoya une seconde fois son fils contre le général fât'imite; les deux armées se rencontrèrent en un lieu nommé Ball'a[2], où de nombreux combats furent livrés avec des chances diverses; mais à la fin Ibn-'Ali-ben-el-H'assan fut obligé de fuir dans le pays des Kitâmah, accompagné seulement de trois cents cavaliers et de quatre cents fantassins. Là, le général fât'imite rassembla une nouvelle armée, composée de Kitâmah, de Nefza, de Mezâta, avec laquelle il vint prendre position près de Constantine[3]. Les mois de rebî-el-akhir et de djoumâdi-el-aouel furent employés par Ibn-'Ali à de nombreuses expéditions, principalement dirigées contre les Hooudrah de l'Aurâs, soutiens dévoués d'Abou-Iezîd, expéditions qui n'amenèrent que de faibles résultats, puisqu'elles paraissent n'avoir abouti qu'à faire rentrer sous l'autorité d'El-K'âïem les villes de Tidjis et de Bâr'âï[4]. Ces résultats, si faibles qu'ils fussent, étaient défavorables au rebelle; mais, dans cet intervalle, de nombreuses tribus étaient venues se joindre à lui et, malgré ses revers, il se vit assez fort pour envoyer un corps de Berbers qui tiendrait en respect la petite armée d'Ibn-'Ali-ben-el-H'assan et surveillerait ses mouvements, pendant que lui-même il tenterait une entreprise dont toutes les attaques qui suivirent la levée du siège d'El-Mahdïah n'étaient, dans sa pensée, que le prélude[5].

Défaite d'Atoubi près de Tunis.

Fuite du général fât'imite.

Il revient à la charge et obtient quelques succès.

---

d'après Et-Tidjâni, qu'Ibn-'Ali-ben-el-H'assan était resté maître de Tunis, je crois qu'il s'agit du même personnage, sans pouvoir dire lequel des deux auteurs altère le nom du général fât'imite. Je crois en outre que toute la campagne qu'Ibn-el-Athîr et Ibn-Khaldoun attribuent à 'Ali-ben-H'amdoun immédiatement avant le siège de Sousah doit avoir été faite par Ibn-'Ali-ben-el-H'assan.

[1] El-Kâmil, t. VIII, p. ۳۲٥, l. 5 à 8. Suivant le même auteur (ibid., l. 2 à 5), les troupes d'El-K'âïem avaient été battues dans deux rencontres, et ce ne fut qu'à la troisième que, par un effort suprême et chargeant comme un seul homme,

elles restèrent victorieuses. — Histoire des Berbers, t. II, p. ۲۰, l. 22 et 23 (t. III de la trad. franç., p. 209).

[2] El-Kâmil, t. VIII, p. ۳۲٥, l. 9 à 12.

[3] El-Kâmil, t. VIII, p. ۳۲٥, l. 16 à 18; — H. d. B., t. II, p. ۲۰ et ۲۱ (t. III de la trad. franç., p. 209).

[4] El-Kâmil, t. VIII, p. ۳۲٥, l. 18 à 25.

[5] On voit que, dans ce récit, tout en empruntant à Ibn-el-Athîr des détails qui ne se trouvent pas reproduits ailleurs, j'ai, quant au fond, adopté le résumé trop court donné par Ibn-Khaldoun dans les deux récits où il admet que 'Ali-ben-H'amdoun avait été tué, sans me préoccuper

Siège de Sousah. Cette entreprise était le siège de *Sousah*, où El-K'âïem avait jeté une garnison nombreuse. Abou-Iezîd se mit en marche contre cette ville le 6 djoumâdi-el-akhir 334[1] (mardi 13 janvier 946 de J. C.); il était à la tête de quatre-vingt mille cavaliers, suivant El-Bekrî[2], de cent mille *khos's'*, au dire d'Et-Tidjânî[3]. Les opérations commencèrent immédiatement, et la vigueur de la défense répondit à l'acharnement de l'attaque. Il ne se passait pour ainsi dire pas un jour sans combat; tantôt les assiégeants, tantôt les assiégés, avaient le dessus; catapultes, machines de guerre diverses, tout était mis en œuvre pour saper les murailles et, après trois mois de cette lutte à outrance, la ville avait déjà perdu un grand nombre de ses défenseurs, lorsqu'en ramadhân El-K'âïem, voyant sa santé altérée, désigna, pour lui succéder, son fils Abou-T'âhir-Isma'îl. Cette désignation se fit solennellement en présence des notables et des principaux chefs de la tribu des *Kitâmah*[4]. Le prince fât'imite sentait chaque jour ses forces l'abandonner. Le 12 chaouâl 334 (lundi 18 mai 946 de J. C.)

Mort d'El-K'âïem. il rendit le dernier soupir. Son règne avait eu une durée de douze ans six mois vingt-neuf jours[5]. Quand El-K'âïem succéda au Mahdi en 322, Abou-

du troisième récit, qu'il a copié dans Ibn-el-Athîr. Je ne prétends pas que ce paragraphe de mon travail ne présente aucun point discutable; mais j'espère que les personnes qui voudront bien lire attentivement les sources où j'ai puisé trouveront que j'ai tiré tout ce qu'il était possible de tirer d'une série de documents qui, non seulement se contredisent, mais renferment certainement quelque confusion de nom en ce qui concerne le général fât'imite.

[1] *El-Kâmil*, t. VIII, p. ٣٢٤, l. 4; — *H. d. B.*, t. II, p. ٧١, l. 2 et 3 (t. III de la trad. franç., p. 209; — voir aussi t. II de cette trad., p. 535). — El-K'aïraouâni, *Hist. de l'Afr.*, liv. IV, p. 103. — Ibn-el-Athîr donne seul la date précise; les deux autres historiens n'indiquent que le mois.

[2] *Descr. de l'Afr. septentr.*, p. ٤٠, l. 4 et 5 (*J. A.*, t. XII, p. 500, 5ᵉ série). — El-K'aïraouâni dit quatre-vingt-sept mille hommes, commandés par Aïoub (*Hist. de l'Afr.*, liv. IV, p. 103). Abou-Iezîd commandait en personne. (Voyez la note 3 ci-dessous.)

[3] *Rih'la* d'Et-Tidjânî (*J. A.*, t. XX, p. 106, 4ᵉ série). — L'auteur nous apprend qu'un خُمّ (hutte de roseaux, tente) «abritait trois ou quatre «hommes, et quelquefois davantage,» ce qui porterait l'armée du chef nekkârite à trois ou quatre cent mille hommes, chiffre ridiculement exagéré. Il reproduit son assertion plus loin (*J. A.*, t. I, p. 367, 5ᵉ série).

[4] *Chronique* d'Ibn-H'ammâd (*J. A.* t., XX, p. 476, 4ᵉ série). — *El-Kâmil*, t. VIII, p. ٣٢٤, l. 6 et 7; — *Baiân*, t. I, p. ٢٢٤, l. 19 et 20. — «Avant de rendre le dernier soupir, dit Ibn-«Khaldoun, El-K'âïem désigna son fils Isma'îl «comme héritier du trône*.» On voit que cette manière de s'exprimer n'est pas tout à fait exacte, puisque le prince ne mourut que le mois suivant; mais, en tout cas, aucun de ces auteurs ne dit comme El-K'aïraouâni : «El-K'âïem *abdiqua* en «faveur de son fils dans le mois de ramadhân.» (*Hist. de l'Afr.*, liv. IV. p. 103.)

[5] *Chronique* d'Ibn-H'ammâd (*J. A.*, t. XX, p. 476[b], 4ᵉ série). — Ibn-el-Athîr, *El-Kâmil*,

[*] *Hist. des Fât'imites*, § ix (*H. d. B.*, append. ii au t. II de la trad. franç., p. 535).
[b] Il se trouve, à cette page 476, deux fautes, que j'ai relevées plus haut.

LIVRE QUATRIÈME. — CHAPITRE II.

Iezîd minait déjà ce trône, qu'il fut si près de renverser. Cependant, les prémices du règne du second Fât'imite avaient été heureuses : le *Maghrib* reconquis par Meïçour; les Edrîsites ralliés à la dynastie naissante; Ibn-Abi-'l-'Âfiah, le représentant des Omaïades, complètement écrasé; une alliance pleine d'avenir formée avec les *S'anhâdjah*; la révolte étouffée en *Sicile*; tels furent les événements qui remplirent les sept premières années de ce règne. Sans doute El-K'âiem laissait dans un état déplorable l'empire que son père avait fondé, mais on ne peut refuser au prince qui mourait à la peine, à l'âge de cinquante-quatre ou cinquante-cinq ans, la justice de reconnaître qu'il fit preuve d'une rare énergie quand, réduit à la possession d'une ville en proie aux horreurs de la famine, il promit la victoire et releva les courages abattus. La foi qu'il avait en sa cause le sauva et le glorifia.

Abou-T'âhir-Ismâ'îl, né à *El-K'aïraouân* en 302, avait trente-deux ans[1] quand il recueillit le triste héritage que lui laissait son père, dont il tint la mort secrète, dans la crainte qu'Abou-Iezîd, occupé près de là au siège de *Sousah*, ne profitât de ce grave événement pour afficher des prétentions à la

III. Abou-T'âhir-Ismâ'îl.

---

t. VIII, p. ۳۱۲, l. 3. — El-Makîn[a], *Hist. Sarac.*, lib. III, cap. IV, p. 220, l. 20 à 24. — Ibn-Khallikân, édit. Wüst. n° ۴۹۹, fasc. VII, p. ۱۲۴, l. 11 (t. III de la trad. angl., p. 185). — *Baïdu*, t. I, p. ۲۱۴, l. 4 et 5. — Abulfedæ *Annal. muslem.* t. II, p. 440, l. 8 à 10. — Ibn-el-Khat'îb, *El-H'olal-el-Markouma*, in Casiri, t. II, p. 194, col. 2. — Ibn-Khaldoun, *H. d. B.*, t. II, p. ۲۱, l. 3 et 4 (t. III de la trad. franç., p. 209; — voir aussi t. II de cette trad., p. 565). — Abou-'l-Mah'âcin, *En-Nodjoum*, t. II, p. ۳۱۱, l. 11, et p. ۳۱۰, l. 3 et 4. — El-K'aïraouâni, *Hist. de l'Afr.*, liv. IV, p. 103). — Six de ces auteurs s'accordent parfaitement sur la date précise que j'ai donnée; tous les autres indiquent seulement le mois. Ibn-H'ammâd, Ibn-Khallikân et Ibn-'Adzûrî disent à tort le *dimanche*.

[1] Ibn-H'ammâd, dans sa *Chronique* (*J. A.*, t. XX, p. 477, 4ᵉ série), dit qu'Abou-'l-Abbâs-Ismâ'îl était né à *El-Mahdîah*[b] en 299 et, selon d'autres, en 302. Cette date de 299 se retrouve aussi dans 'Arîb[c], mais, plus loin, Ibn-'Adzûrî le redresse sans paraître y songer, lorsqu'il dit : «Abou-T'âhir était né à *El-Mahdîah* en 302 et il «avait trente-deux ans quand il monta sur le «trône[d].» El-Makîn place cette naissance à *El-Mahdîah* en 301[e]; suivant Ibn-el-Athîr, ce prince mourut en 341, après un règne de sept ans seize jours, à l'âge de trente-neuf ans[f]; il était donc né en 302. Ibn-Khallikân le fait naître à

---

[a] Son traducteur lui fait dire «au milieu de chaouâl», mais le texte dit فى اخر شوال, «à la fin de chaouâl». El-Makîn fait mourir El-K'âiem à l'âge de cinquante-huit ans, erreur que j'ai relevée plus haut.

[b] J'ai déjà relevé cet anachronisme à la fin de la note 3 de la page 245, mais il est singulier de le trouver reproduit dans El-Makin et même dans le *Baïdu*.

[c] *Baïdu*, t. I, p. ۱۴۷, l. 17 (Nicholson, p. 133).

[d] *Ibid.*, t. I, p. ۲۲۴, l. 20 et 21.

[e] *Hist. Sarac.*, p. 220, l. 27 et 28; mais un peu plus loin (p. 222, l. 26 à 31) il ajoute qu'Ismâ'îl mourut en 341, à l'âge de trente-neuf ans; il était donc, selon lui-même, né en 302.

[f] *El-Kâmil*, t. VIII, p. ۳۷۳, l. 9 et 10.

succession au trône de l'*Ifrîk'iah*[1]. En conséquence, il ne changea rien à ce qui existait. C'est ainsi qu'il s'abstint de prendre le titre de khalife, qu'il conserva les coins des monnaies, la khot'ba, les drapeaux, et ne prit, dans ses lettres, d'autre titre que celui de successeur désigné au commandement des fidèles[2]. Suivant Ibn-H'ammâd, « le nouveau khalife confia la direction des affaires à « Dja'far-ibn-'Ali, qui avait été le chambellan (*h'âdjib*) de son père[3], » et, quoique Ibn-'Adzârî dise aussi, en parlant d'Abou-T'âhir-Isma'îl : « Son h'âdjib « fut Dja'far-ibn-'Ali[4], » je conserve des doutes à cet égard, car El-Bekrî et Ibn-'Adzârî lui-même nous ont dit que Dja'far-ibn-'Ali était à *El-Mesîla*, et nous aurons bientôt, par Ibn-H'ammâd et par Ibn-Khaldoun, la preuve qu'il y était resté. Après avoir fait des largesses à l'armée, le premier soin d'Isma'îl fut d'envoyer à *Sousah* plusieurs bâtiments chargés de vivres, de munitions de guerre et de troupes[5], sous la conduite de Raschîk', le secrétaire, et de Ia'k'oub-ibn-Ish'âk', donnant pour instructions à ces généraux de n'engager aucun combat avant d'en avoir reçu l'ordre. Dès le lendemain du départ de ce convoi, il se mit en route dans la direction de *Sousah*, sans que personne pût soupçonner ses intentions. Ce ne fut qu'arrivé à moitié chemin qu'il fit connaître aux chefs qui l'entouraient son projet d'aller attaquer le rebelle. Alors ses serviteurs les plus dévoués le dissuadèrent d'une si téméraire entreprise, le supplièrent de ne pas s'exposer à un pareil danger, et lui, se rendant à leurs raisons[6], revint

K'aïraouân en 302 ou 301[a]; Abou-'l-Fedâ s'exprime mot à mot comme Ibn-el-Athîr[b].

[1] Il aurait peut-être été plus politique de faire naître cette pensée dans l'esprit du rebelle; c'eût été un sûr moyen de le perdre auprès des Berbers, que ses allures luxueuses avaient déjà offusqués.

[2] *Chronique* d'Ibn-H'ammâd (*J. A.*, t. XX, p. 476, 4° série). — *El-Kâmil*, t. VIII, p. ٣٢٩, l. 8 et 9, et p. ٣٣٢, l. 4 à 7. — Ibn-Khallikân, édit. Wüst. n° ٩٩٩, fasc. vii, p. ١٣٩, l. 12 à 14 (t. III de la trad. angl., p. 185). — Abulfedæ *Annal. muslem.* t. II, p. 440, l. 11 à 13. — Ibn-Khaldoun, *Hist. des Fât'im.*, § ix (*Histoire des Berbers*, append. ii au t. II de la trad. franç.,

p. 535). — El-K'aïraouâni, *Histoire de l'Afrique*, liv. IV, p. 103.

[3] *Chronique* (*J. A.*, t. XX, p. 476, 4° série). Il le répète p. 481 et 501.

[4] *Baïân*, t. I, p. ٢٢٩, l. 5 et 6.

[5] Voyez ce que j'ai dit au sujet de la flotte d'*El-Mahdîah*.

[6] Les instances des amis d'Isma'îl s'expliquent très bien par cette circonstance que le fils aîné d'Isma'îl, Abou-Temîm-Ma'dd, né le lundi 10 ramadhân 319[c], n'était qu'un enfant de quinze ans au moment où Isma'îl montait sur le trône. Je ne sais pourquoi Ibn-H'ammâd dit : « El-K'âiem ne laissait après lui que Abou-T'âhir-« Isma'îl, avec Kerîma, sa mère, qui était une

[a] *Kitâb Ouafaïât-el-'Aiân*, édit. Wüstenfeld, n° ٤٧, fasc. 1, p. ١٣٧, l. 19 et 20 (t. I de la trad. angl., p. 221).
[b] Abulfedæ *Annal. muslem.* t. II, p. 458, l. 21 et seq.
[c] *Baïân*, t. I, p. ٢١٢, l. 12 et 13.

LIVRE QUATRIÈME. — CHAPITRE II. 261

à *El-Mahdïah*, d'où il expédia à Raschîk' et à Ia'k'oub l'ordre de combattre à tel instant qu'ils jugeraient opportun, sans tenir compte des instructions qu'il leur avait données au départ de la flottille. Les troupes furent donc débarquées dans la ville assiégée. A cet instant, Abou-Iezîd venait de faire entasser de grands amas de bois au pied des murailles et de faire construire une énorme machine (دبابة عظيمة) destinée à recevoir de nombreux combattants [1]. Renforcée, comme je viens de le dire, la garnison fit une sortie et, des deux parts, on en vint aux mains avec une égale fureur. Au premier moment un corps des assiégés fut culbuté et refoulé dans la ville; mais Raschîk' ayant mis le feu aux amas de bois et à la *dabbâba* (la machine), des tourbillons de fumée s'élevèrent dans l'air et l'obscurcirent de manière à empêcher Abou-Iezîd de voir ce qui se passait de ce côté. Il ne douta pas que ceux des siens qui combattaient dans la machine n'eussent péri; la terreur qui s'empara alors de son esprit se communiqua soudainement à toute l'armée, en même temps que la garnison fondait avec impétuosité sur le camp du rebelle, dans lequel on porta le fer et la flamme, et qui ne présenta bientôt plus que le pêle-mêle d'une affreuse déroute. Abou-Iezîd lui-même avait pris la fuite en toute hâte, et arrivait le jour même à *K'aïraouân*, dont les portes lui furent fermées; il obtint seulement des habitants qu'ils lui remissent son gouverneur, une de ses femmes (mère d'Aïoub) et quelques membres de sa famille, avec lesquels il prit la route de *Sebîba*, où il s'arrêta [2]. Ibn-Khaldoun

Délivrance de Sousah.

«esclave affranchie», car Ibn-'Adzârî affirme au contraire qu'El-K'âiem, en mourant, laissait sept enfants mâles [b].

[1] Ibn-el-Athîr, à qui j'emprunte ces détails, prétend (p. ۳۲٩, l. 15) que les amas de bois avaient pour objet d'incendier les fortifications de la ville, comme si elles eussent consisté en palissades, ce qui ne s'accorde guère avec ce que nous apprennent Ibn-H'auk'al [c] et El-Bekrî [d] de la forte muraille en pierre qui environnait *Sousah*. Quant à la machine (دبابة), je ne puis y voir qu'une espèce de tour à plusieurs étages qui permettait aux assiégeants d'arriver à la hauteur des murailles.

[2] *El-Kâmil*, t. VIII, p. ۳۲٩, l. 8, à p. ۳۲۷, l. 6. — *Rih'la* d'Et-Tidjânî (*J. A.*, t. I, p. 367 et 368, 5ᵉ série). Le récit du cheikh Et-Tidjânî paraît emprunté à Ibn-el-Athîr, mais avec addition de circonstances vraiment absurdes. Ainsi, il admet que des troupes avaient été envoyées par terre et par mer, et que les premières ne s'élevaient pas à plus de quatre cents cavaliers. Tout en maintenant le chiffre de trois à quatre cent mille hommes pour celui de l'armée d'Abou-Iezîd, il assure qu'à la faveur de certaines circonstances atmosphériques, telles que des brouillards très épais, ces quatre cents intrépides cavaliers fondirent tout à coup sur le camp du

[a] *Chronique* d'Ibn-H'ammâd (*J. A.*, t. XX, p. 476, 4ᵉ série).
[b] *Baïân*, t. I, p. ۲۱٩, l. 5.
[c] *Descr. de l'Afr.*, § xi (*J. A.*, t. XIII, p. 175, 3ᵉ série). Ibn-H'auk'al vivait à l'époque de ce siège de *Sousah*.
[d] *Descr. de l'Afr. septentr.*, p. ۳۳, l. 4 et 5 (*J. A.*, t. XII, p. 498, 5ᵉ série).

ajoute que son ancien précepteur, Abou-'Ammâr, fut aussi autorisé à l'accompagner¹.

Isma'il se rend à Sousah, et à K'aïraouân.

La date de cet événement peut être donnée très approximativement, puisque Ibn-el-Athîr nous apprend que, la nouvelle de la victoire étant parvenue à *El-Mahdïah*, Isma'îl partit aussitôt pour *Sousah* et y arriva le 22 chaouâl 334 (mercredi 27 mai 946 de J. C.), neuf jours après la mort d'El-K'âïem. Dès le lendemain, il était à *K'aïraouân*². Quoique les habitants de cette ville eussent, peu de jours avant, fermé leurs portes au rebelle, ils pouvaient concevoir des inquiétudes, car leur conduite depuis près de deux ans était loin d'être irréprochable. Isma'îl, qui, en effet, éprouvait quelque irritation contre eux, avait résolu de pardonner; il s'était fait précéder d'une lettre qui leur portait des paroles rassurantes, et lorsque le 23 chaouâl les habitants vinrent à sa rencontre, il leur donna l'amân, leur promettant en outre, pour l'avenir, toute sa bienveillance; il traita même avec une extrême bonté plusieurs femmes et enfants d'Abou-Iezîd qui étaient restés dans la ville; le prince les fit transporter à *El-Mahdïah*, et assigna une pension spéciale à leur entretien³.

Mais rien ne pouvait toucher le cœur indomptable du rebelle; absolu dans

---

rebelle et vinrent mettre le feu aux amas de bois; que des étincelles poussées par le vent incendièrent les *khos's'* des Berbers, et il explique ainsi comment toute l'armée fut mise en fuite par une poignée d'hommes. Les habitants, les troupes envoyées par mer, ne jouent aucun rôle dans ce récit.

¹ *H. d. B.*, t. II, p. ٢١, l. 4 à 7 (t. III de la trad. franç., p. 209; — voir aussi t. II de cette trad., p. 535 et 536). En comparant les deux récits d'Ibn-Khaldoun, on pourrait croire que le gouverneur de la ville était Abou-'Ammâr lui-même; mais, si l'on songe qu'Abou-Iezîd avait alors soixante-huit ansᵃ, on trouvera que son ancien précepteur devait être bien âgé pour remplir des fonctions actives. Les deux reproches qu'Abou-Iezîd, dans une circonstance récente, adressa au gouverneur de *K'aïraouân* écartent aussi l'idée que ce gouverneur pût être Abou-'Ammâr, pour lequel il avait tant de déférence.

² On sait que de *Sousah* à *K'aïraouân* il y a trente-six milles ou douze lieues. Edrîsî (t. I, p. 279) compte quatorze milles de *Sousah* aux châteaux de *Monastîr*, et de là à *El-Mahdïah* trente milles, ensemble quarante-quatre milles. La journée d'*El-Mahdïah* à *Sousah* doit donc être comptée pour quinze lieues communes. C'est, en effet, ce que donne la *Carte de la Régence de Tunis*, publiée par le Dépôt de la guerre en 1842.

³ *El-Kâmil*, t. VIII, p. ٣٢٧, l. 8 à 14. — *Histoire des Berbers*, t. II, p. ٢١, l. 7 à 9 (t. III de la trad. franç., p. 209 et 210); — voyez aussi t. II de cette traduction, p. 536). — Ibn-H'ammâd raconte un peu différemment l'arrivée d'Isma'îl à *K'aïraouân*; il donne même les paroles que, suivant lui, le prince aurait adressées aux habitantsᵇ; mais les deux versions dont je me suis autorisé paraissent beaucoup plus vraisemblables.

ᵃ Ou peut-être soixante-trois.
ᵇ *Chronique* d'Ibn-H'ammâd (*J. A.*, t. XX, p. 480 et 481, 4ᵉ série).

LIVRE QUATRIÈME. — CHAPITRE II.

sa haine comme il l'était dans ses idées, les bons procédés, la manifestation de sentiments d'humanité, restaient sans action sur lui. On le vit bientôt reparaître avec une nouvelle armée, et se présenter devant *K'aïraouân* pour en faire le siège. Je passerai sous silence les détails donnés par Ibn-el-Athîr sur les nombreux combats qui se livrèrent, combats dont le long récit présente une alternative de succès et de revers, qui ne sert qu'à montrer l'acharnement de la lutte; mais il importe de dire qu'ils offrirent à Isma'îl des occasions fréquentes de déployer une bravoure qu'on ne soupçonnait peut-être pas et qui lui conquit l'admiration de tous. Le chef rebelle, bien que l'avantage lui restât quelquefois, ne pouvait se dissimuler que, le plus souvent, la victoire suivait les drapeaux du prince fât'imite, et les événements qui se succédaient n'étaient pas de nature à adoucir l'amertume de ces réflexions. Ainsi, dans la dernière décade de dzou-'l-k'a'dah il s'était retiré, mais pour revenir bientôt livrer un combat, dans lequel il fut encore défait en éprouvant de grandes pertes[1]; il essaya aussi d'intercepter les routes qui conduisaient de *K'aïraouân* à *El-Mahdïah* et à *Sousah*, sans autre résultat que d'inquiéter les deux villes récemment délivrées, et, après plus d'un mois d'efforts infructueux, on pouvait croire que le découragement s'était emparé de son esprit, lorsqu'un envoyé se présenta aux portes de la ville. Abou-Iezîd offrait sa soumission, moyennant que l'amân serait accordé à lui et à ses partisans, et que ses femmes et ses enfants pris à *K'aïraouân* lui seraient rendus. Le traité fut accepté sans réserve. Isma'îl s'empressa même de lui envoyer ses femmes et ses enfants richement vêtus et comblés de présents. Mais le fanatisme du rebelle était plus puissant que ses engagements; aussi, quand il vit sa famille arriver dans son camp : « S'il me l'a renvoyée, dit-il, c'est qu'il me craint[2], » et aussitôt les hostilités recommencèrent; car ces divers actes s'accomplissaient dans les derniers jours de 334, et dès le 5 moh'arram 335 Abou-Iezîd vint attaquer les lignes de l'armée fât'imite. Il se livra une bataille sanglante, une bataille telle, dit Ibn-el-Athîr, que jamais on n'entendit parler de la pareille. Elle n'était cependant que le prélude d'une plus terrible encore qui fut livrée dix jours après, le 15 moh'arram (dimanche 15 août 946 de J. C.). Le rebelle eut son armée littéralement taillée en pièces, et prit la fuite vers *Tâmadît*[3], laissant le champ de bataille jonché

Siège de K'aïraouân.

335 de l'hégire (946-947 de J. C.).

Délivrance de K'aïraouân.

---

[1] *El-Kâmil*, t. VIII, p. ٣٢٨, l. 7 à 14.
[2] *Ibid.*, t. VIII, p. ٣٢٨, l. 15 à 21. — Ibn-Khaldoun, *Hist. des Fât'im.*, § x (H. d. B., append. II au t. II de la trad. franç., p. 536).

[3] Si, en partant d'*El-Orbos*, on se dirige vers *Tîfâsch*, on traverse l'*Ouâd-Mellâk'* et ensuite on arrive à *Tâmadît* (ناميت), ville située sur la pente escarpée d'un défilé qui sépare deux mon-

de ses morts en si grand nombre que dix mille têtes, assure-t-on, servirent de jouets aux enfants de K'aïraouân[1]. Ce fut à l'ouest de la ville, selon Ibn-H'auk'al[2], au sud-ouest, selon Ibn-H'ammâd[3], qu'Isma'îl avait pris position et remporta cette victoire éclatante. Ibn-H'ammâd raconte qu'à un instant les troupes fât'imites lâchèrent pied et abandonnèrent le prince, qui les ramena au combat en criant : «Patience, serviteurs du chef des croyants!» De là le nom de S'abra[4] (patience) donné à la ville dont il jeta immédiatement les fondements, sur le terrain même témoin de ce haut fait d'armes. Ibn-H'ammâd commet donc une erreur en plaçant la fondation de cette ville en 334[5]; quant à El-Bekrî, il tombe dans une singulière contradiction, en disant que S'abra fut fondée en 337[6] et en ajoutant, quelques pages plus loin, qu'Isma'îl en fit sa résidence en 334[7]. Cette ville, dont l'ébauche fut commencée en moh'arram 335,

Fondation de S'abra.

---

tagnes. (El-Bekrî, p. ۳۰, l. 13 à 16; — *J. A.*, t. XIII, p. 69, 5ᵉ série.) Ibn-el-Athîr (p. ۳۲۹, l. 10) écrit en deux mots تناه مدين.

[1] *El-Kâmil*, t. VIII, p. ۳۲۹, l. 2 à 10. — Ibn-Khaldoun, *H. d. B.*, t. II, p. ۶۱, l. 11 à 13 (t. III de la trad. franç., p. 210; — voyez aussi t. II de cette trad., p. 537.) Ce dernier récit d'Ibn-Khaldoun est emprunté à Ibn-el-Athîr.

[2] *Descr. de l'Afrique*, § x (*J. A.*, t. XIII, p. 175, 3ᵉ série).

[3] *Chronique* d'Ibn-H'ammâd (*J. A.*, t. XX, p. 479, 4ᵉ série). Suivant l'auteur, la bataille fut livrée en un lieu nommé alors صلب الجمل, S'olb-el-Djemel (l'épine dorsale du chameau).

[4] M. Pellissier, en 1853, parle de S'abra comme d'une localité *au sud de K'aïraouân*, à un peu plus d'un kilomètre des murs, et où existent quelques vestiges d'antiquité[a]. «S'abra, avait dit «M. Alph. Rousseau en 1852, est complètement «disparue de nos jours; néanmoins l'emplace-«ment qu'elle occupait à un mille *au sud de* «l'emplacement actuel de *K'aïraouân* conserve en-«core son nom, et est connu sous la désignation «de S'abra-'l-H'orra-'l-Kedîma[b].» Parmi ces diverses indications, ouest (Ibn-H'auk'al), sud-ouest (Ibn-H'ammâd), sud (voyageurs modernes), M. de Slane a opté pour le sud-ouest[c].

[5] *Chronique*, à la page citée note 3 ci-dessus. — Ibn-'Adzârî se trompe aussi en disant «en 336» (*Baïân*, t. I, p. ۲۲۷, l. 10 et 11).

[6] «La ville de S'abra, qui touche à celle de «K'aïraouân, dit-il, fut bâtie en l'an 337 (lis. 335) «par Isma'îl.» (*Descr. de l'Afr. septentr.*, p. ۲۰, l. 16 et 17; — *J. A.*, t. XII, p. 475, 5ᵉ série.) — «K'aïraouân, dit Edrîsî, se composait autre-«fois de deux villes, dont l'une était K'aïraouân «proprement dite et l'autre S'abra. Cette dernière «était le siège du gouvernement..... elle est «maintenant totalement ruinée et dépourvue «d'habitants[d].» (*Géogr.*, t. I, p. 260 et 261.) — Ibn-'Adzârî ne compte qu'un demi-mille entre S'abra et K'aïraouân (*Baïân*, t. I, p. ۲۲۷, l. 15). — M. Berbrugger, qui a visité les ruines de S'abra le 27 octobre 1850, et qui a omis de noter leur orientation par rapport à K'aïraouân, compte, pour la distance, vingt-trois minutes au pas d'un cheval[e].

[7] El-Bekrî, p. ۳۱, l. 1 à 3 (*J. A.*, t. XII,

---

[a] *Descr. de la Rég. de Tunis*, p. 121; in-8°, de l'I. I. 1853.
[b] *J. A.*, t. XX, p. 107, à la note, 4ᵉ série, août-septembre 1852.
[c] *J. A.*, t. XII, p. 468, note 5, 5ᵉ série, 1858.
[d] On verra plus loin que S'abra était déjà détruite du temps d'El-Bekrî.
[e] *Revue africaine*, t. II, p. 195; in-8°, Alger, février 1858.

avait quatre portes, correspondant aux quatre points cardinaux : *Bâb-el-Kibli* (la porte du Sud), *Bâb-ez-Zaouila* (à l'est), *Bâb-el-Kitâmah* (au nord) et *Bâb-el-Fotouh'* (la porte des Victoires), qui était celle de l'ouest. « Du reste, dit Ibn-« H'ammâd, il n'y eut pas d'autres travaux exécutés à *S'abra* tant que dura la « révolte d'Abou-Iezîd [1]. »

En quittant le champ de bataille témoin de son désastre, le rebelle, je viens de le dire, s'était dirigé vers *Tâmadît*, d'où, marchant au sud-ouest, il alla se présenter devant *Bâr'âi*[2], dont on refusa de lui ouvrir les portes. Déjà, au début de la guerre, Abou-Iezîd avait éprouvé un échec devant cette ville; il dut faire de douloureuses réflexions en songeant qu'après trois années de prodigieux efforts, il se retrouvait au point où il était quand, pour la première fois, il était descendu de l'*Aurâs* à la tête des Berbers de ces montagnes. Il se décida néanmoins à mettre le siège devant *Bâr'âi*, malgré l'antique muraille en pierres de taille qui entourait la ville [3], et malgré la facilité qu'elle avait, vu sa distance de *K'aïraouân* (six journées), d'être, en cas de danger, promptement secourue par Isma'il. Celui-ci, après avoir donné du repos à ses troupes, et consacré le temps nécessaire à la réorganisation de l'importante ville qu'il venait de reconquérir, ainsi qu'à la mise en train des travaux de la ville nouvelle, partit de *K'aïraouân* le 26 rebî-el-aouel[4] (dimanche 25 octobre 946 de J. C.), laissant le commandement à Madzâmmâ-es'-S'ak'ali[5] (le Sicilien), un de ses

Siège de Bâr'âi.

p. 487, 5ᵉ série). L'auteur confond évidemment les dates de la fondation et de l'installation; j'y reviendrai plus loin.

[1] *Chronique*, à la page citée note 3 ci-dessus. — El-Bekrî (p. ٢٥, l. 19 et 20) compte cinq portes, parce qu'il distingue la *porte de l'Est* de la *porte de Zaouila*, dont, avec plus de vraisemblance, Ibn-H'ammâd dit : « La porte orientale, « appelée aussi *Bâb-ez-Zaouila*. » Ibn-'Adzârî dit aussi quatre portes (*Baïân*, t. I, p. ٢٢٧, l. 15).

[2] Cette ville était-elle restée toujours en la possession d'El-K'âiem, ou avait-elle été reprise en son nom par Ibn-'Ali-ben-el-H'assan, comme je l'ai dit plus haut? Je n'ose rien affirmer à cet égard, à cause de l'obscurité des récits qui nous ont été laissés. Comment Ibn-'Ali, qui, d'après

ces récits, avait repris *Tidjis* et *Bâr'âi*, ne vint-il pas combattre l'armée berbère en déroute? Comment n'est-il plus fait mention de ce général? Je suis obligé de laisser ces questions sans réponse. Le seul point certain, c'est qu'au commencement de l'année 335 *Bâr'âi* tenait pour Isma'il.

[3] Ibn-H'auk'al, *Descr. de l'Afr.*, § LVI (*J. A.*, t. XIII, p. 216, 3ᵉ série). — El-Bekrî, p. ١٣٢, l. 19 et 20 (*J. A.*, t. XIII, p. 394, 5ᵉ série).

[4] C'est Ibn-H'ammâd[a] qui nous fournit cette date précise; Ibn-el-Athîr[b] dit « dans les derniers « jours de rebî-el-aouel », et Ibn-Khaldoun[c] « dans « le mois de rebî-el-aouel ».

[5] Ibn-el-Athîr (p. ٣٢٩, l. 14) écrit منام الصقلي ; évidemment Ibn-H'ammâd avait écrit مُدام ou مُدّام, puisque M. Cherbonneau a trans-

[a] *Chronique* (*J. A.*, t. XX, p. 481, 4ᵉ série).
[b] *El-Kâmil*, t. VIII, p. ٣٢٩, l. 13.
[c] *Hist. des Fât'im.*, § X (*H. d. B.*, append. II au t. II de la trad. franç., p. 537).

lieutenants, avec ordre de ne rien faire sans consulter le k'âdhi Moh'ammed-ibn-Abou-Mans'our. Il fit halte à *S'âk'ia-Mems*, où il fut rejoint par un renfort de *Kitâmah*, et, de là, marcha sur la ville assiégée, en passant par *Sebîba* et *Tebessa*[1]. Abou-Iezîd s'était hâté d'abandonner le siège en apprenant qu'Isma'il s'avançait, et comme le prince approchait de *Bâr'âi*, il rencontra les habitants, qui, accourus en foule à sa rencontre, lui firent l'accueil le plus enthousiaste. Après les avoir félicités de leur belle conduite, et avoir laissé aux pauvres des gages de sa munificence, il repartit aussitôt à la poursuite du rebelle; traversant *Belezma* et *Nek'dous*, il atteignit *T'obnah*, où, en effet, Abou-Iezîd avait établi son camp[2]; mais ce camp était déjà abandonné, et Isma'il s'arrêta quelques jours dans cette ville, où les habitants s'étaient empressés de rentrer quand ils avaient appris le départ du rebelle et l'arrivée du prince fât'imite.

Isma'il à T'obnah.

Ce fut là, suivant Ibn-el-Athîr, qu'Isma'il reçut un message qui, à lui seul, était un événement important; ce message était envoyé par Moh'ammed-ibn-Khazer[3]. Le champion avoué des OMAÏADES d'Espagne dans le *Maghrib central* et, par suite, l'auxiliaire d'Abou-Iezîd, le vieux chef des *Maghrâouah*, qui, au commencement de la guerre, non seulement était allé s'emparer de *Biskra* et mettre à mort l'eunuque Zeïdân, qui y commandait au nom des FÂT'IMITES[4], mais qui peu après, en 333, avait aidé à la prise de *Tâhart*, s'était effrayé des succès d'Isma'il et de sa marche vers le *Maghrib central*[5]. Il envoyait sa

Soumission de Mo'hammed-ibn-Khazer.

---

crit ce nom par Moudâm. Ibn-Khaldoun dit «Merah l'Esclavon»". On voit qu'il se présente ici, quant à la patrie de Madzâmmâ, la même incertitude qui s'est présentée pour Boschra (voy. la note *a* de la page 233 de ce volume).

[1] *Chronique* d'Ibn-H'ammâd (*J. A.*, t. XX, p. 481, 4ᵉ série).

[2] *El-Bekri*, p. ۵۱, l. 12 à 14 (*J. A.*, t. XIII, p. 64, 5ᵉ série). — *Abulfedæ Annal. muslem.* t. II, p. 430, l. 19 et seq. A la page 432, l. 3, Abou-'l-Fedâ parle de la ville de كاغاية (*Kâr'alia*) où Isma'il, serrant de près les fuyards, poursuivit Abou-Iezîd; Reiske (p. 764, note 334) dit qu'il ne trouve rien sur *Cagelia*. Il me paraît

clair que le copiste a défiguré, sous ce nom, celui de باغاية (*Bâr'âïa, Bâghâïa*).

[3] *El-Kâmil*, t. VIII, p. ۳۲۹, l. 17 à 19. — Ibn-Khaldoun dit que ce fut à *Bâr'âï* que ce message parvint au prince fât'imite[b], mais ailleurs il dit, avec Ibn-el-Athîr, que ce fut à *T'obnah*".

[4] Ibn-Khaldoun, *H. d. B.*, t. II, p. ۳۰۱, l. 21 et 22 (t. III de la trad. franç., p. 232). Je pense qu'il s'agit de ce Zeïdân qui, en 324, commanda la troisième expédition contre l'*Égypte*.

[5] «Quand Abou-Iezîd eut levé le siège d'*El-«Mahdïah*, dit Ibn-Khaldoun, Isma'il sortit à sa «poursuite et pénétra dans le *Maghrib*. La proxi-

---

[a] Même page qu'à la note *e* de la page précédente.

[b] *H. d. B.*, t. II, p. ۳۴, l. 13 à 15 (t. III de la trad. franç., p. 210).

[c] *Hist. des Fât'im.*, § x (*H. d. B.*, append. 11 au t. II de la trad. franç., p. 537). Précisément parce qu'ici Ibn-Khaldoun résume Ibn-el-Athîr, on doit admettre que c'est par suite d'une faute de copiste qu'il dit Moh'ammed-*ibn-el-Kheïr*, au lieu de Moh'ammed-*ibn-Khazer*, qu'on lit dans le *Kâmil*.

LIVRE QUATRIÈME. — CHAPITRE II.   267

soumission, l'accompagnait d'offres de service, et protestait de son entier dévouement. Le prince fât'imite accepta des offres si opportunes, et même promit au transfuge vingt charges d'or s'il s'emparait d'Abou-Iezîd; il fit plus : pour lier davantage à sa cause le chef maghrâouien, il lui accorda le commandement de la partie du *Maghrib* occupée par les *Beni-Ifren*[1]. — On vit aussi arriver à *T'obnah* Dja'far-ibn-'Ali-ben-H'amdoun, gouverneur d'*El-Mestla*, qui offrit à son souverain un riche cadeau et une forte somme d'argent[2]. D'après le récit d'Ibn-H'ammâd, l'objet principal de la démarche de Dja'far était d'amener à Isma'il un nouveau prétendant à l'imâmat qui avait surgi dans l'*Aurâs*[3], et dont les prédications avaient entraîné déjà de nombreux adhérents. C'était un beau jeune homme imberbe; il était coiffé d'un bonnet élevé, destiné à appeler sur lui tous les regards. Né à *K'aïraouân*, où il avait d'abord exercé la profession d'ouvrier orfèvre, il avait abandonné son état pour se livrer à la lecture des livres s'oufis[4], les avait enseignés, et les principes qu'il y avait puisés faisaient le fond de ses prédications, qui se résumaient dans un appel à l'insurrection. Isma'il le fit écorcher vif. Quant à ceux de ses compagnons qu'on avait arrêtés, ils furent crucifiés, après avoir eu les pieds et les mains coupés[5]. En même temps, le prince fât'imité reçut l'avis qu'Abou-Iezîd

Arrivée de Dja'far-ibn-'Ali.

Faux prophète mis à mort.

«mité de ce souverain excita les appréhensions «de Moh'ammed-ibn-Khazer, qui n'avait pas «oublié sa défection[a] et son acharnement à massacrer les partisans des Fât'imites. Pour conjurer le danger qui le menaçait, il fit porter à «Isma'il un acte d'hommage, et, en réponse à ce «*simulacre d'obéissance*, il reçut la recommandation de poursuivre Abou-Iezîd et la promesse «d'une récompense de vingt charges d'or s'il «s'emparait de lui.» (*Histoire des Berbers*, t. II, p. ܚܕ, l. 22, à p. ܩܥ, l. 3; — t. III de la trad. franç., p. 232.)

[1] *H. d. B.*, t. II, p. ܚܚ, l. 13 (t. III de la trad. franç., p. 213). Je ne parlerai que plus loin des conséquences immédiates qu'eut cette concession faite à Moh'ammed-ibn-Khazer.

[2] *H. d. B.*, t. II, p. ܥܝ, l. 16 et 17 (t. III de la trad. franç., p. 210). — Ibn-H'ammâd, qui donne aussi à Dja'far-ibn-'Ali-ben-H'amdoun le titre de gouverneur de *Mestla* et du *Zâb*, avait noté ce détail avec quelques différences (*J. A.*, t. XX, p. 482 et 483, 4e sér.). Je ne sais comment il concilie cette fonction avec celle de h'âdjib qu'il lui attribue et dont au reste Ibn-Khallikân ne parle pas dans l'article, très court à la vérité, qu'il lui consacre[b].

[3] Ibn-el-Athir dit «chez les *Kitâmah*», et place cet épisode un peu plus tard (*El-Kâmil*, t. VIII, p. ܪܡܐ, l. 8 et 9).

[4] Voir, sur cette secte, une note de M. Cherbonneau (*J. A.*, t. XX, p. 505, 4e série).

[5] *Chronique* d'Ibn-H'ammâd (*J. A.*, t. XX, p. 482 et 483). — Ibn-H'ammâd prétend qu'Isma'il avait coutume de faire écorcher vifs ceux dont il voulait tirer une vengeance éclatante, et que cette coutume lui valut le surnom d'écorcheur; il

[a] Je ne saurais dire ce qu'Ibn-Khaldoun entend ici par la *défection* de Moh'ammed-ibn-Khazer; ce chef des *Maghrâouah* n'avait jamais cessé d'être l'ennemi des Fât'imites, comme il avait été celui des Aghlabites.

[b] *Kitâb Ouafaïât-el-'Aïân*, édit. Wüst. n° ١٣٤, fasc. 11, p. ܘܥ, l. 12 (t. I de la trad. angl., p. 326).

34.

s'était montré à *Biskra*[1] et avait adressé à Moh'ammed-ibn-Khazer une demande de secours, «qui fut très mal reçue», dit Ibn-Khaldoun; il marcha sur cette ville, dont les habitants lui firent un accueil très empressé[2] et lui apprirent que le rebelle s'était éloigné à son approche. Mais il paraît qu'une partie de la population avait accueilli Abou-Iezîd avec non moins d'empressement, car, s'il faut en croire Ibn-H'ammâd, Isma'îl fit, à *Biskra*, plusieurs exemples en mettant à mort un certain nombre d'habitants[3]. Il est fort vraisemblable que la nouvelle attitude de Moh'ammed-ibn-Khazer fut le motif qui détermina le rebelle à envoyer, en 335[4], son fils Aïoub à la cour de *Cordoue*, car il fallait une cause bien grave pour qu'il se privât du fils qui était l'exécuteur intelligent de ses plans de campagne, son bras droit dans une guerre dont l'issue venait d'être si compromise par la terrible défaite qu'il avait éprouvée à *S'abra*.

Abou-Iezîd avait fui chez les *Beni-Berzâl*[5]. Évidemment Isma'îl alla, de *Biskra*, repasser par *T'obnah* pour marcher sur *El-Mesîla*, car Abou-Iezîd essaya de le surprendre à *Mak'k'ara*[6]; mais, après avoir mis en déroute l'aile droite de l'armée fât'imite, il fut si vigoureusement chargé par Isma'îl qu'il fut obligé de prendre la fuite et de courir se réfugier dans le *Djebel-Sâlât*[7], et, de là,

---

cite même (p. 484) des vers composés par Abou-la'la-'l-Marouâzi à l'occasion de ce supplice auquel avait été livré le jeune s'oufite de l'*Aurâs*. Plusieurs traits de ce prince que nous avons eu occasion de citer semblent peu d'accord avec de pareils actes de cruauté.

[1] Si Abou-Iezîd ne s'était pas, de *T'obnah*, rendu à *Biskra*, et avait continué à fuir vers l'ouest, il se serait nécessairement trouvé entre Isma'îl, qui était à sa poursuite, Dja'far-ibn-'Ali, venant de *Mesîla*, le grand *Schot't'* du *H'odna* à sa gauche, et les *Kitâmah* à sa droite. La pointe qu'il poussa sur *Biskra* était donc forcée, pour venir ensuite par le sud se jeter dans les montagnes, où nous allons le voir combattre et succomber.

[2] *H. d. B.*, t. II, p. ࢴ١, l. 17 et 18 (t. III de la trad. franç., p. 210).

[3] *Chronique* d'Ibn-H'ammâd (*J. A.*, t. XX, p. 484, 4ᵉ série).

[4] *H. d. B.*, t. II, p. ١٤, l. 15 et 16 (t. III de la trad. franç., p. 207).

[5] Ibn-el-Athîr écrit برزال «*Rezâl*» (*El-Kâmil*, t. VIII, p. ٣٢٤, l. 20). — Abou-'l-Fedâ écrit برزي «*Berzâi*» (*Ann. musl.* t. II, p. 432, l. 5).

[6] Localité qu'Ibn-H'auk'al place entre *T'obnah* et *Mesîla*, à une journée de distance de chacune de ces deux villes[a], et de laquelle El-Bekri dit qu'on se rendait à *K'alâ-t-Abi-T'aouîl*[b]. Edrisî donne aussi une journée de *T'obnah* à *Mak'k'ara* (*Mok'ra*), mais il ne marque pas la distance de cette dernière ville à *Mesîla*[c]. On trouve encore *Mak'k'ara* mentionnée dans Abou-'l-Fedâ (*Annal. muslem.* t. II, p. 594, l. 17).

[7] *El-Kâmil*, t. VIII, p. ٣٢٤, l. 20, à p. ٣٣٠, l. 3.

[a] *Descr. de l'Afr.*, § LXI (*J. A.*, t. XIII, p. 219, 3ᵉ série).
[b] *Descr. de l'Afr. septentr.*, p. 61, l. 23 et 24 (*J. A.*, t. XIII, p. 65, 5ᵉ série).
[c] Edrisi, *Géogr.*, t. l. p. 241 (Hartmann, *Edrisii Africa*, p. 236).

LIVRE QUATRIÈME. — CHAPITRE II.   269

dans le *Djebel-Kiâna*[1], qui, au XVIe siècle (du temps d'Ibn-Khaldoun), portait le nom de *Djebel-'Aiâdh*[2]. Isma'îl, après s'être rendu à *El-Mesîla*, en repartit pour poursuivre son infatigable ennemi dans les montagnes abruptes et profondément ravinées où il s'était retiré; mais il atteignit un massif tout à fait impraticable pour une armée, et s'arrêta[3]. Ibn-H'ammâd entre ici dans des détails très circonstanciés : « Ayant appris, dit-il, qu'Abou-Iezîd s'était retiré « dans le *Djebel-Sâlât*, montagne escarpée et inexpugnable dont le pied va mourir « dans des landes stériles, sablonneuses, désertes, et qu'aucune armée n'avait « encore violée de sa présence, il n'hésita pas à se lancer à sa poursuite. Il lui « fallut onze jours[4] pour traverser cette contrée, où des solitudes affreuses suc- « cédaient à des précipices sans nombre. Aussitôt qu'il eut planté ses tentes au « pied du *Sâlât*, les montagnards accoururent en foule pour lui jurer soumis- « sion et obéissance[5]. Ce fut en vain qu'il les interrogea sur Abou-Iezîd; per- « sonne ne sut lui indiquer la position qu'il occupait. Par mesure de précau- « tion, il leur enjoignit de le prendre s'il venait à traverser leur territoire, et

Isma'îl se rend à Mesîla.

Il poursuit son ennemi.

[1] M. de Slane avait déjà remarqué[a] que les manuscrits d'Ibn-Khaldoun portent très souvent *Kitâmah*, au lieu de *Kiâna*. D'autres manuscrits donnent lieu à la même remarque : les trois manuscrits d'Et-Tidjânî que M. Alph. Rousseau a eus à sa disposition donnent trois versions différentes, dont aucune n'est exacte, et au nombre desquelles se trouve celle de *Kitâmah*, que le traducteur a adoptée comme lui paraissant la moins mauvaise[b]. Abou-'l-Fedâ écrit aussi *Kitâmah* (كتامة), au lieu de *Kiâna* (كيانة). Cette erreur, si souvent répétée, paraît venir d'Ibn-el-Athîr, qui, dans son *Kâmil*, écrit constamment *Kitâmah* quand il s'agit de *Kiâna* (t. VIII, p. ٣٣٠, l. 18, et p. ٣٣١, l. 7).

[2] *H. d. B.*, t. II, p. ٢١, l. 19[d], et p. ٧٥, l. 17 et 19 (t. III de la trad. franç., p. 210 et 291; — voir aussi t. II de cette trad., p. 537). Ailleurs on lit dans Ibn-Khaldoun : « En l'an 398, H'am- « mâd fonda la ville d'*El-K'ala'*, dans le voisinage « du *Djebel-Kiâna* (le texte imprimé dit *Kitâmah*), « montagne qui s'appelle aussi '*Adjîça* (عجيصة) « et qui est maintenant occupée par les '*Aiâdh*, « tribu d'Arabes hilâliens. » (*H. d. B.*, t. I, p. ٢٢١, l. 9 à 11; — t. II de la trad. franç., p. 43. Voir aussi *ibid.*, t. I, p. ١٨٢, l. 16 et 17; — t. I de la trad. franç., p. 285.)

[3] *El-Kâmil*, t. VIII, p. ٣٣٠, l. 3 à 6.

[4] Ce chiffre doit être fort exagéré, puisqu'en définitive il s'agissait, d'après Ibn-H'ammâd, d'atteindre le *Sâlât*.

[5] S'il faut en croire Ibn-Khaldoun, les *Beni-Kemlân*, après l'échec éprouvé par Abou-Iezîd près de *Mak'k'ara*, avaient déjà abandonné le fugitif et s'étaient rendus près de Moh'ammed-ibn-Khazer, de qui ils avaient obtenu une amnistie au nom du prince fât'imite (*H. d. B.*, t. II, p. ٢١, l. 21 et 22; — t. III de la trad. franç., p. 211). Cette assertion d'Ibn-Khaldoun paraît douteuse.

[a] *H. d. B.*, t. I, p. 285, note 1, et t. III de sa traduction, p. 291, note 2.
[b] *J. A.*, t. I, p. 369, note 1, 5e série.
[c] *Annal. muslem.* t. II, p. 432, l. 14 et 18.
[d] Ici le texte dit très bien كيانة « *Kiâna* », il le dit aussi p. ٢٢, l. 3, et ces passages se trouvent rectifier celui du tome I, p. ٢٢١, l. 9 à 11, auquel je vais renvoyer dans cette même note 2.

« mit sa tête à prix; il commença même par leur faire des présents. — Tournant
« ensuite ses vues vers le pays des *Sanhâdjah*, il revint sur ses pas; mais, dès
« la première nuit, il se trouva sans vivres et sans eau; les provisions des
« troupes étaient épuisées, et les bêtes de somme n'avaient plus de fourrage.
« Il devint si difficile de se procurer les choses nécessaires à la vie que le prix
« d'un pain ou d'une tasse d'eau s'élevait à trois dirhems[1]. Grand nombre de
« soldats périrent de soif ou de faim[2]. »

Il va chez les S'anhâdjah.

Enfin l'armée fât'imite arriva aux tentes de T'ârik'-el-Fati[3], dans le pays des *S'anhâdjah*, et de là à *H'âït'-H'amza*[4], où Zîri-ben-Menâd, évidemment parti de *Aschîr*, vint trouver Isma'îl, lui présenter ses hommages et lui offrir ses services. Le prince, de son côté, combla de présents ce chef dévoué, ses enfants, ses parents, et les chefs des tribus sanhâdjiennes qui formaient la suite de Zîri. Parti de *H'amza* pour aller bivouaquer sur l'*Ouâd-Lâlâ*[5], Isma'îl tomba malade assez gravement pour être obligé de suspendre sa marche à ce bivouac. Aussitôt on vit paraître Abou-Iezîd, qui profita de cette circonstance pour mettre le siège devant *El-Mesîla*[6]. En parlant de la fondation de cette ville en 313, Ibn-Khaldoun dit : « On verra plus loin qu'*El-Mesîla* fut très utile au
« souverain fât'imite Isma'îl, par la résistance qu'elle offrit à Abou-Iezîd[7], » et lorsqu'en 335 vint ce siège par le rebelle, le même historien n'entre dans aucun détail. On est conduit à conjecturer que, grâce aux fortifications élevées en 313 et aux grands approvisionnements qui y avaient été réunis[8], Dja'far-ibn-

Maladie d'Isma'îl.

Abou-Iezîd assiège Mesîla.

---

[1] Ibn-el-Athîr prétend que le prix d'une ration d'orge de chaque monture s'élevait à un dînâr et demi, et qu'une outre d'eau valait un dînâr (*El-Kâmil*, t. VIII, p. ٣٣٠, l. 6 et 7).

[2] *Chronique* d'Ibn-H'ammâd (*J. A.*, t. XX, p. 486, 4ᵉ série).

[3] Ibn-el-Athîr dit qu'il arriva vers un lieu appelé قرية دمرو «le village de *Damara*» (*El-Kâmil*, t. VIII, p. ٣٣٠, l. 10). Une variante dit عمرة «'*Amara*», et Abou-'l-Fedâ (*Annal. muslem.* t. II, p. 432, l. 8) dit aussi قرية عمرو, que Reiske a transcrit comme s'il y avait عمرة «*R'o-mara*». Il serait possible qu'une faute de copiste dans le manuscrit d'Ibn-el-Athîr lui ait fait dire عمرو, au lieu de حمزة «*H'amza*», où Zîri-ben-Menâd vint rejoindre Isma'îl.

[4] Aujourd'hui *Bordj-H'amza* ou *Bordj-Bouîra* (le château du petit puits), sur le méridien de Dellis et sur la rive gauche de la branche supérieure et septentrionale de l'*Ouâd-Akbou* (ou rivière de *Bougie*).

[5] Je ne puis indiquer le nom actuel de cette rivière, mais elle devait couler entre Bordj-H'amza et Mesîla, dans la région du Djebel-Ouânnour'a.

[6] Ibn-el-Athîr (t. VIII, p. ٣٣٠, l. 13 et 14) parle d'une lettre de Moh'ammed-ibn-Khazer, par laquelle il faisait connaître le point du désert où se trouvait Abou-Iezîd. Cette lettre décida sans doute Isma'îl à se remettre immédiatement en marche pour aller joindre son ennemi, et, dès la première étape, le prince fât'imite tomba malade.

[7] Ibn-Khaldoun, *Hist. des Fât'im.* § vi (*H. d. B.* append. ii au t. II de la trad. franç., p. 528).

[8] El-K'aïraouâni, *Hist. de l'Afr.*, liv. IV, p. 96.

'Ali-ben-H'amdoun put résister à toutes les attaques. Ibn-H'ammâd nous apprend que la maladie du prince fât'imite le retint environ deux mois sur les bords de l'*Ouâd-Lâlâ*[1], et, d'après Ibn-el-Athîr, il se mit en marche le 2 redjeb (mercredi 27 janvier 947 de J. C.) pour aller délivrer *El-Mesîla*[2]. Abou-Iezîd avait levé le siège aussitôt qu'il avait appris qu'Ismaʿîl s'avançait, et son intention était de fuir vers le *Soudân*; mais les *Beni-Kemlân*[3] et les *Hooudrah* refusèrent de le suivre dans ces régions perdues, et il fut obligé de se jeter de nouveau dans les monts *Kïâna* et *'Adjîça*, où il se fortifia[4]. *El-Mesîla* était devenu tout naturellement le centre d'opérations d'Ismaʿîl. Il en partit le 10 chaʿbân (samedi 6 mars 947 de J. C.) pour aller attaquer le rebelle. Arrivé au pied de la montagne, il ne vit pas paraître l'ennemi; mais quand il se fut retiré, Abou-Iezîd descendit avec les siens et tomba sur l'arrière-garde fât'imite. Revenant aussitôt, Ismaʿîl fit face aux Berbers, et la bataille s'engagea; elle fut terrible, et Abou-Iezîd pensa y perdre la vie : ayant eu un cheval blessé sous lui, il fut renversé. Ses compagnons d'armes venaient de le placer sur un autre cheval, lorsque accourut Zîri-ben-Menâd, qui s'élança pour le frapper de sa lance. Aussitôt son fils Iounès, son neveu, ses parents et quelques officiers de son escorte mirent pied à terre pour lui faire un rempart de leurs corps. Après une lutte meurtrière, ils parvinrent à le sauver; mais l'émir sanhâdjien ne frappait jamais en vain : Abou-Iezîd avait reçu dans le dos une large blessure, et pendant qu'on l'enlevait pour regagner la montagne, son armée était taillée en pièces et laissait dix mille hommes sur le champ de bataille. Les *Beni-Kemlân* et les *Mezâta*[5] supportèrent le plus grand effort de cette affreuse défaite[6].

Délivrance de Mesîla.

Défaite d'Abou-Iezîd.

---

[1] *Chronique* (*J. A.*, t. XX, p. 437 et 488, 4ᵉ série). Il résulte, de ce que je vais dire immédiatement d'après Ibn-el-Athîr, qu'alors Ismaʿîl était à *H'amza* au commencement de djoumâdi-el-aouel et que sa maladie le retint au bivouac de l'*Ouâd-Lâlâ* pendant la plus grande partie de djoumâdi-el-aouel et tout le mois de djoumâdi-el-akhir.

[2] *El-Kâmil*, t. VIII, p. ۳۳۰, l. 15. — Ibn-Khaldoun, *Hist. des Fât'im.*, § x (*H. d. B.*, append. 11 au t. II de la trad. franç., p. 538); il dit le 1ᵉʳ redjeb quoiqu'il ait copié le récit d'Ibn-el-Athîr, et quoique Abou-'l-Fedâ dise aussi le 2 redjeb (*Annal. muslem.* t. II, p. 432, l. 11).

[3] Les *Beni-Kemlân* ne l'avait donc pas abandonné, comme l'a dit Ibn-Khaldoun.

[4] *El-Kâmil*, t. VIII, p. ۳۳۰, l. 16 à 18. — Ibn-Khaldoun (à la page citée note 2 ci-dessus) a copié Ibn-el-Athîr.

[5] Branche des *Looutâh*ᵃ. Les *Mezâta*, enfants de *Zâir*, formaient eux-mêmes plusieurs ramifications : les *Belâûn*, les *K'orna*, les *Medjdja*, les *Dekma*, les *H'amra* et les *Medouna*ᵇ. — Je pourrais répéter ici ce que j'ai dit (note 3 ci-dessus) sur les *Beni-Kemlân*.

[6] *Chronique* d'Ibn-H'ammâdᶜ (*J. A.*, t. XX,

ᵃ *H. d. B.*, t. I, p. ۱۰۸, l. 11 (t. I de la trad. franç., p. 171).

ᵇ *Ibid.*, t. I, p. ۱۴۷, l. 10 et 11 (t. I de la trad. franç., p. 232).

ᶜ Suivant lui, le jour de cette bataille sanglante fut appelé la *journée aux têtes*. Il prétend qu'elle fut livrée

272   ÉTUDE SUR LA CONQUÊTE DE L'AFRIQUE.

Investissement du Kiâna.

Le vainqueur était rentré à *Mesîla*. Il en repartit le 1ᵉʳ ramadhân[1] (vendredi 26 mars 947 de J. C.) pour venir dresser ses tentes au pied du *Djebel-Kiâna*, en un lieu nommé par les uns *En-Nâdhour* et par les autres *Aroucen* ou *Arous*, et dès le lendemain, gravissant la montagne à travers les roches et les précipices, il atteignit son ennemi. On en vint aux mains et, des deux parts, on se battit avec un tel acharnement, «qu'on pouvait penser, dit Ibn-el-Athîr, «que c'était le jour de l'extermination.» Placés sur le haut de la montagne, les soldats d'Abou-Iezîd faisaient rouler des quartiers de roc sur l'armée d'Ismaʾîl; ceux qui combattaient étaient entassés dans un étroit défilé, d'où ils ne pouvaient distinguer qui était vainqueur ou vaincu, et l'on se sépara sans qu'il fût possible de dire auquel des deux partis était resté l'avantage. — Le chef rebelle s'était réfugié dans le château de *Kiâna*[2], qu'Ibn-H'ammâd appelle le *for de Tak'arbouçet*, bâti au sommet de la montagne et presque inaccessible, mais aussi où sa position pouvait devenir très critique si les moyens d'évasion lui étaient fermés. En effet, à plusieurs reprises Ismaʾîl l'attaqua, d'abord sans succès; il s'approcha cependant assez pour mettre le feu à une masse de gourbis (ou de broussailles) dont le vent chassait les flammes vers les compa-

Journée aux flammes.

---

p. 489 et 490, 4ᵉ série). — *El-Kâmil*, t. VIII, p. ٣٣٠, l. 20, à p. ٣٣١, l. 2. — Ibn-Khaldoun, *Hist. des Fât'im.*, § x (à la page citée note 2 ci-dessus).

[1] J'emprunte cette date à Ibn-H'ammâd (p. 490), et avec d'autant plus de confiance qu'Ibn-el-Athîr (p. ٣٣١, l. 2) et Ibn-Khaldoun (t. II, p. 538) disent اول شهر رمضان «au «commencement de ramadhân».

[2] El-Bekrî établit une espèce d'identité entre le *château de Kiâna* et la *K'ala'a-Beni-H'ammâd*, qui fut fondée en 398, comme si cette ville avait été posée sur les ruines du château; il dit en par-

lant de la *K'ala'a-t-Abou-T'aouil* ou *K'ala'a-Beni-H'ammâd* : «Ce fut dans ce château qu'Abou-Iezîd-«Makblad-ibn-Keïdâd se défendit contre Ismaʾîl*.» Peut-être H'ammâd, en même temps qu'il fondait la *K'ala'a*, avait-il reconstruit le château qui dominait la ville; cependant, Ibn-H'ammâd dit que le *fort de Tak'arbouçet* domine celui de *H'ammâd* (J. A., t. XX, p. 491, 4ᵉ série). — Après la défense désespérée que fit Abou-Iezîd dans ce château, il n'est pas étonnant qu'on ait désigné celui-ci sous le nom de *H'is'n-Abou-Iezîd*; c'est ce qu'a fait Ibn-'Adzârî (*Baïân*, t. I, p. ٢٢٨, l. 4).

dans une plaine nommée autrefois *Edna* ou *Adna* et, de son temps, *Batna*, «grande et belle ville, dit-il, située à «douze milles (quatre lieues) de *Mesîla*, et qui, depuis, a été détruite.» Il va sans dire que la ville ainsi placée n'a aucune relation avec les ruines, évidemment romaines, auxquelles nous sommes arrivé le 23 février 1844 au *col de Batna*, et qui sont à six kilomètres nord-ouest de *Lambasa*, puisque ces ruines sont à trente-cinq ou quarante lieues de *Mesîla*. Je crois donc fautif le rapprochement que fait M. Cherbonneau, dans la note 34 de sa traduction, du morceau d'Ibn-H'ammâd auquel j'emprunte les détails que je viens de donner. En outre, il est peu vraisemblable que cette bataille ait été livrée à quatre lieues d'*El-Mesîla*, puisqu'elle eut lieu au pied du *Djebel-Kiâna*, placé, comme je l'ai dit, à sept lieues au nord-est de *Mesîla*.

* *Descr. de l'Afr. septentr.*, p. ١٤, l. 15 et 16 (J. A., t. XIII, p. 59, 5ᵉ série).

LIVRE QUATRIÈME. — CHAPITRE II.   273

gnons d'Abou-Iezîd, qui furent obligés de fuir précipitamment, abandonnant tout derrière eux, et, la nuit étant venue, on y voyait comme en plein jour. Cette journée, que l'on appela *la journée aux flammes*, suivant Ibn-H'ammâd, éclaira un affreux massacre des Berbers; leurs femmes, leurs enfants, un butin considérable, restèrent aux mains du vainqueur. Les *Hooudrah*, complètement découragés, demandèrent et obtinrent l'amân. Le rebelle n'était pas encore atteint; il était bien près de l'être; cerné comme une bête fauve, il ne pouvait plus s'échapper. Mais, soit qu'Isma'îl eût perdu beaucoup de monde dans les divers combats qu'il avait livrés, soit qu'il eût reconnu que l'assaut de la forteresse exigerait des forces en dehors de celles qui cernaient le *Kiâna*, il résolut de suspendre toute attaque et de prendre son temps pour frapper un coup décisif. Le jour du *fit'r*[1], il commença les travaux nécessaires pour entourer son camp d'un fossé, et ce fut alors qu'il put dire : « Tant que je « n'aurai pas exterminé l'auteur de la révolte, mon trône sera où je campe, et « mon empire où je combats. » En même temps, il mandait à Abou-Ia'k'oub-ibn-Khalîl de lui amener des troupes de renfort. Ce gouverneur[2] prit aussitôt la mer avec vingt-cinq bâtiments chargés de troupes, qu'il débarqua à *Mers-ed-Dedjâdj*[3].

Préparatifs de l'assaut.

Pendant que s'achevaient tous ces préparatifs, qui avaient pris plus de trois mois[4], on était entré dans l'année 336, et ce fut seulement le dernier dimanche de moh'arram[5] qu'Isma'îl lança dans la montagne une colonne dont les

336 de l'hégire (947-948 de J. C.).

---

[1] C'est-à-dire le 1ᵉʳ chaouâl.

[2] Il est clair que ce Ia'k'oub était le fils de Khalîl-ibn-Ish'âk', l'ancien gouverneur de *Sicile*, tué à *K'airaouân* par Abou-Iezîd au commencement de la guerre, et qu'Isma'îl lui avait, en son absence, confié le gouvernement d'*El-Mahdiah*. Je suppose que c'est le même personnage qui, sous le nom de Ia'k'oub-ben-Ish'âk', avait été envoyé à *Sousah* avec Ruschîk, dans les premiers jours qui suivirent la mort d'El-K'âïem.

[3] *Chronique* d'Ibn-H'ammâd (*J. A.*, t. XX, p. 492 et 494, 4ᵉ série). Suivant l'auteur, l'emplacement même du camp d'Isma'îl était encore appelé de son temps *Khandek'-ed-Dîbâdj*, « le « fossé des étoffes précieuses », parce que le chef de l'armée s'y était abrité sous des tentes de soie. — Voyez sur *Mers-ed-Dedjâdj* (le port aux poules), situé à huit lieues à l'ouest de *Dellis*, ce que j'en

ai dit ailleurs (*Rich. minér. de l'Algérie*, t. II, p. 129 et 130; in-4° de l'I. I. 1854).

[4] Ce fut évidemment pendant ces mois que Zîri-ben-Menâd fit les expéditions dont parle Ibn-H'ammâd (p. 491) et qui font dire à Ibn-Khaldoun : « Quand Isma'îl assiégeait Abou-Iezîd « dans le château de *Kiâna*, Zîri lui amena une « armée composée de S'anhâdjah et d'autres peu-« ples berbers; jusqu'à la prise de cette forteresse « il ne cessa de harceler l'ennemi. » (*H. d. B.*, t. I, p. 14v, l. 10 et 11; — t. II de la trad. franç., p. 6).

[5] *Chronique* d'Ibn-H'ammâd (*J. A.*, t. XX, p. 494, 4ᵉ série). Ce dernier dimanche tombe le 24 et correspond au dimanche 15 août 947 de J. C. Ibn-Khallikân commet une légère erreur en disant le dimanche 25 moh'arram 336 (n° 4v de l'édit. Wüst., fasc. 1, p. 1ᵖᵛ, l. 4 et 5; — t. I de la trad. angl., p. 220).

Zaouîliens[1] faisaient partie, et qui fut développée de manière à cerner de près le château où s'était enfermé Abou-Iezîd avec sa famille. Le combat s'engagea aussitôt, et, après plusieurs assauts sanglants, le *Kiâna* fut emporté. Mais l'énergie du rebelle n'était pas épuisée : réfugié dans une petite tour qui dominait la forteresse, il résistait encore, et même une sortie désespérée de ses fidèles lui fraya, à travers les combattants, un passage qui lui permit d'échapper à son ennemi ; mais il était criblé de blessures, porté par trois hommes qui le transportaient au milieu de rochers excessivement abruptes ; il glissa de leurs mains, et roula sanglant dans un précipice au fond duquel il resta sans mouvement[2]. Quand on pénétra dans la tour, on apprit, de la bouche de ceux qui en sortaient pour se rendre, que le vieux fanatique Abou-'Ammâr-el-'Âma avait été tué, mais qu'Abou-Iezîd s'était échappé. « Il ne doit pas être « loin, » disait Isma'îl, et il donna l'ordre de le chercher. Ibn-H'ammâd raconte que les premiers soldats envoyés pour fouiller les ravins, où l'on espérait le trouver, ne sachant qui était cet homme à demi mort, s'apprêtaient à l'achever, lorsque, rassemblant un reste de forces, il se fit connaître et obtint d'eux qu'ils s'éloignassent, en leur abandonnant son sceau, ses vêtements et tout ce qu'il avait d'argent sur lui. Cette puissante nature avait encore, dans son agonie, assez de présence d'esprit pour corrompre ses ennemis, quand sa main défaillante ne pouvait plus les combattre. Mais bientôt survint un autre détachement, qui se saisit de lui et le transporta au quartier général. Isma'îl se prosterna pour rendre grâces à Dieu, pendant que ceux qui l'entouraient criaient : « Dieu est grand ! » Ibn-'Adzârî assure qu'Isma'îl fit tuer Abou-Iezîd[3],

en marge : Le Kiâna est emporté.

---

[1] Habitants du faubourg de *Zaouîla*.

[2] Ibn-Khaldoun, *Histoire des Berbers*, t. II, p. ٢٢, l. 7 et 8 (t. III de la traduction française, p. 211).

[3] *Baïân*, t. I, p. ٢٢٨, l. 5 et 6. L'auteur prétend qu'Abou-Iezîd, pris vivant, fut placé dans une cage de fer et apporté à El-Man'sour à *El-Mahdïah*, que celui-ci le fit tuer et crucifier à la porte qu'il avait frappée de sa lance. Cette dernière circonstance se rapporte à un récit qui a tous les caractères d'un récit controuvé. On a vu que le siège d'*El-Mahdïah* fut levé dans les premiers jours de s'afar 334, et l'on sait tous les événements accomplis depuis ; or Ibn-'Adzârî prétend qu'en 335 Abou-Iezîd revint vers *El-Mahdïah* et s'en approcha au point de frapper de sa lance la porte de la ville ; qu'un fantassin entra dans le palais d'Isma'îl et trouva ce prince occupé à jouer avec une tortue : « Tu joues, lui aurait dit « l'homme, pendant qu'Abou-Iezîd plante sa lance « à la porte. — L'a-t-il réellement fait, aurait ré- « pondu Isma'îl ? — Sans doute. — Par Dieu ! qu'il « n'y revienne jamais[4]. » Abou-Iezîd, comme je l'ai dit, ne vint pas à *El-Mahdïah* en 335 ; il fuyait devant Isma'îl qui le poursuivait à outrance ; celui-ci était, non à *El-Mahdïah* mais sur le champ de bataille, quand Abou-Iezîd fut pris. Tout paraît faux dans ce récit.

[4] *Baïân*, t. I, p. ٢٢٧, l. 5 à 8.

LIVRE QUATRIÈME. — CHAPITRE II.   275

et le cheïkh Et-Tidjânî prétend même qu'il ordonna de l'écorcher vif[1]. De nombreuses autorités s'accordent, au contraire, à dire que, désireux de le réserver à l'ornement de son triomphe quand il rentrerait en *Ifrîk'iah*, Isma'îl fit panser ses blessures et se contenta de le tenir étroitement enfermé. Mais quatre jours après, dans la nuit du dernier jeudi de moh'arram (28 du mois[2]), Abou-Iezîd s'entretenait avec son vainqueur; tout à coup il se tut : il était mort[3]. Des lettres portèrent sur tous les points à la fois cette importante nouvelle[4].

Mort d'Abou-Iezîd.

Ainsi finit cette terrible lutte, qui, engagée en 332, avait, comme on voit, duré plus de trois ans[5]. On ne peut se défendre d'admirer la rare persévérance dont ce Berber, né pour commander, avait fait preuve dans la préparation de ses projets, et l'indomptable énergie avec laquelle il les exécuta. Si Abou-Iezîd avait réussi, l'histoire aurait inscrit son nom parmi ceux des héros. Écrasé par une force supérieure, il a imposé le respect de sa personne à ceux-là qui ne pouvaient voir en lui qu'un rebelle : «Il est impossible, dit «Ibn-Khaldoun[6], de méconnaître la haute renommée qu'il s'était acquise parmi

---

[1] *Rik'la* d'Et-Tidjânî (*J. A.*, t. I, p. 369, 5ᵉ série). M. Alph. Rousseau, d'après son auteur, dit qu'Abou-Iezîd succomba aux horribles tortures que lui fit endurer son vainqueur (*ibid.*, t. XX, p. 107 à la note, 4ᵉ série).

[2] Le 28 moh'arram 336 correspond au jeudi 19 août 947 de J. C.

[3] *Chronique* d'Ibn-H'ammâd (*J. A.*, t. XX, p. 494 et 495, 4ᵉ série). — *El-Kâmil*, t. VIII, p. ࿐࿐࿐, l. 2, à p. ࿐࿐࿐ l. 1. — Ibn-Khallikân, n° 4v de l'éd. Wüst., fasc. 1, p. ١٣v, l. 5 (t. I de la trad. angl., p. 220). — *Baïân*ᵃ, t. I, p. ࿐࿐࿐, l. 6 à 8. — Abulfedæ *Annal. muslem.*, t. II, p. 432 et 434. — Ibn-Khaldoun, *Hist. des Fât'im.*, § 10ᵇ. (*H. d. B.*, Append. II au t. II de la trad. franc., p. 538 et 539.) — El-K'aïraouâni, *Hist. de l'Afr.*, liv. IV, p. 104.

[4] *El-Kâmil*, t. VIII, p. ࿐࿐࿐, l. 3.

[5] El-K'aïraouâni donne à la révolte d'Abou-Iezîd une durée de trente ansᶜ, et M. Alph. Rousseau le répète d'après lui[d]; mais cela ne doit s'entendre qu'en comptant de l'instant où cet ardent sectaire avait commencé à répandre sourdement les idées nekkârites; or comme il se mit à enseigner dès son retour de *Tâhart*, c'est-à-dire depuis ramadhân 296, on pourrait tout aussi bien donner à cette révolte une durée de trente-neuf ans. Il semble plus rationnel de dater son commencement de l'instant où Abou-Iezîd fut assez fort pour entraîner les populations à sa suite et pour obliger les FÂT'IMITES à marcher en armes contre lui.

[6] *H. d. B.*, t. I, p. ١٢٤, l. 20 et 21 (t I. de la trad. franc., p. 204). Il est à peine croyable que

---

ᵃ Ibn-'Adzârî emprunte à El-K'edhâ'î ce qu'il dit ici.

ᵇ Ici Ibn-Khaldoun copie Ibn-el-Athîr et dit qu'Abou-Iezîd mourut vers la fin de moh'arram 336; ailleurs, il place cet événement à la fin de 335 (*H. d. B.*, t. II, p. ࿐࿐, l. 10; — t. III de la trad. franç., p. 211). Abou-'l-Mah'âcin, qui ne dit qu'un mot de ce grand événement, place très bien en 336 la défaite définitive d'Abou-Iezîd par El-Mans'our-el-'Obeïdi (*En-Nodjoum*, t. II, p. ࿐࿐࿐, l. 7 et 8).

ᶜ *Hist. de l'Afr.*, liv. IV, p. 105; in-8°, de l'I. R. 1845.

ᵈ *J. A.*, t. XX, p. 107 à la note, 4ᵉ série.

35.

« les Berbers. » Isma'îl ne sut pas honorer, dans un adversaire qui n'était plus, les hautes facultés et le grand caractère que cet adversaire avait révélés dans la lutte qui venait d'avoir pour lui une issue funeste, il pouvait, pour satisfaire à la coutume des barbares qui lui obéissaient, offrir la preuve de sa victoire définitive en exposant la tête de son ennemi vaincu, il préféra livrer à la risée de la populace les restes de ce géant, qui, sorti du rang le plus obscur par la seule vigueur de son génie, avait, pendant plus de trois ans, tenu en échec toutes les forces du royaume, et mis un instant en question l'existence d'une puissante dynastie. La mort avait arraché au khalife l'ornement de son triomphe, il voulut du moins qu'un simulacre d'Abou-Iezîd lui servît de trophée. Le cadavre de ce malheureux fut écorché, sa peau rembourrée de paille et recousue avec tant de soin, « qu'on aurait pu, dit Ibn-« H'ammâd [1], prendre ce spectre pour un homme endormi. »

Je n'ai pas voulu interrompre le récit de la guerre d'Abou-Iezîd par les événements qui s'accomplissaient sur divers points du *Maghrib;* mais ils ne peuvent être passés sous silence, et je vais être obligé de revenir un peu sur mes pas.

Evénements de 333.

Nous avons vu Abou-Iezîd, au milieu des grands succès qui, en 333, signalèrent les commencements de la lutte qu'il engageait, envoyer à *Cordoue* une ambassade [2], qui rapporta une réponse favorable. Évidemment le souverain d'Espagne avait promis d'agir dans l'Ouest, qui était toujours son point de mire, pendant qu'Abou-Iezîd enlevait l'*Ifrîk'iah* aux Fât'imites. En effet, « en 333, dit Ibn-Khaldoun, En-Nâs'ir envoya en *Maghrib* son vizir El-K'âçem-« ibn-Moh'ammed-ibn-T'amles, avec la mission d'attaquer les descendants « d'Edrîs. Il mandait aussi par lettres aux princes maghrâouïens, Moh'ammed-« ibn-Khazer et El-Kheïr, fils de celui-ci, de seconder le vizir et de soutenir « le fils de Mouça-ben-Abi-'l-'Âfiah dans sa guerre contre les Edrîsites [3]. » En même temps, doit-on croire, il donnait l'ordre à H'omeïd-ibn-Ies'el de se concerter avec les *Maghrâouah* et les *Beni-Ifren* pour attaquer *Tâhart,* car on lit encore dans Ibn-Khaldoun : « En 333, ils (Moh'ammed-ibn-Khazer et les *Ma-« ghrdouah*) marchèrent contre *Tâhart,* avec H'omeïd-ibn-Ies'el, le général

Prise de Tâhart par les Maghrâouah.

Cardonne (t.II, p. 65) parle d'Abou-Iezîd comme du premier ministre d'El-K'âïem, et qu'en 1848 M. Marcel ait reproduit cette bévue (*Égypte moderne,* p. 97, col. 2, dans la collection Didot).

[1] *Chronique* (J. A., t. XX, p. 495, 4ᵉ sér.).

[2] Cette ambassade dut être envoyée au commencement de 333, probablement peu avant la bataille d'*El-Akhouîn.*

[3] *H. d. B.,* t. I, p. ۳۸۸, l. 12 à 14 (t. II de la trad. franç., p. 146).

« omaïade. Parmi les chefs qui prirent part à cette expédition, on remarqua
« El-Kheïr-ibn-Moh'ammed, son frère H'amza, son oncle 'Abd-Allah-ibn-Khazer,
« et Ia'la-ben-Moh'ammed, à la tête des *Beni-Ifren. Tâhart* fut emporté d'assaut;
« 'Abd-Allah-ibn-Bekkâr y trouva la mort, et l'eunuque Meïçour, général
« commandant la place, fut fait prisonnier[1]. » Ibn-Khaldoun paraît oublier que
le 10 rebî-el-aouel 333 Meïçour avait été tué à la bataille d'*El-Akhouïn*, et
qu'il ne pouvait pas être le défenseur de *Tâhart*. Ibn-'Adzârî dit d'ailleurs très
nettement que Dâoud-ibn-Ibrâhîm-el-'Adjîci, qui avait été nommé gouverneur
de *Tâhart* en 324, conserva ce gouvernement jusqu'à ce qu'il en fût chassé,
en djoumâdi-el-akher 333, par H'omeïd-ibn-Ies'el, au temps d'Abou-Iezîd[2].
Nulle part, peut-être, l'histoire que nous a laissée Ibn-Khaldoun ne présente
plus d'obscurité et de contradictions que dans les faits relatifs à cette prise de
Tâhart; je vais en donner immédiatement plusieurs preuves.

C'est Ibn-Khaldoun lui-même qui nous a montré en 328 H'omeïd-ibn- Contradictions
d'Ibn-Khaldoun.
Ies'el passant aux Omaïades et recevant d'En-Nâs'ir le gouvernement du
Maghrib central, région dans laquelle le souverain espagnol avait des partisans, mais qu'il ne possédait pas alors. Nous savons aussi dans quelle position Ismaïl était monté sur le trône le 13 chaouâl 334, et nous venons
de le quitter ayant enfin terrassé son ennemi en moh'arram 336. Toutes ces
circonstances, parfaitement connues d'Ibn-Khaldoun, ne l'empêchent pas de
dire : «Sous le règne du khalife fât'imite Ismaïl, Ibn-Ies'el-ibn-H'abbous,
« *gouverneur de Tâhart*[3], se déclara en faveur des Omaïades d'Espagne et passa
« du côté d'El-Kheïr-ibn-Moh'ammed-ibn-Khazer, partisan dévoué de cette fa-
« mille et son principal agent auprès de la population zenâtienne. Ismaïl ayant
« alors donné le commandement de *Tâhart* à son affranchi, l'eunuque Meïçour,
« et à Ah'med-ez-Zedjâli[4], une de ses créatures, H'omeïd et El-Kheïr mar-
« chèrent contre la ville et la prirent d'assaut, après avoir mis en déroute
« l'armée de Meïçour. Ce chef et son collègue Ez-Zedjâli tombèrent entre les
« mains des vainqueurs, mais quelque temps après ils obtinrent leur liberté[5]. »

---

[1] *Histoire des Berbers*, t. II, p. ٢٩, l. 17 à 20 (t. III de la traduction française, p. 231 et 232).

[2] *Baïân*, t. I, p. ٢٠٥, l. 6 à 8. Cette date est la démonstration de l'erreur commise par Ibn-Khaldoun en ce qui concerne Meïçour.

[3] Le texte ne donne pas ce titre à H'omeïd-ibn-Ies'el, mais le traducteur a cru pouvoir le

lui donner parce qu'en effet Ibn-Ies'el était gouverneur de *Tâhart* depuis 333, non pour les Fât'imites, mais pour les Omaïades.

[4] Le texte imprimé dit Ah'med-*ibn*-ez-Zedjâli, mais, quelques lignes plus bas, on lit Ah'med-ez-Zedjâli.

[5] *H. d. B.*, t. I, p. ١٠٠, l. 12 à 16 (t. I de la trad. franc., p. 244).

Il semblerait, en lisant ce récit, que H'omeïd-ibn-Ies'el était gouverneur de *Tâhart* pour Isma'îl, quand, dès 328, il s'était donné aux OMAÏADES, et quand, dès 333, avant l'avènement d'Isma'îl, il s'était emparé de *Tâhart*, au nom de son nouveau souverain. Comment Isma'îl, monté sur le trône en 334, aurait-il nommé gouverneur d'une ville que son prédécesseur aurait perdue un général mort en 333? Il y a, dans ce récit, autant de contradictions que de lignes. Le même Ibn-Khaldoun, d'accord avec plusieurs autorités, nous a montré Isma'îl partant de *K'aïraouân* en rebî-el-aouel 335 et arrivant à *T'obnah*, où il reçut, de Moh'ammed-ibn-Khazer, une lettre de soumission, à laquelle il répondit en lui accordant le commandement de la partie du *Maghrib* occupée par les *Beni-Ifren*. «Cette faveur, dit Ibn-Khaldoun, alluma la guerre entre «les *Maghrâouah* et les *Beni-Ifren*. Moh'ammed-ibn-S'âlih', alors chef des *Beni-* «*Ifren*, fut tué par 'Abd-Allah-ibn-Bekkâr[1], chef ifrénite, qui avait passé aux «*Maghrâouah*, et son fils, Ia'la-ben-Moh'ammed-ibn-S'âlih', lui succéda dans le «commandement[2].» Ibn-Khaldoun oublie qu'il a fait mourir 'Abd-Allah-ibn-Bekkâr au siège de *Tâhart* en 333, et que la guerre entre les *Maghrâouah* et les *Beni-Ifren* n'aurait été, d'après lui-même, allumée qu'en 335. Du reste, dans la nouvelle mention qu'il fait ici du siège de *Tâhart*[3], il donne une version différente sur la mort de cet 'Abd-Allah-ibn-Bekkâr, mais, comme dans les deux autres, il assure que Meïçour, gouverneur de la place, fut fait prisonnier. — On se rappelle que, dans la fameuse expédition de 323, qui mit fin à la puissance d'Ibn-Abi-'l-'Âfiah, Meïçour avait envoyé à *El-Mahdïah* deux prisonniers importants, Ah'med-ibn-Bekr, gouverneur de *Fès*, et El-Bouri, fils d'Ibn-Abi-'l-'Âfiah. Il paraît qu'après douze années de détention, Isma'îl crut pouvoir non seulement les laisser en liberté, mais même les emmener avec lui en expédition, car on lit dans Ibn-Khaldoun : «En l'an 335, Medïen vit arri-«ver chez lui son frère El-Bouri, qui s'était échappé du camp d'Isma'îl pour «aller se joindre à Abou-Iezîd. Ah'med-ibn-Bekr-ed-Djodâmi, qui avait ac-«compagné El-Bouri, se rendit à *Fès* sous un déguisement, et trouva *bientôt* «l'occasion d'arracher le pouvoir au gouverneur H'assan-ibn-K'âçem-el-Louâti. «Medïen et ses frères, El-Bouri et Abou-'l-Monk'ad, se partagèrent alors les

---

[1] Si, comme le dit Ibn-Khaldoun», Noubakht-ibn-'Abd-Allah-ibn-Bekkâr était *cousin* de Ieddou-ben-Ia'la, il en résulterait que 'Abd-Allah-ben-Bekkâr aurait tué son oncle Moh'ammed.

[2] *H. d. B.*, t. II, p. ۳۳, l. 12 à 16 (t. III de la trad. franc., p. 213).

[3] *H. d. B.*, t. II, p. ۳۲, l. 2 à 5 (t. III de la trad. franc., p. 213).

[a] *H. d. B.*, t. II, p. ۳٤, l. 11 (t. III de la trad. franç., p. 216 et 217).

« États de leur père, de sorte qu'ils soutinrent, à eux trois, tout le poids des
« affaires. El-Bouri passa en Espagne en 335, et fut reçu avec de grands hon-
« neurs par En-Nâs'ir. S'étant alors fait confirmer dans l'exercice de son auto-
« rité, il repartit comblé de faveurs [1]. » Après avoir rappelé les principaux faits
qui s'étaient passés hors de l'*Ifrîk'iah* pendant la guerre d'Abou-Iezîd, faits
dont quelques-uns éclairent l'histoire de *Tâhart*, si obscurcie par Ibn-Khaldoun,
je reprends le fil de mon récit.

De *Mesîla*, où il était rentré après sa victoire, Isma'îl se mit en marche vers *Tâhart* le 24 s'afar 336 [2] (mardi 14 septembre 947 de J. C.). Il s'arrêta à Souk'-H'amza, pour y attendre des renforts de *S'anhâdjah* que Zîri-ben-Menâd avait convoqués sur ce point [3]. Il ne nous reste aucun détail sur les événements de guerre qui remirent *Tâhart* entre les mains d'Isma'îl; mais on s'accorde à dire que le général omaïade en fut chassé et qu'il courut à Tenès [4], où il s'embarqua pour l'Espagne [5]. Resté maître de la ville, « le premier acte « du vainqueur, s'il faut en croire Ibn-H'ammâd, fut de faire déterrer les osse- « ments de Mas's'âlah et de Fadhl, fils de H'abbous, et de les jeter sur un bûcher,

Isma'îl se porte sur Tâhart.

Il en chasse Ibn-Ies'el. Isma'îl à Tâhart.

---

[1] *H. d. B.*, t. I, p. ιν°, l. 18, à p. ινο, l. 2 (t. I de la trad. franc., p. 270 et 271). — Suivant El-Bekri [a], confirmé par Ibn-'Abd-el-H'alim [b], Ah'med-ibn-Bekr-ed-Djodâmi ne reprit le gouvernement de *Fès* qu'en 341, et, d'après eux, les choses ne se passèrent nullement comme le dit Ibn-Khaldoun. J'y reviendrai plus loin.

[2] *Chronique* d'Ibn-H'ammâd (*J. A.*, t. XX, p. 497, 4° série).

[3] Ibn-Khaldoun, *Hist. des Fât'im.*, § 11 (*H. d. B.*, Append. II au t. II de la trad. franc., p. 539). L'auteur, qui oublie toujours ce qu'il a dit ailleurs, présente ici H'omeïd-ibn-Ies'el comme venant de mettre le siège devant *Tâhart*, quand il nous a montré ce général s'en emparant en 333.

[4] On pourrait, au premier abord, s'étonner qu'Ibn-Ies'el eût choisi *Tenès* pour point d'embarquement, mais « c'est à cette ville, dit Ibn- « H'auk'al, que les Arabes d'Espagne se rendent « d'abord avec leurs bâtiments pour faire le commerce; ensuite ils se dirigent ailleurs [c]. » C'était donc là qu'il devait trouver le plus de facilité pour fréter promptement un bâtiment pour l'Espagne.

[5] *Baïân*, t. I, p. ٢٠٥, l. 8 et 9. Une faute de copiste fait dire à l'auteur qu'H'omeïd-ibn-Ies'el sortit de *Tâhart* en ٣٣٣ (lisez ٣٣٦) pour se rendre en Espagne. — Ibn-Khaldoun, *H. d. B.*, t. I, p. ١٢٨, l. 12 à 15 (t. I de la trad. franc., p. 234); — voir aussi à la page citée note 3 ci-dessus). Dans ces deux passages, Ibn-Khaldoun s'accorde avec lui-même, mais il donne un troisième récit, qui est pour le moins étrange : dans cette troisième version Isma'îl était à *Mesîla* quand il apprit que H'omeïd-ibn-Ies'el, gouverneur (عامل) de *Tâhart*, ayant répudié son autorité, s'était embarqué à *Tenès* pour l'Espagne; alors il partit pour *Tâhart* et alla y installer un nouveau gouverneur. (*H. d. B.*, t. II, p. ٢٢, l. 4 à 16; — t. III de la trad. franc., p. 212.)

---

[a] *Descr. de l'Afr. septentr.*, p. ١٢٨, l. 18 à 20 (*J. A.*, t. XIII, p. 361, 5° série).
[b] *K'art'âs*, p. ٥٦, l. 3 à 8 (p. 73 de la trad. lat., — p. 116 et 117 de la trad. franç.).
[c] *Descr. de l'Afr.*, § XXVII (*J. A.*, t. XIII, p. 185, 3° série).

« avec la chaire du haut de laquelle ils avaient prononcé la khot'ba au nom d'Abd-er-Rah'mân[1]. » Mais ce récit paraît absolument controuvé. Mas's'âlah-ben-H'abbous était mort, en 312, combattant pour les Fât'imites, auxquels il n'avait pas cessé un seul instant d'être dévoué. Quant à Fadhi-ibn-H'abbous, qui serait frère de Mas's'âlah et de Ies'el, je ne le trouve nommé que dans ce passage, et serais hors d'état de dire le rôle quelconque qu'il joua à *Tâhart*, ni à quel instant il aurait pu y réciter la khot'ba au nom des Omaïades. « Isma'îl « resta peu de jours à *Tâhart*, ajoute Ibn-H'ammâd, et après y avoir installé « un commandant, il reprit la route de *K'aïraouân*. » Mais un si court séjour s'accorde mal avec la date que, quelques lignes plus bas, il assigne à la rentrée du prince fât'imite en *Ifrîk'iah*, et cette date donne plus de vraisemblance à l'expédition qu'Ibn-Khaldoun place à la suite du séjour à *Tâhart*. Nous venons de voir qu'Ibn-H'ammâd ne nomme pas le gouverneur auquel fut confiée la ville; cette omission est d'autant plus regrettable qu'il y a là une difficulté réelle. Suivant Ibn-Khaldoun, ce fut Ia'la-ben-Moh'ammed l'Ifrénite qui fut nommé à ce gouvernement[2], et l'on est tout étonné de lire dans Ibn-'Adzârî que ce fut Meïçour le Fati[3]. Je ne puis admettre ni l'une ni l'autre de ces nominations. Je reviendrai plus loin sur ce sujet.

Les Looûâtah châtiés.

Les *Looûâtah*, une des plus grandes d'entre les tribus berbères qui forment la postérité d'El-Abter (surnom de Mâdr'is), étaient répandus sur beaucoup de points de l'Afrique septentrionale, et ils avaient pris une part très active à la révolte d'Abou-Iezîd : ainsi dans l'*Aurâs* ils s'étaient unis aux *Beni-Kemlân*, et ceux qui, au sud de *Tâhart*, parcourent en nomades la vallée du *Mînâs* (ou *Mînâ*), depuis le mont Ia'oud du côté de l'orient, jusqu'à *Ouârs'lef* du côté de l'occident, avaient prêté un puissant appui à H'omeïd-ibn-Ies'el[4]. Isma'îl résolut de châtier ces derniers. Il marcha contre eux, les combattit et les refoula dans le désert; il revint ensuite prendre position sur une montagne qui dominait l'*Ouâd-Mînâ*.

Retour à K'aïraouân.

Ce fut de là qu'il partit pour retourner à *K'aïraouân*. Suivant Ibn-H'ammâd, il se fit précéder d'une lettre dans laquelle il déclarait que K'âiem-Biamr-Allah, son père, était mort en chaoual 334, et il donnait les motifs, faciles d'ailleurs à deviner, pour lesquels il avait caché cet événement; en outre, il

---

[1] *Chronique* d'Ibn-H'ammâd (*J. A.*, t. XX, p. 497, 4ᵉ série).

[2] A la page citée note 3 de la page 279.

[3] *Baïân*, t. I, p. ۲۰٥, l. 10 et 11.

[4] *H. d. B.*, t. I, p. ۱۴۸, l. 9 à 16, et t. II, p. ۲۲, l. 14 à 16 (t. I de la trad. franç., p. 234, et t. III, p. 212; — voyez aussi t. II de cette trad., p. 540).

LIVRE QUATRIÈME. — CHAPITRE II.   281

déclarait prendre à l'avenir le titre d'*El-Mans'our-Bidmr-Allah* (« le vainqueur par la volonté de Dieu »), nom sous lequel il est le plus ordinairement désigné et que nous lui donnerons désormais. Le 22 djoumâdi-el-akhir il passait la frontière de l'*Ifrîk'iah* et faisait annoncer son arrivée à *Carthage*[1]. Sa lettre y parvint un samedi, sept jours avant la fin de djoumâdi-el-akhir[2], et fut lue en chaire dans la mosquée principale. Le 28 du même mois (le vendredi 14 janvier 948 de J. C.), il faisait son entrée triomphale à *S'abra* par la *porte de la Victoire*[3]. Ce fut à *S'abra*, le lendemain de son arrivée, qu'il exhiba le mannequin qu'il avait fait fabriquer avec la peau d'Abou-Iezîd. Après avoir grotesquement habillé cette hideuse dépouille, on l'attacha sur un chameau avec deux singes qui lui faisaient mille insultes, et le chameau fut promené par les rues de la ville au milieu des rires et des huées de la populace. « Le « cortège, dit Ibn-H'ammâd, ayant traversé *S'abra*, sortit par la porte orien- « tale et parcourut en tous sens la ville de *K'aïraouân*[4]. » Je ne transcris ce détail que parce qu'il est significatif quant à la position relative des deux villes. Lorsque cette promenade ridicule, si elle n'est odieuse, fut terminée, la misérable peau fut envoyée à *El-Mahdîah* et pendue à la porte de la ville, où elle resta jusqu'à ce que les vents en eussent dispersé les lambeaux[5].

Bientôt El-Mans'our reçut la nouvelle que Fâdhl, fils d'Abou-Iezîd, avait reparu dans l'*Aurâs*. Marchant aussitôt contre lui, il le poursuivit à travers le *Zâb*, sans pouvoir l'atteindre, et l'obligea seulement à se réfugier dans le désert. Le khalife, n'ayant plus d'ennemis devant lui, reprit alors la route de *K'aïraouân*, pour, de là, se rendre à *El-Mahdîah*, où il rentra en rama-

Isma'il prend le titre d'El-Mans'our.

Il rentre triomphant à S'abra.

---

[1] Comme il ne paraît pas qu'il se soit rendu dans cette ville, on peut admettre qu'il avait envoyé sa lettre par voie de mer.

[2] C'est-à-dire le samedi 22 djoumâdi-el-akhir 336, correspondant au samedi 8 janvier 948 de J. C.

[3] *Chronique* d'Ibn-H'ammâd (*J. A.*, t. XX, p. 497 et 498, 4ᵉ série). — Ibn-Khaldoun dit aussi qu'El-Mans'our arriva à *K'aïraouân* dans le mois de djoumâdi 336, et Ibn-'Adzârî, quoiqu'il déclare parler d'après Ibn-H'ammâd, se contente d'indiquer l'année (*Baïân*, t. I, p. ٢٢٨, l. 9).

[4] *Chronique* d'Ibn-H'ammâd (*J. A.*, t. XX, p. 492 et 498, 4ᵉ série). — Suivant d'autres (Ibn-el-Athîr, Ibn-Khaldoun), le mannequin était enfermé dans une cage avec les singes.

[5] *Rih'la* d'Et-Tîdjânî (*J. A.*, t. I, p. 369, 5ᵉ série). — El-K'aïraouâni, *Hist. de l'Afrique*, liv. IV, p. 104. — Ibn-H'ammâd (p. 499) prétend même que le mannequin fut envoyé en *Sicile*, mais que le vaisseau sombra, et que les restes d'Abou-Iezîd furent rejetés sur la plage.

---

* *Hist. des Fât'im.*, § xi (*H. d. B.*, append. n au t. II de la trad. franç., p. 540); il avait dit ailleurs (t. I, p. ١٢٨, l. 15) qu'il avait, en 336, forcé son adversaire à passer en Espagne, ce qui ne l'empêche pas (t. II, p. ٢٢, l. 17) de fixer à l'an 335 la rentrée d'Isma'il en *Ifrîk'iah*.

dhân[1], avec ses fils et ses frères[2]. El-Fâdhl ne tarda pas à profiter de son éloignement pour revenir dans le *Zâb* assiéger *Bâr'âi*. Mais pendant ce siège, Bât'ît'-ibn-Ia'la le Zenâtien, un de ses compagnons, l'assassina dans un guet-apens et envoya sa tête à El-Mans'our, qui la fit promener dans les rues de *K'aïraouân* le lundi 17 dzou-'l-k'a'dah[3] (29 mai 948 de J. C.). « *Quelque temps après*, dit « Ibn-Khaldoun, 'Abd-Allah-ibn-Bekkâr, chef maghrâouïen, assassina Aïoub, « l'autre fils d'Abou-Iezîd, et alla présenter la tête de sa victime à El-Mans'our, « dont il cherchait à gagner la faveur[4]. » Nous voyons reparaître encore ici cet 'Abd-Allah-ibn-Bekkâr qu'Ibn-Khaldoun a déjà fait mourir, soit en combattant sous les murs de *Tâhart* en 333, soit par la main d'un Ifrénite, à qui Ia'la-ben-Moh'ammed-ibn-S'âlih' l'aurait livré pour qu'il pût satisfaire une vengeance personnelle. On peut donc être sûr qu'il y a là quelque confusion. Le dernier exploit qu'on attribue à cet Ibn-Bekkâr paraît emprunté à Ibn-H'ammâd, qui en donne la date dans des conditions inacceptables, mais qui indique assez nettement qu'Aïoub revenait de son ambassade en Espagne[5], où sans doute il était encore quand son père succombait dans le *Kidna*. Comment, pendant qu'Isma'îl faisait venir des renforts d'*El-Mahdïah* pour livrer un dernier assaut à Abou-Iezîd, Aïoub ne débarqua-t-il pas avec une armée espagnole pour venir dégager son père et le mettre à même de continuer une guerre qui touchait évidemment à son terme? Je ne saurais le dire, mais il faut que 'Abd-er-Rah'mân ait eu de bien puissantes raisons pour ne pas envoyer un secours si opportun, quand on lit dans le savant historien des Musulmans d'Espagne : « La ruine « des non-conformistes fut, pour 'Abd-er-Rah'mân III, un échec presque aussi « grave que l'avaient été les déroutes de *Simancas* et d'*Alhandaga*[6]. » La mort

---

[1] *El-Kâmil*, t. VIII, p. ٣٣٢, l. 7 et 8. — H. d. B., t. II, p. ٢٢, l. 20 (t. III de la trad. franç., p. 212; — voir aussi t. II de cette traduction, p. 540).

[2] *Chronique* d'Ibn-H'ammâd (J. A., t. XX, p. 499, 4ᵉ série). Il se trouve redresser ici ce qu'il a dit ailleurs.

[3] *Ibid.*, même page. C'est par erreur qu'Ibn-H'ammâd dit un *samedi* 17 dzou-'l-k'a'dah 336. — *El Kâmil*, t. VIII, p. ٣٣٢, l. 5 à 7. — Ibn-Khaldoun, aux pages citées note 1 ci-dessus.

[4] H. d. B., t. II, p. ٢٢ et ٢٣ (t. III de la trad. franc., p. 212).

[5] *Chronique* d'Ibn-H'ammâd (J. A., t. XX, p. 500 et 501, 4ᵉ série). On peut estimer qu'Aïoub resta environ un an en Espagne. C'est pendant ce séjour qu'il put y faire apprécier son savoir dans les généalogies berbères.

[6] Dozy, *Hist. des Musulm. d'Esp.*, t. III, p. 69. — J'ai déjà dit que M. Dozy (*ibid.* t. I, p. 64 et 65) donne le nom de *non-conformistes* aux خوارج « *Khaouâridj* ». J'ai indiqué l'origine de ces en-

---

* La date donnée par Ibn-el-Athîr pour la rentrée d'El-Mans'our à *El-Mahdïah* correspond à l'intervalle compris du 17 mars au 13 avril 948 de J. C.

LIVRE QUATRIÈME. — CHAPITRE II. 283

d'Abou-Iezîd et de ses fils entraîna la dispersion de leurs partisans. El-Mans'our continua à poursuivre et à châtier les tribus ifrénites jusqu'à ce qu'il eût exterminé le parti nakkârite[1]. « Pendant la guerre d'Abou-Iezîd, dit Ibn-Khal-« doun, les *Hooudrah* et les *Beni-Kemlân* surtout avaient commis des forfaits « épouvantables. Après la mort de ce chef, Isma'il-el-Mans'our envahit leur « pays à l'improviste et châtia les *Beni-Kemlân* si rudement que, depuis lors, « on n'a plus entendu parler d'eux[2]. » Maintenant que nous savons tout ce qui s'est passé en *Ifrîk'iah* de 332 à 336, nous pouvons nous expliquer facilement comment il règne quelque incertitude sur les événements accomplis en *Sicile* pendant cette période, et sur les prédécesseurs immédiats du gouverneur qui fut nommé en 336 et qui commença la dynastie *Kelbite*.

Beni-Kemlân exterminés.

On a vu Isma'il jeter, dès le mois de moh'arram 335, les fondements de *S'abra*, en commémoration de la victoire signalée qu'il avait remportée sur Abou-Iezîd aux portes de *K'aïraouân*. Après avoir dit en quoi consistèrent les premières constructions de la ville nouvelle, Ibn-H'ammâd ajoute : « Mais, « une fois la guerre terminée, on vit s'élever, dans son enceinte, des palais « magnifiques, des édifices aux proportions gigantesques......[3]. » El-Mans'our se disposait à y transporter la résidence royale, et Ibn-H'auk'al avait donné la date précise à laquelle ce changement eut lieu[4]. Malheureusement, elle est restée en blanc dans les manuscrits, et M. de Slane, la rétablissant d'après Ibn-Khaldoun, donne le dernier jour de chaouâl 336[5] (vendredi 12 mai 948 de J. C.). Mais je crois qu'il y a là une erreur d'une année, car nous venons de voir El-Mans'our rentrer triomphalement dans sa ville ébauchée, le 28 djoumâdi-el-akhir 336, et il faudrait admettre que son palais et les édifices qu'il

---

nemis particuliers des *'Alides* ou *Chiis*, et j'ai rappelé succinctement les grands événements qui suivirent la bataille de *S'iffîn*. (Pococke, *Spec. hist. Arab.*, p. 24, l. 5, et p. 264 et seq.)

[1] *H. d. B.*, aux pages citées note 1 de la page précédente. — Il s'agit évidemment ici des fractions des *Beni-Ifren* qui habitaient l'*Aurâs* et l'*Ifrîk'iah* (ibid., p. ١٢ et ١٠, p. ٢٣, l. 10 et 11 ; — t. III de la traduction française, p. 198 et 213).

[2] *Ibid.*, t. I, p. ١٧٤, l. 6 à 8 (t. I de la trad. franç., p. 277). — Je crois devoir passer sous silence un fait rapporté par Ibn-'Adzârî (*Baïân*, t. I, p. ٢٢٨, l. 8 à 10) et qu'il prétend emprun-

ter à Ibn-H'ammâd. Il assure qu'une fois vainqueur d'Abou-Iezîd, Isma'il sévit de la manière la plus cruelle sur *K'aïraouân*, et que, jusqu'à sa mort, les malheureux habitants de cette ville ne cessèrent d'être dans les épreuves. Ce fait, que je ne trouve reproduit nulle part ailleurs, ne paraît pas suffisamment établi.

[3] *Chronique* d'Ibn-H'ammâd (*J. A.*, t. XX, p. 479 et 480, 4ᵉ série).

[4] *Descr. de l'Afr.*, § 10 (*J. A.*, t. XIII, p. 175 ; 3ᵉ série).

[5] Je dois avouer que je n'ai pu trouver le passage auquel M. de Slane a emprunté cette date.

284   ÉTUDE SUR LA CONQUÊTE DE L'AFRIQUE.

y éleva furent complètement terminés en quatre mois; ce qui est hors de toute vraisemblance. A cette raison, dictée par le bon sens, il est facile d'en ajouter d'autres. J'ai déjà fait ressortir la singulière confusion faite par El-Bekrî, qui place en 337 la fondation de S'abra, et qui prétend qu'El-Mans'our en fit sa résidence en 334[1]. Évidemment il faut changer ces deux chiffres de place, et on a là comme une indication que ce fut en 337 qu'El-Mans'our établit à S'abra le siège du gouvernement, en même temps qu'il donnait à la nouvelle ville son propre nom, El-Mans'ouriah[2]. Ibn-H'ammâd a parlé du trophée promené par les rues de K'aïraouân le 17 dzou-'l-k'a'dah 336, et il vient de raconter le départ d'El-H'assan-ibn-'Ali-ibn-Abi-'l-H'osseïn-el-Kelbi pour la Sicile, quand il ajoute : «Isma'îl quitta El-Mahdïah pour se rendre à S'abra, où il fixa sa résidence, et qu'il appela, de son nom, El-Mans'ouriah[3].» Or la chronique de Cambridge[4] ne donne que l'année (6456 de l'ère de Constantinople) de ce départ d'El-H'assan. M. Amari se livre à une discussion pour en déterminer la date précise, et sa conclusion est qu'il eut lieu fin de juin ou fin de juillet 948[5], c'est-à-dire le vendredi 19 dzou-'l-h'idjah 336 ou le lundi 21 moh'arram 337. On voit donc qu'on peut affirmer qu'Ibn-H'ammâd place en 337 le transfert de

337 de l'hégire (948-949 de J. C.). El-Mans'our transporte à S'abra le siège du gouvernement. Cette ville reçoit le nom de Mans'ouriah.

[1] Le manuscrit dont s'est servi M. Quatremère disait 344, mais le savant orientaliste avait substitué 334 (Notices et Extraits des manuscrits, t. XII, p. 482, note 1, 1831). Nous savons que cette correction n'est pas tout à fait exacte, puisque S'abra a été fondée au commencement de 335.

[2] Ibn-Khallikân, édit. Wüstenfeld, n° 4v, fasc. 1, p. ۱۳۷, l. 6 (t. I de la trad. angl., p. 220). — Plusieurs auteurs la nomment المنصورة «El-Man'soura»; tels sont : Abou-'l-Fedâ [a], S'afi-ed-Dîn [b], Soïout'i [c], El-K'aïraouâni [d]. On trouve le nom de cette ville écrit des deux manières par Abou-'l-Mah'âcin (En-Nodjoum, t. II, p. ۳۳۳, l. 17, et p. ۳۳۱, l. 4).

[3] Chronique d'Ibn-H'ammâd (J. A., t. XX, p. 500, 4ᵉ série).

[4] In Gregorio, p. 49, l. 17.

[5] Stor. dei Musulm. di Sicil., libro III, cap. x, t. II, p. 207, note 1.

[a] Géographie, p. ۳۱۴, l. 12. Voyez la note 2 de cette page ۳۱۴.

[b] Mards'id-el-It't'ilâ', t. III, p. ۱۴۱, l. 5.

[c] Dans son Histoire des khalifes, citée textuellement par M. le comte Castiglioni (Mém. géogr. et numism. sur la partie orient. de la Barb. appelée Ifrîk'iah par les Arabes, p. 34, note a; in-8°, Milan, 1826). Du reste, l'article que M. le comte Castiglioni consacre à cette ville, qu'avec Soïout'i il nomme Mans'oura, est déplorable, quand on songe qu'il voit la Mans'ouriah d'Isma'îl dans la ville du même nom qu'Edrîsi place sur le bord de la mer, à dix milles de Mâtouça et à douze milles de Fedj-ez-Zerzour, par conséquent à vingt-deux milles de Bougie, puisqu'il compte douze milles de cette ville à Mâtouça [1*].

[d] Hist. de l'Afr., liv. IV, p. 104 et 108.

[1*] Géographie d'Edrîsi, t. I, p. 245 et 250 (Hartmann, Edrisii Africa, p. 246). C'est nécessairement par erreur qu'Edrîsi, à sa page 245, compte cinquante milles de Mans'ouriah à Bougie. — Voyez, sur cette Mans'ouriah du littoral, ma Richesse minérale de l'Algérie, t. I, p. 166 à 168, in-4°, de l'I. N., 1849.

la résidence royale d'*El-Mahdïah* à *S'abra*. Ibn-'Adzârî dit formellement, d'après El-K'odhâ'ï : « La translation d'El-Mans'our à *El-Mans'ouriah* eut lieu dans l'an-« née 337[1]. » On trouve une nouvelle confirmation de cette date dans le récit du cheïkh Et-Tidjânî, qui, après avoir expliqué qu'Isma'îl transféra le siège de son gouvernement d'*El-Mahdïah* à *S'abra*, « ville attenante à *K'aïraouân*, » ajoute : «*S'abra* avait été entourée d'un rempart en l'année 337 et, de ce jour, elle « fut appelée du nom de *Mans'ouriah*[2]. » Ce déplacement du siège du gouvernement ne pouvait manquer d'être funeste à *El-Mahdïah*. Aussi lit-on dans El-Bekrî : « El-Mans'our prit pour résidence la ville de *S'abra*, et après sa mort « son fils Ma'dd l'habita aussi; dès lors, la plupart des faubourgs d'*El-Mahdïah* « perdirent leurs habitants et tombèrent en ruines[3]. » Des deux noms donnés à la ville fondée par El-Mans'our, le second semble s'être assez promptement effacé : « Les deux noms, dit déjà Ibn-H'ammâd, se sont conservés jusqu'à nos « jours, mais celui de *S'abra* est plus connu[4]. » Du temps d'El-K'aïraouâni (1681 de notre ère), le nom d'*El-Mans'ouriah* avait disparu depuis longtemps : «*Mans'oura*, dit-il, que l'on nomme aujourd'hui *S'abra*[5], » et, quatre siècles avant lui, la ville était assez peu relevée de ses ruines[6] pour qu'en parlant d'elle on crût devoir donner une explication : « *la S'abra qui se trouvait près de K'aïraouân*[7],

---

[1] *Baïân*, t. I, p. ̈́ʀʀᴀ, l. 10 et 11. — Il paraît, au dire d'Abou-'l-Mah'âcin, que Mans'ouriah ne fut peuplée (عُمِّر) qu'en 338 (*En-Nodjoum*, t. II, p. ʍʀʀ, l. 16 et 17).

[2] *Rih'la* d'Et-Tidjânî (*J. A.*, t. I, p. 369, 5ᵉ série).

[3] El-Bekrî, p. ̈́ʍɪ, l. 3 et 4 (*J. A.*, t. XII, p. 487, 5ᵉ série).

[4] *Chronique* d'Ibn-H'ammâd (*J. A.*, t. XX, p. 479, 4ᵉ série).

[5] *Hist. de l'Afrique*, liv. IV, p. 108.

[6] Elle avait probablement subi le sort de *K'aïraouân* en 449 (*H. d. B.*, t. I, p. ̈́ʀ·, l. 19, à p. ̈́ʀɪ, l. 2, et p. ̈́ʀ·o, l. 15 à 18; — t. I, p. 36 et 37, et t. II de la trad. franç., p. 21 et 22). — Abulfedæ *Annal. muslem.*, t. III, p. 136, l. 7.

[7] Cette désignation particulière semble bien avoir pour objet d'empêcher de confondre la *S'abra de K'aïraouân* avec la *S'abra* qu'Ibn-H'auk'al[a] et Edrisî[b] placent à une journée de Tripoli, et qui est mentionnée aussi par El-Bekrî[c]. Le cheïkh Et-Tidjânî, parti de *Talîl* le lundi 26 rebî el-aouel 707 (25 septembre 1307 de J. C.), et après avoir parcouru 6 milles, atteignit *Zouâr'a*, le plus gros village de la contrée. «De là, dit-il, un œil bien exercé peut distinguer «quelques édifices de *Tripoli*, ville qui en est «éloignée de 50 milles (17 lieues) environ.» Ce voyageur instruit signale de nombreuses ruines anciennes à *Zouâr'a*, et non loin de ce village, du côté de la mer, les ruines de l'ancienne ville appelée *S'abra*[d]. On voit qu'il convient de compter deux journées de *S'abra* à Tripoli. Je ne veux pas entrer ici dans la discussion de la syno-

[a] *Descr. de l'Afrique*, § vi (*J. A.*, t. XIII, p. 166, 3ᵉ série).
[b] *Géographie*, p. ̈́ɪʀɪ.
[c] *Descr. de l'Afr. septentr.*, p. ɪv, l. 6 (*J. A.*, t. XII, p. 455, 5ᵉ série).
[d] *Rih'la* d'Et-Tidjânî (*J. A.*, t. I, p. 123 et 124, 5ᵉ série).

«dit Ibn-Schebbâth[1], avait été bâtie par les 'Obeïdites et s'appelait *El-Man-*
«*s'ourïah.*»

L'alliance des Fât'imites avec les Edrîsites avait évidemment porté ses fruits.
Les péripéties d'une guerre qui jeta, dans toute l'*Ifrîk'iah*, un trouble tel que,
lors du siège d'*El-Mahdïah*, la dynastie fât'imite se trouva en un péril si grand
qu'on dut la croire perdue, ces péripéties, dis-je, n'entraînèrent guère que la
perte de *Tâhart* dans le *Maghrib central*, et il ne paraît pas que l'Espagne ait
rien osé entreprendre d'important dans le *Maghrib-el-Ak's'a*[2]. La fidélité d'El-
Kennoun, que j'ai déjà fait ressortir, ne se démentit pas un instant, elle resta
inébranlable jusqu'à la mort de ce prince, qui survint à *H'adjer-en-Nasr* en 337[3].
Il eut pour successeur son *neveu*[4] Ah'med-ibn-Ibrâhîm, auquel son mérite fit
donner le surnom d'*El-Fâdhl*, et que ce mérite dans les sciences ne préserva
pas d'une faute politique capitale. A peine fut-il sur le trône, que, toujours
entraîné par son penchant pour les Omaïades, il rompit avec les Fât'imites et
fit réciter la prière au nom du khalife de Cordoue dans toute l'étendue de ses
États. Ce fut là la véritable cause des succès rapides que nous allons voir En-

Mort d'El-Kennoun.

Son successeur proclame les Omaïades.

nymie de *S'abra* et de la *Sabrata* des anciens,
qui subsistait encore à la fin du v° siècle [a] et jusqu'au milieu du vii°; je rappellerai seulement
qu'il est tout au moins remarquable qu'Et-Tidjânî estime à environ 50 milles la distance de
S'abra à *Tripoli*, et que la Table de Peutinger [b]
compte 49 milles de *Sabrata* à *OEa*.

[1] Cité par M. Alph. Rousseau (*J. A.*, t. XX,
p. 107, à la note, 4° série).—Suivant M. Amari,
Ibn-Schebbâth paraît avoir vécu dans la seconde
moitié du xii° siècle de notre ère. (*Storia dei Musulm. di Sicilia*, t. I, p. xlv, col. 1.)

[2] Quoique M. Dozy dise que le khalife d'Espagne, au moyen de ses vaisseaux africains, enleva aux Fât'imites presque tout le nord-ouest de
l'Afrique septentrionale (*Hist. des Musulm. d'Esp.*
t. III, p. 68), ce point est loin d'être bien établi,
puisque, après avoir chassé H'omeïd-ibn-Ies'el
de *Tâhart*, Isma'îl considéra sa tâche comme
remplie et rentra en *Ifrîk'iah*. Nous verrons dans

un instant que ce fut seulement en 337, quand
El-Fâdhl eut proclamé En-Nâs'ir, que se dessi-
nèrent les grands succès de celui-ci.

[3] *K'art'ás*, p. ۵۳, l. 18 et 19 (p. 73 de la
traduction latine; — p. 117 de la traduction
française). — Ibn-Khaldoun, *Histoire des Berbers*, t. I, p. ۲۸۸ et ۲۸۹ (t. II de la traduction
française, p. 147).

[4] Ibn-'Abd-el-H'alîm et Ibn-Khaldoun disent
Abou-'l-'Aïsch-Ah'med, *fils* d'El-K'âcem-Kennoun. J'ai suivi El-Bekri, dans lequel on lit : «Le
«savant de la famille était Ah'med-ibn-Ibrâhîm-
«ibn-Moh'ammed. Il possédait par cœur l'histoire
«des anciens Arabes . . . . . . aussi le nommait-on
«Ah'med-el-Fâdhl, «Ah'med l'homme de mérite»,
(El-Bekri, p. ۱۲۴, l. 23, à p. ۱۳۰, l. 1.—*J. A.*,
t. XIII, p. 363, 5° série.) Qu'il fût fils ou neveu
d'El-Kennoun, ce qui rend sa nomination inexplicable, c'est son dévouement bien connu aux
Omaïades.

---

[a] «Leo *Sabratensis*» est nommé le deuxième des évêques de la *Tripolitaine* qui répondirent à la convocation
de Hunéric en 484 (*Hist. pers. Vand.*, p. 139; in-8°, Parisiis, 1694).

[b] *Tabula itineraria Peutingeriana*, segm. VI F; in-fol., Lipsiæ, 1824.

LIVRE QUATRIÈME. — CHAPITRE II.   287

Nâs'ir obtenir dans le *Maghrib*. Les *Beni-Moh'ammed* commirent une autre faute : au commencement de 338, sans qu'on indique pour quel motif, ils firent abattre la ville de *Tet'aouân*[1], et nous verrons bientôt les conséquences fâcheuses que cette faute entraîna pour eux. — Les *Beni-'Omar* voulurent rivaliser de zèle. J'ai déjà parlé de l'ambassade qu'Ibn-Meïâla envoya à En-Nâs'ir en 333 ; il donna suite à ces avances en 338, en députant son propre fils Moh'ammed[2] à la cour des OMAÏADES, avec mission de renouveler ses assurances de dévouement. Moh'ammed reçut d'En-Nâs'ir un accueil fort honorable et la promesse que tous les articles de l'amnistie accordée à son père seraient fidèlement observés. Il était encore à *Cordoue* quand il reçut la nouvelle de la mort de son père. Nommé par En-Nâs'ir au commandement qui venait de vaquer, il obtint de lui une escorte[3], et partit pour le siège de son gouvernement, qu'il trouva déjà occupé par 'Aïça-ben-Abou-'l-'Aïsch-Ah'med-ibn-El-K'âcem-Kennoun[4]. Celui-ci avait profité de l'absence de son cousin pour s'emparer de *Tîkiçâs* et des trésors qu'Ibn-Meïâla y avait amassés[5]. A l'approche de leur nouveau gouverneur, les Berbers *R'omâra* marchèrent contre l'usurpateur et, lui ayant coupé le chemin[6], ils le criblèrent de blessures et massacrèrent tous ses compagnons. Cet événement eut lieu dans le pays des *R'omâra*[7]. Si Ah'med-

338 de l'hégire (949 à 950 de J. C.). Démolition de Tet'aouân.

Ibn-Meïâla envoie son fils en Espagne.

Mort d'Ibn-Meïâla.

---

[1] El-Bekrî, p. ١٣٠, l. 17 et 18 (*J. A.*, t. XIII, p. 365, 5ᵉ série).

[2] Ibn-Khaldoun est formel sur ce point, mais je dois faire observer qu'El-Bekrî dit : « Moh'ammed-«ibn-Edris-ibn-'Omar portait le surnom d'Abou-«'l-'Aïsch, mais il était mieux connu sous le so-«briquet d'*Ibn-Meïâla*». » Il faut donc, pour concilier cette assertion d'El-Bekrî avec le récit que j'emprunte à Ibn-Khaldoun, admettre que Moh'ammed-Abou-'l-Aïsch, dit *Ibn-Meïâla*, avait un fils du nom de Moh'ammed.

[3] Était-ce une escorte d'honneur ? Il ne l'aurait pas demandée. C'était donc une escorte pour sa sûreté.

[4] On doit croire, d'après la manière dont Ibn-Khaldoun établit la généalogie des *Beni-Moh'ammed*, que c'était un fils de Ah'med-el-Fâdhl, mais il est de toute invraisemblance que celui-ci ait permis cette usurpation d'un territoire appartenant à une famille si dévouée à En-Nâs'ir.

[5] Dans le partage fait en l'an 213, *Tîkiçâs* s'était trouvé écheoir à 'Omar[b]. Il paraît que, depuis cent vingt-cinq ans, cette ville et le territoire qui en dépendait étaient restés entre les mains de sa famille. Cette période me porte à admettre que, comme le dit Ibn-Khaldoun, Moh'ammed était arrière-petit-fils de 'Omar.

[6] 'Aïça n'occupait donc pas déjà le siège du gouvernement, comme vient de le dire Ibn-Khaldoun.

[7] Ibn-Khaldoun, *H. d. B.*, t. I, p. ٢٨٩, l. 6 à 10 (t. II de la trad. franç., p. 148). — A la p. ٢٨٨, l. 16 (t. II, p. 147), Ibn-Khaldoun avait déjà parlé de cette ambassade du fils d'Ibn-Meïâla, mais sans donner sa date et en disant seulement : « Son fils Moh'ammed, qu'il envoya

[a] El-Bekrî, p. ١٣٢, l. 9 et 10 (*J. A.*, t. XIII, p. 368, 5ᵉ série). « Il montra toujours un grand dévouement à «En-Nâs'ir», ajoute l'auteur.

[b] J'ai eu l'occasion de dire que 'Omar mourut en 220.

el-Fâdhl avait conseillé ou toléré cette usurpation, il ne paraît pas l'avoir appuyée. — Les *Beni-Soleïmân* s'étaient-ils, à l'exemple d'El-K'âcem-Kennoun, plus sincèrement ralliés aux Fàt'imites? On est autorisé à le croire, quand on voit en 338 El-Bouri-ben-Mouça-ben-Abi-'l-Âfîah se saisir d'El-H'assan-ibn-'Aïça-Abi-'l-'Aïsch [ibn-Edrîs], le même qui s'était réfugié à *Arschk'oul*, et l'envoyer prisonnier à 'Abd-er-Rah'mân-en-Nâs'ir[1]. El-H'assan-ibn-Abi-'l-'Aïsch avait bâti un château sur le *Djebel-Mamâlou*, à quatre milles au sud de *Djeraouâ*; il fut évidemment attaqué dans sa capitale et vaincu, car il la quitta pour s'enfermer dans ce château avec sa famille, ses enfants, ses trésors, et s'y laissa prendre en 338 par El-Bouri-ben-Mouça[2]. — A la même époque, le chef des *Beni-Ifren*, Ia'la-ben-Moh'ammed, que nous verrons bientôt figurer au nombre des partisans les plus dévoués des Omaïades, semblait vouloir profiter de l'avantage que lui donnait sur Moh'ammed-ibn-Khazer, son rival, la défection que 'Abd-er-Rah'mân-en-Nâs'ir avait à reprocher au chef des *Maghrâouah*. Il posa en 338 les fondements de la ville d'*Ifkân*[3], que

El-H'assan des Beni-Soleïmân prisonnier d'En-Nâs'ir.

Fondation d'Ifkân.

«ensuite à la cour des Omaïades,» et c'est là qu'il parle du bon accueil que ce fils reçut en Espagne.

[1] El-Bekrî, p. vA, l. 21 et 23 (*J. A.*, t. XIII, p. 139, 5ᵉ série). J'appelle l'attention sur les mots «le même qui s'était réfugié à Arschk'oul», parce qu'El-Bekrî va, dans un instant, se contredire, en donnant cet El-H'assan, prisonnier d'El-Bouri, pour le *petit-*fils d'Abou-'l-'Aïsch-ibn-Edrîs-ibn-Moh'ammed-ibn-Soleïmân.

[2] El-Bekrî, p. ۱۴۲, l. 18, à page ۱۴۳, l. 2 (*J. A.*, t. XIII, p. 389 et 390, 5ᵉ série). C'est à la page ۱۴۲, lin. ult., qu'il dit ابن ابنه الحسن, comme j'en ai prévenu à la note 1 ci-dessus.

[3] El-Bekrî[a] écrit فكّان (*Fekkân*); Ibn-H'auk'al[b], Edrîsî[c] et S'afi-ed-Dîn[d] écrivent ايفكان (*Ifkân*); Ibn-Khaldoun[e] écrit ايفكان (*Aifkân*). J'ai adopté l'orthographe d'Ibn-H'auk'al, qui parle de cette ville en voyageur qui semble l'avoir vue; il compte une journée d'*El-Ma'sker* (*Ma'skara*) à *Ifkân*, et El-Bekrî dit[f] qu'à l'ouest de *Fekkân*, au-dessous des jardins, se trouve le confluent de trois rivières, du *Sîrât* (سيرى et سيرات), du *Seï* (سي) et du *Hent* (هنت). Évidemment, ces trois rivières sont celles que nos cartes[g] nomment *Ouâd-Tarîa*, *O. Houenet* (qui est sans doute l'O.

[a] P. v4, l. 13 et 20 (*J. A.*, t. XIII, p. 141, 5ᵉ série).
[b] *Description de l'Afrique*, § 91 (*J. A.*, t. XIII, p. 232, 3ᵉ série).
[c] *Géographie*, t. I, p. 229. Le manuscrit d'Edrîsî dont s'est servi M. Am. Jaubert indique sept journées de marche pour la route de *Tlemçên* à *Tenês*, route sur laquelle se trouve *Ifkân*, et, en détaillant les stations, il donne huit journées. Hartmann (*Edrisii Africa*, p. 203 et suiv.) indique aussi sept journées, mais il donne un itinéraire absolument différent, puisqu'il passe par *Orân*, *Arzâou*, *Mostaghânem*, etc.
[d] *Marâs'id-el-It't'ilâ'*, t. I, p. ۸۱, l. 19.
[e] *H. d. B.*, t. I, p. ۱۸۳, l. 4, t. II, p. ۳۳, l. 16, et p. ۳۳, l. 16 et 21 (t. I, p. 284, et t. III de la trad. franç., p. 213, 214 et 215).
[f] *Descr. de l'Afr. septentr.*, p. v4, l. 20 et 21 (*J. A.*, p. 141, 5ᵉ série).
[g] Voir les deux cartes de la *province d'Orân* publiées par le Dépôt de la Guerre en 1846 et 1856. C'est la première qui nomme l'*Ouâd-Houenet*; la seconde est parfaitement d'accord avec El-Bekrî pour la jonction des trois rivières en un même point.

LIVRE QUATRIÈME. — CHAPITRE II. 289

vinrent peupler, dit El-Bekrî[1], des gens de *Tâhart*, établis à *Ma'skara* (*El-Ma'sker*), des habitants d'*Ilil*[2], des deux rives du *Beni-Ouât'il*[3], et du *K'as'r-el-Hent*[a] d'El-Bekrî) et l'*O. Melreïr*, qui se réunissent pour former l'*Ouâd-el-H'ammâm*, qui prend le nom de *Habra*[b] quand il a reçu l'*Ouâd-el-K's'ab* (la rivière des roseaux), et qui, après s'être uni au *Sîg* (سيگ), va, sous le nom de *Makta*, se jeter à la mer à trois lieues environ à l'est d'*Arzâou*[c]. L'*Ouâd-Taria* (le *Sîrât*), un peu avant de se réunir aux deux autres rivières[d] (le *Houenet* et le *Melreïr*), reçoit, sur sa rive droite, une rivière qui vient du nord-est et qui porte encore aujourd'hui sur nos cartes le nom d'*Ouâd-Fekkân*. C'est évidemment la rivière qui, suivant Ibn-H'auk'al, traversait *Ifkân* par le milieu. Avec ces éléments, il est facile de déterminer très approximativement l'emplacement d'*Ifkân*; elle était au sud 40° ouest et à cinq lieues et demie de *Ma'skara*, sur l'*O. Fekkân* et près de l'embouchure de cette rivière dans l'*Ouâd-Taria*[e].

trad. franç., p. 2). — On lit dans Ibn-H'auk'al : « La ville d'*Ifkân* renferme des moulins, des bains « et quelques châteaux,........ elle *appartenait* « à Ia'la-ben-Moh'ammed*[f]*. » L'article que S'afi ed-Dîn consacre à *Ifkân*[h] n'est que la copie de ce passage d'Ibn-H'auk'al.

[2] Grande ville, entourée d'arbres, très peuplée, et habitée par des *Hoouârah* (El-Bekrî, p. ۱۴۳, l. 11 et 12; — *J. A.*, t. XIII, p. 391. 5ᵉ série). Edrîsî (t. I, p. 229) place *Ilil* (ببل) entre *'Aïn-es'-S'afâs'if* et *R'ada*, sur la route de *Tlemcén* à *Tenês*. Nos cartes indiquent un *Ouâd-Ilil* (qu'elles écrivent *Hillil*), affluent que reçoit la rive gauche de la *Mîna*, à quatre lieues environ au-dessus de son embouchure dans le *Chelif*.

[3] Si, comme l'assure M. de Slane (*J. A.* t. XIII, p. 119, note 1, 5ᵉ série), la ville de *Chelif des Beni-Ouât'il* était située au confluent de la *Mîna* et du *Chelif*, on peut croire que l'*Ouâd-Beni-Ouât'il* était le nom de la *Mîna* dans la partie inférieure de son cours.

[1] El-Bekrî, p. ۷۴, l. 12 à 17 (*J. A.*, t. XIII, p. 141, 5ᵉ série). — *H. d. B.*, t. II, p. ۳۳, l. 16, et p. ۳۳۳, l. 17 (t. III, p. 213, et t. IV de la

[a] Si cette synonymie est exacte, comme d'ailleurs El-Bekrî (p. ۷۴, l. 19) dit qu'au sud de *Fekkân* coule le *Sîrât*, dont les sources viennent de l'est, ce qui établit parfaitement la synonymie du *Sîrât* et de l'*Ouâd-Taria*, il en résulte que le *Seï* est l'*Ouâd-Melreïr* de nos cartes. Sur la carte de 1846, la plaine que traverse l'*Ouâd-el-H'ammâm* quand il a pris le nom de *Habra* est appelée *plaine de Sîrât*[12], ce qui semblerait indiquer que l'*Ouâd-Sîrât* était la plus grande des trois rivières qui forment l'*Ouâd-el-H'ammâm*, mais les cartes n'en donnent pas cette idée; c'est l'*O. Houenet* qui paraît être le cours d'eau le plus important des trois.

[b] Ibn-Khaldoun nomme une tribu de ce nom (*H. d. B.*, t. I, p. ۴۳, l. 9; — t. I de la trad. franç., p. 101).

[c] Là se trouve un petit mouillage qui porte le nom de *Mers-ed-Dedjâdj* « port aux poules ». (Bérard, *Descr. naut. des côtes de l'Algérie*, p. 166, et carte n° 820 de l'Atlas des cartes marines.)

[d] Voyez la note g de la page précédente.

[e] On voit que là où les manuscrits d'Ibn-Khaldoun donnent, pour *Aïkri* ou *Ikri*, plusieurs variantes, au nombre desquelles se trouve *Ifkân*[13], il faut sans hésitation écarter celle-ci, par cela seul que *Ikri* est indiqué comme étant à douze milles (4 lieues) de la mer, et que, d'après la position que je viens d'assigner à *Ifkân*, cette ville était, en ligne droite, à 15 ou 16 lieues de la rade d'*Arzâou*.

[f] Il parle aussi d'habitants d'*Orân* qui se rendirent dans la nouvelle ville, mais nous verrons bientôt dans quelles circonstances la population d'*Orân* fut transportée en masse.

[g] *Descr. de l'Afrique*, § 91 (*J. A.*, t. XIII, p. 232, 3ᵉ série). Par la manière dont il s'exprime, il semble indiquer qu'il ne visita *Ifkân* qu'après la mort de Ia'la et, par conséquent, qu'après la destruction de cette ville par le général fât'imite Djouhar en 347.

[h] *Marâs'id-el-It't'ilâ'*, t. I, p. ۸۱, l. 19 et 20.

[12] Déjà nommée ainsi (*Fah'e'-Sîrât*) du temps d'El-Bekrî (p. ۷۴, lin. ult. à p. ۷۰, l. 1; — *J. A.*, t. XIII, p. 120, 5ᵉ série). Ce passage montre qu'alors le *Sîrât* conservait son nom jusqu'à la mer.

[13] *H. d. B.*, t. I, p. ۱۰۴, l. 12 (t. : de la trad. franç., p. 249).

Folous[1]. En même temps, il ne négligeait aucune occasion de faire preuve de zèle[2] pour arriver à prendre, auprès d'En-Nâs'ir, l'avantage sur son rival, avec lequel il avait cependant fait une alliance, tout au moins un arrangement, comme nous allons le voir.

Mais quelle avait été l'attitude de Moh'ammed-ibn-Khazer au milieu de tous ces événements? Depuis sa soumission aux Fât'imites en 335, quand les chances de la guerre tournaient contre Abou-Iezîd, on ne peut pas douter qu'il n'ait rendu quelques services à Isma'îl-el-Mans'our. Ibn-Khaldoun nous a montré le chef des *Maghrâouah* recevant fort mal une demande de secours qui lui était adressée par Abou-Iezîd, et nous l'a représenté accordant aux *Beni-Kemlân* une amnistie *au nom du prince fât'imite*. D'autre part, s'il faut en croire Ibn-H'ammâd, El-Kheïr-ibn-Moh'ammed-ibn-Khazer avait envoyé à Isma'îl, alors à *Mesîla*, un député accompagné d'un *goum* de cent cavaliers, et chargé d'annoncer au prince que son maître faisait respecter l'autorité royale dans la région d'*El-Ar'ouât'*[3], le priant de lui envoyer la formule de la *khot'ba*, ainsi que le type de la *sekka* (coin des monnaies), avec l'autorisation de

---

[1] *K'as'r-el-Folous*, ville inhabitée qui s'élève sur le bord de la mer entre *Mers-'Aïn-Ferroudj* et *Mers-Mar'îla des Beni-H'aschem*, à trente-cinq milles ouest de ce dernier port[a]. M. de Slane rapporte la *Mers-'Aïn-Ferroudj* au *Mers-ed-Dedjâdj*[b] (port aux poules); quant au *Mers-Mar'îla*, voici ce qu'on peut conjecturer: El-Bekrî place un *K'alâ'-Mar'îla-Daloul* dans le voisinage d'*Er'-R'ozza*[c], à deux journées de *Mostaghânem* et à cinq lieues (cinq parasanges) de la mer, en un point où se trouvait une source appelée *'Aïn-Kordi*[d] (*'Aïn-Kirdou* de nos cartes[e]). Je crois pouvoir en conclure que *Mers-Mar'îla* était le port de *K'alâ'-Mar'îla-Daloul*, et que ce petit port était celui que nos cartes appellent *port d'Arsenaria* (à l'est de la *pointe Maghráoua*); or, comme El-Bekrî place la ville de *K'as'r-el-Folous* au bord de la mer et à trente-cinq milles à l'ouest de *Mers-Mar'îla*, j'en conclus que *K'as'r-el-Folous* devait se trouver vers l'embouchure de la rivière que nos cartes nomment *Ouâd-el-'Abîd*, embouchure qui est à peu près sur le méridien 1° 59' O.

[2] «Abd-er-Rah'mân-en-Nâs'ir, dit Ibn-Khaldoun, voulant rallier à sa cause les *Zenâtah* du «*Maghrib*, rechercha l'amitié des chefs de ce «pays, et, *parmi les premiers à le soutenir, il «trouva Ia'la*. L'exemple de celui-ci fut suivi par «El-Kheïr-ibn-Moh'ammed-ibn-Khazer et ses «*Maghrâouah*.» (*Histoire des Berbers*, t. II, p. ۳۳, l. 16 à 18; — t. III de la traduction française, p. 213.)

[3] Dans le sud d'*Alger*, et à une latitude de 1° 5' environ plus méridionale que celle de *Biskra*.

---

[a] *El-Meçâlik oua'l-Memâlik*, p. ۸۱, l. 12, 14, 16 (*J. A.*, t. XIII, p. 145, 5° série).

[b] Voyez, à la même page du *Journal asiatique*, note 1. — Voyez la note c de la page précédente.

[c] *El-Meçâlik oua'l-Memâlik*, p. ۴۴, l. 16 à 18 (*J. A.*, t. XIII, p. 120, 5° série).

[d] La carte de la province d'*Oran* publiée en 1856 place cette source à deux lieues et demie au nord-nord-ouest de *Mázouna*.

[e] Voyez aux pages citées note *a* ci-dessus.

LIVRE QUATRIÈME. — CHAPITRE II.   291

réciter la prière et de battre monnaie au nom d'Isma'îl[1]. Ces manifestations ne seraient pas inconciliables avec le simulacre d'obéissance dont a parlé Ibn-Khaldoun; mais un autre fait, rapporté aussi par Ibn-H'ammâd, est plus positif, s'il est exact. «Quoique bloqué dans le massif du *Kidna*, dit-il, «Abou-Iezîd tirait ses subsistances, sans beaucoup de frais, des *Sedrâtah*[2] et «de *Bent'ïous*[3], oasis du cercle de *Biskra*. Mais l'activité infatigable d'Isma'îl «devait le priver de cette dernière ressource. Par son ordre, les *Zenâtah* firent «irruption sur le pays des *Sedrâtah*, massacrèrent les hommes, enlevèrent les «femmes, et emportèrent un immense butin, après avoir semé la destruc- «tion[4].» Mais ceci se passait en 335, et Ibn-el-Athîr assure qu'en 336, au moment même où venaient de partir les lettres qui portaient à toute l'*Ifrîk'iah* la grande nouvelle de la prise d'Abou-Iezîd, Isma'îl vit se lever contre lui une foule de Khâredjites, parmi lesquels se trouvait Moh'ammed-ibn-Khazer,

---

[1] *Chronique* d'Ibn-H'ammâd (*J. A.*, t. XX, p. 488, 4ᵉ série).

[2] Nom d'une fraction de tribu berbère des environs de *Biskra*. (El-Bekrî, p. ٥٢, l. 11. — *J. A.*, t. XIII, p. 66, 5ᵉ série.)

[3] Il paraît que le manuscrit d'Ibn-H'ammâd écrit *Bat'ïous* (بطيوس ou باطيوس), et le savant traducteur, M. Cherbonneau, explique, dans une note ᵃ, que cette localité, plus connue aujourd'hui sous le nom de *Bent'ïous*, avoisine les oasis d'*Oulâd-Djellâl* et de *Sîdi-Khâled*. Mais je ne sais pourquoi M. Cherbonneau s'exprime ainsi, car, il y a huit cents ans, El-Bekrî n'a pas connu cette oasis sous un autre nom que celui de *Bent'ïous*, «ville de construction antique, dit-il, située sur «le territoire de *Biskra*ᵇ,» et plus loin il explique que *Bent'ïous* est un groupe de trois villes assez rapprochées les unes des autres, ayant chacune un *djâma'* ᶜ placées au sud de *T'ôlk'a*ᶜ (*Tolga* de nos cartes). En jetant les yeux sur une de nos cartesᵈ, on trouve en effet *Bent'ïous* sur la rive gauche de l'*Ouâd-Djeddi*ᵉ, à sept lieues de *Biskra* et sur le méridien 3° E.; seulement, elle est au sud-est de *T'ôlk'a*, et non pas au sud, comme le dit El-Bekrî.

[4] *Chronique* d'Ibn-H'ammâd (*J. A.*, t. XX, p. 489, 4ᵉ série). On pourrait encore ici supposer que les *Maghrâouah* ne virent, dans l'ordre donné par Isma'îl, qu'une occasion de pillage et ne manquèrent pas de la saisir; mais si, à cette époque, ils préparaient une trahison, on ne peut guère admettre que, soit dans leur intérêt, soit dans celui d'En-Nâs'ir, ils fissent, en vue d'un butin, un si grand mal à Abou-Iezîd.

ᵃ *J. A.*, t. XX, p. 507 et 508, 4ᵉ série; 1852.
ᵇ *El-Meçâlik oua'l-Memâlik*, p. ٥٢, l. 20 (*J. A.*, t. XIII, p. 67, 5ᵉ série). — Voir *Notices et Extraits*, t. XII, p. 505 et 529. 1831.
ᶜ *Ibid.*, p. ٧٢, l. 4, 5, 13 (*J. A.*, t. XIII, p. 125 et 126, 5ᵉ série). — Ibn-Khaldoun parle de *T'ôlk'a* (طولقة) comme de la capitale du *Zâb occidental*[1*], et il explique ailleurs[2*] ce qu'il faut entendre par ce mot *Zâb*.
ᵈ Voyez la *Carte générale du sud de l'Algérie* publiée par le Dépôt de la Guerre en 1855.
ᵉ *Ouâd-Scheddi* d'Ibn-Khaldoun (*H. d. B.*, t. I, p. ٣٣٧, l. 6 à 9; — t. II de la trad. franç., p. 368). Il entre, sur cette rivière, dans quelques détails qui sont très exacts.

[1*] *H. d. B.*, t. I, p. ٣٧, l. 14 et 15 (t. I de la trad. franç., p. 77).
[2*] *Ibid.*, t. I, p. ٤٣٠, l. 9 à 11 (t. III de la trad. franç., p. 125).

37.

qui accouraient au secours du rebelle[1]. Sans doute ils se dispersèrent aussitôt qu'ils connurent les événements; mais il est d'une invraisemblance absolue que Moh'ammed-ibn-Khazer, même dans la supposition probable d'une soumission hypocrite, ait trahi les Fât'imites au moment où la victoire se décidait avec une complète évidence en faveur d'Isma'îl, et, en outre, cette manifestation du chef des *Maghrâouah* est indirectement démentie par une autorité d'un grand poids.

Ibn-'Adzârî raconte, malheureusement sans fixer de dates, que le gouverneur laissé par Isma'îl à *Tâhart*[2] se conduisit mal envers les habitants, que ceux-ci, après s'être entendus avec Moh'ammed-ibn-Khazer et avec son fils, se mirent en révolte, et qu'alors le chef des *Maghrâouah* marcha sur *Tâhart* à la tête de troupes nombreuses, comme pour venir réprimer la rébellion. Le gouverneur alla, plein de confiance, à sa rencontre, mais il fut fait prisonnier par celui qu'il croyait être son soutien[3], et les *Maghrâouah* prirent possession de la ville[4]. Or, Isma'îl n'étant rentré à *K'aïraouân* qu'au milieu de 336, il s'écoula nécessairement un certain temps avant que les habitants de *Tâhart* en vinssent, contre leur gouverneur, aux extrémités qui amenèrent la prise de possession de la ville par les *Maghrâouah*; il est donc rationnel de fixer à l'année 337 l'instant où Moh'ammed-ibn-Khazer trahit les Fât'imites. Cette année est celle où El-Fâdhl, succédant à El-Kennoun, avait proclamé les Omaïades dans le *Maghrib-el-Ak's'a*. Ia'ia avait été *des premiers*, comme nous l'a dit Ibn-Khaldoun[5], à faire sa soumission au khalife de Cordoue. Moh'ammed-ibn-Khazer, qui avait à se faire pardonner sa défection, devait être jaloux d'offrir en hommage au nouveau souverain la soumission de la capitale du *Maghrib central*, et Ibn-Khaldoun, qui nous a déjà montré les *Maghrâouah* suivant l'exemple du chef des *Beni-Ifren*, parle des mêmes événements quand il dit : «Les émirs ze-«nâto-maghrâouiens se rallièrent aux Omaïades[6].» Il nous apprend même que Moh'ammed-ibn-Khazer et son fils El-Kheïr se partagèrent les provinces du *Maghrib-el-Aousat'* avec Ia'la-ben-Moh'ammed[7]. Évidemment, dans ce partage,

---

[1] *El-Kâmil*, t. VIII, p. ۳۳۲, l. 4 et 5.

[2] J'évite de nommer ce gouverneur, par la raison que j'ai donnée à la page 280 de ce volume.

[3] Puisqu'à cet instant le gouverneur de *Tâhart* considérait encore Moh'ammed-ibn-Khazer comme le vassal d'El-Man'sour, le récit d'Ibn-el-Athîr, d'ailleurs si invraisemblable, comme je l'ai dit, se trouve, de fait, formellement démenti par Ibn-'Adzârî.

[4] *Baïân*, t. I, p. ۲۰۵, l. 11 à 15.

[5] Voyez la note 2 de la page 290.

[6] *H. d. B.*, t. I, p. ۲۸۹, l. 17 (t. II de la trad. franç., p. 148).

[7] *Ibid.*, t. II, p. ۳۷, l. 5 et 6 (t. III de la trad. franç., p. 232).

Táhart était resté aux *Maghrâouah*; de là sans doute, en 338, la fondation de *Ifkân* par Ia'la, qui, lui aussi, voulait avoir sa capitale.

Quand toutes les populations du *Maghrib* jusqu'à *Sidjilmâçah* eurent prêté le serment de fidélité à En-Nâs'ir, les habitants de *Fés* suivirent leur exemple et reçurent d'El-Fâdhl, pour gouverneur, un certain Moh'ammed-ibn-el-H'assan [1]. Cette expression « jusqu'à *Sidjilmâçah* », que j'emprunte textuellement à Ibn-Khaldoun, montre l'état d'indépendance dans lequel se tenait le chef de cette région, et elle est du reste très bien confirmée par Ibn-'Abd-el-H'alîm, dans lequel on lit : « Les *khot'ba* furent prononcés au nom d'En-Nâs'ir dans « toutes les chaires *depuis Tanger jusqu'à Táhart*, à l'exception de celles de *Sidjil-* « *mâçah*, que gouvernait, à cette époque, Menâder le Berber [2]. » Ce nom de Menâder m'est inconnu dans l'histoire de *Sidjilmâçah*; nous avons vu [3] en 309 Mas's'âlah-ben-H'abbous renverser Ah'med, qui avait succédé à son frère El-Feth', surnommé Ouâçoul, et mettre à sa place El-Mo'tazz-ibn-Moh'ammed-ibn-Sârou-ben-Midrâr, lequel Mo'tazz, au dire d'Ibn-Khaldoun [4], ne tarda pas à se rendre indépendant. Il mourut en 321 et eut pour successeur son fils Moh'ammed, qui régna dix ans, jusqu'en 331. Celui-ci fut remplacé par son fils El-Montas'er-Semr'ou. Mais ce prince n'avait que treize ans; sa grand'mère régnait en son nom; et au bout de deux mois, un de ses cousins, Moh'ammed-

---

[1] *H. d. B.*, t. I, p. ۲۸۹, l. 3 et 4 (t. II de la trad. franç., p. 147 et 148). Ibn-'Abd-el-H'alîm donne à ce gouverneur le nom de Moh'ammed-ibn-el-Kheïr-ibn-Moh'ammed-*el-Ifreni*-ez-Zenâti [a], qui serait le nom d'un petit-fils de Moh'ammed-ibn-Khazer-*el-Maghrâoui*, et prétend qu'il fut nommé par En-Nâs'ir. Mais cette nomination d'un gouverneur de *Fés* est formellement démentie par El-Bekrî, qui assure que H'assan-ibn-K'âcem [b], nommé en 324, garda ce gouvernement jusqu'en 341 [c], et par Ibn-'Abd-el-H'alîm lui-même [d], dont je citerai plus loin les propres termes. Il y a donc lieu de tenir pour fort suspecte la nomination d'un gouverneur de *Fés* en 338.

[2] *K'art'âs*, p. ٥١٢, l. 9 et 10 (p. 74 de la traduction latine; — p. 118 de la traduction française).

[3] Page 143 de ce volume, et note 4 de cette page. A la note 5 de la même page, j'ai dit qu'Ibn-Khaldoun donnait au grand-père d'El-Mo'tazz le nom de Bassâder, qui paraît être une corruption de Menâder; mais en tout cas il y aurait là une confusion, car ni Sârou (comme l'appelle El-Bekrî), ni Bassâder n'ont régné à *Sidjilmâçah*. M. Tornberg donne au grand-père d'El-Mo'tazz le nom de Schaver (*El-K'art'âs*, p. 386).

[4] *H. d. B.*, t. I, p. ۱۹۹, l. 20 (t. I de la trad. franç., p. 264).

[a] *El-K'art'âs*, p. ٥١٢, l. 11 (p. 74 de la trad. lat., — p. 119 de la trad. franç.). Le texte dit اليفرني ثم الزناتي, ce que la traduction latine rend par « Iefrunitam *deinde* Zenatensem »; je dirais plutôt *tum*.

[b] Est-ce le fils de cet H'assan qu'Ibn-Khaldoun a entendu désigner?

[c] *El-Meçâlik oua'l-Momâlik*, p. ۱۲۸, l. 18 à 20 (*J. A.*, t. XIII, p. 361, 5ᵉ série).

[d] *K'art'âs*, p. ٥١٣, l. 7 et 8 (p. 73 de la trad. lat.; — p. 116 de la trad. franç.).

ibn-el-Feth′-ibn-el-Amîr, entra en révolte, resta vainqueur, et s'empara du pouvoir[1], qu'il garda jusqu'en 347, comme nous le verrons plus loin. C'était donc Moh′ammed-ibn-el-Feth′ qui régnait à *Sidjilmâçah* en 338, et non Menâder comme le dit l'auteur du *K′art′âs*.

Tout marchait au gré des désirs d'El-Fâdhl; mais cet imprudent Edrîsite ne tarda pas à s'apercevoir qu'il s'était bien hâté de proclamer les OMAÏADES et d'entraîner avec lui les populations. Le khalife de Cordoue avait laissé se produire le mouvement rapide opéré en sa faveur sans coup férir et par la seule force des indigènes, et, ce mouvement accompli, on apprit qu'il mettait une condition à l'acceptation de sa suzeraineté sur le *Maghrib*. Les auteurs ne s'accordent pas sur cette condition : suivant Ibn-'Abd-el-H'alîm, le souverain espagnol exigeait qu'on lui livrât *Tanger* et *Ceuta*[2]; suivant Ibn-Khaldoun, il exigeait qu'on démantelât la forteresse de *Tet′aouân*[3]. Or quoiqu'El-Mak′k′arî reproduise l'assertion du *K′art′âs*, l'exigence relative à *Ceuta* est inadmissible, puisque nous savons que cette ville était au pouvoir d'En-Nâs′ir depuis dix-neuf ans. L'assertion d'Ibn-Khaldoun est démentie par El-Bekrî, qui nous a appris qu'au commencement de cette année 338 les *Beni-Moh′ammed* avaient démoli *Tet′aouân*. Évidemment, le khalife imposait la condition qu'on lui livrât *Tanger*. Une pareille prétention trouva de la résistance, et aussitôt En-Nâs′ir fit passer en *Maghrib* quelques-uns de ses généraux. Ah′med-ibn-Ia′la[4] y arriva le premier avec un corps de troupes destiné à agir contre les *Beni-Moh′ammed*. Il fallut céder; mais on céda avec répugnance, et quand le corps expéditionnaire eut repassé le détroit, les princes edrîsites refusèrent de tenir leurs engagements. « Aussi, en 339, dit Ibn-Khaldoun, En-Nâs′ir envoya contre

339 de l'hégire

---

[1] El-Bekrî, p. ١٠١, l. 2 à 5 (*J. A.*, t. XIII, p. 407, 5ᵉ série).—*Baiân*, t. I, p. ٢١٢, l. 4 à 7. — Ibn-Khaldoun (sauf un nom) a copié El-Bekrî.

[2] *K′art′âs*, p. ٥٢, l. 2 et 3 (p. 74 de la trad. lat.; — p. 118 de la trad. franç.). — A l'époque du partage de l'empire edrîsite, en 213, *Tanger* et *Ceuta* se trouvaient dans la partie échue à El-K′âcem. J'ai dit les circonstances par suite desquelles cette part passa dans les mains de la branche d'Omar. Mais il paraît qu'elle fut reconquise par un des petits-fils d'El-K′âcem, à une date que je ne puis assigner. « D'*Aftes*, dit « El-Bekrî, le voyageur passe à *Zehedjouka*, ville

« d'Ibrâhîm-ibn-Moh′ammed. Ce fut de là, ajoute-«t-il, que ce prince partit avec ses fils, pour « s'emparer de *Tanger* et de tout le territoire qui « s'étend jusqu'à *Ceuta*. » (*El-Meçâlik oua'l-Memâlik*, p. ١١٢, l. 12 à 14. — *J. A.*, t. XIII, p. 331, 5ᵉ série.) *Tanger* appartenait donc aux *Beni-Moh′ammed*.

[3] *H. d. B.*, t. I, p. ٢٨٩, l. 10 à 12 (t. II de la trad. franç., p. 148). — Voyez la note 2 de la page 295 de ce volume et la note 2 de la page 302. — De Gayangos, *Histoire des dynasties mahométanes d'Espagne*, t. II, p. 144.

[4] Nous voyons déjà le fils du chef ifrénite au nombre des généraux d'En-Nâs′ir.

LIVRE QUATRIÈME. — CHAPITRE II.   295

« eux une armée sous les ordres de H'omeïd-ibn-Ies'el-el-Miknâci. Comme (950-951
« les Edrîsites s'étaient avancés jusqu'à la rivière *Lâou*[1], pour s'opposer aux de J. C.).
« progrès de l'ennemi, H'omeïd leur infligea un châtiment si rude qu'il ne leur En-Nâs'ir
« resta plus qu'à faire une prompte soumission. La ville de *Tanger* sortit alors de Tanger.
« des mains d'Ah'med-el-Fâdhl (il dit Abou-'l-'Aïsch), émir des *Beni-Moh'am-*
« *med*, et passa dans celles d'En-Nâs'ir. Les vainqueurs laissèrent El-Fâdhl
« en possession d'*As'îla*, sous la condition d'y faire reconnaître la suzeraineté
« des OMAÏADES [2]. »

Mais comment expliquer l'inaction d'Isma'îl-el-Mans'our en présence de cette
révolution faite par les EDRÎSITES, en présence des envahissements d'En-Nâs'ir
et du partage des provinces du *Maghrib central* entre les chefs berbers?
Avait-il à son tour contre lui une coalition trop formidable pour oser entreprendre de l'attaquer? Était-il tombé dans un de ces accès de défaillance que
produit parfois un élan de dévotion exagérée? On pourrait le croire s'il est
vrai, comme nous le dit Ibn-'Adzârî[3], qu'en 339 il entreprit un voyage en
Orient, pour assister à la cérémonie qui eut lieu à l'occasion du rétablissement
de la fameuse *pierre noire*, que les K'armat's avaient enlevée du temple de *la
Mekke* le jour de *trouïa* (8 dzou-'l-h'idjah) 317, et qui, soustraite depuis près de
vingt-deux ans à la vénération des fidèles, lui fut spontanément rendue, sous
le règne du khalife 'abbâsside El-Mot'i, le 6 dzou-'l-k'a'dah 339[4]. Peut-être El-

---

[1] El-Bekrî, lorsqu'il trace la route de *Ceuta* à *Tikiçâs*, nomme l'*Ouâdi-Lâou*, وادى لا, « grande rivière qui porte bateau » et dont les bords étaient habités par les *Beni-H'omeïd*, fraction des *R'omâra*. (*El-Meçâlik oua'l-Memâlik*, p. ۱۰۸, l. 3 et 4*. — J. A., t. XIII, p. 318, 5ᵉ série.)

² H. d. B., t. I, p. ۲۸۹, l. 13 à 16 (t. II de la trad. franç., p. 148). L'issue de cette expédition, qui fut la prise de possession de *Tanger*, aurait dû suffire pour montrer à Ibn-Khaldoun qu'il ne s'agissait pas de la forteresse de *T'etaouân*. — « Ah'med-el-Fâdhl, ses frères et ses cousins « edrîsites, dit Ibn-'Abd-el-H'alîm, fixèrent alors

« leur résidence à *Bas'ra* et à *As'îla*, et demeu-
« rèrent vassaux de l'émir de Cordoue. » (*K'art'âs*,
p. ۵۱°, l. 5 et 6, — p. 74 de la trad. lat., — p. 118
de la trad. franç.)

³ *Baïân*, t. I, p. ۲۲۸, l. 12 à 14. A la dernière ligne de cette p. ۲۲۸, Ibn-'Adzârî dit qu'on
lit dans Ed-Dzibi : « J'assistai au jour de son en-
« lèvement (de la *pierre noire*) et de son rétablis-
« sement. »

⁴ *El-Kâmil*, t. VIII, p. ۳٤٥, l. 16 à 22. —
El-Maktn⁵, p. 194, l. 5 à 14, et p. 222, l. 5
à 7. — Abulfedæ Annal. muslem., t. II, p. 356,
l. 11 et seq., et p. 456, l. 4 et 5. — Abou'l-

---

* El-Bekrî avait déjà nommé cette rivière p. ۱۰۱, lin. ult. (*J. A.*, t. XIII, p. 188, 5ᵉ série), à propos d'un de
ces récits, nombreux dans son ouvrage, où perce son excessive crédulité. Dans ce passage, le texte imprimé écrit à
tort رل au lieu de لا.

C'est à lui que j'ai emprunté la date précise du rétablissement de la *pierre noire*. Il dit خلون الخمس ; le traducteur a admis que le mot « nuits » était sous-entendu et dit *quinque*.

Mans'our avait-il à lutter encore pour éteindre les dernières lueurs de l'incendie allumé par Abou-Iezîd; du moins Ibn-Khaldoun nous apprend que ce fut seulement en 340 qu'on put se saisir de Ma'bed. C'était un frère de Moh'ammed-ibn-Khazer; il avait, paraît-il, embrassé le parti d'El-Fâdhl[1] avec une telle ardeur que, depuis la mort de ce fils d'Abou-Iezîd, il n'avait pas cessé de continuer la guerre. Fait prisonnier avec son fils dans un dernier combat, ils furent amenés devant El-Mans'our, qui les fit mettre à mort; leurs têtes furent exposées sur les murs de K'aïraouân[2]. — Jamais l'autorité du souverain de l'Espagne n'avait été si grande en Afrique. Tous les chefs des deux *Maghrib* lui étaient soumis, et recevaient de lui leur investiture. Ainsi, en 340, Fotouh'-ibn-el-Kheïr-ibn-Moh'ammed-ibn-Khazer, accompagné des cheïkhs de *Tâhart* et d'*Orân*, se rendit à la cour du khalife omaïade, qui les accueillit et leur donna l'autorisation de repasser le détroit pour rentrer dans leurs gouvernements respectifs[3]. Tels sont du moins les termes d'Ibn-Khaldoun, et ces quelques lignes sont instructives : elles montrent que Moh'ammed-ibn-Khazer avait préposé son petit-fils au gouvernement de *Tâhart*; elles montrent surtout qu'en 340 cette ville était encore entre les mains des *Maghrâouah*. *Sidjilmâçah* seule restait dans son indépendance, et même son souverain faisait la guerre à des peuplades qui avaient toujours eu à cœur de conserver de bonnes relations avec l'Espagne, je veux parler des *Berr'aoudt'ah*[4]. « En 340,

---

Mah'âcin, *En-Nodjoum*, t. II, p. ⲣⲙ⳰, l. 6 et 7, et p. ⲣⲩⲇ, l. 16 et suiv. — Voyez D'Herbelot, *Bibliotheca orientalis*, p. 390, col. 1 au mot Hagiar Alassovad (H'adjer-el-asouad), et p. 644, col. 1.

[1] J'ai eu l'occasion de nommer ce fils d'Abou-Iezîd p. 227 de ce volume, et j'ai dit sa mort p. 282.

[2] H. d. B., t. II, p. ⲣⲣ, l. 11 et 12, p. ⲣⲩ, l. 3 et 4, p. ⲣⲇ, l. 7 et 8 (t. III de la trad. franç., p. 211, 232 et 236; — voir aussi t. II de cette trad., p. 541). A cette page 541, Ibn-Khaldoun donne, pour la prise et l'exécution de Ma'bed, la date de 341, au lieu de celle de 340 qu'il a donnée p. ⲣⲩ.

[3] H. d. B., t. II, p. ⲣⲩ, l. 6 et 7 (t. III de la trad. franç., p. 232).

[4] Il est assez remarquable que la dynastie qui, en 340, régnait depuis plus de deux siècles sur les *Berr'aoudt'ah*, ait toujours attaché un grand prix à ménager les khalifes d'Espagne*. L'éloignement de ces peuples, qui vivaient au fond du *Maghrib* (dans la province de *Tâmesna*), semblait les mettre assez à l'abri de toute attaque pour qu'ils eussent peu de souci des souverains qui régnaient de l'autre côté du détroit. Faisons observer, du reste, que ce renseignement a été donné par un certain Zemmour, qui vint à la cour de Cordoue en 352, chargé d'une mission par Abou-Mans'our-'Aïça, prince régnant alors sur les *Berr'aoudt'ah*, et qu'il a pu amplifier un peu la sollicitude héréditaire des descendants de T'arif pour la famille du khalife près duquel il était accrédité.

* *El-Meçâlik oua'l-Memâlik*, p. ⲣⲙⲟ, l. 19 et 20, p. ⲣⲙⲩ, l. 12 et 13 (*J. A.*, t. XIII, p. 374 et 378, 5ᵉ série).

« dit Ibn-H'auk'al, j'ai rencontré Moh'ammed-ibn-el-Feth'[1], surnommé *Es-Schá-*
« *kir-Lillah* [2] («le reconnaissant envers Dieu»), qui prêcha la guerre sainte
« contre les *Berr'aouát'ah;* mais je pense qu'il mourut sans avoir pu réussir dans
« son projet, vu que peu de Berbers répondirent à son appel, étant retenus par
« la crainte de se donner un maître en le secondant [3]. » En même temps, le
gouverneur de Sicile faisait aux Chrétiens une guerre qui, malgré le secours
arrivé d'Afrique à *Palerme* le 24 moh'arram 340 (mercredi 2 juillet 951 de
J. C.), ne se termina par une victoire décisive que le jour de l'*A'rafah*[4], c'est-
à-dire le 9 dzou-'l-h'idjah (vendredi 7 mai 952 de J. C.). Si à cet envoi de
troupes en Sicile et au châtiment de Ma'bed on ajoute, d'après Ibn-'Adzârî,
qu'El-Mans'our, en 340, désigna pour lui succéder son fils Ma'dd, surnommé
Abou-Temîm [5], on aura tous les actes du souverain de l'*Ifrîk'îah* inscrits
par l'histoire dans cette année. — En-Nâs'ir jouissait sans opposition de sa
conquête du *Maghrib*, ou du moins il ne trouvait d'autre résistance que l'insubordination de quelques tribus isolées, comme on peut l'inférer d'un court
passage de la description que donne El-Bekrî du littoral compris entre *Tanger*
et *Ceuta.* « Dans le port de *Mouça*, dit-il, vient se jeter une rivière au bord de
« laquelle il y avait autrefois un château que les *Béni-Moh'ammed* et les *Mas'-*
« *mouda* détruisirent en 302, et qui, reconstruit par l'émir-el-moumenîn En-
« Nâs'ir, fut encore renversé par les gens de la même tribu en 340 [6]. »

En citant textuellement le passage où Ibn-Khaldoun dit qu'en 335 Ah'med-

El-Mans'our désigne son successeur.

---

[1] Ces quelques mots sont une preuve sans réplique de l'erreur de nom commise par l'auteur du *K'art'ás*, et que j'ai relevée plus haut (voy. p. 294).

[2] On verra plus loin que Moh'ammed-ibn-el-Feth' ne prit ce surnom qu'en 342.

[3] *Descr. de l'Afr.*, § 49 (*J. A.*, t. XIII, p. 212, 3ᵉ série). Nous verrons plus loin que Moh'ammed-ibn-el-Feth' fut renversé par Djouhar en 347 et envoyé à *K'aïraouân*. Ibn-H'auk'al, qui a écrit en 366 ou 367, a certainement été à même de savoir que le seigneur de *Sidjilmâçah* ne réussit pas dans son projet.

[4] *Chronique Cantabr.*, in Gregorio, p. 49 et 50. — *El-Kâmil*, t. VIII, p. ٣٧٦. — Ibn-Khaldoun, *Hist. d'Afr. et de Sicile*, p. ٧٣, l. 4 à 16 (p. 167 et 168 de la trad. de N. Desvergers). — *Hist. des Fât'imites*, § 11 (H. d. B.), appendice II au t. II de la trad. franç., p. 540 et 541). — Amari, *Stor. dei Musulm. di Sicilia*, t. II, p. 243 et 244.

[5] *Baïân*, t. I, p. ٢٢٨, lin. ult., à p. ٢٢٩, l. 1. — Le nom de ce successeur d'El-Mans'our est étrangement défiguré par les traducteurs d'El-K'aïraouâni, qui écrivent (liv. IV, p. 105) Abi-Bemin-Mah'ad, ce qui est d'autant plus singulier qu'à la page suivante ce nom est écrit comme il doit l'être.

[6] El-Bekrî, p. ١٠٥, l. 13 à 15 (*J. A.*, t. XIII, p. 312, 5ᵉ série).

* Ibn-el-Athîr place cette désignation de Ma'dd comme successeur en 341 (*El-Kâmil*, t. VIII, p. ٣٧٣, l. 15).

ibn-Bekr-ed-Djodâmi, s'étant échappé du camp d'Isma'ïl, s'introduisit *bientôt* dans *Fés* sous un déguisement et s'empara de cette ville, j'ai émis des doutes sur une assertion qui est à la fois vague et invraisemblable. Le même Ibn-Khaldoun nous a montré, en 338, El-Fâdhl donnant à *Fés* un gouverneur qu'il nomme Moh'ammed-ibn-el-H'assan. Cette autre assertion mérite encore moins de confiance, car, dans la position où venait de se placer le prince edrîsite, il se serait bien gardé, si Ah'med-ibn-Bekr avait alors commandé à *Fés*, de se priver du concours de ce serviteur dévoué des OMAÏADES, et d'ailleurs cette ville, qu'Ibn-Khaldoun lui-même nous a représentée comme ne s'étant prononcée en faveur d'En-Nâs'ir que quand il avait été reconnu dans tout le *Maghrib*, aurait été la première à l'acclamer. Enfin, j'ai dit que l'auteur du *K'art'âs* attribuait à En-Nâs'ir lui-même la nomination d'un gouverneur de *Fés* quand cette ville le proclama, et qu'il lui donnait le nom de Moh'ammed-ibn-el-Kheïr-ibn-Moh'ammed; il explique même, à ce sujet, la cause de la bienveillance particulière que les OMAÏADES avaient pour la famille Khazer[1]; et

---

[1] Ibn-'Abd-el-H'alîm fait remonter cette cause de bienveillance jusqu'aux premiers temps de la conquête arabe. «'Othmân-ibn-'Affân (le 3ᵉ kha-«life), dit-il, s'étant attaché à son aïeul H'arb-«ibn-H'afes'-ibn-S'oulât-ibn-Ouezmâr-el-Ifreni, «lui avait fait embrasser l'islâmisme, et lui avait «donné le gouvernement des *Zenâtah*; aussi, l'a-«mitié et les bons rapports ne cessèrent jamais «entre ses successeurs et les OMAÏADES[a].» Ibn-Khaldoun, dans trois passages, donne plus de détails à ce sujet: il raconte qu'à l'époque de la conquête[b], les *Zenâtah* firent une vigoureuse résistance; que leur chef, Ouezmâr-ibn-S'oulât, fait prisonnier, fut conduit à *Médine* devant le khalife 'Othmân-ibn-'Affân[c]. Plus loin, il ajoute: «Au nombre des prisonniers se trouva Ouezmâr-«ibn-S'ak'lâb[d], l'ancêtre de la famille Khazer, «et qui était alors chef des *Maghrâouah* et des «autres peuples zenâtiens. Le khalife 'Othmân-«ibn-'Affân, à qui on l'envoya, reçut sa profes-«sion d'islâmisme, et le traita avec une grande «bienveillance. Il lui accorda non seulement la «liberté, mais aussi le commandement en chef «des *Maghrâouah*. D'autres historiens rapportent «que Ouezmâr se rendit auprès de 'Othmân en «qualité d'ambassadeur[e].»

[a] *K'art'âs*, p. ٥٢, l. 13 à 15 (p. 74 de la trad. lat.; — p. 119 de la trad. franç.[1*]). — Merouân Iᵉʳ, 4ᵉ khalife omaïade de Damas, était cousin germain de 'Othmân-ibn-'Affân.

[b] Il s'agit nécessairement de la première expédition, de celle qui eut lieu en l'an 27 de l'hégire (647-648 de J. C.).

[c] *H. d. B.*, t. I, p. ١٢٧, l. 8 (t. I de la trad. franç., p. 199).

[d] Dans le passage précédent il l'a appelé Ouezmâr-ibn-S'oulât et, en outre, il l'appelle ailleurs S'oulât-ibn-Ouezmâr (*ibid.*, t. II, p. ٣٦٢, l. 4 et 5; — t. III de la trad. franç., p. 227).

[e] *Ibid.*, t. I, p. ١٣٢, l. 14 à 16, et t. II, p. ٣٦٢, l. 3 à 12 (t. I, p. 210, et t. III de la trad. franç., p. 227 et 228).

[1*] Le manuscrit de M. Beaumier dit H'as' au lieu de H'afes', et Ourhân au lieu de Ouezmâr. Ce H'arb-ibn-H'afes'-S'oulât, etc. serait donc frère du premier Khazer; mais celui-ci combattit dans les rangs de Meicerah et par conséquent vivait en 122. Or 'Othmân fut khalife de 23 à 35; cela n'est donc pas possible. J'ai dit que ce fut S'oulât-ibn-Ouezmâr qui fut en relation avec 'Othmân; ce fut donc le grand-père de H'arb.

LIVRE QUATRIÈME. — CHAPITRE II.   299

Ibn-Khaldoun, qui n'est jamais lié par ses assertions antérieures, accepte aussi le gouverneur nommé par Ibn-'Abd-el-H'alîm : « Quand Ia'la, dit-il, eut « établi sa puissance en *Maghrib*..... il demanda, au souverain omaïade, de « hauts commandements dans les villes du *Maghrib* pour les membres de sa « famille, et obtint, pour son parent Moh'ammed-ibn-el-Kheïr-ibn-Moh'am- « med, le gouvernement de *Fés*[1]. » Or, non seulement cette *parenté* devait être excessivement éloignée, puisqu'elle se bornait à appartenir à la grande famille des *Zenâtah*, dont les *Maghrâouah* et les *Beni-Ifren* étaient deux branches, mais on a vu que les chefs de ces deux branches étaient en rivalité, et quand Ia'la l'emporta sur Moh'ammed-ibn-Khazer, comme je le dirai bientôt, il est permis de se demander s'il est vraisemblable qu'il ait usé de la faveur dont il jouissait pour solliciter et obtenir un gouvernement aussi important que celui de *Fés*, au profit du petit-fils d'un chef qui était son rival et qui allait devenir son ennemi, si même cette hostilité n'était pas déjà déclarée. Je sais bien qu'on prétend que le prince maghrâouïen ne garda ce gouvernement que pendant un temps très court, qu'il le quitta l'année même de sa nomination, selon Ibn-Khaldoun[2], l'année suivante, au dire d'Ibn-'Abd-el-H'alîm[3], le remettant à son *cousin* Ah'med-ibn-*Abi*-Bekr, pour aller faire la guerre sainte en Andalousie[4].

La prise furtive de *Fés* par Ah'med-ibn-Bekr, évadé du camp d'Isma'il, tout cet imbroglio des gouverneurs de *Fés*, sont biffés d'un seul trait par El-Bekrî, dans lequel on lit : « En l'an 341, quand Ah'med-ibn-Bekr eut obtenu la per- « mission de quitter *El-Mahdïah* et de rentrer à *Fés*, H'assan-ibn-K'âcem lui « remit le commandement qu'il avait gardé jusqu'alors[5]; » et, ce qui est digne de remarque, Ibn-'Abd-el-H'alîm répète à son tour, en parlant de H'assan-ibn-Abou-'l-K'âcem-el-Louâta, qui avait été maintenu au gouvernement de *Fés* par Meïçour : « Il ne cessa d'en être le gouverneur jusqu'à ce qu'arriva d'*El-* « *Mahdïah* Ah'med-ibn-*Abi*-Bekr, libre et comblé d'honneurs (مطلقا مكرّما), à

341 de l'hégire
(952-953
de J. C.).
Ah'med-ibn-
Bekr
reçoit
le gouvernement
de Fés.

---

[1] *H. d. B.*, t. II, p. ۳۱۲, l. 6 à 8 (t. III de la trad. franç., p. 213 et 214).

[2] *Ibid.*, t. II, p. ۳۱۲, l. 8 à 10 (t. III de la trad. franç., p. 214).

[3] *K'art'âs*, p. ۵۱۲, l. 15 à 17 (p. 74 de la trad. lat.; — p. 119 de la trad. franç.).

[4] Ibn-Khaldoun prétend qu'il lui remit ce gouvernement *en qualité de lieutenant*; mais le *K'art'âs*, dans lequel il a copié ce passage, ne le dit pas. — Jos. Conde, qui a aussi copié le *K'art'âs*, place, de son chef, en 339 l'instant où Moh'ammed-ibn-el-Kheïr-ibn-Moh'ammed, *gouverneur de Fés*, faisait la guerre sainte en Espagne. (*Hist. de la domin. de los Arab. en España*, t. I, p. 440 et 441).

[5] *El-Meçâlik oua'l-Memâlik*, p. ۱۲۸, l. 18 à 20 (*Journal asiatique*, t. XIII, p. 361, 5ᵉ série).

38.

« qui il remit en 341 le gouvernement, qu'il avait eu en main durant dix-huit
« ans, de 323 à 341 [1]. » Ces deux passages sont péremptoires quant à la suc-

---

[1] *K'art'âs*, p. ٥٣, l. 3 à 8 (p. 73 de la trad. lat., — p. 116 et 117 de la trad. franç.). On se rappelle qu'en effet ce fut en 323 que les habitants de *Fés* remirent à H'assan-ibn-K'âcem-el-Louâti le commandement de leur ville, assiégée par Meïçour, et qu'en 324, lors de la capitulation, celui-ci n'osa pas le lui retirer. — On vient de voir que le texte du *K'art'âs* donne, à l'ancien gouverneur de *Fés* qui reprenait sa fonction, le nom d'Ah'med-ibn-*Abi*-Bekr; quelques lignes plus bas, il donne son nom complet de la manière suivante : Ah'med - ibn - *Abi* - Bekr-ibn-Ah'med-ibn-'Othmân-ibn-Sa'ïd-ez-Zenâti, en même temps qu'il l'intitule le *cousin* (ابن عمّه) de Moh'ammed-ibn-el-Kheïr-ibn-Moh'ammed-el-Ifreni-ez-Zenâti [a]. Il est d'autant plus singulier qu'il donne ainsi sa généalogie que, dans l'histoire qu'il a faite de la mosquée du *quartier des K'aïraouânites*, il assure qu'on lit sur la porte méridionale [b] du minaret construit un siècle après la mosquée : *Ce minaret a été élevé par Ah'med-ibn-Abi-Bekr-ibn-Ah'med - ibn - Abi-Sa'ïd-'Othmân-ibn-Sa'ïd-ez-Zenâti....... sa construction fut commencée le lundi* [c] *premier jour de la lune de redjeb 344 et entièrement achevée en rebi-el-akhir 345* [d]. Mais les manuscrits présentent des variantes. Ainsi celui sur lequel M. Beaumier a fait sa traduction française reproduit une copie de l'inscription où le nom du fondateur est écrit : «Ah'med-ibn-Abi-Bekr-Sa'ïd-ibn-'Othmân-ez-Zenâti [e]. » Quant à Ibn-Khaldoun, il prétend que Ah'med-ibn-Sa'id-ibn-Bekr est le nom qui se lit dans l'inscription gravée au coin *oriental* du minaret construit en 345 [f]. El-Bekrî avait donné deux fois le nom complet de ce personnage, et il est fort différent des trois noms fournis par les divers manuscrits du *K'art'âs* : il l'appelle Ah'med-ibn-Bekr-ibn-'Abd - er - Rah'mân - ibn - Abi-Sehel-ed-Djodâmi [g]. J'ai constamment dit, avec El-Bekrî, Ah'med-ibn-Bekr, sans me préoccuper du reste du nom, quoique je sois bien loin de nier l'importance qu'il y aurait à fixer la généalogie de ce personnage, ne fût-ce que pour éclaircir la parenté que Ibn-'Abd-el-H'alîm et Ibn-Khaldoun prétendent exister entre lui et Moh'ammed-ibn-el-Kheïr, parenté qui, avec les noms tels qu'ils sont donnés, est évidemment impossible, puisque le grand-père de Moh'ammed se nommerait Moh'ammed,

[a] *K'art'âs*, p. ٥٣, l. 16 et 17 (p. 74 de la trad. lat., — p. 119 de la trad. franç.).

[b] Le texte dit : من جهة القبلة, que j'ai traduit par «du côté du sud»; mais ces mots veulent dire aussi «du côté qui regarde la Mekke», et c'est sans doute pourquoi M. Tornberg a traduit «supra partem in parte ejus *orientali* collocatam.» M. Beaumier, d'après son manuscrit, dit : «sur la porte située à la façade du couchant.»

[c] Il y a là une petite erreur; le 1er redjeb 344 tombe un *dimanche*, correspondant au 21 octobre 955. Le mois de rebi-el-akhir 345 comprend du dimanche 10 août au dimanche 7 septembre 956 de J. C.

[d] *K'art'âs*, p. ٥١, l. 15 à 19 (p. 44 de la trad. lat.).

[e] Beaumier, *Hist. des souver. du Maghrib*, p. 69 et 70; in-8°, de l'I. I, 1860. Son manuscrit dit, paraît-il, que le minaret fut commencé le premier mardi de redjeb 344, ce qui correspond au 3 redjeb. Cette différence est légère en elle-même, mais comme il s'agit de la copie d'une inscription, elle mérite d'être remarquée.

[f] *Hist. des Edris*. (H. d. B., append. iv au t. II, p. 565, de la trad. franç.). J'ignore où Ibn-Khaldoun a puisé cette version, que, du reste, il ne reproduit dans aucun des nombreux passages où il nomme cet Ah'med. Il adopte soit une des versions du *K'art'âs* [1°], soit, le plus souvent, la version d'El-Bekrî [2°], selon l'ouvrage qu'il copie.

[g] *El-Meçâlik oua'l-Memâlik*, p. ١٢٣, l. 23 et 24, p. ١٢٨, l. 9 et 10 (*J. A.*, t. XIII, p. 354 et 360, 5° série).

[1°] *H. d. B.*, t. II, p. ٢٢٣, l. 10 (t. III de la trad. franç., p. 214). Là, comme son auteur, il intitule Ah'med *cousin* de Moh'ammed-ibn-el-Kheir-ibn-Moh'ammed, et place la construction du minaret en 344.

[2°] *Ibid.*, t. I, p. ١٧, l. 11, p. ١٧٣, l. 17, p. ١٧٤, l. 20, p. ١٧٧, l. 21 (t. I, p. 265, 269, 270, t. II de la trad. franç., p. 7; — voyez aussi p. 529, p. 542 et 543 de ce t. II de la trad.).

LIVRE QUATRIÈME. — CHAPITRE II.   301

cession des gouverneurs et quant aux dates de leur entrée en fonction, mais ils présentent, sous d'autres rapports, de véritables impossibilités. Comment admettre, dans l'état d'hostilité où étaient les Fât'imites et les Omaïades, que El-Mans'our ait *donné la permission* à son prisonnier Ah'med-ibn-Bekr de quitter *El-Mahdïah* pour qu'il allât, en 341, prendre amicalement, des mains de H'assan-ibn-K'âcem, le gouvernement de *Fês?* Autant eût valu faire acte de soumission à En-Nâs'ir. Il est moins difficile de comprendre que H'assan ait pu conserver, depuis la domination des Omaïades dans le *Maghrib*, un gouvernement qu'il avait eu si longtemps entre les mains au nom des Fât'imites. Mais ces deux points demandent explication, et voici comment, dans mon esprit, ces diverses assertions peuvent être conciliées avec les faits. Suivant moi, Ah'med-ibn-Bekr, prisonnier depuis 323, s'était évadé en 335, comme le dit Ibn-Khaldoun, non pour se rendre à *Fês* sous un déguisement et s'en emparer, comme il le prétend[1], mais pour se rendre en Espagne. Quand vint, en 337, la manifestation d'El-Fâdhl, et de tout le *Maghrib* à sa suite, en faveur d'En-Nâs'ir, la conduite à tenir à l'égard de H'assan-ibn-K'âcem ne laissa pas d'être délicate. Il avait été, il est vrai, le dernier à reconnaître la souveraineté des Omaïades; mais enfin il l'avait reconnue, et ses antécédents lui créaient une de ces positions qu'on n'ose guère ne pas respecter. Élu en 323 par les habitants, dans des circonstances difficiles, il avait soutenu tous les efforts de l'armée fât'imite avec un courage et une habileté tels, que Meïçour fut obligé de renoncer au siège pour recourir à une capitulation, dont une des conditions fut que le défenseur de la ville en garderait le commandement; et, depuis dix-huit ans, ce commandement était entre ses mains. Voilà pourquoi, après la proclamation des Omaïades dans le *Maghrib*, H'assan conserva le gouvernement de *Fês*, comme cela résulte des récits d'El-Bekrî et d'Ibn-'Abd-el-H'alîm. On m'accordera facilement que le khalife d'Espagne, désireux de confier cette ville importante au dévouement d'Ah'med-ibn-Bekr, ait pu négocier avec H'assan en 341, comme Meïçour avait capitulé avec lui en 324 au nom du khalife fât'imite, et que soit intervenue une transaction par suite de laquelle H'assan remettrait son gouvernement au favori du prince omaïade. Ainsi s'expliquerait la remise amiable qui eut lieu en 341, au dire des mêmes autorités. Maintenant, si l'on considère la position d'Ah'med-ibn-

Explications à ce sujet.

---

tandis que le grand-père d'Ah'med se nommerait 'Abd-er-Rah'mân, ou Ah'med, ou 'Othmân, comme l'a déjà remarqué M. de Slane (note 1, t. III de sa traduction de l'*H. d. B.*, p. 214).

[1] Mais ce que dément suffisamment la tardive acclamation d'En-Nâs'ir à *Fês*.

Bekr, dont le grand-père était déjà l'ennemi des Edrîsites, qui, dès 323, s'était emparé de *Fés* au nom des Omaïades, dont la fidélité avait subi l'épreuve d'une longue captivité à *El-Mahdïah*, on s'explique très bien qu'il revînt à *Fés* comblé d'honneurs, comme dit le *K'art'âs*[1], puisque, dans mon hypothèse, c'était à *Cordoue* et d'En-Nâs'ir qu'il recevait ces témoignages de gratitude, et non de la famille dont il avait toujours été l'ennemi.

Guerre à l'occasion de Tet'aouân.

J'ai dit qu'au commencement de 338 les *Beni-Moh'ammed* avaient détruit la ville de *Tet'aouân*. Trois années s'étaient à peine écoulées, qu'ils regrettèrent cet acte irréfléchi et se disposèrent à relever de ses ruines une ville qui, développée, viendrait peut-être un jour compenser la perte de *Tanger*. Il est permis du moins de croire qu'on leur prêta cette pensée, car les habitants de *Ceuta*, ayant eu connaissance de leur projet, se récrièrent vivement, prétendant que la nouvelle *Tet'aouân* nuirait à la prospérité de leur ville et lui enlèverait tous ses avantages. En-Nâs'ir *s'empressa* d'y envoyer un corps de troupes sous les ordres d'Ah'med-ibn-Ia'la[2]. Ce général arriva à *Ceuta* en 341, et expédia au gouverneur de *Tîkiçâs* une dépêche par laquelle le souverain espagnol ordonnait à H'omeïd-ibn-Ies'el, commandant de cette place[3], de se rendre à *Ceuta* avec ses troupes et d'aider Ibn-Ia'la à combattre les *Beni-Moh'ammed*. Lorsque les deux corps d'armée eurent effectué leur jonction, 'Ali-ben-Mo'âdz, que H'omeïd avait envoyé en mission auprès de ces Edrîsites, les décida à sortir de *Tet'aouân* et à livrer leurs fils en otages à l'Émir des croyants. Ah'med-ibn-Ia'la retourna alors en Espagne, emmenant avec lui H'assan-ibn-Ah'med-el-Fâdhl-ibn-Ibrâhîm-ibn-Moh'ammed et Moh'ammed-ibn-'Aïça-ibn-Ah'med-ibn-Ibrâhîm. Ils arrivèrent à Cordoue le 9 redjeb 341[4] (mardi 30 no-

---

[1] A la page citée note 1 de la page 300. Le manuscrit sur lequel a été faite la traduction française paraît présenter ici quelques légères différences avec le texte publié par M. Tornberg.

[2] Quand Ibn-Khaldoun représente Ah'med-ibn-Ia'la allant imposer aux *Beni-Moh'ammed* l'obligation de démanteler la forteresse de *Tet'aouân*, je soupçonne de confondre une partie des événements de 338 avec ceux de 341 que je raconte ici.

[3] Nous apprenons ici, en passant, que H'omeïd-ibn-Ies'el était gouverneur de *Tîkiçâs*, mais El-Bekrî, à qui j'emprunte tout ce récit, ne nous dit pas depuis quelle date.

[4] El-Bekrî, p. ١٣٠, l. 18, à p. ١٣١, l. 6 (*J. A.*, t. XIII, p. 365, 5ᵉ série). Le texte dit : يوم السبت لتسع خلون من رجب «le samedi 9 passé de re-«djeb.» Je crois que ليالي est sous-entendu, et qu'il faut dire le *neuf* au lieu du *dix*, comme a traduit M. de Slane, qui a admis qu'on devait lire «neuf «jours passés». Quoi qu'il en soit de ce détail, il est bien certain que ni le 9 ni le 10 ne tombent un *samedi*, et qu'il y a là une petite erreur d'El-Bekrî. — *Baïân*, t. I, p. ٢٣٠, l. 18, à p. ٢٣١, l. 2.

[*] *H. d. B.*, t. I, p. ٢٨٤, l. 11 et 12 (t. II de la trad. franç., p. 148).

vembre 952 de J. C.). On voit que ces deux otages étaient l'un fils, l'autre petit-fils d'Ah'med-el-Fâdhl, ce qui montre comment En-Nâs'ir traitait le prince edrîsite qui lui avait donné de si grandes preuves de dévouement, et auquel il devait le pouvoir qu'il exerçait présentement dans le *Maghrib*. En présence des Ednîsites, dont l'abaissement semblait être l'idée fixe de la politique de l'Espagne dans cette région, se trouvaient trois familles indigènes, dont une grandissait incessamment, en même temps que l'importance des deux autres déclinait à vue d'œil. La première était celle qui avait pour chef Ia'la-ben-Moh'ammed; les deux autres étaient celle d'Ibn-Abi-'l-'Âfiah, dont les fils n'avaient pas su relever la position que leur père avait conquise et perdue, et celle des *Khazer*. Ibn-'Adzârî, après avoir fait le récit de la prise de possession de *Tâhart* par les *Maghrâouah*, ajoute : « Ensuite les affaires des « habitants se brouillèrent (ثم اضطرب امر اهل تيهرت), et Ia'la-ben-Moh'ammed- « el-Ifreni-ez-Zenâti s'empara de cette ville, dont il garda la possession jusqu'à « ce qu'il en fût expulsé par Djouhar, k'aïd des Fât'imites, en 347 [1]. » Non seulement les causes de cet événement sont indiquées en termes trop vagues pour qu'on puisse les entrevoir, mais, en outre, l'auteur ne donne pas la date de cette dépossession des *Beni-Khazer*. Cependant, comme nous savons qu'en 340 *Tâhart* était encore entre les mains d'un petit-fils de Moh'ammed-ibn-Khazer, et comme nous verrons en 342 le chef des *Maghrâouah* abandonner pour toujours le parti des Omaïades, on peut conjecturer, avec grande vraisemblance, que ce fut en 341 que Ia'la s'empara de *Tâhart*. Vraisemblablement aussi, Moh'ammed-ibn-Khazer se plaignit sans succès de cette usurpation, et ses instances duraient encore quand surgirent les événements dont je ferai le récit sous l'année 342. — Pendant que le *Maghrib* était en proie aux agitations qu'engendrait la rivalité des chefs zenâtiens, le trône des Berr'aouât'ah changeait de mains. 'Abd-Allah-Abou-'l-Ans'âr-ibn-Abou-R'ofaïr-Iah'med-ibn-Mo'ad-ibn-S'âlih'-ibn-T'arîf mourait en 341, après un règne paisible de quarante-deux ans, et avait pour successeur son fils Abou-Mans'our-'Aïça, qui n'était âgé que de vingt-deux ans [2] et qui devait régner vingt-sept

Humiliation des Edrîsites.

Progrès des Beni-Ifren.

Ils enlèvent Tâhart aux Magrâouah.

Berr'aouât'ah.

---

[1] *Baïân*, t. I, p. ٢٠٥, l. 15 à 17. — Pour la dépossession de Ia'la par Djouhar, ce texte dit «en ٣٤٧», et j'ai lu «en ٣٥٧»; je justifierai plus loin cette correction.

[2] *El-Meç'âlik oua'l-Memâlik*, p. ١٣٧, l. 8 à 11 (*J. A.*, t. XIII, p. 378, 5ᵉ série). — *Baïân*, t. I, p. ٢٣٣, l. 8 à 11. — *Histoire des Berbers*, t. I, p. ٢٧٧, l. 6 à 8 (t. II de la trad. franç.,

* Dans tout ce récit de Zemmour, Ibn-'Adzârî écrit 'Afîr-Moh'ammed-ibn-Mo'âdz (p. ٢٣٣, l. 10) au lieu de R'ofaïr-Iah'med-ibn-Mo'âd; mais à la page ٢٣٢, l. 18, il avait écrit غفير (R'ofaïr), comme on le trouve écrit dans El-Bekrî.

ans¹. Son père, en mourant, lui avait recommandé de cultiver l'amitié du souverain de l'Andalousie², conseil héréditaire dans cette famille, s'il faut en croire l'ambassadeur Zemmour, qui assure que, dès l'an 176, quand S'âlih'-ibn-T'ârif partit pour l'Orient³, laissant le commandement des *Berr'aoudľah* à son fils El-Iâs, il lui fit la même recommandation⁴. Ainsi, depuis le *Rif* jusqu'au fond du *Maghrib*, En-Nâs'ir ne comptait que des populations soumises ou amies.

Réduit à la possession de l'*Ifrîk'iah*, El-Mans'our restait plongé dans une inaction dont je me suis déjà étonné. On dirait qu'il avait épuisé toute son énergie dans la rude guerre qu'il avait faite à Abou-Iezîd pendant les deux premières années de son règne. En dehors des quelques faits sans importance que j'ai signalés, les historiens se taisent sur lui. On cherche vainement dans leurs récits une ligne qui témoigne de sa résistance aux envahissements de l'Espagne, et lorsque le nom d'El-Mans'our revient sous leur plume, c'est à l'occasion d'une partie de plaisir que fit ce prince et qui lui coûta la vie. Dans le mois de ramadhân 341 (du jeudi 20 janvier au 18 février 953 de J. C.), il sortit de *Mans'ouriah* pour aller se divertir à *Djeloula*. Il était accompagné de sa concubine K'adhîb⁵, qu'il aimait éperdument, et d'un certain nombre de ses familiers. Après quelques jours passés dans ce lieu de délices, ils furent,

Maladie d'El-Mans'our.

p. 129). — Ibn-Adzârî et Ibn-Khaldoun ont copié en l'abrégeant le document fourni par El-Bekrî sur l'ambassade de Zemmour; cependant ils ont dû avoir une autre source à leur disposition, car, sur quelques points, ils rectifient ou complètent ce document.

¹ Ibn-Khaldoun nous apprend qu'il fut tué en 368 dans une bataille contre les S'anhâdjah. (*H. d. B.*, t. I, p. ۴۷۸, l. 1 à 5; — t. II de la trad. franç., p. 131.)

² El-Bekrî, p. ۱۳۷, l. 12 et 13 (*J. A.*, t. XIII, p. 378, 5ᵉ série).

³ S'âlih', après avoir formulé un code religieux, qu'il disait, comme tous ses prédécesseurs, avoir reçu de Dieu lui-même, enseigna ce nouveau K'orân à son fils El-Iâs (ou Iaça¹), et lui fit promettre de ne le promulguer que quand il se sentirait assez fort pour ne craindre aucun danger. Ce fut alors, en 176, et après avoir gouverné son peuple pendant quarante-sept ans ᵃ, qu'employant un procédé renouvelé de Lycurgue, il partit pour l'Orient, promettant de revenir sous le règne du septième successeur de sa dynastie ᵇ. Il va sans dire qu'il ne reparut pas, et qu'on ignore la date de sa mort.

⁴ El-Bekrî, p. ۱۳۰, l. 19 et 20 (*J. A.*, t. XIII, p. 374, 5ᵉ série). — *Baïân*, t. I, p. ۲۴۳, l. 7.

⁵ قضيب veut dire «branche», et l'on avait sans doute ainsi nommé cette femme pour faire allusion à la souplesse de sa taille.

ᵃ C'est Ibn-Khaldoun qui nous fait connaître cette durée du règne de S'âlih' (*H. d. B.*, t. I, p. ۲۷۵, l. 17; — t. II de la trad. franç., p. 127). On ne la trouve indiquée ni par El-Bekrî ni par Ibn-'Adzârî.

ᵇ Et non de son septième successeur, comme le lui fait dire Ibn-Khaldoun à la page ci-dessus citée. Abou-Mans'our-'Aïça fut ce septième prince à partir de T'arîf, comme le dit Ibn-Khaldoun lui-même (t. I, p. ۲۷۷, l. 10; — t. II, p. 130).

LIVRE QUATRIÈME. — CHAPITRE II.

à leur retour, assaillis par une bourrasque de pluie et de neige que chassait un vent violent, et rentrèrent transis de froid à *El-Mans'ourïah*. Ils avaient tellement souffert dans ce trajet d'une petite journée, que la plupart de ceux qui accompagnaient le prince moururent. Quant à lui, il tomba malade. Tous les secours de l'art furent inutilement employés : il succomba le vendredi 28 chaouâl 341 (18 mars 953 de J. C.), après un règne de sept ans et quinze jours, à l'âge de trente-neuf ans[1]. Les symptômes de sa maladie n'avaient pas pris tout d'abord un caractère alarmant, car, bien que déjà malade, il avait fait la

Sa mort.

---

[1] *Chronique* d'Ibn-H'ammâd[a] (*J. A.*, t. XX, p. 501, 4ᵉ série). — *El-Kâmil*, t. VIII, p. ٣٧٣, l. 9 et 10[b]. — Ibn-Khallikân, n° ٩٧ de l'édit. Wüstenfeld, fasc. 1, p. ١٣٧, l. 7 à 10[c] (t. I de la trad. angl., p. 220). — El-Makîn[d], *Hist. sarac.*, lib. III, cap. IV, p. 222, l. 26 à 30. — *Baïân*, t. I, p. ٢٢٤, l. 3 à 5. — Abulfedæ *Annal. muslem.*, t. II, p. 458, lin. ult. — Abou-'l-Mah'âcin, *En-Nodjoum*, t. II, p. ٣٣٢, l. 1 et 2, et p. ١٣٤, l. 6 et 7. — El-K'aïraouâni[e], *Hist. de l'Afr.*, liv. IV, p. 105 et 106. — Ibn-el-Athîr, El-Makin, Ibn-'Adzârî, Abou-'l-Fedâ, s'accordent à faire mourir El-Mans'our à l'âge de trente-neuf ans; Abou-'l-Mah'âcin (p. ٣٣٢, l. 8) et El-K'aï-raouâni disent quarante ans; et nous savons, en effet, par Ibn-Khallikân que quelques auteurs placent la naissance d'El-Mans'our en 301. Quant à la durée du règne, à l'exception d'Ibn-Khallikân, à qui on fait dire sept ans et *six* jours, tous s'accordent à un, deux ou trois jours près, et Ibn-'Adzârî donne avec une exactitude rigoureuse sept ans quinze jours. Ils sont unanimes pour démentir Ibn-Khaldoun, qui prétend qu'El-Mans'our mourut le 8 ramadhân 341[f] (jeudi 27 janvier 953 de J. C.). M. Silvestre de Sacy[g], avec tous les auteurs, a fixé la mort d'El-Mans'our à la fin de chaouâl 341 (mars 953 de Jésus-Christ).

[a] M. Cherbonneau dit «vendredi, dernier jour de chaouâl[1*],» et je ne suis pas convaincu que son texte s'exprime exactement ainsi, car celui d'Ibn-Khallikân, publié par M. de Slane, dit (p. ١١٣, l. 20) : يوم الجمعة آخر شوال que M. de Slane a traduit (t. I, p. 220) par «vendredi 29 chaouâl 341.» Or, c'est le 28 chaouâl qui tombe un *vendredi*; la traduction serait parfaitement fidèle en disant «vendredi fin de chaouâl 341,» et l'on n'apporterait aucun trouble dans le calendrier. Ibn-H'ammâd fixe la durée du règne à sept ans *dix-sept* jours.

[b] A la même page, l. 15 à 24, il raconte la partie de plaisir et ses suites; à la page ٣٧٣, l. 1 à 13, il entre, sur le traitement prescrit par les médecins, dans des détails qui ont été reproduits par Ibn-Khallikân, et que je supprime. Il résulte de ces détails qu'El-Mans'our serait mort d'insomnie, comme le dit aussi El-K'aïraouâni.

[c] A la ligne 20 de la même page, l'auteur dit qu'El-Mans'our avait régné sept ans et *six* jours. Le texte publié par M. de Slane (p. ١١٣, l. 2) dit aussi ستة أيام, et comme Ibn-Khallikân, avec tous les auteurs, a placé la mort d'El-K'âiem au 13 chaouâl 334, il en résulte que les divers manuscrits ont omis le mot عشر, ce qui, du reste, placerait la mort d'Isma'îl au 29 chaouâl 341; mais alors il faudrait dire *samedi* 29 chaouâl 341.

[d] Il fixe la durée du règne à sept ans et *seize* jours, comme le font aussi Ibn-el-Athîr et Abou-'l-Fedâ.

[e] Seul, il fixe la durée du règne à sept ans et *dix-sept* jours.

[f] *Hist. des Fât'im.*, § XII (*H. d. B.*, append. II ou t. II de la trad. franç., p. 541). — Peut-être Ibn-Khaldoun nous donne-t-il là, sans s'en douter, la date de la partie de plaisir qui coûta si cher à El-Mans'our. On pourrait d'autant plus le croire que, dans un autre passage, cité textuellement par M. Noël Desvergers, sans dire auquel des ouvrages d'Ibn-Khaldoun il l'emprunte, celui-ci place la mort d'El-Mans'our à la fin de ramadhân (سلخ رمضان) de l'année 341 (*Hist. de l'Afrique et de la Sicile*, p. 169, note 86).

[g] *Exposé de la religion des Druzes*, t. I, p. CCLXXVII, in-8°, de l'I. R., 1838.

[1*] Il ajoute : «ou, selon d'autres, en 339,» et comme on ne trouve nulle part cette date reproduite, on pourrait croire qu'un manuscrit mal écrit l'a empêché de lire «à l'âge de 39 ans.» El-Mans'our succomba, selon lui, à une affection du foie.

prière le jour de la *fête du Fit'r*[1] (عيد الفطر), qui clôt le jeûne du ramadhân. Son fils Abou-Temîm-Ma'add récita la prière sur lui[2], et il fut inhumé dans son palais de *S'abra*[3]. Les historiens s'accordent à vanter son courage. Nous l'avons vu en donner de nombreuses preuves dans la guerre acharnée qu'il eut à soutenir contre Abou-Iezîd. Ils s'accordent aussi à vanter son éloquence, la clarté de son élocution, la rare facilité avec laquelle il improvisait et, ce qui est plus important, sa justice envers les ra'ïas ainsi que son zèle à les soulager des charges vexatoires que son père avait fait peser sur eux[4]. J'ai déjà dit que l'apparente insouciance qu'il montra dans les quatre dernières années de son règne me paraissait inexplicable; peut-être des documents ultérieurs jetteront-ils quelque lumière sur cette singulière contradiction de ce prince avec lui-même. Mais quand on songe qu'El-Mans'our avait reçu de son père, en 334, un royaume réduit à une seule ville étroitement assiégée, et qu'en 341 sa domination était bien établie depuis la *petite Syrte* jusqu'au *pays des S'anhâdjah* inclusivement, on ne peut refuser à ce prince la gloire d'avoir sauvé d'une ruine imminente la dynastie dont il n'était que le troisième représentant, et d'avoir, par ce seul fait, joué un rôle important dans les hautes destinées réservées aux FÂT'IMITES.

IV. EL-MO'IZZ-LIDÎN-ALLAH.

El-Mans'our laissait dix enfants, cinq garçons et cinq filles[5]. Son fils Abou-Temîm-Ma'add, plus connu sous le nom d'El-Mo'izz-Lidîn-Allah («qui exalte la religion de Dieu»), qu'il avait désigné, lui succéda. Né à *El-Mahdïah* le lundi 10 ramadhân 319[6] (26 septembre 931 de J. C.), il avait vingt-deux ans

---

[1] *Baïân*, t. I, p. ٢٢٤, l. 2 et 3.
[2] *En-Nodjoum*, t. II, p. ٣٧١², l. 5.
[3] *El-Kâmil*, t. VIII, p. ٣٧١², l. 9. — El-K'aïraouâni, p. 105. — Ibn-Khallikân dit à *El-Mahdïah* (fasc. 1, p. ١٣٧v, l. 19).
[4] *En-Nodjoum*, t. II, p. ٣٧١², l. 6 à 8.
[5] *En-Nodjoum*, t. II, p. ٣٧١², l. 9.
[6] *El-Kâmil*, t. VIII, p. ٢٨٨, l. 7 à 10. — Ibn-Khallikân, n° ٧٣٧, fasc. VIII et IX, p. ١١٧, lin. ult. — El-Makîn[a], *Hist. sarac.*, p. 233, l. 31 à 37. — *Baïân*, t. I, p. ٢١٣, l. 12 et 13, p. ٢٢٤, l. 10 et 11. — *Abulfedœ Annal. muslem.*, t. II, p. 524, l. 10 et 11. — Abou-'l-Mah'âcin, *En-Nodjoum*, t. II, p. ٣٣٠, l. 5. — El-

K'aïraouâni, *Histoire de l'Afrique*, p. 106. — Ce dernier auteur et El-Makîn n'indiquent que l'année de la naissance d'Abou-Temîm; Ibn-el-Athîr et Abou-'l-Fedâ précisent le 11 ramadhân 319; Ibn-Khallikân et Abou-'l-Mah'âcin, plus précis encore, disent le *lundi* 11 ramadhân 319; mais cette date tombe un *mardi*; c'est pourquoi j'ai adopté la version d'Ibn-'Adzâri, qui dit, avec une exactitude complète, le *lundi* 10 ramadhân 319. Je dois maintenant expliquer comment M. Quatremère a été entraîné à dire qu'Abou-Temîm-Ma'add «vint au monde le 15 ramadhân 317, et «qu'il était âgé de vingt-quatre ans quand il «monta sur le trône[b].» Il est très vrai qu'Ibn-el-

---

[a] Il dit qu'il mourut en 365, à l'âge de quarante-six ans; il admet donc bien qu'il naquit en 319.
[b] *J. A.*, t. II, p. 401 et 402, 5° série.

quand il monta sur le trône. Il se mit aussitôt à l'œuvre, apportant un soin assidu aux affaires de l'État, y faisant sentir un esprit organisateur, et, le 7 dzou-'l-h'idjah (lundi 25 avril 953 de J. C.), après avoir consacré plus d'un mois à établir l'ordre dans les diverses branches de l'administration, il fit introduire en sa présence et reçut, assis sur un trône, les grands de l'État et une foule d'hommes du peuple. Tous ensemble le saluèrent khalife et l'appelèrent du nom d'El-Mo'izz-Lidîn-Allah[1]. C'est là ce qu'Abou-'l-Mah'âcin appelle le renouvellement de son investiture[2]. Il ne témoigna aucune affliction de la mort de son père. Bientôt, en moh'arram 342 (dans la première quinzaine de juin 953), on vit arriver à *El-Mans'ouriah* El-H'assan-ibn-'Ali, qui venait solliciter pour son fils Ah'med le gouvernement de la *Sicile*, et le départ d'El-Mo'izz contribua sans doute à la lenteur de la réponse, qui se fit attendre jusqu'en 343[3]. Le nouveau souverain partait pour faire une tournée dans ses États, visiter tous les points importants, s'enquérir de la manière dont les affaires publiques y étaient traitées, et nommer au gouvernement des différents districts des hommes dont la capacité et la vigueur lui étaient connues[4]. Ce fut ainsi qu'il confia *Bâr'âi* à son affranchi K'aïsar, dont la fermeté mêlée de douceur ne tarda pas à gagner les cœurs des Berbers et à rallier les populations qui s'étaient éloignées[5]. En même temps, il pénétrait dans l'*Aurâs*, re-

342 de l'hégire (953-954 de J. C.).

Expédition dans l'Aurâs.

Athîr, dans un passage[a], dit que ce prince avait vingt-quatre ans à son avènement au trône; mais c'est une erreur qu'il rectifie plus loin, à la page que j'ai citée ci-dessus. Abou-'l-Fedâ[b] a copié mot à mot les deux passages d'Ibn-el-Athîr. et M. Quatremère, qui n'a consulté, dans Abou-'l-Fedâ, que celui des passages où l'âge est inexactement donné, en a déduit fautivement la date de la naissance. Seulement je ne sais pourquoi il dit le *quinze* ramadhân, et surtout je ne m'explique pas comment, pour justifier sa date du 15 ramadhân 317, il renvoie à Ibn-Khallikân, à El-Makîn et à Abou-'l-Mah'âcin, qui, tous trois, placent en 319 la naissance d'Abou-Temîm-Ma'add. Du reste, à la fin de son travail, M. Quatremère rectifie son erreur, et place la naissance d'El-Mo'izz au 11 ramadhân 319[c].

[1] *El-Kâmil*, t. VIII, p. ٣٧٦, l. 14 et 15. — Ibn-Khallikân[d], n° ٧٣٧, fasc. VIII et IX, p. 110, l. 15 à 18. — Abou-'l-Mah'âcin, t. II, p. ٣٣٧, l. 9 et 10. — El-K'aïraouâni, p. 106.
[2] *En-Nodjoum*, t. II, p. ٢٢١, l. 3 et 4. — El-K'aïraouâni (p. 106) s'exprime avec peu d'exactitude en disant d'El-Mo'izz : «Il fut proclamé en chaoûâl, d'autres disent en dzou-'l-h'idjah 341.»
[3] Il était d'ailleurs naturel que le nouveau khalife prît le temps de réfléchir sur un acte de cette importance.
[4] Ibn-Khallikân, fasc. VIII et IX, p. 110, l. 18 à 20.
[5] Ibn-Khaldoun, *Histoire des Fât'imites*, § XII (*H. d. B.*), append. II au t. II de la trad. franç., p. 542).

[a] *El-Kâmil*, t. VIII, p. ٣٧٦, l. 16.
[b] Abulfedæ *Annal. muslem.*, t. II, p. 460, l. 6. J'ai cité l'autre passage ci-dessus.
[c] *J. A.*, t. III, p. 204, 3ᵉ série.
[d] Il dit le *dimanche* 7 dzou-'l-h'idjah; mais si ce fut un dimanche, il faudrait dire 6 dzou-'l-h'idjah.

fuge de tous les mécontents, et parcourait en tous sens ce massif de montagnes, où non seulement il reçut la soumission des *Beni-Kemlân* et des *Melîla*, deux fractions des *Hooudrah*[1] restées jusque-là insoumises, mais, ce qui était bien plus important, Moh'ammed-ibn-Khazer vint en personne demander l'amân et reconnaître l'autorité d'El-Mo'izz[2]. Ibn-Khaldoun confirme ce grave événement dans les termes suivants : « En l'an 342, El-Mo'izz pénétra avec une armée « dans l'*Aurès*, parcourut cette montagne en tous sens et accueillit la sou-« mission des *Beni-Kemlân* et des *Melîla*, tribus haouâriennes. Il agréa aussi la « soumission de Moh'ammed-ibn-Khazer, qui, depuis la mort de son frère « Ma'bed, n'avait cessé d'implorer sa grâce[3]. » Cette dernière assertion, qu'Ibn-Khaldoun ajoute aux lignes qu'il emprunte manifestement à Ibn-el-Athîr, paraît d'autant plus hasardée qu'elle est démentie par lui-même, comme on va le voir. J'ai dit que Ia'la-ben-Moh'ammed avait enlevé *Tâhart* aux *Maghrâouah*, et j'ai supposé que Moh'ammed-ibn-Khazer adressait au souverain omaïade de vaines instances pour obtenir la réparation de cette usurpation; mais un coup bien plus sensible devait être porté au chef des *Maghrâouah* et lui faire prendre une de ces résolutions sur lesquelles on ne revient plus. Nous savons qu'en 341 H'omeïd-ibn-Ies'el était gouverneur de *Tikiçâs*. C'est donc à la fin de 341 ou au commencement de 342 que dut avoir lieu le changement de gouvernement de ce transfuge, devenu le fidèle serviteur des OMAÏADES. « En-« Nâs'ir, dit Ibn-Khaldoun, fit choix de H'omeïd-ibn-Ies'el pour gouverner « *Tlemcên*[4] et le pays qui en dépend; il confia, en même temps, le gouverne-

[1] Comme le dit aussi Ibn-Khaldoun (*H. d. B.*, t. I, p. ۱۰۷, l. 20, et p. ۱۷۷, l. 18 et 19; — t. I de la trad. franç., p. 170 et 275).

[2] *El-Kâmil*, t. VIII, p. ۳۷۲, l. 16 à 22. — Ibn-el-Athîr place ces événements en 346, et, bien que cette date soit écrite en toutes lettres dans le texte imprimé, je pense qu'elle a été copiée dans un manuscrit où on lisait ۳۴۲ et non pas ۳۴۶, erreur si facile à commettre en lisant ces chiffres. On en a la preuve par Ibn-Khaldoun, qui a emprunté ce passage au *Kâmil* (voy. la note 3 ci-dessous).

[3] *Hist. des Fât'im.*, § XII (*H. d. B.*, append. II au t. II de la trad. franç., p. 541 et 542). — El-K'aïraouâni place aussi cette expédition en 342 (*Hist. de l'Afr.*, liv. IV, p. 106). — Nous verrons, dans un instant, que ce ne fut pas par repentir mais par un motif de jalousie que le chef des *Maghrâouah* revint aux FÂT'IMITES, et c'est Ibn-Khaldoun lui-même qui nous le dira.

[4] Ibn-Khaldoun, dans un passage où il avait eu l'occasion de résumer l'historique de la famille de H'abbous, avait déjà dit, en parlant de H'omeïd-ibn-Ies'el : « Il commanda même à « *Tlemcên* au nom de la dynastie omaïade. Après « sa mort[a], son fils Ies'el-ibn-H'omeïd lui suc-« céda....... El-Modhaffer-ibn-Abi-'Âmir, étant « passé en *Maghrib*, donna à Ies'el-ibn-H'omeïd le « gouvernement de *Sidjilmâçah*, fait dont nous « parlerons ailleurs[b]. » Ce passage est important,

[a] Très malheureusement, la date de cette mort ne nous est donnée nulle part, à ma connaissance.
[b] *H. d. B.*, t. I, p. ۱۹۷, l. 5 à 8 (t. I de la trad. franç., p. 260).

« ment du *Maghrib* à Ia'la-ben-Moh'ammed. Jaloux de voir une telle distinction
« accordée à son rival, Moh'ammed-ibn-Khazer embrassa de nouveau le parti des

en ce sens qu'il sert à redresser une erreur grave commise par Ibn-Khaldoun lui-même; car, lorsque l'auteur arrive à parler de cette remise du gouvernement de *Sidjilmâçah*, il s'exprime ainsi : « Débarqué en 388, El-Modhaffer enleva le *Maghrib* aux *Beni-Khazer*, occupa *Fès*...... « H'omeïd-ibn-Ies'el, qui avait quitté les FÂT'I-MITES pour passer aux OMAÏADES, reçut alors de « lui le gouvernement de *Sidjilmâçah* [a]. » Or H'omeïd-ibn-Ies'el, qui fut nommé gouverneur de *Tâhart* en 319, était certainement mort en 388, et ce fut à son fils *Ies'et-ibn*-H'omeïd-ibn-Ies'el

qu'à cette date dut être remis le gouvernement de *Sidjilmâçah*, comme d'ailleurs le dit Ibn-Khaldoun dans le premier des passages que je viens de citer. A propos de ce Ies'el-ibn-H'omeïd, M. de Slane dit qu'Ibn-H'auk'al en fait mention [b]. Le savant traducteur se trompe, et c'est à lui-même que j'emprunterai le passage suivant d'Ibn-H'auk'al : « Quand je vis autrefois « *Ouâsken* [c], cette ville appartenait à H'omeïd-ibn-« Ies'el [d]. » Nous savons qu'Ibn-H'auk'al parcourait le pays des *Berr'aouât'ah* en 340, et l'on peut croire aisément que ce fut dans le même voyage

[a] *H. d. B.*, t. II, p. ٥٢, l. 16 et 17 (t. III de la trad. franç., p. 256 et 257). Il l'avait déjà dit p. ٢٩, l. 3 (t. III, p. 246), où il intitule à tort H'omeïd-ibn-Ies'el *El-Ketâmi*, au lieu de *El-Miknâci*, comme il le dit très bien p. ٥٢.

[b] *H. d. B.*, t. I de la trad. franç., p. 260, note 2.

[c] Place forte et mouillage entre *Arsch'koul* et *Orân*. On dirait que le manuscrit d'Ibn-H'auk'al porte اسكن, au lieu de اسلن, car il paraît s'agir de la ville de construction antique à laquelle El-Bekri donne le nom d'*Asten* [1ª], et qu'Edrisi place, sous le nom d'*Asldn* ou *Aslen*, à six milles (par mer) à l'est de l'embouchure de la *Téfná* [2ª]. Comme elle, elle était à l'est d'*Arschk'oul*; comme elle, elle était au bord d'une rivière et près de la mer; comme elle, elle était entourée d'une forte muraille en pierres de taille; et enfin El-Bekri dit : « 'Abd-er-Rah'mân « s'en empara, et Moh'ammed-ibn-Abi-'Âmir lui donna pour gouverneur H'omeïd-ibn-Ies'el, qui la reconstruisit [3ª]. » Ce passage, du reste, présente beaucoup de difficultés. Disons tout de suite que M. de Slane, en ajoutant, entre crochets, les deux mots [son ministre], a commis un grave anachronisme : le fameux Moh'ammed-ibn-Abi-'Âmir n'a jamais pu être le ministre d'Abd-er-Rah'mân. Quand ce prince mourut en 350, Ibn-Abi-'Âmir était un obscur étudiant âgé de vingt ans [4ª]; il devait faire sa fortune politique sous le règne d'El-H'akam, qui dura jusqu'en 366, et il ne devint le maître de l'Espagne que sous le règne d'Hischâm II. Il faudrait donc que ce fût postérieurement à 366 que H'omeïd-ibn-Ies'el eût reçu, d'Ibn-Abi-'Âmir, le gouvernement d'*Aslen*; mais alors, si, comme tout l'indique, l'*Aslen* d'El-Bekri est le *Ouâsken* d'Ibn-H'auk'al, celui-ci, qui publiait son ouvrage précisément en 366, ne pourrait pas s'exprimer comme il le fait dans le passage qui motive la présente note. Quant à El-Bekri, il a sans doute voulu parler de *Ies'el-ibn-*H'omeïd-ibn-Ies'el.

[d] *Descr. de l'Afr.*, § XXX (*J. A.*, t. XIII, p. 187, 3ᵉ série). Au lieu de Ies'el (يصل), il écrit Nezel (نزل).

[1ª] *El-Meçâlik oua'l-Memâlik*, p. ٧٩, l. 2 à 6 (*J. A.*, t. XIII, p. 139 et 140, 5ᵉ série).

[2ª] *Géographie*, t. II, p. 11 (Hartmann, *Edrisii Africa*, p. 187). Il dit ou on lui fait dire, par erreur, «de l'embouchure de *Mlouia*.» M. de Slane (*J. A.*, t. XIII, p. 139, note 2, 5ᵉ série) place *Aslen* au point que M. Bérard (p. 179) désigne par le nom d'*Ousta* (*Oulhâs'a*) et qu'il indique comme étant à sept milles de l'*île d'Arschk'oul*. El-Bekri (*J. A.*, t. XIII, p. 144, 5ᵉ série) compte treize milles d'*Aslen* à *Merça-'l-Mâ-'l-Medfoun*, et de là à la rade d'*Orân* six milles, d'où il résulterait que de l'embouchure de la *Téfná* à la rade d'*Orân* on ne devrait compter que vingt-cinq milles (environ huit lieues), ce qui est évidemment inexact. Edrisî, énumérant les distances depuis l'embouchure de la *Téfná* jusqu'au cap *H'arschâ* (*cap Falcon*), donne des chiffres dont le total forme cinquante-cinq milles (dix-huit lieues), et il est remarquable que, si, par un calcul très simple fondé sur les latitudes et les longitudes aujourd'hui bien connues de ces points, on cherche la longueur de la ligne droite tirée de l'*île d'Arschk'oul* à la pointe orientale du *cap Falcon*, on trouve à cette hypothénuse une longueur de dix-huit lieues.

[3ª] *El-Meçâlik oua'l-Memâlik*, p. ٧٩, l. 6 et 7 (*J. A.*, t. XIII, p. 140, 5ᵉ série). Ce passage ne se trouvait pas dans le manuscrit dont s'est servi M. Quatremère (*Notices et Extr.*, t. XII, p. 537).

[4ª] Il avait trente et un ans en février 930 (rebi II à djoumâdi I 361 de l'hégire). (Dozy, *Hist. des Musulm. d'Esp.*, t. III p. 122 et 123.)

« Fàt'imites. En l'an 342, il se rendit auprès d'El-Mo'izz, qui était monté sur
« le trône après la mort de son père Isma'îl, et reçut de ce monarque l'ac-
« cueil le plus honorable[1]. » Plus loin Ibn-Khaldoun, qui vient d'être si précis
sur la date à laquelle En-Nâs'ir combla le chef ifrénite de ses faveurs, paraît
hésiter sur la date de cet événement : « Ia'la-ben-Moh'ammed, dit-il, s'étant
« emparé du *pays des Zenâtah* et du *Maghrib central*, obtint, entre les années 340
« et 350, un diplôme par lequel En-Nâs'ir l'Omaïade le constituait gouverneur
« de ces régions et de *Tlemcên*[2]; » et M. de Slane ajoute en note que « ce fut
« en 343 ou 344[3]. » Mais le passage ci-dessus cité et la démarche de Mo-
h'ammed-ibn-Khazer, qui fut la conséquence d'une si grande faveur accordée à
Ia'la, ne laissent aucun doute sur la date que j'ai fixée plus haut (fin de 341
ou commencement de 342). — Quelques mots sur les événements récemment
accomplis en Espagne nous ramèneront bientôt au *Maghrib*.

Événements
d'Espagne.

Un comte de *Castille*, Ferdinand Gonzalez, avait profité de l'état d'impuissance où le double désastre de *Simancas* et d'*Alhandaga* plaçait En-Nâs'ir, pour
tenter encore une fois de rendre *la Castille* indépendante du *royaume de Léon*[4].
Cette tentative avait échoué. Vaincu et fait prisonnier, il avait eu la douleur
de voir Ramire II mettre son fils Sancho en possession du comté de *Castille*.
La présence de ce maître imposé exalta l'amour des Castillans pour leur *excellent comte* (comme ils l'appelaient); ils se levèrent comme un seul homme,
et le roi de *Léon*, cédant à cet irrésistible élan, mit Ferdinand en liberté,
mais sous des conditions qui lui en faisaient un irréconciliable ennemi, et qui

qu'il visita *Ouâsken*, dépendance de *Tlemcên*, dont
H'omeïd-ibn-Ies'el fut mis en possession à la fin
de 341 ou au commencement de 342. La manière dont s'exprime Ibn-H'auk'al en disant « autrefois » pourrait faire supposer qu'il parle de
la période de 333 à 336, où H'omeïd-ibn-Ies'el
fut maître de *Tâhart* et aurait pu s'emparer de
Ouâsken; mais cette ville est une dépendance si
naturelle de *Tlemcên*, que l'autre supposition est
plus vraisemblable. Quoi qu'il en soit, on voit
que c'est de H'omeïd et non de son fils Ies'el
qu'Ibn-H'auk'al fait mention.

[1] *Histoire des Berbers*, t. II, p. ٣٧, l. 9
à 12 (t. III de la traduction française, p. 232
et 233).

[2] *Histoire des Berbers*, t. II, p. ١٠٤, l. 19 à 21
(t. III de la trad. franç., p. 336). Le texte dit :
اعوام أربعين وثلاثمائة. On a vu, par quelques
précédents, que l'autorité de Ia'la sur *Tlemcên*
n'excluait pas qu'En-Nâs'ir eût un gouverneur
dans cette ville, et j'ai dit tout à l'heure que ce
gouverneur était H'omeïd-ibn-Ies'el.

[3] Je n'ignore pas qu'on lit dans le *K'art'âs*
qu'en 344 En-Nâs'ir s'empara de *Tlemcên*[*] ; j'ai,
sans hésitation, préféré ici les dates données par
Ibn-Khaldoun.

[4] Déjà, sous le règne d'Ordoño II (301 à 311
de l'hégire), la *Castille* s'était mise en rébellion
ouverte contre le roi de *Léon*. (Dozy, *Hist. des
Musulmans d'Espagne*, t. III, p. 64.)

[*] *K'art'âs*, p. ٤٣, l. 22 (p. 85 de la trad. lat.; — p. 137 de la trad. franç.).

LIVRE QUATRIÈME. — CHAPITRE II.

rendaient pour longtemps impossible toute alliance, même contre les Musulmans. L'affaiblissement qui résulta de cette désunion tourna, tout naturellement, au profit d'En-Nâs'ir, qui, de 333 à 336 (pendant la guerre d'Aboulezîd), fit sur les terres chrétiennes des razzias qui ne furent vengées que par la fameuse victoire de *Talavera*[1] (339 de l'hégire), victoire à laquelle Ramire II survécut peu : une maladie l'emporta dans la tombe en janvier 951[2] (du mercredi 19 redjeb au vendredi 19 cha'bân 339). Aussitôt une guerre de succession éclata entre Ordoño III, son fils aîné, et Sancho, qu'il avait eu d'une seconde femme[3]. «Dieu, dit Ibn-'Adzârî, fit naître cette guerre civile afin de «donner aux Musulmans l'occasion de remporter des victoires[4].» «En effet, «ajoute M. Dozy, pendant que les Chrétiens s'entr'égorgeaient sous les murs «de *Léon*, les généraux d'"Abd-er-Rah'mân triomphaient sur tous les points de «la frontière.» La revanche que prit Ordoño III en saccageant *Lisbonne*[5], quand il eut vaincu son frère Sancho, ne fut qu'une faible compensation aux maux que les armes musulmanes avaient fait souffrir aux Chrétiens. Ce fut pendant ces guerres civiles, qui durèrent jusqu'en 955[6] (343 à 344), qu'au dire d'Ibn-'Abd-el-H'alîm, El-Fâdhl, réduit à n'exercer à *As'îla* qu'une ombre de pouvoir sous un maître absolu, écrivit à *Cordoue* pour demander l'autorisation de venir prendre part à la guerre sainte, autorisation qu'il obtint aisément. Après avoir remis à son cousin[7] El-H'assan-ibn-el-K'âcem-Kennoun les rênes du petit gouvernement laissé aux Edrîsites, il se serait rendu en Espagne et aurait

---

[1] Qui eut lieu dans la dix-neuvième année de son règne, et ce règne fut de 19 ans 2 mois 25 jours[a].

[2] Dozy, *Recherches sur l'histoire et la littérature de l'Espagne au moyen âge*, t. I, p. 186 à 189, in-8°, Leyde, 1860.

[3] Dozy, *Hist. des Musulm. d'Esp.*, t. III, p. 73, in-8°, Leyde, 1861. — M. Romey avait pensé que Ramire II ne fut pas marié deux fois (*Hist. d'Esp.*, t. IV, p. 198, note 2, in-8°, Paris, 1839).

[4] *Baïân*, t. II, p. ΓΓΓ, l. 13 et 14.

[5] *Chronicon* de Sampiro, § 25 (*Esp. sagr.* t. XIV, p. 469 ; — Lucæ Tudensis *Chron. mundi in Hisp. illustr.*, t. IV, p. 84, lin. ult.). Si Ordoño III régna réellement cinq ans et six ou sept mois, selon celui de ces auteurs qu'on consulte, ce prince serait mort en juillet ou en août 956 (du jeudi 12 rebî 1 au dimanche 21 djoumâdi 1 345). M. Dozy place la mort d'Ordoño III au printemps de 957[b], c'est-à-dire au commencement de 346, car le 1ᵉʳ moh'arram 346 tombe le samedi 4 avril 957.

[6] Dozy, *Hist. des Musulm. d'Espagne*, t. III, p. 74 et 75.

[7] Ibn-'Abd-el-H'alîm dit «à son frère», puisqu'il fait El-Fâdhl *fils* d'El-K'âcem-Kennoun, tandis que, d'après El-Bekrî, que j'ai suivi, il est *neveu* d'El-K'âcem-Kennoun.

---

[a] *Chronicon* de Sampiro, § 24 (*España sagrada*, t. XIV, p. 468 ; — Lucæ Tudensis *Chronicon mundi in Hispania illustrata* de Schott, t. IV, p. 84, l. 35 ; in-fol., Francofurti, 1508).

[b] *Hist. des Musulmans d'Espagne*, t. III, p. 78, et la note 1 de cette page 78.

reçu la couronne du martyre en 343[1]. Le même auteur place ici la splendide réception qui fut faite à El-Fâdhl à son arrivée en Espagne, sans s'apercevoir que cette réception, placée par El-Bekrî en 332, et qui *alors* non seulement avait sa raison d'être mais produisit ses effets, n'aurait été en 342 qu'une insultante dérision, puisqu'elle se serait adressée à un prince qu'En-Nâs'ir avait dépouillé, humilié, et dont il retenait en otages le fils et le petit-fils. Évidemment l'auteur du *K'art'âs* commet ici un anachronisme de dix années; il n'est pas vrai qu'El-Fâdhl reçut, à cette époque, en Espagne, les honneurs d'une fastueuse réception; il n'est pas vrai non plus qu'il mourut en 343, car un passage d'El-Bekrî nous apprend qu'il vivait encore en redjeb 354[2], et Ibn-'Abd-el-H'alîm lui-même dit que le règne d'El-H'assan-ibn-el-K'âcem-Kennoun en *Maghrib* commença en 347[3], ce qui jette tout au moins de l'incertitude sur sa première assertion. En mettant de côté tout le récit relatif à la guerre sainte, en ce qui concerne la part qu'y aurait prise El-Fâdhl en 342 et 343, on serait conduit à admettre que ce prince remit en 347[4] à El-H'assan-ibn-Kennoun un pouvoir qui n'était pour lui qu'une source de regrets et d'amertume, et que, consacré à une vie de retraite, il vivait encore en 354.

343 de l'hégire (954-955 de J. C.).

Lorsqu'en 324 Meïçour, vainqueur du *Maghrib*, retournait en *Ifrîk'iah*, châtiant, chemin faisant, les villes qui avaient profité de la longue résistance de *Fés* pour lever l'étendard de la révolte et se prononcer en faveur des Omaïades, Ibn-Khaldoun nous a représenté le seigneur d'*Orân* s'excusant, faisant sa soumission, et abandonnant de nouveau les Fât'imites, aussitôt que le général d'Abou-'l-K'âcem s'était éloigné. Il est douteux que, de 324 à 333, Moh'ammed-ibn-Abi-'Aoun ait osé faire une manifestation quelconque; il exerçait son petit pouvoir à *Oran* sous l'œil du gouverneur de *Tâhart*, Dâoud-ibn-Ibrâhîm-el-'Adjîci, dont la fidélité ne fut jamais soupçonnée. Ce qu'il y a de plus vraisemblable, c'est qu'Ibn-Abi-'Aoun, tout en conservant ses opinions, s'abstint de les manifester. Au contraire, lorsqu'en 333 H'omeïd-ibn-Ies'el s'empara de *Tâhart*, et pendant toute la durée de la guerre d'Abou-lezîd, le seigneur d'*Orân* put témoigner hautement de son attachement à la cause vers laquelle l'en-

---

[1] *K'art'âs*, p. ⁂, in fine (p. 74 et 75 de la trad. lat ; — p. 119 et 120 de la trad. franç.). — Tout ce passage du *K'art'âs* a été copié par Ibn-Khaldoun (*H. d. B.*, t. I, p. ⁂, l. 18 à 22; — t. II de la trad. franç., p. 149). — Voir aussi El-K'aïraouâni, *Histoire de l'Afrique*. liv. VI, p. 172.

[2] *El-Meçâlik oua'l-Memâlik*, p. ⁂, l. 15 et 16 (*Journal asiatique*, t. XIII, p. 366, 5ᵉ série).

[3] *K'art'âs*, p. ⁂, l. 1 et 2 (p. 80 de la trad. lat.; — p. 129 de la trad. franç.).

[4] Comme l'a admis M. de Slane (*J. A.*, t. XIII, p. 190, note 1, 3ᵉ série).

traînaient ses sympathies et sans doute aussi l'intérêt du commerce de sa ville. On ne voit cependant pas qu'El-Mans'our, qui châtia les *Loouâtah* pendant son séjour dans la région de *Tâhart*, ait rien entrepris contre le seigneur d'*Orân*; ce qui autorise à supposer que celui-ci avait agi avec prudence, contrairement à l'assertion d'Ibn-Khaldoun. Il semblerait qu'à l'instant où toutes les tribus du *Maghrib-el-Aouçat* se rallièrent aux OMAÏADES, et où Ia'la-ben-Moh'ammed-el-Ifreni fit réciter la prière, *depuis Tâhart jusqu'à Tanger*, au nom du khalife En-Nâs'ir[1], il semblerait, dis-je, que la position d'Ibn-Abi-'Aoun eût dû prendre une stabilité qu'elle n'avait peut-être jamais eue. Il en fut autrement. Par une cause que le récit qui va suivre est loin d'expliquer d'une manière satisfaisante, Ia'la fit entendre au khalife « que la soumission d'Ibn-Abi-« 'Aoun n'était qu'apparente, et que la haine des *Azdâdja* pour les *Zenâtah*, haine « entretenue par le proche voisinage des deux peuples, les empêchait d'être « fidèles à l'empire omaïade, » apparemment parce que cette haine s'opposait à leur union dans une même cause; il demandait, en conséquence, l'autorisation de porter la guerre chez eux. En-Nâs'ir aurait pu répondre que depuis plus d'un demi-siècle les *Azdâdja* avaient pour seigneur un Musulman d'Espagne, dont le penchant pour les OMAÏADES s'était manifesté dans plus d'une circonstance, et que ces Berbers n'avaient jamais rien entrepris contre lui. L'autorisation fut purement et simplement accordée. « Les *Azdâdja*, ajoute Ibn-« Khaldoun, cernés dans la montagne de *K'aïdara* en 343[2], furent écrasés et « dispersés par Ia'la, qui, aussitôt après cet exploit, mit le siège devant *Orân* et « l'emporta d'assaut. La ville fut incendiée par son ordre; une grande partie « des *Azdâdja* fut massacrée, et les personnages les plus considérables de cette

Ia'la détruit la ville d'*Orân*.

[1] *H. d. B.*, t. II, p. ٢٢, l. 6 et 7 (t. III de la trad. franç., p. 213).

[2] Cette date est empruntée à El-Bekrî, qui place ce fait d'armes un *samedi* milieu de djoumâdi 343. Or c'est nécessairement le 15 djoumâdi-*el-aoüel*, car, dans cette année, le 15 djoumâdi-*el-akhir* tombe un *lundi*. Cet auteur écrit قبدر (*K'aïdar*) et جَيْدَر (*Djaïdar*) le nom de la montagne qu'Ibn-Khaldoun écrit كبدرة (*Kaïdara*) et كيدرة (*Kaïdzara*)[b], et qu'il indique comme dominant *Orân*. D'un autre côté, El-Bekrî dit que *Tensâlmet*[c] est au pied de cette montagne[d]. Il est permis de conclure de ces diverses indications que *K'aïdara* était le nom du massif qui, à partir d'*Orân*, se dirige à l'ouest-sud-ouest.

[a] *El-Meçâlik oua'l-Memâlik*, p. VI, l. 1 à 3 (*J. A.*, t. XIII, p 123, 5ᵉ série).
[b] *H. d. B.*, t. I, p. ١٣, l. 5, et p. ١٨٣, l. 20, t. II, p. ١٣٥, l. 6 (t. I, p. 101 et 284, t. III de la trad. franç., p. 374).
[c] Nos cartes indiquent cette localité à quatre kilomètres ouest de *Miserghin*, qui est à douze kilomètres sud-ouest d'*Orân*.
[d] *El-Meçâlik oua'l-Memâlik*, p. VI, l. 15 (*J. A.*, t. XIII, p. 124, 5ᵉ série).

«tribu émigrèrent en Espagne[1].» El-Bekrî nous apprend qu'en dzou-'l-k'a'-
dah 343, six mois après la bataille livrée aux *Azdâdja*, Ia'la transporta les
habitants d'*Orân* à la ville qu'il venait de fonder (à *Ifkân*); qu'alors *Orân* fut
dévastée et brûlée pour la seconde fois[2], et resta abandonnée pendant un certain nombre d'années[3]. On ne saurait admettre que le désir de peupler sa récente fondation ait entraîné Ia'la à dévaster une ville qui, par cela seul qu'elle
était port de mer, n'était et ne pouvait être la rivale d'*Ifkân*. Aussi, vu la complète insuffisance des motifs allégués auprès du khalife omaïade pour justifier
la nécessité du massacre des *Azdâdja* et de l'incendie d'*Orân*, je ne puis guère,
comme explication, m'arrêter qu'à la pensée de la haine traditionnelle qui
animait les deux tribus. Les *Azdâdja* descendaient de Bernès, et les *Zendtah*
appartenaient à la souche de Mâdr'is.

De pareils actes, accomplis par le vassal qui résumait en lui la puissance
d'En-Nâs'ir dans le *Maghrib*, étaient de nature à inquiéter El-Mo'izz. Les *S'anhâdjah*, autres descendants de Mâdr'is, lui servaient de rempart du côté de
l'ouest, et il pouvait craindre soit que cette tribu ne fût à son tour attaquée,
soit qu'elle ne se laissât entraîner; car, à cet instant, la défaite ou la défection
des *S'anhâdjah* eût été la perte de l'empire fât'imite. Ce fut sans doute pour
s'assurer des dispositions de leur chef, et en même temps pour se concerter
avec lui, qu'El-Mo'izz, en 343, appela d'*Aschîr* Zîri-ben-Menâd, auquel il fit
un riche présent avant de le renvoyer dans son gouvernement[4]. On eût dit

Ses habitants sont transportés à Ifkân.

[1] *H. d. B.*, t. I, p. ۱۸۳, l. 18, à p. ۱۸۴, l. 1
(t. I de la trad. franç., p. 284). Ibn-Khaldoun
mentionne de nouveau, mais avec moins de
détails, la prise d'*Orân* par Ia'la au tome II,
p. ۳۳ in fine, et p. ۳۷, l. 8 et 9 (t. III de la trad.
franç., p. 213 et 232).

[2] On sait qu'elle avait été incendiée en dzou-
'l-k'a'dah 297.

[3] *El-Meçâlik oua'l-Memâlik*, p. VI, l. 3 à 6
(*J. A.*, t. XIII, p. 123, 5° série). Au dire d'Ibn-
Khaldoun, la ville d'*Orân* ne fut relevée de ses
ruines qu'environ un demi-siècle après sa destruction. Lorsqu'en 387 et 388 (997 et 998 de
J. C.), Ibn-Abi-'Âmir porta la guerre à Zîri-ben-
Ât'ïa, guerre dont il confia la conduite d'abord
au général Ouâdhih, puis à son propre fils, 'Abd-
el-Melik-el-Modhaffar, il se trouva dans les
rangs de l'armée omaïade un certain Khazroun-
ibn-Moh'ammed, un des chefs des *Azdâdja*, qui,
en 343, s'était réfugié en Espagne, où il avait conquis le grade d'officier supérieur des troupes entretenues par le vizir. Ce Khazroun «releva la ville
«d'*Orân*, qui n'était qu'un monceau de ruines,
«s'y fixa avec sa famille et ses enfants, qu'il en-
«voya chercher à *Ifkân*, où ils habitaient alors[1].»

[4] Ibn-Khaldoun, *Histoire des Fât'imites*, § XII
(*H. d. B.*, append. II au t. II de la trad. franç.,
p. 542).

[a] *H. d. B.*, t. I, p. ۱۸۲, l. 1 à 4 (t. I de la trad. franç., p. 284). Pour la date de cette guerre, voir *ibid.*, t. II,
p. ۴۵, l. 1 à 19, et p. ۵۶, l. 14 (t. III de la trad. franç., p. 244 à 246 et 256). Voir aussi le *K'art'âs*, p. ۴۰,
l. 27, à p. ۴۷, l. 8 (p. 89 et 90 de la trad. lat.; — p. 144 à 147 de la trad. franç.), et Dozy, *Hist. des Musulm.
d'Espagne*, t. III, p. 227, et p. 235 à 237.

que le prince fât'imite pressentait qu'En-Nâs'ir allait bientôt l'attaquer directement, dans l'espoir de le réduire à l'état où il avait réduit les Edaîsites[1], et les actes du khalife omaïade ne tardèrent pas à montrer la justesse de ce pressentiment. « En 955 (343-344 de l'hégire), Ordoño III avait envoyé un ambassadeur à la cour de *Cordoue* pour demander la paix. 'Abd-er-Rah'mân, « qui la désirait aussi, parce qu'il avait l'intention de tourner ses armes d'un « autre côté, prêta l'oreille aux ouvertures d'Ordoño, et dans l'année suivante « (956 de J. C.) il envoya à *Léon*, en qualité d'ambassadeur, Moh'ammed-« ibn-H'ossaïn...... Les négociations ne furent pas longues...... Un traité « de paix fut signé. Peu de temps après, 'Abd-er-Rah'mân en conclut un autre « avec Ferdinand Gonzalez[2]. » Cet autre côté vers lequel il avait l'intention de tourner ses armes était l'*Ifrîk'iah*, et le projet d'En-Nâs'ir était si bien avoué, que le capitaine d'un navire envoyé par lui à *Alexandrie* dans un but de commerce, ayant rencontré en mer un courrier que le gouverneur de *Sicile* expédiait à El-Mo'izz, n'hésita pas à attaquer le navire sicilien et à le piller, après l'avoir pris[3]. Je sais bien que M. Dozy suppose que « 'Abd-er-Rah'mân « soupçonnait peut-être que les dépêches dont le courrier était porteur con-« tenaient un plan d'attaque contre l'Espagne[4]; » mais il aurait fallu que ce soupçon fût né dans l'esprit du khalife avant le départ de son navire pour *Alexandrie*, et il est plus que vraisemblable que le capitaine avait l'ordre d'attaquer le vaisseau quelconque (courrier ou non) qu'il rencontrerait, pourvu qu'il appartînt au prince fât'imite. C'était une véritable déclaration de guerre, et 'Abd-er-Rah'mân était évidemment l'agresseur. Aussitôt El-Mo'izz envoya à El-H'assan-ibn-'Ali, *gouverneur de la Sicile*, l'ordre d'opérer une descente sur la côte d'Espagne. Cet officier ravagea le territoire d'*Almeria*[5], et rapporta

Marginalia: 344 de l'hégire (955-956 de J. C.). — Capture d'un courrier sicilien. — Représaille

---

[1] On voit que, sans rien changer aux faits, je les interprète autrement que le savant Dozy[a]. C'est qu'en effet je ne pense pas qu'on puisse dire, *à cet instant*, que «la puissance des Fât'-« imites croissait de jour en jour,» ni que «El-« Mo'izz, en 955 (343-344 de l'hégire), méditait « une descente en Espagne,» quand rien ne le prouve, quand sa position est loin de pouvoir lui en inspirer la pensée, et quand l'attaque que nous allons le voir diriger contre *Almeria* ne fut, sans conteste, qu'une *représaille*.

[a] *Hist. des Musulm. d'Espagne*, t. III, p. 76.

[2] Ibn-Khaldoun, cité par M. Dozy (*Hist. des Musulm. d'Espagne*, t. III, p. 75 et 76).

[3] *El-Kâmil*, t. VIII, p. ﮐﺎﮐ, l. 21, à p. ﮐﺎﻩ, l. 8. — Abulfedæ *Annal. muslem.*, t. II, p. 462, l. 7 à 19.

[4] *Histoire des Musulmans d'Espagne*, t. III, p. 76 et 77.

[5] Sur cette ville du *royaume de Grenade*, très connue d'ailleurs, voir : Edrîsî, t. II, p. 43 à 45 et p. 48; Abou-'l-Fedâ, *Géogr.*, p. ١٧٧, l. 16 à 20 (t. II de la trad. de M. Reinaud, p. 254).

316   ÉTUDE SUR LA CONQUÊTE DE L'AFRIQUE.

exercée sur Alme ía.

En-Nâs'ir attaque l'Ifrik'iah. 345 de l'hégire (956-957 de J. C.).

en *Sicile* un butin considérable avec de nombreux prisonniers. En-Nâs'ir, irrité de cette audacieuse descente sur ses terres, ordonna de maudire chaque jour les Chîites dans toutes les chaires de l'Espagne, et envoya à son tour sur les côtes de l'*Ifrîk'iah* une flotte commandée par son affranchi R'âlib. Une tentative de débarquement échoua devant la vigoureuse résistance des troupes africaines, et il fallut reprendre la mer[1]. Mais l'année suivante R'âlib revint dans les mêmes parages avec une flotte de soixante-dix vaisseaux, incendia *Mers-el-Khara*[2], dévasta les environs de *Sousa* et ravagea le territoire de *T'abark'a*[3]. Joseph Conde ne mentionne qu'une expédition; il remplace ces exploits divers par la prise de *Tunis*, et fait, avec un détail minutieux, l'énumération des richesses que Ah'med-ibn-Sa'îd (c'est le nom qu'il donne au commandant de cette expédition) rapporta en Espagne, où il fut comblé d'honneurs[4]. Je ne trouve nulle part, dans les historiens arabes, la mention de la prise de *Tunis*, et le silence des chroniques espagnoles sur cette conquête autorise à la tenir pour fort suspecte. Il se pourrait que ce fût devant *Tunis* qu'échoua l'expédition de 344; mais ce n'est là qu'une supposition sans preuve.

Nous savons que le gouvernement de *Fés* avait été remis en 341 à Ah'med-ibn-Bekr, qui, en 344, commença la construction du minaret de la mosquée du *quartier des K'airaouânites*, construction qu'il termina en rebî-el-akhir 345; et nous verrons bientôt que ce gouverneur fut encore, en 348, le défenseur malheureux de *Fés*. Je ne sais donc comment m'expliquer un passage d'Ibn-

---

[1] *Baïân*, t. II, p. ۲۳۷, l. 3 à 7. — Ibn-Khaldoun, *Hist. des Fât'imites*, § xii (H. d. B.), append. ii au t. II de la trad. franç., p. 542).

[2] Aujourd'hui *La Calle*. Voyez, sur cette ville, Ibn-H'auk'al[a], El-Bekri[b], Edrisi[c], El-K'azouîni[d], Abou-'l-Fedâ[e], S'afi-ed-Dîn[f].

[3] Ibn-Khaldoun, à la page citée note 2, p. 315. — Ibn-el-Athîr et Abou-'l-Fedâ, aux pages citées note 3 de la page précédente. — Voir aussi MM. Quatremère[g], Amari[h], Dozy[i].

[4] *Hist. de la domin. de los Arab. en Españ.*, capit. lxxxv, t. I, p. 444-446.

[a] *Description de l'Afrique*, § xx (*Journal asiatique*, t. XIII, p. 180, 3ᵉ série).
[b] *El-Meçâlik oua'l-Memâlik*, p. ٥٥, l. 12 et 18, p. ٨٣, l. 17 (J. A., t. XIII, p. 73, 74, 151, 5ᵉ série).
[c] *Géographie*, t. I, p. 266¹ᵛ, 267 et 275 (Hartmann, *Edrisii Africa*, p. 250, 258, 271, 273).
[d] *Kitâb Athâr-el-Belâd*, t. II, p. ١٧٣, l. 10 et seq.
[e] *Géographie*, p. ١٣٧, in fine, et p. ١٤١, l. 17 (t. II de la trad. de M. Reinaud, p. 191 et 195).
[f] *Marâs'id-el-It't'ilâ*, t. III, p. ٧٩, l. 5, à p. ٨٠, l. 2 (*Notices et Extr.*, t. XII, p. 510, note 1).
[g] *Vie de Mo'izz-Lidîn-Allah* (J. A., t. II, p. 404, 3ᵉ série, 1836).
[h] *Storia dei Musulm. di Sicil.*, t. II, p. 249 et 250, 1858.
[i] *Hist. des Musulm. d'Espagne*, t. III, p. 76 et 77, 1861.

²* A cette page il l'appelle *Mers-el-Djoun*.

Khaldoun ainsi conçu : « El-Bouri-ben-Mouça-ben-Abi-'l-Âfiah mourut en 345, « pendant qu'il assiégeait son frère Medien dans la ville de *Fés*[1]. » Ce passage est d'autant plus inexplicable que l'auteur ajoute immédiatement : « El-Bouri « eut pour successeur son fils Mans'our, lequel tint sa nomination d'En-Nâs'ir. « Le nouveau chef se rendit en Espagne, accompagné de son frère Abou-'l-« 'Aïsch, et reçut du khalife les mêmes témoignages de faveur que ce prince « avait déjà accordés à leur père. » Ou il faut admettre que le mot *Fés* est une faute de copiste dans le texte d'Ibn-Khaldoun, ou il faut ranger le *siège de Fés* par El-Bouri dans la même catégorie que la *prise de Tunis* racontée par Conde.

Mort d'El-Bouri.

Au commencement de 346 (printemps de 957 de J. C.), En-Nâs'ir, ayant résolu d'en finir avec l'*Ifrîk'iah*, faisait d'immenses préparatifs. « Les ouvriers, « dans les chantiers, n'avaient plus un moment de repos; de tous côtés des « troupes se dirigeaient vers les ports de mer, et l'on enrôlait des milliers de « matelots[2]. » En même temps on envoyait un nouveau gouverneur à *Ceuta*, avec ordre de fortifier la ville et d'élever ses murailles[3], lorsque la mort d'Ordoño III vint entraver tout à coup les projets du khalife, parce que Sancho, qui succédait à son frère Ordoño, refusa d'exécuter les traités récemment conclus[4]. Ce fut le salut d'El-Mo'izz; car, bien qu'Ibn-Khaldoun dise que ce prince était parvenu à étendre son pouvoir en *Ifrîk'iah* et en *Maghrib*, l'énumération qu'il fait est loin de venir à l'appui de cette assertion. Ainsi, il dit que toute la contrée qui s'étendait d'*Ifkân* à *Rammâda*[5] reconnaissait El-Mo'izz pour maître, et il ajoute immédiatement que *Tâhart* et *Ifkân* avaient pour gouverneur Ia'la-ben-Moh'ammed[6], ce qui veut dire que ces villes reconnais-

346 de l'hégire (957-958 de J. C.). Préparatifs d'En-Nâs'ir contre l'Ifrîk'iah.

Position des parties belligérantes.

---

[1] *H. d. B.*, t. I, p. ١٧٥, l. 2 et 3 (t. I de la trad. franç., p. 271).

[2] Dozy, *Hist. des Musulmans d'Espagne*, t. III, p. 78.

[3] *Baïân*, t. I, p. ٣٣٠, l. 5 à 7.

[4] Dozy, à la page 78 déjà citée note 2 ci-dessus, et voir la note 1 de cette page 78.

[5] S'afi-ed-Dîn place *Rammâda* dans le voisinage de la mer, entre *Alexandrie* et *Bark'a* (*Marâs'id-el-It't'ilâ*', t. I, p. ٢٨١, l. 12 et 13). Cette ville devait être assez voisine de la frontière égyptienne, ce qui rend singulier que M. Quatre-mère ait lu *Rak'k'âdah* au lieu de *Rammâda* (*J. A.*, t. II, p. 404, 3e série). — Soïout'i, *Lobb-el-Lobâb*, p. ١١٨, col. 2, l. 5.

[6] *Hist. des Fât'im.*, § xii (*H. d. B.*, append. ii au t. II de la trad. franç., p. 542). M. Quatre-mère (à la page citée note 5 ci-dessus) a copié le résumé que fait Ibn-Khaldoun des États d'El-Mo'izz et des personnages qui y commandaient. El-K'aïraouâni complète ce résumé en donnant les noms[a] des gouverneurs de *K'âbes*, de *Sort*, d'*Adjedâbia* et de *Bark'a* (*Hist. de l'Afr.*, liv. IV, p. 106 et 107).

---

[a] Je m'abstiens de reproduire ces noms, parce qu'ils paraissent plus ou moins défigurés. C'est ainsi qu'il nomme Alfah' le gouverneur de *Bark'a* qu'Ibn-Khallikân nous apprend se nommer Aflah' (*Kitâb Ouafaïât-el-A'iân*, n° ١٢٢, fasc. ii, p. ٩٨, l. 19; — t. I de la trad. angl.).

saient l'autorité d'En-Nâs'ir, dont Ia'la était le vassal dévoué, le bras droit en *Maghrib*. Dans la réalité, depuis cinq ans qu'El-Mo'izz régnait, il avait soumis les *Beni-Kemlân* et les *Melîla* de l'*Aurès*, ce qui n'ajoutait rien aux États qu'il avait reçus de son père, et sa seule conquête était la soumission de Moh'ammed-ibn-Khazer. K'aïsar commandait à *Bâr'âi*[1]; Dja'far-ibn-Ali-'l-Andalousi était depuis 334 gouverneur de *Mesîla et du Zâb*, et Zîri-ben-Menâd, qui résidait dans sa ville d'*Aschîr*, exerçait son pouvoir sur toute la région occupée par les *S'anhâdjah*. A partir de ce territoire, en s'avançant vers l'ouest, on pourrait dire qu'on entrait dans les possessions du souverain d'Espagne, car *Tâhart* et *Ifkân*, comme je viens de le rappeler, étaient dans la main de Ia'la-ben-Moh'ammed; *Tlemcén* obéissait à H'omeïd-ibn-Ies'el; depuis 336 Djorthem-ibn-Ah'med régnait à *Nâkour*[2]; et depuis 341 Ah'med-ibn-Bekr était gouverneur de *Fés*, pendant que les fils d'Ibn-Abi-'l-'Âfiah (Medïen et Abou-'l-Monk'ad) commandaient aux *Miknâça*, et que H'assan-ibn-Kennoun, le dernier de sa dynastie, administrait, sous l'œil d'En-Nâs'ir, maître de *Ceuta* et de *Tanger*, ce qui restait de l'empire edrîsite dans le *Maghrib-el-Ak's'a*[3]. Quant à *Sidjilmâçah* et à son territoire, ils étaient sous l'autorité de Moh'ammed-ibn-el-Feth', qui s'y était rendu indépendant à ce point, qu'en 342 il avait pris le titre d'*émir-el-moumenîn*, avec le surnom d'*Es-Schâkir-Lillah*, « le reconnaissant envers Dieu », et avait, en cette qualité, fait frapper des dirhems et des dînârs[4].

---

[1] D'après El-K'aïraouâni, K'aisar commandait à *Bèdja* et dépendances.

[2] J'ai indiqué la révolution qui s'était faite en 324 à *Nâkour*; il paraît qu'après douze ans de règne, et sans que je puisse dire si l'usurpateur mourut ou fut chassé*, le gouvernement de cette ville revint à la branche qui avait été dépossédée. « En 336, dit El-Bekrî, les habitants de « *Nâkour* rappelèrent d'Espagne Djorthem-ibn-« Ah'med et le prirent pour leur souverain...., « il y resta jusqu'en dzoul-'l-h'idjah 360. Le commandement resta dans les mains de plusieurs « de ses descendants jusqu'en 410. » (*El-Meçâlik oua'l-Memâlik*, p. 44, l. 2 à 6; — *J. A.*, t. XIII, p. 182 et 183, 5ᵉ série.)

[3] On a vu qu'il y a incertitude sur la question de savoir si H'assan-ibn-Kennoun reçut le gouvernement de l'empire edrîsite un peu avant 343 ou en 347. Il ne serait pas sans vraisemblance qu'El-Fâdhl, qui était un savant plutôt qu'un guerrier, et qui avait joué un rôle si funeste à sa dynastie quand les rênes tombèrent entre ses mains, eût craint de les garder dans le grand choc qui était imminent, et eût abandonné le pouvoir au moment où il vit Djouhar marcher vers le *Maghrib*, c'est-à-dire au commencement de 347. Le souvenir de la proclamation qu'il avait faite des Omaïades en 337 suffisait assurément à lui inspirer le désir de se tenir à l'écart de la lutte qui allait s'engager.

[4] El-Bekrî, p. 101, l. 8 et 9 (*J. A.*, t. XIII, p. 407, 5ᵉ série). — *El-Kâmil*, t. VIII, p. ۴۴۴,

* Du moins El-Bekrî ne fournit aucune indication à cet égard. Suivant Ibn-Khaldoun, les habitants de *Nâkour* tuèrent 'Abd-es-Semîa', et ce fut alors qu'ils rappelèrent Djorthem. (*H. d. B.*, t. I, p. ۲۸۵, l. 21 et 22; — t. II de la trad. franç., p. 142 et 143.)

LIVRE QUATRIÈME. — CHAPITRE II.

Tel était l'état de l'Afrique, telle était la position des champions de ce grand duel où l'on allait combattre pour la possession du *Maghrib*, lorsqu'en 347 El-Mo'izz, qui se voyait si sérieusement menacé, profita fort habilement des difficultés que Sancho venait de créer à En-Nâs'ir, et chargea Djouhar d'une expédition dans le *Maghrib*. Disons d'abord ce qu'était ce Djouhar, qui va désormais jouer un rôle capital dans l'histoire des Fât'imites. Il était Grec d'origine et avait été le « mignon » (غُلَم) d'Isma'il, père d'El-Mo'izz. Emmené par un domestique nommé S'âbir, celui-ci se rendit d'abord à *Khafîf*[1] et ensuite présenta le jeune garçon à Isma'il-el-Mans'our, qui le remarqua[2], se chargea de son éducation, et en fit son secrétaire. De là les noms que lui donne Ibn-Khallikân : « Abou-'l-H'assan-Djouhar-ibn-'Abd-Allah-*el-Kâtib-er-Roumi*, » et il ajoute qu'il était client, par affranchissement, d'El-Mo'izz-ibn-El-Mans'our[3].

Ibn-el-Athîr nous apprend qu'en 347, la faveur de Djouhar grandissant toujours, El-Mo'izz l'éleva à la dignité de vizir, en même temps qu'en s'afar il l'envoyait reconquérir le *Maghrib* à la tête d'une armée nombreuse[4], composée de *Kitâmah*, de *S'anhâdjah* et de troupes auxiliaires[5], formant un total de vingt

347 de l'hégire
(958-959
de J. C.).

Expédition
de Djouhar
en Maghrib.

---

1. 5 à 7. — *Baïân*, t. I, p. ٢١٢, l. 7 à 10. — *K'art'âs*, p. ٥٥, l. 18 à 20 (p. 76 de la trad. lat.; — p. 121 de la trad. franç.). — *H. d. B.*, t. I, p. ١٧٠, l. 5 et 6 (t. I de la trad. franç., p. 264. — Voir aussi t. II de cette trad., p. 543). Le *K'art'âs* dit que ces dirhems étaient très bien frappés, et portaient le nom de *Schâkirïa*. Ibn-Khaldoun le dit aussi, et déclare avoir emprunté à Ibn-H'azm tout ce qu'il rapporte sur ce Moh'ammed-ibn-el-Feth'.

1. Est-ce un nom de lieu, ou s'agit-il de *Khofaïf*, fraction des *K'odd'ah*, dont parle Soïout'i (*Lobb-el-Lobâb*, p. ٤٥, col. 1)?

2. *Baïân*, t. I, p. ٢٢٩, l. 13 à 15.

3. *Kitâb-Ouafaïât-el-'Aïân*, n° ١٢١٢, fasc. II, p. ٧٧, l. 15 et 16 (t. I de la trad. angl., p. 340). — El-Bekri l'appelle Djouhar-*el-Kâtib*, et Ibn-'Abd-el-H'alim dit Djouhar-*er-Roumi*[b]. Ibn-Khaldoun surnomme Djouhar, tantôt l'*Esclavon*[c], tantôt le *Sicilien*[d], ce qui résulte évidemment de la confusion, si facile à faire, des mots الصقلي et الصقلبي.

4. *El-Kâmil*, t. VIII, p. ٣٤١, l. 20. — Abulfedæ *Annal. muslem.*, t. II, p. 466, l. 9. — El-K'aïraouâni place en 345 l'élévation de Djouhar au vizirat (*Hist. de l'Afr.*, liv. IV, p. 107). — Voir *J. A.*, t. II, p. 403, 3ᵉ série.

5. *H. d. B.*, t. I, p. ١٧٠, l. 7 et 8 (t. I de la trad. franç., p. 264). — Ailleurs[e] Ibn-Khaldoun parle de cette expédition dans les termes suivants : « En l'an 347, El-Mo'izz apprit que Ia'la-«ben-Moh'ammed l'Ifrénite entretenait une cor-«respondance avec les Omaïades espagnols et que «le *Maghrib-el-Ak's'a* venait de repousser la do-

---

[a] *El-Meçâlik oua'l-Memâlik*, p. ١٠١, l. 10 et 11.

[b] *K'art'âs*, p. ٥٥, l. 6 (p. 75 de la trad. lat.; — p. 120 de la trad. franç.).

[c] *Hist. des Fât'im.*, § XII (*H. d. B.*, append. II au tome II de la trad. franç., p. 543). — Jean Léon, qui écrit ce nom Gehoar, l'intitule *Esclavon*, « di nation schiaua. » (In Ramusio, folio 3 c; — p. 10 de la traduction de Jean Temporal.)

[d] *H. d. B.*, t. II, p. ٢١٢, l. 12 et 13 (t. II de la trad. franç., p. 214).

[e] A la page d'Ibn-Khaldoun citée note c ci-dessus.

Mort
de Ia'la
et destruction
d'Ifkân.

mille cavaliers[1]. Moh'ammed-ibn-Khazer était si sincèrement rallié, qu'il prit part à l'expédition[2]. Dès le début de cette campagne, les sources diverses se contredisent, au moins dans les détails. Suivant Ibn-'Abd-el-H'alîm, Ia'la-ben-Moh'ammed se porta à la rencontre du général fât'imite, et les deux armées se trouvèrent en présence dans les environs de *Tâhart*, où plusieurs combats sanglants furent livrés. Djouhar, comprenant toute la portée d'une si vive résistance opposée à ses premiers pas dans le *Maghrib*, ne recula devant aucun moyen; il fit briller l'or aux yeux des *Kitâmah*, promit de le répandre dans les mains qui lui apporteraient la tête du chef ifrénite; et bientôt il eut la joie de contempler cette tête, qui fut aussitôt envoyée à El-Mo'izz et promenée, par son ordre, dans les rues de *K'aïraouân*[3]. Les faits sont, ici, présentés sous un jour tel qu'on doit admettre qu'à la première rencontre qui eut lieu, les chefs kitâmiens, animés par la récompense promise, s'acharnèrent à la personne de Ia'la jusqu'à ce qu'ils l'eussent atteint et tué. Le récit qu'avait fait Ibn-el-Athîr, environ un siècle auparavant, différait en tous points. Arrivé à *Tâhart*, Djouhar aurait mandé près de lui Ia'la-ben-Moh'ammed, lui aurait fait un accueil honorable en lui offrant des cadeaux, et bientôt, levant le masque, l'aurait fait saisir. A la vue de cette trahison, les *Ifren* coururent aux armes, le général fât'imite les mit en déroute, les poursuivit jusqu'à *Ifkân*, où il entra de vive force, s'empara de Ieddou-ben-Ia'la, encore enfant, renversa les palais de Ia'la, et fit saccager et incendier la ville. On

---

« mination des Fât'imites. *Cette nouvelle* le décida « à y envoyer une armée sous la conduite de son « vizir, le Kâtib Djouhar...... » Qui pourrait croire que ce passage sort de la même plume qui a écrit les paroles que j'ai textuellement citées dans une note précédente, et qui, peu après, ajoute : «La puissance de Ia'la-ben-Mo-«h'ammed ne cessa de croître jusqu'en 347 »?» Qui pourrait le croire, quand on sait qu'en effet cette puissance grandissait à vue d'œil *depuis six ou sept ans* (voyez plus haut), et qu'elle grandissait à l'ombre de la suzeraineté d'En-Nâs'ir?

[1] *K'art'âs*, p. ٥٥, l. 7 (p. 75 de la trad. lat.; — p. 120 de la trad. franç.).

[2] Aux pages d'Ibn-Khaldoun citées note d de la page précédente.

[3] Ibn-Khaldoun, *Histoire des Berbers*, t. II, p. ٢٧, l. 12 et 13 (t. III de la traduction française, p. 233).

[3] *K'art'âs*, p. ٥٥, l. 10 à 16 (p. 75 de la trad. lat.; — p. 121 de la trad. franç.). L'auteur ajoute bien qu'«après la mort de leur prince, «les *Beni-Ifren* furent chassés et dispersés,» mais cela ne rend nullement compte de ce qu'il a dit à la page précédente dans ces termes : «En 347, «l'émir En-Nâs'ir donna le gouvernement de «*Tanger et dépendances* à Ia'la-ben-Moh'ammed-«el-Ifreni, qui vint alors s'établir dans ce pays «avec sa tribu des *Ifren*[b].» Je ne puis voir dans ce passage qu'une de ces inattentions si fréquentes chez les auteurs arabes.

[b] *K'art'âs*, p. ٥١٥, l. 18 à 20 (p. 74 de la trad. lat.; — p. 119 de la trad. franç.).

était en djoumâdi-el-akhir[1]. Ibn-Khaldoun nous a transmis, de ces événements, deux récits, qui s'accordent entre eux et même, quant au fond, avec celui d'Ibn-el-Athîr, mais il entre dans plus de détails. « L'armée de Djouhar, « dit-il, avait à peine dépassé la frontière de l'*Ifrîk'iah*, que Ia'la s'empressa « de faire acte de soumission. Oubliant ses obligations envers les OMAÏADES, il « partit de sa ville d'*Ifkân*[2] et alla au-devant du général fât'imite. Ses pro- « messes de fidélité et l'engagement qu'il prit, au nom des *Zenâtah*, de servir « la cause des FÂT'IMITES lui valurent un bon accueil; mais Djouhar nourrissait « déjà dans son cœur la pensée de le faire assassiner. Pour y parvenir, il at- « tendit l'instant où Ia'la devait retourner à *Ifkân*. D'après ses instructions « secrètes, quelques-uns de ses affidés vinrent ce jour-là donner une fausse « alerte sur les derrières de l'armée. Les chefs kitâmiens, s'anhâdjiens et ze- « nâtiens s'y précipitèrent à l'envi, et, dans la confusion qui en résulta, quel- « ques officiers kitâmiens et s'anhâdjiens se saisirent de Ia'la et le tuèrent à « coups de lances..... Djouhar dévasta la ville d'*Ifkân*[3]. » De ces trois récits, celui du *K'art'âs* me paraît de beaucoup le plus vraisemblable. Djouhar ne put faire venir Ia'la près de lui, comme le dit Ibn-el-Athîr : le chef ifrénite n'aurait cru ni aux caresses ni aux présents du vizir d'El-Mo'izz. Ia'la ne s'empressa pas de faire acte de soumission, comme le dit Ibn-Khaldoun : le général fât'imite n'aurait cru ni aux protestations ni aux serments de la créature d'En-Nâs'ir. Ces deux chefs avaient des positions trop tranchées pour qu'ils pussent essayer de se tromper mutuellement. Il reste certain qu'en djoumâdi-el-akhir 347 Ia'la-ben-Moh'ammed fut tué et sa ville d'*Ifkân* détruite. Cette destruction fut-elle complète? Ibn-Khaldoun le dit[4]; mais il faut croire qu'*Ifkân* fut, au moins en partie, relevée de ses ruines, car, d'après Ibn-Khaldoun lui-même, elle était habitée en 387[5].

Après ce premier succès, Djouhar marcha sur *Fès* pour y assiéger Ah'med-ibn-Bekr. Mais les habitants n'avaient rien perdu de l'énergie avec laquelle ils s'étaient défendus contre Meïçour en 324, et ils montrèrent tout d'abord un courage si résolu que le général fât'imite jugea prudent de suspendre ses

Tentative sur Fès.

---

[1] *El-Kâmil*, t. VIII, p. ࣾ41, l. 21, à p. ࣾ4ࣾ, l. 2.

[2] Il n'était donc pas à *Tanger*, comme le dit l'auteur du *K'art'âs* (voy. la note 3 de la page précédente).

[3] *H. d. B.*, t. II, p. ࣾ1ࣾ, l. 13 à 21 (t. III de la trad. franç., p. 214 et 215). — Voir le second récit d'Ibn-Khaldoun dans son *Hist. des Fât'im*: (t. II de la trad. franç., p. 543).

[4] *H. d. B.*, t. II, p. ࣾࣾ1ࣾ, l. 17 et 18 (t. IV de la trad. franç., p. 2).

[5] Si la destruction avait été complète, cette ville, fondée en 338, n'aurait eu que neuf années d'existence.

attaques pour se porter sur *Sidjilmâçah*[1], où l'on sait que depuis seize ans régnait Moh'ammed-ibn-el-Feth'[2]. « A l'approche des troupes fât'imites, dit « El-Bekrî, ce prince sortit de la ville avec les gens de sa maison, sa famille, « ses enfants, ses principaux officiers, et alla s'enfermer avec eux et ses trésors

Prise de Sidjilmâçah.

« dans *Tâsedjdâlt*[3] (تاسجدالت), château fort situé à douze milles de *Sidjilmâçah*. « Djouhar s'empara de cette ville en 347. Moh'ammed, ayant quitté sa forte-« resse avec un petit nombre d'amis, se dirigea vers son ancienne capitale, « après s'être déguisé. Il avait l'intention de voir par lui-même l'état des choses.

Moh'ammed-ibn-el-Feth' prisonnier.

« Mais il fut reconnu en route par quelques hommes de la tribu des *Mat'r'ara*[4], « qui le firent prisonnier et le livrèrent à Djouhar. Cela eut lieu dans le mois « de redjeb de la même année[5] (du samedi 18 septembre au dimanche 17 oc-« tobre 958 de J. C.). » Si, comme le disent les auteurs, *Ifkân* fut détruite en djoumâdi-el-akhir et Moh'ammed-ibn-el-Feth' livré à Djouhar en redjeb, après la prise de *Sidjilmâçah*, il faut que la tentative sur *Fés* ait été de bien courte

---

[1] *El-Kâmil*, t. VIII, p. ۳۴۲, l. 2 à 5. — Ibn-Khallikân, n° ۱۳۷, fasc. VIII et IX, p. 110, lin. ult. — Abulfedæ[a] *Annal. muslem.*, t. II, p. 466, l. 10 à 13. — Ibn-Khaldoun, *Hist. des Fât'im.*, § XII (H. d. B., append. II au t. II de la trad. franç., p. 543). — El-K'aïraouâni, *Hist. de l'Afr.*, liv. IV, p. 107. — J'ai déjà relevé l'erreur de date que commet Ibn-'Adzârî[b] lorsqu'il place en 349 le renversement de Ia'la-ben-Moh'ammed par Djouhar. Ici[c], il commet une erreur inverse en plaçant en 347 *la prise de Fés* par Djouhar, puisque nous verrons dans un instant que cette ville ne tomba au pouvoir du général fât'imite qu'en 348. En outre, le même auteur intervertit certainement l'ordre des événements en disant que Djouhar, après avoir pris *Fés*, fit une tentative inutile contre *Ceuta* et, de là, *marcha sur Sidjilmâçah*. Le plan de campagne qui aurait consisté à se rendre maître des possessions d'En-Nâs'ir en *Maghrib* avant d'aller renverser les Beni-Midrâr, et surtout avant d'aller conquérir le *Sous*, eût été plus logique, je suis loin de le contester; mais j'ai dû adopter, pour la marche que suivit Djouhar, celle qui est tracée par les nombreuses autorités que j'ai citées ci-dessus, Abou-'l-Fedâ excepté.

[2] On s'accorde à dire que c'était un règne de justice et de douceur.

[3] Ibn-Khaldoun écrit تاسكدات (*Tâskedât*).

[4] Ibn-'Adzârî écrit مدغرة (*Madr'ara*).

[5] *El-Meçâlik oua'l-Memâlik*, p. 101, l. 10 à 16 (J. A., t. XIII, p. 407 et 408, 5ᵉ série). — *El-Kâmil*, t. VIII, p. ۳۴۲, l. 7 et 8. — Baïân[d], t. I, p. ۲۳۰, l. 10 à 15. — H. d. B., t. I, p. IV, l. 7 à 11 (t. I de la trad. franç., p. 264 et 265; — voir aussi *Hist. des Fât'im.*, t. II de cette trad., p. 543). — El-K'aïraouâni, *Hist. de l'Afrique*, liv. IV, p. 107. — Ibn-'Abd-el-H'alîm se trompe certainement en plaçant la prise de *Sidjilmâçah* en 349 (K'art'âs, p. ۶۰, l. 24 et 25; — p. 76 de la trad. lat.; — p. 122 de la trad. franç.).

---

[a] Il place en djoumâdi-el-akhir la tentative contre *Fés*, et il passe sous silence l'expédition de *Sidjilmâçah*.
[b] *Baïân*, t. I, p. ۲۰۵, l. 15 à 17.
[c] *Ibid.*, t. I, p. ۲۳۰, l. 8 à 10.
[d] Ibn-'Adzârî est seul à dire que Djouhar fit tuer Moh'ammed-ibn-el-Feth', son prisonnier.

LIVRE QUATRIÈME. — CHAPITRE II.   323

durée, car, s'il y a treize jours de marche de *Fês* à *Sidjilmâçah*[1], il y en a seize d'*Ifkân* à *Fês*, ce qui, dans l'intervalle du 1ᵉʳ djoumâdi-el-akhir au 30 redjeb, suppose déjà *au moins* un mois de marche, puisqu'il s'agit, non d'un voyageur mais d'une armée. — Ibn-'Adzârî est seul à dire qu'en 347 El-H'assan-ibn-Kennoun se rendit à *Cordoue*, fuyant devant le général fât'imite[2]. Allait-il demander du secours en cas d'une attaque qu'il prévoyait? Allait-il recevoir une investiture régulière? Aucun détail ne nous est donné sur ce voyage, qu'Ibn-'Adzârî paraît, à tort, présenter comme une fuite, et les questions que je viens de poser sont les suppositions les plus probables, puisqu'en 347 El-H'assan n'était pas *immédiatement* menacé, et il le savait bien, car on dut connaître rapidement, dans les États edrîsites, la route qu'avait prise Djouhar après s'être emparé de la capitale des Beni-Midrâr.

El-H'assan-ibn-Kennoun se rend à Cordoue?

Maître de *Sidjilmâçah*, le général fât'imite s'avança vers l'ouest, soumettant tous les pays qu'il traversait[3], pénétra jusqu'à la province de *Sous*[4] et ne s'arrêta qu'à la *mer environnante;* il y fit pêcher des poissons, qu'il envoya à El-Mo'izz dans un vase plein d'eau[5], pour prouver à son maître que, fidèle à ses instructions, il avait porté ses armes victorieuses jusqu'aux limites les plus reculées du *Maghrib*. La sécheresse des chroniques arabes n'est, sur aucun point, plus absolue que sur cette expédition aventureuse, qui rappelle les temps de Sîdi-'Ok'ba; pas un mot n'est dit sur l'attitude des populations, même des *Berr'aouât'ah*[6], en présence de cette invasion de leur territoire; pas un mot non plus sur sa durée, lacune qui laisse incertaine la durée du siège de *Fês*, car les auteurs s'accordent à dire que du *Sous* il revint mettre le siège devant *Fês* et que ce siège fut très long[7]. Ce fut l'intrépide Zîri-ben-Menâd qui eut l'honneur

Soumission de la province de Sous.

348 de l'hégire (959-960 de J. C.).
Siège et prise de Fês.

---

[1] Ibn-H'auk'al place *Sidjilmâçah* à treize journées de *Fês*ᵃ; un itinéraire détaillé de *Sidjilmâçah* à *Fês* donné par El-Bekri, d'après Moh'ammed-ibn-Iousef, comprend onze journéesᵇ; Edrîsîᶜ a adopté le chiffre d'Ibn-H'auk'al.

[2] *Baïân*, t. I, p. ۳۳۰, l. 16 à 18.

[3] *Hist. des Fât'imites*, § XII (*Histoire des Berbers*, append. II au t. II de la traduction française, p. 543).

[4] «E procedette per insino alla provincia di «Sus.» (Jean Léon, in Ramusio, fol. 3 c; — p. 10 de la trad. de Jean Temporal.)

[5] *El-Kâmil*, t. VIII, p. ۳۹۲, l. 9 et 10. — Ibn-Khallikân, *Vie d'El-Mo'izz-Lidîn-Allah*, n° ۷۳۷, fasc. VIII et IX, p. ۱۱۹, l. 1. — «Et, «ajoute El-K'aïraouâni, il mit, dans sa lettre, des «plantes marines.» (*Hist. de l'Afr.*, liv. IV, p. 107.)

[6] J'ai dit plus haut que leur jeune souverain était monté sur le trône en 341.

[7] Ibn-el-Athîr, *El-Kâmil*, t. VIII, p. ۳۹۲,

ᵃ *Description de l'Afrique*, § CXVII (*J. A.*, t. XIII, p. 237, 3ᵉ série, 1842).
ᵇ *El-Meçâlik oua'l-Memâlik*, p. ۱۶۴ et ۱۶۷ (*J. A.*, t. XIII, p. 398 à 400, 5ᵉ série, 1859).
ᶜ *Géographie*, t. I, p. 222 (Hartmann, *Edrisii Africa*, p. 173).

324   ÉTUDE SUR LA CONQUÊTE DE L'AFRIQUE.

d'emporter la ville d'assaut. Il prit avec lui l'élite de ses troupes, fit appliquer des échelles contre les murailles pendant que les habitants se livraient au repos de la nuit. Arrivé sur les remparts, il massacra les défenseurs qui s'y trouvaient, descendit à la seconde enceinte, s'empara des portes, en même temps que des torches allumées et le bruit des tambours donnaient à Djouhar le signal du succès. Aussitôt celui-ci monta à cheval et entra à *Fés* à la tête de ses troupes. Cet important événement eut lieu le jeudi 20 ramadhân 348[1] (24 novembre 959 de J. C.). Ah'med-ibn-Bekr, qui avait cherché à se soustraire aux mains du vainqueur, fut découvert au bout de deux jours et réuni au prince de *Sidjilmâçah*[2]. Les notables et les cheïkhs furent passés au fil de l'épée, la ville pillée, les habitants réduits en esclavage, les murailles rasées; ce fut un affreux désastre[3].

l. 11. — Ibn-Khaldoun, *H. d. B.*, t. I, p. ١٤٧, in fine (t. II de la trad. franç., p. 7). — Contrairement à l'assertion formelle de ces deux auteurs, Ibn-'Abd-el-H'alîm dit que le siège de *Fés* dura treize *jours*[a]; mais un de ses manuscrits dit treize *mois*[b]; et ni l'une ni l'autre de ces indications ne paraît acceptable, comme on va le voir quand je discuterai la date de la prise de *Fés* (voy. la note 1 ci-dessous).

[1] *El-Kâmil*, t. VIII, p. ٢٩٢, l. 11 à 18. — Abulfedæ *Annal. muslem.*, t. II, p. 446, l. 15. — *H. d. B.*, t. I, p. ١٤٧, l. 22, à p. ١٤٨, l. 1 (t. II de la trad. franç., p. 7; — voyez aussi t. II de cette trad., p. 543). — Une faute de copiste dans le manuscrit, ou une faute d'impression dans la traduction, peut seule faire qu'El-K'aïraouâni place en 346 la prise de *Fés* par Djouhar[c], puisqu'il a très bien fixé en s'afar 347 le départ de ce général pour le *Maghrib*. — Ibn-'Abd-el-H'alîm fixe au *jeudi* 20 ramadhân 349 la date de la prise de *Fés*[d], et, quoiqu'il répète plus loin[e] que ce fut en 349, la précision de sa première date le trahit ou plutôt le redresse, car le 20 ramadhân 349 tombe un *mardi* (13 novembre 960 de J. C.), et c'est bien le 20 ramadhân 348 qui tombe un *jeudi*[f]. Ajoutons que, si, comme il le dit, le siège de *Fés* n'avait duré que treize jours, il aurait, suivant lui, commencé le 7 ramadhân 349, et il en résulterait que l'expédition dans le *Sous* aurait duré de cha'bân 347 au 7 ramadhân 349, c'est-à-dire deux ans, ce qui est inadmissible. Quant aux treize mois de siège, durée indiquée par un seul manuscrit, il n'en eût pas tant fallu pour compromettre le succès de toute la campagne. La date de ramadhân 348, d'ailleurs affirmée par Ibn-el-Athîr et confirmée par Abou-'l-Fedâ, date qui donne treize à quatorze mois pour l'expédition dans le *Sous* et le long siège de *Fés*, a toutes les probabilités en sa faveur.

[2] *El-Kâmil*, t. VIII, p. ٢٩٢, l. 16 et 17.

[3] *K'art'âs*, p. ٥٤, l. 1 et 2 (p. 76 de la trad.

[a] *K'art'âs*, p. ٥٥, lin. penult. (p. 76 de la trad. lat.; — p. 122 de la trad. franç.).

[b] *Ibid.*, p. 76, note 6 de la trad. lat.

[c] *Hist. de l'Afrique*, liv. V, p. 125. Cet ouvrage, du reste, est criblé de fautes.

[d] M. Quatremère a commis une légère erreur en disant «jeudi 21 ramadhân 348.» (*J. A.*, t. II, p. 407, 3ᵉ série.) Je suppose que, comme je le fais moi-même, ce savant a emprunté la date du *jeudi* 20 au *K'art'âs* (p. ٥٤, l. 3) et *ramadhân* 348, soit à Ibn-el-Athîr, soit à Abou-'l-Fedâ. Ibn-Khaldoun ne donne que l'année «348».

[e] *K'art'âs*, p. ٥٤, l. 3 (p. 76 de la trad. lat.; — p. 122 de la trad. franç.).

[f] *Ibid.*, p. ٤١, l. 25 et 26 (p. 83 de la trad. lat., — p. 135 de la trad. franç.).

LIVRE QUATRIÈME. — CHAPITRE II.   325

Après avoir remis le gouvernement de *Fés* à un de ses serviteurs (Modhaffar, je suppose), Djouhar parcourut le *Maghrib*, s'empara de toutes les villes, à l'exception de *Ceuta* et de *Tanger*[1], dévastant celles qui résistaient, comme *Melîla*[2], chassa tous les gouverneurs établis par les OMAÏADES, et ne s'arrêta que quand il eut reconquis toutes les provinces que Meïçour avait soumises aux FÂT'IMITES[3]. Il ne paraît pas que les EDRÎSITES aient même essayé de résister au terrible Djouhar. «L'émir El-H'assan-ibn-Kennoun, dit Ibn-'Abd-el-«H'alîm, reconnut, comme les autres chefs, la suzeraineté d'El-Mo'izz durant «tout le séjour de Djouhar en *Maghrib*; mais, au départ de celui-ci, *à la fin* «de 349, il se replaça sous celle d'En-Nâs'ir, non certes par affection, mais «par la crainte que lui inspirait son voisinage[4].» Tel était l'état de décadence où étaient tombés les EDRÎSITES qu'ils n'avaient plus même le choix du maître qu'ils serviraient. Suivant Ibn-Khaldoun, qui, du reste, confirme les défaillances d'El-H'assan, ce prince, à l'approche de Djouhar, s'était enfermé dans le château de *H'adjar-en-Nasr* et, de là, avait envoyé sa soumission au vainqueur[5]. En fixant le retour du général fât'imite *à la fin* de 349, l'auteur du *K'art'âs* ne s'accorde pas tout à fait avec ce qu'il a dit quelques lignes auparavant,

Soumission du Maghrib.

349 de l'hégire (960-961 de J. C.).

lat.; — p. 122 de la trad. franç.). — Ibn-'Adzârî, qui a dit qu'en 347 Djouhar s'empara de *Fés*, échoua devant *Ceuta*, prit *Sidjilmâçah*, dont il tua le gouverneur en redjeb, et rentra en *Ifrîk'îah* après un an de séjour en *Maghrib*, Ibn-'Adzârî, dis-je, prétend qu'en 348 En-Nâs'ir reçut, du commandant de *Ceuta*, une lettre l'informant des conquêtes faites par les armées fât'imites[a]. Cela peut être vrai, mais il faut croire que cette lettre n'était pas la première, comme l'auteur a l'air de le dire, car on ne peut pas douter que le khalife d'Espagne ne suivît avec anxiété toutes les péripéties de cette campagne. On l'informait sans doute, dans la lettre mentionnée ici, de la prise de *Fés*.

[1] Ibn-Khallikân[b], n° ٢٣٧, fasc. VIII et IX, p. ١١٤, l. 4 et 5. — C'est évidemment à cette phase de la grande expédition de Djouhar que se rapporte le passage suivant d'Ibn-'Adzârî : «Ensuite il se dirigea vers *Tît'âouan*, et arriva à «la péninsule étroite (مضيق) de *Ceuta*, mais il «ne put rien contre elle.» (*Baïân*, t. I, p. ٢٣٠, l. 8 et 9.)

[2] Ibn-H'auk'al, *Description de l'Afrique*, § XXXII (*Journal asiatique*, t. XIII, p. ·88, 3° série).

[3] Ibn-Khaldoun, *Histoire des Fât'imites*, § XII (*H. d. B.*, append. II au t. II de la trad. franç., p. 543 et 544).

[4] *K'art'âs*, p. ٥٤, l. 12 à 16 (p. 76 et 77 de la traduction latine; — p. 123 de la traduction française).

[5] *H. d. B.*, t. I, p. ٢٤٠, l. 1 et 2 (t. II de la trad. franç., p. 149).

[a] *Baïân*, t. I, p. ٢٣١, l. 3 et 4.

[b] Il dit seulement «*Ceuta excepté*», et d'autres (Abou-'l-Mah'âcin, t. II, p. ١٣١, l. 12 et 13, El-K'aïraouâni, p. 108) le répètent d'après lui; mais il ne paraît pas que *Tanger* ait été réduit par Djouhar, et, quoique les récits divers ne mentionnent pas cette ville, je l'excepte aussi, et je justifierai plus loin cette exception par un passage d'Ibn-Khaldoun.

dans un passage où il donne une durée de trente mois[1] à l'expédition de Djouhar, expédition qui, commencée en s'afar 347, aurait fini en cha'bân 349, si réellement elle eut une durée de trente mois, comme le dit aussi El-K'aïraouâni[2]. Après avoir établi à *Bas'ra* El-H'assan-ibn-Kennoun l'Edrîsite, chef des *Beni-Moh'ammed*, pour commander aux Edrîsites qui s'étaient retirés dans le *Rif* et dans le pays des *R'omâra*[3], et avoir incorporé *Tâhart* à la province gouvernée par Zîri-ben-Menâd, Djouhar revint triomphant à *Mans'ourïah*. « Le jour de son arrivée, dit Ibn-Khaldoun, fut une véritable fête[4]. » Le vainqueur du *Maghrib* traînait à sa suite, enfermés dans des cages et ridiculement affublés, Moh'ammed-ibn-el-Feth', le souverain détrôné de *Sidjilmâçah*, et Ah'med-ibn-Bekr, le vaillant défenseur de *Fès*, qui, pour la seconde fois, se trouvait prisonnier en *Ifrîk'ïah*, et cette fois devait être la dernière, car, après avoir été exposés sur tous les marchés, les deux chefs vaincus furent jetés dans une prison d'*El-Mahdïah*, où ils finirent leurs jours[5].

Il est fort regrettable qu'Ibn-Khaldoun n'entre pas dans plus de détails sur l'organisation que Djouhar laissa dans le *Maghrib* reconquis. Un très court passage de cet auteur montre cependant que deux chefs étaient placés au-dessus de ces gouverneurs. « Pendant quelque temps, dit-il, K'aïsar[6] et Mo-« dhaffar, affranchis d'El-Mans'our, se partageaient toute l'autorité en *Maghrib*, « le premier ayant sous la main les provinces orientales de ce pays et le second

---

Djouhar rentre triomphant à Mans'ourïah.

---

[1] *K'art'âs*, p. 64, l. 5 (p. 76 de la trad. lat.; — p. 122 de la trad. franç.).

[2] *Hist. de l'Afr.*, liv. IV, p. 108. — Ibn-'Adzârî se trompe certainement quand il dit que Djouhar *resta environ un an dans le Maghrib* (جومر فى الغرب نحو سنة) avant de se diriger vers l'*Ifrîk'ïah* (*Baïân*, t. I, p. 230, l. 15 et 16), à moins qu'il n'entende parler du temps écoulé après la conquête achevée; mais il valait la peine de le dire. L'armée de Djouhar dut employer un assez long temps pour rentrer dans ses foyers, car, seulement de *Tâhart* à *K'aïraouân*, El-Bekrî compte dix-neuf jours de marche, et, de *Tanger* à *K'aïraouân*, il compte mille milles[a], c'est-à-dire quarante-sept journées de marche pour un voyageur.

[3] *H. d. B.*, t. II, p. 206, l. 13 et 14 (t. III de la trad. franç., p. 215).

[4] *Hist. des Fât'im.*, § XII (*H. d. B.*, append. II au t. II de la trad. franç., p. 544).

[5] *El-Kâmil*, t. VIII, p. 343, l. 18 et 19. — *K'art'âs*, p. 65, l. 7 à 12 (p. 76 de la trad. lat.; — p. 123 de la trad. franç.). — Ibn-Khaldoun à la page citée note 4 ci-dessus. — El-K'aïraouâni, p. 108.

[6] Je pense qu'il s'agit du même K'aïsar dont j'ai parlé plus haut comme étant alors gouverneur de *Bar'aï*. Ibn-Khaldoun (t. II, p. 542) l'intitule affranchi d'El-Mo'izz. On ne dit pas où il résidait. Quant à Modhaffar, je suppose que c'est le nom du serviteur que Djouhar chargea du gouvernement de *Fès*.

[a] *El-Meçâlik oua'l-Memâlik*, p. 74, l. 10 et 11, et p. 14, l. 9 (*J. A.*, t. XIII, p. 140, et p. 320 et 321, 5ᵉ série).

« les provinces occidentales; mais en l'an 349 ils furent arrêtés et mis à mort
« par l'ordre de leur souverain[1]. » Quelle put être la cause de cet acte de rigueur qui frappait les deux chefs à la fois? Comment suivit-il de si près le
départ de l'armée? Le silence des chroniques arabes ne laisse place ici qu'à
des suppositions qui manqueraient de base : l'historien doit s'abstenir.

En présence des graves événements dont le *Maghrib* était le théâtre, il fallait
qu'En-Nâs'ir eût de bien puissants obstacles pour que son rôle se soit borné
à défendre les deux villes où il tenait garnison. C'est qu'en effet toutes ses
forces étaient concentrées dans le Nord; ses armées rétablissaient Sancho sur
le trône de *Léon*. Ce ne fut que dans la seconde moitié de l'année 960 (de
djoumâdi-el-aouel à chaouâl 349) que le prince chrétien reconquit sa capitale[2], et, dès le mois de mars 961 (moh'arram 350), la santé d'En-Nâs'ir
avait éprouvé une atteinte, suivie d'une guérison plus apparente que réelle.
Bientôt son état s'aggrava, et il succomba le 3 ramadhân 350 (mercredi 16 octobre 961 de J. C.), après un règne de cinquante ans six mois trois jours.
« Cette même année, dit Ibn-Khaldoun, fut marquée par le progrès de l'in-
« fluence fât'imite en *Maghrib* et par les revers du parti omaïade, dont les adhé-
« rents durent se retirer dans les districts de *Ceuta* et de *Tanger*.[3] » Ce passage
ne peut vouloir dire qu'une chose, c'est que les résultats obtenus par Djouhar
de 347 à 349 se consolidèrent en 350, et que 'Abd-er-Rah'mân mourut avec
le chagrin d'avoir perdu le fruit de ses longs efforts pour écraser les Fât'imites,
et de voir son ennemi maître de l'immense espace qui s'étend des frontières
de l'Égypte à la *mer environnante*[4]. L'année 350 vit aussi disparaître un
homme qui, pendant sept règnes (depuis le IXe Aghlabite), avait joué un
grand rôle dans le *Maghrib central*, je veux parler du chef des *Maghrâouah*,
de Moh'ammed-ibn-Khazer, qui, en 342, s'était, pour la seconde fois, et cette
fois franchement, rallié aux Fât'imites. « En 350, dit Ibn-Khaldoun, il fit

350 de l'hégire
(961-962
de J. C.).
Mort
d'En-Nâs'ir.

Mort
de Moh'ammed-
ibn-Khazer.

[1] Ibn-Khaldoun, à la page citée note 4 de la page précédente.
[2] Dozy, *Hist. des Musulmans d'Espagne*, t. III, p. 88.
[3] *H. des Berbers*, t. II, p. ٣٧٥, l. 15 et 16 (t. III de la trad. franç., p. 233). — Ce passage montre que *Tanger*, même après l'expédition de Djouhar, était resté au pouvoir des Omaïades.

Ce fut peut-être à cette époque que les *Ifren* se retirèrent sur le territoire de *Tanger*.
[4] Ibn-Khallikân, n° ٧٣٥, fasc. VIII et IX, p. 114, l. 3 à 5. — J. Conde assure qu'en 960 (349 de l'hég.) En-Nâs'ir, dans une campagne de quelques mois, venait de reconquérir tout le *Maghrib*[a]. Cette campagne est de pure invention, comme on le voit par l'exposé que je viens de faire.

[a] *Hist. de la domin. de los Arab. en España*, capit. LXXXI, t. I, p. 451.

« encore une visite à El-Mo'izz, et mourut à K'aïraouân, âgé de plus de cent
« ans [1]. »

En Orient, la lutte entre les Chrétiens et les Musulmans continuait avec le
même acharnement qu'en Espagne et en Italie. L'empereur Romain II [2], réduit
au même état d'avilissement où étaient réduits les khalifes, régnait à *Constantinople* sous Joseph Bringas, comme Mot'î régnait à *Baghdâd* sous l'émir-el-
omarâ Mo'izz-ed-Daoulah [3]; mais de vaillants capitaines combattaient de part et

---

[1] *H. d. B.*, t. II, p. ۴v, l. 13 et 14 (t. III de la trad. franç., p. 233). — M. Quatremère s'est complètement mépris en nommant Ia'la-ben-Moh'ammed au lieu de Moh'ammed-ibn-Khazer. (*J. A.*, t. II, p. 421, 3ᵉ série.)

[2] Surnommé *le jeune,* pour le distinguer de Romain Lécapène (919 à 944 de J. C.; — 307 à 333 de l'hég.). Romain II, parvenu au trône par un parricide le 9 novembre 959 [a] (mercredi 5 ramadhân 348 de l'hégire), mourut épuisé de débauche le 15 mars 963 (dimanche 15 s'afar 352 de l'hég.), après un règne de trois ans cinq mois [b] et dix jours (calendrier musulman). Cinq mois après, le 16 août (dimanche 22 redjeb), Nicéphore Phocas (Nicéphore II) était proclamé empereur [c]. Bientôt il épousait l'impudique Theophano, veuve de Romain II, et, après un règne de six ans six mois cinq jours [d], il était assassiné, dans la nuit du 10 décembre 969 (vendredi 27 moh'arram 359 de l'hégire), par Izimiscès, qui s'empara du trône, et mourut empoisonné le 10 janvier 976 [e] (lundi 5 djoumâdi-el-aouel 365 de l'hég.), après un règne de six ans trois mois sept jours (six ans un mois du calendrier chrétien).

[3] J'ai dit quel coup funeste Er-Râdhi, le xxᵉ 'Abbâsside, avait porté au khalifat, en créant, à la fin de 324, la charge d'émir-el-omarâ. Ibn-Râïk', qu'il avait fait venir de *Ouâçit'* pour remplir cette éminente fonction, fut remplacé, le 13 dzou-'l-k'a'dah 326, par le Turc Badjkam, qui venait aussi de *Ouâçit'*, et qui fut tué le 22 redjeb 329, dans les premiers jours du cinquième mois du règne de Mo'tak'î. La mort de Badjkam devint le signal d'une lutte dans laquelle on se disputa la charge d'émir-el-omarâ comme on se dispute un trône. Il ne paraît pas cependant que celui des prétendants qui l'emporta, Abou-'Abd-Allah-ibn-el-Barîdi, prince de *Bas'ra*, ait, à proprement parler, obtenu ce titre tant envié, mais, pendant vingt-quatre jours, il fut maître de *Baghdâd*, rançonna le khalife, pour qui ce fut comme une délivrance de donner la charge d'émir au Deïlemite Kourtakîn, et celui-ci l'exerça pendant près de trois mois. Cependant, Mottak'î avait mandé à Ibn-Râïk', qui alors commandait à *Damas*, de venir près de lui. L'ancien émir-el-omarâ s'empressa d'obéir, chassa Kourtakîn et fut investi, pour la seconde fois, le 20 dzou-'l-h'i-

---

[a] D'après M. Hase (*Notices et Extraits*, t. VIII, 2ᵉ part., p. 263; in-4°, de l'I. l.; 1810). — Lebeau dit « le 15 novembre 959 » (*Hist. du Bas-Empire*, t. XIV, p. 37; édit. Saint-Martin). La date donnée par M. Hase est empruntée à Cedrenus (*Compend. hist.*, p. 641 D; in-fol., Parisiis, 1647).

[b] Leonis Diaconi *Histor.* lib. II, § x, p. 18 D; in-fol.; Parisiis, 1819. — Lebeau, t. XIV, p. 56. D'après la date qu'il a attribuée à l'avènement (note *a* ci-dessus), il donne à ce règne, comme cela doit être, une durée de trois ans quatre mois (calendrier chrétien). Cedrenus dit « trois ans quatre mois trois jours » (*Compend. histor.*, p. 645 c).

[c] Leonis Diaconi lib. III, § VIII, p. 29 c. — Lebeau, t. XIV, p. 65.

[d] Six ans trois mois vingt-quatre jours du calendrier chrétien. Léon Diacre (lib. V, § VIII, p. 54 c) dit « six ans quatre mois »; Lebeau (t. XIV, p. 97 à 99) dit « six ans trois mois cinq jours », comme si Nicéphore II avait été couronné le 5 août 963.

[e] Leonis Diaconi lib. X, § XI, p. 110 c. — Lebeau, t. XIV, p. 142.

d'autre, avec des chances diverses, pour la croix et pour le croissant. D'un côté, c'étaient Nicéphore Phocas et son frère Léon; de l'autre côté, c'étaient plu-

djah 329, de la charge qu'il avait inaugurée. Mais bientôt Abou-'l-H'osseïn, autre fils d'El-Barîdi, envoyé par son frère, s'empara de *Baghdâd*, d'où s'enfuit le khalife, accompagné d'Ibn-Raïk', pour aller implorer le secours des princes H'amdânites. Ceux-ci, bien qu'ils eussent fait assassiner Ibn-Raïk' le 21 redjeb 330, restèrent dans les meilleurs termes avec Mottak'i, qui revêtit Nâs'ir-ed-Daoulah de la charge d'émir-el-omarâ, charge que celui-ci remplit pendant treize mois et cinq jours, jusqu'au 5 ramadhân 331[a]. Sur la nouvelle qu'à la fin de cha'bân Touzoun s'était révolté contre son frère Seïf-ed-Daoulah, qui était alors à *Ouâçit'*, et qui avait pris la fuite, Nâs'ir-ed-Daoulah quitta *Baghdâd* pour retourner dans son gouvernement de *Mos's'oul*. Une fois le champ libre, la lutte recommença. Cette fois ce fut entre Touzoun et Khadjkhadj, et l'issue de cette lutte fut que le 5 ramadhân 331 le Turc Touzoun reçut les insignes de l'investiture. Le khalife n'avait fait que changer de maître, et il avait trouvé un maître plus dur encore que l'H'amdânite, qui avait cependant tant abusé de son pouvoir, car, après moins d'un an et demi du nouvel émirat, les procédés de Touzoun devinrent tels que Mottak'i, obligé de quitter sa capitale, se réfugia à *Takrît*, puis à Mos's'oul, puis à *Rak'k'a*, implorant encore le secours des H'amdânites. Son séjour auprès de ces princes se prolongea, et le malheureux khalife, trouvant en eux de froids conseillers plutôt que des appuis, eut la faiblesse de négocier avec Touzoun, qui le décida à revenir à *Baghdâd* et se porta à la rencontre de celui qu'il appelait son maître. Mais, arrivé à *Es-Sendia* le 20 s'afar 333[b], l'émir lui arracha sa couronne, le priva de la vue, et donna le trône à Mostakfi-ben-el-Moktafi-ben-Mo'tadhid. Onze mois après, le 24 moh'arram 334, Touzoun mourait à *Baghdâd*, et la milice turque nommait à sa place Zaïrak-ibn-Schîrzâd, qu'on fit venir de *Hît*, et qu'on proclama le 1er s'afar, sans que le khalife paraisse avoir ici joué d'autre rôle que celui de la soumission. Les largesses que le nouvel émir fit aux troupes l'obligèrent à des exactions qui ne tardèrent pas à engendrer des mécontentements, préludes d'une chute. En effet, trois mois étaient à peine écoulés que Mo'izz-ed-Daoulah, le troisième fils de Bouïa, partait d'*Ahouâz* à la tête de forces imposantes, se présentait aux portes de *Baghdâd* le 11 djoumâdi-el-aouel 334, et, comblé des faveurs du khalife, recevait le titre d'émir-el-omarâ. Mo'izz-ed-Daoulah fut le premier des Bouïdes[c] qui parvint à cette haute dignité, desti-

---

[a] A compter, du moins, jusqu'à l'instant où son successeur fut nommé.

[b] El-Makîn, p. 213, l. 4 et 5. — Abou-'l-Mah'âcin, t. II, p. ४०५, l. 4. — Weil, t. II, p. 689. — *Es-Sendia* est sur le *Nahr-'Aïça* (un des canaux du *Tigre*), entre *Baghdâd* et *Anbâra*. (Abulfedæ Annal. muslem., t. II, p. 540, l. 13.)

[c] M. Lindberg, dans un mémoire, publié en 1844, sur les rares monnaies frappées par les émirs de la famille des Bouïdes ou Bouéïmides, décrit une pièce d'argent frappée à *Schîrâz* en 337, et qui est la seule jusqu'ici connue où se lise le titre d'émir-el-omarâ, titre attribué, sur cette pièce, à 'Imâd-ed-Daoulah[1o]. Or ce prince mourut à *Schîrâz* en 333, et, depuis 334, c'était Mo'izz-ed-Daoulah, le plus jeune de ses deux frères, qui exerçait à *Baghdâd* la fonction d'émir-el-omarâ; mais nous savons, par Ibn-Khallikân[2o], que 'Imâd-ed-Daoulah était, depuis le commencement de 322, le premier de sa famille qui ait occupé un trône, que ses frères lui devaient la haute fortune à laquelle ils étaient parvenus, et peut-être ceux-ci ne se croyaient-ils pas le droit de porter un titre qui aurait semblé primer celui que portait leur aîné, le chef de leur famille. Ainsi s'expliquerait ce titre d'émir-el-omarâ pris, sur les monnaies des Bouïdes, par 'Imâd-ed-Daoulah, bien qu'en réalité il n'ait jamais exercé cette fonction à *Baghdâd*.

[1o] Defrémery, *Mémoires d'histoire orientale*, 1re partie, p. 167; in-8o, Paris, 1854.

[2o] *Kitâb-Ouafaïât-el-Aïân*, no ا٤١, fasc. v, p. ٨٠, l. 18 et 20 (t. II de la trad. angl., p. 339).

sieurs émirs de la *Cilicie* et de la *Syrie*, en tête desquels il faut placer l'émir d'*Alep*, Seïf-ed-Daoulah[1] le H'amdânite, dont les exploits contre les Grecs ont

née à rester plus d'un siècle (113 ans) dans sa famille[a]. Celui que Mostakfi avait accueilli comme un libérateur ne tarda pas à montrer de quelle manière il entendait exercer le pouvoir, et le malheureux khalife, ayant laissé percer quelques signes de mécontentement, fut précipité du trône dès le 22 djoumâdi-el-aouel 334, pour faire place à El-Mot'î, qui le fit aveugler[b]. Cet El-Mot'î régnait encore, ou plutôt était encore sur le trône, quand Mo'izz-ed-Daoulah mourut le 13 rebi-el-akhir 356, laissant sa charge à son fils Bakhtiâr, qui lui succéda sous le nom de 'Izz-ed-Daulah et gouverna jusqu'au 18 chaouâl 367, instant où l'émirat passa, pour n'en plus sortir, dans la branche de Rokn-ed-Daulah, aux mains de 'Adhad-ed-Daoulah, fils de ce second fils de Bouïah.

[1] C'est Abou-'l-H'assan-'Ali, second fils de 'Abd-Allah-ibn-H'amdân. Le 1er cha'bân 330 il reçut, de Mottak'i, le titre de *Seïf-ed-Daoulah*

(«le glaive de l'empire»), en reconnaissance du service qu'il avait rendu à ce khalife, en contribuant à le ramener dans sa capitale, d'où Abou-'l-H'osseïn-ibn-el-Barîdi l'avait obligé de sortir. Seïf-ed-Daoulah prit, à cette époque, possession de *Ouâçit'*, d'où il fut chassé par Touzoun en 331, et ce fut peu après qu'il vint en *Syrie*, s'empara de *Damas* ainsi que d'autres villes de cette province, notamment d'*Alep*, qu'il enleva en 333 à Ah'med-ibn-Sa'îd-el-Kilâbî, qui en était gouverneur au nom d'El-Ikhschîd[c]. Comme le Bouïde Mo'izz-ed-Daoulah, il était né en 303, comme lui il mourut en 356[d]. Il eut pour successeur son fils Sa'd-ed-Daoulah, dont le nom était Abou-'l-Mo'âli-Scherîf, et qui jouit d'un long règne, car il mourut dans la nuit du dimanche 25 ramadhân 381[e] (*samedi* 5 décembre 991 de J. C.). Mais ici s'arrêta la prospérité de cette famille. Sa'd laissait un fils, Abou-'l-Fadhâil-Sa'd, qui

---

[a] Abou-Schadjâ'-Bouïah fut le chef de cette famille des Bouïdes ou Deïlémites, qui constitua une véritable dynastie d'émirs-el-omarâ, dont le douzième et dernier fut Melek-er-Rah'im, renversé en 447 par T'or'rulbek[1a], le premier Seldjouk'ide[2a].

[b] Abulfedæ *Annal. muslem.*, t. II, p. 438, l. 7.

[c] «Avant de s'emparer d'*Alep*, dit Ibn-Khallikân, Seïf-ed-Daoulah avait été maître de *Ouâçit'* et de ses dépen-«dances» (n° ۴۴, fasc. v, p. ۸۰, l. 1 et l. 7 à 9; — t. II de la trad. angl., p. 338 et 339).

[d] Seïf-ed-Daoulah naquit le samedi 17 dzou-'l-h'idjah 303 (22 juin 916 de J. C.), et mourut, à *Alep*, le vendredi 24 (5 restant) de s'afar 356[3a] (8 février 967 de J. C.). Mo'izz-ed-Daoulah était né en 303, sans que je puisse dire à quelle date précise, et mourut à *Baghdâd*, le jeudi 13 rebi-el-akhir 356[4a] (28 mars 967 de J. C.).

[e] Ibn-Khallikân, n° ۴۴, fasc. v, p. ۸۰, l. 14 (t. II de la trad. angl., p. 339). — Abulfedæ *Annal. muslem.*, t. II, p. 576, l. 11, et p. 578, l. 6. — Si cette mort eut lieu le 5 décembre avant minuit, Ibn-Khallikân aurait pu dire *dimanche*, mais il aurait dû dire le 26, car, en réalité, le samedi correspond au 25 ramadhân 381.

[1a] Abulfedæ *Annal. muslem.*, t. III, p. 148, l. 6 et seq.

[2a] Ibn-Khallikân, n° ۷۰۱, fasc. viii, p. ۱۱۰, l. 4 (t. III de la trad. angl., p. 229).

[3a] Ibn-el-Athir, t. VIII, p. ۲۴۴, l. 7 et 10; il n'indique que les mois. — Ibn-Khallikân, n° ۴۴, fasc. v, p. ۸۱, l. 18 et 19 (t. II de la trad. angl., p. 338); il dit à tort le *dimanche* 17 dzou-'l-h'idjah et ajoute que, suivant quelques auteurs, cette naissance eut lieu en 301; El-Makîn (p. 225, l. 5 à 11) est de ce nombre, car il donne à Seïf-ed-Daoulah cinquante-cinq ans d'âge quand il mourut le 23 (6 restant) de s'afar 356, après avoir gouverné *Alep* durant vingt-trois ans, par conséquent depuis l'an 333. — Abou-'l-Fedâ (t. II, p. 492, l. 7 et 8) place sa naissance en 303 et sa mort en s'afar 356. — Abou-'l-Mah'âcin (t. II, p. ۳۴۰, l. 1, p. ۳۴۱, l. 5 et 6) s'exprime comme Ibn-Khallikân et copie la petite erreur relative au *dimanche*.

[4a] Ibn-el-Athir, t. VIII, p. ۲۴۵, l. 5; cet auteur ne donne pas l'année de la naissance, que j'emprunte à Ibn-Khallikân (n° vi, fasc. 1, p. 44, l. 7 et 8; — t. I de la trad. angl., p. 156), lequel fixe au 17 rebi-el-akhir (lundi 1er avril 969 de J. C.) la date de la mort, qu'El-Makîn (p. 225, in fine) place au 16 du même mois. Abou-'l-Fedâ (t. II, p. 486, lin. ult.) a adopté la date donnée par Ibn-el-Athir (l. 13), et Abou-'l-Mah'âcin (t. II, p. ۳۴۷, l. 8 et 9) celle donnée par Ibn-Khallikân (le 17), en ajoutant que Mo'izz-ed-Daoulah était âgé de cinquante-trois ans.

LIVRE QUATRIÈME. — CHAPITRE II.

été, au dire d'Ibn-Khallikân, célébrés par El-Motanabbi dans ses *K'as'i-*

lui succéda, et dont la mort, survenue en s'afar 391 ou 392 [1], mit fin à l'empire fondé par Seïf-ed-Daoulah et à la dynastie des H'amdânites [2]. On pourrait dire, à certains égards, que l'empire de Seïf-ed-Daoulah cessa dès 381, car, sentant sa fin approcher, Sa'd-ed-Daoulah désigna, pour lui succéder, son fils Abou-'l-Fadhâil, et comme celui-ci était encore enfant, il lui donna pour ministre son affranchi Loulou [c], qui, en réalité, gouverna. Lorsque, après neuf ans et quelques mois, le jeune prince mourut (391 ou 392), empoisonné, dit-on, laissant deux fils, Abou-'l-H'assan-'Ali et Abou-'l-Mo'âli-Scherîf, ce fut encore Loulou qui tint les rênes de l'État. Mais bientôt (en 394), non content d'être, de fait, maître absolu, il voulut gouverner en son propre nom et exclut

---

[a] Ibn-Khallikân dit [1*] qu'il n'a pu découvrir la date de la mort d'Abou-'l-Fadhâil. El-Makîn (p. 256, l. 9 à 13) place cet événement en s'afar 391; Ibn-el-Adîm [2*] dit le samedi 15 s'afar 392 (3 janvier 1002 de J. C.).

[b] La famille des H'amdânites descendait, suivant Ibn-Khallikân, de Tar'lib, auteur d'une des tribus les plus considérables du H'idjâz et appartenant à la race de Rabîa'ah-ibn-Nizâr-ibn-Ma'd-ibn-'Adnân. «Le premier rejeton de la tige d'Isma'il que l'on connaisse ou que l'on croie connaître d'une manière exacte, dit M. Caussin de «Perceval [3*], est 'Adnân.» Après des guerres sanglantes, les Beni-Tar'lib quittèrent l'Arabie et se transportèrent dans la *Mésopotamie*, à une époque peu éloignée de la naissance de Moh'ammed [4*] (570 de J. C.). Abou-Haidjâ-'Abd-Allah-ibn-H'amdân obtint en 292 (904-905 de J. C.), du khalife El-Moktafi-Billah, le gouvernement de *Maus'el* (*Mos's'oul*) et de ses dépendances; il fit son entrée dans le chef-lieu de son gouvernement vers le commencement de 293 [5*]. Mok'tadir le confirma dans cette possession en 295, et cependant, lorsqu'en moh'arram 317 éclata cette révolution de palais, dont l'eunuque Mounis fut l'âme et qui donna, pour deux ou trois jours [6*], le trône à El-K'âhir, non seulement Abou-Haidjâ y prit une part active, mais il fut tué le 17 moh'arram en défendant El-K'âhir [7*]. Il laissait deux fils, bien connus sous les noms de Nâs'ir-ed-Daoulah et Seïf-ed-Daoulah, mais ce fut son frère, Abou-'l-'Ala-Sa'id, qui obtint alors le gouvernement de *Mos's'oul*. En 323, ce prince fut tué par son neveu Nâs'ir-ed-Daoulah. Après avoir voulu venger ce meurtre, le khalife Râdhi pardonna [8*], et, en 324, la *Mésopotamie* se trouvait partagée entre les fils de H'amdân [9*]. Nâs'ir-ed-Daoulah commandait à *Mos's'oul* depuis trente-deux ans, lorsqu'en s'afar 356 survint la mort de son frère Seïf-ed-Daoulah. Cet événement l'affecta si douloureusement que ses facultés s'affaiblirent au point que son fils 'Oddah-ed-Daoulah (surnommé aussi الغضنفر, «le lion») fut dans la nécessité de s'emparer du gouvernement de *Mos's'oul* le 24 djoumâdi-el-aouel 356 (mardi 7 mai 967 de J. C.), un ou deux avant la mort d'En-Nâs'ir, qui n'arriva qu'en rebî-el-aouel 357 ou 358 [10*]. Il y avait près de douze ans que 'Oddah-ed-Daoulah commandait à *Mos's'oul*, lorsqu'en 367 il fut chassé de ses possessions par le Bouide 'Adhad-ed-Daoulah, et se réfugia en *Syrie*, où il fut tué dans un combat livré aux troupes du sult'ân d'*Égypte*, en s'afar 369 [11*].

[c] Abulfedæ *Annal. muslem.*, t. II, p. 578, l. 8 et 9.

[1*] *Kitâb-Ouafeiât-el-'Aiân*, n° ۴۴۲, fasc. v, p. ۸۰, l. 15 (t. II de la trad. angl., p. 339).
[2*] Freytag, *Selecta ex historia Halebi*, p. xiv; in-8°, Lutetiæ Parisiorum, 1819.
[3*] *Essai sur l'histoire des Arabes avant l'islamisme*, t. I, p. 179; in-8°, Paris, 1847.
[4*] *Ibid.*, t. I, p. 190 et 191.
[5*] Ibn-Khallikân, n° ۱۷۱۲, fasc. ıı, p. ۱۰۹, l. 7 et 8 (t. I de la trad. angl., p. 404).
[6*] *El-Kâmil*, t. VIII, p. ۱۲۰۷, l. 6. — *Hist. sarac.*, p. 193, l. 7 et seq. — *Annal. muslem.*, t. II, p. 354, l. 7 et seq.
[7*] Ibn-el-Athîr, t. VIII, p. ۱۲۰۴, l. 16, et p. ۱۰۱, l. 10. — Ibn-Khallikân, n° ۱۷۱۲, fasc. ıı, p. ۱۱۰, l. 6 et 7 (t. I de la trad. angl., p. 405).
[8*] Abulfedæ *Annal. muslem.*, t. II, p. 394, l. 9 à 13.
[9*] *Id. ibid.*, t. II, p. 398, l. 13 et 14. — Évidemment Nâs'ir-ed-Daoulah obtint *Mos's'oul*; d'autres princes de la même maison eurent le *Diâr-Bekr*, le *Diâr-Modhar*, le *Diâr-Rabîa'ah*; je ne sais laquelle de ces régions échut à Seïf-ed-Daoulah.
[10*] Ibn-Khallikân, n° ۱۷۱۲, fasc. ıı, p. ۱۰۹, l. 17, à p. ۱۱۰, l. 7 (t. I de la traduction anglaise, p. 405). — *Annal. muslem.*, t. II, p. 502, l. 2.
[11*] Ibn-el-Athîr, t. VIII, p. ۵۱۳, lin. penult. — Ibn-Khallikân, n° ۱۷۱۲, fasc. ıı, p. ۱۱۰, l. 12 (t. I de la trad. angl., p. 406); les divers manuscrits de cet auteur portent, par erreur, ۳۴۷, au lieu de ۳۴۹. — Abulfedæ *Annal. muslem.*, t. II, p. 542, l. 10 et 16.

das[1]. Depuis cent trente-neuf ans (depuis l'an 211), les révoltés du faubourg de *Cordoue* étaient en possession de la *Crète;* leurs chefs y avaient même, paraît-il, formé une dynastie qui, en 350, était représentée par un Musulman, auquel les historiens byzantins donnent le nom de Curube (Κουρουπᾶ[2]). C'était lui qui commandait lorsque, le 7 mars 961 (jeudi 16 moh'arram 350 de l'hégire), Nicéphore Phocas emporta d'assaut *Candie,* la capitale, après un siège de plus de sept mois[3], et, par suite, s'empara de toute *l'île de Crète*[4], « qui jusqu'à nos jours, dit Ibn-Khaldoun, est demeurée entre les mains des « infidèles[5]. » S'il faut en croire le continuateur incertain de Théophane,

Les Byzantins s'emparent de la Crète.

du trône les deux fils de son souverain, qui se rendirent en Égypte[a]. Ainsi finit la dynastie des H'AMDÂNITES, après un siècle d'existence.

[1] Ibn-Khallikân, n° ۱۴۲, fasc. v, p. ۸۵, l. 9 (t. II de la trad. angl., p. 339). — Abou-'t-T'aïeb-el-Motanabbi, célèbre poète, surnommé aussi *El-Kindi*, parce qu'il était né à *Koufa*, dans le quartier appelé *Kinda*, naquit en 303 et fut tué en ramadhân 354[b]. — Les Arabes donnent le nom de قَصِيدَة (*k'as'îda*), au pluriel قَصَائِد (*k'as'âid*), à des poèmes qui leur sont particuliers, lesquels n'ont pas moins de seize distiques et peuvent en avoir une centaine (Kazimirski). El-Makîn (p. 225, l. 18 et 19) parle des sept *k'as'îdas* en l'honneur de Seïf que renferme le *Dîvân* de Motanabbi.

[2] Julius Pollux, *Fragm. ined.* cité par M. Hase. (Leonis Diaconi[c] *Historia*, p. 201 c, in-fol., Parisiis, 1819.) Voyez aussi Cedrenus, Zonaras, le continuateur incertain de Théophane et Syméon, aux pages citées note 4 ci-dessous.

[3] Georg. Cedreni *Compend. histor.*, p. 643 A, in-fol., Parisiis, 1647. Il donne seul la date précise, mais il dit à tort « Indic. xiv » au lieu de « Indic. xv. » — Joan. Zonaræ *Annales*, lib. XVI,

§ XXIII, t. II, p. 196 D, in-fol., Parisiis, 1687 (t. III de l'édit. de Bâle, 1557, p. 157, lin. 59). — Ce siège avait donc commencé en août 960 de J. C. (dans la première quinzaine de djoumâdi-el-akhir 349).

[4] Ibn-Khaldoun, *Histoire des Fât'imites*, § XII (H. d. B., append. II au t. II de la trad. franç., p. 544). — Abou-'l-Mah'âcin, *En-Nodjoum*, t. II, p. ۳۰۹, l. 6 à 9. — Leonis Diaconi *Hist.* lib. I, § III à x, et lib. II, § VI à VIII, p. 3 à 16. — Georg. Cedreni *Compend. histor.*, p. 642 D à p. 643 B. — Joan. Zonaræ *Annales*, lib. XVI, § XXIII, t. II, p. 196 D à p. 197 A. — Constantini Manassis *Breviar. histor.*, p. 115 A, in-fol., Parisiis, 1655. — Michaelis Glycæ *Annales*, pars IV, p. 304, in-fol., Parisiis, 1660. — Symeonis magistri ac Logothetæ *Annales (Scriptores post Theophanem*, p. 497 D à p. 498 B, in-fol., Parisiis, 1685). — Lebeau, *Hist. du Bas-Empire*, t. XIV, p. 43 à 48, in-8°, Paris, 1833. C'est sans doute par erreur qu'il place la prise de *Candie* au 7 mai (voy. la note 3 ci-dessus).

[5] A la page citée au commencement de la note 4 ci-dessus. — On sait qu'Ibn-Khaldoun est mort en 808 (1405-1406 de J. C.).

[a] El-Makîn, *Hist. sarac.*, p. 256, l. 13 à 24.
[b] *Kitâb-Ouafaiât-el-'Aiân*, n° ۱۴۹, fasc. 1, p. ۴۵, l. 12 à 15 (t. I de la trad. angl., p. 106). — *Baîân*, t. I, p. ۳۳۴, l. 9 et 10. — Voir, sur ce poète, Silvestre de Sacy, *Chrest. arabe*, t. III, p. 1 à 33, et *Anthol. gram. arabe*, p. 476.
[c] Léon Diacre était contemporain de Nicéphore; il se trouvait à *Constantinople* le 15 août 966 (mercredi 24 cha'bân 355) quand ce général, devenu empereur, fut insulté et poursuivi à coups de pierres par la populace. (Leonis Diaconi *Historia*, lib. IV, § VII, p. 40 B; in-fol., Parisiis, 1819. — *Hist. du Bas-Empire*, t. XIV, p. 78; édit. Saint-Martin.)

LIVRE QUATRIÈME. — CHAPITRE II.

l'émir Curube, appréciant l'imminence du danger qu'il courait quand il avait vu les bonnes dispositions prises par Nicéphore dans son plan d'attaque, et ne pouvant compter sur l'assistance de Seïf-ed-Daoulah, qui avait jugé l'instant favorable pour envahir les possessions romaines en Asie[1], l'émir Curube, dis-je, dépêcha en Afrique et en Espagne pour demander un prompt secours, et les deux khalifes avaient envoyé des agents de confiance pour reconnaître l'état du siège. Malgré les instantes prières et les larmes des assiégés, ces députés auraient fait à leurs souverains respectifs un rapport de nature à les dissuader d'une intervention que l'examen des choses et des lieux leur faisait juger comme absolument inutile[2]. Ces circonstances, que ne mentionne pas le contemporain Léon Diacre, et dont on ne trouve qu'une trace dans les chroniques arabes[3], me paraissent devoir être tenues pour fort suspectes, vu l'état flagrant d'hostilité dans lequel se trouvaient les deux khalifes. On s'expliquerait difficilement que le khalife omaïade ait pu, à cette époque, agir d'un commun accord, même contre *Constantinople*, avec le khalife fât'imite[4], car la cour de

---

[1] Leonis Diaconi lib. II, § 1, p. 10 c. — On sait que Léon, frère de Nicéphore, fit éprouver une affreuse défaite à Seïf-ed-Daoulah (*El-Kâmil*, t. VIII, p. ٣٤٤. — *Annal. muslem.*, t. II, p. 468, l. 9 à 12. — *En-Nodjoum*, t. II, p. ٣٥١, l. 4 et 5, et p. ٣٥٢, l. 4 à 7). Voir les auteurs de la Byzantine. — Seïf-ed-Daoulah rentra en campagne dès le mois de ramadhân 350ᵃ (du 12 octobre au 12 novembre 961), et, en moh'arram 351, Nicéphore vint assiéger *Anazarbe*ᵇ (عين زربة). Tel fut le commencement de la grande expédition qui se termina par la prise d'*Alep*ᶜ, que les Grecs saccagèrent et d'où ils se retirèrent le mercredi 1ᵉʳ dzou-'l-h'idjah 351ᵈ (31 décembre 962 de J. C.).

[2] *Historiæ byzantinæ scriptores post Theophanem. Incerti continuatoris*, ROMANUS JUNIOR, § XI, p. 298 c, in-fol., Parisiis, 1685. — Lebeau,

Hist. du Bas-Empire, t. XIV, p. 45, édit. Saint-Martin.

[3] Ibn-el-Athîr, t. VIII, p. ٣٠.٣٠, l. 20 à 23. Il rapporte à l'année 351 le secours que, suivant lui, El-Mo'izz aurait envoyé aux *Crétois*; mais la victoire qu'il attribue aux Musulmans s'ajoute à l'erreur de date pour montrer l'invraisemblance de son récit. M. Quatremère, à qui ce passage d'Ibn-el-Athîr a échappé, citeᵉ un historien persan (H'aïder-Râzi) qui reproduit les mêmes faits dans les mêmes termes. «Ces faits, «dit le savant académicien, racontés par un histo-«rien récent, ne présentent rien d'authentique.»

[4] En rapprochant les dates que j'ai données plus haut, on voit que la prise de *Candie* eut lieu sept mois et demi avant la mort d'En-Nâs'ir; il faudrait donc admettre que ce khalife aurait agi de concert avec El-Mo'izz dans le pré-

---

ᵃ Ibn-el-Athîr, t. VIII, p. ٣٤٤, l. 8 à 10.
ᵇ *Id. ibid.*, l. 22. — Abou-'l-Faradj, p. ٣١٣, l. 10 et 11 (p. 206 de la trad. lat.). — Abou-'l-Fedâ, t. II, p. 476, l. 2 et 3.
ᶜ Ibn-el-Athîr, t. VIII, p. ٣٠١, l. 5. — El-Makîn, p. 223, l. 24 et seq. — Abou-'l-Faradj, p. ٣١٣, l. 3 et 4 (p. 207 de la trad. lat.). — Abou-'l-Fedâ, t. II, p. 476, l. 5 et seq. — Abou-'l-Mah'âcin, t. II, p. ٣٤٠ et ٣٤١.
ᵈ El-Makîn, p. 224, l. 2 à 4.
ᵉ *J. A.*, t. II, p. 419 et 420, 3ᵉ série, 1836.

Cordoue ne négligeait aucun moyen de se rattacher à la conquête du *Maghrib*, qui venait de lui échapper. En-Nâs'ir ne dédaignait pas de caresser cette famille edrîsite, avec laquelle, naguère, il s'était montré si dur. Ainsi les otages qu'il s'était fait livrer en 341 étaient traités avec une bienveillance marquée; H'assan-ibn-Ah'med-el-Fâdhl avait été autorisé à faire venir à *Cordoue* son fils Iah'ia, et Moh'ammed à faire venir son fils H'assan. Ces deux jeunes gens avaient, dès 342, remplacé en Espagne leurs pères, qui étaient rentrés en *Maghrib* comblés de dons et d'honneurs. Iah'ia et H'assan étaient morts à *Cordoue*, l'un en 349, l'autre en 350, le premier laissant un fils du nom de H'ossein, le second laissant deux fils, Moh'ammed et H'ossein. Ces trois enfants restèrent à *Cordoue* jusqu'à l'avènement d'El-H'akam-el-Mostans'ir-Billah[1], qui succéda à son père le 3 ramadhân 350, et ne cessèrent, jusqu'en 354, d'être l'objet de soins paternels.

351 de l'hégire (962-963 de J. C.).

En même temps que le nouveau khalife d'Espagne, continuant la politique d'En-Nâs'ir, cherchait, par des actes peu compromettants d'ailleurs, à capter les EDRÎSITES, dont l'influence dans le *Rîf* n'était pas entièrement éteinte, il s'occupait, dès 351, à compléter les fortifications de *Ceuta*[2], et mettait tout en œuvre, sur d'autres points, pour agiter le pays qu'El-Mo'izz-Lidîn-Allah avait soumis à ses armes. Les auteurs auxquels j'ai emprunté le récit de la prise de *Sidjilmâçah* par Djouhar ne nous disent pas en quelles mains ce général remit le gouvernement de la ville conquise, mais il paraît certain qu'à l'instigation de l'Espagne, il s'y opéra une révolution en faveur des BENI-MIDRÂR. « Les émissaires des OMAÏADES, dit Ibn-Khaldoun, parvinrent à soulever le « *Maghrib* contre les FÂT'IMITES, et à faire reconnaître aux *Zenâtah* la souve-« raineté d'El-H'akam-el-Mostans'ir. Alors un fils d'Es-Schâkir se rendit « maître de *Sidjilmâçah* et prit le titre d'*El-Mostans'ir-Billah* (le soutenu par « la grâce de Dieu). » Je ne saurais dire la date précise de cette restauration des BENI-MIDRÂR, mais elle eut certainement lieu en 351, car le même historien nous apprend qu'en 352 le nouveau souverain de *Sidjilmâçah* fut renversé et tué par son frère, Abou-Moh'ammed, qui s'empara du pouvoir et prit le

Événements de Sidjilmâçah.

352 de l'hégire (963-964 de J. C.).

---

tendu examen des lieux qu'un seul auteur assure avoir été fait. Ce concert nous paraît bien invraisemblable.

[1] El-Bekrî, p. ۱۳۱, l. 7 à 14 (*J. A.*, t. XIII, p. 366, 5ᵉ série). On s'attend à lire qu'à son avènement au trône El-H'akam rendit la liberté à ces princes, mais l'auteur termine sa phrase en disant qu'il les renvoya en *Maghrib* dans le mois de redjeb 354. — *Baïân*, t. I, p. ۱۳۱, l. 10 à 13.

[2] *Baïân*, t. I, p. ۱۳۴, l. 3 et 4. Ibn-'Adzârî se trompe certainement en disant ici que tout le *Maghrib* obéissait alors à El-H'akam : فطاع له المغرب كله.

titre d'*El-Mo'tizz-Billah* («l'exalté par l'appui de Dieu[1]»). Évidemment les *Maghrâouah* profitèrent de ces circonstances pour se relever aux yeux des Omaïades, et l'on peut croire qu'ils secondèrent la révolution faite au profit d'El-Mo'tizz, en même temps qu'ils entraînaient ce prince dans le parti d'El-H'akam, dont ils venaient de reconnaître la souveraineté; car ainsi s'expliquerait le passage d'Ibn-Khaldoun conçu en ces termes : «Sous le règne d'El-«Mo'tizz, la puissance des *Miknâçah* tomba en décadence et céda devant celle «des *Zenâtah*[2].» Au même mouvement qui se produisait dans le sud du *Maghrib-el-Ak's'a* en faveur des Omaïades se rattache tout naturellement l'ambassade que le chef des *Berr'aouât'ah*, Abou-Mans'our-'Aïça-ben-'Abd-Allah-Abou-'l-Ans'âr, envoya à El-H'akam. J'ai déjà eu l'occasion de nommer l'ambassadeur; son nom complet était Abou-S'âlih'-Zemmour-ibn-Mouça-ben-Hischâm-ibn-Ouârdizen-el-Berr'aouât'i. Il arriva à *Cordoue* en chaouâl 352[3], et, bien que l'objet de sa mission nous soit resté inconnu, cette démarche du souverain des *Berr'aouât'ah* témoigne, à elle seule, tout au moins de l'indépendance de cette peuplade guerrière par rapport aux Fât'imites.

Ambassade des Berr'aouât'ah en Espagne.

Si El-Mo'izz ne secourut pas les *Crétois*, il ne tarda pas du moins à venger

Événements de Sicile.

---

[1] *H. d. B.*, t. I, p. ɪᴠ·, l. 12 à 15, et t. II, p. ᴏɪ, l. 15 à 18 (t. I, p. 265, et t. III de la trad. franç., p. 255). — On peut supposer qu'El-Kheïr, fils de Moh'ammed-ibn-Khazer, était mort à cette époque, et même qu'il était mort avant son père; du moins un passage d'Ibn-Khaldoun semble autoriser cette dernière supposition. «Après la mort de Ia'la-ben-Moh'ammed l'Ifré-«nite, dit-il, le commandement des *Zenâtah* fut «exercé par Moh'ammed-ibn-el-Kheïr-ibn-Mo-«h'ammed-ibn-Khazer, partisan d'El-H'akam-el-«Mostans'ir». Or Ia'la avait été tué en 347, et Moh'ammed-ibn-Khazer mourut en 350, sincèrement rallié aux Fât'imites. Il est vraisemblable que son fils El-Kheïr, qui depuis longtemps partageait avec son vieux père le gouvernement des *Maghrâouah*, avait embrassé le même parti[b]; mais évidemment le fils d'El-Kheïr était resté fidèle aux Omaïades, et nous le verrons, en 360, mourir en soutenant leur cause. Il n'exerça, sans doute, qu'une autorité fictive après la mort de Ia'la, puisque Djouhar soumit complètement alors le *Maghrib central*[c].

[2] *Histoire des Berbers*, t. I, p. ɪᴠ·, l. 15 et 16 (t. I de la trad. franç., p. 265). — Voyez plus haut ce que j'ai déjà dit sur la décadence des *Miknâçah*.

[3] El-Bekrî, p. ١٣٢, l. 20, et p. ١٣٥, l. 2 (*J. A.*, t. XIII, p. 372 et 373, 5ᵉ série). — *Baïân*, t. I, p. ٣٣١, l. 18. — Ibn-Khaldoun, *H. d. B.*, t. I, p. ɪᴠᴏ, l. 9 et 10 (t. II de la trad. franç., p. 126).

[a] *H. d. B.*, t. II, p. ɪ·ɪ, l. 19 à 22 (t. III de la trad. franç., p. 336).

[b] Telle pourrait être la cause qui s'opposa à ce que les Omaïades l'appelassent à la succession de Ia'la, et la date de sa mort reste d'autant plus incertaine que, très probablement, En-Nâs'ir, pendant le long séjour de Djouhar dans le *Maghrib*, ne put songer alors à remplacer Ia'la (voyez la note c ci-dessous).

[c] Les termes de «partisan d'El-H'akam-el-Mostans'ir», dont se sert Ibn-Khaldoun, semblent indiquer, d'ailleurs, que ce fut postérieurement à 350 que Moh'ammed-ibn-el-Kheïr se prononça hautement en faveur des Omaïades ou, du moins, qu'il fut appelé à remplacer Ia'la l'Ifrénite.

leur défaite en attaquant les possessions de *Constantinople*. Dès les premiers mois de l'an 351, il avait donné à Ah'med-ibn-H'assan l'ordre de chasser définitivement les Grecs de la *Sicile*, et aussitôt (en rebî-el-akhir[1]) ce gouverneur s'était mis en marche sur *T'abarmîn*[2] (طبرمين), qu'il emporta le 25 dzou-'l-k'a'dah de la même année (jeudi 25 décembre 962 de J. C.), après un siège de sept mois et demi; il donna à la ville nouvellement conquise le nom d'*El-Mo'izzïa*, en l'honneur de son maître[3]. Remontant alors vers le nord en s'emparant de plusieurs autres villes, il arriva devant *Ramet't'a*[4], qu'il jugea devoir l'arrêter longtemps. Il fit bloquer la place par un de ses généraux, El-H'assan-ibn-el-'Ammâr, qui posa son camp le 30 redjeb 352[5] (lundi 24 août 963 de J. C.), et commença aussitôt des attaques répétées, qui toutes échouè-

353 de l'hégire (964 de J. C.) rent devant la vigoureuse défense des assiégés. A la longue, ceux-ci, sentant leurs forces s'épuiser, demandèrent du secours à *Constantinople*[6], et aussitôt Ah'med, de son côté, dépêcha à El-Mo'izz pour lui rendre compte de l'état

---

[1] La *Chronique de Cambridge* (in Gregorio, p. 51, l. 3 à 5) dit que le siège de *T'abarmîn* commença en mai 6470 (961-962); or le 1ᵉʳ rebi-el-akhir 351 correspond au vendredi 9 mai 962 de J. C.

[2] Ταυρομένιον (*Tauromenium* des anciens, aujourd'hui *Taormina*, ville située entre *Catane* et *Messine*, à l'est-nord-est de l'*Etna*, sur la côte orientale de la *Sicile*. (Diodori Siculi *Biblioth.*, lib. XVI, cap. VII, t. II, p. 71, l. 11, de l'édit. Firmin-Didot. — Strabonis *Geographica*, lib. VI, cap. II, p. 221, l. 26. — Pomponii Melæ *De situ Orbis*, lib. II, cap. VII, p. 233. — J. Plinn *Hist. natur.*, lib. III, cap. VIII, § 14, t. I, p. 161, l. 21. — Edrîsî, t. II, p. 82.)

[3] Ibn-el-Athîr, t. VIII, p. ۲۰۲, lin. ult., à p. ۲۰۳, l. 2. — En-Nouaîrî, in Gregorio, p. 15, l. 27 à 30 (Riedesel, p. 423). — Ibn-Khaldoun donne au siège de *T'aormine* une durée de neuf mois (*Hist. des Fât'imites*, § XII, append. II au t. II de l'*H. d. B.*, trad. franç., p. 544 et 545). — Schihâb-ed-Dîn (in Gregorio, p. 60, col. 1) place la prise de *Tauromenium* en 352.

[4] Ville forte située à deux lieues à l'ouest de *Messine*.

[5] En-Nouaîrî, in Gregorio, p. 16, l. 9 et 10 (Riedesel, p. 424). Le récit de cet auteur présente quelques circonstances qui ne paraissent pas exactes. Selon lui, après que les Musulmans se furent fortifiés dans *T'abarmîn*, la ville de *Ramet't'a* entra en révolte et demanda du secours à *Constantinople*. Or, d'une part, *Ramet't'a* n'avait pas à se révolter; soumise aux Grecs, elle fut attaquée par les Musulmans et, tout naturellement, se mit en défense; d'autre part, si elle eût dès lors demandé du secours à Nicéphore, on ne s'expliquerait pas que celui-ci n'eût répondu que quatorze mois après, comme En-Nouaîrî lui-même va nous l'apprendre par la date qu'il fixe pour le départ de la flotte grecque.

[6] Ibn-el-Athîr, t. VIII, p. ۲۱۱, l. 19 et 20. — Les historiens byzantins (Cedrenus, Zonaras) attribuent à Nicéphore l'initiative de la campagne des Grecs contre la *Sicile*; il voulait, suivant eux, affranchir l'empire du tribut payé aux Sarrasins. (Lebeau, *Hist. du Bas-Emp.*, t. XIV, p. 68.)

---

[*] C'est lui qui précise la date du 25 dzou-'l-k'a'dah 351, et comme la *Chronique de Cambridge* (in Gregorio, p. 51, l. 9 et 10) dit un jeudi de décembre 6471 (962-963 de J. C.), comme d'ailleurs le 25 dzou-'l-k'a'dah 351 correspond précisément au jeudi 25 décembre 962, ces deux indications se confirment très bien l'une l'autre.

des choses et en obtenir des renforts. Il y avait quatorze mois que durait le siège, lorsqu'en ramadhân 353 (du 11 septembre au 10 octobre 964 de J. C.) aborda en *Sicile* une flotte chargée de troupes, et dont le souverain fât'imite avait confié le commandement à El-H'assan-ibn-'Ali-ben-Abou-'l-H'osseïn, père d'Ah'med [1]. Bientôt on vit arriver une armée de plus de quarante mille combattants [2], à la tête desquels Nicéphore Phocas avait placé son cousin Manuel, vaillant soldat auquel on refuse les qualités qui font le général [3]. Partie de *Constantinople* le jeudi 3 (trois nuits passées) de chaoûâl, la flotte grecque fit la traversée en neuf jours [4], et par conséquent débarqua ses troupes à *Messine* le 12 chaoûâl (samedi 22 octobre 964 [5] de J. C.). On ne tarda pas à en venir aux mains, et ce fut dans la seconde quinzaine du même mois que fut livrée la fameuse bataille d'*El-Medjâz* (des défilés), dans laquelle les Chrétiens éprouvèrent l'affreuse défaite que leurs propres historiens [6] n'ont pu songer à dissimuler. Un butin considérable resta entre les mains des Musulmans, avec un grand nombre de prisonniers, et quand ces trophées de la victoire arrivèrent à *Palerme*, El-H'assan-ibn-'Ali, qui s'était porté à leur rencontre, éprouva une émotion si vive, qu'il fut à l'instant saisi d'une fièvre dont il mourut en dzou-'l-k'a'dah 353 (du 8 novembre au 8 décembre 964 de J. C.), à l'âge de cinquante-trois ans [7]. Ibn-Khaldoun, à deux reprises [8], dit que la bataille

Bataille d'El-Medjâz.

---

[1] Ibn-el-Athîr, t. VIII, p. ۴۱۴, l. 1 et 2. — Schihâb-ed-Dîn, in Gregorio, p. 60, col. 1, in fine. — Abulfedæ *Annal. muslem.*, t. II, p. 448, l. 2 et 3.

[2] Ibn-el-Athîr, t. VIII, p. ۴۱۱, l. 20 à 22. — Ibn-Khaldoun, *Hist. de l'Afr.*, p. ۷۱۴, l. 7 (p. 170 de la trad. de N. Desvergers).

[3] G. Cedreni *Compendium hist.*, p. 653 D. — Leonis Diaconi *Histor.*, p. 40 c. — J. Zonaræ *Annales*, t. II, p. 200 c.

[4] En-Nouaïri, in Gregorio, p. 16, l. 15 à 17 (Riedesel, p. 424). — Ibn-el-Athîr, t. VIII, p. ۴۱۴, l. 4 et 5.

[5] Lebeau (t. XIV p. 68) dit que la flotte grecque aborda en *Sicile* le 5 novembre 963, c'est-à-dire le jeudi 14 chaoûâl 352. J'ignore à quel auteur il a emprunté cette erreur d'une année.

[6] Leonis Diaconi *Historia*, lib. IV, § VIII, p. 41 c. — G. Cedreni *Compend. histor.*, p. 654 A. — J. Zonaræ *Annales*, t. II, p. 200 c. — On peut y joindre le témoignage d'un évêque contemporain : Liutprandi *Legatio*, § 43 (G. H. Pertz, *Monumenta Germaniæ historica*, scriptorum t. III, p. 356, l. 44, in-folio, Hannoveræ, 1839).

[7] *Chron. cantabr.* [*], in Gregorio, p. 51, l. 14 et 15. — Schihâb-ed-Dîn, *Hist. Sicil.* (in Greg., p. 60, col. 2). — En-Nouaïri, in Gregorio, p. 18, l. 8 et 9 (Riedesel, p. 429). — Abulfedæ *Annal. muslem.*, t. II, p. 448, l. 10 et 11.

[8] Ibn-Khaldoun, *Hist. de l'Afr.*, p. ۷۱۴, l. 5, à p. ۷۵, l. 8 (p. 169 à 171 de la trad. de Noël Desvergers), et *Hist. des Fât'im.*, § XII (H. d. B., append. II au t. II de la trad. franç., p. 545). Selon lui, par conséquent, la mort d'El-H'assan-ibn-'Ali eut lieu en 354 ou 355.

[*] L'auteur de cette chronique place la mort de H'assan-ibn-'Ali au mois de novembre 6473, année qui s'étend du 1ᵉʳ septembre 964 au 31 août 965.

d'*El-Medjâz* fut livrée en 354 (965 de J. C.), et Léon Diacre la place plus tard encore[1]; mais ce qu'il y a de vrai c'est que la bataille, qui fut la dernière de cette courte campagne, n'entraîna pas la reddition immédiate de *Ramett'a*, qui n'eut lieu qu'en 354, comme cela ressort de plusieurs documents, notamment d'un passage d'Ibn-el-Athîr[2].

Les succès qu'El-Mo'izz obtenait en *Sicile* le consolaient sans doute des défections qui s'étaient produites dans le *Maghrib-el-Ak's'a*, et il faut croire que ces défections ne lui apparaissaient pas comme inquiétantes, s'il est vrai que ce prince fit, dans ses États, en 354, un voyage de quatre-vingts jours, dans un but tout à la fois de plaisir et d'utilité, et qu'il ne rentra à *Mans'ouriah* qu'après avoir visité *Tunis* et les merveilles de *Carthage*[3]. A la même époque, El-H'akam, continuant son système de prévenances envers les Edrîsites, renvoyait en *Maghrib* les trois jeunes enfants qui lui servaient d'otages; il les y fit conduire, en redjeb 354, par quelques grands de l'empire qui possédaient toute sa confiance[4]. C'était, dès lors, vers l'*Égypte* que le khalife fât'imite, fidèle à la politique de son bisaïeul, tournait ses regards. Abou-'l-Mah'âcin raconte qu'El-Mo'izz fut sollicité par sa mère d'ajourner ses projets pour qu'elle pût faire secrètement le pèlerinage de *La Mekke*. Le khalife se serait rendu à sa prière; et à peine cette pieuse femme était-elle arrivée à *Fost'ât'* que Kâfour, instruit de sa présence dans la capitale de l'*Égypte*, se rendit près de l'illustre voyageuse, l'entoura de toute sorte d'égards, la combla de cadeaux, lui donna une escorte, et quand elle rentra en *Ifrîk'îah*, elle pressa son fils de ne rien entreprendre contre un pays où elle avait reçu un si touchant accueil[5]. Le même auteur, dans un passage qu'il consacre à l'éloge de Kâfour, après avoir vanté sa générosité, ses talents administratifs, sa pénétration, termine en disant qu'il envoyait des présents à El-Mo'izz, maître du *Maghrib*, et qu'il manifestait pour ce prince une sympathie particulière[6]. Il est douteux, toutefois, que ces divers motifs, bien qu'on puisse leur attribuer une certaine

---

[1] Puisqu'il la place après l'instant où Nicéphore Phocas était tombé dans l'impopularité dont j'ai eu l'occasion de parler. Cette erreur de date a lieu d'étonner chez un contemporain.

[2] *El-Kâmil*, t. VIII, p. ۴۱۴, l. 16 et 17. — Voyez, pour plus de détails sur toute cette campagne de *Sicile*, M. Michel Amari, *Hist. dei Musulm. di Sicil.*, libro IV, capit. III, t. II, p. 254 à 273, in-8°, Firenze, 1851.

[3] El-K'aïraouâni, *Histoire de l'Afr.*, liv. IV, p. 108.

[4] El-Bekrî, p. ۱۳۱, l. 14 et 15 (*J. A.*, t. XIII, p. 366, 5ᵉ série). — *Baïân*, t. I, p. ۲۳۱, l. 13.

[5] *En-Nodjoum*, t. II, p. ۴۴۲, l. 11 à 16. — Quatremère (*J. A.*, t. II, p. 423 et 424, 3ᵉ série). — Il serait intéressant d'avoir la date précise du pèlerinage de la mère d'El-Mo'izz.

[6] *En-Nodjoum*, t. II, p. ۳۷۸, l. 10.

LIVRE QUATRIÈME. — CHAPITRE II.   339

influence, aient eu la puissance de modifier les projets du khalife fât'imite, car, dès 355, il envoya au gouverneur de *Bark'ah* l'ordre de creuser des puits sur la route qui conduit en Orient[1], et même, ajoute El-K'aïraouâni[2], de lui bâtir un palais à chaque station. Je ne puis m'empêcher de remarquer que cet ordre coïncide avec les nouveaux ravages que les *Madjous* étaient venus exercer sur les côtes d'Espagne, et qui obligèrent El-H'akam à envoyer des troupes sur divers points du littoral et à faire sortir la flotte. Cependant, la conquête de l'*Égypte* fut en effet ajournée, et le principal motif de cet ajournement paraît être, suivant moi, qu'El-Mo'izz, après avoir d'abord considéré comme étant sans importance les événements récents dont le *Maghrib-el-Ak's'a* avait été le théâtre, vit ces faits sous un autre jour, et comprit qu'il y aurait imprudence, dans l'état des choses, à envoyer ses forces en Orient. Une expédition fut résolue. Djouhar en reçut le commandement, et bien qu'il ne nous reste aucun détail sur cette campagne, que la plupart des auteurs passent même complètement sous silence, deux lignes d'Ibn-Khaldoun permettent de croire qu'elle eut une durée plus longue que le khalife ne l'avait sans doute prévu. L'historien vient de citer l'année 355, quand il ajoute : «*Deux ans après*, Djouhar revint du *Maghrib*, dont il avait soumis les peuples et où il avait perçu l'impôt[3].» Ce passage fixe à l'an 357 le retour de Djouhar en *Ifrîk'iah*, et comme Ibn-Khallikân donne, pour ce retour, la date précise du lundi 27 moh'arram 358[4], on peut placer le départ de Djouhar, pour sa seconde expédition dans le *Maghrib*, fin de 355 ou commencement de 356, si cette expédition eut la durée que semble indiquer le court passage d'Ibn-Khaldoun. Mais l'instant est venu d'esquisser rapidement les événements qui s'étaient accomplis en *Égypte* pendant que cette province était menacée par les préparatifs du khalife fât'imite.

J'ai dit qu'Abou-Bekr-Moh'ammed-ibn-T'or'dj, plus connu sous le nom d'El-Ikhschîd, commença, en 323, une petite dynastie qui régna sur l'*Égypte* et sur la *Syrie*, dynastie qu'on peut comparer à celle des T'ouLOUNIDES, parce

355 de l'hégire
(965-966
de J. C.).

Deuxième
expédition
de Djouhar
en Maghrib.

357 de l'hégire
(967-968
de J. C.).

État
de l'Égypte.

---

[1] Ibn-Khaldoun, *Hist. des Fât'imites*, § XIII (H. d. B., append. II au t. II de la trad. franç., p. 546).

[2] *Hist. de l'Afrique*, liv. IV, p. 108.

[3] A la page citée note 1 ci-dessus.

[4] Ibn-Khallikân, n° ۷۳۰۷, fasc. VIII et IX, p. ۱۱۴, l. 9. Le texte dit : يوم الاحد لثلاث بقين «le dimanche 3 restant», ce qui est une erreur, car,

le 1ᵉʳ moh'arram 358 tombant un mercredi, le 27 tombe nécessairement un *lundi*. M. Quatremère a aggravé cette petite erreur en traduisant «le dimanche 28» (*J. A.*, t. II, p. 431, 3ᵉ série). Du reste, le récit d'Ibn-Khallikân donne à cette expédition de Djouhar une couleur un peu différente de celle que lui donne le court passage que j'ai emprunté à Ibn-Khaldoun.

qu'elle s'était rendue, comme elle, indépendante de l'autorité de *Baghdâd*. El-Ikhschîd était mort à *Damas* le vendredi 21 dzou-'l-h'idjah 334[1] (24 juillet 946 de J. C.), âgé de soixante-six ans, après un règne de onze ans trois mois moins deux jours[2], laissant pour successeur son fils encore enfant[3], Abou-'l-K'âcim-Anoudjour[4]. Un serviteur dévoué, Kâfour-el-Khâdim («le noir»), qui, de simple esclave d'El-Ikhschîd[5], s'était, par sa bravoure et par ses

---

[1] Ma'çoudi, *Kitâb-et-Tanbîh ou El-Ischrâf*[a] «Excitatio et prospectus» (*Notices et Extraits*, t. VIII, Ire part., p. 198[b]). — Ibn-el-Athîr, t. VIII, p. ۳۴۳, l. 9[c]. — Ibn-Khallikân, n° ۷۰۰, fasc. VIII et IX, p. ۱۱, l. 13 (t. III de la trad. angl., p. 224); il dit «à la quatrième heure». — El-Makîn, *Hist. sarac.*, p. 219, l. 27 et 28. — Abou-'l-Faradj, *Hist. compend. dynast.*, p. ۳۱۱, l. 10 et 11 (p. 205 de la trad. lat.). — Abulfedæ *Annal. muslem.*, t. II, p. 440, l. 15. — Abou-'l-Mah'âcin, *En-Nodjoum*, t. II, p. ۲۷۵, l. 18 et 19, et p. ۳۱۰, l. 11.

[2] On sait qu'il était arrivé à *Fost'ât'* le 23 ramadhân 323.

[3] Il était né à *Damas* le vendredi 9 dzou-'l-h'idjah 319 (23 décembre 931 de J. C.). Ibn-Khallikân (n° ۰۰۴, fasc. VI, p. ۰۴, l. 3 et 4; — t. II de la trad. angl., p. 524), à qui j'emprunte cette date, dit à tort *jeudi*. On voit qu'Anoudjour venait de prendre quinze ans quand arriva la mort de son père.

[4] J'écris ce nom comme l'écrivent Ibn-el-Athîr (t. VIII, p. ۳۴۳, l. 12), Mak'rîzi (*Chrest. arabe*, t. II, p. ۵۱, l. 2, et p. 143) et Abou-'l-Mah'âcin (t. II, p. ۲۷۵, l. 19). Le texte d'Ibn-Khallikân publié par M. Wüstenfeld en 1835 et 1838 porte[d] ابوجور (*Aboudjour*); le même texte, publié par M. de Slane en 1840, porte انوجور[e] (*Anoudjour*), et, suivant Ibn-Khallikân, ce nom signifie en arabe *Mah'moud* («digne de louange»). Abou-'l-Faradj (p. ۳۱۱, l. 12; — p. 205 de la trad. lat.) et Abou-'l-Fedâ (t. II, p. 442, l. 11) disent Aboudjour; quant à El-Makîn (p. 220, l. 5), supprimant le point diacritique sous le *djim*, il en fait un *ha*, et écrit en deux mots ابو حور (Abou-H'our).

[5] Ibn-Khallikân[g] raconte qu'il n'avait été acheté que dix-huit dinârs; El-Makîn (p. 220,

---

[a] Ouvrage indiqué par H'âdji-Khalîfah, t. II, p. 439, l. 5, n° ۳۴۱۳۷.

[b] On voit à la page 199 que cet ouvrage a été écrit en 345, et l'on sait que Ma'çoudi est mort en 346. Voir, pour l'indication de ses nombreux ouvrages, le n° 3238 de la Table de H'âdji-Khalîfah.

[c] A la ligne 11 il dit que d'autres placent la mort d'El-Ikhschîd en 335, et Ibn-Khallikân nous apprend[1a] que cette date est donnée par Abou-'l-H'ossein-er-Râzi[2a]; il ajoute que le corps d'El-Ikhschîd fut transporté et inhumé à *Jérusalem* (البيت المقدس). Ce prince avait soixante-six (ou soixante-sept) ans cinq mois neuf jours. Voyez plus haut, pour la date de sa naissance.

[d] *Kitâb-Ouafaïât-el-'Aiân*, n° ۶۴, fasc. I, p. ۴۳, l. 11, et n° ۰۰۴, fasc. VI, p. ۰۴, l. 1.

[e] *Ibid.*, p. ۵۲, lin. antepenult., et p. ۴۳, l. 2 (t. I et II de la trad. angl., p. 104 et 524).

[f] Mais Reiske a transcrit *Anugur*, évidemment parce que plus loin (t. II, p. 470, l. 7, et p. 490, l. 4) Abou-'l-Fedâ écrit انوجور.

[g] N° ۰۰۴, fasc. VI, p. ۰۴, l. 10 (t. II de la trad. angl., p. 525).

[1a] *Kitâb-Ouafaïât-el-'Aiân*, n° ۷۰۰, fasc. VIII et IX, p. ۱۱, l. 13 et 14 (t. III de la trad. angl., p. 224).

[2a] Abou-'l-Hosseïn-Ah'med-ibn-Fâres-ibn-Zakariâ-ben-Moh'ammed-ibn-H'abîb-er-Râzi, mort à *Er-Rei* en 390 ou, selon d'autres, à *Moh'ammedia* en s'afar 375 (Ibn-Khallikân, n° ۶۸, fasc. I, p. ۴۳, l. 6, et 17 à 18; — t. I de la trad. angl., p. 100 et 101). La date de 335 donnée, comme on voit, par un contemporain, a sans doute déterminé l'hésitation d'Ibn-el-Athîr et d'Ibn-Khallikân, mais tous les autres auteurs cités à la note 1 ci-dessus placent formellement la mort d'El-Ikhschîd en 334; tous du reste s'accordent pour dire en dzou-'l-h'idjah; Ibn-Khallikân, El-Makîn et Abou-'l-Mah'âcin donnent seuls la date précise du 21 de ce mois.

LIVRE QUATRIÈME. — CHAPITRE II.

talents, élevé aux premiers grades de l'armée, gouverna au nom du jeune prince, et lorsque celui-ci mourut le samedi 7 ou le 8 dzou-'l-k'a'dah 349[1], son frère Abou-'l-H'assan-'Ali fut reconnu à sa place[2]. Mais, bien que ce second fils d'El-Ikhschîd eût près de vingt-quatre ans[3], son prétendu règne ne fut, en réalité, que la continuation du gouvernement de Kâfour, qui resta enfin souverain titulaire de l'*Égypte* et de la *Syrie* à la mort de 'Ali, survenue le 11 moh'arram 355[4] (dimanche 7 janvier 966 de J. C.). Kâfour occupait depuis deux ans quatre mois et neuf jours[5] le trône de ses maîtres, lorsque la mort le surprit le 20 djoumâdi-el-aouel 357[6] (mercredi 22 avril 968 de J. C.).

Mort de Kâfour.

l. 10) et Abou-'l-Fedâ (t. II, p. 490, l. 8) le répètent dans les mêmes termes. On lit dans Mak'rîzi (*Chrest. arabe*, t. II, p. ٠٠, et p. 143), sur la personne de Kâfour, des détails qui expliquent un peu pourquoi il fut vendu à si vil prix.

[1] Ibn-Khallikân, n° ٥٥٤, fasc. vi, p. ٥٤, l. 2 (t. II de la trad. angl., p. 524). — Abou-'l-Mah'âcin (t. II, p. ٣١٧, lin. ult.) hésite aussi entre ces deux jours, et plus loin (p. ٣٧٣, l. 10) il dit nettement le samedi 8 dzou-'l-k'a'dah 349, mais si ce fut un samedi, il faut que ce soit le 7, correspondant au 29 décembre 960 de J. C. — Ibn-el-Athîr (t. VIII, p. ٣٤٧, l. 12) dit à la fin de 349, et Mak'rîzi (*Chrestomathie arabe*, t. II, p. ٥١ et ٥٢, p. 114) confirme, quant au mois, Ibn-Khallikân et Abou-'l-Mah'âcin. El-Makîn (p. 223, l. 20 à 23) et Abou-'l-Fedâ (t. II, p. 470, l. 7, et p. 490, l. 4 et 5) n'indiquent que l'année.

[2] Suivant Abou-'l-Mah'âcin (t. II, p. ٣٥١, l. 6 à 8), sa nomination eut lieu le samedi 20 dzou-'l-k'a'dah 349; il devrait dire samedi 21 (correspondant au 12 janvier 961 de J. C.).

[3] Ce prince était né à *Mis'r* le lundi 25 s'afar 326 (1ᵉʳ janvier 938 de J. C.). Ibn-Khallikân (n° ٥٥٤, fasc. vi, p. ٥٤, l. 6; — t. II de la trad. angl., p. 525), à qui j'emprunte cette date, dit à tort *mardi*. On voit que Abou-'l-H'assan-'Ali avait vingt-trois ans huit mois onze jours quand son frère Anoudjour mourut.

[4] Ibn-Khallikân, n° ٥٥٤, fasc. vi, p. ٥٤, l. 5 et 6 (t. II de la trad. angl., p. 525). — Abou-'l-Mah'âcin, t. II, p. ٣٠٠, l. 12. — Mak'rîzi (*Chrest. arabe*, t. II, p. ٥٢, l. 7, et p. 145), sans donner la date précise, dit en moh'arram 355. — El-Makîn (p. 224, l. 29 à 33) et Abou-'l-Fedâ (t. II, p. 490, l. 5 et 6) n'indiquent que l'année.

[5] Telle est la durée que Mak'rîzi ª et Abou-'l-Mah'âcin ᵇ assignent au gouvernement de Kâfour seul; mais ces deux auteurs ajoutent qu'il avait gouverné l'*Égypte*, la *Syrie* et *les deux villes saintes* pendant *vingt et un ans deux mois vingt jours*, comme si Kâfour n'avait pris le gouvernement en main que le 29 s'afar 336, c'est-à-dire un deux mois huit jours après la mort d'El-Ikhschîd, survenue, comme je l'ai dit, le 21 dzou-'l-h'idjah 334. Or, depuis cette date jusqu'à la mort de Kâfour, il s'est écoulé *vingt-deux ans quatre mois vingt-huit jours*. Telle est la durée totale du gouvernement de cet illustre esclave. Au reste, Abou-'l-Mah'âcin hésite sur ce point, car il dit ailleurs (t. II, p. ٣٨٣, l. 3) que le gouvernement de Kâfour eut une durée de *vingt-deux ans*, dont *deux ans quatre mois* seul.

[6] On lit dans Ibn-Khallikân ᶜ : « Kâfour mourut à *Mis'r* le mardi 20 djoumâdi-el-aouel 356, « d'autres disent le mercredi, et, suivant d'autres

ª *Chrest. arabe*, t. II, p. ٥٣, l. 14 à 16, et p. 146.
ᵇ *En-Nodjoum*, t. II, p. ٣٨١, l. 10 à 13.
ᶜ *Kitâb-Ouafaïât-el-Aïân*, n° ٥٥٤, fasc. vi, p. ٥٨, l. 16 à 18 (t. II de la trad. angl., p. 527 et 528).

Il n'avait désigné personne pour lui succéder; mais, malgré les longues hésitations que supposent avoir existé ceux qui placent la mort de Kâfour en 356, on doit admettre, au contraire, que les grands officiers de l'empire se déci-

«encore, cet événement eut lieu en 355 ou 357; «parmi ceux qui indiquent cette dernière année, «se trouvent El-K'odhâ'ï[a] dans son *Khit'at'-Mis'r* «(divisions de l'Égypte) et El-Ferr'âni[b] dans «son *Histoire*.» Mais ces deux auteurs, dont l'un mourut en 454, ne sont pas seuls à le dire : Ibn-

'Adzâri[c], Mak'rizi[d], Abou-'l-Mah'âcin[e], placent aussi la mort de Kâfour au 20 djoumâdi-el-aouel 357. A la vérité, Ibn-el-Athîr[f] et, d'après lui, Abou-'l-Fedâ[g] disent en 356; El-Makîn[h] seul donne l'année 358, et je ne trouve la date de 355 que dans El-K'aïraouâni[i].

[a] Ibn-Khallikân (n° ٦٤٥, fasc. vɪ, p. ١١١; — t. II de la trad. angl., p. 616) a donné une notice de cet auteur, dont le nom complet est Abou-'Abd-Allah-Moh'ammed-ibn-Salamah-ibn-Dja'far-ibn-'Ali-ben-H'akmoun-ibn-Ibrâhîm-ibn-Moh'ammed-ibn-Moslim-el-K'odhâ'ï, docteur schâfa'ite; il mourut à Mis'r dans la soirée du vendredi 17[1*] dzou-'l-k'a'dah 454. Ibn-Khallikân cite de lui plusieurs ouvrages, entre autres son *Khit'at'* [2*], dans lequel, pour le dire en passant, Mak'rizi a largement puisé sans en prévenir ses lecteurs, comme l'a observé M. de Slane (*Biograph. Diction.*, t. II, p. 617, note 2).

[b] Cet auteur, dont le nom complet est Abou-Moh'ammed-'Abd-Allah-ibn-Moh'ammed-el-Ferr'âni-el-'Obaïdi, a écrit, sous le titre de *Târîkh-el-Ferr'âni*, une *Histoire* qui est la continuation de celle de T'abari[3*], laquelle comprend, comme on sait, depuis la création jusqu'à l'année 309 de l'hégire (*Biograph. Diction.*, t. I, p. 290, l. 7 et 8). H'âdji-Khalîfah ne donne pas la date de la mort d'El-Ferr'âni, et j'ignore à quelle année s'arrête sa suite à l'histoire de T'abari.

[c] *Baïân*, t. I, p. ٢٢٤, l. 11.

[d] *Chrest. arabe*, t. II, p. ٥٣, l. 8 et 9, et p. 146. Mak'rizi dit là que Kâfour était âgé de soixante ans. Un peu plus haut (*ibid.*, p. ٣٣, l. 10 et 11, et p. 138) on voit que cette date du mardi 20 djoumâdi-el-aouel 357 a été empruntée à Ibn-Zoulâk', éminent historien qui, né en Égypte en cha'bân 306, y mourut le 25 dzou-'l-k'a'dah 387[4*], et fut, par conséquent, témoin oculaire de tous ces événements. La faute du *mardi* (au lieu de *mercredi*) a été reproduite par presque tous les auteurs qui donnent la date précise de la mort de Kâfour, et cette faute paraît remonter à Ibn-Zoulâk' (voy. *En-Nodjoum*, t. II, p. ٣٨٢, l. 13 et 14).

[e] *Ibid.*, même page, l. 15. L'auteur vient de sembler hésiter entre les années 356, 357 et même 358, quand il dit que la plus exacte est l'année 357. Deguignes (*Hist. gén. des Huns*, t. III, p. 153, note f) avait déjà remarqué ce passage, que Abou-'l-Mah'âcin confirme p. ٣٤٥, l. 12 et 13. Suivant lui (p. ٣٨٣, l. 2), Kâfour mourut à l'âge de soixante et quelques années.

[f] *El-Kâmil*, t. VIII, p. ٢٢٤, l. 5.

[g] *Annal. muslem.*, t. II, p. 490, l. 14 et 15. Il dit (p. 492, l. 2) que Kâfour mourut à près de soixante-cinq ans. El-Ferr'âni, cité par Ibn-Khallikân (n° ٥٥٤, fasc. vɪ, p. ٥٨, lin. ult.; — t. II de la trad. angl., p. 528), avait dit soixante-cinq ans.

[h] *Hist. sarac.*, p. 224, l. 33. — D'Herbelot (*Biblioth. orient.*, p. 213, col. 1, au mot Cafur al-Akuschidi) a adopté la date donnée par El-Makin.

[i] *Hist. de l'Afrique*, liv. IV, p. 108. «Vers la fin de djoumâdi-el-akhir 355, dit El-K'aïraouâni, El-Mo'izz apprit la mort de Kâfour.»

[1*] Le texte d'Ibn-Khallikân donné par M. de Slane dit (t. I, p. ٤٦٨, l. 5): «dans la nuit du jeudi 16.»

[2*] C'est l'ouvrage dont parle H'âdji-Khalîfah sous le n° ٣١٣٥ (t. III, p. 160, l. 7) et dont lui-même paraît avoir fait un extrait, mentionné sous le n° ١١٥٨٣ (t. V, p. 436, l. 1). Pour les divers ouvrages d'El-K'odhâ'ï, voir le n° 405 de la Table de H'âdji-Khalîfah.

[3*] H'âdji-Khalîfah, n° ٢٢٩٨, t. II, p. 138, l. 10, et p. 139, l. 1. Il dit (p. 137, l. 1) que cet appendice à l'Histoire de T'abari est intitulé *Es-S'ilat* (الصلة «adjonction»). Voir, pour les autres ouvrages d'El-Ferr'âni, le n° 6956 de la Table de H'âdji-Khalîfah, t. VII.

[4*] Ibn-Khallikân, n° ١٤٤, fasc. II, p. ٤٧, l. 12 et 13 (t. I de la trad. angl., p. 388). — Abulfedæ *Annal. muslem.*, t. II, p. 598, l. 13 à 16. Le texte porte بن زولاق, mais le traducteur a lu, avec raison, بن زولاك. — H'âdji-Khalîfah, n° ٢٣١٢, t. II, p. 148, l. 8. — *Chrest. arabe*, t. II, p. 149, note 5.

LIVRE QUATRIÈME. — CHAPITRE II.   343

dèrent immédiatement à élever au trône Abou-'l-Faouâris-Ah'med-ibn-'Ali-ben-El-Ikhschîd[1], s'il est vrai que les prières publiques furent récitées pour ce jeune prince dans les temples de Mis'r dès le vendredi 22 djoumâdi-el-aouel 357[2]. Mais Ah'med-ibn-'Ali était un enfant de onze ans[3]. On lui adjoignit donc, comme lieutenant, le cousin germain de son père, Abou-Moh'ammed-el-H'assan-ibn-'Abd-[4]-Allah-ibn-T'or'dj, seigneur de *Ramlah* en Syrie, où il devait continuer à séjourner. Il épousa alors Fât'ima, fille de son oncle El-Ikhschîd[5]. Les grands officiers et les troupes furent placés sous les ordres de Schamoul[6]-el-Ikhschîdi, et l'administration du revenu public fut confiée au vizir Dja'far-ibn-el-Forât. Les prières étaient dites pour Ah'med-ibn-'Ali et pour El-H'assan-ibn-'Abd-Allah, dont le nom était prononcé immédiatement

---

[1] El-Makin l'appelle à tort 'Ali-ben-Moh'ammed-ibn-el-Ikschîd (*Hist. sarac.*, p. 226, l. 33 et 34). Reiske croit cette dénomination plus exacte (*Annal. muslem.*, t. II, p. 775, nota 375, in fine).

[2] Ibn-Khallikân, n° ००४, fasc. vi, p. ०४, l. 3ᵉ (t. II de la trad. angl., p. 528). Il dit à tort vendredi 23. — Abou-'l-Fedâ, qui, comme Ibn-el-Athîr, place la mort de Kâfour en 356, dit qu'après bien des incertitudes et de longues discussions, Ah'med-ibn-'Ali fut enfin appelé au trône et, comme Ibn-Khallikân, il indique le mois de djoumâdi-el-aouel 357 pour celui où les prières furent dites pour la première fois en l'honneur du nouveau souverain (*Annal. muslem.*, t. II, p. 492, l. 3 et 4).

[3] Ibn-Khallikân, n° v..., fasc. viii et ix, p. 11, lin. penult. — El-Makin, p. 226, l. 34 et 35. — Abou-'l-Mah'âcin, t. II, p. ۳٤०, l. 13 et 14.

[4] Ibn-Khallikân, au n° v... duquel je tire ces détails, écrit El-H'assan-ibn-'*Obeïd*-Allah, et ailleurs (n° ۱۲۴, fasc. ii, p. ۹۸, l. 5) il écrit de même; au contraire, le manuscrit sur lequel M. de Slane a publié son texte d'Ibn-Khallikân donne deux leçons : au n° v..., autant qu'on en peut juger par sa traduction ᵇ (t. III, p. 225), il dit El-*H'osseïn*-ibn-'*Obeïd*-Allah, tandis qu'au n° ۱۲۴ (t. I, p. ۱۷۵, l. 1; — t. I de la trad. angl., p. 341) on lit El-H'osseïn-ibn-'*Abd*-Allah, et la première de ces deux leçons est confirmée par Abou-'l-Mah'âcin (t. II, p. ۳٤०, lin. ult.). Mais comme Ibn-el-Athîr ᶜ, Abou-'l-Fedâ ᵈ et Ibn-Khaldoun ᵉ écrivent El-H'assan-ibn-'Abd-Allah, j'ai admis que, dans Ibn-Khallikân (édit. Wüstenfeld), il fallait lire عبد au lieu de عبيد. M. Quatremère a préféré la leçon du n° ۱۲۴ du manuscrit publié par M. de Slane, et il a dit El-H'osseïn-ibn-'*Abd*-Allah-ibn-T'or'dj, qu'il transcrit Tagadj (*J. A.*, t. II, p. 423, 3ᵉ série).

[5] Ibn-Khallikân, n° v..., fasc. viii, p. ۱۲, l. 13 et 14 (t. III de la traduction anglaise, p. 226). — M. Quatremère se trompe certainement quand il dit : «Il épousa Fât'ima, fille *de son oncle T'or'dj*.» (*Journal asiatique*, t. II, p. 425, 3ᵉ série.)

[6] شمول, c'est ainsi qu'écrit Ibn-Khallikân; dans Abou-'l-Mah'âcin (t. II, p. ۳٤۹, l. 2) on lit : « سَمّوئل (Samaouel).»

ᵃ Il vient de parler des contestations qui s'élevèrent sur le choix d'un successeur; ailleurs (n° ۱۲۴, fasc. ii, p. ۹۸, l. 7; — t. I de la trad. angl., p. 341) Ibn-Khallikân assure que ce fut le mercredi (il dit mardi) 20 djoumâdi-el-aouel 357 qu'on tomba enfin d'accord.

ᵇ La publication de son texte s'arrête au n° ۹۷۸ de l'édition Wüstenfeld.

ᶜ *El-Kâmil*, t. VIII, p. ۳۲۵, l. 22 et 23.

ᵈ *Annal. muslem.*, t. II, p. 500, l. 6.

ᵉ *Histoire des Fât'imites*, § xiv (*H. d. B.*), append. ii au t. II de la trad. franç., p. 547).

après dans les chaires de *Mis'r*, de toutes les provinces d'*Égypte* et de *Syrie*, ainsi que dans les chaires des *deux villes saintes* [1]. Mais Dja'far-ibn-el-Forât ne tarda pas à abuser du pouvoir dont il avait été investi; il fit arrêter plusieurs grands officiers pour leur extorquer des sommes plus ou moins considérables; à Ia'k'oub-ibn-Killis [2] il fit payer quatre mille cinq cents dînârs, et celui-ci, qui parvint à s'échapper, alla se réfugier près d'El-Mo'izz en *Maghrib*. Les troupes, de leur côté, se mirent à exiger une solde impossible, et bientôt l'autorité du vizir fut ébranlée à ce point, qu'à deux reprises il fut obligé de se cacher, que son palais et les maisons de ses partisans furent livrées au pillage par la populace. Sur ces entrefaites, El-H'assan-ibn-'Abd-Allah, fuyant devant les *K'armat'es* [3], arriva de *Syrie* à *Mis'r* dans les premiers jours de moh'arram 358 [4] et prit en main le pouvoir. Il arrêta Ibn-el-Forât, le fit mettre à la torture, lui infligea une énorme amende, et confia la fonction de vizir à son propre secrétaire, El-H'assan-ibn-Djâbir-er-Riâh'i [5]. Mais, par l'intercession du chérif Moslim-ibn-'Obaïd-Allah-el-H'osseïni [6], il eut la faiblesse de mettre Ibn-Forât en liberté, et même de l'investir de nouveau du gouvernement de l'*Égypte*, avant de retourner en *Syrie* le 1ᵉʳ rebi-el-akhir 358 [7]. El-H'assan-ibn-'Abd-Allah avait exercé l'autorité pendant trois mois [8].

358 de l'hégire (968-969 de J. C.).

L'anarchie qui, en *Égypte*, avait succédé au gouvernement ferme et sage de Kâfour, l'impuissance du khalife de *Baghdâd* à la réprimer [9], la nécessité où

---

[1] Ibn-Khallikân, n° ١٢٢٥, fasc. ١١, p. ٩٨, l. 5 à 9 (t. I de la trad. angl., p. 341).

[2] Qui, plus tard, fut vizir d'El-'Azîz-Billah, fils et successeur d'El-Mo'izz (*En-Nodjoum*, t. II, p. ٢٢٢, l. 8 et 9).

[3] Ibn-Khallikân, n° ٧٠٠, fasc. VIII, p. ١٢, l. 17 (t. III de la trad. angl., p. 226). — Abou-'l-Mah'âcin, t. II, p. ٢٩٨, l. 4 et 5, et p. ٢٩٩, l. 18 et 19. Cet historien qui, après avoir résumé le récit d'Ibn-Khallikân, dit (t. II, p. ٢٩٩, l. 11 et 12) qu'un autre auteur s'exprime différemment, n'ajoute guère que ce qui se trouve dans un autre article d'Ibn-Khallikân lui-même, dans son n° ١٣٢, consacré à Dja'far-ibn-el-Forât.

[4] Voyez la note 8 ci-dessous.

[5] Au lieu de الرياحي, comme on lit dans Ibn-Khallikân, Abou-'l-Mah'âcin (t. II, p. ٣٠٠, l. 2) écrit الزنجاني (*Ez-Zindjâni*).

[6] Voir, sur ce personnage, une note de M. de Slane (*Biograph. Diction.*, t. I, p. 322, note 1).

[7] Ibn-Khallikân, n° ٧٠٠, fasc. VIII, p. ١٢, l. 18, n° ١٣٢, fasc. ١١, p. ٢٤ et ٢٧ (t. III, p. 226, et t. I de la trad. angl., p. 319 et 320).

[8] Abou-'l-Mah'âcin, t. II, p. ٣٠٠, l. 1 et 2. On voit pourquoi j'ai pu dire, plus haut, qu'El-H'assan-ibn-'Abd-Allah arriva à *Mis'r* vers le 1ᵉʳ moh'arram 358, et l'on a ici la preuve que les troubles qui suivirent la mort de Kâfour eurent lieu dans les six derniers mois de 357.

[9] On lit dans Ibn-Khaldoun : «Le gouvernement de *Baghdâd*, dont on aurait pu espérer le «secours, était alors trop préoccupé de la guerre «qui avait éclaté entre Bakhtiâr, fils de Mo'izz-«ed-Daoulah, et son cousin 'Adhad-ed-Daou-«lah, pour faire attention à cette malheureuse «province».» Nous savons, en effet, que treize

[a] *Histoire des Fât'imites*, § XIII (H. d. B., append. II au t. II de la trad. franç., p. 546).

LIVRE QUATRIÈME. — CHAPITRE II. 345

était El-H'assan-ibn-'Abd-Allah de garder la *Syrie*, incessamment menacée par les *K'armat'es* et par les *Roums*, les lettres que, paraît-il, El-Mo'izz avait reçues de personnages haut placés à *Mis'r*, lettres qui l'invitaient à envoyer une armée en *Égypte* et à s'emparer de la capitale[1], les utiles renseignements qu'il avait dû recevoir de la 'k'oub-ibn-Killis[2], toutes ces circonstances, qui coïncidaient avec le retour de Djouhar à *Mans'ourïah*, favorisaient singulièrement les projets du khalife africain, lorsqu'un contretemps imprévu vint encore différer l'exécution de ce qu'on pourrait appeler la pensée dynastique des FÂT'IMITES. Djouhar tomba si dangereusement malade qu'on désespéra de sa vie. Mais son maître, qui se rendit près de lui, ne pouvait croire à ces sinistres pronostics, il ne doutait pas de sa guérison, et affirmait qu'il ferait la conquête de l'*Égypte*. La maladie céda en effet. El-Mo'izz, confiant dans ses pressentiments, avait veillé à ce que d'immenses préparatifs fussent faits, et, pendant la convalescence de son général, il le visitait chaque jour, causait longuement avec lui, et lui donnait ses instructions. Vint enfin le jour tant désiré du départ; c'était le vendredi 14 rebî-el-aouel 358[3] (5 février 969 de

Quatrième expédition.

mois avant la mort de Kâfour, Bakhtiâr-'Izz-ed-Daoulah avait succédé à son père dans la charge d'émir-el-omarâ; mais la cause par laquelle Ibn-Khaldoun prétend expliquer ici la non-intervention de *Baghdâd* dans les affaires de l'*Égypte* est un anachronisme, car les princes bouïdes étaient fort unis entre eux en 357. Encore en 363, lorsque Bakhtiâr, attaqué par Alftikîn, que les Turcs avaient proclamé, luttait depuis cinquante jours avec désavantage contre un ennemi près de *Ouâçit*, l'émir s'adressait à son cousin 'Adhad-ed-Daoulah, pour lui demander de prompts secours; il allait même jusqu'à lui offrir son pouvoir, qu'il préférait, disait-il, céder à un parent et à un ami, plutôt que de le voir tomber aux mains d'une famille étrangère et ennemie[a]. Ce ne fut que plusieurs années après qu'éclata, entre les deux cousins, la guerre qui amena la mort de Bakhtiâr à *K'as'r-ed-Djas'*, le mercredi 18 chaoual 367[b] (29 mai 978 de J. C.). L'*Égypte* était depuis assez longtemps détachée de l'empire 'abbâsside pour qu'il n'y ait pas à rechercher d'autre cause à l'abstention de *Baghdâd* dans ses troubles de 357 et 358.

[1] Ibn-Khallikân, n° ١٤٣, fasc. II, p. ٤٨, l. 10 (t. I de la trad. angl., p. 341). — Abou-'l-Mah'âcin, t. II, p. ٢٩٩, l. 16 et 17.

[2] Mak'rîzi a donné sur ce personnage d'intéressants détails, que M. Quatremère a reproduits (*Journal asiatique*, t. II, p. 427 et 428, 3ᵉ série).

[3] Ibn-Khallikân, n° ١٤٣, fasc. II, p. ٤٧, l. 18 (t. I de la trad. angl., p. 340). Il dit à tort le *samedi* (يوم السبت), et M. de Slane, par une petite inattention, a aggravé la faute en traduisant par *sunday* (dimanche). — Abou-'l-Mah'â-cin (t. II, p. ٣٠٥, l. 2), El-K'aïraouâni (liv. IV, p. 168) et Quatremère (*J. A.*, t. II, p. 434, 3ᵉ série) ont copié fidèlement Ibn-Khallikân. — Ibn-'Adzâri (*Baïân*, t. I, p. ٢٣٤, l. 11 à 13) et Ibn-el-Khat'îb (in Casiri, t. II, p. 195, col. 1) n'indiquent que l'année.

[a] *Annal. muslem.*, t. II, p. 516, in fine. — *Hist. sarac.*, p. 232, l. 12 à 16.
[b] Ibn-el-Athîr, t. VIII, p. ٥٠٨, l. 13 et 14. — Ibn-Khallikân, n° ١٠٨, fasc. II, p. ٣, l. 19 (t. I de la trad. angl., p. 250). — Abulfedæ *Annal. muslem.*, t. II, p. 538, l. 8. — El-Makin, p. 236, l. 17. Il ne donne pas la date précise, il dit en chaoual 367.

Entrée
des Fât'imites
en Égypte.

J. C.). Le khalife se rendit en personne dans la plaine de *Rak'k'âdah*, où l'armée, qui ne comptait pas moins de cent mille cavaliers, avait été rassemblée ; il voulait faire ses adieux à son fidèle serviteur et à son ami. Après lui avoir donné en particulier ses dernières instructions, il commanda aux grands officiers et à ses fils eux-mêmes de mettre pied à terre au moment où Djouhar remontait à cheval, pour qu'à son signal l'armée s'ébranlât. Il voulait, ainsi, faire rendre à son général des honneurs inusités. Ce fut dans la même pensée qu'il envoya à son serviteur Alfah', gouverneur de *Bark'ah*, l'ordre écrit de sortir de la ville au-devant de Djouhar et de lui baiser la main. Alfah' offrit cent mille dînârs (مائة الف دينار) pour être exempté de cet acte de révérence, mais il fut obligé de se soumettre[1].

La marche d'une armée si nombreuse et des bêtes de somme qui transportaient ses énormes approvisionnements fut nécessairement lente. Il y avait peu de temps qu'El-H'assan-ibn-'Abd-Allah était reparti pour la *Syrie*[2], lorsqu'en djoumâdi-el-akhir parvint à *Mis'r* la nouvelle de l'approche de l'armée fât'imite[3]. Une grande agitation se répandit aussitôt dans la ville, on délibéra, et il fut convenu que le vizir Ibn-el-Forât écrirait pour demander la paix, et pour que la vie et les propriétés des habitants fussent sauvegardées. Ceux-ci réclamaient, en outre, qu'Abou-Dja'far-Moslim-ibn-'Obaïd-Allah-el-H'osseïni fût chargé de l'ambassade, et le chérif y consentit, sous la condition qu'un certain nombre des notables de la ville l'accompagneraient. Le lundi 18 redjeb 358[4] (7 juin 969 de J. C.) les envoyés partirent de *Fost'ât'* pour se rendre à *Taroudjah*[5], village situé près d'*Alexandrie* et où Djouhar avait fait faire halte à ses troupes. Le général d'El-Mo'izz accorda sans discussion tout ce qui lui était demandé, et le 7 cha'bân[6] (samedi 26 juin 969 de J. C.) Moslim était de retour auprès du vizir Ibn-el-Forât. Mais pendant les vingt jours qui venaient de s'écouler, un grand changement s'était opéré à *Fost'ât'*

---

[1] Ibn-Khallikân, n° ١٣٢, fasc. ıı, p. ٤٨, l. 15 à 20 (t. I de la trad. angl., p. 342).

[2] J'ai dit qu'il avait quitté *Mis'r* le 1ᵉʳ rebi-el-akhir 358.

[3] Abou-'l-Mah'âcin, t. II, p. ٣٠٠, l. 6 à 8.

[4] يوم الاثنين لاثنى عشرة ليلة بقيت من رجب سنة ٣٥٨ (Ibn-Khallikân, n° ١٣٢, fasc. ıı, p. ٤٤, l. 3 et 4 ;— t. I de la trad. angl., p. 342). M. Quatremère commet certainement une petite erreur en disant lundi 19 (*J. A.*, t. II, p. 457, 3ᵉ série). Il résulte de ce passage que l'armée de Djouhar avait mis environ quatre mois à franchir l'immense espace de *Rak'k'âdah* à *Alexandrie*.

[5] Le texte publié par M. Wüstenfeld dit تزوجة (*Tazoudjah*), celui publié par M. de Slane (t. I, p. ١٧٥, l. 20) dit تروجة (*Taroudjah*), et j'ai suivi cette leçon, parce qu'elle est confirmée par Abou-'l-Mah'âcin (t. II, p. ٣٠٧, l. 9). Voyez Champollion, *L'Égypte sous les Pharaons*, t. II, p. 258, in-8°, Paris, 1814.

[6] Ibn-Khallikân, n° ١٣٢, fasc. ıı, p. ٤٤, l. 8 (t. I de la trad. angl., p. 342).

LIVRE QUATRIÈME. — CHAPITRE II.   347

dans les esprits. Les partisans de la famille d'Ikhschîd, les officiers qui avaient été au service de Kâfour et une partie de l'armée avaient pris la résolution de combattre et, après avoir mis en sûreté les objets de prix qui se trouvaient dans leurs habitations, ils étaient allés camper hors de la ville, déclarant ne pas consentir aux conditions de paix qui avaient été offertes. Le retour de Moslim, porteur de l'acceptation écrite du général fât'imite, ne put changer leurs projets, et, choisissant Nah'rîr-es-Schouïzâni[1] pour les commander, ils vinrent prendre position à *Djîzah* et placèrent des gardes sur les ponts[2]. Aussitôt que la nouvelle de cette démonstration hostile était parvenue à Djouhar, il avait remonté la rive gauche du Nil et, le 11 cha'bân, il attaquait les dissidents, les refoulait en désordre dans la ville, et après avoir, pendant deux jours, fait proclamer, par un héraut, une amnistie complète, il entrait en vainqueur dans *Fost'ât'* le mardi 17 cha'bân 358[3] (6 juillet 969 de J. C.), au moment de l'a's'r. Après avoir traversé la ville, il marqua l'emplacement où ses troupes dresseraient leurs tentes, et lorsque, le lendemain, les habitants se présentèrent pour le complimenter, ils trouvèrent déjà creusées, au pied du *Mok'at't'am*, les fondations de la construction qui devait être la citadelle du K'aire[4]. Certaines irrégularités que Djouhar remarqua dans le contour de la

Entrée de Djouhar à Fost'ât̄.

Fondation du K'aire.

---

[1] Ibn-Khallikân, p. ٧٩, l. 11. Il écrit شوزان (*Schouzân*), mais le texte donné par M. de Slane (t. I, p. ١٧٥, l. 26) porte الشويزاني, et j'ai adopté cette leçon, qui paraît confirmée par Abou-'l-Mah'âcin (t. II, p. ٢٠٧, l. 13), dans plusieurs manuscrits duquel, cependant, les points diacritiques manquent. M. Quatremère a travaillé sur un manuscrit qui portait «Nah'rîr-es-Souriâni». (J. A., t. III, p. 45 et 46, 3ᵉ série.)

[2] Les ponts (oriental et occidental) de *Mis'r* furent brûlés si complètement en 292 (904-905 de J. C.) par En-Nouscheri, qu'il ne resta aucun de leurs bateaux. (Abou-'l-Mah'âcin, t. II, p. ١٥٧, l. 5 et 6.) Ils furent évidemment reconstruits. Voir, sur ces ponts, une note de M. de Slane. (*Biograph. Diction.*, t. I, p. 346, note 9.)

[3] Ibn-el-Athîr, t. VIII, p. ٣٥٠ᵃ, l. 14. — Ibn-Khallikân, n° ١٢٢, fasc. II, p. ٩٧, l. 18 et 19, et p. ٧٠, l. 2 (t. I de la trad. angl., p. 340ᵇ et 343). — El-Makîn, p. 227, l. 10 à 12. — Abulfedæ *Annal. muslem.*, t. II, p. 498, l. 13. — Abou-'l-Mah'âcin, t. II, p. ٢٠٥, l. 3. Il dit à tort mardi 18. — El-K'aïraouâni (liv. IV, p. 109) est le seul qui place l'entrée de Djouhar à *Mis'r* le 12 cha'bân 358. — C'est nécessairement par suite d'une faute d'impression que M. Quatremère[c], qui, ici, traduit Ibn-Khallikân, dit «mardi 17 *ramadhân*», puisqu'à la page suivante il dit que la nouvelle de cet événement parvint à El-Mo'izz le 15 ramadhân.

[4] القاهرة (*El-K'âhirah*, «la victorieuse»). Jean Léon (in Ramusio, fol. 83 ᴅ, l. 9 à 11 ; —

[a] L'éditeur, M. Tornberg, dit (note 4 de cette page) que plusieurs manuscrits portent رمضان, au lieu de شعبان.

[b] C'est par erreur, qu'à cette page la traduction dit «mardi 16». Le texte dit «douze nuits restant», ce qui, pour un mois de vingt-neuf jours, comme est le mois de cha'bân, correspond au 17.

[c] J. A., t. III, p. 49, 3ᵉ série. Voyez la note *a* ci-dessus. — M. Quatremère, dans ce travail que j'ai plusieurs fois cité, entre dans beaucoup de détails, qu'il emprunte à Ibn-Khallikân et que je passe sous silence.

44.

348 ÉTUDE SUR LA CONQUÊTE DE L'AFRIQUE.

ville, qui avait été tracé pendant la nuit, lui causèrent d'abord quelque contrariété, mais il déclara ensuite que, les tranchées ayant été creusées à une heure fortunée, il n'y changerait rien[1]. Dès le vendredi 20, la prière fut dite au nom du khalife fât'imite dans la mosquée nommée *Djâmi'-'l-'Atîk*[2] (« la vieille mosquée »), et, au milieu de ramadhân, l'heureux El-Mo'izz recevait en *Ifrîk'îah* la nouvelle de ces rapides succès[3]. Ainsi finit la dynastie des Iкнscнîdites, après une durée de trente-quatre ans dix mois vingt-quatre jours, dynastie dont le dernier représentant, Ah'med-ibn-'Ali, n'était resté sur le trône qu'un an deux mois vingt-sept jours[4].

Conquête de la Syrie.

Mais l'Ikhschîdite Abou-Moh'ammed-el-H'assan-ibn-'Abd-Allah-ibn-T'or'dj,

---

p. 345 de la traduction de Jean Temporal) observe que ce mot, qui est arabe[a], a été corrompu dans la langue vulgaire européenne, qui en a fait le mot *Cairo* (*Caire*). Voir aussi fol. 3 D, l. 11 (p. 11 de la trad. de Jean Temporal). — Là où M. Quatremère dit que Djouhar jeta les fondements du *K'aire* dans la nuit même qui avait suivi son arrivée, le mercredi 8ᵉ jour du mois de cha'bân (*J. A.*, t. III, p. 169, 3ᵉ série), il faut lire 18ᵉ jour.

[1] Ibn-Khallikân, n° ١٢٢, fasc. II, p. v., l. 6 à 10 (t. I de la trad. angl., p. 343). — Guillaume de Tyr, écrivain du xiiᵉ siècle de notre ère et antérieur d'un siècle à Ibn-Khallikân, avait placé aussi la fondation du *K'aire* en 358[b]. — El-Makîn (p. 227, l. 22 à 24) fait commencer la construction de la ville en ramadhân 358. — Abou-'l-Fedâ (*Géographie*, p. ١٨, l. 2; — t. II de la trad. de M. Reinaud, p. 148) dit que les fondements du *K'aire* furent jetés en 359, et la manière dont il s'exprime dans ses *Annales muslem.* (t. II, p. 500, l. 2) confirme son opinion sur cette date, qui semble être adoptée aussi par Ibn-Khaldoun (*Hist. des Fât'im.*, § XIII. H. d. B., append. II au t. II de la trad. franç., p. 547).

[2] Ibn-el-Athîr, t. VIII, p. ٢٣٥, l. 14. — Ibn-Khaldoun, *Histoire des Fât'imites*, § XIII (*Histoire des Berbers*, append. II au t. II de la trad. franç., p. 546). — C'est la mosquée que le fameux 'Amr-ibn-el-'Aâs', général du khalife 'Omar, construisit à *Fost'ât'* en 21 de l'hégire (642 de J. C.).

[3] Ibn-Khallikân, n° ١٢٢, fasc. II, p. ٤٧, l. 19 à 21 (t. I de la trad. angl., p. 340 et 341). — Abou-'l-Mah'âcin, t. II, p. ٢٥٠, l. 5 et 6. — El-K'aïraouâni, p. 109.

[4] *En-Nodjoum*, t. II, p. ٢٠٠, l. 13 à 15. Dans ce passage, Abou-'l-Mah'âcin omet les dix mois, mais à sa page ٢٩٨, l. 3, il avait donné très exactement la durée de la dynastie ikhschîdite, telle qu'on la trouve indiquée dans Ibn-Khallikân (n° ٧٠٠, fasc. VIII et IX, p. ١٢, l. 16; — t. III de la trad. angl., p. 226). — Abou-'l-Mah'âcin ajoute (p. ٢٠٠, l. 15 à 18) que la prière avait été dite pour les 'Abbâssides en *Égypte* pendant 225 ans. En réalité, depuis la mort du dernier Omaïade en *Égypte* (27 dzou-'l-h'idjah 132) jusqu'au 20 cha'bân 358, jour où pour la première fois la prière y fut dite pour les Fât'imites, il s'était écoulé 225 ans 7 mo's 23 jours.

---

[a] Suivant lui, ce mot veut dire *coatrice*, que Jean Temporal traduit par *poule couveuse*. Aujourd'hui couveuse se dit *chioccia*, et je ne connais pas le mot *coatrice*, mais il est clair que Jean Léon prend ce mot dans le sens de *coarctare* (exercer une action coercitive), et qu'il veut dire *vittrice* (victorieuse).

[b] Willelmi Tyrensis archiep. *Historiæ* lib. XIX, cap. XIV (*Gesta Dei per Francos*, p. 963 et 964, l. 15; in-fol., Hanoviæ, 1611).

[c] Ibn-Khallikân, n° ٣٠٧, fasc. III, p. ١٣٩, l. 4 (t. I de la trad. angl., p. 649). — Abou-'l-Mah'âcin, t. I, p. ٧٤, lin. ult.

LIVRE QUATRIÈME. — CHAPITRE II.

le lieutenant du prince qui venait d'être détrôné, se trouvait en *Syrie;* vraisemblablement les principaux officiers qui avaient été du parti de la résistance s'étaient réfugiés près de lui, et l'on pouvait craindre une attaque venant de ce côté. Djouhar n'hésita pas à prendre l'offensive; il confia au k'âïd Dja'far-ibn-Falâh'-el-Ketâmi[1] le commandement d'une armée nombreuse, qui, dès le mois de dzou-'l-h'idjah 358, prenait possession de *Ramlah*[2]. El-H'assan-ibn-'Abd-Allah, fait prisonnier, fut envoyé sous bonne escorte à *Fost'ât'*, avec un certain nombre d'émirs qui partageaient sa mauvaise fortune[3]. Bientôt, en moh'arram 359, la ville de *Damas*, après quelque résistance, tombait aussi au pouvoir de Dja'far-ibn-Falâh'[4]. — Au milieu de cette série de succès, qui grandissaient de jour en jour la puissance d'El-Mo'izz, le *Maghrib*, fidèle à ses habitudes de turbulence, présentait des symptômes d'agitation. Le départ de l'armée que Djouhar conduisait à la conquête d'une région lointaine avait été, comme on pouvait s'y attendre, le signal d'insurrections plus ou moins inquiétantes. La première, qui éclata dès 358, selon Ibn-Khaldoun, eut pour chef un Berber nommé Abou-Dja'far-ez-Zenâti, qui leva l'étendard de la révolte dans l'*Ifrîk'iah* même, où il souleva une foule de mécontents et de Nekkârites. Le khalife marcha en personne contre ce rebelle, et il venait seulement d'arriver à *Bâr'dï* quand il apprit qu'Abou-Dja'far, abandonné des siens, s'était réfugié dans les montagnes[5]. El-Mo'izz reprit alors le chemin de sa capitale, après avoir chargé Bolokkîn[6]-ibn-Ziri-ben-Menâd de poursuivre cet aventu-

Prise de Ramlah.

359 de l'hégire (969-970 de J. C.). Prise de Damas.

Révolte en Ifrîk'iah.

---

[1] Ce général s'était distingué dans la bataille qui avait été livrée sur les rives du *Nil* (Ibn-Khallikân, n° ١٣١, fasc. II, p. ٩٩, l. 16 et suiv.; — t. I de la trad. angl., p. 343). — Abou-'l-Mah'âcin, t. II, p. ٢٠٧ et ٢٠٨ (*J. A.*, t. III, p. 46 et 47, 3ᵉ série). — Silvestre de Sacy (*Chrest. arabe*, t. I, p. 128) a fait remarquer depuis longtemps que c'est à tort qu'Abou-'l-Fedâ (*Annal. muslem.*, t. II, p. 500, l. 5) écrit فلاح « Falâdj ».

[2] Ibn-Khallikân, n° ١٣٧, fasc. II, p. ٥٨, l. 6 (t. I de la trad. angl., p. 327). — Ibn-el-Athir, t. VIII, p. ٣٢٥, l. 23, et p. ٣٢٦. — Ibn-Khaldoun, *Hist. des Fât'im.*, § XIV (*H. d. B.*, append. II au t. II de la trad. franç., p. 547 et 548).

[3] Abulfedæ *Annal. muslem.*, t. II, p. 500, l. 4 et seq. — Abou-'l-Mah'âcin, t. II, p. ٣٤٨, l. 8 à 10, et p. ٣٠٤, l. 7 à 11.

[4] Voir Abou-'l-Mah'âcin, t. II, p. ٣٠٤, l. 13 et 14.

[5] Selon toutes les apparences, dans le massif de l'*Aurâs*.

[6] Ce nom s'écrit habituellement بلكين, mais Ibn-Khallikân[a] donne son orthographe complète بُلُكِّينِ (Bolokkîn). Dans un autre article[b], le même auteur établit une généalogie qui fait remonter cette famille aux *H'imiarites;* mais M. de Slane, avec raison, considère cette généalogie, empruntée à Ibn-Scheddâd, comme fort suspecte. (*Biograph. Diction.*, t. I, p. 282, note 1.)

[a] N° ١١٨, fasc. II, p. ١٣, lin. antepenult. (t. I de la trad. angl., p. 268).

[b] N° ١٢٠, fasc. II, p. ٢٣ (t. I de la trad. angl., p. 281).

Administration de Djouhar.

rier, qu'on ne put atteindre, mais qui, l'année suivante, en 359, vint implorer et obtint sa grâce[1]. — Pendant que ces événements s'accomplissaient en Afrique, Djouhar, continuant son œuvre, introduisait peu à peu, dans les prières, les formules conformes aux idées fât'imites; ainsi, le vendredi 15 rebî-el-akhir (25 février 970 de J. C.), il se rendit à la *mosquée d'Ibn-T'ouloun*[2], où était réunie une troupe imposante, et prescrivit au khat'îb 'Abd-es-Sa'mi-ben-'Omar-el-'Abbâssi de prononcer *à haute voix* le *Bism-Allah*[3] et de faire faire l'appel à la prière par ces mots : « Venez à l'excellente œuvre[4]. » En djoumâdi-el-aouel on vit arriver à *Mis'r* les prisonniers envoyés de *Syrie* par Dja'far-ibn-Falâh'; ils furent exposés en public durant cinq heures, et tous ceux qui avaient eu à se plaindre d'El-H'assan-ibn-'Abd-Allah, dans les trois mois de son gouvernement en *Égypte*, purent jouir de l'humiliation d'un tyran vaincu. Ces prisonniers furent ensuite réunis à d'autres Ikhschîdites près de la tente du k'âïd, qui chargea son fils Dja'far de les conduire à El-Mo'izz, auquel il envoyait en même temps les plus magnifiques présents. Le 17 djoumâdi-el-aouel, ce convoi partit de *Mis'r* pour descendre le *Nil*[5]. Huit jours après, le mardi 25[6] (5 avril 970 de J. C.), Djouhar jetait les fondements de la mosquée du *K'aire* : « Je crois, dit Ibn-Khallikân, que c'est la mosquée qui est appelée El-

Fondation

---

[1] Ibn-Khaldoun, *Hist. des Fât'imites*, § XIV (*H. d. B.*, append. II au t. II de la trad. franç., p. 548 et 549).

[2] Bâtie en 259. (Abou-'l-Mah'âcin, t. II, p. ۸, l. 16 et 17.)

[3] C'est le premier mot de la première sourate du K'orân, intitulée *Fâtih'ah*. Voir, à ce sujet, une note de M. de Slane. (*Biograph. Diction.*, t. I, p. 347, note 17.)

[4] Ibn-Khallikân, n° ۱۴۱°, fasc. II, p. ۷·, l. 17 à 19 (t. I de la trad. angl., p. 344). Il dit à tort vendredi *18*. — Ibn-el-Athîr (t. VIII, p. ۱۴۰, l. 16 et 17) dit que ce fut en djoumâdi-el-aouel. — Voyez Silvestre de Sacy, *Exposé de la religion des Druzes*, t. I, p. XXIV; Quatremère, *Vie d'El-Mo'izz* (*J. A.*, t. III, p. 57, 3ᵉ série).

[5] Abou-'l-Mah'âcin, t. II, p. ۴۹۸, l. 11, à p. ۴۹۹, l. 6. — Ibn-'Adzârî place en redjeb cette mission du fils de Djouhar près du khalife fât'imite (*Baïân*, t. I, p. ۲۳۴, l. 14 et 15). Il parle peut-être de son arrivée en *Ifrîk'iah*. — El-K'aïraouâni (liv. IV, p. 109) la place à tort en 360.

[6] J'emprunte cette date à Mak'rîzi[ᵃ], qui, par erreur, dit *samedi* 25 djoumâdi-el-aouel. — Ibn-Khallikân, après avoir dit qu'en djoumâdi-el-aouel les mots «venez à l'excellente œuvre» furent insérés dans l'*Izân* (appel à la prière) à la vieille mosquée (*Djâmi'-'l-'Atik'*), ajoute : « Alors Djouhar commença à construire la *mosquée du K'aire*, qu'il termina le 7 ramadhân 361 «(samedi 22 juin 972 de J. C.), et le vendredi 13 «il y célébra les prières publiques[ᵇ]. » — Abou-'l-Mah'âcin, par la manière dont il s'exprime, *semble* placer le commencement de cette grande construction dans le mois de rebî-el-akhir 359.

[ᵃ] Cité par M. Quatremère (*J. A.*, t. III, p. 75, 3ᵉ série).

[ᵇ] N° ۱۴۱°, fasc. II, p. VI, l. 1 à 4 (t. I de la trad. angl., p. 345).

LIVRE QUATRIÈME. — CHAPITRE II.   351

«*Azhar*[1] («la splendide»).» Il n'y a aucun doute à cet égard, d'après les témoignages de Mak'rîzi, d'Abou-'l-Mah'âcin[2] et de Jean Léon[3].

A la fin de 358, El-Mo'izz avait rappelé de *Sicile* l'émir Ah'med-ibn-el-H'assan, qui, suivant Abou-'l-Fedâ, y gouvernait depuis seize ans et neuf mois[4]. Cet émir, après avoir chargé Ia'îsch, affranchi de son père, de l'intérim du gouvernement de la *Sicile*, rentra en *Ifrîk'iah* avec toute sa famille et, au milieu de cha'bân 359 (mercredi 22 juin 970), Abou-'l-K'âcem-ibn-el-H'assan fut envoyé pour remplacer l'incapable Ia'îsch et faire l'intérim de son frère Ah'med, qui venait de recevoir l'ordre de conduire une flotte en *Égypte*[5]. Mais celui-ci, à peine arrivé à *Tripoli*, fut atteint d'une maladie qui l'emporta (en 359), et, dans les premiers jours de 360, Aboû-'l-K'âcim fut investi par El-Mo'izz du gouvernement de la *Sicile*[6].

La fortune si brillante des armes du khalife africain devait être bientôt troublée. En 360, les *K'armat'es*, commandés par El-H'assan-ibn-Ah'med, surnommé El-'Âs'am, firent une invasion en *Syrie*. Dja'far-ibn-Falâh', quoique malade, partit de *Damas* à leur rencontre, et le jeudi 6 dzou-'l-k'a'dah 360 (31 août 971 de J. C.), il éprouva, près d'*Ed-Dakka*[7], sur la rivière *Iezîd*, une affreuse défaite, dans laquelle il perdit la vie[8]. En même temps, une ré-

de la Djâmi'-'l-Azhar.

Changements en Sicile.

360 de l'hégire (970-971 de J. C.).

Échec en Syrie.

---

[1] N° ۱۴۴, fasc. ۱۱, p. ۷۱, l. 4 (t. I de la trad. angl., p. 345).

[2] «Dans le mois de rebî-el-akhir 359, l'appel à la prière se fit à *Mis'r* par ces mots : «Venez à l'excellente œuvre.» Alors Djouhar commença à construire au *K'aire* la mosquée nommée *Djâmi-'l-Azhar*, la première que les *Râfidhites* aient construite en *Égypte*, et il la termina dans le mois de ramadhân 361.» (*En-Nodjoum*, t. II, p. ۴۰۹, l. 3 à 6.)

[3] In Ramusio, fol. 83 v, l. 15 à 17 (p. 345 de la trad. de Jean Temporal).

[4] Nous avons vu plus haut qu'El-H'assan-el-Kelbi, après avoir confié le gouvernement de la *Sicile* à son fils Ah'med, arriva en *Ifrîk'iah* en moh'arram 342, mais que Ah'med ne fut confirmé qu'en 343. Il n'en reste pas moins vrai qu'il gouvernait *de fait*, depuis un instant très voisin du 1ᵉʳ moh'arram 342, et que, si son gouvernement dura seize ans et neuf mois, ce fut à peu près en chaoûâl 358 qu'El-Mo'izz rappela Ah'med. Abou-'l-K'âcem, frère de celui-ci, ayant été chargé de l'intérim au milieu de cha'bân 359, il en résulte que l'intérim de Ia'îsch fut d'environ dix mois.

[5] Cette flotte était probablement chargée de vivres, dont la rareté était grande alors en *Égypte* (Ibn-el-Athîr, t. VIII, p. ۴۳۰, l. 10 et 11; — Ibn-Khallikân, n° ۷۴۷, fasc. VIII, p. ۱۱۴, l. 13; — Mak'rîzi, cité par Quatremère, *J. A.*, t. III, p. 53, 3ᵉ série).

[6] Abulfedæ *Annal. muslem.*, t. II, p. 448, l. 11 à 21. — En-Nouaïrî, cap. VII (in Gregorio, p. 19, l. 26; — Riedesel, p. 430 et 431). — Schihâb-ed-Dîn, in Gregorio, p. 60, col. 2. — Ibn-Khaldoun, *Hist. de l'Afr. et de la Sicile*, p. ۷۵, l. 13 et 14 (p. 172 de la trad. de N. Desvergers).

[7] Localité citée par S'afi-ed-Dîn comme étant dans les environs de *Damas* (*Marâs'id-el-It't'ilâ'*, t. I, p. ۴۰۹, l. 4).

[8] Ibn-Khallikân, n° ۱۳۷, fasc. ۱۱, p. ۵۸, l. 7 à 10 (t. I de la trad. angl., p. 327). — *Baïân*, t. I, p. ۲۲۴, l. 15 à 17. — Abulfedæ *Annal.*

Révolte dans le Maghrib.

volte, bien plus grave que celle qui avait été comprimée en *Ifrîk'îah*, éclata sur la terre classique de l'insurrection contre les Fât'imites, dans le pays des *Maghrâouah*. C'était Moh'ammed-ibn-el-Kheïr qui, à l'instigation des Omaïades, en était le chef. Déjà les partisans des Fât'imites avaient été, sur une vaste étendue, assaillis, poursuivis et passés au fil de l'épée, quand El-Mo'izz donna l'ordre à Zîri-ben-Menâd de porter la guerre chez les *Zenâtah*, en l'autorisant à garder pour lui-même toutes les provinces qu'il pourrait leur enlever. Zîri entra en campagne, et l'avant-garde, commandée par son fils Bolokkîn, attaqua à l'improviste les troupes zenâtiennes, qu'Ibn-el-Kheïr n'avait pas achevé de rassembler. Il s'ensuivit un des conflits les plus acharnés qu'on eût jamais vus. La ligne de l'armée zenâto-maghrâouïenne, complètement rompue, fut écrasée, hachée, et, au milieu de la confusion de ce carnage, Moh'ammed-ibn-el-Kheïr, désespéré, voyant qu'il ne pouvait échapper, se retira de la mêlée et mit fin à ses jours en se jetant sur son épée[1]. La défaite des *Zenâtah* fut si complète et leurs pertes si énormes, suivant Ibn-Khaldoun, que dix-sept émirs restèrent sur le champ de bataille[2]. Mais, dans un autre récit du même combat, le même auteur réduit ce nombre à « plus d'une dizaine[3] », comme pour montrer qu'il ne faut pas attacher trop d'importance à certains de ses chiffres. Cet éclatant succès des *S'anhâdjah*, la persévérante fidélité qu'ils montraient aux Fât'imites, ne pouvaient que donner plus d'ardeur à la vieille haine qu'une différence d'origine alimentait depuis des siècles entre les deux tribus voisines, et faisait présager de sanglantes représailles. El-Kheïr[4] et

Mort de Moh'ammed-ibn-el-Kheïr.

---

muslem., t. II, p. 508, l. 6 à 9. — Abou-'l-Mah'âcin, t. II, p. ۴۲۸٭, l. 2 à 6, p. ۴۳۱, l. 16 et 17. — Quatremère, *J. A.*, t. III, p. 76 à 80, 3ᵉ série. — Suivant Ibn-Khaldoun, ce fut Dja'far-ibn-Falâh' qui fit éprouver une sanglante défaite aux *K'armat'es*; mais ceux-ci revinrent en 361, et ce fut alors que le général fât'imite fut vaincu et tué[b]. — Silvestre de Sacy place en 360 une expédition des *K'armat'es* en *Syrie*, qui les rendit maîtres de *Damas*. (*Exposé de la religion des Druzes*, t. I, p. ccxix et ccxx.)

[1] *Histoire des Berbers*, t. I, p. ۱۴۸, l. 1 à 10, t. II, p. ۳۷, l. 16, à p. ۳۸, l. 2 (t. II, p. 7, t. III de la traduction française, p. 233 et 234).

[2] *H. d. B.*, t. II, p. ۳۸, l. 3 (t. III de la trad. franç., p. 234). — *Hist. des Fât'imites*, § xv (*H. d. B.*, append. II au t. II de la trad. franç., p. 549ᶜ).

[3] *Ibid.*, t. I, p. ۱۴۸, l. 11 (t. II de la trad. franç., p. 7).

[4] Ce fut cet El-Kheïr, arrière-petit-fils de Moh'ammed-ibn-Khazer, qui devint le chef des *Maghrâouah*, après la mort de Moh'ammed-ibn-el-Kheïr. (*H. d. B.*, t. II, p. ۳۸, l. 4; — t. III de la trad. franç., p. 234.)

[a] Ce doit être par erreur qu'à cette page (ligne 4) Abou-'l-Mah'âcin fait partir Dja'far de *Mis'r*.

[b] *Hist. des Fât'im.*, § xiv (*H. d. B.*, append. II au t. II de la trad. franç., p. 549).

[c] A cette page M. de Slane dit à tort Moh'ammed-ibn-*Khazer*, au lieu de Moh'ammed-ibn-el-Kheïr.

la'la, les deux fils de Moh'ammed-ibn-el-Kheïr, qui venait de périr si misérablement, brûlaient aussi du désir de venger sur Zîri la mort de leur père[1]. L'occasion ne tarda pas à naître.

Depuis le jour où Djouhar avait senti que sa conquête s'affermissait dans ses mains, il ne cessait d'écrire à son maître pour le presser de venir s'établir en *Égypte*[2]. El-Mo'izz, sans être encore complètement persuadé, ne pouvait plus guère douter que l'instant ne fût plus ou moins proche où *le K'aire* devrait devenir la résidence des khalifes fât'imites, et, dans la prévision de cette éventualité, il jetait les yeux autour de lui pour chercher des mains dignes de porter le gouvernement de l'Afrique. On croit, et cette supposition est assez vraisemblable, que, du moins pour l'*Ifrîk'îah*, il songeait à Dja'far-ibn-'Ali-ben-H'amdoun, gouverneur de *Mestla*[3], et que ce fut dans cette pensée qu'il lui manda de se rendre à *Mans'ouriah*[4]. Cependant, ce chef était accusé de s'être montré, dans une circonstance que l'on ne précise pas, favorable aux *Zenâtah* et à Moh'ammed-ibn-Khazroun, un des émirs des *Maghrâouah*[5]; il régnait aussi, entre Dja'far-ibn-'Ali et son voisin Zîri-ben-Menâd, une inimitié très vive, qu'entretenait, et sans doute qu'avait fait naître, la grande faveur dont ils jouissaient tous deux[6], et il était autorisé à craindre que, profitant de ses succès récents contre les *Zenâtah*, son rival ne l'eût desservi[7]. Dja'far

---

[1] *H. d. B.*, t. II, p. ٤١, l. 12 (t. III de la trad. franç., p. 269).

[2] Ibn-Khallikân, n° ٣٧٥, fasc. VIII, p. ١١٩, l. 15. — Ibn-Khaldoun, *Hist. des Fât'im.*, § XIV (*H. d. B.*, append. II au t. II de la trad. franç., p. 549). — El-K'aïraouâni, *Hist. de l'Afrique*, liv. IV, p. 109.

[3] Ibn-Khaldoun dit positivement qu'El-Mo'izz-Lidîn-Allah appela Dja'far-ibn-'Ali au gouvernement de l'*Ifrîk'îah*ᵃ. Mak'rîzi ᵇ va même jusqu'à rapporter les paroles échangées dans le tête-à-tête de Dja'far-ibn-'Ali avec son souverain. Je suis toujours un peu en défiance des historiens qui répètent les paroles des personnages qu'ils mettent en scène et que personne n'a pu entendre.

[4] Ibn-Khaldoun, *Histoire des Beni-H'amdoun* (*H. d. B.*, append. III au t. II de la trad. franç., p. 555).

[5] Je suppose qu'il s'agit de Moh'ammed-ibn-Khazroun-ibn-Felfoul, petit-neveu de Moh'ammed-ibn-Khazer.

[6] Ibn-Khallikân, n° ١٣٤, fasc. II, p. ٥٧, l. 19 et 20 (t. I de la trad. angl., p. 326). — *H. d. B.*, t. I, p. ١٩٨, l. 14 (t. II de la trad. franç., p. 8). — El-K'aïraouâni, liv. V, p. 125.

[7] Il ne paraît pas y avoir de doute à cet égard; on lit dans Ibn-Khaldoun : «L'expédition que «Zîri-ben-Menâd entreprit dans le *Maghrib* lui «fournit l'occasion de nuire à son rival, et, tout «en châtiant les *Zenâtah*, il satisfit sa haine en «desservant Dja'far auprès du khalife fât'imite. «Il est vrai que Dja'far avait tenu une conduite «peu franche, s'étant montré favorable aux *Ze-*

ᵃ *H. d. B.*, t. I, p. ١٩٨, l. 15, et t. II, p. ٣٧٥, l. 6 (t. II, p. 8, et t. III de la trad. franç., p. 234).

ᵇ Traduit par M. Quatremère, *Vie de Mo'izz-Lidîn-Allah* (*J. A.*, t. III, p. 87 à 89, 3ᵉ série).

se montra donc peu empressé d'obéir à l'ordre qu'il avait reçu du khalife. Celui-ci chargea un de ses affranchis de se rendre à *Mesîla* et de lui amener le gouverneur récalcitrant. Cette mesure un peu brutale fut pour Dja'far-ibn-'Ali la confirmation que ses soupçons étaient fondés; il ne douta plus qu'on n'en voulût à sa vie, et se hâta de partir avec ses troupes pour se réfugier chez les *Zenâtah*[1]. Ce premier pas fait dans la révolte ne pouvait manquer d'en amener un plus décisif et plus grave. Dja'far rallia tous les *Zenâtah*, les décida à répudier ouvertement l'autorité des Fât'imites et à reconnaître celle du khalife omaïade El-H'akam-el-Mostans'ir[2]. Aussitôt Zîri-ben-Menâd marcha contre le rebelle et présenta la bataille. Le choc fut terrible et, des deux parts, on rivalisa de vaillance; mais les *S'anhâdjah* furent vaincus. Dans la mêlée, le cheval de Zîri s'abattit et le renversa. Vainement ses gardes, lui formant un rempart de leurs corps, se firent tous tuer autour de lui; il succomba, et sa tête fut portée à *Cordoue* par une députation d'émirs maghrâouïens, que conduisait Iah'ia, frère de Dja'far-ibn-'Ali[3]. Ibn-Khallikân[4] et En-Nouaïrî[5] placent cet événement en ramadhân 360. Zîri avait gouverné les *S'anhâdjah* pendant vingt-six ans[6]. Dja'far-ibn-'Ali ne tarda pas à se méfier des *Zenâtah*, qui, paraît-il, convoitaient ses trésors. Il jugea prudent d'aller joindre son

Défection de Dja'far-ibn-'Ali-ben-H'amdoun.

Mort de Zîri-ben-Menâd.

«*nâtah* et à Moh'ammed-ibn-Khazroun, émir des «*Maghrâouah*[a].» Les reproches que l'on pouvait adresser à Dja'far-ibn-'Ali paraissent avoir une cause qui remonterait un peu plus haut. «Bo«lokkîn, dit ailleurs Ibn-Khaldoun, travailla «ensuite à indisposer le khalife Ma'dd-el-Mo'izz «contre Dja'far-ibn-'Ali-ben-H'amdoun, seigneur «de *Mesîla* et du *Zâb*, en lui rappelant les liai«sons que ce chef avait entretenues avec Mo«h'ammed-ibn-*el-Kheïr*[b].»

[1] El-Bekrî se contente de dire que Dja'far-ibn-'Ali quitta *Mesîla* en 360°, et renvoie à une partie de son ouvrage aujourd'hui perdue le récit des circonstances dans lesquelles ce gouverneur quitta la ville qui était sa résidence. — Ibn-'Adzârî (*Baïân*, t. I, p. ٣٣٣, l. 19 et 20) a copié mot à mot cette ligne d'El-Bekrî, et

paraît, comme nous, avoir été privé du récit promis.

[2] *H. d. B.*, t. I, p. ١٤٨, l. 17 à 19 (t. II de la trad. franç., p. 8; — voir aussi p. 555 de ce tome II). — Ce fut principalement parmi les *Beni-Berzâl* que Dja'far trouva des partisans dévoués (*H. d. B.*, t. II, p. ٧٦, l. 3; — t. III de la trad. franç., p. 291).

[3] *Ibid.*, à la page du tome I citée note 2 cidessus. Voir aussi t. II, p. ٣٨, l. 7 à 9 (t. III de la trad. franç., p. 234). — El-K'aïraouâni, liv. V, p. 126.

[4] N° ٢٦٤, fasc. III, p. ٥٤, l. 1 (t. I de la trad. angl., p. 550).

[5] Cité par M. de Slane (*H. d. B.*, t. II de sa trad. franç., p. 8, note 2).

[6] Voyez El-K'aïraouâni, liv. V, p. 127.

---

[a] *Histoire des Beni-H'amdoun* (*H. d. B.*, append. III au t. II de la trad. franç., p. 554).
[b] *H. d. B.*, t. II, p. ٣٨, l. 4 et 5 (t. III de la trad. franç., p. 234). Il se pourrait cependant que les copistes eussent écrit الخبر pour خزرون ou réciproquement.
[c] *El-Meçâlik oua'l-Memâlik*, p. ٥٤, l. 7 (*J. A.*, t. XIII, p. 98, 5ᵉ série).

frère Iah'ia, qui était resté à la cour d'El-H'akam, et il s'embarqua secrètement pour se rendre à *Cordoue*[1]. Depuis plus de vingt-quatre ans, Djorthem-ibn-Ah'med gouvernait paisiblement la petite ville de *Nâkour*, lorsqu'en dzou-'l-h'idjah 360[2] il mourut, laissant ce modeste trône à ses descendants, qui s'y maintinrent encore pendant un demi-siècle.

Dja'far passe en Espagne.

La mort de Zîri-ben-Menâd ne pouvait rester longtemps impunie. En 361, Bolokkîn reçut l'ordre de marcher contre les *Zenâtah*. « Il partit, dit Ibn-Khal-« doun, avec l'autorisation de garder toutes les provinces qu'il pourrait leur « enlever[3]. » Dans son ardeur, il eut bientôt atteint l'armée ennemie et, dès la première rencontre, il remporta une victoire éclatante[4]. Mais ce n'était pas assez d'avoir répandu des flots de sang pour venger la mort de son père, on eût dit que la colère de Bolokkîn ne s'éteindrait que dans l'extermination complète de la tribu rebelle. Chassant les *Zenâtah* devant ses troupes victorieuses, il les obligea à passer le *Mlouïa* et les poursuivit jusqu'à *Sidjilmâçah*[5], où El-

361 de l'hégire (971-972 de J. C.).

Les Zenâtah chassés du Maghrib central.

---

[1] *H. d. B.*, t. II, p. ᴹᴬ, l. 9 et 10 (t. III de la trad. franç., p. 234). — *Hist. des Beni-H'amdoun* (*ibid.*, append. III au t. II de la trad. franç., p. 555). — El-K'aïraouâni (liv. V, p. 126) donne un autre motif à cette fuite. — Suivant Ibn-Khallikân, ce fut l'impossibilité de résister à Bolokkîn qui le décida à passer en Espagne, où il fut tué en 364ᵃ. Mais cette dernière assertion est démentie par Ibn-'Adzâriᵇ et par Ibn-Khaldoun ᶜ, qui nous apprennent qu'à la fin de son règne, en 365 (975-976 de J. C.), El-H'akam confia aux deux fils de 'Ali-ben-H'amdoun, Dja'far et Iah'ia, le gouvernement de ses possessions en *Maghrib*. On sait d'ailleurs qu'en effet Dja'far-ibn-'Ali fut tué en Espagne, et qu'il fut assassiné par ordre d'Ibn-Abi-'Âmir, dans la nuit du dimanche 3 cha'bân 372ᵈ (21 janvier 983 de J. C.), en sortant d'un festin où il avait été convié et fêté par ce terrible ministre-roi. Bolokkîn, son ennemi, ne lui survécut qu'un an quatre mois dix-huit jours.

[2] El-Bekrî, p. 44, l. 5 et 6 (*J. A.*, t. XIII, p. 183, 5ᵉ série). — Ibn-Khaldoun, *H. d. B.*, t. I, p. ᴾᴬᴹ, l. 1 et 2 (t. II de la trad. franç., p. 143). Il dit qu'il régna vingt-cinq ans, ce qui suppose que son règne commença dans les premiers jours de 336.

[3] *H. d. B.*, t. II, p. ᴹᴬ, l. 11 et 12 (t. III de la trad. franç., p. 235).

[4] *Ibid.*, t. I, p. 144, l. 9 et 3 (t. II de la trad. franç, p. 8).

[5] *Ibid.*, t. II, p. ᴹᴬ, l. 15 (t. III de la trad. franç., p. 235). — On peut croire qu'en fuyant vers *Sidjilmâçah* les *Maghrâouah* avaient cru trouver un allié puissant dans la personne d'El-Mo'tazz-Billah, à l'inauguration duquel ils avaient beaucoup contribué en 352; mais évidemment le prince midrârite, terrifié par la présence de

---

ᵃ *Kitâb Ouafaïât-el-'Aiân*, n° 144, fasc. II, p. ᴏᴀ, l. 1 (t. I de la trad. angl., p. 326).

ᵇ *Baïân*, t. II, p. ᴾᴹᴼ, l. 20 à 22.

ᶜ *H. d. B.*, t. I, p. ᴾᴹ1, l. 14, et t. II, p. ᴾᴹ, l. 4 et 5 (t. II, p. 152, et t. III de la trad. franç., p. 216). — Voir aussi l'append. III au t. II de cette traduction, p. 556, et Dozy, *Hist. des Musulm. d'Esp.*, t. III, p. 130.

ᵈ *Baïân*, t. II, p. ᴹ·· et ᴹ·j, l. 1. Il dit dans la nuit du dimanche 3 passé de cha'bân 372; mais ces données sont inconciliables entre elles et il aurait dû dire 2 passé ou bien dire lundi. — Ibn-Khaldoun, *Hist. des Beni-H'amdoun* (*H. d. B.*, append. III au t. II de la trad. franç., p. 557). — Mak'k'ari, *Analecta*, t. I, p. ᴾᴹᴼ. — Dozy, *Hist. des Musulm. d'Espagne*, t. III, p. 193 et 194.

Mort
d'El-Kheïr-ibn-
Moh'ammed
à Sidjilmâçah.

Kheïr-ibn-Moh'ammed-ibn-el-Kheïr[1] tomba entre ses mains. Ce chef fut impitoyablement mis à mort. Son fils Moh'ammed, et Ia'la, oncle de celui-ci, pri-

Bolokkîn, non seulement reconnut l'autorité des Fât'imites, mais resta fidèle aux Zîrites, car nous savons qu'en 366 Khazroun-ibn-Felfoul alla s'emparer de *Sidjilmâçah*, achevant ainsi la ruine des Beni-Midrâr, et que Ibn-Abi-'Âmir, en récompense de ce service, le nomma gouverneur de la ville conquise[a]. — Quand El-H'akam mourut, dans la nuit du dimanche 3 s'afar 366 (1er octobre 976 de J. C.), après un règne de quinze ans et cinq mois[b], Moh'ammed-ibn-Abi-'Âmir venait d'être nommé majordome (وكيل)[c]; mais il était loin encore d'être maître de l'Espagne et de disposer des provinces ou des villes conquises. En lui attribuant la récompense accordée au service rendu par Khazroun-ibn-Felfoul, Ibn-Khaldoun donne peut-être au majordome une puissance qu'il n'avait pas encore. Ce fut seulement le 13 cha'bân 367[d] (mardi 26 mars 978 de J. C.), quand le vizir Mos'ah'fi fut destitué de toutes ses fonctions, dépouillé de toutes ses dignités, qu'Ibn-Abi-'Âmir atteignit ce degré de pouvoir, qui n'était plus balancé que par la présence de R'âlib, devenu son beau-père dès le 7 djoumâdi-el-aouel 366[e] (lundi 1er janvier 977 de J. C.).

[1] Voici, pour la première fois depuis l'invasion arabe, les *Zenâtah* chassés du *Maghrib central.* «Ils restèrent dans le *Maghrib-el-Ak's'a*, dit Ibn-«Khaldoun, jusqu'à l'époque où la famille de «Ia'la-ben-Moh'ammed (le *Maghrâouah*[f]) s'em-«para de *Tlemcên*[g].» Or cet événement eut lieu en 393[h]; par conséquent, les *Zenâtah* ne furent absents du *Maghrib central* que pendant les trente-deux années d'occupation de ce pays par les *S'an-hâdjah.* «Ce peuple, dit ailleurs Ibn-Khaldoun, en «parlant des *S'anhâdjah*, conquit alors (en 361) «le *Maghrib central* et, profitant des divisions qui «déchiraient l'empire zenâtien[i], il repoussa ses «adversaires dans le *Maghrib-el-Ak's'a* et incor-«pora dans ses États la ville de *Tlemcên*[j].

---

[a] H. d. B., t. I, p. ١٧١, l. 17 à 21, t. II, p. ٢٧, l. 4 à 6, et p. ٥١, l. 14 et suiv. (t. I, p. 265, t. III de la trad. franç., p. 218 et 255). A cette dernière page, Ibn-Khaldoun dit qu'à cet instant (en 366) la souveraineté des Omaïades fut, *pour la première fois*, reconnue à *Sidjilmâçah*; il semble cependant qu'elle le fut, au moins momentanément, en 352.

[b] Ibn-el-Athir, t. VIII, p. ٢٩٨, l. 2. — Abulfedæ Annal. muslem., t. II, p. 532, l. 1.

[c] Baiân, t. II, p. ٢٤٧, l. 12 et 13. — Dozy, Hist. des Musulm. d'Espagne, t. III, p. 133. Il renvoie, par erreur, à la page ٢٤٨.

[d] Baiân, t. II, p. ٢٨٥, l. 17 et 18. — Bien qu'En-Nouâïrî, d'après M. Dozy (t. III, p. 162, note 1), donne cette date dans les mêmes termes qu'Ibn-'Adzârî, elle renferme une petite faute, puisqu'ils font tomber un *lundi* le 13 cha'bân 367.

[e] Dozy, Hist. des Musulm. d'Espagne, t. III, p. 161. — Voir Mak'k'ari, Analecta, t. I, p. ٢٤٠, l. 2.

[f] Il s'agit ici du frère d'El-Kheïr, qui avait été mis à mort par Bolokkîn à *Sidjilmâçah*. Nous avons vu plus haut la'la-ben-Moh'ammed l'*Ifrénite* mourir en 347.

[g] H. d. B., t. II, p. ٣٨, l. 19 et 20 (t. III de la trad. franç., p. 235).

[h] Ibid., t. II, p. ٩٢, l. 9 et 10 (t. III de la trad. franç., p. 270).

[i] Les divisions dont Ibn-Khaldoun parle ici ne survinrent sans doute qu'après que les *Zenâtah* eurent été expulsés du *Maghrib central* et que leur chef El-Kheïr-ibn-Moh'ammed eut été mis à mort, car ce furent les armes seules de Bolokkîn qui les refoulèrent dans le *Maghrib-el-Ak's'a*. Mais ce qui prouve que la succession d'El-Kheïr amena des dissentiments, c'est qu'Ibn-Khaldoun, dans deux passages, donne deux solutions différentes pour les noms des chefs qui partagèrent avec Moh'ammed-ibn-el-Kheïr le commandement des *Maghrâouah*: dans l'un il dit que ce fut son oncle Ia'la-ben-Moh'ammed; dans l'autre il dit que ce furent les deux fils de 'At'ia-ben-'Abd-Allah (voyez les notes *a* et *b* de la page suivante), et le nom de Khazroun-ibn-Felfoul qu'il introduit ici semble indiquer que les trois branches survivantes des fils de Khazer se disputèrent le pouvoir.

[j] H. d. B., t. II, p. ١٠٧, l. 1 et 2 (t. III de la trad. franç., p. 336).

LIVRE QUATRIÈME. — CHAPITRE II. 357

rent alors le commandement des *Zenâtah*[1]. Sur tous les points du *Maghrib*, Bolokkîn fit sentir la puissance de son bras. Le petit souverain de *Bas'ra*, El-H'assan-ibn-Kennoun, fut encore une fois obligé de répudier l'autorité des Omaïades pour faire sa soumission aux Fât'imites[2], et, cette fois, il eut le courage de tenir son nouveau serment, comme il en donna la preuve dès l'année suivante.

La puissance des Fât'imites, un instant ébranlée en *Maghrib*, avait donc repris tout son ascendant en 361. C'est sans doute à cet instant que le Chîïte Ibn-H'auk'al[3] écrivait les lignes suivantes : « *Ceuta est la seule ville*[4] en Afrique « qui reste encore au pouvoir des Omaïades d'Espagne; les Berbers des environs « leur payent la dîme (صدقات, *s'adak'ât*), l'impôt territorial (خراج, *kharâdj*) et « d'autres taxes (لوازم, *laouâzem*); il en est de même à l'égard de ceux qui habi- « tent *Mersa-Mouça*[5] (« le port de Moïse »). Ce port appartient aussi aux Omaïades, « mais je me figure qu'il tombera bientôt au pouvoir de notre maître[6]. » Tout

---

[1] *H. d. B.*, t. II, p. ۳۸, l. 15, p. ۳۴, l. 10 à 14*, p. ۴۱, l. 13 à 16 b (t. III de la trad. franç., p. 235, 236 et 269).

[2] *K'art'âs*, p. ۶۴, l. 19 à 21 (p. 77 de la trad. lat.; — p. 123 de la trad. franç.). — Ibn-Khaldoun, *H. d. B.*, t. I, p. ۴۰, l. 5 et 6 (t. II de la trad. franç., p. 149); ici il place à tort l'expédition de Bolokkîn en 362; il aurait dû dire en 361, comme il l'a fait dans plusieurs passages cités note 1 de la page précédente.

[3] Je rappelle que son ouvrage fut terminé à la fin de 366 ou au commencement de 367.

[4] On devrait donc conclure de ce passage que les Omaïades avaient perdu même *Tanger*; cependant l'auteur ne le dit pas dans l'article qu'il consacre à cette ville. Ibn-H'auk'al mérite d'autant plus qu'on prête une grande attention à tous les termes dont il se sert ici, qu'il dut faire un voyage en *Maghrib* vers cette époque. J'ai déjà dit qu'en 360 il visita la *Sicile*; il parle ailleurs d'un fait qui lui a été raconté par Ziâdet-Allah-Abou-Moder-ibn-'Abd-Allah, receveur du Kharâdj (à *K'aïraouân*) en 360 c. Il est donc très probable qu'il visita aussi le *Maghrib* (tout au moins l'*Ifrîk'iah*) en 360 ou très peu après.

[5] Petit port entre *Ceuta* et *Tanger*, à huit milles de la rade de *Bâb-el-Iemm*, qui est elle-même à trente milles de *Tanger*. (El-Bekri, p. ۱۰, l. 7 et 17. *Journal asiatique*, t. XIII, p. 311 et 312, 5ᵉ série.)

[6] *Descr. de l'Afrique*, §§ xxxiv et xxxv (*J. A.*, t. XIII, p. 189, 3ᵉ série).

---

[a] Ici l'auteur dit que « les *Maghrâouah* se rallièrent alors autour des survivants de la famille Khazer et eurent « pour émirs Moh'ammed-ibn-el-Kheïr[-ibn-Moh'ammed-ibn-el-Kheïr-ibn-Moh'ammed-ibn-Khazer] et les deux « frères Mok'âtel et Ziri, tous deux fils de At'ia-ben-'Abd-Allah (dit Tebâdelt)-ibn-Khazroun-ibn-Felfoul. » Au lieu du *ibn* que j'ai souligné, je n'hésite pas à admettre qu'il faut lire و (*et*), car 'Abd-Allah et Felfoul étaient deux frères de Moh'ammed-ibn-Khazer [1*], et la généalogie donnée par Ibn-Khaldoun dans ce passage est certainement fautive.

[b] C'est là qu'il dit que Moh'ammed-ibn-el-Kheïr et son oncle Ia'la prirent le commandement des *Maghrâouah*.

[c] *Descr. de l'Afrique*, § cxli (*J. A.*, t. XIII, p. 250, 3ᵉ série).

[1*] Ibn-Khaldoun vient de le dire positivement, et ce qu'il ajoute peu après, que, suivant quelques-uns, 'Abd-Allah était *fils* de Moh'ammed-ibn-Khazer, ne justifierait pas davantage le passage que je signale comme fautif.

Irrésolutions d'El-Mo'izz. concourait donc à ce qu'El-Mo'izz cédât aux instances de Djouhar, et cependant mille incertitudes assiégeaient son esprit : s'il restait en *Ifrîk'iah* sans oser, en apparence du moins, trôner dans sa nouvelle capitale, ce défaut de confiance dans sa victoire ne pousserait-il pas la cour de *Baghdâd* à sortir de son engourdissement et, une fois réveillée, à précipiter sur l'*Égypte* toutes les forces orientales de l'islamisme? S'il se rendait au *K'aire*, n'était-ce pas abandonner aux Omaïades d'Espagne cette proie de l'Afrique qu'ils convoitaient depuis si longues années[1]? Fallait-il délaisser un trône que sa famille occupait depuis soixante-cinq ans, pour aller prendre possession d'une conquête dont il venait pour ainsi dire de recevoir le bulletin, mais qui paraissait complète et que ses aïeux avaient trois fois vainement tentée[2]? D'autre part, jetant un regard sur l'ensemble des événements dont l'Afrique avait été le théâtre pendant les trois derniers siècles, il contemplait avec effroi la fragilité de la puissance arabe sur ce sol africain, tant de fois ensanglanté par les révoltes des Berbers, et, tout près de lui, le trône des Fât'imites n'avait-il pas été ébranlé à ce point qu'on dut croire un instant qu'il allait être renversé? En *Ifrîk'iah*, le fantôme d'Abou-Iezîd lui apparaissait monté sur son âne blanc, faisant mouvoir d'un geste les tribus fanatisées de l'*Aurâs* et du *Djebel-Kiâna*; dans le *Maghrib*, le sang coulait encore, et si tout avait plié sous le sabre du vaillant Bolokkîn, pouvait-on se bercer de l'espoir que ses succès seraient plus durables que ceux de Meïçour et de Djouhar lui-même? Le penchant avoué des Maghrébins pour les Omaïades n'était peut-être qu'un voile sous lequel se cachait l'immuable résolution prise par ces populations de ne poser les armes qu'après avoir enfin conquis leur indépendance[3]. A mesure qu'El-Mo'izz sondait par la pensée les sentiments de ces masses guerrières et passionnées, il sentait de plus en plus combien était invincible la résistance des Berbers, combien avaient été stériles les persévérants efforts des Arabes, et l'on dirait que, perdant jusqu'à l'espérance de vaincre une volonté si puissante, il profita des récentes victoires de Bolokkîn pour entourer d'une auréole de grandeur l'aveu secret de la faiblesse arabe et de son propre découragement. C'est au

---

[1] Dans le mois même de son départ, cette inquiétude fut justifiée. — M. Quatremère allègue d'autres motifs d'hésitation qui ont aussi leur valeur (*Journal asiatique*, t. III, p. 74 et 75, 3ᵉ série).

[2] En 301, 306, 324.

[3] Soutenir les Omaïades c'était susciter un ennemi aux Fât'imites, et les Berbers pouvaient croire que les guerres incessantes des Musulmans d'Espagne avec les Chrétiens rendraient plus facile de secouer le joug des Omaïades, si ceux-ci restaient maîtres du *Maghrib*.

LIVRE QUATRIÈME. — CHAPITRE II. 359

moment où El-Mo'izz est maître de l'empire qui s'étend depuis la rive occidentale de l'Océan jusqu'au *Nîl*, et même jusqu'au delà de la *mer de K'olzoum* (بحر قلزم), que cet aveu se manifeste par un acte à jamais mémorable dans les fastes de l'Afrique. « Ayant rappelé Bolokkîn, qui était alors dans le fond du « *Maghrib*, dit Ibn-Khaldoun, il lui confia l'administration de ce pays ainsi « que de l'*Ifrîk'îah*. Il laissa toutefois le gouvernement de la *Sicile* entre les « mains de la famille Abou-'l-H'ossaïn-el-Kelbi[1], et maintint 'Abd-Allah-ibn-« Iakhlof-el-Ketâmi dans celui de *Tripoli*[2]. » Ce fut seulement en 367 que

Il remet
l'Afrique
aux mains
des Berbers.

[1] Elle était depuis les premiers jours de 360 aux mains d'Abou-'l-K'âcim-'Ali. On voit que c'est à tort que Deguignes dit[a] qu'El-Mo'izz donna aussi la *Sicile* à Bolokkîn. Cette erreur a été relevée dès 1790 par Gregorio[b].
[2] Ibn-el-Athîr, *El-Kâmil*, t. VIII, p. ٢٠٤, l. 18 et 19. — Ibn-Khaldoun, *H. d. B.*, t. I, p. ١٩٩, l. 19, à p. ٢٠٠, l. 1 (t. II de la trad. franç., p. 9). Voyez aussi *Hist. des Fât'im.*, § xv (*ibid.*, append. II au t. II de la trad. franç., p. 549 et 550). On voit qu'il faut reléguer au rang des fables le long récit que le cheïkh Et-Tidjâni dit avoir emprunté à Ibn-Bassâm[c], récit d'après lequel El-Mo'izz, en vertu d'une connaissance qu'il

[a] *Histoire générale des Huns*, t. I, p. 370; in-4°, Paris, 1756.
[b] *Rerum arabicarum quæ ad historiam siculam spectant* p. 20, note a; in-fol., Panormi, 1790.
[c] Ibn-Khallikân[1*] a écrit la vie d'un poète dont le nom complet était Abou-'l-H'assân-'Ali-ben-Moh'ammed-ibn-Mans'our-ibn-Nas'r[2*]-ibn-Bassâm, et il place sa mort en 302 ou, suivant d'autres, en 303 (p. ٩١, l. 8). H'âdji-Khalîfah, qui dit constamment 303, attribue à cet Ibn-Bassâm un ouvrage intitulé *Dzakhîra fi mah'âcin ahl-el-Djezîra*[3*] (l'Espagne). D'autre part, Ibn-Khallikân[4*] cite un passage du *Dzakhîra* d'Ibn-Bassâm dans lequel cet auteur vante le caractère du poète Ibn-Khafâdja, et le biographe ajoute (p. ٢٠, l. 7 et 8) qu'Ibn-Khafâdja naquit en 450 et mourut en 533. Cet anachronisme avait été remarqué par Silvestre de Sacy[5*], qui, d'après un passage d'Ibn-el-Abbâr[6*], s'exprimait ainsi : « Quoiqu'il n'indique pas le temps auquel « écrivait Ibn-Bassâm, on voit, par ce qu'il en dit, qu'il ne doit pas être antérieur au vi° siècle de l'hégire. » En effet, M. de Gayangos[7*], sans qu'il puisse dire lui-même où il a puisé cette indication[8*], place la mort d'El-Bassâm, auteur du *Dzakhîra*, en 542 (1147-1148 de J. C.). M. de Slane[9*], après avoir résumé ces faits divers, déclarait, en 1843, avoir fait, sur la vie d'El-Bassâm, d'inutiles recherches dans El-Mak'k'ari, Ibn-Baschkoual, Abou-'l-Mah'âcin, Ibn-Khâk'ân[10*], 'Imâd-ed-Dîn[11*] et d'autres. M. Dozy a repris ce sujet en 1846, et le résultat le plus net auquel il soit arrivé, c'est qu'en 503 Ibn-Bassâm était à *Séville*, travaillant à la troisième partie de son livre[12*].

[1*] *Kitâb Ouafaïât-el-Aïân*, n° ٤٧٥, fasc. v, p. ٩٠, l. 1 (t. II de la trad. angl., p. 301).
[2*] Le texte publié par M. de Slane (t. I, p. ٢٨٩, l. 18) dit : «Ibn-Nas'r-ibn-Mans'our.»
[3*] *Lexic. bibliogr. et encyclop.*, t. III, p. 331, l. 4, n° ٥٧٩٩. — Voir le n° 3268 de la table du tome VII.
[4*] *Kitâb Ouafaïât-el-Aïân*, n° ١٧, fasc. 1, p. ٢٣, l. 18 (t. I de la trad. angl., p. 36).
[5*] *Anthologie grammaticale arabe*, p. 445, note (66); in-3°, de l'I. R., 1829. Suivant lui, H'âdji-Khalîfah fait mourir Ibn-Bassâm en 433; l'édition donnée par M. Fluegel ne confirme pas cette date, mais l'anachronisme subsiste.
[6*] Casiri, *Biblioth. arab. hisp. Escurial.*, t. II, p. 44 et 45.
[7*] *The History of the Mohammedan dynasties in Spain*, t. I, p. 370, note 29; in-4°, London, 1840.
[8*] Voir sa lettre à M. Dozy (*Historia Abbadidarum*, t. I, p. 192, note 5; in-4°, Lugd. Batav., 1846).
[9*] *Biographical Dictionary*, t. II, p. 304, note 1.
[10*] Auteur du *K'alâïd-el-Ik'iân* («les colliers d'or») et d'autres ouvrages; il fut assassiné à Marok le 22 moh'arram 529 (*Hist. Abbad.*, t. I, p. 3 et 9. — Ibn-Khallikân, n° ٥٣٧, fasc. vi, p. ١٣, l. 15 et 16).
[11*] Né à Ispahân en 519, mort à Damas en 597. (Ibn-Khallikân, n° ٧١٥, fasc. viii, p. ٧٠, l. 6 et 7; — t. III de la trad. angl., p. 312).
[12*] *Historia Abbadidarum*, t. I, p. 197.

Bolokkîn obtint, du khalife Nizâr-ibn-el-Mo'izz, que, non pas la *Sicile*, mais *Tripoli*, *Sort*, *Adjadâbïah*, fussent incorporées dans ses États, et aussitôt que 'Abd-Allah-ibn-Iakhlof-el-Ketâmi s'en fut éloigné, il le remplaça par un de ses officiers, nommé Tems'oult-ibn-Bekkâr[1].

Le lundi 21 chaouâl 361[2] (5 août 972 de J. C.), El-Mo'izz avait quitté *El-Mans'ourïah* pour faire ses préparatifs de départ, et s'était rendu à *Sardânïah*[3].

avait de l'avenir en ce qui le concernait, lui et ses amis, aurait choisi, parmi les dix fils de Ziri-ben-Menâd, celui qui portait un signe particulier, que sa prescience lui aurait révélé[a].

[1] *Histoire des Berbers*, t. I, p. ٢٠٠, l. 13 à 16. et t. II, p. ٥٤, l. 13 (t. II, p. 10 et 11, et t. III de la trad. franç., p. 262). — Ibn-A'dzârî donne au nouveau gouverneur de *Tripoli* le nom de Iah'ïa-Khalifah-el-Milïâni. (*Baïân*, t. I, p. ٢٢٩, l. 7.)

[2] *Baïân*, t. I, p. ٢٢٩, l. 17 à 19. — Ibn-Khallikân, n° ٧٣٧, fasc. VIII, p. ١١٤, l. 18 et 19. Ces deux sources disent le «8 restant», et comme chaouâl a vingt-neuf jours, c'est bien le 21 qu'elles ont voulu indiquer. M. Quatremère s'est certainement trompé en disant *lundi 22 chaouâl 361*[b]. — Ibn-el-Athîr, t. VIII, p. ٢٥٤, l. 12 et 13. — Abou-'l-Faradj, p. ٣١٤, l. 14 (p. 207 de la trad. lat.); il fixe à cet instant le départ d'El-Mo'izz. — El-K'aïraouâni, p. 109 et 110.

[3] «*Auprès de Djeloulâ*, dit El-Bekri[c], est un «lieu de plaisance nommé *Sardânïah*; dans toute «l'*Ifrik'îah* on ne peut rien rencontrer de plus «beau.» Nous avons vu que *Djeloulâ* est à vingt-quatre milles de *K'aïraouân*, et il est clair qu'El-K'aïraouâni a mal copié El-Bekri en disant : «Entre *Djeloulâ* et *K'aïraouân*, à vingt-quatre «milles de la première de ces deux villes, se «trouve un joli endroit, appartenant aux Beni-«'Obeïd, connu sous le nom de *Sardânïah*[d].» Ce nom a fait croire à l'abbé de Marigny qu'El-Mo'izz, avant de partir pour l'*Égypte*, était allé faire un voyage d'un an dans l'île de *Sardaigne*[e]. Cardonne a reproduit cette bévue[f], et, quoiqu'elle ait été relevée en 1830 par M. Quatremère[g], elle a été répétée encore en 1848 par M. J.-J. Marcel[h], qui assure qu'El-Mo'izz, avant de se rendre à *Tripoli*, passa plusieurs mois en *Sardaigne* et en *Sicile*. Du reste *Sardânïah* devait son nom à une population sarde, que les Arabes, dans le cours de leurs invasions dévastatrices, avaient arrachée de son pays et transportée sur la côte d'Afrique[i]. Dans plusieurs villages du *Djerîd* (*Nifzâoua*, *K'ast'îlïa*), il y avait d'autres colonies du même peuple qui s'y étaient établies volontairement, et les descendants de ces anciens colons y étaient encore du temps d'Ibn-Khaldoun[j] (732-808 de l'hégire).

[a] *Rih'la* d'El-Tidjâni (*J. A.*, t. XX, p. 85 à 87, 4ᵉ série).

[b] *J. A.*, t. III, p. 87, 3ᵉ série.

[c] *El-Meçâlik oua'l-Memâlik*, p. ٢٢, l. 2 à 4 (*J. A.*, t. XII, p. 489 et 490, 5ᵉ série). — Ibn-el-Athîr (*El-Kâmil*, t. VIII, p. ٢٥٤, l. 14) dit «près de *K'aïraouân*». — El-K'aïraouâni (liv. IV, p. 110) dit aussi : «*Sardânïah* «est près de *K'aïraouân*; les habitants de cette ville y ont leurs maisons de campagne.»

[d] *Hist. de l'Afrique*, liv. III, p. 40.

[e] *Histoire des Arabes sous le gouvernement des khalifes*, t. IV, p. 69; in-12, Paris, 1750.

[f] *Hist. de l'Afr. et de l'Esp. sous la domin. des Arabes*, liv. III, t. II, p. 81 et 82; in-12, Paris, 1765.

[g] *Notices et Extraits*, t. XII, p. 483, note 4.

[h] *Histoire de l'Égypte moderne*, p. 101, col. 1; in-8°, Firmin-Didot, 1848. Ce travail que M. Marcel a signé, et qu'il a probablement fait faire, a été composé avec une négligence qui se montre à chaque page.

[i] Ibn-Khaldoun, cité par M. Quatremère (*J. A.*, t. III, p. 87, note 1, 3ᵉ série).

[j] *H. d. B.*, t. I, p. ٤١٢٧, l. 1 (t. III de la trad. franç., p. 156).

LIVRE QUATRIÈME. — CHAPITRE II.

Ce fut là que, le vendredi 22 dzou-'l-h'idjah 361[1] (4 octobre 972 de J. C.), Bolokkîn reçut solennellement l'investiture du gouvernement de l'Afrique, à la condition de relever des khalifes d'Égypte. El-Mo'izz, dans cette cérémonie, changea le nom de Bolokkîn en celui de Iousef; il y ajouta le nom d'*Abou-'l-Fotouh'* (« père des victoires ») et le titre de *Seïf-ed-Daoulah* (« épée de l'empire »); en même temps, il lui présentait la robe de lieutenance, le revêtait d'un magnifique costume, et lui faisait amener les plus beaux de ses propres chevaux harnachés avec toute la richesse du luxe oriental[2]. Ziâdet-Allah-Abou-Moder-ibn-'Abd-Allah fut nommé directeur général de tous les bureaux établis dans les provinces de l'empire pour la perception de l'impôt[3]. Après

Investiture de Bolokkîn.

---

[1] Ibn-Khallikân, n° 11A, fasc. 11, p. 1ŕ, l. 11 (t. I de la trad. angl., p. 267). C'est certainement par erreur que le texte dit : «*mercredi 7 restant.*» — El-K'aïraouâni place l'investiture de Bolokkîn au *mardi 23 dzou-'l-h'idjah 361* (*Hist. de l'Afr.*, liv. V, p. 128); il aurait dû dire *samedi*. — Bolokkîn, le premier de la dynastie des Zîrites, est mort, après avoir régné douze ans moins un jour, le dimanche 21 dzou-'l-h'idjah 373 (25 mai 984 de J. C.) suivant Ibn-'Adzâri[a], le 23 suivant Ibn-el-Athîr[b], Ibn-Khallikân[c] et El-K'aïraouâni[d]; mais comme Ibn-Khallikân dit «le dimanche 23», il est évident que c'est par suite d'une faute de copiste qu'on lit dans son texte لتسع بقين, au lieu de لسبع بقين. Abou-'l-Fedâ[e] n'indique que le mois, sans date précise; Ibn-Khaldoun[f] ne donne que l'année (373), et c'est par erreur que plus loin, mais à deux reprises[g], il dit 372. Bolokkîn eut pour successeur son fils El-Mans'our.

[2] *H. d. B.*, t. I, p. 1··, l. 1 à 3 (t. II de la trad. franç., p. 9 et 10).

[3] En-Nouaïri, cité par M. de Slane (*H. d. B.*, t. II de la trad. franç., p. 550, note 1). Nous

---

[a] *Baïân*, t. I, p. ۲۴۸, l. 5. Il dit بقين (le 9 restant), et comme l'année 373 est surabondante, cette date correspond au 21. Ibn-'Adzâri nous apprend qu'au retour d'une expédition contre les *Berr'aouât'ah*, le prince s'anbâdjien était parti de *Sidjilmdçah* pour rentrer en *Ifrîk'iah*, et mourut en route à un endroit nommé *Oudrakinfoud*. Ibn-el-Athîr[1*] dit *Oudrak'lin* (var. *Ouâk'lini*), et Ibn-Khallikân[2*], *Oudrakldn* sur les confins de l'*Ifrîk'iah*, mais cette dernière indication est probablement erronée, car Ibn-Khaldoun[3*] dit *Oudrakçan* entre *Sidjilmdçah* et *Tlemcên*. Les traducteurs d'El-K'aïraouâni[4*] écrivent *Ark'lan*, et En-Nouaïri, transcrit par M. de Slane[5*], dit *Ouârokîin*; or El-Bekri[6*] parle d'une rivière de وارجين (*Oudrodjdjin*) que l'on atteint entre le défilé de *Téza* (pays des *Miknâçah*) et l'*Ouâd-S'd'*; cette rivière pourrait bien être celle de la localité où mourut Bolokkîn.

[b] *El-Kâmil*, t. IX, p. ۲۴, l. 17.

[c] *Kitâb Ouafaïât-el-A'iân*, n° 11A, fasc. 11, p. 1ŕ, l. 16 et 17 (t. I de la trad. angl., p. 268).

[d] *Hist. de l'Afrique*, liv. V, p. 130.

[e] *Annal. muslem.*, t. II, p. 558, l. 3.

[f] *H. d. B.*, t. I, p. ۲۰۱, l. 15 (t. II de la trad. franç., p. 12).

[g] *Ibid.*, t. I, p. ۲۷۸, l. 6 et 7, et t. II, p. ۲۰, l. 2 (t. II, p. 131, et t. III de la trad. franç., p. 237). A cette dernière page (note 1), M. de Slane avait relevé cette faute du manuscrit d'Ibn-Khaldoun.

[1*] *El-Kâmil*, t. IX, p. ۲۴, l. 18. Il semble résulter de son récit que cette localité était entre *Sidjilmdçah* et *Fés*.

[2*] N° 11A, fasc. 11, p. 1ŕ, l. 17 (t. I de la trad. angl., p. 268).

[3*] *H. d. B.*, t. I, p. ۲۰۱, l. 10 (t. II de la trad. franç., p. 12).

[4*] *Histoire de l'Afrique*, liv. V, p. 130.

[5*] A la note 1 de la page de sa traduction citée note 3* ci-dessus.

[6*] *El-Mçâlik oua'l-Memâlik*, p. 1ŕ۲, l. 10 (*J. A.*, t. XIII, p. 389, 5° série).

362   ÉTUDE SUR LA CONQUÊTE DE L'AFRIQUE.

362 de l'hégire (972-973 de J. C.).

trois mois et demi de séjour à *Sardâniah*[1], le vendredi 5 s'afar 362[2] (15 novembre 972 de J. C.), El-Mo'izz quitta cette résidence, et Bolokkîn l'accompagna jusqu'aux environs de *S'afâk's*[3], où il lui donna ses dernières instructions; elles sont trop significatives pour ne pas être reproduites textuellement[4] : « Si tu viens à oublier tous les conseils que je t'ai donnés[5], lui dit-il, n'oublie « pas du moins les trois suivants : ne cesse jamais de lever des contributions « sur les nomades; tiens constamment ton sabre levé sur les Berbers[6]; et ne « confie jamais de commandement à un membre de ta famille, car les parents « se croient bientôt plus de droits que vous-même au pouvoir dont vous les « avez investis. Je te demande de traiter avec bonté les habitants des villes[7]. » Enfin il lui recommanda, ajoute Ibn-Khaldoun[8], d'inaugurer son règne par une expédition dans le *Maghrib*, afin d'en arracher toutes les semences de révolte et de briser les liens qui attachaient encore ce pays au gouvernement des OMAÏADES. Recevant alors les adieux de Bolokkîn, El-Mo'izz quitta *K'âbes*

Départ d'El-Mo'izz pour l'Égypte.

le 10 rebî-el-aouel 362 (jeudi 19 décembre 972 de J. C.) et se mit en marche pour l'*Égypte*[9], pendant que Bolokkîn revenait à *Mans'ouriah* prendre possession du palais de son maître[10]. — La recommandation d'une expédition dans

---

connaissons déjà ce Ziâdet-Allah, qui était receveur du Kharâdj en 360. Ibn-el-Athîr le nomme Ziâdet-Allah-ibn-el-K'adîm. (*El-Kâmil*, t. VIII, p. ٢٠٧, lin. penult.)

[1] Ibn-el-Athîr[a], Ibn-Khaldoun[b] et El-K'aïraouâni[c] disent quatre mois.

[2] Ibn-Khallikân, n° ٧٣٧, fasc. VIII et IX, p. ١٢, lin. penult. Il dit à tort le *jeudi*. — El-K'aïraouâni (liv. IV, p. 110) dit «le 1ᵉʳ s'afar». — M. Quatremère a suivi Ibn-Khallikân (*J. A.*, t. III, p. 91, 3ᵉ série).

[3] *H. d. B.*, t. I, p. ٢٠٠, l. 7 (t. II de la trad. franç., p. 10).

[4] El-K'aïraouâni, *Hist. de l'Afr.*, l. V, p. 128.

[5] Il est évident que le long séjour à *Sardâniah* avait été employé par El-Mo'izz à tracer au nouveau souverain tous les devoirs dont une expérience de plus de vingt ans de règne lui avait appris l'importance.

[6] Cette recommandation relative aux Berbers justifie ce que j'ai dit sur le découragement d'El-Mo'izz, qui désespérait de vaincre leur résistance. On peut croire aussi qu'El-Mo'izz, en s'exprimant ainsi, cherchait à confirmer Bolokkîn dans la prétention qu'affichaient les S'anhâdjah et les Kitâmah d'avoir une origine arabe, et qu'en essayant, par son langage, de le séparer des Berbers proprement dits, il le détachait de leur cause et l'attachait, par un lien de plus, à celle des FÂT'IMITES.

[7] Ibn-Khallikân, n° ١١٨, fasc. II, p. ١٢, l. 13 à 15 (t. I de la traduction anglaise, p. 267). El-K'aïraouâni, liv. V, p. 128.

[8] *H. d. B.*, t. I, p. ٢٠٠, l. 4 à 6 (t. II de la trad. franç., p. 10).

[9] El-K'aïraouâni, *Hist. de l'Afrique*, liv. IV, p. 110. Il dit à tort le mardi.

[10] *Id. ibid.*, liv. V, p. 128 et 129. — «S'abra,

---

[a] *El-Kâmil*, t. VIII, p. ٢٠٧, l. 2.
[b] *Hist. des Fât'im.*, § XV (*H. d. B.*, append. II au t. II de la trad. franç., p. 550).
[c] *Hist. de l'Afr.*, liv. IV, p. 110.

LIVRE QUATRIÈME. — CHAPITRE II. 363

le *Maghrib* était superflue, car il paraît qu'à la seule nouvelle du départ pro- chain d'El-Mo'izz toute cette région s'était soulevée. « Aussitôt[1], dit Ibn-Khal- « doun, que Bolokkîn eut pris le pouvoir en main, il se mit en marche pour le « *Maghrîb*, à la tête d'une armée composée de *S'anhâdjah* et d'un corps de troupes « kitâmiennes qu'El-Mo'izz avait laissé en *Ifrîk'îah*. Ibn-el-Kheïr[2], seigneur du « *Maghrib central*, s'enfuit à *Sidjilmâçah*, pour éviter son ennemi héréditaire; les « habitants de *Tâhart*, qui avaient chassé leur gouverneur, virent détruire leur « ville par Bolokkîn en punition de leur révolte; et les *Zenâtah*, qui s'étaient « rassemblés à *Tlemcên*, s'en éloignèrent précipitamment quand ils surent que « cet émir venait les attaquer. *Tlemcên* se rendit à discrétion, et les habitants « furent transportés à *Aschîr*. Bolokkîn reprit alors la route de *S'abra*, en « conséquence d'une dépêche par laquelle El-Mo'izz lui défendait de pénétrer « plus avant dans le *Maghrib*[3]. »

Soulèvement du Maghrib.

Il est difficile d'expliquer cette dépêche, qui, par le fait, était l'ordre de ne pas porter secours à un vassal en danger, comme on va le voir. Les OMAÏADES avaient agi de concert avec les *Zenâtah*; au moment même où El-Mo'izz quittait *K'âbes* pour se rendre en *Égypte*, le khalife de Cordoue dirigeait une expédi- tion contre le *Maghrib*. Son k'âid Moh'ammed-ibn-K'âcim-ibn-T'amlos était chargé du commandement et avait pour instruction spéciale d'attaquer H'assan- ibn-Kennoun[4] et les *Beni-Moh'ammed*. « Ce général, dit Ibn-'Abd-el-H'alîm,

Les Omaïades envahissent le Maghrib.

« dit El-Bekrî, continua, jusqu'à l'époque de sa « ruine[a], à servir de résidence aux souverains du « pays[b]. » On lit aussi dan le *Rih'la* d'Et-Tidjânî : « Zîri et ses successeurs (il aurait dû dire Ibn- « Zîri) firent de *S'abra* leur résidence jusqu'au « temps où El-Mo'izz-ibn-Bâdîs secoua l'autorité « suzeraine des 'OBEÏDITES en 444[c], et où, du « haut des chaires des mosquées, il lança l'injure « et l'anathème contre eux. » (*J. A.*, t. I, p. 369 et 370, 5ᵉ série.)

[1] Suivant El-K'aïraouânî (liv. V, p. 129), Bolokkîn resta deux mois à *S'abra*, occupé des soins de l'administration. Or, comme l'auteur vient de dire que cet émir était rentré à *S'abra* le 11 rebi-el-aouel 362, on doit croire que Bo- lokkîn serait entré en campagne vers le 11 djou-

mâdi-el-aouel; mais El-K'aïraouânî ajoute : « Lors- « qu'il eut terminé ce qui concernait l'*Ifrîkiah*, « il passa dans le *Maghrib* en cha'bân. » Cette date paraît d'autant plus singulière que les lignes qui suivent ont été manifestement empruntées à Ibn- Khaldoun.

[2] Le texte et la traduction disent, il est vrai, Ibn-*Khazer*, mais certainement il doit s'agir ici d'Ibn-*el-Kheïr*.

[3] H. d. B., t. I, p. ۴۰۰, l. 8 à 13 (t. II de la trad. franç., p. 10).

[4] Qui avait fait sa soumission aux FÂT'IMITES et qui, même, avait été le premier à secouer le joug des OMAÏADES. (*K'art'âs*, p. 64, l. 19 et 20; p. 77 de la trad. lat.; — p. 123 de la trad. franç.)

[a] J'ai déjà dit que *S'abra* subit probablement le sort de *K'aïrouân* en 449.
[b] *El-Meçâlik oua'l-Memâlik*, p. ۲۰, l. 17 et 18 (*J. A.*, t. XII, p. 475, 5ᵉ série).
[c] Dès 440 il avait ouvertement répudié les FÂT'IMITES.

« partit d'*El-Djezîrah-el-Khadhrâ* (d'*Algéziras*[1]) et débarqua à *Ceuta*, avec un
« corps d'armée considérable, en rebî-el-aouel 362[2]. » Il marcha aussitôt contre
Ibn-Kennoun et ses tribus berbères. Les deux armées se trouvèrent en présence dans les plaines de *T'anger* connues sous le nom de *Fah's'-Beni-Mes'rakh*.
Là, les Omaïades éprouvèrent une sanglante défaite; leur général Ibn-T'omlos
resta sur le champ de bataille avec un grand nombre des siens, et les débris
de l'armée vaincue allèrent se réfugier à *Ceuta*, pour demander du secours en
Espagne[3]. Suivant M. Dozy[4], cette expédition avait eu deux phases : El-H'akam,
voulant punir Ibn-Kennoun d'avoir reconnu les Fât'imites, saisit l'instant où
Bolokkîn venait de quitter le *Maghrib* pour envoyer une armée qui réduirait
le prince edrîsite à l'obéissance. « Au commencement du mois d'août 972[5], dit
« le savant professeur de Leyde, Ibn-T'omlos s'embarqua avec une nombreuse
« armée, et, ayant tiré à soi une partie de la garnison de *Ceuta*, il marcha
« contre *T'anger*. Ibn-Kennoun, qui se trouvait dans cette ville[6], alla à sa ren-
« contre, mais il éprouva une défaite si complète, qu'il ne put pas même
« songer à rentrer à *T'anger*. Abandonnée ainsi à elle-même, cette ville se vit
« bientôt forcée de capituler avec l'amiral omaïade qui bloquait son port. »
Telle est la première phase. Dans la seconde, dont M. Dozy ne donne pas la
date, Ibn-Kennoun, ayant appelé de nouvelles levées sous ses drapeaux, reprit
l'offensive et marcha sur *T'anger*. Il battit Ibn-T'omlos, qui était allé à sa rencontre et qui trouva la mort sur le champ de bataille. C'est, comme on voit,
le récit que je viens d'emprunter au *K'art'ás* et à Ibn-Khaldoun[7]. Ce fut alors

---

[1] *H. d. B.*, t. I, p. 44, l. 8 et 9 (t. II de la trad. franç., p. 149 et 150).

[2] *K'art'ás*, p. 64, l. 23 à 25 (p. 77 de la trad. lat.; — p. 124 de la trad. franç.).

[3] Je sais qu'Ibn-Khaldoun, dans un passage, place cette grande victoire d'Ibn-Kennoun en 350*. C'est évidemment une faute de copiste, et M. de Slane l'a relevée, mais il l'a relevée par une faute d'impression en disant 352. Toutefois il renvoie aux pages que j'ai citées note 1 ci-dessus et où, dans le texte (ligne 6) comme dans la traduction, on lit bien 362.

[4] *Hist. des Musulm. d'Esp.*, t. III, p. 125.

[5] Le 1ᵉʳ août 972 correspond au 17 chaouâl 361 de l'hégire. Nous venons de voir qu'El-Mo'izz était venu s'établir à *Sardâniah* le 21 chaouâl 361. Il y aurait donc, dans ce récit, une coïncidence complète entre l'expédition omaïade et l'instant où le khalife fât'imite quitta *Mans'ouriah*. Ce dut être aussi à cet instant que Bolokkîn partit du fond du *Maghrib* pour arriver à *Sardâ-niah*, un peu avant son investiture, qui eut lieu le 22 dzou-'l-h'idjah, et recevoir les instructions qu'El-Mo'izz préparait en l'attendant.

[6] Ceci vient en confirmation de ce que dit Ibn-H'auk'al, et permet presque de fixer l'instant où ce géographe notait le fait inscrit dans son paragraphe xxxiv.

[7] Seulement j'ai dit que l'armée vaincue se retira à *Ceuta*, tandis que M. Dozy dit qu'elle se

* *H. d. B.*, t. II, p. 10, l. 15 (t. III de la trad. franç., p. 215).

qu'El-H'akam envoya le fameux R'âlib, avec ces instructions si connues : « Pars, « R'âlib, pars avec la pensée que tu ne peux revenir vivant que vainqueur, et « sache que ta mort sur le champ de bataille pourrait seule te faire pardonner « une défaite. N'épargne pas l'argent; répands-le à pleines mains entre les par-« tisans des rebelles. Détrône tous les Edrîsites et envoie-les en Espagne[1]. » R'âlib partit de *Cordoue* dans les derniers jours de chaoûal 362, et commença aussitôt cette campagne, qui fut longue, parce que la citadelle de *H'adjar-en-Nasr* protégea longtemps les descendants de ses fondateurs, et qu'il fallut un étroit blocus aidé par une active corruption pour consommer la ruine des Edrîsites, que le général vainqueur traînait à sa suite le jour de son entrée triomphale à *Cordoue*, le 1ᵉʳ moh'arram 364[2] (lundi 21 septembre 974 de J. C.). Mais je dépasse ici les limites que je me suis assignées, et je me hâte de revenir à El-Mo'izz, que j'ai laissé partant de *K'âbes* le 10 rebî-el-aouel 362.

Le voyage du khalife fât'imite vers l'*Égypte* paraît avoir été entrecoupé de longs séjours sur certains points et de marches rapides[3], eu égard à sa suite obligée. Il mit quatorze jours pour se rendre à *Tripoli*, où il arriva le 24 rebî-el-aouel, et n'en repartit que le 13 rebî-el-akhir; il atteignit *Sort*[4] le 4 djoumâdi-el-aouel, se rendit de cette ville au palais qu'on lui avait construit à *Adjaddbïah*, et de là à *Bark'ah*[5], où il arriva en redjeb[6]. Son séjour dans cette ville fut marqué

Voyage d'El-Mo'izz.

---

retira à *Tanger*, et que ce fut de cette ville que des secours furent demandés en Espagne.

[1] *K'art'ás*, p. ۰۷, l. 1 à 6 (p. 77 de la trad. lat.; — p. 124 de la trad. franç.). — *H. d. B.*, t. I, p. ۴۹, l. 13 et suiv.; t. II, p. ۴۰, l. 17° et suiv. (t. II, p. 150, et t. III de la trad. franç., p. 216). — Dozy, *Hist. des Musulm. d'Espagne*, t. III, p. 126.

[2] *K'art'ás*, p. ۰۷, lin. ult. (p. 78 de la trad. lat.; — p. 126 de la trad. franç.). — Dozy, t. III, p. 129.

[3] Ibn-Khallikân, n° ۷۴۷, fasc. VIII, p. 114, lin. ult.

[4] Abou-'l-Fedâ[b] dit que, quand El-Mo'izz se rendit en *Égypte*, il donna l'ordre de construire plusieurs citernes entre *Sort* et le *Faïoum*, ce qui n'implique pas, comme l'a cru M. Reinaud, qu'El-Mo'izz se dirigea vers les oasis d'*Audjela* et de *Sîouah*. On va voir, au contraire, qu'il marcha de *Bar'kah* sur *Alexandrie*[c].

[5] El-K'aïraouâni, liv. IV, p. 110. — Ce palais d'*Adjaddbïah* se rapporte sans doute à ce que j'ai dit plus haut. Au reste, on sait qu'*Adjaddbïah*, situé à quatre milles de la mer suivant Edrîsi[d], avait une certaine importance, et qu'Abou-'l-K'âcim, fils du Mahdi, y avait construit une mosquée d'une belle architecture.

[6] Ibn-Khaldoun, *Hist. des Fât'im.*, § xv (*H. d. B.*, append. II au t. II de la trad. franç., p. 550).

---

[a] Ibn-Khaldoun, qui, dans son premier récit, dit qu'Ibn-T'amlos fut tué, prétend ici qu'il rentra en Espagne.
[b] *Géographie*, p. ۱۴۹, l. 8 et 9 (t. II de la trad. de M. Reinaud, p. 204; — voir la note 1 de cette page 204).
[c] Edrîsi compte vingt et une journées entre ces deux villes (*Géogr.*, t. I, p. 287; — Hartmann, *Edrisii Africa*, p. 301, 306 et 357).
[d] *Géographie*, t. I, p. 287. — El-Bekri dit qu'*Adjaddbïah* avait un port nommé *El-Mâh'our*, situé à dix-huit milles de la ville. (*El-Meçâlik oua'l-Memâlik*, p. ۰, l. 22. — *J. A.*, t. XII, p. 426, 5ᵉ série.)

366   ÉTUDE SUR LA CONQUÊTE DE L'AFRIQUE.

par un événement qui dut lui être très douloureux. Abou-'l-H'assan-Moh'ammed-ibn-Hâni, son poète de prédilection, qui le suivait en *Égypte*, fut trouvé assassiné sur le bord de la mer, sans qu'on ait pu découvrir l'auteur de ce crime [1]. Ibn-Khallikân, qui a écrit la vie d'Ibn-Hâni, place sa mort au 23 redjeb 362 [2] (mardi 29 avril 973 de J. C.). Reprenant bientôt sa route, El-Mo'izz arriva à *Alexandrie* le 23 cha'bân [3] (jeudi 29 mai 973 de J. C.), en repartit à la fin du même mois, et parvint en vue d'*El-Djîzeh* le vendredi 2 ramadhân. Le k'âid Djouhar vint à sa rencontre [4], mit pied à terre quand il se trouva en présence de son maître, baisa la terre devant lui, et le khalife, sans doute pour se renseigner d'une foule de faits avant de prendre personnellement en main son nouveau sceptre, resta trois jours à *El-Djîzeh* avant d'entrer au *K'aire*. Ce fut le 5 ramadhân 362 [5] (lundi 9 juin 973 de J. C.) qu'El-Mo'izz [6], traversant le *Nîl*, fit son entrée solennelle dans la ville que Djouhar

Son entrée au K'aire.

---

[1] Ibn-el-Athîr, *El-Kâmil*, t. VIII, p. ۲۰۷, l. 7 à 10. — Ibn-Khaldoun, à la page citée note 6 de la page précédente.

[2] *Kitâb Ouafaïât-el-'Aïân*, n° ٤٧٤, fasc. VII, p. ۸۸, lin. ult. (t. III de la trad. angl., p. 126). Il dit à tort le *mercredi*.

[3] *Ibid.*, n° ٧٣٧, fasc. VIII, p. ۱۱۷, l. 1. Il dit à tort un *samedi*, et c'est sans doute ce qui a conduit M. Quatremère à placer l'arrivée d'El-Mo'izz à *Alexandrie* au 25 cha'bân 362 ª. — Ibn-el-Athîr (t. VIII, p. ۲۰۷, l. 19) dit «à la fin de cha'bân», et Abou-'l-Fedâ (t. II, p. 512, l. 8) l'a copié, mais Reiske traduit, par erreur, «octavo mense ineunte,» au lieu de *exeunte*. — Abou-'l-Mah'âcin (t. II, p. ۲۳۳, l. 4 et 5) dit «en cha'bân».

[4] Il était accompagné du vizir Abou-'l-Fâdhl-Dja'far-ibn-el-Forât, dont j'ai parlé plus haut et que Djouhar avait évidemment maintenu dans ses fonctions, malgré les exactions qu'on avait eu à lui reprocher avant la conquête de l'*Égypte*.

[5] Ibn-el-Athîr, t. VIII, p. ۲۰۷, lin. penult. — Ibn-Khallikân, n° ٧٣٧, fasc. VIII, p. ۱۱۷, l. 8. Il dit à tort le *mardi* 5 et ajoute que, suivant d'autres, ce fut le 7 ᵇ (لسبع خلون, «sept nuits passées»). — Ibn-'Adzâri (*Baïân*, t. I, p. ۲۳۷, l. 10) dit le 7. — Abou-'l-Faradj, p. ۳۱۰, l. 3 et 5 (p. 207 de la trad. lat.); le texte, par suite d'une faute du copiste, écrit 332, et la traduction transcrit 335. — Abulfedæ *Annal. muslem.*, t. II, p. 512, l. 10; on y lit خامس عشر رمضان (le 15), mais comme il suit toujours Ibn-el-Athîr, dans lequel on lit خامس شهر رمضان, j'admets qu'Abou-'l-Fedâ a écrit عشر, au lieu de شهر. — Ibn-el-Khat'îb (in Casiri, t. II, p. 195, col. 2) et Ibn-Khaldoun (*Hist. des Fât'im.*, § xv; H. d. B., append. II au t. II de la trad. franç.), disent le 5. — El-K'aïraouâni (liv. IV, p. 111) dit aussi le 5 ᶜ.

[6] Ce prince mourut le vendredi 17 rebi-el-akhîr 365 ᵈ (24 décembre 975 de J. C.), à l'âge

---

ᵃ *J. A.*, t. III, p. 92, 3ᵉ série.

ᵇ M. Quatremère (*J. A.*, t. III, p. 165, 3ᵉ série) a ici traduit littéralement Ibn-Khallikân.

ᶜ Cet ouvrage, qui est criblé de fautes que je suppose être des fautes d'impression, dit «5 ramadhân 352».

ᵈ C'est la date donnée par Ibn-el-Athîr (*El-Kâmil*, t. VIII, p. ۲۸۸, l. 8); mais on peut croire que des manuscrits du *Kâmil* portaient rebi-el-aouel, car, d'une part, Abou-'l-Fedâ, qui suit si constamment Ibn-el-Athîr, place cet événement au 17 rebi-el-aouel 365 ¹* (mercredi 24 novembre 975 de J. C.); d'autre part, Ibn-el-Athîr lui-même dit qu'El-Mo'izz avait alors quarante-cinq ans *six* mois environ; or si ce prince est mort en rebî premier,

¹* *Annales muslemici*, t. II, p. 524, l. 10 et 11.

LIVRE QUATRIÈME. — CHAPITRE II.

avait construite et où il gouvernait au nom des Fàt'imites depuis quatre ans et dix-sept jours[1].

Voici donc les Berbers enfin maîtres de ce sol que, depuis tant de siècles, ils disputent avec un si redoutable acharnement à tous les envahisseurs, de quelque point qu'ils soient venus. Ils en sont maîtres, à la vérité, sous le vasselage d'une dynastie originaire de l'Orient, mais la domination de l'Afrique n'en est pas moins à tout jamais perdue pour les Arabes, car la petite dynastie

de quarante-cinq ans sept mois et sept jours[a], après avoir régné, tant sur l'*Afrique* que sur l'*Égypte*, pendant vingt-trois ans cinq mois dix-neuf jours[b], dont deux ans sept mois douze jours en *Égypte*.

[1] Ibn-Khallikân[c] dit quatre ans et *vingt jours*; or, comme il a fixé l'entrée de Djouhar à *Fost'ât'*

au 17 cha'bân 358, il semble admettre qu'El-Mo'izz entra au *K'aire* le 7 ramadhân 362, et que, le lendemain 8, Djouhar remit les rênes de l'État aux mains de son maître. Cette date du 8 est en effet donnée par Abou-'l-Mah'âcin[d] pour celle où cessa le gouvernement de Djouhar en *Égypte*.

il avait quarante-cinq ans six mois sept jours, et si c'est en rebî second, l'auteur du *Kâmil* aurait dû dire sept mois environ; par contre, la durée du règne, qu'il fixe à vingt-trois ans *cinq* mois dix jours (p. ۴۸۹, l. 1), suppose qu'El-Mo'izz mourut en rebî-el-akhir; de là, comme on voit, des incertitudes. Trois graves autorités, Ibn-Khallikân[1*], Ibn-'Adzârî[2*] et Ibn-el-Khat'îb[3*] placent cet événement au *vendredi* (lisez *samedi*) 11 rebî-el-akhir 365 (18 décembre 975 de J. C.). — Je viens de dire qu'Abou-'l-Fedâ fixait au 17 rebî-el-aouel 365 la date de la mort d'El-Mo'izz; Abou-'l-Mah'âcin[4*] et El-K'aïraouâni[5*] donnent la même date, et El-Makin[6*] dit le 11 rebî-el-aouel (jeudi 18 novembre 375 de J. C.). — Au milieu de ces incertitudes, et, je l'avoue, sans raisons bien décisives, j'ai adopté le mois que MM. Silvestre de Sacy[7*] et Quatremère[8*] ont cru devoir admettre, mois d'ailleurs confirmé par Mak'rîzî[9*].

[a] Ibn-el-Athîr. — Abou-'l-Fedâ a suivi Ibn-el-Athîr. — El-Makin et Abou-'l-Mah'âcin disent quarante-six ans, ce qui, pour ce dernier, contredit la date qu'il a donnée de la naissance.

[b] Ibn-el-Athîr, t. VIII, p. ۴۸۹, l. 1. D'après les dates qu'il a données, on peut croire qu'il écrit عشرة, au lieu de عشرين. — Ibn-'Adzârî, t. I, p. ۳۳۷, l. 13 et 14. Ces deux historiens ajoutent «dont deux ans sept mois «en Égypte.» — Abou-'l-Mah'âcin, qui dit (t. II, p. ۳۴۹, l. 5. Il dit un *vendredi*, mais le 17 rebî-el-aouel 365 tombe un mercredi. 7) vingt-trois ans *cinq* mois et *vingt*-sept jours, ne fait pas attention qu'il a placé la mort d'El-Mo'izz au 17 rebî-el-aouel, son avènement au 29 chaoual 341, et que, par conséquent, il devrait dire vingt-trois ans *quatre* mois et *dix-sept* jours.

[c] *Kitâb Ouafaïât-el-'Aïân*, n° ۱۴۱۴, fasc. 11, p. ۷۱, l. 6 et 7 (t. I de la trad. angl., p. 345).

[d] *En-Nodjoum*, t. II, p. ۴۱۰, l. 8 à 10. Il dit à tort *vendredi* 8 au lieu de jeudi. C'est aussi à tort que (t. II, p. ۴۳۴, l. 8) il donne une durée de *trois ans* au règne d'El-Mo'izz en *Égypte*. — El-Makin avait placé l'entrée d'El-Mo'izz à *Mis'r* le vendredi 9 (مضى لثمان, le 8 passé) de ramadhân (*Hist. sarac.*, p. 227, l. 27 à 29), et son traducteur dit fautivement vendredi 8.

[1*] *Kitâb Ouafaïât-el-'Aïân*, n° ۷۳۷, fasc. viii, p. ۱۱۷ et ۱۱۸, l. 1. «Suivant d'autres, ajoute-t-il, il mourut le 13 rebî-el-akhir; «suivant d'autres encore, le 7 passé.» Ailleurs Ibn-Khallikân reproduit la date du 11 rebî-el-akhir 365 (n° ۷۴۴, fasc. ix, p. ۵۸, ln. penult.).

[2*] *Baïân*, t. I, p. ۳۳۷, l. 12 et 13.

[3*] *El-H'olal-el-Mark'oumah* (in Casiri, t. II, p. 195, col. 2).

[4*] *En-Nodjoum*, t. II, p. ۴۳۴, l. 5. Il dit un *vendredi*, mais le 17 rebî-el-aouel 365 tombe un mercredi.

[5*] *Histoire de l'Afrique*, liv. IV, p. 112.

[6*] *Hist. sarac.*, lib. III, cap. v, p. 233, l. 31 à 37. — Deguignes (*Hist. gén. des Huns*, t. I, p. 366) attribue à Ibn-Khallikân tout ce que dit El-Makin sur la date de la mort, l'âge et la durée du règne d'El-Mo'izz.

[7*] *Exposé de la religion des Druzes*, t. I, p. cdxxxvii. Il dit le 15 rebî-el-akhir 365.

[8*] *Vie d'El-Mo'izz* (*J. A.*, t. III, p. 202, 3ᵉ série). Il dit le 14 ou le 17 rebî-el-akhir.

[9*] *Chrest. arabe*, t. II, p. ۷۸, l. 13, et p. 106.

zîrite ne s'éteindra pas sans avoir secoué le joug des Fât'imites, et lorsqu'elle sera renversée, ce sera pour faire place à d'autres dynasties appartenant toutes à la race autochtone. Les Almoravides[1] (El-Morâbet'in), les Almoh'ades[2] (El-Mouah'h'edîn), les Beni-Merîn[3], les Beni-H'afs'[4], les Beni-Zeïân ou Beni-'Abd-el-Ouâd[5] sont tous de sang berber. L'Orient n'aura plus rien à démêler avec l'Afrique, jusqu'à l'instant où une poignée de Turcs, commandée par deux forbans qui étaient deux hommes de génie, la placera sous le vasselage de *Constantinople* (924 de l'hégire = 1518 de J. C.[6]), et, après trois siècles d'existence, ce nouveau vasselage disparaîtra devant le drapeau de la France[7]. Sans une circonstance que je vais indiquer rapidement, nos soldats n'auraient pas plus trouvé d'Arabes en Afrique qu'ils n'y ont trouvé de Romains, de Vandales ou de Byzantins, car les Arabes que nous avons combattus n'ont aucun rapport avec ceux de la conquête des premières années de l'islamisme; il y a une solution de continuité complète.

Depuis qu'en 184 de l'hégire (800 de J. C.) la dynastie des Aghlabites avait été fondée, les khalifes n'avaient plus à envoyer d'armées dans le *Maghrib*. C'était aux vassaux à recruter, soit dans le *Soudân*, soit parmi les tribus indigènes, les troupes destinées à assurer leur domination en *Ifrîk'iah*. A bien plus forte raison, les choses se passèrent-elles ainsi sous les Fât'imites, et lorsqu'El-Mo'izz transporta le siège de son empire sur les bords du *Nil*, il y avait déjà cent soixante-dix-huit ans que le courant de population de l'Orient vers l'Occident était interrompu. Sans doute, quelques débris des armées arabes s'étaient fixés en Afrique, mais ils devaient être déjà bien faibles en 362[8], et l'on peut

---

[1] *H. d. B.*, t. I, p. ۲۳۸, l. 10 (t. II de la trad. franç., p. 69). Sortis des *Lemtounah*, qui appartenaient à la souche s'anhâdjienne.

[2] *Ibid.*, t. I, p. ۳۰۳, l. 1 (t. II de la trad. franç., p. 170). Sortis des *Mas'moudah*, qui, comme les *Lemtounah*, descendaient de Brânis.

[3] *Ibid.*, t. II, p. ۲۴۰, l. 14 (t. IV, de la trad. franç., p. 25). Appartenaient à la race zenâtienne issue de Mâda'is (?).

[4] *Ibid.*, t. I, p. ۳۷۱۶, l. 6 (t. II de la trad. franç., p. 281). Sortis des *Hintâtah*, tribu mas'moudienne.

[5] *Ibid.*; t. II, p. ۲۰۰, l. 14 (t. III de la trad. franç., p. 326). Sortis des *Zenâtah* (*H. d. B.*, t. I de la trad. franç., p. xvii).

[6] Sander Rang et Ferdinand Denis, *Fondation de la Régence d'Alger*, t. I, p. 131 à 133, et t. II, p. 185; in-8°, Paris, 1837.

[7] Ce fut le lundi 5 juillet 1830 (13 moh'arram 1246 de l'hégire) que fut signée la capitulation qui livrait *Alger* à la France. Il y avait 312 ans (322 années musulmanes) que Kheïr-ed-Dîn, dont le frère Bâbâ-Aroudj venait d'être tué, avait sollicité et obtenu la suzeraineté de *Constantinople*.

[8] C'est à peu près à l'année 445 que se rapporte ce que dit Ibn-Khaldoun «du petit nombre «qui restait en *Ifrîk'iah* des descendants des «Arabes de la conquête.» (*H. d. B.*, t. I, p. 14, l. 14; — t. I de la trad. franç., p. 34 et 35.)

LIVRE QUATRIÈME. — CHAPITRE II.   369

se représenter quelles traces insignifiantes ils auraient laissées lorsque près de neuf siècles encore se seraient écoulés[1]. D'où venaient donc les Arabes qui nous ont combattus avec tant d'ardeur? J'ai dit que les Zîrites avaient secoué le joug des khalifes du K'aire. Ce fut le quatrième représentant de la dynastie s'anhâdjienne, El-Mo'izz-ibn-Bâdîs, qui, en 440[2], répudia l'autorité des Fât'imites et reconnut celle des 'Abbâssides[3]. Abou-Temîm-Ma'add-el-Mostans'ir-Billâh (le viiie Fât'imite), qui régnait alors, voyant clairement que l'Afrique était désormais perdue pour lui, avisa, d'après le conseil qui lui fut donné par son vizir Abou-Moh'ammed-el-H'assan-ibn-'Ali-'l-Iâzouri[4], au moyen de faire le plus de mal possible à l'insolent vassal qui s'était révolté contre lui. De nombreuses tribus arabes, attachées à la cause des K'armat's, avaient été vaincues par El-'Azîz[5] (le ve Fât'imite) et transportées dans le S'a'îd, sur la rive orientale du Nîl; elles appartenaient aux Djoschem[6], aux Athbedj, aux Zoghbah,

---

[1] Depuis le départ des Fât'imites pour l'Égypte jusqu'à la conquête française, il s'était écoulé 884 années musulmanes (près de 858 années chrétiennes).

[2] H. d. B., t. I, p. ۲۰۰, l. 6 (t. II de la trad. franç., p. 20). — Ibn-el-Athîr (El-Kâmil, t. IX, p. ۳۰٤, l. 21) dit en 435, ce qui ne l'empêche pas, plus loin (ibidem, p. ۳۸۷, l. 21), de dire en 440. — Abou-'l-Fedâ (Annal. muslem., t. III; p. 122, l. 1 et 2) emprunte à Ibn-el-Athîr cette date de 435 (1043-1044 de J. C.) pour la répudiation de l'autorité des Fât'imites par El-Mo'izz-ibn-Bâdîs.

[3] C'était Abou-Dja'far-el-K'âïem-ibn-el-K'âder qui régnait alors à Baghdâd.

[4] H. d. B., t. I, p. ۱٧, l. 16, et p. ۱۸, l. 13 et 14 (t. I de la trad. franç., p. 31 et 33). — Rih'la d'Et-Tidjânî (J. A., t. XX, p. 95, 4e série, et t. I, p. 370, 5[e] série).

[5] H. d. B., t. I, p. ۱٤, l. 16 (t. I de la trad. franç.). — Il s'agit sans doute de la grande défaite qu'El-'Azîz en personne fit éprouver près de Ramlah au Turc Alftikîn le 23 moh'arram 368[a] (samedi 31 août 978 de J. C.), défaite mentionnée aussi par Ibn-'Adzârî[b]. On sait qu'El-'Azîz mourut le 28 ramadhân 386[c], qu'en 375 les K'armat's avaient éprouvé une dernière défaite, et que depuis lors on n'entendit plus parler d'eux dans l'I'râk' et la Syrie[d]. La transportation des Soleïm et des Hilâl dans le S'a'îd dut donc avoir lieu entre 368 et 375.

[6] Cette tribu hilâlienne se composait de fractions de plusieurs tribus, telles que les K'orra, les 'Âs'em, les Mok'addem, les Athbedj, les Djoschem, les Kholt'[e]. «Quoique ces derniers soient «comptés ici, dit Ibn-Khaldoun, c'est un fait «bien établi qu'ils appartiennent à la tribu d'El-«Montafik'-ibn-'Âmir-ibn-'Ok'aïl-ibn-Ka'b-ibn-«Rebîa'h-ibn-'Âmir[f]... Les Kholt', dit-il plus «loin, ont maintenant (xiv[e] siècle de J. C.) dis-

---

[a] Mak'rîzî (dans la Chrest. arabe, t. II, p. ۳۱, l. 8 et 9, et p. 108). Si ce fut un jeudi, comme le dit le texte, il faudrait lire le الخميس, au lieu de السبت. — J'ai déjà parlé de cet Alftikîn plus haut.

[b] Baïân, t. I, p. ۲۳٤, l. 17 à 23. Il écrit افتكين (Aftikin); j'ai adopté, pour ce nom, l'orthographe d'Ibn-el-Athîr (t. VIII, p. ٥۱۲, l. 17 et 18), suivi par Abou-'l-Fedâ, dont, au reste, le texte imprimé dit habituellement Aftikîn (Annal. muslem., t. II, p. 516, l. 14, et p. 522, note f). Mak'rîzî, cité note a ci-dessus, écrit Haftikîn.

[c] El-Kâmil, t. IX, p. ۸۱, l. 15. — Annal. muslem., t. II, p. 590, l. 10.

[d] Defrémery, Histoire des Isma'ïliens de la Perse (J. A., t. VIII, p. 380, 5[e] série).

[e] H. d. B., t. I, p. ۲۳٤, l. 2 et 3 (t. I de la trad. franç., p. 60).

[f] Ibid., t. I, p. ۲۳٤, l. 6 et 7 (t. I de la trad. franç., p. 64).

aux *Riâh'*, aux *Rebîa'h*, aux *'Adi*[1]. On avait bien prévu les dangers, pour le *S'a'îd*, de la présence de ces déportés[2]; cependant on avait passé outre, et, avec le temps, non seulement ces craintes s'étaient réalisées, mais on avait reconnu que c'était une cause de trouble et de dommage pour l'empire lui-même[3]. El-Iâzouri donna le conseil de lâcher sur l'Afrique ces tribus avides de pillage, en leur abandonnant comme une proie le pays qu'on les autorisait à envahir. Ce conseil fut suivi. Après avoir ravagé *Bark'ah*, *Adjadâbiah*, *Sort*, elles firent une espèce de partage. Les *Soleïm* gardèrent *Bark'ah* et son territoire; les *Hilâl* s'avancèrent vers l'*Ifrîk'îah*, qu'ils atteignirent en 443[4] (1051-1052 de J. C.), commettant

"paru de la terre, comme s'ils n'avaient jamais "existé"." Il y a tout au moins exagération[b] dans ce langage, car on ne peut guère douter que les *Kholt'*, descendants d'*El-Montafik'*, ne soient les *Vled-el-Mutafic* de Marmol, qui maintenant, dit-il, s'appellent *Holotos*, "a estos llaman mo-"dernamente *Holotos*"." On dirait que de خلط (*Kholt'*) il a fait حلط (*H'olt'*), par suite de l'absence d'un point diacritique, et que cette altération lui a apparu comme un nom moderne. De son temps, les *Holotos* habitaient encore les plaines de la province d'*Azr'âr*, "viven en los llanos de "la provincia de *Asgar*[d]," et il nous les montre formant en 1503 une partie de la garnison de *Kasr-el-Kebîr*[e]. Diego de Torrès signale, en 1548, ces mêmes Arabes *Nolotos* (*Holotos*) occupant

toujours les environs de *K'as'r-el-Kebîr* et se joignant aux fils du chérif de *Marok* pour les aider à envahir le royaume de *Fés*[f].

[1] *H. d. B.*, t. I, p. ١٤, l. 5 et 6 (t. I de la trad. franç., p. 32).

[2] *H. d. B.*, t. I, p. ١٤, l. 18 et 19 (t. I de la trad. franç., p. 29).

[3] *Ibid.*, t. I, p. ١٤, l. 6 et 7 (t. I de la trad. franç., p. 32).

[4] *Ibid.*, t. I, p. ١٤, l. 3 (t. I de la trad. franç., p. 34). — Abou-'l-Fedâ place leur départ en 342 (*Annales muslem.*, t. III, p. 134, l. 7 et seq.); mais dans un désordre comme celui qui peut accompagner l'exécution d'un pareil dessein, il peut se trouver quelques incertitudes de dates. Il y eut, d'ailleurs, plusieurs départs et plusieurs

[a] *H. d. B.*, t. I, p. ٢١, l. 7 et 8 (t. I de la trad. franç., p. 67). Pour rendre clair ce qui va suivre immédiatement, je dois dire ici que nous allons voir les tribus hilâliennes s'établir dans le pays situé à l'ouest de *K'âbes*; mais plus tard elles furent transportées dans le *Maghrib-el-Ak's'a* par Ia'koub-el-Mans'our, le 4ᵉ représentant de la dynastie des ALMOHADES, lorsqu'en 584 (1188-1189) il s'empara de la région de *K'astilîa*[1*]. Cette transportation fut, du reste, une grande faute, et El-Mans'our ne tarda pas à le reconnaître. Les descendants des tribus turbulentes qui avaient secondé les *K'armat's*, désolé le *Sa'îd* et soutenu la cause d'Ibn-R'ânia, conservaient le caractère qui avait attiré tant de fléaux sur la tête de leurs ancêtres.

[b] On pourrait dire contradiction avec ce qu'on lit p. ١٢, l. 16 à 18 (t. I de la trad. franç., p. 26).

[c] *Descripcion general de Affrica*, libro I, cap. xxix, vol. I, fol. 37 v°, col. 1; in-fol., Granada, 1573 (*L'Afrique de Marmol*, t. I, p. 79).

[d] *Ibid.*, même page.

[e] *Ibid.*, libro IV, cap. xli, fol. 111 r°, col. 1 et 2 (*L'Afrique* de Marmol, t. II, p. 209).

[f] *Relacion del origen y sucesso de los Xarifes*, cap. lxiv, p. 207 et 208; in-4°, Sevilla, 1585 (p. 209 de la trad. franç., publiée à Paris en 1637).

[1*] *K'art'âs*, p. ١٣٣, l. 23 à 25 (p. 191 de la trad. lat.; — p. 307 de la trad. franç.). — *H. d. B.*, t. I, p. ٢٨, l. 12 et suiv.; p. ٣٢٨, l. 6 (t. I, p. 49, et t. II de la trad. franç., p. 211).

LIVRE QUATRIÈME. — CHAPITRE II.   371

tous les excès dont sont capables des bandes sans discipline, presque sans chefs[1], et, après avoir porté la dévastation sur tous les points de leur passage, ils dressèrent leurs tentes dans la région située à l'ouest de *K'abés*[2]. Si l'intérêt commun avait pu réunir les Berbers, ces nomades auraient été facilement écrasés et chassés; mais dans les guerres qui surgirent entre les deux branches des ZÎRITES[3], entre les *S'anhâdjah* et les *Zenâtah*, plus tard entre les diverses dynasties qui se fondèrent, chaque parti se les attacha à titre d'auxiliaires[4] qui faisaient pencher la balance du côté où ils ajoutaient le poids de leurs épées. La guerre a des chances toujours incertaines; il leur arriva donc aussi d'avoir fourni un contingent au parti qui était vaincu, et ils en subissaient les conséquences. C'est ainsi que dans la lutte entre les ALMORAVIDES et les ALMOH'ADES, lorsqu'en 584 (1188-1189 de J. C.) Ia'koub-el-Mans'our eut rejeté Ibn-R'ânïa dans la région de *Bark'ah*, il arracha les tribus hilâliennes du pays de *K'ast'ilia* pour les déporter dans le *Maghrib-el-Ak's'a*. On voit comment,

partages. Ibn-el-Athîr[a] et Ibn-Khaldoun[b] disent que les *Zor'ba* (tribu hilâlienne) s'approprièrent *Tripoli* en 446, et le premier ajoute que les *Rïâh'*, les *Athbedj*, les *Benou-'Adi*, commandés par Mounis-ibn-Iah'ïa-'l-Mirdâsi, se dirigèrent successivement vers l'*Ifrîk'iah*, avec l'intention de pousser jusqu'à *K'aïraouân*.

[1] Bien qu'Ibn-Khaldoun ait dit que, lors de leur entrée en *Ifrîk'iah*, les Arabes avaient à leur tête plusieurs chefs importants, dont il donne même les noms[c], il parle plus loin des vexations que les nomades faisaient éprouver aux Berbers qu'ils parvenaient à vaincre, et il ajoute : «Cette race arabe n'a jamais eu un chef capable de la diriger et de la contenir[d].»

[2] *H. d. B.*, t. I, p. ١٨ et ١٩, p. ٢٠, l. 13 et 14 (t. I de la trad. franç., p. 33 et 34, 36).

[3] Les ZÎRITES proprement dits et les H'AMMÂDITES. H'ammâd, frère de Mans'our-ibn-Bolokkîn, fonda la fameuse *K'ala'ah* en 398[e] (1007-1008 de J. C.), treize ans après la mort de son frère, et on peut placer le commencement de sa dynastie en 405, lorsque, méconnaissant l'autorité de son neveu Bâdîs et même celle des FÂT'IMITES, il proclama, dans ses possessions, la souveraineté des 'ABBÂSSIDES[f].

[4] Il est à peine croyable que, quand Mounis, émir des *Rïâh'* et le premier qui atteignit l'*Ifrîk'iah*, se présenta à la tête de sa tribu, El-Mo'izz-ibn-Bâdîs ne craignit pas d'inviter ce chef à hâter l'arrivée des bandes restées en arrière, pour, avec leur aide, aller soumettre les H'AMMÂDITES. (*Histoire des Berbers*, t. I, p. 14, l. 3 à 6; — t. I de la trad. franç., p. 34.)

[a] *El-Kâmil*, t. IX, p. ٣٨٨, l. 13 à 16.
[b] *H. d. B.*, t. I, p. ٢٠, l. 11 et 12 (t. I de la trad. franç., p. 36).
[c] *Ibid.*, t. I, p. ٢١, l. 10 et suiv. (t. I de la trad. franç., p. 37 et 38). Ibn-Khaldoun explique ici pourquoi il donne au chef des *Rïâh'* le nom de Mounis-ibn-Iah'ïa-'s-S'inberi.
[d] *Ibid.*, t. I, p. ٢٥, l. 19 et 20 (t. I de la trad. franç., p. 44).
[e] *Ibid.*, t. I, p. ٢٢١, l. 9 et 10 (t. III de la trad. franç., p. 43).
[f] *Ibid.*, t. I, p. ٢٢٢, l. 3 à 6 (t. II de la trad. franç., p. 44). El-K'aïd-ibn-H'ammâd, qui mourut en 446, régnait encore quand les bandes arabes débordèrent sur l'*Ifrîk'iah*, et ce ne dut être pour le combattre qu'El-Mo'izz-ibn-Bâdîs demanda l'aide de Mounis-ibn-Iah'ïa.

par des causes diverses, un certain nombre de tribus arabes se sont trouvées disséminées sur de nombreux points de l'immense espace qui s'étend de *Bark'ah* à la *mer environnante*, et ce qu'il importe de constater, c'est que partout ces nomades furent un élément de désordre, comme le reconnut bientôt, et cependant trop tard, le vaillant El-Mans'our. A son heure dernière, le 22 rebî-el-aouel 595 (vendredi 22 janvier 1199 de J. C.), il exprima le regret de trois actes de son règne, et le premier qu'il indiqua fut d'avoir transporté les Arabes dans le *Maghrib*, « parce que je me suis déjà aperçu, dit-il, qu'ils sont la source « de toutes les séditions [1]. » Partout, en effet, ils ont soufflé le feu de la discorde, partout ils ont été en guerre avec les tribus de leur voisinage. Ces luttes, prolongées pendant plusieurs siècles, ont amené une lassitude assez grande pour faire poser les armes aux deux races si distinctes qui occupaient le sol de l'Afrique septentrionale; elles finirent par vivre côte à côte, sans pourtant se mêler jamais. Les Berbers, sous le nom de Kabiles, se réfugièrent dans les montagnes; les Arabes plantèrent dans la plaine leurs tentes, abris mobiles qui semblent être le symbole d'une possession provisoire; les premiers conservant leur langue, leurs habitudes laborieuses, leur passion d'indépendance; les seconds conservant leur mépris du travail [2], se livrant au brigandage, à la fainéante contemplation qu'alimente leur fanatisme, et tombant dans l'avilis-

---

[1] *K'art'âs*, p. 10⁴, l. 15 et 16 (p. 201 de la trad. lat.; — p. 325 de la trad. franç.).

[2] Même du travail agricole; et comment pourrait-il en être autrement? Le savant traditionniste El-Bokhâri [a], dans son *S'ah'th'*, au chapitre de l'agriculture, dit que le Prophète, ayant vu un soc de charrue dans une maison appartenant à un de ses partisans médinois, prononça les paroles suivantes : « Ces choses n'entrent pas dans « une maison sans que la honte n'entre dans les « âmes de ceux qui l'habitent [b]. » Avec de pareilles maximes, un croyant est d'autant plus paresseux qu'il est plus fervent; il ne peut aboutir qu'à mendier ou à voler, deux des formes sous lesquelles on vit aux dépens du travail d'autrui. Procope (*De Ædificiis*, lib. VI, cap. IV; *Operum* t. III, p. 341, l. 24 et seq.) dit, en parlant de *Caput Vada*, où Justinien fit une ville : « Les « colons, ayant mis de côté la charrue, vivent « comme il convient à des citoyens, et ne se « livrent plus à des travaux rustiques, mais bien « aux occupations des citadins. » Faut-il s'étonner qu'Ibn-Khaldoun ait un chapitre intitulé : « Tout « pays conquis par les Arabes est un pays bientôt « ruiné? » (*Prolégomènes : Notices et Extr.*, t. XIX, p. 310.)

[a] Abou-'Abd-Allah-Moh'ammed-ibn-el-H'assan-Isma'il-ibn-Ibrâhîm-ibn-el-Mar'îrah-ibn-el-Ah'naf-Iezdzebah (Ierdezbah, suivant Mâkoulah), surnommé El-Bokhâri, auteur du *Djdma'-'s-S'ah'th'* (le Recueil authentique), était né après la prière publique du vendredi 12 chaouâl 194 (19 juillet 810 de J. C.), et mourut le vendredi 1ᵉʳ chaouâl 256 [1*] (1ᵉʳ septembre 870 de J. C.).

[b] Cité par Ibn-Khaldoun dans ses *Prolégomènes* (*Notices et Extraits*, t. XVI, p. ⵔ⁰v, lin. penult. et suiv., et t. XIX, p. 297).

[1*] Ibn-Khallikân, n° ⵔⴰ·, fasc. vi, p. 1·· (t. II de la trad. angl., p. 594). Il dit à tort, pour la naissance, vendredi 13 (p. 1·1, l. 9).

sement où ils végétèrent sous la domination turque[1]. Tel est l'état dans lequel la France a trouvé les populations de l'Afrique, lorsqu'en 1830 elle a délivré l'Europe du fléau de la piraterie, et a résolu de porter la civilisation sur cette terre classique de la barbarie.

Me voici parvenu au terme de la tâche que je m'étais donnée. J'ai voulu faire connaître la longue lutte qu'on est dans l'usage d'appeler la *Période de la domination arabe en Afrique*[2]. On sait maintenant à quel point cette domination fut incomplète et précaire. L'époque à laquelle je me suis arrêté est doublement mémorable : c'est celle où les Fât'imites prennent en main le gouvernement de l'*Égypte* et vont jouer un grand rôle en Orient, en même temps que les Berbers semblent devenir enfin maîtres de leurs propres destinées, et toucher l'instant où, après un contact de trois siècles avec les Arabes, ils pourront se livrer à leurs instincts, se développer selon leur nature. Mais l'heure n'était pas venue, pour les Berbers, d'une évolution civilisatrice; il leur fallait encore traverser bien des révolutions; seulement la période qui va s'ouvrir, la *Période de la domination berbère*[3], offrira des caractères bien tranchés. La suzeraineté

---

[1] En juillet 1725, le voyageur Peyssonnel se rendait de *Set'if* aux *Portes de fer* et avait, dans la journée du 18, passé en vue du *Djebel-Zammourah*. «Nous fûmes camper à un douâr, dit-il, et les Arabes, nous ayant aperçus, enlevèrent «leurs tentes et les cachèrent dans la montagne. «Ils foulaient leur blé. Nous y fûmes, *et, à grands* «*coups de bâton et à force de mauvais traitements,* «*nous les obligeâmes à aller chercher leurs tentes* «*et à nous donner ce que l'usage voulait que nous* «*prisions de gré ou de force*. ... Le 19, nous «entrâmes dans le pays du sultan Bouzit (lisez «Bou-Zîd), qui commande dans les montagnes «où se trouvent les *Portes de fer*... Nous passâmes à travers une plaine remplie de douârs «de la nation du sultan*, et nous fûmes obligés «de coucher à *Medjâna*, auprès d'une fontaine, «sans tentes ni arbres, ni rien pour nous garantir «du soleil, qui fut ce jour là très violent. C'est «ici que la peur fit bien changer de ton à messieurs les Turcs. Nous étions au milieu des «douârs et des monceaux de paille, sans oser en

«prendre; les moutons venaient boire auprès de «nous, et personne n'osait y toucher, quoique «plusieurs n'eussent que du pain à manger. «Sultan Bouzit, chef de cette nation, ne permet «pas que l'on fasse la moindre insulte; il ne paye «aucun tribut, et l'on s'estime encore heureux «d'être en paix avec lui; sans quoi il faudrait «aller passer dans le *S'ak'ara* pour aller d'*Alger* à «*Constantine*.» (*Voyage* de Peyssonnel, lettre xii, en date du 10 août 1725, p. 373 et 374; in-8°, Paris, 1838.) Ce naïf récit est très significatif quant aux relations des Turcs avec les Arabes et avec les Berbers.

[2] Depuis la fondation de *K'aïraouân* en 52 jusqu'à l'investiture de Bolokkìn en 361, cette période comprend 309 années musulmanes. Si l'on compte depuis la première expédition arabe commandée par 'Abd-Allah-ibn-Sa'd en 27 de l'hégire, on trouve 334 ans. Elle embrasse trois phases bien distinctes : les gouverneurs, les Aghlabites, les Fât'imites.

[3] Qu'on peut compter de 361 à 921 (971 à

---

* Vaste territoire traversé par le parallèle 36° N., situé à l'E.-S.-E. des *Bîbâns* et au nord de la grande *Sebkha* du *H'odhna* ou *Sebkha de Mesîla*.

des Fât'imites aura une durée de quatre-vingts ans à peine. A partir du milieu du xi° siècle de notre ère, les Arabes, représentés en Afrique par un essaim de déportés, ne joueront plus que le rôle d'une soldatesque mercenaire, combattant indistinctement sous toutes les bannières, avec l'espoir du pillage pour salaire. Enfin, et surtout, les rivalités de la race autochtone ensanglanteront seules ce sol dont elle est presque exclusivement maîtresse, jusqu'à l'instant où commencera ce que l'on ose à peine appeler la *Période de la domination turque*[1], car cette domination fut aussi craintive à l'égard des Berbers qu'elle fut brutalement despotique envers les Arabes.

Et maintenant que la France tient dans ses mains la balance où se pèsent les titres des deux races qu'il faut renoncer à unir, puissent les Berbers comprendre la devise du drapeau français; puisse la France ne pas oublier que ces Arabes, que depuis près d'un demi-siècle elle trouve incessamment à la traverse de sa marche civilisatrice, ne sont pas les conquérants mais les éternels dévastateurs de l'Afrique, et que le sol où flottent ses étendards est vraiment le Royaume des Berbers! C'est l'histoire de douze siècles qui nous donne cet enseignement, et si je voulais remonter à vingt siècles, je trouverais inscrit, dans les annales d'un grand peuple, cet autre enseignement dont j'ai fait l'épigraphe de mon livre :

« C'est l'épée des Berbers qui a décidé de la victoire de Cannes[2]. »

« C'est la charrue des Berbers qui a fait de l'Afrique un des greniers de Rome. »

---

[1] Qu'on peut compter de 921 à 1236 (1515 de J. C.), et qui eut une durée de 560 années musulmanes.

[2] Titi Livii *Historiarum* lib. XXII, cap. XLVII. à 1830 de J. C.), et qui eut une durée de 325 années musulmanes.

FIN DU DEUXIÈME ET DERNIER VOLUME.

TABLE CHRONOLOGIQUE SOMMAIRE.

LIVRE IV.
FÂT'IMITES.

CHAPITRE I.
ÉTAT DE L'AFRIQUE AU MOMENT DE L'APPARITION DES FÂT'IMITES.

	Pages.
AGHLABITES	1
BENI-ROSTEM	3
ZENÂTAH du *Maghrib*	4
EDRÎSITES	13
BENI-MIDRÂR	22
KITÂMAH	25

CHAPITRE II.
ORIGINE DES FÂT'IMITES.

Motifs d'attachement pour 'Ali et sa famille dans certaines parties de l'Orient	30
Sunnites et Chî'is	38
Imâmiens	39
Ismâ'îliens	40
Obscurité qui couvre la véritable origine des Fât'imites	40
'Abd-Allah-ibn-Maïmoun paraît vers 250	43
Son fils Ah'med lui succède à *Salamiah*. — Ah'med envoie H'oçaïn-el-Ahouâzi dans l'*Irak'*. — H'oçaïn rencontre H'amdân-ibn-Acha'th, dit *K'armat'*.	44
H'oçaïn nomme K'armat' pour lui succéder. — Succès de 'Abdân, dâ'ï de K'armat'. — Ibn-H'aucheb dans le *Iémen*	45
Il envoie deux dâ'ïs dans le *Maghrib*	46
Mort des deux dâ'ïs du *Maghrib*. — Abou-'Abd-Allah-ech-Chî'î est envoyé à leur place	49
Il se rend à *la Mekke*	51
Son arrivée chez les Kitâmah	52
Guerre entre plusieurs tribus kitâmiennes. — Le Chî'î reste maître de Tâs'rout. — Discussion sur la date de 288 et sur Tâs'rout	55
Le Chî'î s'empare de *Milah*	59
Abou-'l-'Abbâs envoie contre lui son fils El-Ah'oual	60 et 61
Le Chî'î s'empare de *Sat'if* et détruit cette ville	62

290-291 de l'hégire.
(903-904 de J. C.)

TABLE.

		Pages.
292 de l'hégire. (904-905 de J. C.)	Grande victoire du Chîï...	63
	Événements relatifs à 'Obaïd-Allah..................................	67
	Il quitte *Salamiah* en 289. — Il séjourne en *Égypte*............	68
	Il arrive à *Tripoli*. — Le frère du Chîï est incarcéré à *K'aïraouân*..	69
	Le Mahdi parvient à *Sidjilmâçah*...................................	70
293 de l'hégire. (905-906 de J. C.)	Révolte de deux généraux de Ziâdet-Allah. — Ziâdet-Allah se rend à *El-Orbos*...	71
294 de l'hégire. (906-907 de J. C.)	Le Chîï s'empare de *T'obnah* et de *Bilizmah*. — Ziâdet-Allah confie de nouveau un commandement à Ibrâhîm. — Il revient à *Rak'k'âdah*. — Le Chîï s'empare de *Bâghâïah*........................	73
	Terreur de Ziâdet-Allah..	74
295 de l'hégire. (907-908 de J. C.)	Le Chîï s'empare de *Tidjis*. — Ziâdet-Allah confie à Ibrâhîm la défense de l'*Ifrîk'iah*...	75
296 de l'hégire. (908-909 de J. C.)	Emprisonnement du Mahdi à *Sidjilmâçah*. — Plusieurs villes tombent au pouvoir du Chîï...	76
	Prise d'*El-Orbos*. — Fuite de Ziâdet-Allah........................	77
	Épisode de la chanteuse..	78
	Pillage du palais par la populace....................................	79
	Ziâdet-Allah s'arrête à *Tripoli*. — Il arrive en *Égypte*.........	80
	Fin de la dynastie des Aghlabites. — Sa durée....................	83
	Le Chîï marche sur *Rak'k'âdah*....................................	84
	Son entrée à *Rak'k'âdah*..	86
	Le Chîï marche sur *Sidjilmâçah*. — Prise de *Tâhart*. — Fin de la dynastie des Beni-Rostem...	90
	Renversement des Beni-Midrâr......................................	92
	Délivrance du Mahdi...	93
297 de l'hégire. (909-910 de J. C.)	Meurtre d'El-Iaça'-ibn-Maïmoun....................................	94
	Départ de *Sidjilmâçah*..	95
	Arrivée à *Rak'k'âdah*. — Fàt'imites..............................	97
I. 'Obaïd-Allah-el-Mahdi.	Entrée de 'Obaïd-Allah-el-Mahdi à *Rak'k'âdah*. — Nomination aux emplois..	98
	Révolte des tribus berbères. — Les Zenâtah assiègent *Tâhart*.....	99
	Complot contre El-Mahdi...	101
298 de l'hégire. (910-911 de J. C.)	Événements d'*Orân*..	103
	Événements de *Sidjilmâçah*. — Restauration des Midrârites.....	104
	Révolte à *Tripoli*...	106
	Le Chîï et son frère Abou-'l-'Abbâs sont assassinés................	107
	Révolte des Kitâmah. — Expédition contre les Loouâtah. — Révolte à *Tâhart*...	108
299 de l'hégire. (911-912 de J. C.)	*Tâhart* est repris..	109
	Collision sanglante dans les rues de *K'aïraouân*.................	110
300 de l'hégire. (912-913 de J. C.)	Révolte des Kitâmah ralliés à El-Mâouat'î. — Mort d'El-Mâouat'î. — Révolte à *Tripoli*..	111
	Révolte en *Sicile*...	113
	Attaque des Siciliens. — Mort d'El-H'açon-ibn-Abou-Khânzîr.....	114

TABLE. 377

		Pages.
301-302 de l'hégire. (913-915 de J. C.)	Première expédition d'El-Mahdi contre l'*Égypte*...............	117 et 118
	Mort de 'Aroubah et de H'abâçah. — Révolte à *Bark'ah*........	119
304 de l'hégire. (916-917 de J. C.)	Événements de *Sicile*....................................	124
	Digression sur la dynastie des Beni-S'âlih'. — Son origine. — S'âlih'-ibn-Mans'our....................................	127
	El-Mo'tas'im. — Sa'îd-ibn-Edris fonde *Nâkour*..............	128
	S'âlih'-ibn-Sa'îd.......................................	129
	Sa'îd-ibn-S'âlih'.......................................	130
	Sa'îd refuse de reconnaître la souveraineté du Mahdi. — Mas's'âlah-ibn-H'abbous marche contre lui........................	131
305 de l'hégire. (917-918 de J. C.)	Prise de *Nâkour*.......................................	132
306-308 de l'hégire. (918-921 de J. C.)	Seconde expédition contre l'*Égypte*....................	136 à 139
	Expédition contre les Edrîsites. — Prise de *Fès*...........	141
309 de l'hégire. (921-922 de J. C.)	Renversement des Edrîsites............................	142
	Prise de *Sidjilmâçah*..................................	143
310-311 de l'hégire. (922-924 de J. C.)	Assassinats dans l'*Aurâs*...............................	144
312 de l'hégire. (924-925 de J. C.)	Prise et sac de *Nafouçah*. — Attaque des oasis du *S'a'îd*. — Mort de Mas's'âlah..	145
313 de l'hégire. (925-926 de J. C.)	Son frère Ies'el lui succède............................	146
	Fondation de *Moh'ammediah*............................	147
	Expéditions sur les côtes d'*Italie*.....................	150
	El-H'adjâm s'empare de *Fès*...........................	154
314 de l'hégire. (926-927 de J. C.)	Ibn-Khazer prend *Tâhart*. — En-Nâs'ir occupe *Melila*......	155
315 de l'hégire. (927-928 de J. C.)	Hamîm le faux prophète................................	156
	El-H'adjâm est trahi. — Ibn-Abi-'l-Afiah reprend *Fès*......	157
	Mort d'El-H'adjâm.....................................	159
	Expédition d'Abou-'l-Kâcim en *Maghrib*.................	160
316 de l'hégire. (928-929 de J. C.)	Expéditions sur les côtes d'*Italie*...................	161
	Suite de l'expédition d'Abou-'l-Kâcim en *Maghrib*.......	162
317 de l'hégire. (929-930 de J. C.)	En-Nâs'ir envoie son conseiller dans le *Maghrib*.......	164
	Blocus de H'adjar-en-Nasr.............................	166
	Mouça détruit *Nâkour*................................	167
319 de l'hégire. (931-932 de J. C.)	Il s'empare de *Djerdoua*..............................	168 et 169
	Mouça s'empare de *Tlemcên*...........................	170
	En-Nâs'ir s'empare de *Ceuta*..........................	171
	Mouça trahit les FÂT'IMITES............................	173
320 de l'hégire. (932 de J. C.)	Mort de Ies'el. — Son fils H'omaïd lui succède............	175
	Blocus de l'île d'*Arschk'oul*..........................	176
321 de l'hégire. (933 de J. C.)	Lutte entre Mouça et Ibn-Khazer. — Défaite de Mouça par H'omaïd dans la plaine de *Messoun*.....................	177
	H'omaïd reprend *Fès* et rentre en *Ifrîk'iah*...........	178
322 de l'hégire. (933-934 de J. C.)	Il est jeté en prison.................................	179
	Première expédition contre *Gênes*.....................	180
	Mort du Mahdi..	181

		Pages.
II. Abou-'l-Kâcim-Moh'ammed.	Son fils Abou-'l-Kâcim-Moh'ammed lui succède........................	184
323 de l'hégire. (934-935 de J. C.)	Révolte dans la province de *Tripoli*........................	185
	Deuxième expédition contre *Gênes*. — Prise de cette ville. — Révolte dans le *Maghrib*........................	186
	Ibn-Abi-'l-'Âfiah reprend *Fês*. — Expédition de Meïçour. — Siège de *Fès*........................	187
	Événements de *Nâkour*........................	188
	S'andal s'empare de cette ville........................	189
	Elle est reprise par les Beni-S'âlih'. — Révolte de *Tâhart*. — Défection du gouverneur d'*Orân*........................	190
324 de l'hégire. (935-936 de J. C.)	Capitulation de *Fès*........................	191
	Meïçour lève le siège et marche contre Mouça. — Les Edrîsites se joignent à Meïçour........................	192
	Mouça encore chassé dans le désert. — Ses États sont remis aux Edrîsites........................	193
	Retour de Meïçour à *Arschk'oul*........................	194
	Orân. — *Tâhart*. — *Adena*........................	195
	Confusion des récits d'Ibn-Khaldoun........................	196
	Fin du rôle de Mouça........................	198
	État de l'*Égypte*........................	200
	Troisième expédition des Fât'imites contre l'*Égypte*........................	203
325 de l'hégire. (936-937 de J. C.)	Les S'anhâdjah........................	204
	Zîri-ben-Menâd. — Fondation d'*Aschîr*........................	208 à 210
	Événements de *Sicile* (325-329). — Révolte de *Girgent*........	211
	Défaite des Kitâmah. — Bataille devant *Palerme*. — Révolte de *Palerme*.	212
	Arrivée de Khalîl (14 dzou-'l-h'idjah)........................	213
	Insinuations de Sâlem. — Fondation de *Khâlis's'a* (moh'arram 326).	214
	Premier siège de *Girgent*. — Révolte générale (327 de l'hégire). — Secours de *Constantinople*. — Khalîl s'empare de plusieurs places fortes........................	215
	Victoire des Girgentins (moh'arram 328). — Second siège de *Girgent*. — Mort de Sâlem. — Prise de *Girgent* (16 s'afar 329). — Départ de Khalîl (15 dzou-'l-h'idjah 329)........................	216
	Noyade des Girgentins. — El-H'assan, gouverneur de *Sicile* (336 de l'hégire)........................	217
	Son fils Ah'med lui succède (343 de l'hégire). — Abou-'l-K'âcim, frère du précédent (359-372 de l'hégire)........................	218
326 de l'hégire. (937-938 de J. C.)	Les Edrîsites reprennent *As'îlâ*........................	219
327 de l'hégire. (938-939 de J. C.)	Mort d'Ibn-Abi-'l-'Afiah........................	220
328-329 de l'hégire. (939-941 de J. C.)	Évasion d'Ibn-Ies'el........................	221 et 222
	Histoire d'Abou-Iezîd. — Origine de ce chef........................	223
	Il étudie le K'orân et les belles-lettres. — Il enseigne à *Tâhart*. — Revient à *Tak'ious* en 296........................	225
	Il est obligé de fuir en 310........................	226

TABLE.

	Il reparaît en 316. — Excite une révolte en 322. — Fuit en Orient. — Revient en 325 et est emprisonné. — Deux de ses fils le délivrent.............	227
331 de l'hégire. (942-943 de J. C.)	Il se réfugie chez les Benou-Zendâk. — En 326, se rend dans l'*Aurâs*. — Serment des Berbers de ces montagnes............	228
332 de l'hégire. (943-944 de J. C.)	Commencement de la guerre....................	229
333 de l'hégire. (944-945 de J. C.)	Réception de Ahmed-el-Fâdhl l'Edrisite en *Espagne*. — D'autres parents d'El-Fâdhl se rendent aussi en *Espagne*..............	230
	Abou-Iezîd échoue devant *Bâr'âi*. — Blocus de *Tôzer*. — Prise de plusieurs villes............................	231
	Prise d'*El-Orbos*. — Préparatifs de défense..................	232
	Prise de *Bêdjah*............................	233
	Tunis se livre à Abou-Iezîd. — L'armée rebelle se grossit........	234
	Bataille d'*Ahrîk'lia*............................	235
	Prise de *Rak'k'âdah*...........................	236
	Prise de *K'aïraouân*..........................	237
	Ambassade en *Espagne*........................	238
	Bataille d'*El-Akhouïn*. — Meïçour est vaincu et tué...........	239
	Prise de *Sousah*............................	240
	Bataille de *Souk'-el-Ah'ad* ou de l'*Ouâdi-'l-Melch'*...........	242
	Siège d'*El-Mahdïah*. — Première attaque (premiers jours de djoumâdi II).................................	243
	Deuxième attaque (22 djoumâdi II)...................	245
	Troisième attaque (fin de redjeb). — Quatrième attaque (fin de chaouâl). — Famine à *El-Mahdïah*. — Évacuation de la ville...	246
	Secours envoyés par Ziri-ben-Menâd. — Armée kitâmienne réunie à *Constantine* et dispersée.......................	247
334 de l'hégire. (946-946 de J. C.)	Prétendu 'Abbâsside. — Mort de Iah'ïâ-ben-Edris.............	248
	Levée du siège d'*El-Mahdïah*. — Abou-Iezîd à *K'aïraouân*......	251
	Révolte de *Sousah* contre Abou-Iezîd..................	252
	Tunis suit son exemple.........................	253
	El-K'âïem reprend *Tunis*........................	254
	Mort de 'Ali-ben-H'amdoun......................	255
	Défaite d'Aïoub près de *Tunis*. — Fuite du général fât'imite. — Il revient à la charge et obtient quelques succès..............	257
	Siège de *Sousah*. — Mort d'El-K'âïem..................	258
III. Abou-Tâhir-Isma'îl.	Son fils Abou-Tâhir-Isma'îl lui succède..................	259
	Délivrance de *Sousah*..........................	261
335 de l'hégire. (946-947 de J. C.)	Isma'îl se rend à *Sousah* et à *K'aïraouân*................	262
	Siège de *K'aïraouân*. — Délivrance de *K'aïraouân*..........	263
	Fondation de *S'abra*..........................	264
	Siège de *Bâr'âi*.............................	265
	Isma'îl à *T'obnah*. — Soumission de Moh'ammed-ibn-Khazer.....	266
	Arrivée de Dja'far-ibn-'Ali. — Faux prophète mis à mort........	267
	Isma'îl à *Biskra*. — Aïoub envoyé en *Espagne* par son père......	268

48.

		Pages.
	Isma'îl se rend à *Mesîla*. — Il poursuit son ennemi............	269
	Il va chez les S'anhâdjah. — Maladie d'Isma'îl. — Abou-Iezîd assiège *Mesîla*..	270
	Délivrance de *Mesîla*. — Défaite d'Abou-Iezîd..............	271
	Investissement du *Kiâna*. — Journée aux flammes..........	272
336 de l'hégire. (947-948 de J. C.)	Préparatifs de l'assaut.................................	273
	Le *Kiâna* est emporté.................................	274
	Mort d'Abou-Iezîd.....................................	275
	Événements de 333. — Prise de *Tâhart* par les Maghrâouah......	276
	Contradictions d'Ibn-Khaldoun...........................	277
	Événements de 335. — Évasion de Ah'med-ibn-Bekr et d'El-Bouri .	278
	Isma'îl se porte à *Tâhart*. — Il en chasse Ibn-Ies'el. — Isma'îl à *Tâhart*.	279
	Les Looutah châtiés. — Retour à *K'aïraouân*..................	280
	Isma'îl prend le titre d'El-Mans'our. — Il rentre triomphant à *S'abra*.	281
	Fâdhl assiège *Bâr'âï*. — Il est assassiné. — Assassinat de Aïoub...	282
	Beni-Kemlân exterminés.................................	283
337 de l'hégire. (948-949 de J. C.)	El-Mans'our transporte à *S'abra* le siège du gouvernement. — Cette ville reçoit le nom de *Mans'ourîah*............................	284
	Mort d'El-Kennoun. — Son successeur proclame les Omaïades.....	286
338 de l'hégire. (949-950 de J. C.)	Démolition de *Tet'aouân*. — Ibn-Meïâla envoie son fils en *Espagne*. — Mort d'Ibn-Meïâla.....................................	287
	El-H'assan des Beni-Soleïmân, prisonnier d'En-Nâs'ir. — Fondation d'*Ifkân*...	288
339 de l'hégire. (950-951 de J. C.)	En-Nâs'ir s'empare de *Tanger*...........................	295
340 de l'hégire. (951-952 de J. C.)	Ma'bed est mis à mort. — Puissance de l'*Espagne* en *Afrique*.....	296
	El-Mans'our désigne son successeur........................	297
341 de l'hégire. (952-953 de J. C.)	Ah'med-ibn-Bekr reçoit le gouvernement de *Fés*...............	299
	Explications à ce sujet..................................	301
	Guerre à l'occasion de *Tet'aouân*........................	302
	Humiliation des Edrîsites. — Progrès des Beni-Ifren. — Ils enlèvent *Tâhart* aux Maghrâouah. — Berr'aouât'ah....................	303
	Maladie d'El-Mans'our.................................	304
	Sa mort..	305
IV. EL-Mo'izz-Lidîn-Allah.	Son fils Abou-Temîm-Ma'dd lui succède....................	306
342 de l'hégire. (953-954 de J. C.)	Expédition dans l'*Aurâs*................................	307
	Moh'ammed-ibn-Khazer revient aux Fât'imites..............	308
343 de l'hégire. (954-955 de J. C.)	Événements d'*Espagne*................................. 310 à	312
	Ia'la détruit la ville d'*Orân*..............................	313
	Ses habitants sont transportés à *Ifkân*....................	314
344 de l'hégire. (955-956 de J. C.)	Capture d'un courrier sicilien. — Représaille exercée sur Almerîa..	315
345 de l'hégire. (956-957 de J. C.)	En-Nâs'ir attaque l'*Ifrîk'iah*............................	316
346 de l'hégire. (957-958 de J. C.)	Mort d'El-Bouri. — Préparatifs d'En-Nâs'ir contre l'*Ifrîk'iah*. — Positions des parties belligérantes...........................	317

TABLE.

347 de l'hégire. (958-959 de J. C.)	Expédition de Djouhar en *Maghrib*............................	319
	Mort de Ia'la et destruction d'*Ifkân*...........................	320
	Tentative sur *Fés*..	321
	Prise de *Sidjilmâçah*. — Moh'ammed-ibn-el-Feth' prisonnier....	322
348 de l'hégire. (959-960 de J. C.)	El-H'assan-ibn-Kennoun se rend à *Cordoue*. — Soumission de la province de *Sous*. — Siège et prise de *Fés*...................	323
349 de l'hégire. (960-961 de J. C.)	Soumission du *Maghrib*..	325
	Djouhar rentre triomphant à *Mans'ouriah*.....................	326
350 de l'hégire. (961-962 de J. C.)	Mort d'En-Nâs'ir. — Mort de Moh'ammed-ibn-Khazer............	327
	Les Byzantins s'emparent de la *Crète*.........................	332
351 de l'hégire. (962-963 de J. C.)	Événements de *Sidjilmâçah*....................................	334
352 de l'hégire. (963-964 de J. C.)	Ambassade des Berr'aouât'ah. — Événements de *Sicile*........	335
353-354 de l'hégire. (964-965 de J. C.)	Bataille d'*El-Medjâz*...	337 et 338
355-357 de l'hégire. (965-968 de J. C.)	Deuxième expédition de Djouhar en *Maghrib*. — État de l'*Égypte*..	339
	Mort de Kâfour...	341
358 de l'hégire. (968-969 de J. C.)	Quatrième expédition des Fât'imites en *Égypte*................	345
	Entrée de Djouhar à *Fost'ât'*. — Fondation du *K'aire*.........	347
	Conquête de la *Syrie*...	348
359 de l'hégire. (969-970 de J. C.)	Prise de *Ramlah*. — Prise de *Damas*. — Révolte en *Ifrîk'iah*......	349
	Administration de Djouhar. — Fondation de la *Djâma-'l-Azhâr*....	350
360 de l'hégire. (970-971 de J. C.)	Changements en *Sicile*. — Échec en *Syrie*....................	351
	Révolte dans le *Maghrib*. — Mort de Moh'ammed-ibn-el-Kheïr....	352
	Défection de Dja'far-ibn-'Ali-ben-H'amdoun. — Mort de Zîri-ben-Menâd..	354
361 de l'hégire. (971-972 de J. C.)	Dja'far passe en *Espagne*. — Les Zenêtah chassés du *Maghrib central*.	355
	Mort d'El-Kheïr-ibn-Moh'ammed à *Sidjilmâçah*.................	357
	Irrésolutions d'El-Mo'izz.......................................	358
	Il remet l'*Afrique* aux mains des Berbers.....................	359
	Investiture de Bolokkîn...	361
362 de l'hégire. (972-973 de J. C.)	Départ d'El-Mo'izz pour l'*Égypte*.............................	362
	Soulèvement du *Maghrib*. — Les Omaïades envahissent le *Maghrib*.	363
	Voyage d'El-Mo'izz..	365
	Son entrée au *K'aire*...	366

www.ingramcontent.com/pod-product-compliance
Lightning Source LLC
Chambersburg PA
CBHW060608170426
43201CB00009B/948